포스트식민 이성 비판

```
국립중앙도서관 출판시도서목록(CIP)

포스트식민 이성 비판 / 질 들뢰즈...[등]지음 ; 조정환...[등]옮김.
-- 서울 : 갈무리, 2005
   p. ;   cm. -- (카이로스총서 ; 5)

원저자명: Deleuze, Gilles
참고문헌과 색인수록
ISBN  89-86114-80-1 04300 : \30,000
ISBN  89-86114-21-6(세트)


301-KDC4
301-DDC21                          CIP2005001009
```

 카이로스총서5

포스트식민 이성 비판 A Critique of Postcolonial Reason

지은이 가야트리 스피박
옮긴이 태혜숙·박미선

펴낸이 조정환 장민성
책임운영 신은주 편집부 오정민 마케팅 정현수

펴낸곳 도서출판 갈무리 등록일 1994. 3. 3. 등록번호 제17-0161호
용지 화인페이퍼 인쇄 한영문화사 제본 우진제책사
초판 1쇄 발행 2005년 7월 17일
초판 2쇄 발행 2006년 9월 19일

주소 서울 마포구 서교동 375-13호 성지빌딩 101호 (121-839)
전화 02-325-1485 팩스 02-325-1407
website http://galmuri.co.kr e-mail galmuri@galmuri.co.kr

ISBN 89-86114-80-1 / 89-86114-63-1 (세트) 04300
도서분류 1. 사회과학 2. 사회학 3. 정치학 4. 여성학

값 30,000원

포스트식민 이성 비판

A Critique of Postcolonial Reason

사라져가는 현재의 역사를 위하여

가야트리 스피박 지음

태혜숙 · 박미선 옮김

A Critique of Postcolonial Reason
by Gayatri Chakravorty Spivak

Copyright ⓒ 1999 by the President and Fellows of Harvard College
Korean Translation Copyright ⓒ 2005, Galmuri Publishing House

Korean edition is published by arrangement with
Harvard University Press through GUY HONG AGENCY.
All rights reserved.

이 책의 한국어판 저작권은 GUY HONG AGENCY를 통해 Harvard University Press와의 독점 계약으로 도서출판 갈무리에 있습니다.
저작권법에 의해 한국 내에서 보호를 받는 저작물이므로 무단전재와 복제를 금합니다.

차례

한국어판 저자 서문

옮긴이 서문 | 7

서문 | 25

1장 철학

Ⅰ | 35

Ⅱ | 81

Ⅲ | 117

2장 문학

Ⅰ | 177

Ⅱ | 224

Ⅲ | 249

3장 역사 | 289

4장 문화 | 433

부록: 해체를 작업하기 위한 배경 설정하기 | 577

찾아보기 | 591

일러두기

1. 이 책은 Gayatri Chakravorti Spivak, *A Critique of Postcolonial Reason: Toward a History of the Vanishing Present* (Cambridge · London: Harvard University Press, 1999)의 완역본이다. 저자가 1985-1991년에 썼던 6편의 글들이 포스트식민주의가 인기 담론으로 자리잡은 1990년대 중·후반 맥락에서 수정되고 확대되고 있다. 저자의 식민담론 연구가 초국가적 문화연구로 옮아가는 궤적이 잘 드러난다.

2. 책 전체는 철학, 문학, 역사, 문화로 크게 4장으로 나뉘는데, 이것들은 '장'이라고 부르고 홑낫표(「 」)로 표시하였으며 1장과 2장은 각기 아무 소제목 없이 I, II, III절로 나뉘어 있고 3장과 4장은 절 표시 없이 한 줄 띄우기로 내용이 단락지어져 있다.

3. 외국 인명과 지명은 발음에 가깝게 표기하는 것을 원칙으로 하였으며 각 부에서 처음 나올 때만 원어를 병기하되 해당 쪽 근방의 각주에 원어가 나올 때는 본문 중의 병기를 생략하였다. 특히 1장에 많이 나오는 독어의 경우, 특별한 개념어를 제외하고는 가능한 한 원어 병기를 하지 않았다. 인도어 발음은 된 발음이 원음에 더 가깝다고 할 수 있지만 '쓰삐와 끄'(Spivak)라는 표기가 우리 독자에게 생소하게 여겨질 것이라는 판단 하에 된 발음을 쓰지 않았음을 밝혀 둔다.

4. 원문에서 대문자로 시작하는 단어는 진한 명조체로, 대문자로 시작하면서 " "로 개념어를 나타내는 단어는 " " 안에 진한 명조체로, 강조는 고딕으로 표시하였다.

5. 주석의 경우, 짧은 역주는 본문 중에 대괄호([ ])를 사용하여 밝혀주었으며, 번역어에 대한 설명이 주를 이루는 긴 역주는 각주 자리에 주석 번호를 붙여 표기하였다.

한국어판 저자 서문

한국어판 저자 서문

『포스트식민 이성 비판』의 한국어 출간은 저에게 하나의 교육적인 사건입니다. 포스트식민 이론이 아시아-태평양 지역과 맺는 관계는 우리의 사유 작업에 중요한 과제입니다. 여러분은 저의 이론 작업을 갖고 나름의 번역을 해야 하겠지요. 그래서 포스트식민 이론이 그 잠정적 시작 지점들로부터 닻을 올려 항해하는 사이 그 이론 자체가 변형함에 따라, 저 역시 최소한 그 과정에 함께 할 수 있도록 말입니다. 모든 포스트식민성은 정황적인 것이라 서로 다른 양상을 띱니다. 『포스트식민 이성 비판』은 호주 서부의 선주민들을 사용하는 칸트의 방식에 어느 정도 자극받은 것이었습니다. 이 책은 오늘날 한국의 "아시아적" 상상력 쪽으로는 어떤 식으로 여행하게 될까요? 마크 폰 하겐(Mark von Hagen)은 포스트식민 이론을 확장하여 소비에트 유라시아를 재구성한 바 있습니다. 여러분은 포스트식민 이론에 무엇을 보태겠습니까? 국내에서건 디아스포라 상황에서건 민족(국민)주의라면 저는 거의 참을 수 없어 합니다. 저의 반식민주의 성향 때문입니다. 민족(국민)주의에 느끼는 이 참을 성 없음을 여러분은 어떻게 뒤바꿀 것인지요?

제가 가르치는 콜럼비아 대학의 학생들에게 저는 다음과 같이 쓴 적이 있습니다.

우리가 꼼꼼하게 정의해 본다면, "식민자"(colonizer)와 "피식민자"(colonized)란 상당히 유동적이고 탄력적인 것이 됩니다. 낯선 외부의 국민 국가가 자체의 법과 교육 체계들을 지긋이 강요하고 자체의 경제적 이익을 위해 생산 양식을 재배치하면서 스스로를 지배자로 확립할 때, 우리는 "식민자"와 "피식민자"라는 용어들을 사용할 수 있겠지요. 만일 우리가 식민주의에 오로지 하나의 모델만 있다고 생각하면서 광범위한 배열을 지닌 정치적/지리적 실체들에 이 용어들을 적용한다면 그 결과는 끔찍할 것입니다. 한편, 서로 다른 종류의 모험들과 기획들이 위에서 제시된 메마르기 짝이 없는 묘사와 꼭 맞아떨어지는 것으로 둔갑하는 경위를 우리가 알아차린다면 어떨까요? 우리는 이런 저런 종류의 진보주의 정치학에 대한 강력한 분석을 갖게 될 겁니다. 사회적 정의의 정치 철학들은 실천적 정치학의 중층결정과 어떤 식으로 관련될까요? 우리가 식민적인 것의 환원불가능성을 구체적인 상황에 따라 유연한 방식으로 고려한다면, 이 훌륭한 질문에 대한 흥미로운 답들을 구하게 될 것입니다. 덧붙여, 식민화된 공간(들)에 우리의 시선을 던진다면(순화된 공식에 따라) 우리는 대단한 이질성과 만날 것입니다. 바로 이 점이야말로 문화적 인식소적 변형의 정치학을 연구하는 기회를 우리에게 제공합니다.

여러분이 공부하고 있는 지역에 "식민자," "피식민자"와 같은 용어들을 적용할 때 생기는 문제는 중동, 남아시아, 라틴 아메리카에 속하는, 현재 이용 가능한 가장 강력한 세 가지 식민담론이론 모델을 그저 따르려는 데 있습니다. 이 모델들은 탐험과 정복이 상업자본주의에 영양분을 제공하고 뒤이어 산업 자본의 시장 확장에 대한 요구에 따라 개개 유럽 국가들이 착수했던 식민 모험을 가리킵니다. 이 모델들과 대조적으로, 여러분의 영역은 우리에게 아시아에서의 아시아를, 영토 제국주의의 전성기 이후 펼쳐지는 미국 제국주의의 커다란 게임을 보여줍니다. 포스트식민 이론의 시작 지점이 서술되는 곳도 바로 이 미국판 제국주의입니다. 여러분은 이 단일-국가 모델에 비판적 거리를 두어야 합니다. 여러분이 치고 있는 "칸막이"는 종교적인 것이라기보다 정치적인 것입니다. 또 하나의 커다란 차이는 또박또박 명시된 이상(理想) — "과학적 사회주의"의 여러 판본들 — 이 존재한다는 것입니다. 이 이상은 국경을 가로질러 한국에 일어난 인식소적 변화에 표면상으로는 더 큰 구체성을 부여해 줍니다. 하지만, 아시아는 맑스주의를 어떻게 다시 쓸까요? 이 질문은 유럽 계몽주의의 위대한 담론들 사이에 맑스주의를 포섭시키면서, 처음부터 포스트식민적 관심사였습니다. "문명화 사명들"은 드러내놓건 암묵적이건 거의 한결같이 단일-국가 모델을 동반하면서도 식민 국가의 정치적 경제적 구조를 직접적으로 언급하지는 않았습니다.

우리가 이러한 차이들을 들여다 볼 때라야, 다음 사실을 깨닫게 될 것입니다. 즉, 여러분이 연구하는 지역들에 식민주체-피식민주체 모델을 창

한국어판 저자 서문

조적으로 사용하는 것은 여러분에게 흥미로운 모델을 제공할 뿐만 아니라 기존의 식민 담론과 포스트식민 연구들을 진척시킨다고 말입니다.

역사적으로, 말을 하거나 말의 대상이 되는 편은 언제나 권력자들이었습니다. 연구 중인 지역에 대해 세부적으로 들어갈 만큼 제가 충분히 아는 것은 아닙니다만, 페미니스트이자 서발턴 여성 연구자로서 저는 배제된 것들의 여정을 밝혀내기 위해서 엘리트 텍스트들에 숭숭 뚫려 있는 구멍들을 관찰하는 데 익숙합니다. 우리가 동쪽으로 옮아갈수록, 엘리트 텍스트들의 성격은 변화해 갑니다. 바로 여기에 저의 학문적 투신이 작동해 들어갑니다. 우리가 이런 저런 모험담과 연대기를 읽으면서 문학적 상상력을 발휘하기를 저는 바랍니다. 포스트식민 연구 제재로 말할 것 같으면 저는 항상 젠더화된 서발턴 여성을 찾아 나섭니다. "위안부 여성 연구"와 〈서발턴 연구〉 사이의 관계는 무엇일까요? 여기서 서발턴주의(subalternism)와 액티비즘을 가르는 노선은 아주 흥미롭습니다. 사람들이 이 노선에 어떻게 접근하든지 간에, 제가 보기에 그것은 현실의 언어에 기반을 둔 〈비교 문학〉의 비옥한 지반인 것 같습니다. 이 〈비교 문학〉은 〈동아시아 연구〉라는 좀더 오래된 모델보다는 〈문화연구〉에 훨씬 더 많이 가깝고, 무엇보다 국제적이며 다언어적이죠. 식민담론과 포스트식민 연구는 언어들을 그리 잘 다루지 못했습니다. 아시아의 상호-언어주의(inter-lingualism)는 이 문제를 확실히 돌려놓을 수 있을 겁니다. 역사가 인식론적인 것에 간섭함에 따라, 윤리적인 것을 탐색하는 문학비평과 함께 가야 한다고 저는 오랫동안 말해 왔습니다. 여러분의 연구 분야는 이러한 상호학제간(interdisciplinary) 작업에 멋들어진 기회들을 제공할 수 있습니다.

포스트식민 이론은 반체제 지식인들의 연구에 항상 의존해 왔습니다. 그것은 "대타성"을 재현하는 것이겠지요? 제가 보기에, 대타성이란 의도하는 주체와 다른 어떤 것을 느슨하게 명명하는 철학 용어입니다. 저 자신의 지적 정치적 취향은 자기를 "타자"로 재현하는 데에 난색을 표명합니다. 만약 여러분이 (그람시가 "영원히 설득하는 사람"이라고 말한) 유기적 지식인 모델에 따라, (옛날의 또 새로운) 식민자들의 입장과는 다른 입장들을 분석적으로 재현할 뜻이라면, 저는 바로 거기서 여러분과 함께 합니다. 젠더화된 목소리야말로 포스트식민 작업에서 특히 효과적입니다. 젠더화된 목소리야말로 식민자와 피식민자 사이의 가부장적 협력을 드러내는 입장을 정교하게 다듬어내고자 하기 때문입니다.(여기서 소위 "아시아적 가치" 논쟁은 복잡하게 얽히는 흥미로운 논의를 끌고 들어옵니다.) 저는 포스트식민 작업의 "사전규정들"이 무엇이 될지 알지 못합니다.

페미니즘과 포스트식민 이론은 사회 정의에 일정한 관심을 두고 있습니다. 이 점이야말로 모든 인문학과 사회과학 작업, 아마도 모든 작업에 해당되는 이야기라고 저는 생각하고 싶습니다. 하지만, 정치적 투신을 지나치게 협소하게 정의하는 것은 시간이 지나갈수록 두고두고 똑같은 지겨운 이야기에 그칠 뿐인 기왕의 결론들을 붙들고 작업하도록 유도합니다. 저는 지루하기 짝이 없는 그러한 "연구"를 늘 보아 왔습니다. 저는 또한 우리가 하나의 이론적 모델을 선택한 다음 그것을 일차적 자료에 적용한다고는 생각하지 않습니다. 제가 생각하기에는, 이론의 생산이란 그 자체로 하나의 실천이며, 연구되는 자료 역시 이 이론 생산에 참여합니다. 그래서 우리는 온갖 종류의 이론들을 그 "자체"를 위해 심층적으로 연구하는 것이고, 그리하여 자신의 읽기 실천 역시 변경되도록 해줍니다. 그러한 실질적인 읽기가 이론에 매번 "규범을 제시합니다." 이론을 하나의 도구로 연구한 다음, 그 이론을 "입증해주는" 하나의 예로서 연구 자료를 읽는다면, "이론"을 더욱 튼실하게 사용하는 이들에게 흥미를 일으킬 읽기를 언제나 그렇듯 피해가는 셈입니다.

여러분은 저의 작업을, 제가 이 한국어판 저자서문에서 말하고 있는 바를 어떻게 수정하시겠습니까?

이 책 전체는 처음부터 끝까지 페미니즘의 충동으로 이루어져 있습니다. 여러분은 자신의 젠더 정치학, 젠더화된 역사, 여러분이 젠더화하고자 하는 철학적 노선들에다 이 책을 어떻게 접목할 것인지요?

여러분의 번역은 지속적인 작업을 위한 하나의 계약입니다. 저를 이 계약의 일부로 만들어주신 한국의 독자 여러분에게 감사드립니다.

컬럼비아 대학에서, 2005년 12월
가야트리 차크라보티 스피박 드림

□ 옮긴이 서문

페미니즘적 해체론적 맑스주의 입장이
제시하는 읽기의 윤리

　이 책은 포스트식민 연구 내부에서나 우리 시대의 이론적 실천 일반에서나 주목할 대목들이 많은 책이다. 저자가 서문에서 밝히는 대로, 이 책은 철학·문학·역사·문화에서 각기 드러나는 **토착정보원**의 형상을 추적하면서 식민담론 연구로부터 초국가적 문화연구로 옮아가는 한 탈식민 페미니스트의 궤적을 보여준다. 이 궤적은 1985~1991년에 씌어진 6편의 글을 포스트식민주의가 인기 담론으로 자리잡은 1990년대 중·후반 맥락에서 수정·확대하는 이 책의 글쓰기 과정에서 드러난다. 저자는 미국 학계에서 포스트식민주의를 비롯한 소위 급진 이론들이 용인되고 전 세계적으로 유통됨으로써 폭발적으로 생산되기 시작한 주변부 담론들로 마치 '탈식민화'를 이룬 듯한 담론적·지적 재(신)식민화를 큰 문제로 본다. 이 책은 나날이 세련되어 가는 미국 학계의 포섭의 정치에 적극 개입하는 글들로 되어 있다. 이 책이 난해하다면, 미국 다문화주의 담론들과 결부된 구체적인 쟁점들에 대한 스피박의 비판적 개입을 페미니즘적 해체론적 맑스주의라는 그녀의 입장을 염두에 두고서 읽어야 하기 때문일 것이다.

1장 「철학」은 칸트, 헤겔, 맑스를 문자 이전(avante de lettre)의 식민주의 철학자로 읽어냄으로써 서구 이론에 대한 우리의 욕망을 근본적으로 탈식민화한다는 견지에서 다시 성찰하도록 만든다. 2장 「문학」은 넓게 보아 유럽 문학 전통에 들어가는 문학 텍스트들을 꼼꼼하게 검토하면서 제국주의의 공리계가 현재에 이르기까지 문학에 미치는 파장을 분석한다. 3장 「역사」는 역사 쓰기를 사실-발견이 아니라 사실-읽기로 제안하면서 문서보관서의 공식기록들에 거의 나타나지 않거나 빠져 있는 빈약한 기록들을 갖고 서발턴(subaltern)[1] 여성들에 대한 계보학적 연구를 수행한다. 4장 「문화」는 다문화주의적인 미국의 포스트모던 문화가 사라지게 하는 '현재'의 역사를 붙드는 일환으로, 전 지구화가 미치는 문화적·경제적 영향을 치밀하게 짚어내는 가운데 비가시적인 것을 가시화한다.

1장은 3절로 되어 있는데 각기 칸트, 헤겔, 맑스를 통해서 **토착정보원**(Native Informant)의 형상을 추적한다. 토착정보원이라는 용어는 원래 서구 식민주의 팽창과 더불어 전개된 인류학, 특히 인종문화기술학에서 나온 것이다(토착정보원은 문자 그대로 '인류학을 먹여 살리는 사람이다')(216쪽; 이하 옮긴이 서문에서 괄호 안의 숫자는 이 책의 쪽수임). 토착정보원은 서구인에게 식민지에 관한 정보를 제공하므로 서구 지식의 원천이면서 또한 대상이 된다. 그런데 토착정보원은 "유일하게 서구만이 각인할 수 있는 문화정체성에 관한 텍스트들을 발생시키면서도 하나의 공백"(42)으로 남아 있다. 스피박은 칸트, 헤겔, 맑스에게서 폐제(閉除)되는 **토착정보원**을 각기 '날 것의 인간', 인도, 아시아적 생산양식으로 잡고 1장의 논의를 펼친다.

---

1. 그람시가 프롤레타리아를 대신해 썼던 용어로 임노동 중심의 주체 개념을 확장할 수 있도록 함.

자신의 칸트 읽기를 치밀하게 의도된 '오독'이라 부르는 스피박은 칸트를 제국주의의 문명화 사명과 연결하여 논의한다. 즉, 칸트의 체계에서의 순수이성과 실천이성 사이에서는 화해불가능한 모순이 나타나는데 칸트는 이 모순을 '숭고'라는 미학적 개념을 통해서 돌파하려 한다는 것이다. 숭고 분석에서 칸트는 인간의 합리적 역능 중 가장 근본적인 것으로 문화를 꼽는다. 미학적 판단을 제대로 내릴 수 있는 사람은 일차적으로 문명화되고 교육받은 (남성)인간이라는 것이다. 합리적 의지의 자유를 위해서 칸트에게서 요구되면서도 폐제된 토착정보원은 본성상 교육되기 어려운 '날 것의 인간'인 여성과 야만인이다.

칸트의 『판단력 비판』에서 '날 것의 인간'으로 기술된 **토착정보원**은 유럽의 문명화 사명을 정당화하는 서사를 발생시키는 필수적인 자리로 기능한다. 스피박이 보기에, 칸트의 철학은 자유에 대한 도덕적 정의와 숭고 개념 사이의 불확정적인 (비)장소가 존재한다는 점을 부인함으로써 확립된다.(65) 칸트의 텍스트에서 뉴홀랜드인들이나 푸에고인들은 유럽인의 존재 목적을 밝히는 지점에서 등장한다. 그런데 이 선주민(Aboriginal)[2] 주체들은 인간 주체라는 범주에 들어가지 못하는 것으로 은근슬쩍 처리된다. 스피박은 칸트의 도덕적 주체를 구성하는 지정학적 결정항들을 밝히는 가운데 뉴홀랜드인들과 푸에고인들은 칸트의 철학에 부차적이면서도 칸트적 주체를 확립하는 대리보충적 기능을 담당한 다음 폐제된다고 논의한다. 데리다의 '파레르곤'이라는 용어를 빌려오자면, 칸트 철학에 '부차적인' 이들의 '폐제'를 가시화한다면 칸트 철학의 고유한 내적 구조는 바로 이들에 의해 위협받는다.

1장 2절에서는 『미학』에서 말한 (서구) 절대정신의 목적론적 움직임의

---

2. 식민지인을 폄하하는 의미가 묻어 있는 '원주민'이라는 용어를 대신해 원래부터 살았던 주민을 가리키는 용어임.

특정 단계를 정당화하는 데 힌두 고전 『기타』를 활용하는 헤겔이 검토된다. 스피박은 그 과정에 주시하는 가운데 인도의 토착 민족주의 및 헤겔의 논의가 제국주의 공리계와 맺는 공모관계를 조목조목 짚어낸다. 헤겔이 『기타』를 역사적 단계에 이르지 못한 텍스트로 본 것과 같은 논리에서, 인도 민족주의자들에게 『기타』는 "아직-역사적이지-않은" 것이 아니라 인도 국가 형성을 위해서 "초강력-역사적인 무시간적 핵심을 지니"(110)는 원천으로 떠받들여졌다는 것이다. 마찬가지로, 1장 3절에서는 맑스의 생산양식 서사에서 **아시아적 생산양식**은 역사 이전의 영역, 그래서 이론화되지 못한 영역으로 기술된다. 스피박은 최근의 UN 회담들을 거론하면서, 맑스 이후의 맑스주의에 재각인되고 있는 **토착정보원**의 시각은 계속 폐제되어 왔다(120)는 점 또한 통렬히 예증한다. 그러나 아시아적 생산양식에서 드러나는 맑스주의 이론의 부정합성을 지적하고 교정하는 것이 스피박의 의도는 아니다.(143) 오히려 스피박은 맑스가 말한 아시아적 생산양식을 생산양식 서사에 정합적으로 맞아 들어가지 않는, 환원불가능한 대타성(alterity)으로 읽어내면서, 이러한 아시아적 생산양식이 맑스주의적 서사에 제기하는 윤리의 문제를 강조하고자 한다(이런 대타성의 핵심에 있는 빈곤국의 사회화된 [서발턴] 여성을 현재의 초국가적 문화연구에서 폐제되는 토착정보원으로 보는 논의는 4장에서 자세히 나온다).

스피박은 칸트(합리적 의지의 자유를 위해서), 헤겔(무의식으로부터 의식으로 가는 정신의 움직임을 보여주는 증거를 보여주기 위해서), 맑스(생산양식 서사에 규범성을 부여하기 위해서)에게서 요구되면서도 폐제된 **토착정보원**은 제3세계 피식민인이었음을 밝혀낸다. 그러면서 스피박은 필요하지만 폐제되어야 하는 바로 이러한 **토착정보원**의 관점에서 칸트, 헤겔, 맑스의 텍스트들을 다시 읽어내고자 한 것이다. 스피박의 읽기 전략인 폐제된 관점에서 읽기란 서구 제국주의의 담론적 공리계를 비판하는 동시에, 무엇보다 세계를 읽어내는 (담론)윤리를 재사유하게 한다. 칸트를 위시하여 유럽의 자기 재현물들이 발생되는 과정을 보면, 칸트의 뉴홀랜드인들이나 푸에고인들처럼 정보를 제공하며 지식의 원천이자 대상인 토착정보원들의 관점은 (불)가능한 관점이 된다. 스피박에게 **토착정보원**은 삭제의 필요성과 욕망을 보여주는 흔적 혹은 잔여물로 남으면서, 위대한 세 철학자들의 텍스트들이 제시한 문화적 가치들이 확립되는 과정을 보여주는 기호이자 그 과정을 다르게 비추어 줄 실마리로 작동한다.

서구의 위대한 텍스트들로부터 폐제된 **토착정보원**은 제3세계 출신으로 제1세계에 거주하면서 스스로를 서발턴화하는(self-subalternizing) 지식인들의 텍스트들에서도 마찬가지로 폐제될 수 있다. 이것이 바로 포스트식민 이성의 문제다. 그렇다면 1장은 우리 시대의 다양한 담론들 및 포스트식민 연구에서도 스스로 **토착정보원**으로 행세하면서 스스로를 서발턴화함으로써 주어지는 담론적 권력을 챙기려는 경향은 없는지 우리에게 비판점 점검을 요청하는 셈이다.

2장은 정전에 속하든 대항정전에 속하든 문학 작품들 속에 다양하게 나타나는 **토착정보원**의 형상을 "유럽중심적 오만 혹은 검토되지 않은 토착주의로 인한 이중구속"(254)을 파헤친다는 맥락에서 다룬다. 3절로 구성되어 있는데, 1절에서는 샬롯 브론테, 진 리스, 메리 셸리, 마하스웨타 데비라는 네 명의 여성작가의 작품들을 제국주의 속의 페미니즘이라는 주제로 읽어냄으로써 페미니즘 문학/비평이 제국주의와 맺는 관계를 밝혀낸다. 2절에서는 보들레르의「백조」, 키플링의「정복자 윌리엄」과 같은 남성주의 텍스트에 대한 페미니즘적 읽기가 갖는 문제를 짚어내며 3절에서는 남아프리카 공화국의 백인남성작가 코에체가 다니엘 데포의『로빈슨 크루소』와『록사나』를 다시 쓴, 아주 복잡한 포스트식민 텍스트『포우』를 마지막까지 길게 분석하고 있다. 거기서 문학 재현물들에 구축되어 있는 (불)가능한 관점을 읽어내는 (불)가능한 읽기를 실행하는 스피박의 최종 논의는 특히 주목할 만하다.

스피박은 본연의 페미니즘으로 정전화된 『제인 에어』(1848)에 구현된 페미니즘적 개인주의를 그 역사적 결정항 속에 위치시키는 읽기를 작동시 킴으로써 19세기 영국 부르주아 페미니즘과 얽혀 있는 제국주의를 밝혀낸 다. 『제인 에어』의 서두에 나오는 칩거를 통한 '나'의 구축은 여성주체를 '개인'으로뿐만 아니라 '개인주의자'로서 호명하는 것인데, 거기서 중요한 것은 창조적 상상력 이데올로기의 작동이다. 스피박에 따르면 제인이라는 개인의 상상력은 로체스터와의 결혼을 통한 가족 구성이라는 성적 재생산 으로 영토화된다. 이와 함께 『제인 에어』에서는 영혼형성이라는 제국주의 기획이 기독교 심리전기의 알레고리적 언어를 통해 공공연하게 구사되고 있다. 사실 이 두 영역 사이에는 서로 접근불가능한 거리가 있다. 그런데도 브론테는 자메이카라는 식민지로부터 온 다락방에 감금된 미친 여자/아내 버사 메이슨을 백인 자매 제인이 행복한 결혼을 할 수 있도록 미친 동물로 만들어 희생시킴으로써 제국주의 공리를 재생산한다는 것이다.

리스의 『드넓은 사가소 바다』(1966)는 『제인 에어』에서 아무 말도 할 수 없었던 주변 인물 버사를 중심으로 『제인 에어』를 다시 쓴 작품이다. 리스 의 작품은 제국의 남성이 식민지(여성)와의 관계에서 주권성과 법률성을 남용한다는 점을 부각한다. 또한 영국제국주의와 자메이카 흑인 토착민 사 이에 붙들린 백인 크레올 앙트와넷은 이제 제국의 자매를 위해 희생되는 제3세계 여성 인물로 그려지지 않는다. 그렇지만 앙트와넷은 제국주의를 정당화하는 논리에 항변하거나 저항하는 목소리를 내고 있지는 않다. 자메 이카 태생이 아니라 마르티니크 태생인 하녀 크리스토핀이 이름도 없는 백 인 남자에게 그의 부당성을 항의하며 그의 협박에 "읽고 쓸 줄은 몰라도 나는 자유로운 여성"이라는 말로 응수한다. 그런데 크리스토핀은 이 대목 이후 아무 설명 없이 사라지고 만다. 이로써 스피박은 이 작품을 유럽소설 의 범위 안에 구속되어 있다고 평가한다.

스피박은 『제인 에어』와 달리 『프랑켄슈타인』(1817)에서는 제국의 페미니즘적 주체도, 식민지 여성 주체도 나오지 않는다는 점을 강조한다. 그래서 이 작품을 젠더화하는 페미니즘적 읽기를 무리하게 수행하거나 식민지 여성주체를 찾아내려고 급급하기보다 영국의 문화 정체성 형성이라는 견지에서 다음 측면에 주시하자고 제안한다. 즉, 이 작품의 주된 충동은 (서구 기독교도) 남성이 주관한 18세기 유럽 담론을 철저히 비판하는 것이다. 그런데 이 작품에서 유럽 남성의 자연철학(순수이성의 영국 판본)적 결단으로 창조된 '괴물'은 그냥 어둠 속으로 사라지고 만다. 이로써 괴물이 과연 스스로 불타죽는지 어떤지 불확실한 채로 끝남으로써 텍스트에 의해 억류되지 않는 '비포섭'을 무대화하는 결말을 보여준다는 것이다. 월튼 선장이 북극으로 항해하던 중에 만난 프랑켄슈타인으로부터 듣게 된 괴물이야기를 편지로 써서 자기 누이 마가렛에게 보내는 작품 구조를 보건대, 마가렛도 하나의 틀로서 이 텍스트를 닫는 데 응하지 않는다. 왜냐하면 그녀가 수신자로서 그 편지를 읽을지 아무도 확신할 수 없이 열린 상태로 작품이 끝나기 때문이다.

마하스웨타 데비의 작품은 제국주의와 불연속적인 비포섭의 영역을 본격적으로 재현하기 때문에 거론된다. 벵골 여성 작가의 「프테로닥틸, 퓨란 사하이, 피르타」(1994)는 프테로닥틸 신화와 아직 밀착되어 있는 인도 소수부족 문화와 삶의 환원불가능한 내적 이질성을 그려냄으로써, 시민권, 주권, 민주주의, 진보니 하는 서구의 계몽주의적 개념들은 현재 인도의 소수 부족민들의 삶과 역사를 기술하는 데 전혀 정합성을 갖지 못함을 생생하게 보여준다. 이 작품에 나오는 발전 서사에 저항하는 힌두 언론인 퓨란과 인도 소수부족 소년 비크히아는 포스트식민 정보원의 관점 속으로 전유될 수 없는 강력한 두 인물이다. 퓨란은 피르타 계곡을 거쳐 강바닥의 굴에 프테로닥틸(조상의 영혼)을 묻는 장례식을 치르는 부족 소년과 함께 하는 가운데 소수 부족민에 대한 서발턴적 책임에 입문하며 그에 따라 행동하고자 한다. 그렇지만 "트럭 한 대가 지나간다. 퓨란은 손을 들어 트럭에 올라 탄다"는 작품의 마지막 대목이 시사하듯, 퓨란은 포스트식민 국가의 틀 안으로 귀속된다. 스피박이 이 작품을 유럽소설의 범위에 필연적으로 구속된 것이라고 보는 것도 그 때문이다. 이 범위를 외부로 확장하는 것은 코에체의 『포우』이므로 중요하게 취급된다.

 2장 2절에서 스피박은 남성주의 텍스트의 남성주의를 비판하는 데 머무는 페미니즘적 읽기의 제국주의 공리계와의 연속성 혹은 공모성을 보들레르와 키플링 읽기를 통해서 예증한다. 보들레르의 시는 앤드로매쉬라는 백인여성을 찬양하면서 유럽시의 형제애의 고전적 연속성을 확립하는 데 그녀를 이용하는 동시에, "나는 검둥이 여자를 생각한다"고 하면서 결국은 검둥이 여자를 무시해버리는 흔한 구도를 보여준다. 신여성을 창조하면서 남성적 속성을, 남자주인공에게는 여성적 속성을 부여하는 키플링의 능글맞은 투는 여성폄하와 멸시를 담고 있으며 남인도 지방에 비해 더 영국적인 북서부 인도를 부각하면서 틀린 힌두 방언을 마구 구사하는 키플링의 어법을 봐도, 여성을 찬양하는 척하면서 남성주의를 강화하는 수사와 비유 자체에 이미 인종차별주의적인 제국주의 이데올로기가 작동되고 있다. 따라서 "우리가 남성주의를 비유론적으로 해체한다고 해서 제국주의의 거짓말 하기로부터 면제되지 않는다".(242)

 3장 3절에서 스피박은 "중국인, 인도인, 혹은 아프리카인의 기획을 자신 속에서 다시 꾸며낼 수 있다"(251)라는 사르트르의 유럽중심적 오만함과 이것을 합법화할 수 있는 검토되지 않은 토착주의 둘 다를 문제삼는 열린 비판적 틀을 만들어낼 것을 제안한다. 이를 위해 스피박은 '전적으로 타자적인 것'(the wholly other)을 주변으로 적극 형상화하는 재현이 무엇을 함축하는지 살펴볼 필요가 있다고 보아 18세기 초반 주변성을 형성하려 했던 두 영국 텍스트(『로빈슨 크루소』와 『록사나』)를 다시 열어젖히는 『포우』(1987)를 논의한다. 『포우』는 자본의 이야기라기보다 제국과 젠더 이야기인데, 거기서 수전 바튼이라는 여성화자가 중요한 역할을 한다. 자기 이야기를 하는 바튼은 그러한 그녀를 상상하는 포 씨(Mr. Foe)를 상상하는 허구적 인물이다. 데포의 수전 록사나와 달리 코에체의 수전 바튼은 소유적 개인주의적 야심을 지닌 여성이 아니다. 『포우』의 바튼은 자유에 대한 욕망을 갖고 어머니-딸의 하위플롯에 따라 저자되기-어머니되기의 축을 맴도는 타자지향적인 윤리의 행위자(265)로 나온다. 어머니-딸의 이야기인 그녀가 썼다는 『난파당한 여성』과 자본주의와 식민지를 말하는 『로빈슨 크루소』는 연속적인 공간을 차지할 수 없는데도(272) 코에체는 그렇게 서사를 만들고 있다. 그 서사에서 수전은 포 씨에게 "안내하고 수정하는 것은 여전히 내 권한이에요. 무엇보다 보류하는 것 말이죠"라고 말한다.

또 하나의 주변으로서 프라이데이는 『로빈슨 크루소』에 나오는 길들여진 성공적인 식민주체의 원형과 달리, 석판을 달라는 크루소의 말을 듣지 않고 석판의 글씨를 보지 못하게 석판을 깨끗이 문지른다. 이것은 식민주의, 또 메트로폴리탄 반식민주의가 토착민에게 해대는, 말해 보라는 명령을 보류하는 행위이다. 수전의 프라이데이는 순순히 "정보를 털어놓지 않으려는, 주변에 있는 신기한 보초"(277), "이상한 주변들을 가리키는 허구적 표시"(279)이다. 이렇게 코에체에 의해 적극적으로 주변화된 주변은 "인종적으로 차별화된 식민 타자들을 돕고자 하는 그녀[미국 학계의 엘리트 페미니스트 지식인]의 욕망이 하나의 문턱이자 한계"(286)임을 상기한다. 그런데 정작 『포우』의 마지막 장면은 독자가 주체입장을 채우도록 무대화된다. 수전 버튼이 두 번째 난파를 당해 죽기 때문이다. 이렇게 적극적인 주변화를 행하는 코에체의 소설은 "불가능한 것의 경험이 등장하는 것을 무대화한다"(285). 스피박은 이러한 코에체의 무대화를 가능하게 하는 것을 문학 본연의 특이성 혹은 입증불가능성이라고 하며, 이것을 학생들에게 가르치는 것이 중요하다고 본다. 이러한 결론은 허구와 사실의 이분법에 구속된 문학과 역사의 분과학문 이데올로기를 해체하고 영역들의 가로지르기를 꾀하면서도 각 영역의 특수성을 열어두려는 스피박의 태도에서 나온다.

3장은 「시르무르의 라니: 문서보관소 읽기에 관한 에세이」(1985)와 「서발턴이 말할 수 있는가?」(1988)를 1990년대 중·후반 맥락에 비추어 다시 쓴 글들로 되어 있다. 특히 「서발턴이 말할 수 있는가?」가 10여 년간 일으켜 온 오해 및 뜨거운 논쟁들에 담겨 있는 쟁점들이 고찰되고 있다. 그 쟁점들은 크게 보면 권리와 자격을 박탈당한 서발턴 여성의 재현(representation)에서 불가피하게 부딪치는 대상화 문제, 제국주의의 유산으로서 역사적 재현에서 빠져 있거나 왜곡된 기록들을 복원하고 수정한다고 할 때 제기되는 문서보관소 자료연구의 방법론적 문제, 역사적 재현물에 깃들어 있는 제국주의적 인식소가 현재의 지식 및 주체생산에 미치는 영향의 문제 등 세 가지로 정리된다. 서발턴 여성연구가 새로운 역사 쓰기를 시도할 때 부딪치는 이러한 쟁점들은 좀더 근본적으로는 결국 역사기술(historiography) 자체의 일반적인 문제와 관련된다.

스피박은 먼저 제국주의적이면서 객관성을 표방한 19세기 유럽의 헤게모니적 역사기술에서 '사실'의 저장소로 지목(295)되었던 문서보관소의 자료들과 관련해 그것이 지닌다는 사실성 때문이 아니라 그것들을 버텨 읽는 계보학적 방법을 통해 공식기록이 말하기를 거절한 것을 되짚어내고자 한다. 그러기 위해서 스피박은 시르무르의 여왕 라니가 식민무역 및 통치의 편의를 위한 "부족국가" 복원 계획 및 인도의 과부 순사(殉死) 제도인 사티(sati)와 관련하여 기록되는 방식에 주목한다. 문서보관소의 자료들을 통해서 추적되는 시르무르의 라니는 철저하게 영국의 영토적·경제적 이익과 관련되어서만 기록될 뿐이다. 스피박은 역사적 현실 역시 재현되는 것이라는 점을 강조하면서, 라니를 사티와 연결시킨 영국 제국주의가 스스로를 합법화하기 위해 식민지 여성을 자유롭게 해주는 척하면서 써먹는(347) 과정을 밝혀낸다.

스피박은 라니에 이어 사티에 관해 길게 논의한 후, 사티에 덧붙여 검색되고 읽혀져야 할 자료를 남기고자 자신의 몸으로 글을 썼던 20세기 초반 인도독립운동 언저리에 있었던 부바네스와리를 사티 담론의 페미니즘적 재맥락화를 통해 다시 읽어낸다. 여기서 사티 담론이란 과부희생에서 "여자들이 정말로 죽고 싶어 했다"와 "백인종 남자가 황인종 남자로부터 황인종 여자를 구해주었다"는 두 진술을 둘러싸고 작동되는 제국주의 담론의 정치를 말한다. 실로 이 두 진술은 오랜 역사를 두고 서로를 합법화했다. 과부희생은 제국주의의 계몽담론에서 인권의 구실을 강조하는 데 필요한 기표가 되었고, 그리하여 사적 영역에 있던 과부희생이 공적 영역으로 넘어간다. 즉, 과부희생에 관해 "여자들이 정말로 죽고 싶어 했다"는 말이 함의하는 성적 주체의 자유의지라는 이데올로기 아래 그러한 의지를 실질적으로는 사라지게 하면서, 불타는 장작 위에서 생사람을 태워 죽이는 끔찍한 현장에 구원자로서 제국주의 남성이 등장한다. 그리하여 "가부장제와 제국주의 사이에서, 주체구성과 대상형성 사이에서 여성의 모습은 본래의 무가 아니라 격렬한 진동 속으로, 전통과 근대화 사이에 사로잡힌 '제3세계 여성'이라는 잘못된 형상화 속으로 사라지고 만다"(422). 즉, 중요하지만 말소되어야 하는 토착정보원의 주체입장 또한 지정학적 이해관계, 젠더, 인종에 따라 역사적으로 각인되는 동시에 폐제된다.

사티 담론에서 폐제된 **토착정보원**의 주체입장은 재현이 갖는 대표와 묘사라는 두 층위 사이의 공모적 불연속성 문제와 연관된다. 스피박은 「서발턴이 말할 수 있는가?」에서 억압받는 주변부 사람들에게 주체성을 부여하면서 지식인의 재현책임을 면하려 하거나 주변부 사람들만이 그들의 상황을 제대로 묘사하고 대표할 수 있다는 논리는 부지불식간에 제국에 유리하게 전개되는 전 지구적 자본 재배치 과정에 공모한다는 점을 이미 낱낱이 분석하고 비판한 바 있다. 1988년의 "(젠더화된) 서발턴은 말할 수 없다"는 스피박의 단언은 자본과 제국의 신식민적 재배치 속에서 서발턴이 더욱 침묵하게 되는 맥락을 보건대 그렇다는 것이다. 그 진의는 재현에 깔려 있는 이해관계를, 전 지구적 자본 재배치하에 있는 이론가의 정치적 입장이 야기하는 지식의 효과를 구체적으로 따져보아야 한다는 데 있다. 예컨대 주권적 주체를 가장 급진적으로 비판하는 이론가들(푸코와 들뢰즈)조차 전 지구적 자본주의와 그에 따른 국제적 노동분업에서 제1세계의 특권적 지식인이라는 물질적·정치적 입장을 분명히 하지 않은 채, 이제 서발턴들이 말할 수 있다고 그들에게 시혜적으로 주체성을 부여하면서 자신들은 슬그머니 빠져 버리는 것은 아직 '주체'도 아니고, 상징 자본도 없는 서발턴들을 더욱 깊은 침묵 속에 밀어 넣는 데 일조한다.

스피박이 『루이 보나파르트의 브뤼메르 18일』을 다시 읽는 것도 거기서 이미 맑스가 정치경제에서의 대표와 주체 이론에서의 묘사 사이의 공모적 불연속성을 사유하고 있기 때문이다. 거기서 스피박은 맑스의 "흩어지고 전위된 계급 주체의 구조적 원리"야말로 대표와 묘사 사이의 불연속성을 사고하게 해준다고 본다. 『브뤼메르』에서 맑스가 제기하는 질문은, 왜 프랑스 소자작농들이 계급의식으로 냉정하게 보면 절대로 자기들을 대변해 줄 사람이 아닌 루이 나폴레옹을 자신들의 대표자로 삼아야 했던가 하는 것이다. 이에 따라 맑스가 인정해야 했던 것은 먼저 그들은 스스로를 대변할 수 없기 때문에 누군가에 의해 대변되어야 한다는 점이다. 따라서 루이 나폴레옹이라는 정치적 대변자는 계급주체에 상정될 수 있는 변혁적 계급의식과 그러한 계급으로 형성되지 못한 혹은 형성 중인 일단의 집단이 추구하는 이해관계 사이의 괴리를 각인한다. 루이 나폴레옹이 소자작농들의 대표자로 낙점된 사건은 특정 집단의 계급주체가 추구할 의식내용과 그 정치적 대표 사이에 있는 불일치와 모순을 생생하게 보여준다. 그러므로 스피박은 묘사와 대표가 동일선상에 있는 것처럼 얼버무릴 게 아니라, 묘사와 대표 사이의 상관적이고도 은폐적인 공모성을 제대로 이해하고 인정할 필요성을 제기한다. 스피박이 보기에 그 공모적 불연속성의 핵심에 정치경제적 이해관계가 있고, 그것은 젠더 및 인종과 또한 얽혀 있다.

이러한 1980년대 문제제기를 바탕으로 그것을 수정·확대하는 스피박의 면모는 1990년대 맥락을 선점하는 전 지구적 자본이 **북**과 **남**의 여성들의 삶에 각기 달리 초래하는 파장을 어떤 지평에서 어떻게 재현할 것인가를 페미니즘적 역사기술의 주요한 사안으로 제시하는 데서 나타난다. 스피박은 페미니즘적 역사기술이 식민담론 연구에 머물러서는 안 되며, 그 연구의 지평을 현재의 전 지구적 금융 자본주의의 식민화 문제로 확대되어야 한다고 본다. 그렇게 하지 않고 "식민담론 연구가 피식민지인의 재현이나 식민지 문제에만 집중할 때 식민주의/제국주의를 과거 속에 안전하게 놓고/거나 그러한 과거로부터 우리의 현재에 이르는 연속적인 선을 시사함으로써 현재의 신식민적 지식생산을 때로 도와줄 수 있다"(35). 현재의 신식민적 지식생산 구도는 더욱 교묘하게 제국주의 공리계와 밀착되어 있기 때문이다. 스피박은 현재의 전 지구적 금융 자본주의 속에서 **발전 속의 여성** 대신 쓰이고 있는 **젠더와 발전**이라는 수사를 그 단적인 예로 들고 있는데, 이는 4장에서 중점적으로 논의된다.

4장은 프레드릭 제임슨의 포스트모더니즘 논의에 대한 긴 설명으로 시작되는데, **사라져가는 현재의 역사**를 '문화'라는 코드명으로 살펴보고 있다. 스피박은 포스트모더니즘과 포스트구조주의를 엄연히 구분되는 것으로 본다. 그런데 제임슨은 이 둘을 융합함으로서 포스트모더니즘을 20세기 후반 미국 문화의 지배류로 생산하는 서사를 구사한 것이다. 제임슨의 이러한 태도의 근간에는 포스트모던 문화현상을 도덕적 엄숙주의로 대하는 맑스주의에 대한 비판이 깔려 있다. 제임슨은 맑스에게서 받아들일 것은 자본주의를 긍정적인 동시에 부정적으로 사유하는 태도라고 주장한다. 스피박은 제임슨의 이러한 주장을 환원된 맑스 읽기, "맑스주의를 권력분석으로 중화하는 읽기"(437)라고 하면서 그러한 방식은 포스트모던 전 지구적 자본주의의 모순 관리용이자 제3세계의 폐제를 은폐하는 데 봉사할 수 있다고 비판한다. 포스트모더니즘을 이해하자는 논리가 어느덧 내부의 위기관리를 위해 제국주의적 공리계를 끌어들이기 때문이다.(457)

이것은 피럴먼의 시를 분석하면서 미국 메트로폴리스 내부의 차이나타운과 본토 중국을 아무 생각 없이 동일시하는 피럴먼의 작품 세계를 포스트모던한 것이라고 읽어내는 제임슨에게서 잘 드러난다. 제임슨은 피럴먼과 마찬가지로 중국어의 풍부한 의미화 실천을 삭제하고 전유한다. 일본이라는 대상을 '타자'로, '차이'로 구성하는 바르트도 자신의 주체 입장이 역사적으로 구성되고 지정학적으로 차별화되는 주체임을 자각하지 않는 시혜적인 오만함 속에서 일본에 관심을 갖는다. 이렇게 구성되는 미국 포스트모던 문화의 맥락은 페미니즘에도 어김없이 관철된다. 스피박은 그 단적인 예로 일본 출신이면서 뉴욕에서 성공한 포스트모던 패션 디자이너 레이 카와쿠보의 경우를 들고 있다. 특정 지리에 구속되지 않는 자유를 구가하는 그녀가 디자인한 아주 비싼 일본풍 옷들은 전 지구적 혼종적 하이테크 주체들이나 사 입을 수 있다. 20세기 후반 미국이 선호하는 주체이자 대상으로서 레이 같은 다국적 부르주아 개인주의 페미니스트가 부상하는 것은 다른 여성들을 사라지도록 할 뿐이다.(485) 레이가 표방하고 포스트모던 문화이론가들이 옹호하는 기치들 속에서 작동하는 제국주의 공리들로 말미암아 결국 토착정보원(일본인 노동자, 차이나타운의 노동자, 중국 노동자)의 시각은 철저하게 변조된다는 것이 4장 중간까지 펼쳐지는 스피박의 주요 논지다.

1990년대 이후 미국 포스트모던 문화연구를 미국 메트로폴리탄 에스닉 문화연구, 급진적 메트로폴리탄 다문화주의적 연구, 미국 학계의 문화적 혹은 엘리트 포스트식민주의 연구로 집결되게 하는 **포스트식민 정보원**이 4장 후반부 논의의 핵심을 이룬다. 스피박은 자신도 몸담고 있는 미국학계를 감염시키고 있는 "자비로운 제3세계주의적 문화연구 충동"(495)을 지식생산을 통한 위기관리에 엄청난 잠재력을 지닌 것으로 파악한다. 이 충동은 향수어린 토착주의 혹은 민족주의에 편승하는, 포스트식민 정보원으로 변한 식민주체들 속에서 둥지를 틀고 승리에 도취하는 혼종주의와 야합한다. 신생 독립국가들에서의 토착 엘리트들이 신식민주의를 주도하는 미국의 자기재현(탈식민화, 민주화, 근대화, 발전의 수호자라는)을 지지하는 역할 속으로 흡수되는 과정이 바로 그 배경을 이룬다. 소위 발전 서사가 미국의 사명에 알리바이를 제공함으로써 착취를 일삼는 새로운 제국주의에 토착엘리트들도 공모하도록 만들었다(509)는 것이다.

스피박은 위대한 발전 서사의 자금을 지원하고 협조체계를 만드는 대리인들로 〈세계은행〉과 같은 국제적 기구들뿐만 아니라 생태론적 통찰을 전유한 '지속가능한 발전' 논리(510), "인종차별주의적 온정주의 혹은 자매주의라는 전 지구적 발전 이데올로기"(510)를 지적한다. 이렇게 강력한 물적·이데올로기적 조건 속에서 **포스트식민 정보원**은 탈식민화된 국가 내부의 억압받는 소수자들보다 메트로폴리스 공간에 있는 다른 인종적·에스닉 소수자들과 동일시함으로써 인종적 하층계급과 서발턴적 남을 어둠 속으로 물러나게 한다. 스피박은 바로 이 점을 가장 문제시한다. 새로운 이민자로서 메트로폴리탄 공간을 점점 더 많이 채우고 있는 이들은 계급 상승 유동성을 '저항'이라고 서술하면서 '새로운 제3세계'라는 시뮬레이션 효과를 냄으로써 전 지구화에 대항하는 투쟁을 잠식하기 때문이다.

이러한 맥락에서 스피박은 미국문화연구 진영에서 말하는 '문화'도 발전을 위한 알리바이, 전 지구의 금융화에 유리한 알리바이(516)라고 혹독하게 비판하면서 초국가적 지평에서 문화연구를 제대로 하는 데 필요한 **초국가적 지식능력**을 강조한다. 이것은 남의 민족주의, 북의 복지국가라는 식으로 재편되는 초국가적 이해관계를 파악하면서 '문화적인 것이 갖는 환원될 수 없는 이질성'을 가시화하기 위해 "어떤 동일성에 영원히 붙잡힌 채 남아 있기보다 대타성을 환기하는 토착정보원의 (불)가능한 관점에서 작업"(485)하는 능력을 말한다. 이러한 능력은 4장의 마지막에 제시되는 예에서 감지된다. 그것은 런던 이주민 공동체의 연대지상주의(solidaritarianism)에 깃들어 있는 성차별주의가 비판적으로 검토되는 가운데 런던 이스트엔드에서 가내노동을 하는 방글라데시 출신의 수천 명의 재택근무 여성노동자들과, 방글라데시의 의류사업장에서 일하는 수천 명의 미숙련 여성노동자들에게 몰아닥치는 이상한 경쟁관계와 방글라데시 아동노동문제이다. 이렇게 하여 4장에서 언급된 포스트모던 전 지구적 자본주의 시대의 문화 텍스트들은 메트로폴리탄 이주 여성노동자들과 방글라데시 토착 여성/아동 노동자들의 실제 직물 짜기(textile)와 연결된다.

스피박이 말하는 **사라져가는 현재**란 전 지구의 금융화가 포스트식민 주체를 새로운 이민자로 만들어내는 생산양식이 지배적인 현재이다. 그러한 현재 속에서 스스로 서발턴 행세를 하며 자신들의 담론 권력을 챙기려 드는 엘리트 포스트식민적 문화연구로 인해 가장 음지로 사라지는 것은 남의 토착 여성노동자들의 초과착취 노동현실이다. 스피박은 초국가적 지평 속에서의 바로 이 현실을 사라지지 않게 붙들 토착정보원의 (불)가능한 관점에서 우리 시대의 문화를 읽어내고 가르치며 행동할 때 잠정적이지만 분명히 더 나은 대안이 부상될 수 있다고 본다.

이 책 전체를 아우르며 스피박이 제시하는 것은 (불)가능한 윤리, 읽기의 윤리(학)인데, 이는 다문화적인 미국 대학에서 교육실천가로서 스피박의 입장에서 비롯되는 것 같다. '세상을 읽어내(는 안목을 기르)는 것'이야말로 교육실천에서 핵심적인 사안이다. 이 책에서 스피박이 말하는 읽기의 윤리란 (의식적으로나 무의식적으로나) "무지에의 의지"(willing ignorance), 즉 "인가된 무지"에 저항하면서, 위대한 텍스트를 숙지·포획하려고 하기보다 결을 거슬러 읽어내는 것이자 (불)가능한 관점에서의 읽기를 상상하는 것이다. 달리 말해, 텍스트에 있는 여러 결들에서 각기 나름의 폐제가 실행된다는 점을 인식하고 하나 혹은 여러 기입처에서 텍스트의 안정성에 균열을 내는 읽기를 하기 위해서는, 환원불가능한 대타성을 지각하는 역능을 갖춘 윤리가 요청된다. 이 때의 윤리는 읽기, 가르치기로서의 윤리다. 여기서 읽기, 가르치기란 인식론적이고 담론적일 뿐만 아니라 무엇보다 윤리적인 필수사항(ethical imperative)이며 '비판'(critique)이다.

스피박은 해체와 정신분석학(특히 폐제 개념)의 통찰을 활용하여 토착정보원의 (불)가능한 관점이야말로 서구 문화가 자신을 합법적인 주체로 설립하는 과정에 가장 많이 기여했으면서도 잔여물로 남겨진 흔적이라는 점을 밝혀낸다. 또한, 현재의 초국가적 정치 및 문화연구에 여전히 작동중인 제국주의의 공리계를 가시화하는 작업을 위해 정신분석학을 이용하자고 제안한다. 폐제가 수반되곤 하는 **토착정보원**의 (불)가능한 관점을 상상하는 것은, 말하자면 칸트의 순수이성이란 '순수'하지 않을 뿐더러, 포스트식민 연구가 보여주듯 애초부터 '혼종적인' 것임을 드러낸다. 이런 점에서 책 제목이 시사하는 바대로, 이 책은 후기식민 시대의 포스트식민 이성 비판이라고 할 수 있을 것이다.

이 책은 유럽의 대가 철학자들, 유럽 문학, 제국주의 시대 기록물들이 쌓여 있는 문서보관소, 포스트모던 미국 패션업계, 방글라데시의 직물산업 등을 촘촘히 분석한다. 그러면서, 급진적(으로 보이는) 담론의 제도적 산종이 궁극적으로 꾀하는 것은 지적·문화적 재식민화이자 자본과 제국에 유리하게 자본 및 자원이 재배치되는 전 지구화라는 인식을, 후기식민 시대의 '이성'은 세련된 포섭 방식을 통해 제국주의 공리계를 전 지구적 자본에 유리하게 정당화하는 기제임을 확실히 한다. 이것은 '식민화'라는 용어가 점차 확장되어 온 과정에서 단적으로 드러난다.

'식민화'는 최근 페미니즘 논의와 좌파 담론 일반에서 다양한 현상들을 지시하는 용어가 되었다. '식민화'는 역사적으로 일어났던 식민통치의 폭력뿐만 아니라, 맑스주의에서 착취적 경제교환 범주로도 사용되며, 미국 내 유색인종 여성들의 경험과 투쟁을 식민화하려는 헤게모니적인 백인 페미니즘을 기술하는 방식에까지 이른다. 이와 함께 이러한 '식민화'를 '탈'하겠다는 탈식민 연구가 난무함으로써 '탈'의 의미가 희석되고 흐려지고 있는 실정이다. 이것은 전 지구적 혹은 제3세계 페미니즘이나 제3세계의 계몽주의적 남성주의적 민족주의 연구 역시 기대고 있는, 서구에서 생산되어 유포되는 일련의 규율적인 정치적 개념들 탓이 크다. 이 책에서 스피박은 철학·문학·역사·문화 영역에서 작동되고 있는, 이 개념들에 기반한 '식민화/'탈식민화'라는 틀 자체를 포스트식민 이성의 내재적 문제로 비판하는 가운데 '탈식민화'를 근본적으로 다시 성찰할 것을 촉구한다. 그러한 성찰 자체도 (불)가능한 것인데, 가능성 쪽에 무게를 더욱 실어 가는 것이 우리의 과제라고 하겠다.

2005년 6월
태혜숙, 박미선

서문

나의 목적은 우선 철학, 문학, 역사, 문화라는 다양한 실천들을 통해 **토착정보원**의 형상을 추적하려는 것이었다. 나는 곧 그러한 추적이 자신을 **토착정보원**과 결별시키는 식민주체를 보여준다는 것을 발견했다. 1989년 이래 나는 특정한 포스트식민(postcolonial)[1] 주체가 이제 식민주체를 재코드화하고 **토착정보원**의 입장을 전유하고 있다는 점을 감지하기 시작하였다. 전 지구화가 절정에 이른 오늘날, 전자통신 정보학이 토착지식의 이름으로 토착정보원을 도청하며 생물해적질(biopiracy)[2]을 조장하고 있다. 그

---

1. [옮긴이] 제2차 세계대전 후 정치적·군사적 식민주의가 공식적으로 끝났다고 언명되지만, 식민주의가 경제와 문화를 통한 신식민주의로 연장되었다는 인식을 중시하면 후기식민으로, 여러 형태로 교묘하게 위장된 신식민 상태에 대한 지정학적·정치적 인식을 갖고 미완의 탈식민(decolonization)을 완성하려는 움직임을 중시하면 탈식민으로 번역된다. 이 책에서는 후기식민과 탈식민이라는 이중적 함의를 담는다는 뜻에서, 또 저자 스피박이 미국 메트로폴리탄 담론구성체에서 발흥한 포스트콜로니얼 연구진영의 핵심멤버라는 점에서 '포스트식민'으로 번역한다.
2. [옮긴이] 최근의 과학기술과 경제발전 논리로 인한 생물자원의 약탈을 가리키는 생태학 용어

래서 내가 1장에서 간파한 작동중인 폐제(foreclosure)³는 더욱 공격적으로 진행된다. 유네스코가 기획 출간한 『삶의 지속체계 대백과 사전』은 인류 역사의 선주민(Aboriginal) 시대를 "환경의 악화와 지속가능성에 아무런 관심을 기울이지 않는 정태적 접근법으로 연상되는 … 머나먼 과거의 시간"으로 "정의한다." 아리스토텔레스에게는 "[사람들이] 살고 있는 사회에 내재한 역사적 한계" 때문에 "가치 표현의 비밀을 … 해독하는" 것이 불가능했다. 그렇듯 물론 선주민이 지속가능성을 생각하기란 물론 불가능했다.⁴ 하지만 에코생명소(ecobiome)의 리듬 속에 사는 실천적 철학은 이제 "아무도 관심을 기울이지 않는" 일로 젖혀지고 있음에 틀림없다.

나의 책은 에코 쪽의 공격을 받고서 식민담론 연구에서 초국가적 문화연구로 옮아간 한 실천가의 궤적을 그리고 있다. 이 텍스트가 사라져 가는 현재를 포착하려고 할 때 내가 서 있는 입장은 "움직이는 토대"인 초국가적 문화연구이다. 이 입장은 서사적 각주들을 통해 자체를 주장한다. 어떤 사람들은 이러한 방식에 화가 나고 혼란스럽다고 느낄 것이다. 또 어떤 이들은 이 도전에 공감할 것인데 나는 부디 그러기를 바란다. 내가 4장에서 발견하는 내포 독자(implied reader)⁵는 너무도 다양해서 하나의 명확한 관심사나 준비를 배당받을 수 없다. 나 자신의 불확실한 연구 탓인지 새로운 문화연구를 위해 어휘를 두루 살펴보는 독자를 나는 때때로 그려본다. 이 책은 이론적 엘리트와 자기 스타일을 지닌 학계 "실천가"의 "인가된 무지"(sanctioned ignorance)⁶를 언급하려고 또한 애쓴다. 이러한 인가들 또

---

3. [옮긴이] 라캉의 정신분석학에서 나오는 용어인데, 이 책에서는 비유럽 주체의 주체화를 가로막고 배제한다는 뜻으로 쓰이고 있어 폐제(閉除)라는 말을 만들어 번역한다.
4. *Encyclopedia of Life Support Systems: Conceptual Framework* (Whitstable: Oyster Press, 1997), p. 13; Karl Marx, *Capital: A Critique of Political Economy*, tr. Ben Fowkes, vol. 1 (New York: Vintage, 1976), p. 152. [한국어판: 『자본론』 1(상, 하), 2, 3(상, 하), 김수행 옮김, 비봉출판사, 2001-2004].
5. [옮긴이] 텍스트가 기대하고 있는 독자로 텍스트의 구성과 내용에 처음부터 관련된다.

한 이질적 영역에 귀속되어 있다. 그리하여 독자의 자리는 작가의 자리만큼이나 안정되게 확보된 것이 아니다. 하지만 글쓰기와 읽기 속에서 저항을 받는 모든 텍스트들의 지위가 그렇지 않을까?

1장은 철학을 살펴본다. 즉 칸트가 **선주민**의 권리를 상실케 하는 과정, 헤겔이 규범적 일탈의 패턴에다 유럽의 타자를 놓는 과정, 식민 주체가 헤겔을 위생화하는 과정, 맑스가 차이와 협상하는 과정을 다룬다.

2장은 식민주의와 포스트식민성이 형상화되는 방식을 보여주기 위해 브론테(Brontë), 메리 셸리(Mary Shelley), 보들레르(Baudelaire), 키플링(Kipling), 리스(Rhys), 마하스웨타(Mahasweta), 코에체(Coetzee)와 같은 일군의 작가들의 문학 텍스트들을 읽는다. 그 과정에서 메리 셸리가 이 명단의 마지막 세 사람과 합류한다. 우리 투쟁의 교훈이기도 한 타자의 윤리를 정체성의 정치로 제시하지 않는다는 점에서 그렇다. 이 시점에서 나는 최소한 자메이카 킨케이드(Jamaica Kincade)의 『루시』(*Lucy*)를 여기 집어넣었을 것이다. 이 작품은 착취자들에게 들이대는 날카로운 칼날을 하나도 잃어버리지 않는 파라탁시스적(paratactic)[7]인 강력한 텍스트이다. 『루시』는 결말에서 중심인물의 선택을 넘어서는 타자성으로서 루시라는 고유명사를 용감하게 해체한다. 그리하여 이 작품은 희생자의 상황에 처해 있으면서도 행동·교섭 능력(agency)[8]을 택하고 싶어 하는 주체(subject)[9]에게 거부되는

---

6. [옮긴이] 주로 식민지배 엘리트층이 피지배자의 관념이나 문화에 대해 스스로 허용하는 오만한 무지를 가리킨다.
7. [옮긴이] 포스트모더니즘론자들이 포스트모던 삶의 변별적 특징으로 강조하는 개념들 중 하나인 파라탁시스(parataxis)란 갈등이나 모순이 해결되지 않은 채 공존하거나 병치되는 관계에 있는 것을 일컫는다. 언어학적으로 말하자면, 은유보다는 환유적 성격이 강하다. 또한 부분적으로는 전통적 범주와 개념들이 포스트모던 테크놀러지를 따라가지 못함으로써 파라탁시스가 발생한다.
8. [옮긴이] 저항주체의 행위능력뿐만 아니라 갈수록 중요해지는 교섭(negotiation, 주체와 타자 쌍방 간의 실질적인 협상이라는 뜻으로 쓰이다가 최근에는 순수한 동일성을 복잡한 혼성성으로 바꾸어 가는 주체의 역동적인 능력 층위에 주시하는 이론적 개념이 된다) 둘 다를 뜻하기

사랑의 권리/책임을 가정법으로나마 주장할 수 있다.

3장은 문서보관소를 통해 19세기 히말라야 산악지대 국가의 여왕(hill queen)10을 따라가 보며 과부 불태우기의 경과를 숙고해 본다. 3장이 『맑스주의와 문화의 해석』11에 처음 게재된 「서발턴이 말할 수 있는가?」의 수정본을 싣고 있음을 언급해야 하리라 본다.

4장은 포스트모던 패션과 텍스트 짜기(textile)의 역사에서 여성이 차지하는 위치를 살펴본다.

「서발턴이 말할 수 있는가?」 외에 이 책에 활용된 초기 판본의 내 논문들을 밝히자면 다음과 같다. 「시르무르의 라니: 문서보관소 독해 에세이」12, 「세 여성의 텍스트와 제국주의 비판」13, 「제국주의와 성차」14, 「주변부의 판본들: 데포의 『크루소/록사나』를 읽는 코에체의 『포우』」15, 「시간과 시간

위한 이중어법의 번역용어를 만들어 쓰는 것이 이 책의 맥락상 적절하다.
9. [옮긴이] 주체를 의미하는 영어 단어 subject는 1) 행위의 주체이자 (특히 철학에서는) 사고하는 주체 2) 정치 이론이나 정치적 상황에서, 국가와 법에 '종속된' 존재로서의 신민 혹은 시민이라는 최소한 두 가지 의미를 지닌다. 현대 이론에서는 주체가 언어를 말하는 존재라는 개념에 정신분석학적 통찰이 덧붙여져 한층 더 복잡한 용어가 된다. 페미니즘에서 주체(성)는 정체성과 구분되고 적극 정치화시킬 필요가 있다. 정체성이란 그 구성 과정에 무의식적 동일시 과정과 욕망의 층위들이 강하게 개입하며, 특히 여성 정체성의 경우 이제껏 제2의 성이라고 파악되어 온 '대문자 여성'을 둘러싼 재현 양식이 물질적·담론적으로 개입되는 지점이라 구성적인 성격을 강하게 띤다. 반면, 말을 하기 시작한 여성에게 주체성은 그 자체가 힘을 실어 주고 권한을 부여하는 출발점이자 정치적 의지이기도 하다. 여기서 주체성은 구성되는 주체보다 구성하는 주체, 즉 주체가 구성되는 조건들에 대한 이해를 바탕으로 사회 변화를 일구어 내는 정치적 행위자로서 주체 주위로 이동된다.
10. [옮긴이] 3장에서 언급되는 시르무르의 라니를 뜻한다.
11. *Marxism and the Interpretation of Culture,* eds. Cary Nelson & Lawrence Grossberg, Urbana: University of Illinois Press, 1988.
12. "The Rani of Sirmur: An Essay in Reading the Archives", *History and Theory* 24, no. 3, 1985, 242-272
13. "Three Women's Texts and a Critique of Imperialism", *Critical Inquiry* 12, no. 1, Autumn 1985, 243-261
14. "Imperialism and Sexual Difference", *Oxford Literary Review* 7, 1986, 225-240.
15. "Versions of the Margin: J. M. Coetzee's Foe reading Defoe's Crusoe/Roxana", in

화: 법과 역사」[16].

각 장들은 홀로 서지 못한다. 그것들은 다음과 같이 기술될 수 있을 하나의 연쇄에 느슨하게 매달려 있다. 즉 철학적 전제들, 역사적 발굴들, 부상하는 포스트식민적인 것을 공유하는 지배적인 것의 문학적 재현들 또한 원주민이자/또는 서발턴인 "토착정보원"의 의식 경계의 하부에서 일어나는 불연속적 부상을 추적한다. 이것은 "제3세계 문학" 이미지, 말하기, 글쓰기를 통해 표현되는 비유가 아니다. 토착정보원이 불가능한 관점으로부터 스스로를 치환시켜 초강력-착취된 대상들뿐만 아니라 저항적 네트워크들을 향하게 되는 경위가 이야기의 일부를 이룬다. 텍스트 짜기라는 문제틀은 하나의 종결부를 포함하는 것 같다. 그것을 이야기하는 와중에 그 사슬이 종종 잘려나간다. 하지만 잘려 나간 실오라기들이 다시금 등장하기를 나는 바란다.

이 책은 페미니즘 책이다. 페미니즘적 논점들은 1장에서 "미리 부상한다"[17]. 이 논점들이 나머지 장들의 실체를 이룬다. 4장에서는 우리 시대 문화주의적 보편주의 페미니즘이 비판된다.

이 책은 벨 훅스(bell hooks), 데니즈 칸디요티(Deniz Kandiyoti), 케투 카트락(Ketu Katrak), 와흐니마 루비아노(Wahneema Lubiano), 트린 티 민하(Trin-ti Minh-ha), 찬드라 탈파드 모한티(Chandra Talpade Mohanty), 아이와 옹(Aiwa Ong), 사라 술레리(Sara Suleri)의 작품들이 놓일 서가에 같이 꽂힐 만하다. 내가 이 책을 집필하는 동안 이 여성들과 또한 여기서 이름이 거론되지 못한 다른 여성들이 포스트식민 페미니즘 연구를 크게 진

Consequences of Theory, eds. Jonathan Arac & Barbara Johnson, Baltimore: Johns Hopkins University Press, 1991, 154-180

16. "Time and Timing: Law and History", in *Chronotypes*, eds. John Bender and David E. Wellbery(Stanford University Press, 1991).
17. [옮긴이] 영국의 문화유물론을 대표하는 레이먼드 윌리엄스(Raymond Williams)의 용어이다.

척시켰다. 술레리와 나는 주류 텍스트들에 더 많이 집중하는 편이다. 앞에 언급된 학자들의 작업과 나의 작업 사이에 있을 인정되지 않은 유사성은 우리가 공동 투쟁 속에 있음을 입증한다.

하지만 나는 조직된 저항으로부터 어떤 서발턴들이 전략적으로 배제되는가를 탐색하고자 할 때에도 주류 텍스트들에 더 많이 집중한다. 우리가 서식하는(inhabit)[18] 페미니즘은 문화적으로 지배적인 것의 전통에 적대하더라도 그것을 통해 어떤 관계 같은 것을 맺기 마련이다. 찬드라 모한티는 최근에 나온 자신의 책에서 세와(SEWA, Self-Employed Women's Association)에 관해 유려한 구절을 펼쳐주고 있다.[19] 남성지도자들은 당시 젊은 변호사였던 엘라 바트(Ella Bhatt)에게 "그[인도의 가난하고 교육받지 못한] 여자들을 고용할 사람들이 없는데 어떻게 그들을 조직하려고 하는가?"하고 거듭 훈계하였다. 그런데도 바트는 "자기 고용"이라는 범주를 탄생시켰으며, 그녀의 혁명적 기획에서 첫 움직임으로 은행을 세우기 위해 여자들에게 돈을 조금씩이나마 모으라고 권유했다. 그렇지 않았더라면 이 여자들은 조직된 노동운동으로부터 전략적으로 배제된 채 계속 남아 있었을 것이다. 그리고 WWB의 니콜라 아르마트로드(Nicola Armatrod)가 WWB(세계여성은행)가 어떤 사회적 일을 하느냐는 질문을 받을 때, 세와를 거듭 인용하면서 세와의 "찬드라 벤"이 자신의 손을 잡아준다는, WWB가 그들의 후원자! 라는 소리를 나는 오늘 듣는다. 세상을 읽는 문학적 습관을 길러온 사람은 공모성을 불편함으로 감지하지 않아야만 그러한 초강국 승리주의를 제어하는 시도를 할 수 있다. 그래서 포스트식민 이성의 생산구조들을 점검하

---

18. [옮긴이] 스피박이 독특하게 즐겨 쓰는 동사로서 우리가 살아나가고 있는 곳에 우리와 함께 서식중인 이라는 뜻을 가짐.
19. Chandra Mohanti, "Women Workers and Capitalist Scripts: Ideologies of Domination, Common Interests, and the Politics of Solidarity", in M. Jacqui Alexander and Chandra Talpade Mohanti, eds., *Feminist Geneologies, Colonial Legacies, Democratic Futures* (New York: Routledge, 1997), pp. 26-27.

는 나의 책은 하나의 "비판"이다.

가장 깨끗한 건강 청구서가 없더라도 마냥 앞으로 나아가게 할 힘이 없다면 우리는 두 가지 문제 사이에 사로잡히게 된다. 한쪽에는 모방과 위장을 통한 상층으로의 계급 유동성을 직접적인 저항이라고 정교하게 논의하며 지지하는 이론들이, 다른 한쪽에는 "서구가, 특히 미국이 제3세계의 수사학을 기꺼이 관용하던 시절이 지나가고 있음을 … 인정하지"[20] 못하는 실패가 가로놓여 있다. 문학작품 읽기를 가르치는 선생의 과제는 학생과 선생이 '~으로부터의 자유'(freedom-from)에서 '~로의 자유'(freedom-to)로 왕복할 때, 미국의 계급적 권력의지를 직접적인 저항이라고 축하하는 자리가 아니라 그러한 의지를 비강제적으로 재배치하는 아포리아에다 놓는 것이다.

아이자즈 아마드(Aijaz Ahmad)와 나는 메트로폴리탄 포스트식민주의를 비판하는 입장이다. 그렇더라도 내 입장이 덜 지역주의적이기를, 공모성을 생산적으로 인정함으로써 더 많은 뉘앙스를 지니기를 바란다. 나는 항상 구석 주변을 보고, 다른 사람들이 우리를 보듯 자신을 보고자 애쓴다. 하지만 그렇게 하는 것은 작업을 중단시키기 위해서가 아니라 작업을 덜 배타적으로 하기 위해서이다. 내가 해체로부터 계속해서 배우는 바는 좀 특이한 것이다.[21] 하지만 그것은 어디까지나 나를 견제하는 고삐로 남는다.

나는 상호학제적일 정도로 충분히 박학하지는 못하지만 규칙들을 깨뜨릴 수는 있다. 규칙 깨뜨리기로부터 무엇을 배울 수 있을까? 내가 이 책의 앞 세 장을 갖고 강의실에서 강의할 때 그것을 읽어내느라고 고생한 나의

---

20. James Traub, "Kofi Annan's Next Test", *The New York Times Magazine*, March 29, 1998, p. 46.
21. [옮긴이] 초월적·형이상학적 현존(presence)을 비판할 뿐만 아니라 그것을 비판하는 이론가·비평가 자신의 현존을 인식하고 경계(vigilance)하며 집요하게 비판하는 자기-비판적(self-critical) 측면을 말한다.

두 학생 제니 샤프(Jenny Sharpe)와 트레스 파일(Tres Pyle)에게 묻는다. 그리고 마지막 4장으로 말할 것 같으면 내게 다른 배움을 가능하게 해주었던 마하스웨타디(Mahaswetadi), 파리다(Farida), 파라드(Farhad)에게 감사한다.

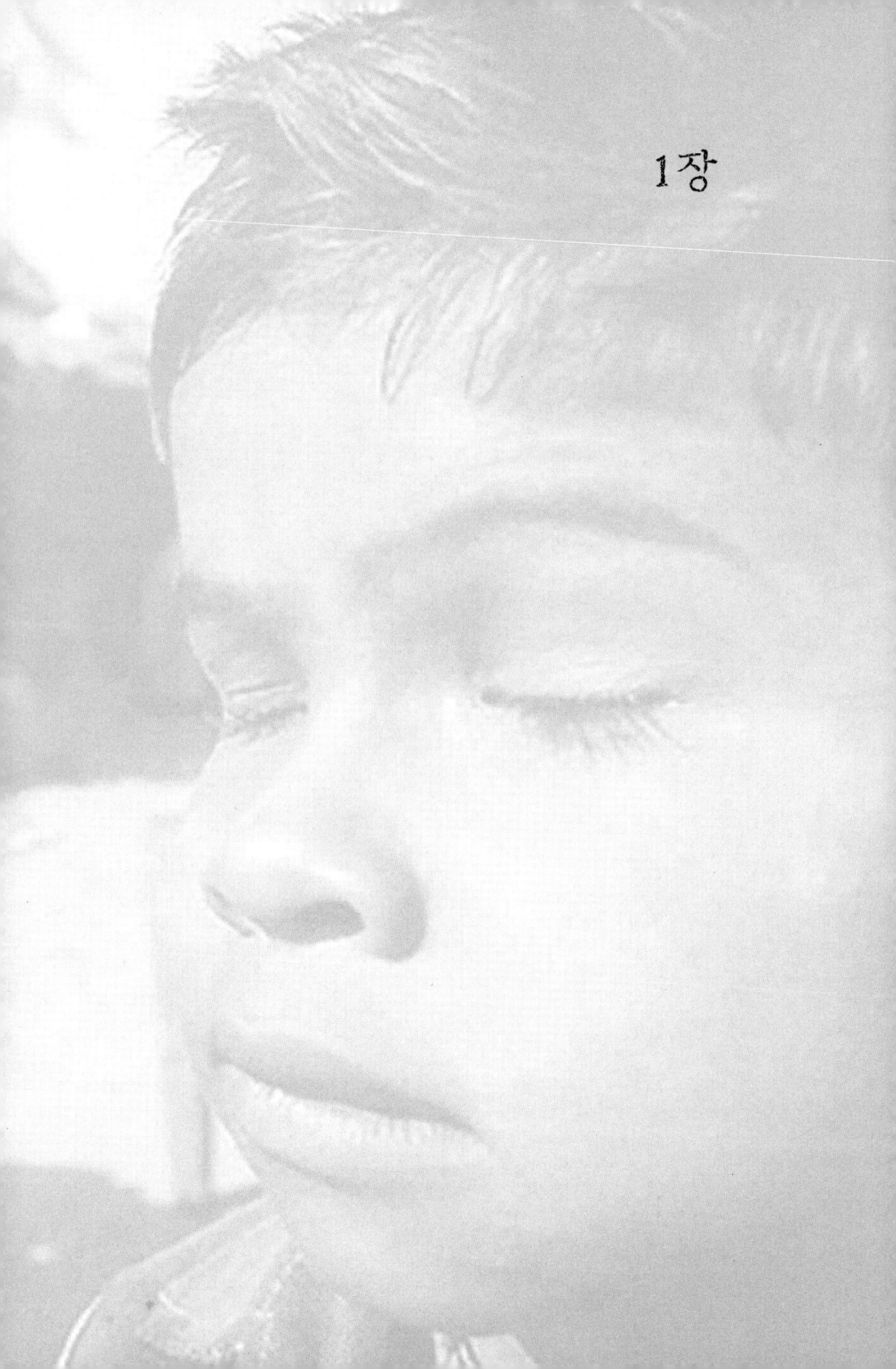

1장

1장 철학

I

포스트식민 연구는 일반적인 틀 속에 놓여지지 않는다면, 상실된 대상을 자신도 모르게 기념하는 사이에 하나의 알리바이가 될 수 있다. 식민담론 연구는 피식민지인의 재현이나 식민지 문제에만 집중할 때 식민주의/제국주의를 과거 속에 안전하게 놓고/거나(and/or)[1] 그러한 과거로부터 우리의 현재에 이르는 연속적인 선을 시사함으로써 현재의 신식민적 지식생산을 종종 도와줄 수 있다. 이러한 상황은 포스트식민/식민 담론 연구가 실질적인 하위분과학문적(subdisciplinary) 게토로 되고 있다는 사실을 복잡하게 만든다. 하지만 이 연구들이 주류에 흡수될 수 있더라도 끈질기게 진흙을 걷어내는 작업을 제공하지 않는다면 어떻게 될까. 외관상 투명한 주류 분

---

1. [옮긴이] '~와/또는'을 동시에 표현하는 이중어법이다.

과학문 학제가 진창이 되리라는 것은 의심할 여지가 없다. 이러한 진흙 걷어내기가 이런 저런 의도를 지닌 주체들을 계속해서 독선적으로 수치스럽게 만들 때, 그것은 생산적이지 않게 된다. 여기서 해체가 도움이 될 수 있다. (데리다는 분과학문적 학제 문제들이나 유럽 의식의 위기를 거듭 환기하면서도 이러한 목적에 해체를 활용하려고 시도한다. 하지만 그의 몇몇 시도들은 해체적 문학 혹은 철학 비판에 적절하지 못하다고 간주되는데 그것이 우연한 일은 아니다.)[2]

주류는 깨끗하게 흘러온 적도 없고 앞으로도 그럴 수 없을 것이다. 주류 교육의 일부는 인가된 무지로 무장한 채 이 점을 완전히 무시하는 학습에 연루된다. 그래서 나는 이 첫 장에서 바로 그 점을 드러내는, 서구철학 전통에 핵심적인 세 편의 텍스트를 읽는다.

칼 플레취는 「세 개의 세상」[3] 결론 부분에서 다음과 같이 쓰고 있다.

우리가 해야 할 도전은 사회과학적 노동의 이러한 개념적 구획을 [세 개의 세

---

2. 학제 문제에 관해서는 *Qui a peur de la philosophie?* (Paris: Flammarion, 1977); "The Principle of Reason: The Universities in the Eyes of Its Pupils", Diacritics 13. 3 (1983); "Mocholos; or, The Conflict of the Faculties", Richard Rand, ed., *Logomachia* (Lincoln: Univ. of Nebraska Press, 1992) 참조. 2장에서 논의한 텍스트들과 달리, 제국주의 문제들이 다음 글들에서는 강력하게 환기된다. "Racism's Reflection: Nelson Mandela, in Admiration", Derrida and Mustapha Tlili, eds., *For Nelson Mandela* (New York: Seaver Books, 1987). 사실 이 문단에서나 이 책에서 내가 주장하려는 바는, 신식민주의가 부지불식간에 제3세계주의적/식민담론주의적 비평을 이미 수행해 왔으며 지금도 수행하고 있는 바를 알리바이 형식 속에서 "(함께) 진술한다"는 점이다. 이 점은 앞서 언급한 네 번째 글에서도 발견된다. "[현대 국민-국가라는 제도의] 고유한 수행적 행위는 그것이 사실확인적 행위라는 형식 속에서 기술하기(describing)의 확실성을 오로지 주장하고 선언하고 부여해야 하는 바를 생산해야(주장해야) 한다. … 대량인종학살(genocide)이나 거의 전멸 위에서 설립된 국가들의 경우에서처럼, 현대의 국민국가는 스스로를 잊혀지도록 할 수 없다"(p. 18 수정번역하였음). 처음 쓰는 글치고는 너무 과하다. 데리다의 후기 저작은 이 점을 더 깊이 취한다. 나는 이 책의 텍스트와 각주에서 이러한 궤적에 주목하였다.
3. [옮긴이] 선진 제1세계, 후진 제3세계, 암묵적으로 제2세계인 (구)공산주의 진영을 말한다.

상으로] 그저 제쳐둘 게 아니라 그것을 비판하는 것이다. 그리고 우리는 여기서 칸트, 헤겔, 맑스가 의미하는 비판의 과제를 이해해야 한다. 달리 말해, 우리는 세 개의 세상이라는 발상이 사회과학에 당연한 것으로 부과해 온 한계들을 극복해야 한다.4

소련이 붕괴된 이후[1991년]로 등장한 새로운 **남-북** 분할(North-South divide)이 어떻게 새로운 한계를 부과하는지를 증명하는 것은 이 책의 범위를 넘어선다. 내 논의는 그 한계를 벗어나려고 끊임없이 애쓰고 있기는 하다.5 그렇지만, 우리가 인문학에서 (플레취가 사회과학에 대해 쓰듯이) "제3세계"를 옛 식민지들의 치환으로 본다면, 새로이 부상한 **남-북** 분할이 이러저러한 한계를 부과하는 과정을 더 확실하게 파악할 수 있다. 고도의 식민주의가 스스로를 신식민주의로 탈바꿈시키고 있기 때문이다. (내게 신식민주의란 제국주의의 영토 사업이라기보다는 주로 경제적인 것을 항상 의미한다. 식민주의와 제국주의의 차이가 역사가들에게는 중요하겠지만, 여기서는 가장 중요한 사안이 아니다.) 소련이 붕괴한 이후의 상황은 신식민주의 서사를 전 지구의 금융화의 역학 속으로 옮겨 놓고 있다.6 전 지구

---

4. Carl Pletsch, "The Three Worlds, or the Division of Social Scientific Labor, circa 1950-75", *Comparative Studies in Society and History* 23. 4 (October 1981): 588.
5. 이 문장은 이 책을 최종 교정할 무렵에 씌어졌는데, 필자의 현재 적극적인 남북 왕래에 의해 그것 자체가 변위되었다(dislocated). 이 책은 "식민담론 연구에서 초국가적 문화 연구로 옮아 간 한 실천가의 궤적"을 담고 있다. 그래서 나의 범위가 나의 파악능력을 넘어섰으며, 남-북 분할이 부과하는 새로운 한계들을 피하려는 경계심도 희석되었다. 나는 이 점을 전 지구화·전자화·사이버화된 여성의 이름으로 4장에서 보고한다. 각주가 더 길어지고 말이 더 많아졌는데, 이 또한 텍스트의 일부로 삽입된다. 내가 필수적이지만 불가능한 모델을 규칙적으로 너무 심하게 몰아붙이고 있다면, 해체에 관심이 있는 이들에게 나는 이렇게 묻겠다. 내 글이 데리다 (Derrida, "Living On/Border Lines", Harold Bloom et al., *Deconstruction and Crititism* [New York: Seabury Press, 1979], pp. 75-176; "Circumsfessions", in Derrida and Geoffrey Bennington, *Jacques Derrida* [Chicago: Univ. of Chicago Press, 1993])가 주도면밀하게 착수했던 바의 조악한 판본이란 말인가?
6. 그래서 현재 산업적 (그리고 특히 후기산업적) 자본주의는 금융 자본 시장을 지닌 세계 무역과

의 금융화와 같은 "거대서사들"은 점점 더 강력한 작동 원칙들이 되고 있으며, 미국 학계에 있는 우리는 이 과정에 참여하고 있다. 바로 이 점이 칸트, 헤겔, 맑스를 "관념들"의 투명한 혹은 동기부여된 저장소로보다는 머나먼 담론적 선구자로 읽어내는 작업이 흥미로워지는 이유이기도 하다.7 그리하여 일부 독자들이 우리 자신의 입장과 그들의 입장 사이에 건설적인 공모성을 발견하기를 희망한다. 변명과 비난 사이에서는, 진창과 진흙탕 싸움 사이에서는 종종 어떠한 선택도 없어 보이기 때문이다.

칸트[1724-1804]에서 맑스[1818-1883]로 세기가 진행되는 동안, 유럽의 담론 생산과 제국주의 공리 사이의 관계 또한 변화한다. 후자가 주류 담론을 깨끗하게 보이게 하고 스스로를 타협 가능한 유일한 방도로 보이게 하는 역할을 계속 담당하긴 했다. 이러한 부단한 작동 과정 중에, 내가 "토착정보원"이라 부를, 그렇지만 내가 할 수 없는 계기가 위대한 텍스트들에 의해 이러저러한 방식으로 중요하게 요구된다. 그리고 그 계기는 폐제된다.

같은 상업 자본에 간섭하는 차연(*différance*) 과정 속에 있다. 이러한 차연을 인지하는 것은 데리다의 통찰을 배우는 것이다. 그러나 산업과 금융 사이의 차이(difference)를 결단코 무시하는 데리다 역시 이 차이의 내부에 붙들려 있는 셈이다. 각주에서 미리 언급해 두자면, "해체"라 불리는 것과 안/밖의 관계가 이 책을 쓰게 한 원동력들 중 하나다. (여기서 쓰이고 있는 "간섭"의 의미에 관해서는, Karl Mark, *Capital: A Critique of Political Economy*, tr. David Fernbach, New York: Viking, 1979, vol. 2, p. 109 및 다른 곳들 참조. 차연의 의미에 관해서는 Derrida, "Differance", *Margins of Philosophy*, tr. Alan Bass, Chicago: Univ. of Chicago Press, 1982, p. 17 참조.) 우리는 차연이 하나의 의미를 가질 수 없으며 그러한 이해할 수 없음을 비아냥거림으로 덮어버릴 수도 없다는 이상스런 "사실"을 실질적으로 붙들고 늘어져야 한다. 산업과 금융의 차이에 대한 데리다의 외관상 명백한 무지(혹은 무시하기)에 관해서는, Spivak, "Limits and Openings of Marx in Derrida", *Outside in the Teaching Machine* (New York: Routledge, 1993), pp. 97-119와 "Ghostwriting", *Diacritics* 25. 2 (Summer 1995): 65-84 참조.

7. 언제나 또 일반적으로 그러하듯, 나는 미셸 푸코의 『지식의 고고학』(tr. A. M. Sheridan Smith [New York: Pantheon, 1972[한국어판: 이정우 옮김, 민음사, 2000]) 3부에 나오는 담론구성체라는 개념(나중에 폐기되기는 했지만)이 매우 유용하다고 본다. 내게 "담론생산"이란 "발화(énoncés)의 구성과 변형의 일반 체계"(미셸 푸코, 『지식의 고고학』, 영역판, p. 130)의 효과일 뿐만 아니라 그 조건들 중 하나인 무엇인가를 의미한다.

나는 "폐제"(foreclosure, 불어로는 forclusion)라는 용어를 라캉의 정신분석학에서 차용해 온다. 나는 서사의 앞선 부상(pre-emergence, 레이먼드 윌리엄스의 용어)을 윤리적 심급화로서 읽어내는 테크닉으로 정신분석학을 본다.[8] 우선, 프로이트와 라캉에 관한 유용하고도 일반적인 어휘 설명집 『정신분석의 언어』에 나오는 "폐제" 항목을 통해 이 테크닉을 간단하게 설명해 보겠다.[9] 4장에서 그 모습을 드러내는 나의 내포 독자는 이 어휘들을 참고해야 할 것이다.

『정신분석의 언어』는 다음과 같이 지적한다.

라캉이 전면에 내세우는 의미는, … 예컨대, 프로이트가 "훨씬 더 활기 있게 성공적인 종류의 방어"[에 관해] "이 경우 에고는 정동(affect)과 함께 양립할 수 없는 생각을 거부하고[verwirft], 마치 에고가 전혀 그런 생각을 한 적이 없는 것처럼 행동한다"고 쓴 대목에서 [발견된다]." … 폐제에 대한 자신의 … 관념을 뒷받침하고자 라캉이 가장 흔쾌히 끌어다 쓰는 저작은 "늑대 인간"의 사례사이다.(스피박의 강조)

정동(affect)[10]의 거부라는 발상은, 우리로 하여금 정신분석학적 사변

---

8. 이러한 접근에 대한 나의 논의로는 "Echo", Donna Landry and Gerald MacLean eds., *The Spivak Reader* (New York: Routledge, 1995), p. 178 및 다른 곳들 참조. 나는 1장의 뒷부분에서 이에 관한 일반적 논의 몇 가지를 반복한다.
9. Jean Laplanche and J.-B. Pontalis, *The Language of Psycho-Analysis*, tr. Donald Nicholson-Smith (New York: Norton, 1974), pp. 166-169. 폐제에 관한 인용은 모두 여기서 나온다.
10. [옮긴이] 이성중심주의에 기반한 서양 철학사에서, 몸의 문제에 천착하여 정동을 진지하게 다룬 최초의 철학자인 스피노자에 따르면, 인간은 정신 혹은 이성에 전적으로 지배되지 않으며 오히려 '혼란스런 관념'인 affect/affectivity에 예속된다고 한다. 스피노자에게 affect/affectivity는 느낌, 정서, 의지, 욕동drive, 여러 정념의 상태들, 전(前)의식적이고 전(前)담론적인 것을 포괄하는 상당히 복잡하고 역동적인 개념이므로, 종래 써 온 '정서'emotion 대신 '정동'이라고 번역한다. 이 책에서는 affect와 affection 또한 구분되고 있는데 정동으로 인한 행위로서 affection을 '변용'이라고 번역한다.

을 (특화된 훈련이 권장되는) 실용 과학으로부터 (인간이기 때문에 지는 짐인) 윤리적 책임으로 변위시켜 보게 한다. 여기서, 늑대 인간의 사례 분석이 니콜라스 에이브러험과 마리아 토록으로 하여금 이름의 암호화(cryptonymy)를 생각하도록 이끌었음을 상기하는 것 또한 유용하리라.11 데리다는 정신분석학 실천의 생산과 소비 회로 내부에서 "책임"을 부인함으로써 이러한 변위를 작동시켜 낸다. 그는 자기 아버지를 애도하는 텍스트에서 아버지의 이름 따르기(the patronymic)를 암호화하는 행위를, 또 불가능한 어머니의 이름 따르기(the matronymic)를 탐색하는 행위를 흉내 낸다.12 1장에서 나는 "토착정보원"이라는 이름을 대문자 인간, 즉 보편 인간의 이름으로 인간 존재의 서막을 열어주는 정동을 실어나르는 이름으로 암호화하는 현상을 죽 기입해 나갈 것이다. 우리가 여기서 정신병을 진단할 수는 없겠지만, 『문명과 그 불만』을 쓰게 했던 프로이트의 윤리를 대리보충(supplement)13할 수는 있다. 즉, 정동의 거부야말로 문명화 사명을 활기 있게 성공적으로 방어하는 데 봉사했으며 현재도 그렇다고 생각함으로써 말이다.

프로이트에게서 그러한 생각이 전개되는 과정을 폐제라는 어휘로 추적해 나갈 때, 폐제는 이 생각이 내부-외부 전환을 포괄함을 언급해 준다. 즉 "실재하는 외부 세계의 부인[Verleugnung]14"이 되고 마는, 커텍시스

---

11. Nicolas Abraham and Maria Torok, *The Wolf Man's Magic Word: A Cryptonymy*, tr. Nicholas Rand (Minneapolis: Univ. of Minnesota Press, 1986).
12. 이 점을 논의한 글은 다음과 같다. Spivak, *"Glas-piece; A Compte-rendu"*, *Diacritics* 7. 3 (Fall 1977): 22-43. 데리다가 『죽음의 선물』(*The Gift of Death*, tr. David Willis [Chicago: Univ. of Chicago Press, 1995], p. 85f.)에서 설명하고 있듯이, 아버지와 아들 사이의 상황은 유대 전통에서 윤리와 희생의 갈등이 일어나는 기본적인 지점이다.
13. [옮긴이] 모든 사물이나 의미가 동일성이 아니라 차이의 관계에 있다면 원래의 것 (현존) 그 자체라는 것은 있을 수 없다. 그래서 사물들이나 의미들은 자체만으로는 결핍되며 충족한 현존이 아니라서 대리보충을 필요로 한다. 데리다는 현존을 가정하는 사물(의미)보다 대리보충이 더 근원적이라고 말함으로써 현존의 형이상학을 전복시킨다.

[cathexis]15의 내부적 철회[Besetzung]를 포괄함을 언급한다.16 그렇다면, "최종적으로 따져 보아, 외부 세계 속으로 들어가는 이런 종류의 '억압'을 어떻게 이해할 것인가. ··· 커텍시스의 철회는 의미[Bedeutung]의 철회이기도 하다."

이러한 안-밖의 두 단계를 자신의 안내자로 삼아 "라캉은 폐제를 ··· [프로이트를] 자신의 언어로 번역하여 ··· '**상징계**로부터 폐제된 것이 **실재계**에서 다시 나타난다'고 정의한다." 그리하여 폐제는 다음과 같이 "'주체로의 입문(Einbeziehung ins Ich)과 주체로부터의 축출(Ausstoβung aus dem Ich)이라는 두 보완적 작동을 체현하는 과정, 즉 프로이트가 말한 '일차적 과정'"과 관련된다. 실재계는 이러한 축출의 표시이거나 그러한 표시를 지닌다.

나는 "토착정보원"이 **인간**이라는 이름으로부터의 축출을 가리키는 표식이라고, 윤리적 관계의 불가능성을 지워버리는 표식이라고 생각한다.

나는 물론 인종문화기술학(ethnography)17으로부터 토착정보원이라는 용어를 차용했다. 인종문화기술학에서 토착정보원은 (흔히 서구라는 코드명으로 불리는) 북서부 유럽 전통에서 이해되는 의미에서의 자서전을 부여

---

14. [옮긴이] 성차(sexual difference)와 거세를 은폐하기 위해 그것을 부인하지만 그러한 현실의 완전한 부정은 불가능하기 때문에 자아가 분열되는 등, 온갖 정신적 심리적 문제를 야기하게 된다.
15. [옮긴이] 물건, 사람, 생각 등에 대해 특별한 감정을 투여·집중하는 것을 일컫는 용어이다.
16. 이러한 철회가 Besetzung(점유occupation); Gesetz(법); Setzung(설정 positing) → Satz(명제 proposition)로 이루어진 회로의 내부에 있다고 생각할 수도 있으리라. 토착정보원("법 너머에 있는 못난 종자들?")은 인간이 된다는 발화/명제/진술을 빗나간다.
17. [옮긴이] 문화인류학의 한 부문으로서 에스노그라피는 흔히 민족지학(民族志學)으로 번역되어 왔으나 민족의 의미라기보다 인종·종족의 의미에 문화적 요소가 들어가 있는 ethno 개념을 살리는 뜻에서 인종문화기술학으로, 자민족중심주의로 번역되어 온 ethnocentrism은 자인종문화중심주의로 번역하되, ethnic은 ethnocultural이라는 용어가 따로 있으므로 에스닉으로, ethnicity는 인종문화성이라는 낯선 번역어를 쓰기보다 요즘 많이 쓰이고 있는 에스니시티로 번역한다.

받지는 못 하지만, 최고로 진지하게 취급된다. 그(때로는 그녀)는 유일하게 서구(혹은 서구 모델의 분과학문)만이 각인할 수 있는 문화정체성의 텍스트를 발생시키면서도 하나의 공백이다. 오늘날 일부 호의적인 토착주의자들의 실천은 이 공백과 비교될 수 있다. 그들의 자아가 전적으로 현존하는 목소리-의식의 커버스토리가 있기는 하다. "토착정보원"으로 행세하면서 스스로를 주변화하거나 혹은 자기-주변화의 몸짓으로 자신을 강화하려는 이주민 혹은 포스트식민 주체가 점증하고 있다. 나는 이러한 무리 중에서 뚜렷이 모습을 드러내는 토착정보원을 발견하고 있다. 내가 읽는 텍스트들은 인종문화기술적이지 않아서 토착정보원의 형상을 찬양하지는 않는다. 그 텍스트들은 "유럽적인" 것이 인간의 규범이며 우리에게 기술(descriptions)과 규정(prescriptions)을 제공한다는 점을 당연시한다. 하지만, 이 텍스트들에서조차도 토착정보원은 요구되고 폐제된다. 칸트의 경우, 합리적 의지에 자유를 허용해주는 반성적 판단의 자율성을 출범시키느라고 한정적인 (determinant) 것의 타율성을 나타내는 예로서 토착정보원이 요구된다. 헤겔의 경우, 토착정보원은 무의식에서 의식으로 가는 정신의 운동을 보여주는 증거로서 요구된다. 맑스에게서는 생산양식 서사에 규범성을 부여하는 것으로서 요구된다. 다양한 위장술 속에서 이러한 움직임은 세계의 가장 새로운 분할이 우리에게 부과시키는 한계를 극복하기 위한 우리의 시도에 서식하며 그것을 제지한다. 전에 제국주의가 새로운 세계를 "문명화했던" 것처럼 북(the North)[18]은 남(the South)[19]을 표면상 계속해서 "원조"하려고 한다. 그에 따라 자원을 갈구하는 북의 삶의 스타일을 지키는 데 남이 북에 중요한 도움을 주고 있다는 사실은 영구히 폐제될 정도다. 나는 이 책의 곳곳에서 오늘날 폐제된 토착정보원의 전형적 사례로 남의 가장 가난

---

18. [옮긴이] 위계적인 "제1세계"를 대신해 최근에 사용되고 있는 용어이다.
19. [옮긴이] "제3세계"를 대체하는 용어로서, 빈곤국들을 지칭한다.

한 여성을 주장할 것이다. 하지만 1장에서 고찰하고 있는 시기와 텍스트들은 — 그람시의 친숙하고도-낯선 통찰을 인용하자면 — 목록화되지 못한 흔적들의 한 지점으로 토착정보원을 생산할 것이다. 우리는 문화 상대주의와 토착주의적 문화주의의 진퇴양난을 헤쳐나가기 위해서 서사와 대항서사뿐만 아니라 (불)가능한 (또 하나의) 서사를 만드는 일에 전념할 필요가 있다.

내가 앞서 인용한 플레취의 지적이 드러내듯이, 우리가 알고 있는 비판의 의미는 칸트, 헤겔, 맑스에 의해 아주 속속들이 결정되어 있다. 그래서 우리는 "동기부여된 제국주의자"인 그들을 거부할 수 없다. 제국주의 비판가들은 아주 종종 그렇게 해보려는 공허한 제스처를 취하기는 한다. 해체적 읽기의 정치학이라면 제국주의뿐만 아니라 그 결정요건도 인정할 것이다. 또한 오늘날 새로운 판관이 타자의 이름으로 스스로를 구성함에 따라 이제 그 판관적인 텍스트들이 우리의 하인이 될 수 있을지 알아볼 수도 있겠다.[20]

푸코가 꾸며낸 역사적 이야기는 주권 담론의 붕괴와 권력 미시학의 등장을 프랑스 및 영국의 18세기 말엽에 위치시킨다. 우리가 그와 같은 비슷한 이야기를 꾸며낼 생각이라면, "독일" 18세기 말엽(그 시대의 "독일"을 통합된 고유명사로 부를 수 있다면)이 위기관리 서사를 위한 재료를 제공한다고 시사할 수 있다. 즉, 식민지 및 제국 설립에 수반되었던 지배, 착취, 인식소적 폭력(epistemic violence)의 구실을 제공해줄, 자아와 세계의 새로운 재현들을 "과학적"으로 꾸며내기 위한 제재 말이다.

우리는 문화적 자기재현의 위대한 서사들 내부에서 움직인다. 그에 따라

---

20. 다시금 Derrida, *Of Grammatology*, tr. Spivak(Baltimore: Johns Hopkins Univ. Press, 1976) [한국어판: 『그라마톨러지』, 김성도 옮김, 민음사, 1996; 『그라마톨로지에 대하여』, 김웅권 옮김, 동문선, 2004], p. 24 참조. 또한 "Otobiographies: The Ear of the Other", in *The Ear of the Other: Otobiography: Transference: Translation*, tr. Peggy Kamuf (New York: Shocken Books, 1985); Derrida, "The Principle of Reason" 참조.

19세기 후반에 가서야 독일의 제국주의적 모험이 스스로를 공고하게 했다는 점에 주목하는 게 적절하다.21 그럴 때 서구 유럽 맥락 내부에서 "독일"의 문화적 자기재현의 서사는 차이의 서사이다. 그것의 특이성(singularity)22은 "독일"이라는 이름을 허용하지 않는 자기재현의 초기 시나리오와 연결되는 일종의 고리를 제공해 준다. 그것은 하나의 고대 독일을 재발견함으로써 좀더 온전한 기반을 발견할 수 있게 할 통합된 국민성이 결핍되었다는 점, 르네상스의 근대적·능동적 재활성화를 가능하게 해주었을 유럽 르네상스에의 참여가 독일에는 부족했다는 점이다.23

한 국민(a people, 환유적으로 말해서 자의식적으로 문화의 수호자가 되는 집단)이 이른바 자기의 문화정체성을 확립해주는 설명들을 구축하는 계열들을 짜내기란 어렵다. 하지만, 이러한 계열의 선들이 그려지고 다시 그려진다는 점은 부정할 수 없다. 우리 자신의 문화 정체성들과 역할들은 대중적인 것에서부터 학문적인 것에 이르는 위대한 서사들을 통해 암묵적으로 또 명시적으로 협상되고 재차 협상된다. 우리가 그 방식들을 생각한다면, 다음과 같은 주장을 하는 것도 무리는 아니다. 지금도 문화적·지적 "독일"은 유럽 "대륙"과 영국으로 이해되는 세계로부터 자기 나름대로 차이

---

21. 이에 대한 출발점으로 John Noyes, *Colonial Space: Spatiality in the Discourse of German Southwest Africa* (1884-1915) (Philadelphia: Harwood Publishers, 1992)를 보라. 이 책은 이론적으로는 파생적이지만, 그 기록 내용은 유용하다. 책제목이 시사하는 바대로, 이 책은 독일의 식민 모험 전체를 아우르지는 않는다.
22. [옮긴이] 총체적 보편화에서 항상 벗어나는 이질적 특성을 말한다.
23. 데리다는 "Onto-Theology of National-Humanism: Prolegomena to a Hypothesis", *Oxford Literary Review* 14, 1-2 (1992)에서 칼 그륀(Karl Grün)을 인용하면서 그에게 맞서 특수하게 독일적인 경향을 전형적으로 드러내는 "맑스는 박력 있게 비꼬아 말한다"고 주장한다. 데리다는 그러한 경향을 일찍이 피히테에게서 짚어낸 바 있다. 그러면서 데리다는 피히테를 경유해 "한 국민이 되지 못한 무정치적 인민(people)의 이름으로 … 국가주의(national) 철학을 세계 시민주의로 주장하는 것은, 미래를 위한 패러다임이 될 … 역설들을 진술한다. … 우리는 서로 반대되는 아도르노와 하이데거에게서 이 경향이 빈번하게 야기하는 효과를 발견한다"(p. 17, 22)고 쓴다. 제2차 세계대전 후 서독에서 자신의 저작을 미래를 위한 패러다임으로 제시하는 위르겐 하버마스 역시 어쩌면 이러한 경향을 염두에 두고 읽힐 수 있다.

를 갖는다. 시원적-원형적(proto-archetypal)(분과학문적 의미에서 "비교되는") 정체성 혹은 유사성의 어휘는 식민압제자와 피식민자 사이에서의, 또 비교언어학, 비교종교학, 심지어 비교문학이라는 새로 탄생한 담론들에서의 타자적 차이를 활용하는 데 직접 연루되지는 않는다. "독일"은 바로 이 어휘를 확립시켰던 꼼꼼한 학문연구의 주요 원천이었다. 윌리엄 존스(1746-1794)와 같은 부류의 사람과 헤르더(1744-1803)와 같은 부류의 사람 사이의 어조상의 차이, 즉 산스크리트어를 분류하고, 각각 언어/문화를 통해 대타성(alterity)을 사유한다는 차이는 나의 요점을 충분히 확신시켜 줄 것이다. "아프리카"는 이러한 가능한 정체성의 네트워크에서 떨어져 있는 장소, 당혹스러움이나 히스테리를 유발했던 장소로 남아 있었다.24

과학과 진리의 통합을 모델로 삼는 철학영역은 비교하려는 충동의 손길이 닿지 않은 채 남아 있다. 독일은 이 영역에서 틀림없이 유럽적인 것으로 남아 있는 주체의 권위적 "보편" 서사들을 생산했다. 칸트의 세계시민정치신학, 헤겔의 절대 관념의 여정, 맑스의 사회주의적 동종요법(homeopathy) 서사들은 제국주의 문제에 특별히 학문적인 통제를 출범시킨 것도 그 통제를 공고하게 한 것도 아니었다.

칼 플레취는 제3세계주의적 이야기를 해체하고자 할 때 우리는 칸트주의자, 헤겔주의자, 맑스주의자가 되어야 한다고 훈계한다. 그러한 훈계는 유럽적인 윤리-정치 주체 구성에 이 세 명의 대가가 끼친 영향을 보여주는 또 다른 예일 뿐이다. 내가 평가하기로, 유럽의 윤리-정치적 자기 재현의 원천이 되는 텍스트들 또한 오늘날 소위 자기 스타일의 포스트식민 담론과 공모한다. 나의 독법 주변에는 내가 토착정보원이라 부르는 상상된 (불)가

---

24. 이런 현상에 맞서는 저항에 대한 철학적 설명은 V. Y. Mudimbe, *The Invention of Africa: Gnosis, Philosophy, and the Order of Knowledge* (Bloomington: Indiana Univ. Press, 1988) 참조. 학계의 하부 노동분업에서의 이러한 분리가 우리 시대에 끼친 악영향을 신중하게 분석한 글로는 *The Yearbook of Comparative and General Literature* 43 (1995) 참조.

능한[25] 시각이 존재한다. 우리가 예컨대 이 트리오로부터 좀 과시적으로 등을 돌려본다고 하자. 그 때 분명하게 때로 부지불식간에 그들로부터 복사된 우리 비판의 많은 부분이 인간의 행동·협상 능력을 부인하고 역사를 부정함으로써 왕국이 도래한다고 선언하는 셈이 된다.

한편, 타자 설정하기가 그들 모두의 저작에 똑같은 상태로 남아 있다고 상상하는 것은, 타자에 대한 유일한 실재적(real)[26] 관여가 어쨌거나 "객관적인" 사회과학 분과에 있다고 가정하는 것과 다름없다. 내가 말하려는 요점은, 타자의 입장을 하나의 내포된 "주체"(주관적) 입장으로 다루며 인문학을 하는 우리 또한 우리가 다루는 텍스트에 따라 우리의 가정들을 달리해야 한다는 것이다. 역설적이게도, 독서에 참여하는 모든 질문자는 일종의 "토착정보원"으로서 그렇게 한다. 즉 그/녀는 유아기부터 매일 몇 시간 동안 심지어 반동적으로라도, 이 세 사람칸트, 헤겔, 맑스을 수용해 온 학문적 문화의 어떤 판본에 따라 종종은 이 셋의 급진적 주변에서 때로는 보수적인 중심에서 훈련을 받아왔던 것이다. 내가 이렇게 쓰고 있는 것은 자유주의적 다원주의의 다양성 운운하면서 아무도 시험하려 하지는 않을 도구를 개발하느니, 엄연히 수중에 있는 것을 방해하는 자세가 때로 최선이라는 확신 때문이다.

나는 나의 칸트 읽기를 "착오적"(mistaken)이라 부를 것이다. 나는 본연의 도덕(morals)에 대한 합리적 연구로 우리를 천천히 이끄는 하나의 철학 텍스트에 "경험적이고 인류학적인 것"을 도입한다. 그러한 내게 짜증낼 만한 온당한 분과학문적 근거들이 있다고 생각한다. 철학은 역사의 서사화에 복무하면서 우스꽝스럽게 되어 왔고 계속해서 그럴 것이다. 나의 읽기가

---

25. [옮긴이] 스피박의 이중어법인데 '불'에 괄호를 친 것은 가능한 쪽에 지향을 두지만 그것의 불가능성을 염두에 둔다는 뜻이다. 이와 비슷한 맥락에서 이 책에서 정치, 윤리는 사실상 정치(학), 윤리(학)로 표기되어야 한다.
26. [옮긴이] 실재, 실재적(real) : 실제로 있는 것보다 더 강한 (혹은 약간 다른) 의미를 띰.

철학의 이런 면모를 설명해 주기를 바라는 마음으로 칸트 읽기를 연습해 본다. 서술자의 입장에 다가가는 접근권이 결여된 주체의 폐제는 칸트의 입장을 공고하게 해주는 가능성의 조건이 된다. 이 주체의 폐제를 가시화해 줄 대항서사를 생산하겠다는 이해관계가 있을 수 있다. 거기서 보면 나의 연습은 용의주도한 희화화라 불릴지도 모르겠다. "한 사람 속에 있는 이러한 재능들을 [그 가운데에서도 "경험적인 것과 합리적인 것을 혼합하며"] 조합하는 것이 어설픈 사람들만을 생산한다면, "어설프게 하여 망친다"는 말이 개입과 동의어임을 기억하는 게 좋겠다.27

칸트의『순수이성 비판』은 자연을 이론적으로 인식하는 이성의 작동을 설명한다.『실천이성 비판』은 합리적 의지의 작동을 설명한다. 미학적 판단력의 작동은 자연 개념들이 자유개념들과 어울리도록 해 준다.

『판단력 비판』은 미학적인 것과 목적론적인 것으로 나누어진다. 미학적 판단 부분은 **아름다운 것과 숭고한 것**에 대한 고찰로 이루어져 있다.28 아름다운 것의 체험 속에서 주체는 그 자체를 인식하지 않은 채, 객관적인 지시 없이도 표면상 인식의 대상을 구성한다. 아름다운 것 속에서 느끼는 쾌락은, 참된 인식에 필요한 지시 없이도 인식의 대상을 표상하는 주체의 역량(capacity)에서 온다. 여기서 우리는 서로 연결되는 미학적 판단과 이론적 이성 영역을 본다. 즉, 주체는 인식을 위해 하나의 대상을 **표상한다**. 예술은 자연 개념이 **지반(ground) 없이**29 유희하도록 허용한다. 이렇게 해서 사물들은 인식될 수 있다.

---

27. Kant, *Foundations of the Metaphysics of Morals with Critical Essays*, tr. Lewis White Beck (New York: Bobbs-Merrill, 1969), p. 5.
28. Kant, *The Critique of Judgment*, tr. J. H. Bernard (New York: Hafner Press, 1951). 이후 이 책에서의 인용은 본문 중에 (『판단력』쪽수)로 표기하기로 한다. 번역은 필요한 경우 수정을 가했다.
29. [옮긴이] ground는 지반, 바탕, 근거로, basis는 진지, 기초로, base는 토대로, foundation은 기반, 근본, 초석으로, terrain은 지형으로 번역한다.

숭고의 순간에 주체는 합리적 의지에 응하게 된다. 박탈의 순간을 덮어가리기 위해 합리적 의지가 개입한다는 것은 종종 지적되어 왔다. 엄밀히 말해서, 숭고의 온전한 경험이란 없다. "숭고의 감정은 … 상상력에 의해 형성된 … 미학적 평가와 이성에 의해 형성된 미학적 판단 사이에 일치가 부족해서 발생하는 고통의 감정이다." 하지만, "우리의 가장 위대한 감각 능력이 부적합하다는 이 판단이 이성적이고 옳기" 때문에 "쾌락이 일어난다." 감각적인 것에 대한 합리적인 것의 우월성은 "우리의 초감각적 한정 [Bestimmung]을 느끼게 한다"(『판단력』 96-97).30 우리가 숭고에 의해 촉발되는 고통을 통해 상상력의 부적합성(inadequacy)을 느끼도록 프로그램되어 있거나, 더 정확히 말해 주파수가 맞추어져 있다(그리하여 이성의 우월성으로 가는 회로를 떠돈다)고 말한다 해도 지나친 것은 아니다. 문제의 언어개념이 자유개념은 아니지만, 언어는 끈질기게 불가피한 구속의 하나이다. "이러한 한정 경향은 우리의 본성 속에 있는 반면, 그것의 발전과 실행은 의무이며 구속력을 갖는다"(『판단력』 102). 칸트가 자주 사용하는 단어로서 일반적으로 "경향"으로 번역되는 Anlage는 청사진 혹은 프로그램이라는 의미 또한 지닌다.

자유를 "이성이 … 감각에 지배를 실행"(『판단력』 109)하는 데서 나오는 쾌락으로 보는 것은 자유개념에 대한 **프로그램화된** 접근이다. 이 모델은 한계 혹은 프로그램에 의해 발생되는 "자유"가 자유의 비유임을 암묵적으로 전제한다. 실로, "자연에서 느끼는 숭고의 감정"은 남몰래 하는 메타렙시스(결과를 원인으로 대체하기; metalepsis31)이다. 그것은 "우리가 어느 정도

---

30. Bestimmung는 많은 다른 영어들로 번역되고 있다. Stimme(목소리)에 또 무엇보다 "주파수를 맞춤"을 시사하는 Stimmung에 있는 울림에서 보듯, 독일어 개념에 일관되는 이 은유 때문에 나는 칸트의 텍스트에서 Bestimmung이 나올 때마다 "한정"(determination)을 언급한다.
31. [옮긴이] 아무 관련도 없어 보이는 다른 사물로 어떤 사물을 지칭하는 어법인데 이상한 비유와 엉뚱해 보이는 인과논리를 사용하여 새로운 의미를 만들어낸다. 서사학자들은 메타렙시스를 서사 층위들을 위반하는 것, 즉 텍스트 외적 현실, 허구적 틀, 주요 이야기, 이야기-속의-이야

의 허위진술을 통해 자연 대상의 탓이라고 하는, 우리 자신의 한정을 존중"한다. 그것은 "객관[자연적 숭고에 대한 존중을 우리 주관 안에 있는 인간성 관념에 대한 존중"과 교묘하게 "교환"[Verwechselung]하는 것이다(『판단력』 96, 스피박의 강조).

이 모든 것은 "역동적" 숭고라는 상위 범주가 아니라 장엄한 숭고와 관련된다. 그렇지만, 나는 합리적 의지에 접근하는 인간에 대해 칸트가 썼던 모든 곳에 공통으로 남아 있는 그의 기술적 형태론(descriptive morphology)의 몇몇 측면을 강조하고 싶다. 합리적 의지에의 접근은 구조적으로 필연적인 결핍을 대리보충하도록 프로그램된 것처럼 구조화된다. 이러한 대리보충을 명명하기 위한 자연을 향한 감정은 기껏해야 어느 정도 "허위진술"을 통한 메타렙시스일 뿐이다. "허위진술"이란, **교회법**에서 "신앙의 자유(indulgence)['면죄부'라는 뜻도 있다]를 얻기 위해 진실을 은폐"하는 것을 뜻하는 다소 강한 단어이다(『옥스퍼드 영어 사전』).32

실로 칸트는 역동적 숭고를 "우리에게 군림하는 지배를 행사하지 않는 힘으로" 논의하는 대목에서 자연의 별칭을 **부적합하게** 치환하는 순간을 앞에서와 비슷하게 가리킨다. 이 용법의 불가피성을 암시하면서 말이다. "[우리의 내부와 외부에서 자연보다 우월하다는] 이러한 감정을 우리 안에 일으키는 모든 것은 … (부적합하기는 해도) 숭고라 불린다"(『판단력』 104, 스피박의 강조).

기 등 이론적으로 보아 상호 배타적인 영역들 사이의 구분을 위반하는 것으로 본다.
32. 『교수취임 논문』에서 칸트는 "허위진술이라는 용어의 기성 의미를 유비 삼아", "허위진술의 형이상학적 오류"를 엄중히 대한다. "나는 이러한 혼종적 공리들(이 공리들은 감각적인 것을 지적인 개념과 필연적으로 연결되는 것으로 제시하기 때문에 혼종적이다)을 허위진술적 공리라 부른다. 형이상학에 가장 위험하게 들끓고 있는 지적인 착오의 원칙들은 바로 이와 같은 그럴싸한 공리들로부터 나온다"(Kant, *Inaugural Dissertation and Early Writings on Space*, tr. John Handyside [Chicago: Open Court, 1929], p. 74). 다음 쪽에서 칸트는 "허위진술적 공리의 환원 … 원칙"을 제시한다.

숭고의 구조는 하나의 비유하기(a troping)이다. 자연에서의 숭고는 허위진술적 부적합성에 의해 작동된다. 우리가 도덕에 접근하게 되는 것은 수사학과 은밀성에 의해서이다. 그러므로『판단력 비판』은 합리적 의지가 꾀하는 어떠한 인식적 통제 시도에 맞서지 말라고 우리에게 재삼 주의시킨다.33

"숭고의 감정에 정신이 주파수를 맞추는 것에 깃든 은유는 Bestimmung 혹은 한정(determination)에 있는 은유와 똑같다 것"은 내가 앞에서 기술한 대리보충과 보상의 필연적 구조인데, "관념들에 대한 그것의 수용성을 요구한다"(『판단력』104). 이러한 수용성, 즉 한계적 인간성을 프로그램하는 일부로서 "자연적" 가능성은 오로지 문화(교육이나 형성을 뜻하는) Bildung이라기보다 Kultur]에 의해서만 현실화된다.

> 이성은 그 고유한 영역(실천적인 것)에 적합하게[angemessen] 이성을 의도하기 위해, 이성에게는 하나의 심연인 무한을 마주보기 위해, 감각성[Sinnlichkeit]에 대해 권력을 실행한다. … 자연에서의 숭고에 대한 판단이 문화를 필요로 한다. … 하지만 그것은 일차적으로 문화에 의해 생산되지는 않는다. … 그것은 인간의 본성 속에 … (실천적인) 관념들에 대한 감정의 경향, 즉 도덕적인 것으로 향하는 경향 속에 자체의 기반을 갖는다.(『판단력』105)

이렇게 판단력을 자연 속에 프로그램해 넣음으로써 문화를 필요로 하면서도 문화에 의해 생산되지 않는 것으로 다소 특별하게 설명하는 대목에 주목해 보자. 우리가 이 문화에 이방인으로 타고난다면 이 문화 속에서 문화적으로 되는 것은 가능하지 않다. 우리는 문화를 통한 고유한 인간화의

---

33. 이 점과 관련하여 한나 아렌트의『칸트 정치철학 강의』를 비판하고 있는 Patrick Riley, "On De Leue's Review of Arendt's *Lectures on Kant's Political Philosophy*", *Political Theory* 12 (August 1984) 참조.

바람직함을 기술하는 칸트를 다음과 같은 역설의 틀 내부에 놓고 읽어야 한다. "도덕적 관념들이 발전되지 않는다면, 문화에 의해 준비된 우리가 숭고라 부르는 것은 자체를 날 것의 인간에게는 드러낼 것이다"(『판단력』 105, 스피박의 강조). "날 것의"라는 형용사는 시사하는 바가 많다. 이 말은 대개 "교육을 받지 않은"으로 번역된다. 칸트에게서 "교육을 받지 않은" 이들은 구체적으로 아이와 가난한 자이고, "태생상 교육시킬 수 없는" 이들은 여성이다.34 대조적으로 날 것의 인간은 나름의 의미화 범위에서 야만적인

---

34. Sara Kofman, *Le Respect des femmes (Kant et Rousseau)* (Paris: Galilée, 1982)에서 사라 코프만은 숭고를, 여성에게 거리를 둠으로써 접근가능한 무엇이라고 정의한다. 코프만의 이 책, 쥬느비에브 클로이드Genevieve Lloyd의 *The Man of Reason: "Male" and "Female" in Western Philosophy* (Minneapolis: Univ. of Minnesota Press, 1984), 비벌리 브라운 Beverley Brown의 "Kant for the Eighties: Comments on Hillis Miller's 'The Search for Grounds in Literary Studies'", *Oxford Literary Review* 9 (1987): 137-145에서, 여성(이라는 주제와 여성이라는 형상) 논의는 종종 부인의 책략을 쓰고 있긴 하지만 칸트의 텍스트에서 풍부하게 입증되는 것으로 나타난다. 이와 대조적으로 내가 보여주고자 하는 "토착정보원"이라는 형상은 폐제된다. 이 점은 앞의 논의와 관련하여 가장 중요한 계기로서 수사학적으로 결정적인 것인데 여기서는 어쨌거나 그 논의의 일부를 이루지 못한다. 오늘날 보편주의적 페미니즘의 문명화 사명의 씨앗이 뿌려졌던 것도 바로 이 틈새였던 것일까? 기껏해야 그것은 남의 여성이라는 토착정보원을 그 논의에 끼울 수 있도록 재코드화하고 재영토화하는 짓이다. 나는 이 책의 곳곳에서 UN식의 주도권이 새로운 세계질서(the New World Order)에서 담당하는 역할을 고려한다. 입양을 통해 남의 아기들을 온통 미국화하는 현실은 또 다른 문제이다. 개인적 선의, 실제로는 개인적 강박이 대부분의 경우 의문의 여지 없이 확실하지만, 세실 로드의 다음 언급 또한 상기된다. 다음 인용은 물론 필요상 약간의 수정을 가했다. "세계의 1등 인종인 우리가 세계의 더 많은 부분에서 살수록 인류에게 더 좋다고 나는 주장하는 바입니다 …. 신이 있다면 그가 내게 원하는 것이란 영국령 아프리카 지도를 가능한 한 많이 붉게 칠하는 것이겠죠"(L. S. Stavrianos, Global Rift: *The Third World Comes of Age* [New York: Morrow, 1981], p. 263에서 인용). 미국 맥락에서 이 문제는, 지금은 고전이 된 다음 책들에서 논의되었다. Gloria T. Hull et al., eds., *All the Women Are White, All the Blacks Are Men, But Some of Us Are Brave: Black Women's Studies*(Old Westbury N.Y.: Feminist Press, 1982). 나는 식민주의와 인종 문제에 대해 칸트가 표명한 견해가 다음과 같이 상대적으로 주변적인 텍스트들에서 발견된다고 주장하려는 것은 아니다. "Third Definitive Article for a Perpetual Peace", *Perpetual Peace and Other Essays on Politics, History, and Morals*, tr. Ted Humphrey(Indianapolis: Hackett Publishing, 1983). "On the Distinctiveness of Races in General", Earl W. Count ed., *This Is Race: An Anthology Selected from the International Literature on the Races of Man* (New York: Henry Schuman, 1950). 이들의

것과 원시적인 것을 수용한다.

그렇다면 우리 안에 있는 도덕적 충동이 인식론적 토대라고 주장하는 것은 그러한 기원이 하나의 대리보충물임을 인식하지 못한 셈이다. 그리고 무비판적으로 자연에 숭고라는 이름을 붙이는 것은 그러한 명명(denomination)의 철학적 부적합성을 인식하지 못한다. 그렇지만, 이런 인지적 실패들은 발전된 문화의 일부이며 그 안에서 하나의 기능적 역할을 행할 수도 있다. 후에 칸트가 주장하겠지만, 인지적 실패들은 "유익한 환영"일 수 있다(『판단력』 313). 문화적으로 된 사람들만이 이 특정한 착오와 그것의 수정에 민감하다. (주체 안에 있는) 인간성의 존중을 대상의 존중으로 대체하는 메타렙시스는 규범적인 오어법(normative catachresis)35 즉 비유의 "유익한" 남용이다. (사전을 보면, "오어법"은 무엇보다 "비유나 은유의 남용 혹은 왜곡"으로 정의된다.) 정확한 명명과 부정확한 명명의 구분이 여기서는 불확정적인 것으로 된다. 한편, 무한의 심연을 숭고한 것이라기보다 무서운 것으로 보는 날 것의 인간이 저지른 실수는 문화 자체를 통해 교정될 수 있다. 이러한 기획의 문턱에 앞서 말한 생산적 문화와 자연적 문화 간의 특이한 관계가 놓여 있더라도 그렇다. (이 관계로 인한 이데올로기적 결과들 중 하나는, 제국주의의 문화적 사명이 결코 정말로 성공할 수는 없겠지만 그 사명은 착수되어야 한다는 확신일 것이다. 이런 입장이 현재의 포스트식민적 곤경을 더욱 진척시켜 초래한 결과들에 대해서는 이 책의 후반부에서 검토하겠다.)

가정이 역사적으로 해석가능한 것이긴 하지만, 이들의 주장은 무시되어야 한다. 내가 시사하고자 하는 것은, 읽기의 개정된 정치학이야말로 중심적이라 인정된 텍스트들의 주변부에서 수사학적 에너지를 전개시키는 데 충분한 가치부여를 할 수 있다는 점이다.

35. [옮긴이] catachresis : 별도의 번역어 없이 카타크레시스로 번역되기도 하는데 이 책에서는 일관되게 오어법으로 옮겨 놓았다. 오어법이란 어색하게 뒤섞인 은유나 암시적인 은유에서 나타나는 단어의 잘못된 사용법을 말하는데 언어에 필연적으로 깃들어 있는 오어적 요소를 확장시키는 것은 가치를 코드화하는 기제를 뒤집고 치환할 수 있다.

문화에 의해 익혀진(cooked) 사람들은 어쩔 수 없이 메타렙시스를 통해 서이긴 하지만, 자연에 숭고를 "명명"할 수 있다. 날 것의 인간에게 심연은 단순히 끔찍한 것으로 다가온다.[36] 날 것의 인간은 도덕적인 것을 향하는 감정 구조를 포함하는 경향 혹은 프로그램의 주관을 아직 성취하지 못했거나 소유하고 있지 않다. 날 것의 인간은 세 종류의 비판 이성 사이에서 구분되고 각기 보는 관점을 갖는 그러한 주체가 아니다. 달리 말해, 날 것의 인간이란 칸트의 세 『비판』이 칭송하는 영웅, 즉 자연적이면서도 합리적인 존재 개념의 유일한 예가 될 만한 주체로 아직 되지 못한 것이며, 그러한 주체 자체도 아니다. 그러한 주체 자체와 아직-주체가-되지 못한-자 사이의 간극은 알맞은 환경하에서 문화에 의해 메워질 수 있다. 프로이트가 지적한 바 있듯이, 대리보충하는 이성의 중개를 통해 (자연의 무한성이라는) 심연을 무서운 것에서 숭고한 것으로 변형하는 것 — Abgrund에서 Grund로 가는 폭력적 이행 — 은 여러 가지로 **오이디푸스** 장면과 유사성을 지닌다.[37]

쉴러는 칸트의 숭고 논의에 스며 있는 서사를 신인동형화한다고 비판받아왔다.[38] 실로 숭고에의 접근을 둘러싼 칸트의 논의는 교육 프로그램들에

---

36. 이런 은유가 내 눈앞에 떠오른 것은, 대충 "철학자"로 번역되는 브라만(brahmana)의 특수한 임무로서, 희생 불꽃 속에/으로서 세상을 요리한다는 베다 전통 때문이었을까? Charles Malamoud의 책 『세상을 요리하기: 고대 인도에서의 의식과 사유』(*Cuir le monde: Rite et pensée en Inde ancienne*, Paris: Découverte, 1989)는 서구 독자들을 위해 이러한 베다 전통을 잘 풀어낸다. 그렇지만, 그 책은 베다 전통이 사회적 위계를 유지하는 데서 행하는 역할에 대해서는 아무런 논평도 하지 않는다.
37. Sigmund Freud, "Kant's Categorical Imperative Is Thus the Direct Heir to the Oedipus Complex", *The Standard Edition of the Complete Psychological Works*, tr. James Strachey et al. (New York: Norton, 1961-1976), vol. 19, p. 167. 이 전집은 앞으로 *SE*로 줄여 표기하겠다. 프로이트는 성차가 공포스런 어머니의 심연과 벌이는 특수한 유희를 주목하지 않는다. Kofman, *Le respect*, pp. 42-44 참조. 「숭고의 분석틀」(Analytic of the Sublime)의 27절은 폭력의 이미지들로 가득 차 있다고 종종 지적되어 왔다.
38. Paul de Man, "Kant and Schiller", *Aesthetic Ideology* (Minneapolis: Univ. of Minnesota Press, 1996), pp. 129-162.

서 적합하게 재현한다면 정확한 경험적-심리적 반영물들을 생산할 서사라는 식으로 너무 손쉽게 읽혀질 수 있다. 여기서 그러한 실천들에 대한 칸트 자신의 경고에 주의를 기울여야 할 것이다.39 쉴러는 자신의 기획을 미학적 교육이라고 신중하게 상술하면서 아마도 그 기획을 경험적 심리학으로부터 벗어나게 하려고 한 것 같다. 하지만 폴 드 만에 따르면 그러한 읽기 실천은 결국 쉴러를 배반하고 만다.

드 만은 쉴러의 일탈적 읽기가 칸트의 텍스트에 이미 깃들어 있는 무엇인가를 필연적으로 대리보충 — 대체가 가능하다면 대체 — 한다고 시사한다.

칸트는 엄격하게 철학적인 관심사를, 엄격하게 철학적인 인식론의 문제를 다루고 있었다. 그가 이 문제를 선택한 것은, 자기 자신의 이성들을 상호개인적이고 극적인 용어들로 진술하고, 그래서 인간 존재들 사이의 관계의 프라그마(pragma)와는 아무 상관없는 순수하게 인식론적인 무엇인가를 극적으로 상호개인적으로 말하기 위해서였다. 쉴러의 설명은 전반적으로 경험적·심리학적

---

39. 칸트의 경고는 폭력 혁명을 둘러싼 것이다. 잘 알려진 바대로, 칸트에 따르면, "인민의 통합된 의지나 계약을 경험적 양으로 보아서는 안 된다. 그렇게 이해하는 것은 철학적 관점으로 보나 정치적으로나 위험할 따름이다 … . 칸트는 프랑스 대혁명의 원칙들을 환영하지만 자코뱅의 공포 정치는 비난한다"(Ottfried Höffe, *Immanuel Kant*, tr. Marshall Farrier [Albany: SUNY Press, 1994], pp. 183-184). 모든 윤리적 프로그램들과 그것들을 실천 속에서 수행하려는 결단들 사이에 근본적인 불연속성 — 불연속성을 존재 양식으로 말할 수 있다면 — 이 "있다"고 주장할 수도 있으리라. 이것이 바로 "The Force of Law"에 나오는 결단에 관한 데리다의 논의이다(부록 참고). 칸트는 (법률상의 책임이 아니라) 정의(justice) 자체를 헌법상 집단적인 계산으로 돌림으로써 이러한 균열을 피한다. 혹은 칸트의 어휘를 써서 말하자면, "인간의 영혼이 인정하는 의무는 … 자연법에 따라 헌법을 진화"하는 것이다(Kant, *The Conflict of the Faculties*, tr. Mary Gregor [New York: Abaris Books, 1979], p. 157). 자연법과 실정법의 관계에 관한 논의는 데리다의 "Force of Law", p. 927f를 다시 보면 된다. 선호(preference)에 기초한 윤리 이론들이 지닌 주요한 문제점들 중 하나는, 그 이론들의 계산을 생산적으로 탈안정화할 목적으로 자연법과 실정법의 관계를 그 계산 속에 집어넣어 작업하지 못하는 무능력이다. 그렇게 작업했더라면, 다양한 관점들에서의 분석들을 묶어낸 탁월한 책이 되었을 Amartya Sen and Williams, eds., *Utilitarianism and Beyond* (Cambridge: Cambridge Univ. Press, 1982) 참조.

인 것이며 인식론적 함의에 대해서는 아무 관심이 없다. 바로 이로 인해 쉴러는 위험의 유추(analogy)가 실재의 위험으로 대체되고 위험의 상상이 위험의 경험을 대체하는 그러한 타협 속에서, 그러한 배치 속에서 바로 그 대체, 즉 비유법적인 대체에 의해 숭고가 잇따르며, 숭고가 작동하고, 스스로를 성취하며, 새로운 종류의 합(synthesis)에 이른다고 주장할 수 있다. … 쉴러는 칸트 비판철학의 이데올로그로서 나타난다.[40]

드 만의 실천에 조응하는 것 같은 신인동형론적 의인화를 피하자고 결단함으로써 이러한 일탈을 수정하고자 할 때 쉴러의 문제점을 반전시켜 합법화할 수도 있을 것이다. 내가 제안하려는 것은, 칸트에게 있는 신인동형론적 의인화의 계기를 삭제하기(혹은 "칸트는 자기 자신의 이성들을 진술하고자 선택했다 … "는 식으로 변명하기)보다는 "위치시켜" 보자는 것이다. 그 계기는 칸트의 텍스트에서 환원불가능한데, 물론 드 만이나 나 자신을 포함한 어떠한 담론 실천에서도 그렇다. 우리가 할 수 있는 최선은 그것을 설명하려고 시도하는 것이다. 그러한 시도를 하지 않는 것은, 칸트의 비유법 혹은 비유적 실천에 멈춘 채 칸트의 텍스트 속에 있는 주체의 위장된 역사와 지리를 무시하는 짓이다. 우리가 이것을 "주체의 정치학"이라 부른다면, 그 시도는 철학을 어떻게 읽을 것인가에 관해 일찍이 알튀세가 말한 방침을 따르기만 하면 될 터이다. 즉, "정치와 관계되는 모든 것은 철학에 치명적일 수 있다. 철학이 정치를 먹고살기 때문이다."[41] 철학이라는 분과학문 내부에서 보자면, 이러한 읽기는 결코 스스로를 정당화할 수 없다. 이 책이 맡고자 하는 과업 중 하나는 해체가 읽기에 복무할 수 있는 방

---

40. De Man, "Kant and Schiller", pp. 143, 147.
41. Louis Althusser, *Lenin and Philosophy and Other Essays*, tr. Ben Brewster (New York: Monthly Review Press, 1971), pp. 29-30. [한국어판: 『레닌과 철학』, 이진수 옮김, 백의, 1991].

법을 보여주는 것이다. 데리다는 자신의 초기 논문에서 철학을 초보적으로 인류학화하는 과업에 온전히 한 세대를 끌어들이면서 그 일을 전략적으로 수행할 가능성의 윤곽을 잡아가고 있다. 그래서 우리는 이 점을 주목할 것이다. 그가 제시하는 이유들이 내가 시도하고자 하는 바를 잠정적으로나마 정당화해 주는 것 같다. 즉, "서구에서 불안하고 부산스런 콜로키엄의 증가는 의심할 바 없이 … 말없이 점증하는 위협적인 압력을 가하며 서구 학문토론의 종획(enclosure)을 밀어붙이고 있는 … 견해의 내부적 혹은 철학 내부적 차이들과 전적으로 다른 질서의 … 차이가 내는 효과이다. 서구의 학문토론은 이 차이를 가지고 스스로에게 영향을 미침으로써 이 차이를 내면화하고 그것을 지배하려고 애쓴다."[42]

결국 데리다는 아마도 "서구"(휴머니즘의 "우리"에 의해 정의되는 모든 것)를 대변하면서 1968년에 다음과 같이 쓴다. "아마 우리는 [집 주위를 맴도는 경호원—비판적 불침번?—과 다가올 날에 대한 깨우침—급진적 실천?] 사이에 있는 것 같다. … 하지만 누가, 우리가?"[43] 20년 후 데리다는 혼종적 이주민(migrant)[44]의 형상을 놓고 포르트-다 게임[45]을 함으로써 하나의 답을 구축하려는 것 같다.[46] 여기서 본 논의를 넘어서는 것이긴 하지

---

42. Derrida, "The Ends of Man", *Margins of Philosophy*, p. 113. 스피박의 강조.
43. 앞의 글, p. 136.
44. [옮긴이] 주로 경제적 이유로 하는 이민immigrant보다 광범위한 의미망을 갖고 전 지구적 자본주의 시대의 공간적 주체화를 표상하는 용어이다.
45. [옮긴이] 아이가 부재중인 엄마를 보고 싶어 실패를 던지며 엄마가 있다, 없다 하는 게임이다.
46. *The Other Heading: Reflections on Today's Europe*, tr. Pascale-Anne Brault and Michael B. Naas (Bloomington: Indiana Univ. Press, 1992)는 혼종적 이주민으로서 분열된 자아라는 이 주제를 논의하기 시작한 책이다. "나는 무엇보다 유럽 사람이라고 느낀다. 바로 이렇게 선언하면, 다소간 유럽적으로 되는 것일까? … 어떠한 경우든 결정은 다른 사람들에게 달려 있으며 또한 그들 사이에 있는 내게 달려 있다"(p. 83). 『아포리아들』(*Aporias*, tr. Thomas Dutoit [Stanford, Calif.: Stanford Univ. Press, 1993])은 혼종성에 관한 초기 텍스트—가톨릭계 스페인—로 되돌아가서, 마라노인[중세 스페인에서 박해를 피하고자 기독교로 개종한 유태인·무어인]을 끌어들인다. "자신이 선택하지 않은 어떤 비밀에 충실하면서도, 지금 자신이 살고 있는 바로 그 곳에 남아 있는 사람을 비유적으로 마라노인이라고 부른다면"(p. 81. 수정

만, 아무런 의문 없이 이주민을 특권화하는 태도 또한 토착정보원을 말소하는 형상임이 입증된다는 점을 말해 두어야겠다.

칸트에게서 인류학적 계기를 읽어내려는 나의 시도는 폴 드 만 판(版)의

된 번역임)하면서 말이다. 공유된 위협에 반응하는 집단적인 계약은 앞선(prior) 정체성을 나타내는 기호들(혹은 최소한 신호들)을 감추고 있다. 서구 형이상학에 대한 전적으로 설득력 있는 데리다의 지배적 비판 담론은 이 기호들을 담고 있다. (은유의 논리가 아니라면) 바로 이러한 비유의 그래프에 의해 그 기호들을 볼 수 있게 된다. 아버지-아들 상황이 희생을 통한 윤리를 주장하는 지점이라는 측면에서 지니는 중요성을, 또 자기 연쇄들 속에서 자신의 전기(bio-graphy)뿐만 아니라 헤겔, 프로이트, 니체, 쥬네의 텍스트들을 끈질기게 되풀이하는 데리다의 측면을 고려하건대, 자기 아들이 자기에게 마라노인의 텍스트를 보여주었다는 데리다의 공언은 하등 의미가 없는 게 아니다. 그렇다면 마라노인이라는 이름은 다음의 감정이 잔뜩 실린 "좁은" 의미에서 구체화하거나 불가피하게 말소하는 것인가? 즉, 실체로 "존재"하는 것이 아닌 차연[의미생성 과정에서 일어나는 차이와 연기의 양면 활동을 함께 지칭하는 데리다의 용에 혹은 그런 게 있다면 선물을 통한 모든 폭로 · 밝힘(disclosure)은 말소(원전으로부터 파생 없는)이기도 하다는 일반적 문자소학(graphematic[음성언어와 문자언어의 공통뿌리인 에크리튀르와 거의 같은 문자소를 연구하는 학문])을 말이다. 일반적 의미와 좁은 의미 사이의 미끄러운 교섭은 다음 문장에 나오는 위치를 가리키는 첫 번째와 두 번째 문구 사이에서 일어나는 것 같다. 하지만, 나는 내가 읽고 싶은 것을 읽고 있는 것일까? 우리는 종종 그렇지 않은가? 일반적 의미에서 "어떠한 역사적 증인의 근본적 부재가 그[le tient]라는 말은 '그인지 그녀인지'를 확실하게 보증하지 않는데라 좁은 의미에서 정의상 달력을 잡고 있는[dispose du calendrier] 지배 문화 안에 있게 하는 모순 없는 밤[nuit sans contraire]에 이 비밀은 심지어 마라노인이 그것을 지키기 전에 마라노인을 지킨다." 거기서 내가 의도하는 것처럼 보이는 무엇이건 다른 텍스트가 작동중이다(p. 81. 또한 p. 77을 보라). 그 사이, 말하자면, 혼종적 이주민이라는 그래픽은 "확인 가능한 두 장소를 나누는 문턱을 넘지 않는"(p. 34) 절대적인 도착 승객으로, 동일한 텍스트에서 일찍이 일반화된다. 마라노인에 관한 구절은 마라노인의 집을 "최초 혹은 두 번째로 도착한 사람의 집"(p. 81)으로, 그래서 "확인 가능한 장소(들)"로부터 또/혹은 그 장소(들)로 가는 것으로 구체화함으로써 이 구절에서 말하는 도착한 사람의 의미가 "절대적"이지 않다는 점을 확실히 한다. 여기서 한 단계만 가면 마라노인의 유태 메시아주의를 "유태인 문제"로 벡터를 바꾼 이주민이자 마라노인으로 맑스를 각인하게 된다. 그렇다면 "우리"는 옛 유럽인으로서 마라노인이다. 이 책에서 나는 하나의 형상으로서 "포스트식민"이 "토착정보원"으로 위장하고 "토착정보원"의 폐제된 입장을 재삼 강조한다는 점을 논의하고자 한다. 그 때문에 데리다의 편력 중 좁은 의미에서 "포스트식민적"면모는 하나도 없다고 해도 맞는 말이다. 데리다의 편력에서 알제리는 최근에 해방된 민족-국가로 각인되어 있지 않다. 그러한 각인에서 데리다는 존경받을 만하고 잘 사는 유럽중심적인 경제적 · 문화적 이주민의 역할, 즉 자신의 커다란 명성을 이주민 액티비즘에 중요한 것으로 만들고, 공적 · 학문적 포럼을 조직하고, 4장에서 논의를 개시할 대항-지구화(counter-globalization)와 관련해 이주민 액티비즘의 자리를 일반적으로 비판하는 데에만 민감하게 반응하는 역할을 한다.

해체와 일치하는 데가 있다. 참되다고 주장하는 무엇인가가 하나의 비유에 지나지 않음을 발견하는 것이 드 만의 해체 작업에서 첫 번째 (비유론적) 단계가 된다. 드 만은 특히 루소를 분석하면서 그 경위를 보여준다.[47] 두 번째 (수행적) 단계는 교정하고자 하는 충동이 자체를 진리의 교정판본으로 확립하려고 시도하는 중에 하나의 거짓말을 실행하지 않을 수 없게 되는 경과를 밝히고자 한다. 드 만은 루소, 니체, 횔덜린, 프루스트, 예이츠 등의 작가들에게서 이 이중구조를 밟아가 그것을 벗겨내었다. 칸트의 경우, 제국주의의 발생 공리를 전제하는 터라 이것이 비유론적 해체에 거짓을 부여한다. 이 점은 『판단력 비판』의 마지막 부분인 「목적론적 판단력 비판」에서 가장 분명하게 드러난다.

「목적론적 판단력 비판」은 칸트의 비판 체계 건축술에서 호기심을 자아내는 이상한 자리를 차지한다. 칸트의 건축술은 『판단력 비판』 서론의 말미에서 펼쳐지는데(『판단력』 34, 수정된 번역), 이 부분은 『판단력 비판』을 다 쓰고 난 후에 씌어진 것이라 더욱 흥미롭다.

다음 표는 모든 고급 능력들의 체계적 통일성에 따라 그 능력들을 검토하기 쉽도록 만든 것이다.

정신의 모든 능력들	
인식적 능력들	욕망하는 능력[Begehrungsvermögen]
쾌와 불쾌[Unlust]의 감정	

인식적 능력		
지성	판단력	이성

---

47. De Man, "Allegory of Reading: (Profession de Foi), *Allegories of Reading: Figural Language in Rousseau, Nietzsche, Rilke, and Proust* (New Haven: Yale Univ. Press, 1979), p. 236 및 그 외 여러 곳.

선험적 원리들		
법에의 순응도	목적성	최종 목적

적용되는 곳		
자연	예술	자유

『판단력 비판』의 자리는 가운데 열에 있다. 이 표에 따르면, 판단력이 유일하게 적용되는 데는 **예술**인 것처럼 보인다. 하지만 **예술**은 『판단력 비판』의 일부에 지나지 않는, 제1권, 1편의 2권 2절, 2편 전체의 주제일 뿐이다. 이 세 부분은 모두 제1부(「미학적 판단 비판」)에 속한다. 엄밀히 말해, 도덕 법칙에 대한 존재의 접근이 그 구조의 측면에서 처음으로 개요를 갖게 되는 「숭고의 분석틀」은 앞의 표가 말해주는 판단력의 적용 범위를 벗어난다. 왜냐하면, "자연의 대상들에 대한 미학적 판단의 연역 추론은 소위 자연에서의 숭고를 향해서가 아니라 오로지 아름다움을 향해야 하기 때문이다"(『판단력』 120). 칸트에게서 숭고한 예술의 예들은 나오지 않는다.

그러나 앞의 표에서 명시된 대로 판단력의 적용 범위를 가장 의미심장하게 넘어서는 것은 목적론적 판단력이다. 그것은 예술과 전혀 관계없다. 목적론적 판단력의 주제는 자연에서 목적성의 가능성, 또 세계를 인식하는 지적 권위의 가능성이다. 둘 다 숭고의 분석틀에 그 개요가 제시된 구조와 평행을 이루는 대리보충의 경우들이다.

그래서 「목적론적 판단력 비판」은 『판단력 비판』에 그려진 개요대로 칸트 체계에 감지되는 폐쇄의 안팎에서 전개된다. 칸트가 판단의 가장 중요한 쟁점들 — 정치와 종교, 자연적·사회적 정의와 신의 정의 — 을 이렇게 구조적으로 미결정적인 곳에 둔다는 것은 이상하다. 거의 마치 허위진술이, 또는 예술에 판단력 적용의 합법적 자리를 달리 설명할 길 없이 확보해주는 억압이 구조적으로 분명해진다는 식이다. 그 텍스트의 선언이 **예술**은 물론 아름다운 예술 — 목적 없는 목적성 — 을 목적성의 선험적 원칙이 합법적으로 유희하는 유일한 장으로 확실하게 위치시키고 있기는 하다. 내가 이렇게 말하는 것은 물론 숭고가 자연을 둘러싼 판단에 부적합하게나마 국한되고 있기 때문이다. 앞의 표에서 이러한 빈틈은 예외를 규칙으로 만들고 합법을 예외로 만들고 있다. 미결정성은 칸트에게서 도덕 문제를 한 가지 이상의 방식으로 알려준다. 앞의 표에서 요약된 개요를 엄격하게 따른다면, 『판단력 비판』의 상당부분이 "칸트에 의해" 판단의 고유 영역 외부로 기입될 것이다. 하지만 그것은 철학으로서 대리보충될 수도 있다.[48]

「목적론적 판단력 비판」에서 자연이나 인간의 삶의 목적에 대한 우리의 생각과, 세상의 지성적 저자에 대한 감각적 분별이야말로 욕망의 자리를 점유하는 것임이 드러난다. 욕망할 수 있는 우리의 바로 그 능력[Begehrungsvermögen], 욕망 자체의 능력, 실천 이성이 목적론들을 만들어내는 판단력을 통해 비로소 효과적인 것이 된다.

> 자연이 … 목적들의 원칙들에 따라 하나의 절대적 전체라면 … 인간의 행복과 조화를 이루어야 한다고 주장할 합리적 근거를 확보하기 위해서, [인간을] 창조의 궁극적인 목적이라고 상정하는 것은 욕망 수용 능력(capacity to desire)[Begehrungsvermögen, 일반적으로 "욕망 능력"으로 번역됨] 때문이다. … 그것은 인간만이 스스로에게 부여할 수 있는 그러한 값어치(worth)인데, 인간의 행위 방법과 행위 원칙들로 … 자연의 사슬 속의 한 연결점으로서가 아니라 인간의 욕망 능력의 자유로 구성된다. 즉, 인간의 존재[Dasein]만이 절대적인 값어치를 지닐 수 있는 것은 바로 선의에 의해서이며, 그 선의를 참조함으로써 세계의 존재는 궁극 목적을 지닐 수 있다.(『판단력』 293)

---

[48] 이 지적이 지나친 공상으로 보인다면, Hans Saner, *Kant's Political Thought: Its Origins and Development*, tr. E. B. Ashton (Chicago: Univ. of Chicago Press, 1973), p. 1에서 지적되고 있듯이, 자신의 정치적 저작들과 관련해 진지하지 않음을 칸트가 이상하게도 반복해서 시인하고 있는 점을 주시할 수 있겠다.

욕망 수용 능력이 은연중에 선의로 미끄러져 간다. 욕망 수용 능력이란 정신에 내장된 특징이고, 선의는 깊은 생각을 거친 속성 혹은 성격학적인 속성이다. 전자가 스스로를 후자로서 제시해야 하는 경위야말로 이 섹션 논의의 일부를 이룬다. 앞 인용문과 같은 구절들에서 칸트 자신의 텍스트가 자신이 드러내는 시나리오를 연습하고 있는 것 같다. 우리가 이것을 칸트 텍스트가 기술하는 체계에 대한 텍스트 자체의 취약성을 신호하는 텍스트로 읽는다면, 그것은 장엄한 칸트 윤리(학)의 일부가 된다.

칸트는 우리가 느끼는 의무감의 원천을 단순한 명령이나 명령하는 원인이라기보다는 "명령된 효과"(『판단력』 321, 스피박의 강조)라고 본다. 나는 실천이성의 개념들을 구조화의, 경향의 효과들로서 생산하는 대리보충적 과정을 추적하느라 애써 왔다. 필연적인-지반은-없지만-필연적으로-대리보충적인 구조를 염두에 둔다면, 자유개념의 대리보충적 생산을 드러내는 칸트 자신의 기술(記述)은 그 자체로 심연의 대리보충으로서 해석될 수 있다. "얼마나 유익하든간에 앞의 환영을 드러내는 것이야말로 … 철학자의 의무이다"(『판단력』 314). 몇 줄 앞에서 또한 환영은 "자의적인" "보완"[Ergänzung]으로 기술된다(『판단력』 313).

욕망의 자유는 자유개념을 가능하게 하는 조건이다. 하지만, 이 자유의 기능이 강제로서 기술되는 대목들이 많이 나온다. " … 궁극적 목적에 부합되는[gemäss] 사물들의 존재를 … 설명하기 위해서, 우리는 (우리가 목적들이라고 판단하도록 강제되는 자연물들의 가능성을 위해서) 우선 지성적 **존재**뿐만 아니라 세계의 권위로서 **도덕적 존재**"를 가정해야 한다"(『판단력』 306, 밑줄은 스피박의 강조).

자유롭고자 하는 강제충동은 대리보충에의 책무를 통해 작동한다. 칸트가 신념·신앙(faith)[49]을 기술하는 부분에서 미결정성을 각인해 부조리성이라는 오랜 주제를 다시 쓰고 있는 것은 잘 알려진 바다.

그러므로 정신의 끈질긴[beharrilich] 원칙은, 그렇게 할 책무가 지워져[wegen der Verbindlichkeit zu demselben] 있기 때문에 참된 것으로 가정되며, 그 원칙을 최상의 도덕적인 궁극 목적의 가능성으로서 전제할 필요가 있다. 우리가 최상의 도덕적인 궁극 목적의 불가능성뿐만 아니라 그 가능성을 들여다 볼 수는 없을지라도 말이다.(『판단력』 324, 스피박의 강조).

그러므로 모든 궁극적 질문들을 회피해야 하는 실천이성의 이러한 이중 구속은 인식(『판단력』 307)이나 "고유한 의미화"의 속성(『판단력』 315-316)을 통해서가 아니라 유추에 의해서만 작용한다. 하지만, 욕망 수용 능력(욕망 능력)이 모든 부재를 보충하도록 강제되며, 그러한 움직임에 의해 발생되는 모든 이율배반을 해결하도록 강제된다.

여기서 결정적인 이율배반이란, 우리가 궁극적 목적을 생각해야 하면서도 그것을 알 수 없다는 점이다. "우리의 인식 능력들을 목적을 갖고 사용하기 위해"(『판단력』 232) 자연을 기계적 법칙들에 의한 목적성을 갖는다고 생각하는 판단력 부분은 자율적이다. 왜냐하면 그것은 "단지 주관적인 타당성을 가지며"(『판단력』 236), "객관적으로는 법칙 혹은 개념을 상당히 결핍하고"(『판단력』 232) 있기 때문이다. 이 결핍은 자체에 이질적인 "법칙들에 따라 스스로를 적응시켜야 하고, 지성에 의해 … 주어지는"(『판단력』 236) 타율적인 판단력 부분에 의해 대리보충된다. 이 타율적인 종류의 판단력은 "한정적"인 것이라 불린다. 이 용어는 독일어 bestimmend를 "한정하는"(determining)이라고 부르는 오늘날 영어권 독자에 의해 더 잘 파악되고 있는 실정이기는 하다. (우리는 이 용어 자체가 결정된[determined] 것이거나 그래서 결정하도록 "주파수가 맞추어진" 것임을 주목해 왔다.) 이 철학자[칸트]는 두 판단력 사이의 어떠한 혼란도 "드러내고 해제시켜야 한다."

---

49. [옮긴이] 칸트에서 이 용어는 믿음보다 더 강한 의미를 갖는 신념과 동시에 신학 차원에서의 신앙을 포괄하므로 이중어법으로 표기하기로 한다.

칸트는 이성의 한계들을 고정시키는 데 신중을 기한다. 그는 이성을 자유로우면서도 구속된 것으로, 항상 결여로 남아 있는 것을 대리보충하기로 한정된 것으로 본다. 인간 존재는 스스로를 인식할 수 없는 한에서만 도덕적이다. 칸트는 이성의 주체에 인식의 권력을 부여하지 않는다. 실로 그는 자신이 드러내려 한 한정적이면서도 때로 유익한 환영들의 체계에 자신의 텍스트가 취약하도록 만든다. 이것은 자유개념의 비유론적 해체라 불릴 수 있다.

결여들의 대리보충은 철학에서보다 물리신학과 윤리신학에서 자의적이고 부정합적이라서, "고유한 의미화"를 부여할 수 없다. 말하자면 칸트에게서는 "고유한" 의미화가 존재하는데 그것의 이름이 신이다. 이것이 바로 무서운 무한성의 심연을 숭고한 명명으로 채워준다. 숭고의 **분석틀**의 메아리는 다음 인용문에서 착오의 여지 없이 들린다.

> 그렇다면 우리는 신이 없다고 스스로를 굳건하게 설득해버린 … 의인[eine rechtschaffenden Mann]을 상정할 수 있다. … 차라리 그는 [도덕] 법이 자신의 모든 힘들을 인도하는 선을 확립하기를 사심 없이 소망한다. … 자신은 정직하고 평안하며 자비로울지라도, 사기, 폭력, 시샘이 그의 스타일[ihn im Schwange gehen]이 될 것이다. 그리고 그가 만나게 될 의인들은 행복할 가치가 있는데도 자연에 의해 종속될 것이다. … 지상의 다른 짐승들처럼 말이다. 이러한 종속은 하나의 드넓은 무덤이 그들을 함께 집어삼켜, 그들이 끌려나왔던 질료의 목적 없는 혼돈의 심연 속으로 던져질 때까지 계속될 것이다. … 만일 그가 자신의 내적 도덕적 결단의 부름에 헌신하기를 소망한다면, … 그는 … 세계의 도덕적 저자의 존재, 즉 신을 가정해야만 한다.(『판단력』 303-304)

여기서 심연이란, 숭고 구절에 쓰인 심연의 독일어 Abgrund의 바닥없음이라기보다 우리가 나온 곳인 자연의 자궁과 집어삼키는 입[Schlund]인 무덤이다. 앞 인용문에서 보듯, 우리의 도덕적 존재 법칙을 주장하기 위해 전제되어야만 하는 신은 철학자가 드러내어야 하는 유익한 환영 너머에 있는 것 같다. 그 주장의 체계성을 보건대 철학자 역시 그래야 한다. 여기서 철학자의 입장은 그 확신성에서 좀 떨어진다. 그 또한 자연의 자궁과 죽음의 한계 내부에서 의롭기 때문에 세계를 도덕적으로 만드는 존재를 가정해야 할 필요에 참여할 책무가 있는 것처럼 보인다. 그는 신의 명칭을 허위진술적 메타렙시스로서 온전히 기술할 수 없다. 그 구조가 그러한 가능성을 신호하고 있다고 하더라도 그렇다. 욕망 담론이 신앙을 향할 때 그의 입장은 비슷하게 타협된다. 『판단력 비판』의 말미에 이르러, 어떤 온건한 각주에서 사변적 이성 자체는 이급의 자리에 놓인다. 도덕 법칙은 유익한 환영일 수 없다. 그것은 모순 없이 사유될 수 있기 때문에 실재적인 것이다.

『판단력 비판』을 마무리짓는 **일반적인 언급 사항들** 바로 앞 절의 결론 문단은 "그러므로 우리는 우리 안에 하나의 원칙을 갖는다"로 시작된다.

> 그 원칙은 우리 내부의 초감각적 관념을 결정하고, 그 관념을 통해 우리 외부의 초감각적 관념을 또한 통제할 수 있다. 실천적 관점만을 통해서이긴 하지만 지식을 위해서, 또 단순히 사변적인 철학(자유에 다만 부정적인 관념을 부여할 수 있는 철학)이 절망하고야 말 원칙을 위해서 말이다. 결과적으로 자유개념은 … 모든 자연적 (이론적) 개념이 희망 없이 제한된 채 남아 있을 그러한 경계 너머로 이성을 확장시킬 수 있다.(『판단력』 327)

이것은, 자유개념의 경계 없음(boundlessness)으로 재각인되는 **자연의 무한성**이라는 심연을 보여주는 예로서 분명하게 읽혀질 수 있다. 자연과 자유를 함께 끌어내어 **철학**(을 생산하는 실천) 그 자체가 숭고의 예가 될 수 있는 것은 「목적론적 판단력 비판」에서뿐이라고 말할 수 있지 않을까? 미학적 논의를 바탕으로 하지는 않지만 그러한 논의의 다리를 가로질러 체계 바깥에 있는 것으로 보이는 미결정적 (무)장소 속에서뿐이라고 말할 수 있지 않을까? 하지만 이 숭고의 철학자는 그것을 그렇게 부르는 것은 허위 진술에 의한 부적합성의 보충이라고 지적해야 할 책무 또한 있다. 그래서 조건부 꼬리표가 남는다. 즉 숭고에서 주체의 역할을 수행하는 철학은 "실천적 관점에서만" 그렇게 할 수 있다. 『판단력 비판』 전체가 그러한 관점의 불안정성을 논평해 왔던 것이다.

텍스트의 결을 거슬러 읽자면, 이렇게 외관상 분명히 만회적인 제스처들조차도 독자에게 제시되는 텍스트 자체의 해체를 가리키는 신호로 보일 수 있다. 혹은 더 나아가 실천적인 영역에서도 이론(숭고를 분석하는)이란 언제나 이미 실천(도덕적 존재를 가정해야 하는)에 의해 규범화된다는 대담한 주장으로까지 읽힐 수 있다. 『판단력 비판』의 말미에 이르러 사변적 이성은 우리가 기대해 왔던 대로 강제와 한정의 언어로 좀더 공공연하게 위치지어진다.

> [사변적 이성]은 도덕적 법칙 자체를 그 실천적 측면에서 우리 이성의 단순한 기만으로 간주하려 한다. 그러나 [이런 일은] 결코 일어날 수 없지만 다른 한편 사변적 이성은 다음을 전적으로 확신한다. 사변의 대상이 자연 너머에 있는 관념들을 모순 없이 사유할 수 있다고 말이다. 그 때문에 사변적 이성은 자체의 실천적 법칙과 이 법칙을 통해 부과되는 임무[die dadurch auferlegte Aufgabe]를 위해 자체와 모순에 빠지지 <u>않도록</u> 그러한 관념들을 실재적인 것으로 인식해야 한다.(『판단력』 323-324, 스피박의 강조)

이러한 텍스트의 수행을 문제시하고 텍스트를 (스스로) 문제 있는 것으로 수행시키는 비유론적 해체의 이러한 무한 반복 움직임을 인정한다면 어떨까. 바로 그렇게 해야만, 우리는 주체 내부에 있는 시인되지 않은 차별화가 어떻게 분명한 방식으로 칸트의 텍스트를 움직여 가는지 알 수 있다.

실천이성의 이중구속으로 되돌아가자. 그것은 인식이나 "고유한 의미화"의 속성을 통해서가 아니라 유추에 의해서만 작용할 수 있다. 하지만 욕망 능력은 모든 부재를 대리보충하도록 강제된다. 이것이 "물리적·목적론적 … 설명 방식들" 사이의 이율배반을 발생시킨다. 칸트는 반성적 판단력의 자율성을 지적함으로써 이율배반의 어떠한 가능성을 제거한다(『판단력』 236). 이와 대조적으로, 한정적 판단력의 타율성은 "지성에 의해 그것에 주어지는 … 법칙들에 따라 스스로를 적응시켜야 한다"(『판단력』 236). 칸트의 이중구속과 그 해결책을 심연의 비유론적 해체를 통해 "부르주아 징후"로 정의하고 통제하는 것은 **소련이 해체된 이후의 새로운 세계질서** 내부에서의 우리 위치를 무시하는 처사다. 이 책을 추동하는 핵심 주제들 중 하나가 바로 이러한 사안이다.

만일 우리가 한정적 판단력의 내부에 남아 있다면, 이율배반은 다음과 같이 스스로를 드러낸다. "내적인 형식 때문에 하나의 사물을 하나의 자연스런 목적으로 판단하는 것은 그 사물의 존재를 자연의 한 가지 목적으로 받아들이는 것과는 아주 다르다. 후자 쪽을 주장하기 위해서는 가능한 목적 개념뿐만 아니라 자연의 궁극적 목적에 대한 인식도 필요하다. 이것은 자연에 대한 우리의 모든 목적론적 인식을 멀리까지 능가하는 초감각적인 무엇인가를 참조하도록 요구한다"(『판단력』 225).

칸트는 『판단력 비판』의 나머지 이상한 30절 내내 인식을 능가하는 초감각적 지시대상, 즉 고유한 대리보충인 신을 발전시킨다. 그러나 법률상 적당하고 근거를 갖춘 한정적 판단력이 생산할 만한 유일한 한 가지 예만 있을 따름이다.

풀은 소에게 필요하며, 소는 다시금 실존의 한 가지 수단으로서 인간에게 필요하다. 하지만 우리는 인간의 존재가 왜 필요한지 알지 못한다(만일 우리가 우연히 뉴홀랜드인들이나 티에라 델 푸에고 거주자들에게 우리 생각을 내비친다고 해도 그리 쉽게 대답할 수 없는 문제다). 그렇다면 그러한 사태는 하나의 자연스런 목적조차도 아니다. 그것(혹은 그것의 전체 유(species)[Gattung — "인류"라 할 때 "류"에 함축된 의미는 여기서 경시될 수 없다])는 하나의 자연스런 생산물로서 간주될 리가 없다.(『판단력』 225)

여기 숭고의 분석틀에서 날 것의 인간은 지반으로 남모르게 왕복 이행하지 못하고 심연-정동(affect)에 붙들린 채 명명된다. 그는 패러다임적 예가 아니라 사유의 우연한 대상일 뿐이다. 그는 주체가 아닐 뿐더러, 사물의 한 예로서 주체를 만들지도 못하며, 주체라는 유(類)를 자연의 생산물로서 만들지도 못한다. 우리가 어쩌다가 그 주체에 대해 생각하게 된다고 하더라도, 우리의 한정적 판단은 그 혹은 그의 유(類)가 존재할 필요성을 스스로에게 입증할 수 없다. 물론 "고유한" 철학 읽기는 이러한 것을 수사학적으로 중요하지 않은 세부라고 간단히 처리해 버릴 것이다. 하지만, 칸트의 세계에서 뉴홀랜드인들(호주 선주민)이나 티에라 델 푸에고인이 말하는 능력을 부여받았더라면 (그래서 말하는 주체로 되었더라면) 어땠을까. 그는 이성이 대리보충할 이율배반이 있다고, 순진하지만 피할 수 없고 실로 중요한 예[칸트]야말로 인간이 인간을 이성 외부에 두는 유별난 사유를 펼친다고 주장했을 법하다. 여기서 우리는 (문화적) 인간의 인식의 한계들을 지적하는 자연스런 주장으로서 제국주의 공리를 발견한다. 그러나 요점은, 뉴홀랜드인이나 티에라 델 푸에고인은 『판단력 비판』의 세계에서 말하거나 판단하는 주체가 될 수 없다는 점이다.[50] 칸트에서 그러한 주체는 지정학

---

50. 칸트가 듣기 좋다는 이유에서 이 특정한 두 지역의 주민들을 선택했을 수 있다. 칸트는 「자연의 내적 목적성으로부터 구분되는 상대적 존재」에 관한 섹션에서 "그린랜드인, 라플란드인, 사모예드인, 야쿠츠크 주민 등"(『판단력』 215)을 언급한다. 이 언급은 그의 본체적(noumenal) 주체 구성이 호주 선주민에 대한 거부(rejection)에 일반적으로 의존하고 있음을 보여주지만 말이다. 독일어에서 이 두 지역 사람들을 지칭하는 말은 Neuholländer와 Feuerländer이다. 여기서 우리는 "시적 기능은 등가성의 원리를 선택 축으로부터 조합 축으로 투사한

다"("Closing Statement: Linguistics and Poetics", Thomas A. Sebeok, ed., *Style in Language* [Cambridge: MITPress, 1960], p. 370)는 야콥슨의 유명한 발언을 떠올릴 수 있겠다. 그리고 합리적 존재로서 인간의 자율적인 예들로 복무할 수 없는 타율적인 예들을 선택하면서 쓰일 수 있는 그 발언의 아이러니를 생각해 볼 수 있겠다. "서구 주체"에 대한 칸트의 난해한 용법을 탁월하게 고찰한 책으로는 장-뤽 낭시(Jean Luc Nancy의 특히 *L'impératif catégorique* (Paris: Flammarion, 1983) 참조. 또한 Eduardo Cadava et al., eds., *Who Comes after the Subject?* (New York: Routledge, 1991) 참조. 이 책은 "현대 철학의 커다란 모티브들 중 하나인 주체성의 비판 혹은 해체를 다루는 19명의 프랑스 철학자들에 대해 현재 진행된 연구를 제시한다"(p. vii). 이 책에 실린 모든 글들이 "'서구'가 시작되는 지점에 칸트가 있을 가능성은 거의 없는 조건"(p. 1)의 중요성을 인정한다. 이 글들 중 많은 글들이 일정한 전략적 배제가 작동하고 있었음을 알고 있다. 빈센트 데콩브(Vincent Descombes)는 더 멀리 나아가서 "정치적 행동이 수행되지 않는 한 누가? 라는 질문은 제기될 수 없다"고 쓴다(p. 132). 그러나 대부분의 분석 철학자들처럼 그는 윤리적 프로그램들과 결정들 사이의 불연속성을 고려하지 못하며(주 23 참조), 전 지구적인 것을 사유하는 유럽계 미국인들처럼 국민적인 것에 붙들려 있다. 실비안 애거신스키는 배제된 이들을 여성이라고 명명할 수 있다(p. 16). 내가 칸트를 "착오"적으로 읽을 위험을 무릅쓰듯, 사라 코프만은 데카르트를 "어리석게" 읽을 위험을 무릅쓴다. 낸시는 "'주체 이전/이후에' 누가 … 본질의 문제가 아니라 정체성의 문제다. … 장소는 장소니까"(p. 7)라고 묻는다. 나는 이러한 읽기들이 지닌 섬세함에서, 정언명령의 위험 감수를 인정하는 낸시에게서 많은 것을 배운다. 그동안 나는 우리가 작업을 시작하려면, 말하자면 전에 왔던 누구의 이름으로 또 그 주체 이후에 누가 올 것인가에 대해 생각해 왔다. 낸시가 아주 복잡한 구문을 쓰면서 촉구하는 간단한 해답이 여기 있다. 그것은 선주민이다. 그리하여 이 두 겨레의 고유명사가 뜻밖의 행운처럼 내 텍스트에 들어왔다. 나는 쉴러보다 더 나쁘게 이 둘을 실제 이름으로 받아들여 그들에 관해 읽기 시작했다. 처음부터 한 가지가 분명해졌다. 이 사람들이 인간인가 아닌가 하는 문제는 일반적인 유럽적 논쟁의 일부였다. 칸트는 이 문제에 대해 경험적이라기보다 철학적 방식으로 손쉽게 아니라고 대답했다. 드 만이 지적한 대로, "칸트가 [철학적 방식을] 선택했던 것은 그 근거를, [인류학적] 용어들로 말하기 위해서였다"("Kant and Schiller", p. 143). 선주민들의 언어와 텍스트성이라고 할 때, 선주민을 어떻게 다루어야 할까? 역설적으로, 칸트는 그들에게 부조리한 국민적 정체성(Neuholländer, 현대에 탈출[exodus]이 없다는 점을 제외하고는 이주민에 하이픈을 붙여 표현하는 것만큼이나 부조리한 명명)을 부여했다. 그 국민적 정체성은 너무나 이질적이어서 1차 자료를 해독하는 데만도 몇 년이 걸렸다. 이 과정에서 물론 나는 오늘날 쿠리인[호주 동남부 선주민]도 여느 겨레(people)처럼 이질적인 집단이며 나름의 야심들로 분열되어 있다는 점을 발견했다. 나는 유럽 계몽주의의 행복한 주체가 아닌 모든 국민들(peoples)의 경우, "모더니티"로 가는 장기간 봉쇄된 경로가 "유럽적인" 것이 아니라 혼종적인 것임을 깨달았다. (정말이지, 혼종성을 절대적인 것으로 이해한다면, 소위 모더니티의 유럽적 경로 역시 혼종적이다.) 왈피리인[호주 선주민]들이 "유럽인의 진입을 '주쿠르파의 종말'로 기술할 때 그들은 자기들의 혼종적 모더니티를 이론화하고 그것을 자기들의 지배소의 상실로 기술한 것이다." 로지 네푸룰라가 이것을 라자마누에서 말하면서 그렇다고 이제 주쿠르파로부터 배울 게 없다는 뜻이 아니라 바로 그적으로 차별화되어 있다. 숭고의 분석틀 직후에 나오는 자연-문화 관습과 경향을 다루는 유난스런 문단을 상기하라(이 책 48쪽 참조). 칸트의 텍스트

때부터 왈피리인들이 더 이상 주쿠르파에 살고 있는 게 아니라는 뜻이라고 설명했다" (*Yimikirili: Warlpiri Dreamings and Histories*, tr. Peggy Rockman Napaljarri and Lee Cataldi [San Francisco: HarperCollins, 1994], p. xx). 나는 이에 대해서는 쓸 수 없다. 내가 영어나 그보다 약간 못하게 독일어를 익히는 데 들였던 똑같은 전념과 기술로도 호주 선주민들의 언어를 배울 수 없기 때문이다. 그래서 나는 "언어상실"(losing language) 개념으로 뭔가 조금 할 수 있겠다고 느꼈을 뿐이다. "언어상실"은 이스트 킴벌리 지역의 초기 거주민들이 사용했던 개념이다. 이에 대해서는 이 책의 마지막 4장에서 다룰 것이다. 푸에고인들의 경우, 이들이 쓸려 나가게 된 사정이, José Emperaire, *Les nomades de la mer* (Paris: Gallimard, 1955)에서 대략 나타나고 있지만, 믿어지지 않는다. 『뉴욕 타임즈』에서 이 지역을 탐방한 자연주의자들의 여행이 보도된 적이 있다. 그 때, 그 지역 동식물에 대한 황홀한 설명이 최고로 위대한 우리의 윤리적 철학자들 중 한 사람에 의해 아주 우연히 남몰된 한 겨레(people)를 말소한 유혈의 역사를 완전히 덮어 가리고 말았다(Mary Ellen Sullivan, "Magellan's Route in Tierra del Fuego", 1994년 10월 9일자, 섹션 5, pp. 10, 38). 이론적으로 복잡한 마이클 토시그의 *Mimesis and Alterity: A Particular History of the Senses* (New York: Routledge, 1993)는 식민적 조우의 반사성(specularity)을 가시화하지만 거기서 멈춘다. 나는 2장과 3장에서 그러한 한계를 논평하고 있다. 앞에서 언급한 『유목민들』(*Les nomades*)에는 최후의 푸에고인들 사진이 실려 있다. 나는 160, 161쪽에 나오는 발가벗은 채 아이와 함께 웅크리고 있는 코스토라의 미소를 읽어낼 수 있는 성격학적 관례를 공유할 수 없다. 모더니티로 가는 혼종적 경로는 보는 이로 하여금, 96, 97쪽에 나오는 키에야키유의 "퉁명스럽고 교활한?" 표정에 표현적 해석을 하도록 허용해 준다. 나는 칸트의 경멸로 가득 찬 가마솥을 부글부글 끓게 하는 다른 책을 쓸 수 없다. 신참자의 부족한 판단력을 갖고 Ronald M. and Catherine H. Berndt, eds., *Aborigines of the West: Their Past and Present* (Nedlands: Univ. of Western Australia Press, 1979)와 Günter Schilder, *Australia Unveiled: The Share of the Dutch Navigators in the Discovery of Australia*, tr. Olaf Richter (Amsterdam: Theatrum Orbis Terrarum, 1976)과 같은 서로 매우 다른 책들의 기록을 보기만 해도, 이런 책을 쓰는 일이 어마어마하다는 느낌을 받는다. 정치적으로 올바른 인류학, 철학, 식민 담론, 학계의 노동분업, 학계의 정체성 정치의 감옥을 피하고 싶다면 말이다. 일반 학문에서 관찰은 "미학적 판단력 비판"의 질서 안에 있으며 "미학적 판단력 비판은 반성적 판단력에 훨씬 더 풍부한 맥락을 제공하며 인간의 본성에 대한 좀더 만족스러운 개념을 제공한다. … 칸트의 인간 개념은 『판단력 비판』에서 풍부해졌다" 등(Frederick P. Van de Pitte, *Kant as Philosophical Anthropologist* [The Hague: Nijhoff, 1971], pp. 75, 77). 한 가지 사소한 점이 호주 선주민에 대한 칸트의 무시가 거짓임을 드러낼 수 있다. "호세 앙프레가 나타날 때까지 그들 스스로에게 어떤 이름을 부여했는지 아무도 [물론 호주 선주민들을 제외하고는] 몰랐다. 그 이름은 사람이라는 뜻의 카웨스카였다"(Jean Raspail, *Who Will Remember*, tr. Jeremy Leggatt [San Francisco: Mercury House, 1988], p. ix).

는 지정학적으로 차별화된 주체에 대해 말하지 못하며 이에 대한 논의 역시 전개하지 못한다. 하지만, 『판단력 비판』에서 이것이 중요한 지점으로 존재한다는 점을 부인할 수는 없다. 그것은 "자연의 변증법이 …, 불가피한 환영이 우리를 기만하지 않도록 우리가 『판단력 비판』에서 드러내고 해결해야만 하는 환영"의 유일한 예를 제공해 준다(『판단력』 233). 정말로 그것은 이 철학자의 반성적 판단력의 자율성이 교정하는 한정적 판단력이 내리는 결론의 대표적인 예를 제시한다. (그리하여 폐제가 일어난다. 즉, 반성적 판단력으로 입문해 주체로부터 축출되고 본체로 진입된다.) 18세기 말엽 치고는 이것은 전혀 예외적인 사례는 아니다.[51]

(대조적으로, 칸트는 가부장제에 뿌리를 둔 검토된 확고한 해답을 가지고 있다. 그는 성차 문제에 독특한 위상을 부여하고 있다. 하지만 그것이 자신의 철학 체계를 기능화하는 데에서는 결코 중요하지 않다.[52]

조직의 내부적인 목적성과 연관된 오로지 하나의 외부적인 목적성이 있다. 이 목적성은 어떤 수단이 어떤 목적과 맺는 외부적 관계 속에서, 불가피하게 떠오르는 그렇게 조직된 존재의 목적에 관한 질문을 하지 않고 그 목적에 복무한다. 그 목적은 양성의 번식을 위해 상호 관계 속에서 양성을 조직하는 것이다. … 왜 그러한 한 쌍이 존재해야 하는가? 그 대답은 이렇다. 이 쌍은 하나의 몸 안에 조직화된 전체는 아니지만 조직하는 전체를 처음으로 구성한다.(『판단력』 275)

---

51. 칸트의 행복한(felicitous) 주체에 대한 엄격한 기술에 대해서는, Jean-Francois Lyotard, *Lessons on the Analytic of the Sublime*, tr. Elizabeth Rottenberg (Stanford: Stanford Univ. Press, 1994), p. 24f를 보라.
52. 『판단력 비판』에 대한 료타르의 읽기는 본이 될 만하며 실로 "칸트의 텍스트를 읽을 때 저지르는 어떤 실수들을 피하는 데 도움이 된다"(앞의 책, p. ix). 그러나 유럽 철학에서 여성의 자리에 초점을 둘 경우, 이 철학자의 반성적 판단력의 상상적 대응물에 여성의 역할을 부여하는 것은 특이하게 불공정하다. "여성은 '반영하고' 남성은 '결정한다.' (부성적인) 도덕적 법칙은 스스로를 결정하고 사유를 작용하도록 결정한다 … . 하지만 어머니, 즉 자유로운 반영적 상상력은 상위 규칙도 없이, 또 알려져 있거나 알 수 있는 목적 없이 형식을 전개하는 방법만을 알 뿐이다"(p. 179).

이후, "한 사물이 무슨 이유로 존재하는가"하는 질문이 다시금 부상하여 결국 다음과 같은 대답으로 이어진다. "그래서 인간은 어떤 참조틀에서 보자면 하나의 목적으로 여겨질 수 있겠지만 다른 참조틀에서 보자면 수단의 지위를 갖는다"(『판단력』 277). 이 질문이 처음으로 언명되고 이에 대답하는 자리에 뉴홀랜드인이나 티에라 델 푸에고인들이 등장한다. 이 책의 핵심 논의들 중의 하나는 성-차별화와 인종-차별화 사이의 불연속성이다. **여성이 대가 주체**(Master Subject)**에 의해 철학의 외부에 놓이게 될 때 그녀는 우연한 수사학적 제스처에 의해 폐제되는 것이 아니다. 그녀는 논의되다가 밀쳐진다. 인종적 타자에 대한 책략은 이와 다르다.**)

여기서 드 만 식의 해체를 사용하여 "텍스트 자체를 텍스트로 꾸밈으로써" 구조적으로 미결정적인 텍스트의 부분에서 텍스트의 "외부"를 능숙하게 다루도록 한다면 어떨까. 칸트의 체계는 그러한 해체를 수행할 것이다. 또한 우리가 결을 거슬러 읽는다면 그 체계는 그러한 수행을 해체하도록 만들어질 수 있다. 그러나 우리가 그 주체의 역사적·지리적 차별화에 주목하고 질문한다면, 두 번째 단계가 일어날 가능성은 없어진다. 식민적/포스트식민적 경로를 통해, 또 궁극적으로는 내 책과 같은 책들을 통해 토착정보원을 생산할 가능성은 다음과 같은 사실 속에 포함되어 있다. 제국주의의 현실적 필요들 때문에, 미조직된 유아적 선주민이라는 의사주체(para-subject)는 목적론이 지리-쓰기(geo-graphy)로 도식화되는 세계 속에서 기능적으로 완전하게 동결되는 존재로 이론화될 수 없다는 사실 말이다. 인간으로 되는 데 대한 이렇게 제한된 접근이야말로 토착정보원이 포스트식민적 정보원으로 되어 가는 여정이기도 하다. 이 여정은 윤리와 에스니시티 논의들의 다양한 변형들을 통해서도 인식되지 않은 채 남아 있다. 이 인가된 무관심 덕분에, 평등을 전제할 수 있도록 한다는 이해관계 속에서 제자리에서 명료화되는 철학자의 의무가 모든 인간들에게 적용되는 것처럼 보인다. 인간들이 이성을 통해 **아버지** 신을 전제함으로써 (신의 현존을 증명하는 인식 가능한 토대가 없긴 하지만) 어머니 자연의 무서운 심연을 숭고로 바꾸도록 돕고, 그리하여 알 수 있는 것과 사유되어야 하는 것 사이의 모순을 실천적으로 해결하는 것이 이 철학자의 임무이다. 이것이 개인의 차원에서 남성다움으로 가는 통행과정이라면, 칸트는『판단력』에서 이에 대해 별다른 이야기를 하지 않는다. 인간성에 입문하는 기획은 문화(유럽인이 아닌 이들은 제한되게 접근한다는 암묵적인 단서를 달고 있는), 시민의 법률제정, 신앙의 기획이다. 쉴러는 이러한 미학적 교육을 "심미적"이라 부를 것이다. 왜냐하면 숭고를 명명하기의 형태학에 따르면 목적론들은 심미적인 것의 매개를 통해서라야 접근될 수 있기 때문이다.

드 만이 시사하는 대로, 쉴러는 비문제틀적인[53] 방식으로 칸트의 기획을 신인동형론적으로 의인화함으로써 그 기획을 밋밋하게 한다. 그렇다면, 부르주아 사회의 철학자로서 칸트의 비판은 또한 구체적으로 지정학적으로 차별화되는 주체를 간과할 게 틀림없다. 예컨대 맨프리드 리이델이 날카롭게 논의한 대로, 칸트가 자신의 시민 사회 개념 속에 있는 규범과 사실의 아포리아를 덮어 가리기 위해 "규범적인 접근법에 경험적 개념들을 암묵적으로 재도입하고" 있다면 어떤가. 우리의 읽기에서 중요해지는 것은, 이러한 재도입이 바로 독립적인 시민 혹은 부르주아 형상을 통해서 수행된다는 점이다.[54]

---

53. [옮긴이] 문제틀(problematic)은 프랑스의 맑스주의 철학자 루이 알튀세에게서 온 것이다. 문제틀이란 어떤 문제들이 제기되도록 하는 이론적 조건들의 집합이다. 문제틀은 한 이론가의 이론 내에서 개념들이 일관되게 사용되도록 하며, 토마스 쿤이 말한 '패러다임'처럼 개념과 원칙을 제공할 뿐만 아니라 사용되고 있는 개념들과 사고할 수 있는 것의 한계를 결정한다. 이러한 한계 혹은 구조적 조건(즉 문제틀)은 작업틀(framework)로 작용하여 제기된 문제들을 이해하는 데 결정적인 영향을 미친다. 알튀세가 맑스를 재독해하면서 제기한 '인식론적 단절'은 특정한 역사적 순간에 새로운 문제틀로서 낡은 문제틀을 폐기하는 것을 일컫는다. 문제틀이 달라질 경우 같은 어휘라도 전혀 다른 뜻이 될 수 있다. 더 자세한 것은 루이 알튀세의 『마르크스를 위하여』(이종영 옮김, 백의, 1997)과 『자본론을 읽는다』, 김진엽 옮김, 두레, 1991 참조.

칸트에게 문화의 기획이란 사변적 이성의 "한계들"과 도덕적 이성의 "무한함"을 보기 위해 사변적 이성을 훈련하는 것이다. 그래서 문화의 기획은 초기 (혹은 다른) 사회들에 속하는 "계발되지 않은 [혹은 건설되지 않은] 이성"(『판단력』310)을 상정한다.

> 그러나 그들은 도덕적 법칙들에 따라 세계를 다스리는 최고 원인 외의 다른 원칙, 즉 자연을 그 내적인 윤리적 법칙들과 통합할 가능성의 다른 원칙[Gundsatz가 아니라 Prinzip]을 결코 사유할 수 없다. 왜냐하면 의무로서 할당된 그들 안의 궁극 목적과, 그들에게 외부적인 어떠한 궁극 목적이란 없는 **자연** — 그러면서도 자연 속에서 그 궁극 목적은 현실화될 터인데 — 은 서로 모순되기 때문이다.(『판단력』310)

다음 두 문장에서 칸트는 한결같은 그의 시나리오를 내놓는다. 다른 문명들은 의미 없는 대리보충들을 생산해 왔지만 철학으로 점진화되면 고유한 보충과의 모순이 야기하는 간극을 채우게 될 것이다. 사변적 이성이 자체의 한계를 두려워하지 않도록 훈련될 때라야만 도덕적 법칙이 등장한다. 여기서 다신교는 귀신학으로 정의되며 유일신 기독교는 "경이로운" 것으로 정의된다. 어떤 의미에서 기독교는 준비된 사람들에게 구체적인 하나의 종교로서 정말로 필요하다기보다, 거의 철학이거나 철학의 보충물이기 때문이다(『판단력』325, 주 33;『판단력』310).

문화의 일반 수준에 이미 도달한 사회들의 경우, 부르주아 사회의 시민적 조직이 권장된다.55 칸트의 철학적 기획은 그것이 숭고하든 부르주아적

---

54. Manfred Riedel, "Transcendental Politics? Political Legitimacy and the Concept of Civil Society in Kant", *Social Research* 48 (1981): 602.
55. 앞서 언급했고 나중에도 언급할 요점을 반복하자면, 이 "일반 수준"이란 성차별주의와 계급차별주의(classism)의 절합을 표현한다. 여기서 나는 인종(race)이나 식민화를 두고 칸트가 표명한 견해와는 상당히 동떨어지게, 합리적 의지에 다가가는 주체의 접근과 초월적 주체로서 그

이든 간에, 암묵적인 문화적 차이의 견지에서 작동한다.

실천 이성과 그 기획에 대한 체계적 기술(『판단력』 374)은 인간을 본연의 주체로서 본체라고 가정한다. 이 부분에서 문화적 차이를 논의하는 대목은 나오지 않는다. 하지만, 날 것의 인간이 이 확정적 영역으로부터 환원되어 나온다는 점은 분명하다. 거꾸로, 이 날 것의 인간이 지닌 계발되지 않은 이성은 인간을 본체로 개념화할 수 없다. 사실, 우리가 인간을 본체로 보는 논의에 이 날 것의 인간을 포함시킨다면, 비판 철학이 드러내고 해결하려고 하는 한정과 반성의 혼동에 곧바로 관여하게 될 터이다. 구속은 두 개 이상이 된다. "본체로 간주되는 인간"에게 "왜 … 인간이 존재하는지를 더 이상 물을 수 없다"(「판단력」 285, 스피박의 강조). 하지만 이러한 인간은 "인류학적" 영역에 들어가지 못한다. 의심할 바 없이 인간은 주체의 "선의"와 "상식"에 의존한다고 칸트가 말할 때의 바로 그 주체이기 때문이다(『판단력』 293). "『판단력 비판』은 계속해서 이러한 상식을 전제하면서도 그 상식을 분석하는 것을 억제한다. 이러한 억제가 도덕 담론과 경험적 문화주의의 공모를 보증한다는 점은 입증될 수 있다. 이것은 영구히 필요한 사안이다."[56]

일단 본체적 인간에 다다르게 되면, 체계가 작동할 수 있다. "우리는 인간을 창조의 목적으로 인식한다. 그것은 이제 인간을 오로지 도덕적 존재로 보아서 그렇다. 그러니 우리는 첫째로 세상을 목적들에 따라 연결되는 전체로서 또 궁극적 원인들의 체계로서 간주하는 근거를 (최소한 으뜸가는 조건을) 갖게 된다"(『판단력』 294). 뉴홀랜드인이나 티에라 델 푸에고의 주민들이 이 문제에 대한 견해를 가질 수 있었더라면 (물론 이 견해는 신인

주체의 공고화를 다루는 이 중심부 텍스트에서 야만적인 것과 야만이라는 이름이 신비스럽게 작동하는 방식에 주목하고 있다.
56. Derrida, "Parergon", *The Truth in Painting*, tr. Geoff Bennington and Ian McLeod (Chicago: Univ. of Chicago Press, 1987), p. 35.

동형론적 의인화일 것이며, 두 집단은 그 형식상 착오적인 신인동형론적 의인화나마 작동될 적합한 인류집단의 자격조차 갖지 못하겠지만) 어땠을까. 은유라고는 차지할 자리가 없는 "순수" 철학의 다음 구절에 과연 어떤 개념-은유가 은근히 배여 있을지 궁금하다. "우리는 오로지 인간에게서만, 도덕의 주체인 인간에게서만 목적들의 견지에서 **무조건화된** 입법과 만난다. 그리하여 이 입법은 인간만이 하나의 종국적 목적 — 자연 전체가 목적론적으로 종속되는 — 이 되도록 만들어준다"(『판단력』 286). 우리가 이 주체를 한정적 판단력에서의 [유럽] 문화의 차별화되지 않은 주체로 취한 다음, 이 차별화되지 않은 [유럽] 주체를 반성적 판단력 속에 옮겨 놓는다면 어떨까. 앞의 구절은 철학을 정치적 행동 속에서 적합하게 대변하고자 하는 욕망에 맞서, 미셸 푸코에게는 모더니티57의 담론 구성체를 나타내는 표식들 중 하나가 되는 경험적인 것과 초월적인 것 사이의 혼동에 맞서, 대수롭지 않게 하는 경고쯤으로 보일 것이다.58 다른 한편, 전 지구적으로 차별화된 주체, 즉 자연에 의해서만 (거의) 인간적이 되는 주체를 염두에 두고 본다면, 이 무조건화된 입법이란 유럽을 전 지구적 입법자로 정당화하는 것처럼 보일 터이다. 유럽을 전 지구적인 입법자로 정당화하는 것은, 증거라기보다 독자로 변화된 토착정보원의 (역사적으로 또 담론적으로 불연속적이라서) 불가능한 관점에서 나오는 결론이다. (당신은 철학적 법률의 법정에서 그

---

57. [옮긴이] 스스로를 '현대인'으로 인식했던 르네상스 (초기 근대) 이후로부터 본격적인 근대라 할 수 있는 계몽주의 시대를 지칭할 때는 '근대'로, 근대성 담론의 3위 일체인 프로이트, 맑스, 니체 이후의 시대, 즉 대략 20세기를 지칭하는 modern은 '현대'로 번역하되, 근현대에 일어난 담론적·사회적·정치적·경제적 전환들을 다 아우르는 modernity의 경우는 모더니티로, 모더니티와 함께 형성되는 modernism은 모더니즘으로, 근현대의 사회적·경제적 과정을 지칭하는 modernization은 근대화로 번역한다.
58. Michel Foucault, *The Order of Things: An Archaeology of the Human Sciences* (New York: Vintage, 1973), p. 318f. (또한 각주 37을 보라.) 식민 주체 및 포스트식민 주체는 이 담론적 역사적 불연속성의 느린 변위에 의해 생산된다. 우리는 이 점을 나중에 보게 될 것이다. 초국가적 대리인이 그 재현을 교섭한다.

것을 "입증"할 수 없다. 적당량의 당혹 혹은 재미를 제공받고 철학자-판사의 암묵적인 정치학에 좌우되는 평결은 "범주 실수!"이기 때문이다. 설득하지 않고 오로지 확신시키려고만 하는 철학 텍스트의 수사학과 은유에 우리가 지나치게 집중한다면 그것은 물론 실수로 보일 터이다.)

유럽 문화의 맥락 내부에서 다음과 같이 하는 것은 철학자가 아니라 바로 "자연의 고고학자"이다.

> 그는 대지의 자궁[Mutterschoss]이 그녀의 혼돈 상태로부터 빠져 나옴에 따라 (커다란 동물처럼), 처음에 다소 목적성이 떨어지는 형태의 피조물들을 낳는다고, 이 피조물들이 그 발생 상태와 상호 관계에 좀더 적합하게 스스로를 계발시킨 다른 것들을 다시 낳는다고 상정할 수 있다. 이 자궁[Gebärmutter] 자체가 둔해지고 경화되어, 더 이상 퇴화하지 않는 한정된[bestimmt] 유(類)로 출산을 축소시킬 때까지 말이다.(『판단력』 268)

이와 대조적으로, 철학자의 임무는 더도 덜도 말고 인간을 본체이자 철학의 주체로 사유함으로써 인간에게 인간이라는 이름을 부여하는 것이다.

본연의 주체와 날 것의 인간을 다루는 불연속적인 텍스트들 사이의 아포리아는 칸트의 판단력 비판을 아주 엄격한 의미에서 말하자면 읽을 수 없는 것으로 만들 터이다. 그것의 가독성은 이 아포리아를 무시한 채, 제국주의의 공리들을 통해 그것을 지나쳐버림으로써 구매된다. 칸트 자신이 불가독성을 설명하는 대목도 그렇게 주체를 틀지우거나 차별화하는 자신의 방식을 고려할 여지를 배제해야만 한다. 칸트 자신의 설명에는 드 만이 『읽기의 알레고리』에서 분석해낸 루소의 두 부분 도식과 비슷한 어떤 것을 갖고 있다. 첫째 부분은 공포를 비유화하는 논리를 통한 소문자 신들의 생산이며, 다음 부분은 이성에 대한 비유론적 해체를 통한 신의 생산에 의해 교정되는 첫째 부분의 비유론이다. 두 번째 단계에서 "인간의 존재를 내적 도덕적 목적적으로 한정하는 것은 자연에 대한 인식에서 부족한 바를 보충했다"(『판단력』 298). 발전적인 것으로 보이던 인간성의 단계가 지나간지 오래다. 나는 칸트 텍스트의 장엄함을 인식하는 와중에 그 텍스트가 이런 대리보충에 의존하고 있다는 점을 주목하고자 했다. 그러나 자연/문화로 차별화된 의사주체가 칸트 저작의 외부에, 데리다의 말을 사용하자면, 파레르곤((parergon)[59]으로 남아 있다는 것은 구조적으로 중요한 사항이다.

데리다는 유기적인 인간 신체의 용어를 써가며 "초월적 관념론의 일반적 명제로 간주된 『판단력 비판』의 파레르곤으로서 … 구토"를 역설한다. 『판단력 비판』이 보편주의적 목적론의 간접적 합주로 읽힌다면, 그것이 생산하는 파레르곤은 날 것의 인간이다. 데리다 식으로 읽으면 이러한 "대리(vicariousness)의 가능성"에 "이름을 붙일 수 없다."[60] 내가 지금 시사하고 있는 것은, 전적인 타자를 향한 "순수한" "이질적-정동"이 "아래로부터"보다 "위로부터" "무한성에 투사된 당위"로서 나올 때 명명의 폭력적 계기를 피할 수 없다는 점이다. 뉴홀랜드나 티에라 델 푸에고는 이 책에서 종종 울리게 될 음조를 그냥 읊조릴 뿐인 홍보용 전단지에 실려 버려질 이름들이다. 그렇지만, "관계없는 관계"[rapport sans rapport]가 그 체계에 중요한 것으로 남는다. 나는 데리다가 논하는 대리성을 대리적인 (벗어나) 읽기의 (불)가능성, 즉 "토착정보원"의 관점이라고 논의하는 셈이다. 칸트의 보편주의에 대한 어떠한 설명도 이 폭력적 계기를 설명할 수 없다. 해체는 다음과 같이 제안함으로써 나로 하여금 그 계기를 설명하도록 해체를 전유하도록 해준다.

---

59. [옮긴이] 데리다가 칸트의 『판단력 비판』에 대해 언급한 것인데, 예컨대 그림의 액자틀처럼 철학에 부차적이면서도 '완성판'을 위해 꼭 필요한 '보완기능'을 담당하는 것을 가리킨다. 따라서 그 기능이 거부되면 그 그림의 내적 구조는 해체될 위험에 처한다. 이 책의 1장에서 스피박은 뉴홀랜드인들과 푸에고인들은 칸트의 철학에 부차적이면서도 칸트적 주체를 확립하는 대리보충적 기능을 담당하고 그래서 폐제되는 과정을 밝혀준다. 역으로, 칸트 철학에 '부차적인' 이들의 '폐제'를 가시화한다면 칸트 철학의 고유한 내적 구조는 바로 이들에 의해 위협된다.
60. Derrida, "Economimesis", *Diacritics* 11(June 1981): 21, 25.

"이론", "실천" 혹은 "이론적 실천"이 (해석학, 기호학, 현상학, 형식주의의 전체 전통에 의해 안전한 은신처에 놓인) 의미의 외부성과, 보거나 읽을 수 없어서 전적으로 그 문제를 놓쳐버리는 외부적인 모든 경험주의 (사이의) 비가시적인 한계지점에서, 문제가 되는 것의 결정적 구조가 되는 틀[파레르곤]을 가늠하고 떠맡지 않는다면, 어떠한 "이론", "실천", "이론적 실천"도 [역사적·경제적·정치적 각인의] 영역에 효과적으로 개입할 수 없다.[61]

그러나 해체가 필연적으로 전유로 이어지는가? 이에 대해서는 1장의 마지막 부분에서 맑스를 다룰 때 논하겠다.

시민 사회에 대한 그 유명한 정당화가 나올 때는, 그 틀 안에 있는 발전된 문화의 맥락 내부에서이다. 이 정당화 구절은 익히 잘 알려진 것이라 여기서 길게 인용할 필요는 없을 것 같다. "인류의 자연적 경향들의 발전에 얽혀" 있는 "인간들 사이의 불평등"이라는 "빛나는 불행"을, 또 "문화에 도움이 될 수 있는 모든 재능을 발전시키려는 욕동"[Trieb]을 제공하는 "최상의 지혜"에 의해 전쟁이 "계획"되었으리라는 사변 정도만 상기해 보자(『판단력』 282-283). 또한 이렇게 제한된 배경에서의 전쟁 계획은 욕망 능력이 이성에 봉사하도록 변화될 수 있도록 "욕망의 폭정으로부터 의지를 자유롭게 하는" 철학의 과제가 된다(『판단력』 282). 칸트가 Suchten(병든 중독), Ehrsucht(야심), Herrschsucht(지배욕), Habsucht(탐욕)과 같이 폭압적 욕망을 나열하는 것 또한 바로 이렇게 제한된 맥락에서이다. 이 욕망들은 "권력을 가진" 자들을 잘못되게 만드는 욕망이다(『판단력』 280). 또한, 칸트가 "세계시민 전체, 즉 서로에게 해를 입힐 위험을 지닌 모든 국가들의 체계에 … 자발적으로 복종하라"(『판단력』 282)고 제안하는 것도 선진국의 맥락에서이다.

---

61. Derrida, "Parergon", p. 35. 발췌는 p. 61에서 했음.

"시민적 입법"이 "도덕적 목적론"을 위한 유추가 되자 이제 "이성은 더 나아가 도덕과 조화를 이루는 행복의 추구를 궁극 목적으로 삼는다"(『판단력』 299, 302). 우리가 신념·신앙 담론으로 옮겨가기 시작하자 칸트는 이성의 주체를 위한, 본체로서 인간을 위한 전 지구적 기획을 시작한다. 그 기획은 그림자 속의 저 뉴홀랜드인이나 푸에고인이 읽고 생각할 줄 안다면 (여기서 그들을 끌어들이는 것이 왜 착오인지를 우리는 알고 있다), 그들을 날 것의 인간에서 철학적인 주체로 변형시키는 기획을 착수할 권리와 자격을 그들에게 부여하는 것처럼 보일 법하다. 사회적 사명인 제국주의를 위해, 신의 이미지가 통치자의 이미지가 된다. "세계의 권위이자 통치자요 동시에 도덕법을 부여하는 자"(『판단력』 307),[62] "자유에 의해 현실화되는, 이 세상 최고의 선"은 "신념·신앙에 관한 것"(『판단력』 321)이라는 대목을 보라. 차별화되지 않은 "정신"은 궁극 목적의 미결정성을 받아들여야 한다. 그렇다고 해도, "신념·신앙(한마디로 하자면)은 어떤 계획의 달성에 대한 신뢰이고 그 계획을 더 추진하는 것은 의무이다. 그것은 우리가 그것의 실행 가능성을 이해할 수 없는 그런 것이다"(『판단력』 324). 이는 다음과 같은 이유에서이다. "의무의 필요성은 실천이성에 매우 간단명료한 것이다. 그런데도 실천이성의 궁극 목적을 달성하는 일이 전적으로 우리 자신의 권력 내에 있지 않는 한, 이성을 실천적으로 사용할 목적으로 가정될 뿐이다. 따라서 그 일은 의무 자체로 볼 때 그렇게 실천적으로 필연적인 것도 아니다"(『판단력』 323).

이 섹션의 마지막 문장은 우리에게 다음과 같이 말해주고 있다. "사변적

---

62. 나는 다음 글에서 신을 통치자로 흥미롭게 사용하는 프로이트의 면모에 대해 논의한 바 있다. "Psychoanalysis in Left Field; and Fieldworking: Examples to Fit the Title", Michael Münchow and Sonu Shamdasani, eds., *Speculations after Freud* (New York: Routledge, 1994), pp. 59-60.

이성에 근거한 확신의 부재는 의심스런 신념·신앙에 … 방해가 될 뿐이다. 이 때문에 이러한 능력의 한계들을 꿰뚫어보는 비판적 통찰은 행위에 미치는 신념·신앙의 영향을 제거할 수 있으며, 진리-가정을 하나의 대체물로서 신념·신앙의 자리에 놓을 수 있다"(판단력』 325). 진리의 미결정성을 가정하고 잠정적인 진리-가정들로 작업하면서 신념·신앙과 의심스런 신념·신앙을 구분한 칸트의 섬세함에 찬사를 보내면서, 칸트에 대한 나의 논평을 끝맺고자 한다. 칸트는 세부의 일관성에 신경을 쓰느라고 만연하는 대리보충 담론을 사용하지 못한다. 이는 그저 가짜, 대용품일 뿐, 신념·신앙도 아니고 더군다나 믿음도 아니다. 하지만 독일어 überwiegendes praktisches Fürwahrhalten의 확정적인 영역은 "최상의 실천적 믿음"이라고 판명되듯, 번역에도 나타나는 우스꽝스러운 위장이 칸트의 섬세함에 은연중 내재하고 있다. 나는 이 주장을 포기해서는 안 될 것이다.

내가 여기서 칸트의 숨겨진 "믿음"을 진단하려고 한 것은 아니다. 나는 칸트의 텍스트 내부에 억제된 것으로 보이는 각본의 변형판을 하나 구성해 보았다. 토착정보원의 불가능한 눈에 의해 작동되는 의사(擬似)진지(parabasis)를 허용하는 대가 담론의 몇 페이지를 읽다보면, 그림자 같던 대항장면이 드러나게 된다. 그렇지만 대가와 토착민이라는 이와 같은 이항대립은 단순한 반전의 무게를 버텨낼 수 없다. 칸트는 "악한은 아니었다. 그가 자신의 위대한 발견 항해를 착수했을 때 그는 의심할 바 없이 위대한 문명화의 교사, 계몽주의의 프로스페로였다."[63] 셰익스피어가 아무리 위대하다고 한들 우리가 그저 칼리반의 역할을 계속 연기할 수는 없다. 해체의 한 가지 임무는 프로스페로-칼리반[64]의 역전을 치환시켜, 토착 헤게모니와

---

63. Gananath Obeysekere, *The Apotheosis of Captain Cook: European Mythmaking in the Pacific* (Princeton: Princeton Univ. Press, 1992), p. 24. 이 책의 저자는 [칸트가 아니라] 쿡 선장에 관해 쓰고 있다.
64. [옮긴이] 셰익스피어의 『폭풍』에 나오는 인물로서 프로스페로는 식민주의자를, 칼리반은 원주

제국주의 공리들 사이의 공모성을 밝히려고 끈질기게 시도하는 것이다. 나는 이 점을 고려해 보고자 『스리마드바가바드기타』(*Srimadbhagavadgītā*)에 대한 헤겔의 언급으로 넘어갈 것이다. 인도 역시 나름의 푸에고인들, 나름의 뉴홀랜드인들을 가지고 있었다. 인도의 **선주민**은 영국 점령 이전의 인도에서는 번성하지 않았다. 내가 다음 섹션에서 사미르 아민을 경유하여 논의하겠지만, 제국주의가 유럽과 함께 시작되었다는 가정에는 유럽중심적인 무엇인가가 있다.

II

"시간"은 우리가 다양한 방식으로 살을 붙여 가는 단어이다. 칸트는 이론적 이성과 실천적 이성의 관계를 철학화하였다. 그는 이 최초의 철학화 제스처가 없이는 유럽인은 존재하거나 생각하거나 행동할 수 없다고 유럽인에게 가르쳤다.[65] 프로이트가 우리에게 삶 자체를 부여하는 현실적인 살아진 시간에 우선권을 주는 안이한 읽기로부터 벗겨낸 것도 바로 이 철학화하라는 교훈이었다. 프로이트는 "현실적인 살아진 시간"(real lived time)이 정신의 극장(mental theater)이라는 장치에 의해 생산된다고 제안함으로써

민을 가리킨다.
[65] "시간은 어떠한 경험으로부터 파생되어 온 경험적인 개념이 아니다. 시간에 대한 표상이 선험적 토대가 아니라면, 공존이나 연속은 결코 우리의 지각 내부로 들어오지 않기 때문이다. … 시간은 모든 직관에 토대를 놓게 하는, 하나의 필수적인 표상이다." Kant, "Time", *Critique of Pure Reason*, tr. Norman Kemp Smith (New York: St. Martin's Press, 1965), p. 74. 나는 충격적인 "그"라는 표현을 사용하는데 그것이 칸트의 정신에 진실할 때 늘 그렇게 한다. 칸트의 체계는 자신의 논조를 위반하지 않고서는, 대명사적 경건함으로써 사회적으로 성적으로 온당해질 수 없다. (이에 대해서는 Lloyd, *Man of Reason*, 특히 4장 참조.) 이것은 또한 성차의 윤리(학)를 숙고해 보면, 유럽의 전통적 윤리 철학이 자체의 성적 차별화를 단순히 부인하거나 자비롭게 중화한다는 사실을 우리 중 일부에게 상기시킨다.

그렇게 했다.66 많은 생명들에 또 그 주위에 일어나는 사건들로 삶과 바탕-수준(ground-level)의 역사를 파악할 수 있다. 그렇게 하는 한 가지 흔한 방식은 연속적 과정으로서 시간에 살을 붙이는 것이다. 이것을 "시간화"라고 부르자. 삶과 역사에 대한 이러한 느낌은 "시간"을 움직여 가는 현실의 법칙들인 "시간"의 이름으로, 지배적인 이해관계 속에서 종종 자격을 박탈당한다. 여기서 내가 주장하려는 것은 시간화 과정에 푹 빠져 든 이들이 잘못 포착했을 뿐인 암묵적인 **도표**67로 **시간**이 종종 등장한다는 점이다. 나는 『스리마드바가바드기타』[이후 이 책은 『기타』로 표기한다]에서뿐만 아니라 이에 대한 헤겔의 텍스트에서 나타나는, "가시적인 것", "좋은 글쓰기"의 폭정을 스케치하여 왔다.68

가시적인 것 혹은 글쓰기는 그저 살아진 것에 폭정을 가해 왔다. 바로 이러한 폭정에 대한 급진적 비판들은 내가 헤겔과 『기타』에서 드러낼 어떤 부류의 제스처를 은폐한다. 발신자의 부재 속에서도 의미의 가능성을 확보하는 구조로서 글쓰기라는 열린 해체론적 개념은 바로 그 제스처를 비판한다. 하지만 그 비판은 "살아진" 것의 이름으로 하지는 않는다. 글쓰기는 "살아진" 것의 인상 아래, 옆, 주위, 아마 그 너머까지도 쿡쿡 쑤셔댈 것이다. "살아진" 것의 중요성은 결코 부인되지 않더라도 그것의 권위 역시 침해되도록 말이다.69

---

66. 이 논의를 가장 잘 설명하는 글은 여전히 Derrida, "Freud and the Scene of Writing", *Writing and Difference*, tr. Alan Bass (Chicago: Univ. of Chicago Press, 1978), pp. 196-231. [한국어판: 『글쓰기와 차이』, 남수인 옮김, 동문선, 2001].
67. [옮긴이] 스피박은 데리다의 그래머톨로지와 관련되는 graph, graphic, graphing을 계속 쓰고 있는데 데리다적 맥락에서는 문자에 가깝고, 헤겔적 맥락에서는 도표에 가깝다. II절에서는 헤겔이 논의되므로 도표로 번역한다.
68. "좋은 글쓰기와 나쁜 글쓰기"에 대해서는 Derrida, *Of Grammatology*, tr. Spivak (Baltimore: Johns Hopkins Univ. Press, 1976), pp. 15-18 참조. 이후 OG로 축약하고 뒤이어 쪽수를 표기한다.
69. 내가 이 책의 부록에서 지적하고 있듯이, 데리다의 후기 저작에서 경험(이라는 단어)은/는

해체 작업들이 착수될 수 있는 한, 그것들은 해체자의 (이 경우 독자의) "이해관계"를 거치면서 항상 비대칭적으로 된다. 토착정보원의 궤적을 밟고 있는 나의 이해관계는 나를 『기타』에 나오는 인간 행위자 아르주나(Arjuna)가 말하는 의미의 "살아진 시간화"를 풀어헤치기보다, 헤겔과 『기타』 사이의 대립을 해체하도록 몰아붙인다. 이 공공연히 선언된 이해관계는 나의 읽기를 일종의 "착오"로, 즉 어떤 실천도 착오 없이는 스스로를 가능하게 할 수 없는 그런 종류의 "착오"로 만들어준다. 나는 상이한 두 개의 문화적 각인들로부터 나온 지배 텍스트들의 이러한 구조적 공모성을 주시하고자 한다. 또한 나는 그러한 주시가 식민 담론연구와 포스트식민 담론연구에 때로 맹렬하게 퍼지고 있는 일부 지나치게 안이한 서구/나머지 세계의 양극화에 맞서는 제스처가 될 수 있기를 바란다. 내 생각으로는 이 양극화야말로 식민적 태도 자체의 반전에-의한-합법화와 너무 많이 닮아 있다.

헤겔 변증법에 대한 대개의 정치적 비판은 헤겔 변증법이 결국 모든 것을 변명해 준다고 말하는 식이다.[70]

그것을 다른 식으로 표현하면 헤겔이 모든 역사와 현실을 하나의 도표에 집어넣기 때문에 모든 것이 맞아 들어간다는 것이다. 그래서 헤겔이 『역사철학』, 『법철학』, 『미학』에서 그려주고 있는 절대정신의 여정에서, 역사의

(개념어를 나타내는 따옴표 없이도) 타자와 주체 — 대타성과 행위자 — 사이의 생산적인 불연속성을 말없이 가리켜 왔다.

70. 50여 년 전 막스 호크하이머가 이 점을 강력하게 말한 바 있다. "모든 관념과 모든 역사적 인간(person)에게 정당화를 제공하고, 과거 혁명의 영웅들에게 그 후 이어진 반동혁명의 승리한 장군들 옆에다 역사의 신전에서의 제자리를 주고자 한 시도가 있어 왔다. 즉, 절대왕정의 복고에 맞서면서도 프롤레타리아에게도 맞서는 두 개의 전선에 선 부르주아의 견지에 의해 조건지어진 표면상 자유롭게 떠다니는 객관성이라 할 그러한 시도는 절대지식의 관념론적 정념(pathos)과 함께 가는 헤겔적 체계에서 타당성을 획득해 왔다"("On the Problem of Truth", *The Essential Frankfurt School Reader*, eds. Andrew Arato and Eike Gebhart, New York: Urizen Books, 1978, p. 418).

운동 법칙은 헤겔의 형태학에 살이 붙여짐과 동시에 가시화된다.[71] 법칙의 시간은 수수께끼 같은 글자와 그림 맞추기 하는 공간들을 갖고 있다. 이 공간들을 적극 읽어내면 역사의 시간화를 생산해낼 것이다. 헤겔 자신의 말로 하자면, "인지할 수 있는 것이란 나름의 고정된 한정성과 다른 것들과 차이를 갖는 개념들 속에 남아 있다. 변증법은 나름의 이행과 소멸을 겪는 개념들을 드러내어 보여준다."[72] 훈련에 의해 문학 비평가가 된 나는 『미학 강의』에 나오는 두 개의 문단에 집중할 것이다. 내가 인도인이며 힌두인으로 태어났으니 인도 시에 대한 헤겔의 입장에 초점을 맞춤으로써, 인종문화학이 스스로 말해 준다는 다소 의심스런 점증하는 요구를 만족시키고자 또한 시도할 것이다. 여기서 토착정보원/포스트식민 주체는 주변으로부터 중심으로 호명된 목소리로서 영향을 받는다.

헤겔에 따르면 하나의 예술 작품에는 형식 혹은 절대정신, 내용(Gehalt 혹은 Inhalt), 의미 혹은 Bedeutung이라는 세 가지 계기가 있다. 예술 작품뿐만 아니라 어떠한 현상적 외양의 진정한 의미는 "자기지"(self-knowledge)를 향해 가는 정신의 여정을 그린 도표에서 정신이 차지하는 위치이다. (그 또한 기본적으로 도표식 직관이다. 그것은 주관적 모델에서의 정신이 발전적으로 "스스로를 알아 가는" 것이 아니다. 오히려 초부과되어 정신과 정신의 앎 사이의 정확한 일치를 향해가도록 이끄는 도표이다.)

예술 작품의 내용과 형식은 의미라는 암묵적 통일성 속에 서로 얽혀 있다. 예술 작품의 요소들은 그러한 상황에서 출발한다. 그 요소들의 화해가 마침내 지식을 낳기 위해서는 그 요소들은 약간의 폭력에 의해 서로 분리

---

71. Hegel, *The Philosophy of History*, tr. J. Sibree (New York: Dover, 1956); *The Philosophy of Right*, tr. T. M. Knox (Oxford: Clarendon Press, 1962); *Aesthetics: Lectures on Fine Arts*, tr. T. M. Knox, 2 vols. (Oxford: Clarendon Press, 1975). 세 번째 책 『미학』에서 나오는 인용은 모두 본문 중에 (『미학』 쪽수)로 표기하기로 함.
72. Hegel, *The Philosophical Prodadeutic*, tr. A. V. Miller (Oxford: Blackwell, 1986), p. 126. 이 인용문을 포함하여 모든 번역은 필요할 경우 수정되었음.

되어야 한다. 적합한 초부과(superimposition) 혹은 "동일성"의 단계에서는 기호(내용/형식)와 초월적 의미(자기지 안의-정신) 사이의 분리란 없으며, 따라서 예술도 없다. "예술"이란 도표의 두 축인 정신과 그것의 앎 사이의 적합성의 결여를 나타내는 이름 혹은 기호이다.

자기지의 시나리오를 실행하는 정신 혹은 **절대정신**이 원대한 개인 주체와 같은 어떤 것이 아니라는 사실은 잘 알려져 있다. 오히려 그것은 세계사적 뉘앙스를 부여받은 다른 맥락들에서 주체성의 원리 같은 것이다.

그렇다면 우리가 예술 형식들의 발전에 관한 헤겔의 서사에서 얻는 것은 어떻게 한 개인 주체 혹은 주체들이 균형 잡힌 예술을 알거나 알았고 생산하(했)는가 하는 인식론이 아니다. 그것은 인식도표론, 즉 어떻게 지식(기호와 다양한 의미들 사이의 정합적 적합성)이 탄생하게 되는가를 단계적으로 보여주는 표(diagram)이다. 예술은 각 단계마다 나타나는 부정합적인 것들[73]을 표시한다. 예술은 역동적인 인식도표이다. 즉, 기호(정신)와 의미(지식) 사이에 마침내 정합적인 관계가 출현하게 되는 것은 양 편 모두 적합성을 성취하고자 무척 긴장한 결과이다. 각기 새로운 배열형상화는 이 투쟁의 이전 단계들을 지양하는 가운데 들어선다. 따라서 적합성의 결여라는 "일탈"은 이 체계의 목적에 비추어볼 때 "규범적인" 것이다.[74]

---

73. [옮긴이] 칸트 맥락에서의 부적합성·적합성은 헤겔 맥락에서는 부정합성·정합성으로 번역된다.
74. 나는 정치적 무의식과 헤겔적 인식도표 간의 관계를 논의한 적이 있다. Spivak, *In Other Worlds: Essays in Cultural Politics* (New York: Methuen, 1987), pp. 258-259. 놀랍게도, 프레드릭 제임슨은 "규범적 일탈"을 수용한다. Frederic Jameson, *Marxism and Form: Twentieth-Century Dialectical Theories of Literature* (Princeton: Princeton Univ. Press, 1971), pp. 329-330. 나는 바로 이러한 확신 혹은 이런 전제가 지금까지 악명높은 논문인 "Third World Literature in the Era of Multinational Capital", *Social Text* 15(Fall 1986)을 뒤덮고 있다고 생각한다. 이 글은 Aijaz Ahmad, "Jameson's Rhetoric of Otherness and the 'National Allegory'", *In Theory: Classes, Nations, Literatures* (New York: Verso, 1992), pp. 95-122에 의해 논쟁에 붙여졌다. 아마드의 읽기에서 논쟁의 조건은 헤겔인 인식도표가 "과학적"이라는 아주 위장된 주장들에 제기하는 것이다.

지식의 탄생을 단계적으로 표로 그린 이 인식도표에 따라 페르시아, 인도, 이집트 예술을 보면, 각 예술은 이 도표와의 부적합성에 상관없이 일단 정신에 의해 생산되는 지위를 부여받지 못한다. 이 예술들은 모두 무의식적인 상징계의 영역에서 일어나는 규범적인 일탈들이다. 데리다의 최근 언어로 말하자면, 이 예술들은 자기들이 선택하지도 않았고 알 수도 없는 하나의 비밀을, **절대정신**의 여정을 은밀히 지니고 있다. 헤겔적인 예술 철학자의 임무는 이 은밀한 이름을 분석하고 인식도표를 해독하고, 정신의 서명 휘호[paraph, 필적 위조를 막기 위한 서명장식]를 유럽의 서명을 향해 가도록 명료하게 쓰는 것이다. 이러한 예술에서 형식과 내용의 관계는 정합화로 가는 여행의 한 단계를 보여주는 의도된 집단적 기호라기보다 의미화로 가는 투쟁의 증거가 될 수 있을 뿐이다.

우리가 인도에 도착할 즈음, 형식은 (개인적인 인도인들이 아니라, 주체로서 **절대정신**에 의해) 의미와 분리된 것으로 지각된다. 헤겔에 따르면 인도 예술은, 현상성을 넘어선다고 지각되는 의미의 장엄함에다 외적으로 정합적인 재현을 제시하려고 한다. 그래서 인도 예술은 고유한 내적 과정에 의해 가동되는 시나리오와 달리, 형식과 의미간의 모순을 능가하거나 지양할 수 없다. 이 모순이 "진정한 통일을 생산할 것이라 여겨지지만 … " 인도 예술에서 "그것은 한쪽에서 반대쪽으로 몰아붙여지며 이로부터 다시 처음으로 되돌려진다. 그것은 쉬지 않고 그냥 이리저리 내던져지며, 해결책을 찾으려는 이러한 분투의 진동과 격렬한 요동 속에서 이미 완화제를 발견했다고 생각한다"(『미학』 1:333-334). 그러므로 "인도인들은 인간의 영혼이 도달하는 이 통일성의 지식이라는 의미에서 브라매[이른바 힌두의 절대 개념]와의 화해나 동일성을 알지 못한다"(『미학』 1: 335). (이 "인도인"이 누구인가 하는 점은 여기서 물론 부적절한 질문이다.)[75]

---

75. 여기서 헤겔이 생산하고 전제하고 있는 것은 "힌두교"라 불리는 "오리엔탈리즘적"이고, 유대화

헤겔 번역자인 녹스(Knox)는 verstandlose Gestaltungsgabe를 "배열형 상화하는 지적 재능이 없다"고 번역한다. 헤겔은 이를 정적인 "인도적" 계기에서 **절대정신**의 규범을 미학적/인식소적으로 재현하는 것이라고 본다. 헤겔은 최소한 기원전 2천 년부터 기원 후 5세기까지 몇 천 년에 걸쳐 여기저기 흩어져 있는 『베다』의 예들, 『퓨라나』의 환상적 우주 기원론, 『기타』와 칼리다사의 연극 『사쿤탈라』(이 작품은 괴테가 번역을 하기도 함)를 정적인 "인도적" 계기에 포함시킨다. 칸트에게 쿡 선장의 항해는 2행 운율 시, 즉 연구할 가치가 별로 없는 수동적으로 구성되는 계기를 생산한다. 이렇게 확장되고 외관상 철저하게 탐구되는 "계기"는 비판 철학과 역사 철학의 차이를 표시한다. 하지만, 이 차이는 속적(generic, 屬的) 유사성을 지닐 수 있다. 헤겔의 텍스트는 수천 년에 이르는 인도적 계기와 대조될 수 있는 예측에 따라, 기독교의 다양한 단계들을 자세히 설명하고, 그리스와 로마 사이를 조심스레 구분하고 있기 때문이다.

나는 헤겔의 인도 읽기들 중에서 『기타』에 나오는 두 구절에 대한 헤겔의 논평을 택했다. 두 구절이 다음과 같은 나의 주장을 가장 성공적이고 극적으로 드러내기 때문이다. 즉, **법**으로 도표화된 **시간**은 헤겔의 맥락이나 본격 힌두 맥락 둘 다에서 문화적 · 정치적 설명을 하기 위해 시간화로

된, 거의 유일신교적인 동질적 종교이다. Seminar (September 1985) 참조. 이 종교의 구성에 대한 다소 심리학주의적인 설명은 Ashis Nandy, *The Intimate Enemy: Loss and Recovery of Self under Colonialism*(Delhi: Oxford Univ. Press, 1983)에서 또한 발견될 수 있다. "브라만의 기록을 모든 인도 사회를 대표한다고 간주하는 것"은 물론 여전히 흔히 일어나고 있는 일이다(Damodar Dharmanand Kosambi, *Myth and Reality: Studies in the Formation of Indian Culture* [Bombay: Popular Prakashani, 1983], p. 38, n. 3). 이 접근법은 3장에 나오는 대로 이 기록들을 규율적인 심리전기의 구성인자들로 분석하기와 엄격하게 구분되어야 한다. 심리전기에서는 구성보다는 수행으로서의 문화적 생산이 갖는 억압적 요소가 전제된다. "모든 생산은 욕망하는 것인 동시에 사회적인 것이다"(Gilles Deleze and Félix Guattari, *Anti-Oedipus: Capitalism and Schizophrenia*, tr. Robert Hurley et al. [Minneapolis: Univ. of Minnesota Press, 1986], p. 296). 이 두 접근법을 혼동하는 것은 특정 입장을 옹호하는 것이 되고 만다.

보이는 역사를 조작한다는 것이 나의 주장이다.

헤겔은 『기타』에 나오는 아름다운 두 구절을 인용한다. 『역사 철학』에서 아프리카와 역사를 심하게 공격하는 구절들과 대조되게, 아래 인용문에서 보이는 헤겔의 논평 어조는 공공연히 호의적이다.[76]

예컨대 크리슈나[원문대로 인용하고 있음]에 대해 이렇게들 말한다. … "지구, 물과 바람, 공기와 불, 정신, 이해, 자아가 나의 본질적인 힘을 말해주는 여덟 개의 단어이다. 그러나 내 안에 있는 너를, 땅에 생기를 주고 세상을 지고 가는 더 높은 또 다른 존재를 인식하라. 모든 존재의 기원은 바로 이 더 높은 존재 속에 있다. 그래서 너를 아는 나는 이 세상 전체의 기원이자 그 파괴의 기원이다. 나를 넘어서는 더 높은 것은 없으며, 만물이 한 가닥 실에 연결된 진주 묵주처럼 내게 연결되어 있다. 나는 흐르는 물맛, 태양과 달의 장엄함, 거룩한 경전들의 신비로운 말씀이요, 인간 속에 있는 인간다움, 땅의 순수한 향기, 불꽃의 화려함, 모든 존재들의 생명이며, 참회하는 자들의 묵상, 살아 있는 것들의 생명력, 현자들의 지혜, 눈부신 것들의 눈부심이다. 어떠한 본성들이 진정하든 빛나든 어둡든 나로부터 나오지만, 나는 그들 안에 있지 않으며 그들이 내 안에 있다. 이 세 가지 속성들의 환영을 통해 전체 세계가 현혹되고 나를 변화할 수 없는 것으로 착각하지만, 신의 환영인 마야(Maya)도 나의 환영이라 뛰어넘기 힘들다[가로지르기 힘들다]. 그러나 나를 따르는 [내 안에 은거하는] 자들은 환영을 넘어 나아간다[이 환영을 가로질러 넘어간다]."[77] 여기서 [형식이 없는 것들과 땅의 수많은 현상들의] 실체적 통일성은, 현존하는 것의 내재성과 개별

---

76. Hegel, *Philosophy of History*, p. 99. [한국어판: 『역사철학강의』, 김종호 옮김, 삼성출판사, 1995]. 나는 "Marginality in the Teaching Machine", *Outside*, pp. 53-54에서 현대 맥락에서 아시아와 아프리카 사이의 차별화에 대해 거론했다. 『역사 철학』에 나오는, 인도문제에 대한 전반적인 논의는 Perry Anderson, *Lineages of the Absolutist State* (London: Verso, 1974), pp. 469-479 참조. [한국어판: 『절대주의 국가의 계보』, 함택영 옮김, 서울프레스, 1994].
77. 녹스가 지적한 대로, 재너(Zaehner)는 이 마지막 부분을 다음과 같이 번역한다. "그 구성요소들에 내재하는 세 가지의 존재 상태에 의해 전체 우주가 혼란에 빠지며, 또 내가 그것들 훨씬 너머에 있어 변화하거나 죽지 않음을 이해하지 못한다." 이러한 번역 역시 의문시될 수 있다.

적인 모든 것을 밟고 넘어가기 둘 다와 관련해 아주 놀라운 방식으로 표현되고 있다. 동일한 방식으로, 크리슈나는 자신에 대해 모든 다른 존재하는 것들 가운데 항상 가장 뛰어난 존재라고 말한다. "나는 별들 중에 빛나는 태양이요 달이며, 성스런 책들 중에 찬송의 책이며, 동물 중에 사자요, 문자들 중에 A이고, 계절 중에 꽃피는 봄이다", 등.(『미학』 1:367).

헤겔은 크리슈나에 대해 호의적으로 감탄하며 언급하고 있다. 그렇더라도 헤겔의 언급들은 결국 형태를 만들어내는 정신이라곤 없이 그냥 주어진 선물과, 역사 속으로 밀고 들어가는 힘의 부재를 여전히 가리킨다.

헤겔은 **인도의 절대정신**이 격렬하게 왔다 갔다 하며 단조로운 목록을 열거한다고 말할 필요를 느낀다. 그 때문에 분명 헤겔은 목록을 줄줄이 인용해야 한 것이다. 좀 어려운 이 구절들로부터 헤겔이 내리는 결론은 다음과 같이 요약될 수 있다. 우리 눈앞에 보이는 것은 형태만 그저 바뀔 뿐, 언제나 동일한 하나이며, 내용의 바로 그러한 유사성 때문에 극도로 단조로운 상태로 남아 있어 전체적으로 텅 비고 지루하다. 그런데 최고의 뛰어남을 계속 운운한다는 것이다.

헤겔의 읽기에 대한 대안으로 『기타』를 정치적으로 철학적으로 또는/그러면서도 미학적으로 올바르고 심오하며 훌륭하다고 선언하는 읽기를 제시할 수도 있을 것이다. 하지만 반드시 그런 것은 아니다. 나는 한 가지 건설적인 대안적 읽기가 다음 두 과정으로 이루어진다고 본다. 먼저 역사적 서사의 내부에서 『기타』의 의미와 자리를 충분히 파악해 내고, 『기타』 자체를 역사적 입증을 억누르는 데 대한 또 하나의 역동적 설명으로도 읽을 수 있음을 깨닫는 것이다. 사실, 역사적 서사의 내부에 『기타』의 자리가 있다는 이해는 서사시 『마하바라타』(*Mahābhārata*) 내부의 배경에 의해 제공된다. 『기타』는 서로 관련된 고대의 두 혈통 사이의 대대적인 전투를 거창하고 다형적이며 다양한 층위를 갖는 설명의 한가운데서 조밀하게 구조화하는 대화이다. 여기서 이 전투는 그냥 인간인 아르주나 왕자에게 자신의 신성한 전사인 크리슈나에게서 싸움의 동기를 부여받을 수 있게 할 뿐이다. 『기타』를 맴도는 모든 것은, 신화, 역사, 이야기, 과정, "시간화"이다. 시간화를 초월하는 **운동 법칙들이, 우주의 시간이** 『기타』의 정지된 행동 속에서 펄럭인다. 또한 『기타』는 살육이 행동 자체의 환유가 되는 정치적 개입의 이해관계 속에서 내재적인 철학적 의의를 대체한다.[78]

(나는 『기타』를 혁신적으로 재배열하여 읽는 대표적인 읽기로 두 가지 접근법을 택하여 왔다. 나는 이 두 접근법과 나의 접근법을 구분해 보고 싶다. D. D. 코잠비는 자신의 「바가바드기타의 사회적 경제적 측면들」에서 이 둘 중 하나의 접근법을 사용한다. 나는 이미 앞에서 이 논문을 인용한 바 있다. 비말 크리슈나 마티랄은 인도 서사시를 통해 우리시대 인도 문화 구성체를 연구하는 최근 저작에서 다른 하나의 접근법을 전개하고 있다.[79] 나는 이 두 연구가 대표적인 지위를 지닌다고 보기 때문에, 앞으로 종종 이들을 언급할 것이다.)

일반 독자에게 코잠비의 글은 『기타』에 "적절한 역사적 지리적 맥락"에서 『기타』의 비전형성인 실로 교묘한 회피성을 밝혀주는 최고의 안내서이다. 코잠비는 『기타』의 특이한 모순적인 해석가능성을 제시한 뒤 다음과

---

78. 환유의 논리에 집중해 논의하다보면 『기타』의 비유적 에너지가 혈통의 "초기" 기호학적 영역을 막 발생중인(nascent) 국가의 "후기" 영역으로 밀쳐 넣는다고 지적할 것이다(Romila Thapar, *From Lineage to State: Social Formations in the Mid-First Millennium B.C. in the Ganga Valley* [Bombay: Oxford Univ. Press, 1984]). 여기서 문제가 되는 것은, 초기 구성체에서 금지된 친족살해이다. 크리슈나 자신은 "모권으로부터 가부장적 삶 — 원래 문화들이 종속적 층위에서 실행되도록 하는 — 으로의 이행"을 나타내는 하나의 표식일지도 모른다(Kosambi, *Myth*, p. 28). 비유적 논리의 일부는 인가된 자살에 있을 수 있는 규율적인 규범(우리가 영혼불멸을 알 때, 죽이고 죽는 것이 허용된다)에 기초를 둘 법하다. 나는 이를 3장에서 다룬다. 이 점이 다른 무엇으로 논의되든지간에, 단조로운 논의는 아니다.

79. Bimal Krishna Matilal and Spivak, *Epic and Ethic: Indian Examples* (New York: Routledge, 근간).

같은 결론을 내린다. "『기타』는 기존 브라만 방법론을 해치지 않고 쓸 수 있는 하나의 근원적 경전을 제공했다. [또한] 그 경전은 지배 계급의 한 분파에게는 어떤 면에서는 불쾌할 사회적 행동에 대한 영감과 정당화를 끌어내어 오는 데 쓰일 수 있었다. … 이 문서가 이렇게 독특한 위치를 획득하게 된 경위를 보여주는 일이 남아 있다." 이에 대한 코잠비의 대답은 "『기타』의 유용성은 그것의 특이한 근본적 결함, 다시 말해, 화해불가능한 것들을 그럴 듯하게 화해시키는 능란함에서 나온다"[80]는 것이다. 이런 대답에 이르기 위해 코잠비는 모든 공공연한 관념론들의 편리한 양가성을 펼쳐내는 식과 별개로, 리얼리즘적 성격학적 서사분석이라는 방법을 경유한다.

이와 대조적으로 나의 목표는 내가 처한 교육적-제도적 입장에 특수한 것이다. 나는 많은 식민 담론연구에 은연중 배어 있는 식민압제자와 피식민인이라는 종종 검토되지 않은 대립을 풀어헤치려고 재삼 시도한다. 그러므로 나는 헤겔의 논의와 『기타』의 구조적 행위 사이에 전략적 공모가 이루어진다는 점을 보여주어야 한다. 나는 또한 피식민자 담론의 텅 비어 있는 자리를 불완전한 방식으로나마 채우고, 영문학과나 문화연구에 적합한 하나의 방법을 제시하려고 한다. 이 방법이 분명 인도 전문 역사가에게는 적합하지 않겠지만 말이다. 나의 접근 방식은 코잠비의 리얼리즘과 성격연구를 강조하는 측면과 대조되게 포이에시스(poiesis)[81]의 바다, 즉 『마하바라타』라는 거대한 에피소드적 서사 덩어리에 떠있는 디에게시스(diagesis)의 섬이라는 의미를 중시한다. 따라서 나는 이런 의미에서 수행적인 『기타』의 구조와 짜임새에 일어나는 움직임들을 지적할 것이다. 나의 논의에 찬성하는 독자나 이 서사시의 수용자로 하여금 신화를 경전으로 바꾸도록 설득

---

80. Kosambi, *Myth*, pp. 15, 17.
81. [옮긴이] 플라톤의 『국가론』에 나오는 용어로 미메시스의 차원을 갖는다. 미메시스는 말하는 사람(화자)이 시인 자신이 아니라는 환상을 창조하고자 시도하는 경우를 뜻하는데 반해, 디에게시스는 시인 자신이 말하는 사람임을 제시하려는 서술과 관련된다.

할 그런 움직임들 말이다.

마티랄은 텍스트 내부의 "불협화음"을 지적함으로써 특히 식민주의자들과 민족주의자들 사이의 대립뿐만 아니라 발전론적 현실주의자들과 신비적 문화주의자들 사이의 대립을 해체한다. 나는 이를 나 자신의 입장과 대조시켜야 한다. 마티랄의 새로운 읽기 정치학은 인도 맥락에서 유용할지 모른다. 영국 철학의 분과학문 현장에서 보면 마티랄은 옥스퍼드대학에서 인도 철학을 가르치는 전문가였다. 영국 분석철학은 끈질기게 유럽-미국적인(Euamerican) 입장의 버나드 윌리엄스나 토머스 네이겔(Nagel) 같은 저자들에 의해 명료하게 설명된 바 있다. 마티랄의 최근 저작은 이 분석철학 내부에서의 윤리적 논의들과 관련된 것이었다. 나 자신이 이해할 수 있는 한에서, 나의 분과학문적 위치를 나는 이미 스케치한 바 있다.

『기타』의 원 제목인 『스리마드바가바드기타』는 상당히 나중에 『마하바라타』에 덧붙여진 극적 서사이다.[82] 시인 브야자(Vyāsa)가 이 거대한 시의 나머지를 부른다. 『기타』 부분은 "스리마드바가바드기타"라는 제목이 뜻하는 은총의 주, 신이 부른다. "기타"는 "찬송되는"이라는 단순한 뜻이다. 하지만 물론 그것은 주체가 너무 강력하여 부재할 때조차도 잘 잊혀질 수 없는 온전한 칭호를 함축한다. 서사시 『마하바라타』에 『기타』를 첨가한 "취지"는 정치적인 것을 종교적으로 신비하게 해석하려는 것임이 분명하다. 『기타』는 해석을 위해 작성된 텍스트이다(그래서 그것은 그 "적합한 맥락"

---

[82] J. A. B. van Buitenen, tr., *The Bhagavadgītā in the Mahābhārata* (Chicago: Univ. of Chicago Press, 1981)은 비전문가들도 읽을 수 있는 영어-힌두어 병행본의 결정판이다. 나는 산스크리트어를 나 스스로 번역하여 내놓았다. 이렇게 하는 것이 종종, 위대한 고전 텍스트들의 최고 번역본 운운할 때의 엄숙함을 잘라버리는 유일한 방법이기 때문이다. 나는 "산스크리트"(Sanskrit)나 "크리슈나"(Krishna) 같은 단어들을 제외하고는 산스크리트어 현대 음성 표기법을 따르고자 했다. 이 표기법이 비전문적 철자법을 쓰는 비전문적 독자들에게 잘 알려져 있기 때문이다. 나는 일관성이 부족한 점에 양해를 구한다. 그러나 이 책은 전문적인 인도 서적이 아니므로 내가 일관성을 고수하면 괜히 그런 척 한다는 느낌을 주었을 것이다.

으로부터 떼어져, 지식으로 발견되고 구성되는 베다(veda)의 궁극적 시야를 가르치는 "베단타"(Vedāntas)의 하나로 지명된다).[83]

나의 일반적 기획에 따라, 이제 법과 역사의 유희라는 측면에서 『기타』의 실제 서사화 방식에 대해 거칠게나마 "변증법적" 읽기를 구축해 보겠다. 『기타』를 이런 식으로 읽어낼 수단이 헤겔에게 있었던가? 내 생각엔 그렇다. 헤겔의 『정신현상학』에는 유명한 『안티고네』 읽기가 나온다. 내가 제안하고자 하는 읽기는 그보다 상당히 덜 복잡하며, 헤겔 자신이 지녔다고 공언했던 만큼 "인도 배경" 지식을 요하지도 않는다. 허깨비 환상 속의 인도를 오늘날 소위 **헤겔적 상징계**의 "전(前)의식"에 사는 주민으로 입증하려는 이데올로기적 동기가 있다. 그러한 동기는 불가능하며 시대착오적이라 부재한다. 나의 읽기는 그 정도의 지식을 요한다[84]

---

83. 예컨대 Sarvepalli Radhakrishnan, *The Hindu View of Life* (London: Allen & Unwin, 1961), p. 18 참조. 나중에 나는 이 책을 길게 인용한다.
84. 인도를 팔아먹은 헤겔의 거래는 다음 책에서 적절하게 비판받는다. Michel Hulin, *Hegel et l'orient: Suivi de la traduction anotée d'un essai de Hegel sur le Bhagavad-Gita* (Paris: Vrin, 1979). 휴린(Hulin)은 『기타』의 주체와 그것이 인도의 철학과 맺는 관계를 고찰한 헤겔의 두 편의 글을 포함시킨다. 헤겔의 오리엔탈리즘이라는 구체적인 토픽을 진지하게 고찰하려면 이 글들을 자세히 검토해봐야 할 것이다. 잘 알려진 이 텍스트들이 어떻게 제국주의의 공리들과 엮이게 되는지를 주목하는 것이 나의 관심사다. 그러므로 나는 『미학 강의』까지 눈여겨볼 것이다. 헤겔의 편지를 보면, 그가 당시 산스크리트어 전문 독일인 학자들과 상당한 교분을 갖고 있었다는 점이 확실하게 드러난다. 나는 헤겔 형태학에서 인도 예술과 페르시아 예술을 구분하기 위해 "전의식"이라는 용어를 사용한다. 워너 하마처(Werner Hamacher)가 불의 장면에 기원-이전(pre-originary)의 공간을 제공하는 "빛나는 본질"을 세련되게 논의한 바 있다(1988년 5월 10일, 스탠포드대학 강연. 자료집 미간행). 여기서 잠깐 지나치듯 언급할 것이 있다. 나는 시작과 끝에서 "꼼짝 않고 멈추어 있는"(하마처의 말) "계기들"(이런 계기들에 대한 유일한 이름은 "차연"과 "아포리아"에 통상의 해체론적 초점(데리다가 항상 공유하는 것은 아닌)을 들이대는 것에 깊은 관심을 가지고 있다. 그렇다고 하더라도 나는 환원불가능한 "착오"(어떤 상위의 "교정" 단계에서 파생되는 것이 아닌)를 경유하여 흔들리는 중간을 발생시키는 데 더 많은 관심을 기울인다. 나는 이 논점을 "Feminism and Deconstruction, Again", *Outside*, p. 131f.에서 다룬 바 있다. 내가 이 첫 글을 쓴 이후 8년이 지나서야, 데리다 자신의 질문들도 이 흔들리는 중간으로 옮아갔다. 이 점은 언급할 만한 가치가 있다. 1992년에 열린 제2회 (제1회는 1982년에 열렸다) 10일간의 데리다 콜로키엄에서 발표된 "Finis", *Aporias*, p.

"헤겔"(여기서 이 이름은 세계사적 환유어다)은 "인도"가 정신의 여정에서 이런 정거장을 나타내는 이름임을 증명하기를 원하고 또 입증할 필요를 느낀다. 그 때문에 그는 자기의 "인도"가 자신을 위해 이 점을 입증하도록 만든다. (예컨대, 헤겔은 인도인들이 역사를 움직일 수 없다는 점을 입증하려고 2,500년을 압축시켜 버린다. 그렇듯 그는 "[인도인들이] 정신적 창조 관념 대신 국가의 발생을 "반복해서 기술"한다는 것을 입증할 근거를, 자신이 읽을 수 없었을 부재한 구절에다 둔다. "(이 구절엔 점잖음이나 부끄러움이라곤 아예 없어서 영어 번역자가 한 자 한 자씩 번역하고 싶은 생각이 들지 않았다.) … 슐레겔은 이 에피소드의 바로 이 부분을 번역하지 않았던 것이다"(『미학』1: 344).

이런 움직임은 예나 지금이나 제국주의 이데올로그들에게 드물지 않다. 하지만 다음과 같이 물어보아야 한다. 헤겔 형태학의 엄청난 중요성을 보건대, 시간에 구속된 이 세부 사항들에 집중하는 일이 저열할 뿐더러 부당한 논쟁과 결국 착오를 일으키는가? 헤겔 형태학을 거부하는 데 가담한다면 그렇다. 우리가 헤겔 형태학을 내부로부터 비판하고 그것을 자체로부터 돌아서도록 하기 위해서는, 소위 시간에 구속된 세부 조각들이 체계에 중요하다는 점에 주목해야 한다.

물론, 이런 읽기 또한 "착오"인데, "토착정보원"의 (불)가능한 관점에 개

14에서 데리다는 자신의 초기 경향들을 요약하는데, "하이데거가 '속된' 개념이라 부른 것 외에 다른 시간 개념이 없었다면 어떻게 되었을까?"라는 알 수 없는 질문을 던짐으로써 이러한 옮아감의 신호를 보여준다. 반면, 1968년에 그는 "'속된 시간 개념'은 아마 없을 것"이라고 썼으며 (그가 "똑같은 것"을 의미할 수 있었을까?) 나아가 "현존은 … 흔적의 흔적, 흔적이 말소된 흔적[으로서]" 환기시켰다(*Ousia and Grammé: Note on a Note from Being and Time*, in Margins, pp. 63, 66). 이러한 데리다의 가장 최근 움직임이 가장 날카롭게 연출되는 "Circumfessions", in Derrida and Geoffrey Bennington, *Jacques Derrida*, tr. Geoffrey Bennington (Chicago: Univ. of Chicago Press, 1993)을 논하는 것은 이 책의 범위를 벗어난다. 이 점은 괄호로, 각주로, 즉 "Ousia and Gramme"에 나오는 한 각주에 관한 각주[데리다의 논문 제목을 본따 말하고 있다]에 남겨 두자. 『안티고네』 읽기는 『정신현상학』, (Oxford: Oxford Univ. Press, 1977), pp. 261-262, 284-289에 나온다.

입하려고 하기 때문이다. "토착정보원"이란 인종문화기술학에서 자료를 제공할 수 있을 뿐이고 결국 읽고 아는 주체에 의해 해석될 수 있을 뿐이다.[85] 정말이지, 이런 유형의 읽기를 위한 올바른 학술적 모델이란 있을 수 없다. 엄밀히 말해, 이런 읽기가 "착오"인 것은 인류학에서 말하는 "토착정보원"의 지점을 하나의 읽기 위치로 변형시키고자 하기 때문이다. 인류학에서 "토착정보원"의 지점이란 정의상 확정적인 기술들을 생산해 내느라고 읽혀질 수 있을 뿐인 그러한 지점이다. 그것은 하나의 (불)가능한 관점이다. 우리가 칸트를 읽었을 때 토착 호주인 혹은 푸에고인의 "기적 같은" 관점을 복원시키자고 주장한 것은 아니었다.[86] 여기서 우리는 헤겔과 동시대를 산 힌두인에게 있을 법한 관점의 복원이 헤겔의 읽기에 의해 곤혹스럽게 된다고 말하려는 게 아니다. (사실, 몇 십 년 후에 제국주의 문화의 인식론적 유혹이 천천히 힘을 발휘해 『기타』의 수정판들을 생산하게 된다. 이 수정판들은 『기타』가 실질적으로는 아니더라도 최소한 통칭 "헤겔적인" 정신의 세계사적 역할을 역설한다. 그리고 이러한 수정판들은 인도 "민족주의자"들로부터도 나올 것이었다. 이 점에 좀더 천착하고 싶은 문화연구자가 있다면, 칸트 텍스트와 헤겔 텍스트에서의 토착정보원 형상 사이의 세밀한 차이가 호주 선주민들에 대한 억압과 푸에고인들에 대한 억압 사이의 차이들을, 또 지배적인 힌두 식민주체의 생산을 조사하도록 이끌 것이다. 제1세계 소수 인종들에게서는 상실되었거나 혹은 심히 수상쩍게 그들에게서만 자리를 틀고 있는 것으로 발견되는 통합된 "제3세계"를 가정하는 대신 말이다.)

여기서 토착정보원은 『기타』와 "동시대의" 내포독자로 파악될 수 있다.

---

85. "(불)가능한"에 있는 "(불)"의 가치에 대해서는 Spivak, *In Other Worlds*, p. 263 참조.
86. "miraculation"에 대해서는 Deleuze and Guattari, *Anti-Oedipus*, p. 10과 그 외 여러 군데 참조. 기적처럼 ~~하게 하는 것이라는 뜻으로 자본, 기관 없는 신체, 사회체, 노동을 설명하면서 나온 말이다. 맑스라면 상품, 화폐, 자본, 물신에 이 용어를 붙였을 것이다.

이는 헤겔의 도표에서 보면 인도라는 보류된 공간에 여전히 좀 못 미치는 곳에서 약 두 세기에 걸쳐 떠돌아다닐 기간을 독자 — 권장되는 젠더는 남성 — 에게 부여한다. 이런 독자 혹은 청자는 고대 서사의 훈계 수용자로서, 고대 서사의 훈계구조를 실연한다. 그 방법은 역사적이거나 심리학적이라기보다 구조적인데, 『기타』와 동시대를 살았던 독자 혹은 청자가 그런 식으로 처신했을지 우리로서는 알 수 없기 때문이다. 하지만 (a) 만약 그가 그렇게 했다면, 우리는 다음 세 가지를 추측할 수 있다. 역사를 가장 분명하게 부정하면서 지양하는 지점이었던 한 텍스트(그가 영어로 생각할 수 있다면 헤겔을 생각할 것이라고 상상할 수 있겠다)가 영겁의 무역사성(a-historicity)의 증거로서 제시되어야 함에 그가 망연자실해질 것이다. (b) 과거의 이국적 문헌들을 읽는 헤겔 자신과 수많은 현재의 독자들이, 그러한 있을 성싶지 않은 (종종 말없이 은근슬쩍) 동시대 독자를, 즉 그 텍스트의 시대를 살고 "우리" 시대와 멀리 동떨어진 독자를 가정했고 지금도 가정한다. 나아가 (c) 토착정보원이 되라는 중심부의 호명을 거부하는 나는 선생으로서, 적극적인 가로막기(interception)와 재배치(reconstellation)에 관심을 갖고 그러한 "동시대 독자"를 생산할 수 있도록 언어와 역사의 과제(전문가 훈련과 꼭 같을 필요는 없는)를 충분히 실행하고자 애써온 비평가 혹은 선생을 촉구하는 바이다. "우리는 다른 장소들, 다른 시대의 문화들을 진실로 알 수 없다"고 한 목소리로 읊조리라고 신식민주의적 지식 생산자들에게 가르치더니 헤게모니적 읽기들을 진단해 내는 쪽으로 가는 그런 비평가나 선생 대신 말이다.

흥미롭게도 코잠비와 마티랄 둘 다 이러한 독자의 상을 전제한다. 코잠비의 경우는 이렇다. "하층 계급들이 청중으로서 필요했고, 고대 전쟁의 영웅적인 가락이 그들의 귀를 솔깃하게 했다. 이 점이 바로 서사시로 하여금 브라만들이 삽입하고자 했던 교리를 전달하는 가장 편리한 수단이 되게끔 했다."[87] 마티랄의 경우는 이렇다. "아마도 그『기타』의 역사가는 과거와 고대 시절 당시 사이의 대화를 엿들어야 한다."

『기타』에 나오는 권고를 받아들이도록 의도된 수용자는 전투에서 자기 친척들을 죽이고 싶어 하지 않았던 아르주나 왕자이다. 권고의 발신자는 전사로 변신한 신이자, 그 전투에 주요한 두 대적에 속하지 않는 가문의 왕자 크리슈나이다. 거의 중단 없이 계속되는 권고 서사에는 하나의 중요한 계기가 있는데, 거기서 아르주나는 역사의 문제를 가장 단순한 방식으로 묻는다. 아르주나는 시간화 혹은 연속으로서 역사로부터 확인되는 증거를 찾으려고 역사를 위반하는 크리슈나에게 이렇게 묻는다. "당신은 더 나중에 탄생했고 태양이 더 먼저 생겼습니다. 그런데 당신이 이 모든 것을 최초로 말했다는 사실을 제가 어떻게 알죠?" (역사에 대한 이런 유형의 질문은 수행되는 이야기의 내부에서 제기된다. 우리는 이 이야기에 위치지을 수 있는 진리-가치를 언표 외적 어법으로 확립하려고 애쓰면서 이런 질문을 역사성의 문제와 엄밀하게 구분해야 한다.)

문제의 "이 모든 것"은 이 시의 세 번째 편이다. 여기서 크리슈나는 인식하되 아무런 욕망 없이 행동하는 법을 길게 연설한다. 아르주나의 질문은 네 번째 편의 서두에 나오는데, 크리슈나가 말문을 열도록 해주며 앎의 행동을 통한 [역사의] 포기를 운운함으로써 세 번째 편의 교훈에 단단히 못박을 기회를 제공한다. 표면상 이 문제는 앎의 (합법적) 행동의 불변하는 방식을 태양에게 말해 왔다는 크리슈나의 주장 때문에 제기된다.[88]

여기서 역사의 문제를 끄집어내는 것이야말로 꽤 적절한 일이리라. 좀더 시원적인(primordial) 존재 양식에서는 연속성의 사유로 시간이 포착되지

---

87. Kosambi, Myth, p. 18.
88. "앎의 불변하는 방식"(unchanging way of knowing)은 원어로 *avaya yoga*인데, "축소되지 않는 테크닉"보다는 더 많은 무엇인가를 의미한다. 요가라는 단어의 번역 문제는 널리 알려져 있다. 문법 용어로 말하자면, 이 명사를 한정하는 수식어는 격변화가 없는 품사를 위한 분사형 주격이라는 점이 독자의 흥미를 끌 수도 있으리라.

않았다. 크리슈나는 그러한 존재 양식 속에서 자신의 설명을 제공하고 있지는 않다. 사실, 크리슈나의 주장은 태양중심적 시간을 법의 중개를 통해 계보학적 시간에 집어넣는다. 이 경우에 법이란 변함없이 법을 준수하는 태양에 의해 신화적인 입법자 마누(Manu)에게 전달된 크리슈나의 비밀이다. 이것이 크리슈나 연설의 실체이며, 텍스트에 재현된 대로 아르주나에게 질문을 하게 하는 표면상의 이유이다. 마누는 이 릴레이의 바통을 익스바쿠(Iksvāku) — 왕들의 최고 계보를 가리키는 존칭 고유명사가 "태양"이었던 태양 왕조의 시조 — 에게 넘긴다. 그리하여 시간화로서-역사와 진리 사이의 모종의 연관을 전제하고서 "당신의 말(의 진실)을 내가 어떻게 알죠? 당신이 [태양보다] 나중에 왔는데, 당신의 말을 진실이라고 내가 어떻게 입증해야 하지요?"라고 묻는 질문이 적절해진다.

이에 대해 크리슈나는 세 가지 종류의 대답을 제시한다. 이 대답은 시간화로서 역사를 시간의 도표로서 법에 종속시킨다.

1. 우리는 많은 시대들을 오간다. 나는 그것들을 알고 있지만 너는 알지 못한다. 우리는 단지 이 역사만으로는 연속적인 진리입증을 확보하지 못한다. 크리슈나는 적합한 행위자 혹은 지식의 주체로서 자신의 우월성 혹은 완벽성을 환기한다.

2. 자신의 현상적 가능성을 통해 자신의 본성 속에 거주함으로써 내가 된다(I become). 나는 불변하는 (이 형용사는 주 89에서 설명했다) 정신에서 태어난 것이 아니라 불변하는 정신으로 되어 있으며, 모든 (이미-존재했던) 존재들의 우두머리인데도 그렇다.

2번의 대답에 상술되어 있는 무거운 철학적 쟁점들이 나의 신중하지만 서투른 번역으로부터 분명해지기를 바란다. 이 철학적 쟁점들을 박식하게 논의하는 것은 여기서는 (칸트의 경우에서와는 달리) "토착정보원"이라 명명된 관점의 형상화와 적절한 관련성이 없다.[89] 여기서는 인간의 역사성이 설명 모델 혹은 진리입증 모델로서 제한된 유용성을 갖도록 나타난다. 이것을 지적하는 것으로 충분하리라. 왜냐하면 여기서 특권화된 혹은 예외적인 지식 주체가 자기를 분리시키는 자가-변용(auto-affection)에 의해 예외적인 발생 주체라고 또한 주장하고 있기 때문이다. 이 신성한 남성(male)은 자신의 일부를 변용시켜 창조하는 능력을 갖고자 자신으로부터 자신을 분리시킨다. 인간 남자 속에서는 뿌려진 씨앗의 죽은 각인에 지나지 않을 것이 신에서는 자기-기원과 자기-차이가 된다.[90] 여기서 자연(prakrti)은 (특히 남성적 혹은 남근적인) "인간"(purusa)에 맞서 군림하는 여성적 원칙(영어로 "자연"이 갖는 가장 흔한 두 개의 의미뿐만 아니라)으로서 이미 활용 가능한 것이다. 내가 "거주한다"(adhistāna)로 번역한 단어에는 "제대로 놓여진"이라는 의미가 있다. 어떤 땅의 수호신이 제 장소에 제대로 놓여지듯이 말이다. 자기를 발생하는 주체가 생성되기 위해, 자체 속에 여성적인 것(the female)을 거주시킨다면 그 도구는 자기 자신의 마야이다. 나는 이 단어를 "현상성"으로 번역하여 왔다. 하지만, 『기타』의 산스크리트어에서 이 단어는 "환영"이라는 어감을 담고 있다. 가장 흔히 "현상적 외양"으로 번역되는 독일어 Erscheinung의 Schein도 그렇다. 우리가 단순히 알레고리를 개념화한다기보다 형이상학을 지지하는 은유들과 작업할 때, 다음과 같이 말할 수 있다. 인간 존재란 주변에 여러 번 현존한다는 크리슈나의 언급과,

---

89. 헤겔은 "토착정보원"을 폐제하기보다는 그들을 하나의 저울로 전유함으로써 문화적 텍스트들을 다른 가치로 평가한다. "선주민"에 대한 폐제를 추적하려면 헤겔의 아프리카나 『기타』의 수드라(súdra) 기술을 보라. 우리는 식민주체를 추적하는 중이다. 식민주체는 자기 자신의 것을 재영토화함으로써 주인의 인종차별주의(와 계급차별주의)를 분명히 흉내낸다. (성차별주의는 이러한 분할을 재코드화하기 위해 사용된다.)
90. 인간의 나쁜 글쓰기(그 한 경우가 남성의 자가변용이 되는데)에 맞서는 것으로 신성한 좋은 글쓰기를 설정한 데리다의 개념들에 어떠한 논리적 그럴듯함이 있다면, 내가 말하는 "토착정보원"은 데리다라고 생각해 볼 수 있다. 독자가 이국적 텍스트들을 합법화하기 위해 "해체"를 전유하는 것과 이 말을 구분하기를 나는 바란다. 내가 아는 한, "힌두교"의 규율적인 심리전기에는 자위(masturbation)를 반대하는 비난적 정념이 없다. 자위를 금하는 권위적 금지에 대해서는 *The Laws of Manu*, tr. G. Buhler (Oxford: Clarendon Press, 1886), canto 2, ll. 180-181, p. 63 참조. 나는 이 책과 이 부분을 알려준 비말 크리슈나 마티랄에게 감사한다.

내가 현존할 때 그것은 다른 어떤 메커니즘과도 다른 메커니즘에 의한 것이라는 더 진척된 예증이, 시간적 현존에 의한 역사적 진리입증을 기각시키고 있는 중이라고 말이다. 나는 역사적 시간성의 외부에 로고스를 제시한다. 내가 남근을 생리학적 책무의 외부에 두고 있기 때문이다.91 우리의 토착정보원 겸 동시대 독자라면 이렇게 특수한 어휘를 갖고 있지 않겠지만, 헤겔은 가지려고 할 것이다.

3. 법이 쇠퇴할 때마다 나는 나 스스로를 만든다.

남근이성중심적으로 역사를 부정하고 지양하는 3부작은 쉽사리 파악될 수 있다. 법의 중개를 통해 일어나는 시간화로서 역사의 지양은, 인간의 연속적인 시간성이 시간으로 명명된 오어법 속으로 사라지는 계기다. 그러나 이것이 이 텍스트의 궁극적인 훈계 도구는 아니다. 크리슈나는 인간의 실수에 굴복함으로써 중요한 지점에서 예외를 보여준다. 우리는 매우 반복적인 하나의 교환을 구조적으로 요약하면서 이렇게 말할 수 있다. 시간의 특권화된 예외적 주체인 크리슈나는 인정된 실수에의 탐닉을 무대화함으로써 인간의 단순한 시간화 속으로 그리하여 역사의 영역 속으로 철수한다. 우리는 10편에서 그러한 방향으로 옮겨간다. 10편에서 크리슈나는 자기 자신을 놀랍도록 많은 불연속적 시리즈들 중 최고라고 기술함으로써, (시간적인 것은 아닌) 연속성의 한 모델 속에 스스로를 집어넣는다. (이것이 바

---

91. 내가 소장하고 있는 영어-힌두어를 병기하는 『기타』는 10대 때 구입한 것인데, 그때 나는 유대화된 19세기 힌두교에 깊이 빠져 있었다. 이 영어-힌두어 병행본은 유대화된 19세기 힌두교의 틀 안에서 표준적인 개념적·신비적·해석적 읽기를 제시한다. "내가 변화 없는 자연이자 존재들의 주로부터 태어나지는 않았지만, 나의 프라크리티(Prakriti)를 종속시킴으로써 나는 나 자신의 마야에 의해 탄생한다"(*Shrimad-Bhagavad-Gitā*, tr. Swami Swarupananda[Calcutta: Advaita Ashrama, 1956], p. 99). "데리다적" 운치를 실어나르는 그리스어를 사용하는 읽기에 비해 당분간 이러한 번역이 아마 서구인에 의해 더 많이 지적된다는 것이 요점이다. 밴 뷔터넌(Van Buitenen)의 권위적 번역은 이렇다. "실로 나는 태어나지도 않아 사멸될 수도 없지만, 나야말로 피조물들의 주이지만, 나는 나의 것인 자연에 의지하며 나 자신의 마법 같은 능력(wizardry)에 의해 생명을 띤다"(p. 87).

로 수천 년 동안 계속되어 온 인도 미학적 재현의 단조로운 반복이라고 헤겔이 인용하는 구절들 중 하나다.) 『기타』의 서사 중 첫 부분은 전반적으로 "초월적" 혹은 "예외주의적"(exceptionalist) 초강력-역사적(supra-historical)이다. 11편에 나오는 이에 대한 아르주나의 반응은 인정된 실수의 하나이자 면죄를 위한 기도가 된다.

evam etad yathattha tvam ātmanam paramesvara
drastum icchami te rupam aisvaram purushottama

이 2행시의 가장 커다란 부담은 두 행 사이에 가장 강세를 두며 함축된 "그러나"이다. 첫 행은 이렇다. "예, 주여, 당신의 말씀대로 당신은 존재하나이다." 즉, 당신은 초월적인 비재현성의 역학에 의해 어떤 특별한 법의 주관자이자 그 법의 특이한 모범이다. 두 번째 행은 이렇다. "저는 이 신성한 형상을 보고 싶습니다." 이 두 행 사이의 관계는 "유감스럽게도, 저는 그것이 잘못임을 압니다(범주의 착오? 신앙의 부족? 인간의 연약함?)만 … "이다. 이 시는 자신을 우주도표(cosmograph)로, 그리고 정말이지 특이한 방식으로 역사도표(historiograph)를 담지할 수 있는 존재도표(ontograph)로 보여주는 크리슈나의 무대를 마련한다. 바로 이 중요한 자기변명 요청에 응답하는 가운데 그렇게 한다. (바로 이 부분이 수천 년에 걸친 정적인 "인도의" 미학적 재현에서 똑같은 괴물 재의 단조로운 반복을 보여주는 증거로 헤겔이 인용하는 다른 구절이기도 하다.) 역사에 구속된 인간은 다소 비현실적으로 연장된 현재에서의 시간화된 진리입증 주장에 외관상 탐닉하기도 한다. 그런 가운데 예외주의적 도표로서 **시간**은 이렇게 좀더 속류적인 도표적 제스처 (스스로를 보여주기) 속으로, 『기타』에 나오는 유명한 비스바루파다르사나(보편 형상의 비전) 속으로 부정되어야 하는 것이다.[92]

"역사도표를 담을 수 있는 존재도표"라는 역겨운 신조어를 자세히 설명해 보겠다.

승인할 수 없는 요청에 답하는 크리슈나는 자신을 아르주나에게 우주를 담는 모습으로 드러낸다. 그럴 때, 그는 천 개의 팔과 천 개의 눈 등으로 자기 신체의 차원들 또한 확장해야만 한다(나는 이것이 서사시적 토포스라는 점을 알고 있다). 헤겔은 이것을 "목적도 없고 한계(measure)도 없는 괴물성"이라고 간단히 처리해 버렸다(『미학』 1:338). 사실 이것은 법과 역사 사이의 변증법에 작동하는 문화적 관용어법상의 계략이다. 내가 가장 관심을 쏟는 부분은, 크리슈나로 하여금 모든 기원들, 발전들, 그리고 현재의 순간 또한 담지하게끔 만들어주는 움직임이다.

여기 아르주나가 전쟁터에 나가 있다. 그는 양편을 바라본다. 저기 자기의 존속들이 있고, 반대편에 사촌들이 있다.

드르타라스트래[아르주나의 삼촌이자, 그의 적들의 아버지]의 아들 모두가, 우리의 주요 전사들뿐만 아니라 왕들, 비히스마, 드로나, [카르내 수타 - 아들과

---

92. 비전(darsana)이 보통 "철학"으로 번역된다는 사실을 가지고 많은 것을 논의할 수 있다. 이 번역이 여기서는 분명 부적합한 것이지만 말이다. 대안적인 용법으로 초월적 주체를 응시의 대상으로 감칠맛 나게 구성하는 것은 번역으로 어떤 문화 텍스트를 망칠 어려움을 지적한다. (darsana = 철학 = 우상숭배적으로 맹목적인 경외, 고로 인도[산스크리트 힌두교]에는 철학이라곤 없으며 오로지 종교/미신만이 있다.) 또 그 용법은 파르마콘(치료약/독약), 대리보충(첨가/구멍을 메우는 것), 차연(말소/드러냄) 등의 모델에 해체적 지렛대를 들이댈 가능성을 제공한다. (theorein을 갖고서, 즉 봄으로써 "같은 것"을 행할 수 있을까? 모르겠다.) 여기서 나는 『기타』에 대한 해체적 읽기를 제공하려는 게 아니라, 내 관점을 형상화하기 위한 하나의 구실로 해체를 사용하고자 하기 때문에, 이런 계열의 사변을 추구하는 데 관심이 없다. 인간의 취약성에 대한 보상이라는 토포스도 "헌신의 길"로 통상 번역되는 bhaktiyoga를 정당화하며 『기타』 및 다른 곳에서 풍부하게 쓰이고 있다는 점 또한 언급되어야겠다. 코잠비는 다음과 같이 지적한다. "[봉건 — 인도 역사학자들은 지금 이 용어를 두고 논쟁중이다] 사회와 봉건 국가를 함께 묶기 위한 최고의 종교는 개인적 신앙인 bhakti의 역할을 강조하는 종교이다. 헌신의 대상에 분명 눈으로 보이는 단점들이 있을지라도 말이다"(Kosambi, *Myth*, p. 32). 인간적 실수를 초월적인 것에서 사회적인 것으로 이동해가려는 수사학적 동력으로 전경화하려는 나의 분석이 코잠비의 견해와 다르다는 점이 다음에 이어질 쪽들에서 확실해지기를 바란다.

더불어, 당신의 송곳니 번쩍이는 끔찍한 입 속으로 재촉해 들어옵니다. 머리 일부가 산산조각 나 가루가 된 채 그것이 당신의 이빨 사이 틈에 끼여 있는 모습을 볼 수 있습니다.

이 생생하고 기억할 만한 구절은 아르주나가 서 있는 현실의 현상적 현재를 기술한다. 그는 이 모든 사람들을 입으로 씹어 먹는 바로 이 크리슈나의 대안적 유형을 보고 있다. (하나의) 초월적 존재의 도표적 재현[존재도표]으로서 크리슈나는 시간 속의 유동적 현재를 담지한대[역사도표]. 여기엔 설명이 전혀 필요하지 않다. 이 도표는 요구된 증거이다. 존재가 먹혀지고 있다. 시간의 도표가 시간화로서 시간을 집어삼킨다.

인간 행위자는 자신의 시간-속-현재(그의 지금 여기)에서 더 이상 지금 여기를 진리 가능성을 입증하는 구체적인 근거로 믿을 수 없게 된다. 아르주나가 지금까지 자기 친구였던 크리슈나에게 다음과 같이 말하는 것은 구조적으로 가장 적절하며 또 "당대 수용자"에 대한 이 텍스트의 훈계 권력을 지지해 준다. 가장 감동적인 이 시행들은 단순한 정동(affect)의 현상성에 의해 정당화된 행동을 변명한다. "나는 당신을 친구라 생각하며 아주 대담하게 '이 봐, 크리슈나', '이봐 야다바'[거의 아버지 이름을 땐, '친구[sakheti]'라고 불렀습니다. 내가 당신의 위대함을 몰라보고서 혹은 얄팍한 사랑에서 또는 정신이 없어서, 걸으면서, 잠자리에서, 앉아 있거나 먹을 때, 혼자 있거나 함께 있을 때 재미 때문에 잘못을 저질렀다면 제발 저를 용서해 주세요, 당신에게 간청합니다. 당신은 무한한 분이니까요."[93]

---

93. 여기서 아르주나는 인간과 신의 차이에 대해 말하고 있다. 밴 뷔터넌(Van Buitenen)이 그런 것처럼, 이것을 단순히 "[사회적] 전례의 문제"(p. 167, n. 9) 운운하며 설명하는 태도는 아무리 존경심을 갖고 보더라도 나한테는 그저 현학적인 것으로 보인다. 코잠비의 현실적인 접근은 이 텍스트를 불가피하게 밋밋하게 만든다. "마귀 같은 신 자신이 도덕을 지적한다. 그는 전쟁터의 모든 전사들을 정말로 파멸시킬 것이다. 아르주나가 그들을 죽인다면 그렇게 함으로써 그가 부유한 왕국을 얻을 수 있게 할 순수하게 형식적인 일이 될 터이다"(*Myth*, p. 17)에서

크리슈나는 시간과 공간에서 즉각 인지할 수 있는 현상적 현실의 세부 사항들을 씹어 부숴 내버린다. (아르주나가) 그런 크리슈나를 기괴하게 현상적으로 재현함으로써 지금 여기의 권위는 침해되고, (아르주나의) 반응 때문에 정동의 현상성은 부정되어 구실로 생산된다. 앞서 인용한 구절의 첫 행에서 아르주나는 sakheti[친구로서/마치 친구인 것처럼]를 yaduktam [내가 무엇이라고 말했던지간에]를 수식하는 부사구로서, 또 언설의 양식 혹은 호격의 명사—"친구인 것 같은 당신"—로도 사용한다는 점을 주시해야 할 터이다. 두 번째 용법이 좀더 주시할 만한 것인데, 엄밀히 말해 문법적으로 "부정확하며" "불필요하거나" 아니면 그저 반(半)문법적이라서 그렇다. 여기서 분명히 대칭 자체를 위해서 두 번 반복된 "친구인 것처럼"이라는 야콥슨의 시적 기능은 정동의 현상성에 기초한 판단들의 미혹을 강조한다.)

이 시에서 수행된 정동과 살아진 시간의 겉보기에 명백한 현상성을 이렇게 도표적으로 혹은 가시적으로 지양(부정과 다른 등기부에서의 보존)하는 데에 어떤 이해관계가 깔려 있을까? 다시금, 복잡하고 반복적인 텍스트에 불의를 가해보자. 그 때, 인간적 실수에 대한 자애로운 허용이라고 지금껏 드러내온 틀 안에서 구체적인 사회질서를 절묘하게 제시하겠다는 이해관계 논의를 진전시킬 수 있다. 실로 「목적론적 판단력 비판」이 『판단력 비판』에서 가장 정독되는 부분이 아니듯, 『기타』의 이 섹션도 현재 국면에서 그다지 찬양되지 않는다. 나는 『기타』의 이 섹션에서 실제 사회적 권고가, 풍부히 찬양되는 초월적 섹션들의 모순이나 배반으로서가 아니라, 적절한 용인, 인간적 실수에 대한 인정, 하나의 면죄부로서 틀지어져 나온다고 생각한다. 이 섹션 이후로 서사의 어조는 훨씬 더 (감정을 담은 형용사를 사용하자면) "시간성을 띤다"(temporal). ("좋은" 초월적 글쓰기에 대립되는 "나

보듯, 그는 텍스트를 꼼꼼하게 읽지 않는다.

쁜" 사회적 글쓰기가 인간적 실수에 대한 반응 속에 제멋대로 비밀스레 삽입된다. "인간적인" 것은 그때 그 시간(in illo tempore) 속에 있는 것을 위한 알리바이를 생산해 준다.)

그렇다면, 네 가지 신분(caste)이 브라만, 크샤트리아, 바이샤, 수드라로 마침내 명명되는 것은 바로 이 시편들을 통해서이다.

정신(mind)과 감각의 통제, 엄격, 순수, 인내, 강직, 지식, 통찰, 내세에 대한 믿음은 브라만의 고유한 존재로부터 나온다. 용기, 에너지, 불굴, 능력, 전쟁터에서의 확고함, 선물주기, 주인의식은 크샤트리아의 고유한 존재로부터 나온다. 농업, 목축, 거래는 바이샤의 고유한 존재로부터 나온다. 수드라의 고유한 존재는 남들에게 봉사하는 것을 그 본질로 삼도록 한다.[94]

수드라로 명명된 존재에 적합한 행복은 "처음부터 끝까지 잠, 나태, 현혹의 뒤죽박죽에서 나오는 행복"이라고 설명된다.

이 짤막한 장면들은 초월적 도표화와는 정말로 거리가 멀다. 이것들은 관례적인 힌두식 사회적 행위를 달리 기능적으로 실천하는 증거로 취해진다. 내가 말하려는 요지는, 헤겔이 본바 정적이고 단조로운 이 권위적인 텍

---

94. 여기까지는 오로지 크샤트리아(Ksatriya, 전사)라는 고유명사만 여러 번 사용된다. 네 가지 신분 중 하나의 신분을 가리키는 표식으로서가 아니라 아르주나를 위한 일반적인 이데올로기적 호명으로서 사용된다. 라하크리슈난과 많은 다른 이들은 『기타』에서 크리슈나가 제공한 직업으로 신분을 정의하는 해방적이고 유동적인 측면의 증거로 시(4. 13)를 일제히 선택한다 (*Hindu View*, p. 79). 이 시의 발화 전략에 대해, 어떤 주장을 개시하려면 그 전략은 신중하게 분석되어야 한다. 마티랄은 브라만 정교를 어떻게 정의하든지간에, 브라만 정교 내부에 하나의 비판적 전통을 위치시킨다. 즉 마티랄은 전투 영역을 다르마(dharma)의 영역으로, 그래서 다음번엔 규칙 준수의 영역으로 다루고, 신분과 카르마(Karma)의 관계를 논함으로써 막스 베버를 비판하며, svadharma와 svabhāva 사이의 미끄러짐을 날카롭게 추적한다. 내가 이미 시사했듯이, 마티랄의 이런 논점들은 그의 연구를 아대륙 인도의 문화구성 연구 및 오늘날의 디아스포라 전 지구적 변형체 연구와 연결시킨다. 카스트에 대한 헤겔의 일반적 입장은 『역사철학』, p. 168에 나온다.

스트에서 이런 요약들이 텍스트의 술책에 의해 허용된다는 점이다. 이 술책은 승인할 수 없는 자기변명의 잘못된 요구를, 정동의 현상성과 소위 구체적인 산(lived) 현재로써 진리입증의 근거를 부인해야 하는 인간적 실수의 용인으로 인증하게 한다. 신분의 고유명사는 자신의 친족을 죽일 수 없는 부족 혈통 사회로부터 국가— 자기-준거를 위한 충성이 좀더 추상적인 범주들로 향하는—와 같은 어떤 것으로의 이행을 포괄하는 표식이 된다.[95]

나는 『기타』에 나오는 한 계기를 이렇게 거칠게나마 변증법적으로 읽어냄으로써 인도의 주체(무의식적 상징계의 한 단계)로부터 헤겔의 도표적 자기-차별화를 해체하고자 시도했다. 나는 "헤겔"과 "기타"가 법을 명백하게 드러내기 위해 정치적 이해관계 속에서 역사의 문제를 조작하는 상이한 두 판본으로 오히려 읽힐 수 있다는 점을 보여주고자 했던 것이다.

이 차이들 중 하나가 헤겔의 유럽목적론적인 규범성이라는 자리에서 『기타』가 차지하는 예외주의이다. 3장에서 나는 예외주의가 젠더화의 맥락에서 인도인의 규율적 심리전기의 일부가 될 수 있는 가능성을 논의한다.[96]

맑스는 헤겔 비판의 앞 대목에서 헤겔 체계의 도표 이미지와 일관된 방식으로 글을 쓴다. 그러한 맥락에서 맑스적 구절의 편성에 주의를 기울인

---

95. 이 점을 영토화와 코드화의 제휴-인척(alliance-affinal) 변증법— 들뢰즈와 가타리의 『앙티 오이디푸스』(p. 145f)에 나오는 —속에서 거론해 보면 흥미로울 것이다. 들뢰즈와 가타리는 인종문화기술학과 정신분석학의 연관을 비판한다. 그렇지만 그들 역시 제국주의 문화가 떠받치는 역사적 편견들("동양의 전제 정치"에 대한 믿음과 같은)의 일부를 가지고 있다. 예컨대, 이들의 저서 A Thousand Plateaus: Capitalism and Schizophrenia, tr. Brian Massumi (Minneapolis: Univ. of Minnesota Press, 1987), p. 351f 참조.
96. 크리슈나를 따라할 만한 도덕적 행위자로 보는 마티랄의 견해와, 크리슈나를 예외주의적 규율자로 보는 나의 견해는 분석적 문화 연구와 해체론적 문화 연구의 차이를 잘 드러낸다. (Spivak and Matilal, *Epic and Ethnic*, chap. 2 참조.)

다면, 헤겔 체계가 자신으로부터 소외된 존재[말하자면 자신의 고유한 윤곽에 적합하지 않은 존재]를 나타나도록 만든다고 보일 수 있다. 그것은 필연적 타자화와 지양의 과정을 통해 스스로에게 되돌아오는 존재를 제시하는 것 같을 때조차 그렇다. "헤겔의 존재는 자기를 부정하는 외관상의 존재 혹은 자기소외된 존재의 확증이며 … 그러한 존재의 주체로의 변환이다."97

맑스는 부정이라는 용어를 쓰고 있다. 나중에 프로이트는 지금은 종종 "부인"(denegation)이라고 번역되는 식으로 이 용어를 사용한다. 맑스의 용법을 프로이트의 나중 용법(맑스의 용법과 일치하지는 않는)과 연관시킨다면 하나의 흥미로운 읽기가 나온다. "부정적 판단은 자기억압(repression)의 지적 대체물이다. '아닌데요'는 억압의 특징이자, '독일제'라고 하는 기원의 확인서이다."98 부정적 판단은 이런 계열의 추론으로서 부정을 가시화하는 도표가 된다.

우리가 프로이트의 이 구절을 염두에 두고 맑스를 소급해 읽는다면, 헤겔적 도표는 기원의 억압된 확인서, 즉 "자본주의로 (혹은 결과이든 조건이든 자본주의를 위한) 만들어진 자본주의제"를 보이게 만드는 것이라고 할 수 있다. 맑스는 헤겔 체계를 "정치경제의 영역"으로 이동시킴으로써 그 점을 보여주며, 그 체계의 소외와 탈선을 드러내는 가운데 체계가 부적절해질 정도로 체계의 예측 결과들을 반전시킨다. "정치 경제의 영역에서, 노동의 실현[Verwirklichung]은 노동자에게 현실[Entwirklichung]의 상실로, 대상화[Vergegenständlichung]는 대상의 상실과 대상에 대한 속박[Verlust und Knechtschaft des Gegenstandes]으로, 전유는 소외(estrangement[Entfremdung], alienation[Entäusserung])로 나타난다.99

---

97. Marx, *Early Writings*, tr. Rodney Livingstone and Gregor Benton (Harmondsworth: Penguin, 1975), p. 393.
98. Freud, *SE* 19: 236.
99. Marx, Early Writings, p. 324. 맑스의 강조. 나는 두 종류의 소외(Entfremdung[estrangement],

프로이트는 부인의 유용성을 다음과 같이 지적했다. "사유는 부정의 상징에 의해 억압의 제약들로부터 스스로를 자유롭게 하고, 사유의 고유한 기능에 필수불가결한 재료로 스스로를 풍성하게 한다." 맑스는 헤겔적 체계를 성취된 지양인(Aufhebung)의 도표적 시간이 아니라, 지양하려는 노력인 지양(das Aufheben)의 서사적 시간화 속에 기입한다. 내가 앞서 인용한 맑스의 구절100에 뒤따라 나오는 문장에서 맑스가 그렇게 한다. 그것은 바로 부인(엄밀하게 "철학적인" 의미라기보다 원형적 프로이트적 의미에서의) 덕택에 풍성해진 사유의 고유한 기능을 시인한다는 뜻일 터이다.

지양하려는 노력과 성취된 지양(이런 성취가 있다면) 사이의 이런 미끄러짐을 보여주는 가장 말 많은 예들 중 하나는, 피식민자가 계급-제휴와 계급-구성의 계열들을 따라, 제국주의의 유산과 문화에 접근하는 것이다. 달리 말해, "Aneignung(전유)가 Entfremdung(소외)로 되는 것"은 바로 이러한 정치 경제의 영역에서뿐만이 아니다. 우리가 문화적 기반의 "소유성"(혹은 Eigenschaft)을 가정한다면 — 이것은 이러한 고찰을 위해 전략적으로 필요한 가정인데 — 제국주의 문화에 대한 이런 계급화된 접근을 통해 얻어지는 모든 것이 소외이다. 이러한 수단으로써 하나의 문화적 지반을 공고히 하려는 모든 시도는 그렇게 상정된 지반의 구성요소이면서 실로 그 지반에 접근하지 못하는 국민들을, 칸트에 나타난 폐제를 패러디해서 말하자면, 정의내려 버렸다. 이러한 소외와 폐제는 지금 다양한 "근본주의"로, 억압된 것들의 회귀로 재연되고 있다. 휴머니즘적 **북반구** 페다고지의 급진적 주변부에서 **제3세계**에 무비판적으로 열광하는 현재 분위기가 조성되고

Entäusserung[alienation])가 일반적으로 맑스에게서는 분리된 의미를 띤다고 확신한다. 하지만 이 곳은 그런 확신을 더 개진할 자리가 아니다. 첫 번째 단어는 철학이 정치경제학과 제휴하면서 영구화된 존재론적 실수이고, 두 번째 단어는 (인간의) 존재와 활동(doing)을 바로 서술하기 위한 존재론적 필요성이다.

100. [옮긴이] 각주 99가 붙어 있는 구절들을 가리킨다.

있다. 이 분위기는 제3세계의 주민에게 그 혹은 그녀 자신의 전통을 전적으로 대표하는 진정한 하나의 에스닉한 구성원으로서 말하라고 요구한다. 이러한 요구는 원칙적으로 하나의 공공연한 다음과 같은 비밀을 무시한다. 즉, 역사의 흥망성쇠에 한번도 저해 받지 않고 또 연구 대상으로서 깔끔하게 접근될 수 있는 하나의 에스니시티란 하나의 혼성이라는 것 말이다. 제국주의 문화를 경유하는 가운데 토착 엘리트 민족주의자들뿐만 아니라 인류학자들의 분과학문적 경건함, 이에 부분적으로 영향 받은 초기 식민압제자들과 유럽 학자들의 지적 호기심이 공헌했던 것은 바로 이 비밀이다. 그리하여 (적합한 연구) 대상은 "상실"되고 만다.

"**좌파**"의 표현이자 그 대안으로 수행된 **미국의 제3세계주의와 식민주의/민족주의의 대상 구축은 서로를 합법화한다.** 이 둘 사이의 검토되지 않은 교섭에 대해서는 할 말이 많다. 여기서는 한 가지 점에만 주목하겠다. 현재 이루어지는 교섭은 식민주의와 민족주의 사이의 교섭이 치환된 이상도, 물론 이하도 아니라는 점 말이다. 민족주의가 자체 맥락에서 강력하게 식민주의에 표면적으로 맞서고 있을 때조차도 그렇다.

이 모순은 식민주의 지배에 맞서는 투쟁에서 민족주의 이데올로기를 끌어당겨, … 문화가 물질적인 것과 정신적인 두 개의 영역으로 분리되는 데 따른 해결책 [을 유도한다]. 서구 문명의 주장들이 가장 강력했던 곳은 바로 물질적 영역에서였다. 과학, 테크놀러지, 합리적 형태의 경제 조직들, 국가통치(statecraft)의 근대적 방식들이 유럽 국가들에 비유럽 국민들을 종속시키고 전 세계에 그들의 지배력을 행사하는 힘을 부여해 왔다. 피식민자들은 이러한 지배를 극복하고자 물질적 생활을 조직하는 우월한 테크닉들을 배워 자신들의 문화 내부에서 그것들을 병합시켜 내야 한다. 이것이 자기 국민의 전통적 문화를 합리화하고 개혁하는 민족주의 기획의 한 측면이었다. 그러나 이것이 생활의 모든 측면에서 서구를 모방한다는 뜻일 수는 없다. 그렇다면 **동과 서**라는 구분이 사라져

민족문화의 자기정체성 자체가 위협받기 때문이다. 사실, 19세기 후반에 인도 민족주의자들이 주장했던 것처럼, 정신적 영역에서는 동이 서보다 월등했기 때문에 물질적 생활 측면 외에 어디에서건 서를 모방하는 것은 바람직하지 않았을 뿐만 아니라, 그렇게 할 필요도 없었다. 필요한 것은, 민족문화의 뚜렷한 정신적 본질을 유지하고 강화하면서 근대 서구문명의 물질적 테크닉을 계발하는 것이었다. 이것이 민족주의 기획의 공식화를 완성했으며, 서구 모더니티의 선별적 전유를 이데올로기적으로 정당화하는 민족주의 기획은 오늘날까지 계속 힘을 발휘한다.101

이 시나리오 내부에서 『기타』가 정신적·문화적 영역을 재현하는 데서 중요한 자리를 다시금 차지하게 된다.102 탁월한 민족주의자들은 『기타』를 아직-역사적이지-않은 게 아니라 초강력-역사적인 무시간적 핵심을 지닌다고 주장한다. 헤겔이 그랬듯이 말이다. 시간의 도표화라는 나의 개념-은유는 보편적 인간 정신의 영속적인 구조들이라는 개념을 경유하며 이 지점에서 흔적으로나마 작동한다. 민족주의가 여러 방식으로 식민주의의 치환된 혹은 반전된 합법화인 것처럼, 이러한 접근법은 우리가 환유적으로 "헤겔"이라 명명한 것을 치환한다.

반복하건대, 식민 주체도 포스트식민 주체도 토착정보원 혹은 내포된 동시대 수용자의 (불)가능한 관점 속에 거주하지 않는다. "헤겔"은 식민 주체 속으로 굴절된다. 다음 세 가지 출처에서 따온 인용문들을 여기서 살펴볼 것이다. 첫 번째 출처는 유명한 민족주의 운동가였다가 현자가 된, 아우로빈도 고세가 쓴 명상 텍스트 『『기타』에 관한 에세이』(1916)이다. 두 번째

---

101. Partha Chatterjee, *The Nationalist Resolution of the Women's Question*, occasional paper 94 (Calcutta: Centre for Studies in Social Sciences, 1987), p. 6. 또한 Kumari Jayawardena, *Feminism and Nationalism in the Third World* (London: Zed, 1986), pp. 254-261 및 다른 여러 곳 참조.
102. Nandy, *Intimate Enemy*, p. 47.

는 민족주의 철학자였다가 정치가가 된 사르베팔리 라다크리슈난이 쓴 권위적인 텍스트 『힌두 인생관』(1927)이다. 마지막으로, 1982년에 출판된 도식적인 맑스주의 텍스트 『맑스주의와 바가바트 기타』인데, 이 책은 세련된 토착민에게서라면 관용적 경멸을 받을 만하다.[103]

첫 번째 인용문에서는 피식민 정치체처럼 『기타』의 텍스트 자체가 물질적인 것과 정신적인 것으로 나뉘어져 왔다. 텍스트의 구조는 납작하게 평퍼짐해져 왔다. 이제 이 텍스트에서 시간에 구속된 물질적 측면이라고 진단되던 것은 내가 애써 지적해 왔던 계략을 쓰는 구조의 생기와 물론 아무런 관련이 없다. 아우로빈도의 말을 들어보자.

우리가 [『기타』를 읽고자 시도한다면] 틀림없이 우리는 자신의 개성에서 나오는 많은 실수를 우리가 접하고 살아가는 관념들로부터 나오는 실수와 뒤섞어 버릴 수 있다. 우리보다 앞서 살았던 위대한 사람들이 그랬듯이 말이다. 하지만, 우리가 이 위대한 경전의 정신 속에 깊숙이 몰입한다면, 무엇보다 우리가 그 정신 속에서 살려고 애써 왔다면 어떨까. 우리가 개인적으로 이 경전으로부터 끌어내고자 의도했던 정신적 영향과 실제적(actual) 도움뿐만 아니라, 우리가 받아들일 수 있는 능력껏 많은 실재적(real) 진리를 이 경전에서 확실히 발견할 수 있을 터이다. 바로 이것이 **경전들**이 씌어진 이유이기도 하다. 나머지는 학문적 논박이거나 신학적 교리이다. 영원한 진리는 발전중인 인간성의 내적 사상과 정신적 경험 속에서 끊임없이 재형성되고 발전된다. 계속해서 갱신되고 재생될 수 있는 **경전들**, 종교들, 철학들만이, 진리의 재료들만이 인류에게 살아 있는 중요성을 지닌다. 나머지는 과거의 기념비로 남지만, 미래를 위한 실제적

---

103. Aurobindo Ghose, *Essays on the Gitā* (Pondicherry: Sri Aurobindo Ashram, 1972); Sarvepalli Radhakishnan, *The Hindu View*; and S. G. Sardesai and Dilip Bose, *Marxism and the Bhagvat Geeta* (New Delhi: People's Publishing House, 1982). 지속적인 학계 담론에 성공적으로 유입된 예를 보려면 Hiralal Haldar, *Neo-Hegalianism* (London: Heath Cranton, 1927) 참조. 키플링은 『킴』에서 이 사람을 비웃고 있다.

인 힘이나 필수적인 충동을 지니지 못한다. 『기타』에는 그냥 지역적이거나 일시적인 것이라곤 거의 없다. 『기타』의 정신은 어찌나 폭넓고 심오하고 보편적인지 사소한 것조차도 쉽사리 보편화될 수 있다 … 104

정신의 여정을 그려주는 헤겔의 전체 도표는 탈인종화된(de-racialized) 보편주의로 엄청 바뀌어온 것처럼 군다. 이 보편주의에서는 문화적으로 된 식민 민족주의자가 식민주의를 부인할 수 있다. "발전중인 인간성의 정신적 경험"은 힌두인도 아니고 헤겔도 아니며 양자에 조금씩 걸쳐져 있다.

1927년 즈음, "학문적 논박"의 목소리 자체가 합법화의 횃불을 들고 있었다. 옥스퍼드대학에 적을 두고 글을 쓰고 있는 라다크리슈난의 말을 들어보자.

종교개혁의 힌두 방식은 이름에서가 아니라 내용상 변화를 유발하도록 돕는다. 그것은 우리로 하여금 동일한 이름을 유지하게 하면서도 그 이름이 지닌 의의를 심화하도록 장려한다. 우리에게 친숙한 예를 들자면, 모세 5경에 나오는 야훼는 무시무시한 영(spirit)이라고 한다. … 희생보다는 자비를 사랑하고, 희생 제물을 끔찍이 싫어하며, 자신을 알기를 갈망하는 자들에게 자신을 계시하는 **거룩한 자**의 개념은 이사야서와 호세아서에서 자체를 주장한다. 예수의 계시록에는 완전한 사랑으로서 신이라는 개념이 들어 있다. "야훼"라는 이름은 이 상이한 발전들을 연결하는 공통의 고리이다. 힌두교가 새로운 컬트를 받아들일 때, 그 내용은 다듬어져도 이름은 유지된다. 초기 산스크리트 문헌에서 예를 하나 들어보자면, 다양한 모습으로 변신하는 칼리(Kali)가 아리안 계열의 여신이 아니라는 점은 분명하다. 하지만, 칼리는 점차 최고의 **신격**(Godhead)과 동일시된다. … 비슷하게 크리슈나도 과거의 기원이 무엇이었든지간에 『바가바드기타』에서 가장 높은 **우두머리 신**이 된다.105

---

104. Ghose, *Essays*, p. 3.
105. Radhakrishnan, *Hindu View*, pp. 32-33.

라다크리슈난은 아리안족 이전 시대에서 아리안족 시대로의 발전을, 유대교에서 기독교로의 발전을 분명하고 적합하게 나란히 놓을 수 있다. 발전하는 인간의 정신 모델은 서사적 영감을 받으며 "헤겔"과 연계된다. 헤겔은 근대의 학문적 발견들이 힌두 철학의 초월적 장엄함을 주장하게 하는 근거, 즉 피타고라스와 그 추종자들이 영구화한 신화를 제거해버렸다고 훔볼트에게 주장했다.(각주 84 참조). 힌두교의 행위자는 힌두교를 보편주의적 용모로 "세련되게 만든" 본격 식민주의/민족주의 주체이다. (혹자는 "산스크리트화"를 말 그대로 "세련화"라고 지적할 수도 있겠다.) 이제 『기타』는 아리안 계열 철학의 근원이다. 거기서 신분은 "인간은 자신의 역사를 만들어 가지만 자신의 자유 의지로부터 만들어 가는 것은 아니다"[106]라고 한 맑스의 유명한 언급과 꽤나 잘 어울리는, 자유의 비밀로 다시 씌어진다.

영토적 제국주의 내부에서 발생한 민족주의라는 고급문화로부터, 신생 독립국에서 종교, 문화, 이데올로기를 혼란스럽게 뒤섞는 "민족 정체성" 탐색으로 하강 혹은 변동할 때, 모종의 스타일이 종종 상실된다. 초기에 『기타』를 보편화한 구성요소들과 여전히 만날 수 있기는 해도, 근육질의 강건한 근본주의 혹은 토착주의가 좀더 전형적인 것으로 나온다. 이와 대치되는 것은, 고대 텍스트들의 주름과 결을 일상적으로 참지 못하는 똑같이 근육질인 강건한 "맑스주의적" 어법이다. 맑스주의적 접근법은 절대로 예외적인 크리슈나가 제공하는 지식의 구유(stable-in-knowledge), 즉 스티타프라즈나(sthitaprajna)라는 상대적으로 예외주의적 모델을 논평하면서 이렇게 말한다.

> 우리에게는 "모든 피조물의 밤이 그에게는 깨어있음이며, 모든 피조물의 깨어있음이 그에게는 밤"이라고 말하는 유명한 시가 있다. 그래서 우리의 빛이 스티

---

106. Marx, *Surveys of Exile*, tr. David Fernbach (New York: Vintage, 1974), p. 146.

타프라즈나에게는 어둠이며, 우리의 어둠은 그에게는 빛이다. 이것이 함축하는 바는 명확하다. 대중은 무지, 탐욕, 방탕, 유혹, 폭력 등에 빠져 있다. 빛을 본 자는 인간의 모든 연약함에 영향 받지 않는다.[107]

여기서는 헤겔적 혹은 민족주의적 이야기 꾸미기의 철학적 전제들 중 그 어느 것도 의문시되지 않는다. 텍스트가 동의를 확보해 내는 특별한 방식이 불가피하게 무시된다. 실로, 『기타』에 대한 민족주의적 존중은 좀 피상적이긴 해도 "민족의 지속성"에 대한 감각을 보존하려는 이해관계 속에서 『기타』의 시간과 장소를 품위 있게 해주는 알리바이로 보인다.

나는 여기서 이처럼 폭넓은 연관짓기에 치환들을 함께 집어넣어 사슬을 엮어낸다. 그 사슬 속에서 미국의 새로운 "제3세계" 페다고지에 쏠리는 충동은 자체를 드러낼 수 있다. 그 페다고지의 중요한 역할은 상실된 "역사적 인도인"을, 헤겔적 연대도표에 의해 지워지고, 오늘날 일반화된 토착 정신 속에 도사리고 있는 "역사적 인도인"을 복원하는 작업을 착수하는 것이 아니다. 아마 그것의 역할은 "혼종적인" 것을 지나치게 무비판적으로 찬양하는 추세를 생산해냄으로써 역으로 "순수한" 것을 무심코 합법화하는 것이다. 그 때, 토착주의자는 역사적으로 활용할 수 있는 진정한 인도 관점이란 없다는 사실을 잊어버릴 수 있다. 이제 한 걸음 내딛으며 세계사라는 서사에서 인도의 적법한 자리를 주장할 수 있게 할 관점 말이다. 문학비평가이자 선생인 우리가 이 "상실된" 시각을 알려줄 **형상화들**로 이끄는 길을 우리 자신과 학생들에게 가르칠 수 있었더라면 어땠을까. 지정학적 포스트식민 상황은 "현실의 덩어리"를 갖고 무엇인가를 그려내는 가운데 역사 자체를 형상화로서 사유해 내기 위한 패러다임 같은 것으로 봉사할 수 있었을 것이다.

---

107. Sardesai and Bose, *Marxism*, p. 24.

메트로폴리스 혹은 예전에 식민지였던 곳에서 글을 쓰는 우리 중 많은 이들이 제국주의의 인식소적 도표화와 긍정적인 교섭을 벼리어 내려고 애쓰고 있다. 제국주의의 위대한 서사의 몸통을 가로 질러가며, 법과 역사의 조작을 섬세하게 다루는 미시학의 응답 분야들에 종사하는 사람들에게 듣기 좋은 말을 나는 할 수가 없다. 내가 여기서 극적으로 드러내고자 하는 경계심을 갖지 않는다면, 우리의 분과학문적 선의가 응답 분야들과 공모할 수 있다. 이렇게 광범위한 초점으로는 나는 이 응답 분야들을 자세히 조망할 수 없다. 나는 좀 주제넘은 움직임을 차라리 보여주고자 한다. 이 책의 전략은 최소한 부분적으로는 이상한 연관 혹은 재배열의 불연속성을 통해 설득하는 것이다. 그래서 나는 제국주의의 연대도표학 서사에 대한 나의 설명과, 국제 법학자 위원회와 아시아 기독교 협의회가 제출한 다음 보고서에서 말해진 이야기 사이의 관계를 그려보자고 문화연구자들에게 청할 것이다.

[남아시아 및 동남아시아 지역의] 일부 나라들에서 [여러 면에서 권리를 박탈당한 이들에게 기본적인 민주주의 시민권을] 부인하는 것은 헌법과 법률 차원까지 파고들고 있으며, 일부 지역에서는 종교적 근본주의의 술책하에 가면을 쓰고 있다[나는 차테르지와 자야바르데나 같은 이들의 논의에 힘입어, 이 두 가지가 포스트식민 담론 구성체에서 서로를 치환하는 것이라고 주장해 왔다]. … 몇몇 경우, 법령들이 동일한 이름(말레이시아와 인도의 공식 비밀 법)이나 비슷한 이름(예컨대 인도 국가 보안법, 네팔 공공보안법, 남한의 국가보안법, 말레이시아와 싱가포르의 국내 보안법)을 갖고 있다. … 종교의 이름으로 말해지는 독재원칙들이나 종교는 [소수 인종, 여성 등에게] [이] 권리들을 억압하기 위해 몇몇 나라들의 헌법 속으로 엮이어 들어가고 있는 중이다.[108]

---

108. "Internationalism of Oppressors", *Economic and Political Weekly* 23.4 (23 Jan. 1988): 108. 현 인도네시아 정치와 "종교"의 자리를 둘러싼 자세한 사항들은 서로 너무 얽혀 있어서 내가

이제 "제3세계" 토착 엘리트들이 이러한 실천의 초석들을 기술할 때 사용하는 언어를 보자. "'판츠쉴라(Panchshila)'의 획일적 원칙, '최고의 유일신에 대한 믿음, 정당하고 문명화된 인간성, [민족국가]의 통일성'을 포괄하는 강제적 국가 이데올로기" 등이다.

법을 참조해 판결하는 연대도표학에 대한 주장들과 대항-주장들 사이에서 왔다 갔다 하며 거기 붙들려 있다면 — 어떤 분과학문 구성체도 이를 온전하게 피할 수는 없다 — 어떻게 될까. 진정으로 에스닉한 것에 대한 과장된 존경을 대신하는 유일한 대안을 다음과 같이 선언할 수 있겠다. "이 도전 받은 거인[미국]은 … 사실 제3세계라는 골리앗의 성장 앞에 다윗이 되어야 할 시점에 처한 것인지도 모른다. 우리 아이들이 **관념, 로고스, 형상**, 한마디로 오랜 **유대-기독교 유럽**을 둘러싼 우리의 착오와 순환으로 무장하여, 나름의 실수와 곤경을 갖는 다윗 편에 합류하고 싶어 할 날을 나는 꿈꾼다. 이것이 환상일 뿐이더라도 바로 이 환상에 미래가 있다고 나는 생각하고 싶다."[109]

우리가 토착정보원의 (불)가능한 관점을 사용할 수 있는 것은 바로 이 일리 있는 이항 대립으로부터 거리를 두기 위해서이다. 내가 이미 지적했듯이 토착정보원의 가능성은 다른 이들의 문화에 대한 유럽의 과학적 혹은 분과학문적 지식생산 — 인종문화기술학의 현지 작업으로부터 인류학에 이르는 — 에서 증거로 각인된다. 겉보기에 자비로운 "시간화"(살아지는 것)

다룰 수 있는 범위를 넘어선다. 약간 언급한 이 대목이야말로 내가 무식하게 시작한 고찰의 범위를 가리키는 표시로 여기 그냥 두도록 해두자.

109. Julia Kristeva, "My Memory's Hyperbole", Domna C. Stanton, ed., *The Female Autograph: Theory and Practice of Autobiography from the Tenth to the Twentieth Century* (Chicago: Univ. of Chicago Press, 1987), p. 235. 크리스테바가 했던 이 말은 자기 글을 수정하고 있던 즈음 "사막의 폭풍 작전"이 전면적으로 실시되는 바람에 증폭된 격렬함을 떠안는다. "외국인들"을 위한다는 크리스테바의 권고 — 제 2회 요하네스버그 비엔날레 카탈로그에 실려 있는데 — 는 당혹스러울 만큼 유럽중심적이다.

를 "시간"(법의 도표)에 종속시키는 것은, 기원이 발견된다면 복원 가능한 하나의 기원으로 다시 추적될 수 없다.110 하지만 저항적인 독자와 선생은 "토착정보원"이라는 이름의 형상화에 의해 지속되는 종속을 최소한 (또 끈질기게) 풀어헤쳐 그 종속을 독자의 시각 속에 놓으려고 시도한다. 우리는 아직도 "관념, 로고스, 형상"의 주위를 맴돌도록 저주받고 있는가 아니면 (탈)궤도가 적어도 환기될 수는 있는 것인가?

III

세상이 움직임에 따라 맑스는 맑스주의로 계속 움직여 나간다. 3절을 다르게 쓰고 싶은 나의 마음은 계속된다. 한 가지 방법은 『공산당 선언』의 한 구절을 인용하는 것으로 시작하는 것이다. "육체노동에 함축된 기술과 힘이 덜 쓰일수록, 달리 말해, 근대 산업이 더 발전될수록, 남성노동은 여성노동에 의해 더 많이 폐기된다."111 포디즘 이전의 공장에 대한 기술에 이 구절이 바로 뒤따라 나오지만, 맑스의 예지는 포스트포디즘과 전 지구적 재택작업의 폭발 속에서 실현된다. 서발턴(subaltern)112 여성은 지금 엄청

---

110. 이런 유형의 주장은 인도에서 헤게모니적인 민족주의에 비판적이면서도, 역설적으로 "인도"를 자신들이 살고 가르치는 도시 중심의 시각과 동일시하기 쉬운 점증하는 토착 도시 지식인 집단뿐만 아니라 거대도시의 반식민주의자들에게 원망을 유발한다. 경우에 따라서 이것은 디아스포라적인 모든 분석을 부적절하다고 판정해 버리는 다소 음흉한 종류의 민족주의로 변질될 수 있다. 이런 입장을 분석하는 논의를 더 발전시키는 것에 편견을 갖지 않고서, 나는 이러한 주장들이 "현실적" 기원들 일반의 본성에 대한 것이며 "헤겔"과 같은 풍성하게 확립된 지배적 기원들의 권위에 맞서 작업하는 것이라는 확신을 진정제로 제공하고 싶다. 우리는, 종속된 것의 대표를 자임하는 지배적인 토착인들이 운운하는 대안적 기원들이라는 대항-주장들이 단순한 반전에 의해 확립된 "기원들"의 전위주의를 합법화하지 않도록 경계해야 한다.
111. Marx, *The Communist Manifesto*, ed. Frederic L. Bender (New York: Norton, 1988), p. 62.
112. [옮긴이] substance와 alternity를 합성한 subaltern은 말 그대로 한 사회의 실질이자 실체를

난 정도로 생산을 지탱한다.

이제 맑스의 상품-형태 읽기를 자본주의와 사회주의의 차연을 감지해낼 동종요법의 지점으로 읽어보자. 내가 시사하고자 하는 것은, 사회화를 향한 이동성을 도입하는 제국주의가 국제적 공산주의나 국제적 자본주의 양자의 경우 모두에서 증명되어 왔다는 점이다. 그리고 소련 해체 이후 새로운 국제적 경제 질서 속에서 가장 효과적으로 사회화되어 왔던 것은 바로 가부장적으로 정의된 서발턴 여성의 노동이라는 점이다.

맑스주의적 이론화에서는 재생산 공학과 인구통제(population control)[113]를 재생산 노동력의 사회화로 본다. 나는 이 이론화를 통해 서발턴 여성의 노동 논의를 확장하고자 한다. 여기서 맑스주의적 이론화가 나로 하여금 교실에서 시험적으로 공식화할 수 있게끔 해준 미진한 분류법을 간략하게 제시한다. 그렇게 하는 것은, 전 지구적 경제적 저항에 능동적인 맑스주의 페미니스트들이 그러한 분석을 재생산할 수 있기를 바라는 마음에서이다. 하지만, 그들이 칸트와 헤겔에 관심을 가질까? 어쨌건 재생산 신체의 새로운 사회화를 코드화시키는 담론의 관리를 간략하게 분류해 명명해 보자면 다음과 같다. (a) 재생산 권리(추상적·평균적 주체를 여성 정체성을 위한 권리들로 환유적으로 대체하기), (b) 대리모(추상적·평균적 재생산 노동력

이루는데도 타자화되고 '하위'가 되어 잘 보이지 않는 사람들의 존재와 삶의 방식을 가리킨다. 그람시가 감옥에서 『옥중수고』를 쓰면서 프롤레타리아 대신 썼던 이 용어는 스피박에게서 젠더 문제로 맥락화됨으로써 '젠더화된 서발턴' 개념으로 심화된다. 이로써 스피박은 전 지구화한 사회구성체에서 특히 잘 보이지 않는 제3세계 여성들이 지속해 왔던 다양한 노동 형태를 가시화할 수 있고 그 착취구도를 논의할 수 있게 된다. 그런데 미국 다문화주의적 포스트식민 담론 연구 진영에서 '서발턴'은 단순히 포스트식민적인 것 혹은 에스닉 소수집단의 구성원이라는 뜻으로 열광적으로 쓰임으로써 탈식민화를 향해 힘겹게 매진하는 다른 지정학적 공간(제3세계 혹은 남반구)의 부박한 이질성을 가로막고 말소하는 실정이다. 스피박은 이를 맹렬하게 비판하는 가운데 '서발턴'의 개념적 명확성을 꾀함으로써 제3세계의 탈식민화에 기여하고자 한다. 이 용어에 대해 각별히 언급하고 있는 1장의 각주 177 참조.

113. [옮긴이] 흔히 산아제한이라고 번역되어 왔으나 자본주의적 생산기제와 관련된 좀더 광범위한 맥락에서 인구통제라고 번역되어야 한다.

을 모성이 성취된 여성 주체로 은유적으로 대체하기), (c) 이식(즉각적인 정동의 일반화되고 전제된 주체를 에로티시즘으로 치환하기), (d) 인구통제(인구통계학적 합리화를 통한 초규모(hypersize)에 알리바이를 생산하기 위해 착취되는 여성주체의 대상화), (e) 포스트포디즘적 재택작업(이성의 유령성을 젠더 이데올로기에 의해 복잡해지는 경험주의적 개인주의로 고전적으로 코드화하기). 이 쟁점들은 전 지구적 저항의 극장에서 지금 최고로 중요하다. 내가 이 극장을 기술하고자 한다면 새로운 사회화의 재코드화를 분류할 수 있는 명명법을 논의하고 난 후일 것이다.114

---

114. 상품-형태는 사회주의와 자본주의 사이의 만성적인 차연을 꾸준하게 동종요법으로 감지해 내는 지점이다. 왜냐하면 상품-형태는 사물들과 더불어 "더 많은 것"(Mehrwert=잉여가치)을 발생시키고, 사람들과 더불어 추상화를 그리하여 개인적 의도로부터의 분리를 허용한다. 에티엔 발리바르의 장엄한 「프롤레타리아를 찾아서」(In Search of the Proletariat)는 이 점을 띄울 수 있다. 나름의 방식으로 견지되는 잔여적인 상품 경건주의를 밀어치울 수 있다면 말이다(Balibar, *Masses, Classes, Ideas: Studies on Politics and Philosophy before and after Marx*, tr. James Swenson [New York: Routledge, 1994]). "상품[으로서]이기만 한 노동력"과 인종-젠더-이주에 의한 이질적인 위계들 사이의 이항대립을 풀어헤치자(p. 147 발리바르의 강조). 또 상품화의 합리적 계산이 그저 파편화된 정체성 정치학 — 경제적 영역에서만이 아니라 — 의 위험들로부터 보호하는 하나의 왕복도로를 보도록 하자. 발리바르는 "'프롤레타리아'라는 용어가 노동계급의 '이행적' 성격을 함의하고 … 아포리아나 모순, 『자본론』의 역사적 유물론과 비판이론이 없이는 함께 뭉치기 어려운 점을 강조한다[고]" 기술한다(pp. 126-127). "역사", "문화", "실생활"(어렵고 범위가 넓은 단어들)이 영원히 움직여 나갈 때 사물들을 함께 묶는 데에 왜 맑스주의 지식인들이 관심을 두는가? 나는 4장에서 프레드릭 제임슨에게 이 질문을 던진다. 발리바르는 이러한 이행적 성격을 "**프롤레타리아트적 이데올로기를 프롤레타리아트의 이데올로기로 공식화**"하지 못한 무능력이라고 본다(p. 148 발리바르의 강조). 지금까지는 발리바르가 우리의 안내자이다. 그러니 우리는 맑스적(Marxian) 텍스트가 자체의 규약(protocols)을 위반하는 계기로 이 무능력을 읽어야 한다. 그것이 (프롤레타리아트와 같은 경계 안에 있지 않은) 서발턴 주위를 돌 수 있도록 하고, 서발턴을 식민 국면에 들어가도록 하여 오늘날 전 지구를 에워싸고서 민족주의를-숨기고-있는 (유럽중심적일 뿐인 이주민이라기보다는) 남의 주체를 위한 공간을 만들게 할 수 있도록 말이다. 남의 주체는 끊임없는 끼어들기와 "지속적인 근접진지"(parabasis)로 경제적 시민권을 변위시킬 법하다(de Man, *Allegories*, p. 301). 그러면 소련 해체 이후 국면을 보여주는 신호인 세계 무역에서 금융시장으로의 이동은 경제 영역에서 정치 영역으로 돈이 흐르는 잔여적 언어로 기술되지 않아도 된다. 물론, "'자본'의 주체"(p. 143)는 "형식적"이며, 그것으로부터 따라 나오는 모든 것이다. 맑스의 기획은 행위자의 의도로부터 나오는 주체의 제약된 정의(definition, 자체

나는 현재 일어나고 있는 "토착정보원" 시각의 재각인은 맑스주의 전통에서는 폐제되어(foreclosed) 왔으며 계속해서 배제된다는 점을 시사할 것이다. 맑스가 유럽 자본주의의 유기적 지식인이었기 때문이다. (이 또한 논의가 필요한 대목이다.) 나는 이 폐제를 입증하고자, 카이로에서 열린 인구 및 개발에 관한 UN 회담(1994), 베이징에서 열린 UN 여성 회담뿐만 아니라 발전중인 세계에서의 좌파 선거인단을 인용할 것이다. 또한 자크 데리다의 『맑스의 유령들』과 스탠리 아로노비츠의 「미국 좌파의 상황」을 인용하겠다. "지배 체계를 전 지구화된 지역의 전통으로서가 아니라 보편적 전통으로 보는 시각"115의 예들로서 말이다.

>보다 더 많은 가치가 있는 [Merhrwert=잉여가치] "초강력 적합화"superadequation를 무시한다)를 변위시켜서, 자신들만이 아니라 다른 이들을 위한 이러한 주체-입장을 차지할 (besetzen, "커텍시스할"?) 수 있도록 하는 것이다. 우리는 이것이 생산(경제적) 양식의 변화나 정부(정치적)의 변화만을 통해 지속될 수 없다고 말할 것이다. 수치 계산들이 지지한다고 하더라도 그렇다. 그러므로 이것은 차연이지 지양은 전혀 아니다. 이것이 "'인구이동'을 '대중운동'을 위한 설명의 주요 토대[로]"(p. 146) 가정하지 않으면서 "'통합된' 노동 계급이라는 신화"(p. 149)를 날카롭게 비판하는 발리바르에게 우리가 맞서는 방식이 된다. 한 세대 전에 레이먼드 윌리엄스가 *The Country and the City* (New York: Oxford Univ. Press, 1973)에서 이것을 각인함으로써 영국을 위해 맑스주의를 전유했다. "'근대'의 '통합된' 노동계급"이나 "[자본주의적 생산관계의 [탈]근대적 형식의 유기적인 한 측면"(p. 149)이 역사적인 것인 만큼, 포스트식민 시대의 유럽중심적 이주도 역사적인 것이다. 이러한 설명을 유럽 이전의 세계사 외부로 희미하게 밀어내는 사미르 아민보다(1장 143쪽 참조.) 더 잘 나아가지 못한다면, (선)원주민 이전의 운동들에 관한 개념을 대충 보기로 하자. (많은 다른 이들 중에서도) 마하스웨타, 토니 모리슨, 코에체가 간파하고 있듯이, "역사"는 여기서 "지리" 속으로 옮겨간다. (이 책의 2장 및 Spivak, "Acting Bits / Identity Talk", Henry Louis Gates Jr. and Anthony Appiah, eds., *Identities* (Chicago: Univ. of Chicago Press, 1995), p. 171 참조.) 사실, 상품화의 동종요법에 대한 유용한 비판은 현재 국면에서 "시골"로부터 나온다. 맑스는 토지의 자본화를 자본의 전사(pre-history) 중 일부라고 생각했다. 오늘날 생명다양성 (biodiversity)이 착취, 전유, 오염되고 있다. 이 서사의 직선성은 테크놀러지의 포스트모던화를 통해 도전 받고 있다. 토양이란 대체불가능하고 동기가 없는 것이라서, 더 많은-값어치의 회로는 토양을 고갈시킬 뿐이다. 지반(으로서), 하나의 한계지점이다. 이것은 내가 쓸 수 없는 책이다.
>115. Derrida, *The Specters of Marx: The State of the Debt and the New International*, tr. Peggy Kamuf (New York: Routledge, 1994[한국어판: 『마르크스의 유령들』, 양운덕 옮김,

그렇다면 사회화된 여성은 "토착정보원"으로서 이 책을 째고 거기에 들어갈 수 있다.116 그녀야말로 이 책을 개요 수준 너머로 이끌 것이다. 지금 이 판본에서 마지막 장인 4장의 말미는 그녀 쪽으로 시선을 향하기 때문이다. 하지만 나로서는 이 째고 들어가기가 가능하다는 표식을 남기는 것 이상은 할 수 없다. 이 책을 처음부터 다시 쓰기에는 너무 늦었기 때문이다. 나는 자본주의와 사회주의의 관계를 지칭하는 이름으로서 불충분하나마 "지양"을 "차연"으로 조용히 변화시켰다. 이러한 변화는 지구 행성 전체의 금융화라는 전 지구적 기획의 맥락에서는 더군다나 더욱더 긴급하다.

그렇다면, 여기 초기 텍스트가 있다.

칼 플레취는 세계의 3분할에 대해 칸트적, 헤겔적, 맑스적 해체를 단행하라고 권한다. 우리가 모든 것에 "해체"를 "단행"할 수 없다는 문제가 있다. 나는 이 문제를 제쳐두고 차라리 다음을 보여주고자 한다. 즉, 이러한 분할을 이해하고자 칸트적 혹은 헤겔적 비전을 사용하면서도 위대한 유럽 철학자들이 그 분할의 지속에 공모하는 과정을 읽어낼 줄 알아야 함을 말이다. 앞서 나는 칸트의 세 번째 비판『판단력 비판』과 **무의식적 상징계**에 대한 헤겔의 논의를 다루었다. 거기서 나는 그들의 논의에 토착정보원의 형상은 중요하지만 불가피하게 "상실된" 대상으로서 폐제되었다는 점을 역설한 바 있다. 우리가 맑스의 텍스트들을 이와 똑같은 방식으로 논평할 수 없다. 맑스는 칸트와 헤겔이 그러지 못했던 방식으로 전 지구적이었다. 이는 전 지구성을 받쳐주는 주요 말뚝들 중 하나가 역사 서사의 본성과 내용

한뜻, 1996]; Stanley Aronowitz, "The Situation of the Left in the United States", *Socialist Review* 23. 3 (1994): 5-79; Vandana Shiva, *Monocultures of the Mind: Perspectives on Biodiversity and Biotechnology* (London: Zed, 1993), p. 10.

116. 나는 언제나 그렇듯이 "째고 들어가다"(invaginate)는 말의 뜻을 데리다를 따라서 정의한다. Derrida, "The Law of Genre", Derek Attridge, ed., *Acts of Literature* (New York: Routledge, 1992), pp. 227-228. (교차대구법의 수사학적 비유에서처럼) 교차대구적 관계에서 하나의 부분이 전체를 또한 담고 있다.

을 이해하고 대서양에 있지 않은 하나의 나라[인도를 가리킴]를 역사의 주체(행위자)로 구성하는 이해방식이었다. 일종의 역사적 행동·교섭 능력에 맑스주의가 한 약속의 예언적 청사진 속에 비유럽 나라는 자체를 어디다 어떻게 끼워 넣을 것인가? 맑스 자신은 행동·교섭 능력(제도적으로 인증된 행동) 문제에 더 많은 관심을 둔 것 같았다. 혁명적 주체로서 토착정보원 문제는 맑스주의 속에서 전위의 이름으로 — 아마도 폐제의 좀더 세련된 방식일 텐데 — 제도화된다.

그러므로 나는 맑스의 경우 텍스트의 한 부분을 분석하지는 않을 것이다. 나는 아마 딱 한 대목에서만 나오는 맑스의 악명높은 구절이 갖는 함의를 들여다보고자 한다. 그 구절은 "아시아적 생산양식"이다.[117] 이 용어는 이런 저런 시기에 대부분의 비유럽 지역 전체에 적용되었다. 그러므로 여기서 토착정보원의 시각을 상상하는 것은 좀 어려울 것이다. 다음에 나는 맑스의 "가치-형태" 개념을 살펴볼 텐데, 그것은 토착정보원의 시각을 활용할 수 있는 연구 영역을 확장하는 데 잘 쓰일 수 있다.

맑스주의 문학비평은 결코 "아시아적 생산양식"이나 "가치-형태"에 많은 관심을 두지 않았다. 맑스주의 문학 비평에서는 "아시아적 양식"의 문제는 칼 윗포겔의 『동양적 전제주의』[118]와 같은 쉽사리 이용되는 편향된 책들에 의해 해결되었다고 대체로 간주되었다. 전 지구적 문화연구에 대한 관심이 미국의 특권적인 고등학문 기관들에서 널리 감지되던 1986년에 프레드릭 제임슨은 다소 영향력 있는 논문에서 이 점을 다음과 같이 말했다.

자본주의가 지구를 가로지르며 점차 확장되자, 하나의 경제체계가 그것의 영향

---

117. Marx, *A Contribution to the Critique of Political Economy*, tr. S. W. Ryazanskaya (New York: International Publishers, 1970), p. 21.
118. Karl August Wittfogel, *Oriental Despotism: A Comparative Study of Total Power* (New Haven: Yale Univ. Press, 1951).

력에 사회적·문화적으로 저항하는 매우 다른 유형을 제시하는 매우 변별적인 두 생산양식과 맞대면한다. 이것들은 한편으로는 소위 원시적 혹은 부족적 사회들이고 다른 한편으로는 아시아적 생산양식 혹은 거대한 관료주의적 제국주의 체계들이다. 아프리카 사회들과 문화들은 1880년대에 체계적인 식민화의 대상이 됨에 따라, 자본과 부족 사회의 공생관계를 보여주는 가장 놀라운 예를 제공한다. 반면 중국과 인도는 자본주의가 소위 아시아적 양식의 거대한 제국들에 개입하는 또 하나의 아주 다른 방식을 보여주는 으뜸가는 예들이다. … 라틴 아메리카는 제3의 발전 유형을 보여준다.[119]

이것은 비유럽(이보다 더 품위 있는 단어를 써도 충분하지 않을 텐데)을 유럽중심적인 규범적 서사로 집어넣으려는 노력이다. "우리의 경제체계 … 그것의 영향력에 사회적·문화적으로 저항"이라는 표현을 보라. 여기서 "아시아적 양식"은 단순히 분류학적 용어로 받아들여질 뿐이다. 중국과 인도는 혼동된다. 그렇지만 대서양-유럽 지배에 결연히 반대하는 제임슨의 면모를 부정할 수는 없을 터이다. 그렇다면 우리는 전 지구성을 이해하기 위해 저 낡고 오래된 아시아적 양식을 부활시켜야 할까? 1974년에 페리 앤더슨은 이 양식에 대해 다음과 같이 썼다. "[그의 책에서 개요가 나오는] 기본적인 대조 사항들은 물론 현실의 생산양식들을 비교하는 출발점을 결코 구성하지 못한다. 생산양식들의 복잡한 조합과 연속이 유럽 외부의 거대한 지역들의 실제 사회구성체들을 정의해주기는 하였다. 다만 이 대조 사항들은 … 실제 사회구성체들을 공통의 '아시아적' 생산 양식의 단순한 예들로 동화시키려는 어떠한 시도를 차단한다. 아시아적 생산양식이라는 개념은 그에 마땅하게 점잖게 묻어버리도록 하자."[120]

아시아적 생산양식은 타자를 이론화하는 데서 존경할 만한 계기를 표시

---

119. Jameson, "Third-World Literature", *Social Text* (1986): 68-69.
120. Anderson, *Absolutist State*, p. 548.

한다. 이 양식을 설명하는 흔한 방식은, 맑스와 엥겔스가 바로 다음 질문에 대답하면서 아시아적 생산양식이라는 구절을 불러 왔다고 말하는 것이다. 왜 모든 곳에서 **자본**의 규범적 논리가 똑같은 방식으로 자체를 결정하지 않았는가? 혹은 좀더 "이론적으로" 말해, 세계사는 일직선적인가 다직선적인가? 루소가 언어들의 기원에 대해 품었던 의문처럼, **아시아적 생산양식**이라는 대체로 불만스런 공식을 이끌어냈던 의문은 다음과 같다. 왜 차이가 있는가? 왜 "유럽"이 유일한 자기동일적인 "동일자"가 아닌가? 왜 "아시아"가 있는가? 이런 식의 공식화에서 "아시아"는 경험적으로 인식할 수 있는 어떠한 공간과의 어떠한 유사성도 곧 상실했다. 이 점은 널리 알려진 바다.121

맑스는 어떻게 차이문제에 도달했는가? 아시아적 양식이 그가 차이문제를 물었던 유일한 형식인가? 나는 이 질문들에 대한 답을 구축하기 위해 맑스의 초기 시절에 관한 도식적 견해를 통과할 것이다.

[맑스는 … 특히 그가 서명되도록 남겨진 정치적 미래를 위해, 그 계열에 … 자신의 이름을 홀로 올려놓았다. [맑스의] 텍스트들을 읽을 때 이 점을 설명 … 하는 일을 누가 어떻게 피할 수 있겠는가? 누구라도 이 점을 설명해야만 [텍스트들을] 읽어낸다. … [그가] [사회 정의 혹은 불의에 대해] 썼던 모든 것으로부터 하나의 거대한 전기-글쓰기(bio-graphical)의 서명휘호를 만드는 것, 이것이야말로 … 우리가 적극 기록에 옮겨야 할 것이다. … 우리가 이 엄청난 서명휘

---

121. 물론 차이에 관한 질문과, 하나 혹은 다중적(multiple) 기원들과 역사들에 관한 질문은 제국주의의 부산물이다. 1860년대 런던에서 있었던 런던 인종문화학회와 런던 인류학회 간의 갈등은 이 점을 보여주는 예이다. 그들의 관심은 차이가 인종이 아니라 언어의 측면에서 명료해질 수 있는가 하는 것이었다. "[1871년 대영제국과 아일랜드에서] 인류학 연구소의 창립은 인류학자가 낸 상처를 치유했으며, 오로지 과학적 사안들만 다루는 과학적 학회들의 전통적 영국식 패턴 속에 조직화된 인류학을 되돌려 놓았다"(Ronald Raingere, "Race, Politics, and Science: The Anthropological Society of London in the 1860s", *Victorian Studies* [Autumn 1978]: 70). 토착정보원은 "전통적인 영국식 패턴"에조차 문제를 제기한다.

호를 정체성의 단순한 제시로 이해하고, 자기제시와 정체성 진술("나, 이런 사람", 남녀, 한 개인 혹은 집단적 주체, "나, 정신분석", "나, 형이상학", [나, 공산주의])에 연루된 바를 이미 알고 있다고 가정한다면 착각에 빠지는 것이다.122

이런 방식으로 이해되는 전기-글쓰기의 문제를 통해 자신의 고유한 이름 속으로 도입되는 맑스에 접근해 보자. 그 때 『1844년 경제철학 수고』는 "하나의 외부작업, 한 작품의 가장자리, 하나의 각명부나 취지서"로 읽힐 수 있다. "그것의 토포스는 (그것의) 시간성처럼, 우리가 차분히 확신을 갖고 생애의 시간으로, 또 살아감으로써 생애를 글쓰는 생애 이야기의 시간으로 이해하고 싶은 바를 이상하게 변위시킨다."123

"제대로 된" 맑스는 『자본론』과 더불어 시작된다고 주장하는 이들에게조차, "본연의 맑스"는 **경제철학수고**와 함께 시작된다. 맑스 텍스트들의 프로토콜124로부터 볼 때, 그는 이 시점까지 자신의 생애 과정을, 자신의 이력을 어떻게 이해하여 왔던 것일까? 맑스가 자임한 주체-입장은 어떤 것이었을까? 훨씬 나중인 55세 때 그는 『자본론』 1권의 유명한 두 번째 후기를 쓰면서 "프롤레타리아트를 … 대변한다"고 은근히 자신을 기술했다.125 내 생각에, 1844년 26세의 맑스에게는 모든 것이 변증법적 리듬, 즉 입장-부정-지양(파괴하면서 또 다른 층위에서는 보존하는 부정의 부정, 리듬의 지속)의 역동적 심급화(instantiation)로서만 "의미가 있었다"고 주장될 수 있다. 그는 이런 리듬을 타는 자신의 생애에 어떤 플롯을 고안했던 것일까? 철학자

---

122. Derrida, "Otobiographies", pp. 6-7, 10. 니체는 자신의 저작에 이러한 서명장식을 올렸다. 이 글에서 데리다는 그런 니체에 대해 쓰고 있다. 나는 이 서명장식을 읽기에 봉사하도록 압박하면서 데리다의 일반 논의와 엄밀하게 합치되도록 적합한 변화들을 꾀하여 왔다.
123. 위의 글, p. 11.
124. [옮긴이] 이 개념에 대해서는 1장의 주 155 참조.
125. Marx, *Capital: A Critique of Political Economy*, tr. Ben Fowkes, 3 vols. (New York: Viking Penguin, 1977), 1:98.

로서 입장, 액티비스트로서 부정(**철학의 능력** 속에 불의가 있다는 것을 발견함으로써 제공되는 부정의 에너지), 철학을 또 다른 층위에서 보존하면서도 철학을 파괴하는 액티비스트 철학자로서의 지양이었을까. 여기서 또 다른 층위란 경험적인 지금 여기에서 자신과 닮은 사람들만이 아니라 인간 존재 일반에 속할 실천의 철학을 사유하는 것을 말한다. 이 지양의 에너지는 그저 토픽일 뿐인 액티비즘에 내재된 신중한 타협들을 발견하는 데서 나온다.

(이 지면에서의 관심이 오로지 맑스의 서명휘호라면 독자는 방황의 여정을 고려해야 할 터이다. **경제철학수고**를 다시 읽는 것은 전 지구적인 주목을 요하는 두 문건을 우리에게 안겨준다. 『공산당 선언』은 한편으로는 부르주아와 프롤레타리아트의 변증법적 포용을 강조하면서 다른 한편 가부장적 혹은 장인적 작업장이 거둔 역전승의 비실용성을 강조한다. 그렇게 하는 것은 이 선언문을 다양한 종류의 낭만적 반자본주의자들로부터 떼어낸다. 『독일 이데올로기』는 사회악을 다루는 에고의 논리적-철학적 해결책의 무용성과 과장된 수사를 조롱한다.[126] 맑스는 부르주아-프롤레타리아트 연합의 불가피한 결과에 확신을 갖고 있었다. 그러나 『루이 보나파르트의 브뤼메르 18일』과 실로 **프랑스 내전**에 대한 모든 저작들이 보여주듯, 1848년의 실패는 맑스의 확신을 앗아갔다.[127] 『요강』이라 불리는 노트에서 엿

---

126. 맑스는 성숙한 이론적 텍스트들에서 이데올로기에 중점적인 관심을 두기보다 상품의 페티시 성격을 꿰뚫어보는 엑스레이 같은 합리적 비전을 달성하는 적극적(positive) 과제에 관심을 쏟는다. 노동자는 상품 자본의 회로를 이해하며 그 회로를 작동시키도록 투입된다. 다음 구절에서 합리성에 투명하게 부여되는 역할을 생각해 보라. "자본주의적 생산과정의 직접적 산물로서 상품 자본은 자신의 기원을 회수해버린다. 그래서 상품 자본은 화폐자본보다 그 형식에서 좀더 합리적이고, 개념적 차별화에서 덜 결핍된다. 그 속에서 이러한 과정의 모든 흔적은 말소된다 … . M … M'(M=m)이라는 표현은 비합리적이다. 그 내부에서 화폐총액의 일부가 동일한 화폐총액의 또 다른 일부를 만들어내는 모태로 보이기 때문이다. 하지만 여기서 이 비합리성은 사라진다."(Marx, *Capital* 2:131).
127. Marx, "The Eighteenth Brumaire of Louis Bonaparte", in *Surveys from Exile*, pp. 143-249.

보이듯, 그 사이 세월은 다시 읽기의 또 다른 노력을 목도했다.[128] 부르주아와 프롤레타리아 사이의 변증법적 연합을 야기하는 상황적 중층결정들을 변혁하도록 프롤레타리아트를 훈련시키기 위해 1866년에 <국제 노동자 연합>(내가 지금 이 섹션을 쓰고 있다면 유럽을 "국제적인" 것으로, 조직화된 국제성을 "남성들의 것"으로 불가피하게 기입하는 오늘날, 맑스주의의 행위자로 될 여성은 폐제될 낌새를 알아차렸을 것이다)이 창설되었고, "독일제국"의 기반이 마련된 1867년에『자본론』을 출간하면서 <국제 노동자 연합>을 위한 교과서와 프로그램을 쓰려는 어마어마한 노력이 있었다. 이 마지막 부분에서 우리는 상품-형태에 대한 이해가, 따라서 자본과 사회주의의 차연을 조작하기 위한 지렛대로서 노동-권력에 대한 이해가 출현하고 있음을 본다. 다음으로 1871년의 실망, 즉 맑스가 1852년에 경고했던 부르주아와 똑같은 "근대적" 왕정주의자(오르레앙 왕조 신봉자들) 분파에 의해 분쇄된 <파리 코뮌> ─ 1793년의 <자코뱅 코뮌>을 국가주의로 재연하는 ─ 의 실패가 따라 나왔다. 맑스가 다시금 방황할 시간이 왔던 셈이다. <국제 노동자 연합> 본부는 완전히 유럽의 외부인 뉴욕으로 옮겨간다. 엥겔스는 자본의 세 가지 회로를 다루는 탁월하고 기초적인 맑스의 분석을『자본론』2권의 일부로 출판해낸다. 또 맑스는『자본론』3권에서 "계급투쟁"을 역사적으로 위치시킨다. 이 대목들에서의 맑스는 파르마콘[치료약이자 독약]으로서 상품-형태에, 자본의 자본주의적 생산양식과 사회주의적 생산양식의 차별적 관계에 전적으로 초점을 맞춘다. 국가주의적 유럽이 1914년에 <국제 노동자 연합>을 깨부술 즈음 맑스는 이미 죽었고, 그의 방황은 맑스주의 지식인들 혹은 공산주의 국가 창설자들에게로 넘어갔으며, 강조지점은 이데올로기로 옮아갔다. 그리하여 우리는 급기야 맑스가 이 징후를 발명한

---

128. Marx, *Grundrisse: Foundations of the Critique of Political Economy*, tr. Martin Nicolaus (New York: Viking, 1973).

사람이라느니 불법 체류자 맑스라는 측은한 비유들과 같은 부조리한 논의들에 접하게 된다. 그 사이 "토착정보원"의 폐제는 슬며시 봉인되고 만다.129 『자본론』 2, 3권을 읽지 않은 채 맑스를 보면 그는 추종자, 험담을 일삼는 자, 자처하는 계승자, 포스트 맑스주의자들에 의해 인격주의자 순둥이로 바뀐다. 1989년의 여파 속에서 **볼셰비키 혁명의 브뤼메르 18일**을 쓸 사람은 한 사람도 남아 있지 않은 것이다.

그러나 지금 내가 1장의 맑스 섹션을 다시 쓸 수는 없는 노릇이니, 초기 텍스트와 1844년의 맑스에게로 돌아가보자.

지양자/지양의 주체-입장에 있는 맑스는, 인간의 본질 구성에 작동하는 부정적인 것을 역설적으로 감지하고자 정치경제 교과서를 열어젖힌다. 맑스 논의의 고유한 담지자는 자연적인 것과 인간적인 것, 즉 **유적 생명**과 **유적 존재**라는 두 측면을 갖는다. 이 둘은 대타성보다는 그 자신임에 의해 표시된다. 사회적인 것에 접근할 수 없는 **유적 생명**은 자연이 인간 존재의 "위대한 기관 없는 신체"가 되는 곳이다.130 인간의 이러한 측면에서 보면 자연은 목소리-의식이 없는 역설적인 **주체**이다. 이 주체는 (살아있는 만물의 물리적·정신적 생활을 통해 그럴까?) 인간 존재의 육체적·정신적 생활을 통해 자연 자체에 연결되도록 각인되기만 하는 그런 주체이다.

---

129. 게오르그 루카치의 영향력 있는 저서 *History and Class Consciousness: Studies in Marxist Dialectics*, tr. Rodney Livingstone (Cambridge: MIT Press, 1985[한국어판: 『역사와 계급의식』, 박정호·조만영 공역, 거름, 1986])는 사실 상품형태에 대한 강력한 독법을 허용하려고 한다. 하지만 서구 맑스주의 독자층의 철학적 전제를 고려하건대, 루카치의 물화(reification) 이론은 상품으로서 노동력의 역동적 역할을 수용하는 것으로 읽히지 않아 왔다. 「물화」 장에서는 딱 한 번(pp. 106-107)이긴 한데 루카치가 이따금 『자본론』 2권을 언급한다. 그것이 사용-가치를 구체적인 것으로 특권화하는 태도를 드러낸다는 점 역시 사실이다.

130. Marx, *Early Writings*, p. 328. 자연은 정확하게 "비유기적인"(inorganic) 것이 아니기 때문에, 비유기적(unorganisch)이라는 말은 "기관이 없는"을 의미한다는 점은 확실하다. 다음에 이어지는 인용은 같은 쪽수에서 나온 것이며 수정번역한 것이다.

인간은 자연으로부터 살아간다. 즉 자연은 인간의 신체이다. 인간이 죽지 않는다면 자연과의 연속적인 과정 속에 머무르기 마련이다. 인간의 육체적·정신적 생활이 자연에 연결되어 있다고 말하는 것은, 인간이 자연의 일부이니 자연이 자체와 연결되어 있음을 뜻한다.

인간적인 것이 각인들 — 긍정적이든 부정적이든, 또 제아무리 벡터화된 들 — 의 활성화 (혹은 작동) 도구가 될 수 있는 살아있는 요소라는 이런 개념은 맑스에게 중요한 것으로 남아 있다(후기 저작에서 강조점은 개별 주체에서 집단적 행위자로 옮겨간다). 이는 자본의 정신으로서 논리적으로 작동하는 자본가에 대해 자주 인용되는 다음 구절에서 입증된다.

> 자본으로서 화폐의 유통은 그 자체로 하나의 목적이다. 가치의 가치화는 끊임없이 갱신되는 이러한 운동 내부에서만 일어나기 때문이다. 그러므로 자본의 운동에는 한계가 없다. … 인간이 자본가로서, 의식과 의지를 부여받은 인격화된 자본으로서 기능하는 것은 그의 작동을 이면에서 추동시키는 유일한 힘이 바로 추상적인 부의 전유일 때에만 그렇다.[131]

이것은 맑스의 모든 사상을 받쳐주는 의도하는 주체를 근본적으로 비판한다. 이데올로기 개념과 계급의식은 의도하는 주체 모델의 다른 개별화들이라는 점을 쉽사리 파악할 수 있다. 이 모델은 "인간적인 것"이 **자연, 사회, 역사, 이데올로기** 안에서 전적인 지향으로서가 아니라 오히려 각인(inscription)에 의해 생기를 띠고 작동하는 방식이다. 이것을 이해하고(앎) 이것을 통제하는 것(행위)은 가장 강력한 의미에서 비판적인 과업일 수 있다. 왜냐하면 그것은 사물들이 존재하는 방식에, 인간적인 요소가 작동하는 방식에 맞서기 때문이다. 따라서 합리적인 것을 유령적인(spectral) 것

---

131. *Capital*, 1:253-254.

이라고, "인간적 본질" 속에 있는 기술적인 것을 유령처럼 파악하는 것이라고 논의할 법하다. 그것은 이 책의 범위를 넘어선다.

맑스는 26세에 지양(Aufhebung)의 자리 속에서 자신을 그려나가면서 유적 존재인 인간적인 것의 특히 "인간적" 성격에 깃들어 있는 이러한 비판적 과업의 필요성을 간파한다. 맑스의 유적 존재 개념이 독일 고전 철학에 빚을 지고 있다는 점은 곧바로 인식할 수 있다. "인간은 … 자신을 보편적인 존재로 따라서 자유로운 존재로 보기 때문에 유적 존재다."[132] 그리하여 특이한 자기를 일반적 혹은 보편적인 것으로 취하는 것은 인간-이기를 정의하는 서술이 된다. 앞에서 보았듯이, 본체적(noumenal) 주체에 관심을 두는 칸트 철학은 이것을 윤리(학)의 형식적 가능성으로 작동시킬 수 있을 뿐이다. 반면 이 젊은 액티비스트 철학자는 철학의 내부에 역사적 서사를 집어넣고 싶어서, 말하자면 가장 엄밀한 의미에서 철학을 사실로 입증하기 위해 철학의 형식을 위반한다. 그리하여 그는 사회적 불평등을 고려한다면 각 인간 존재가 본연의 인간-이기의 올바르고 일반적인 경우로 자신(우리는 여기에 "혹은 그녀 자신"을 덧붙여야 할 것이다)을 취할 수 없음을 감지한다. (욕구와 형성 사이의 차이를 수용하는 인간의 능력, 상품-형태의 자본화의 비밀이 나중에 일반적인 경우로 여겨지게 될 것이다.) 역사의 서사는 규범적 (윤리적?) 주체의 자기동일성 혹은 자기정체성 내부에 차이를 도입한다. 여기서 맑스 사상을 주도하는 원칙을 어렵지 않게 감지할 수 있다. 초창기 맑스 자신의 표면상의 기획은 역사에 의해 확립되는 차이를 폐기하려는 자기-결정에 접근함으로써 자기정체성을 확립하려는 것 같다. (페리 앤더슨이 지적한 주체와 구조 간의 모순처럼, 모든 전제 속의 의도하는 주체 비판과, 의도하는 주체에 기초한 목적간의 이러한 모순은 또한 맑스주의를 그 내부로부터 흩어지도록 몰아붙인다. 그것은 아마도 주어진 각본의

---

132. Marx, *Early Writings*, p. 327.

창조적 수행으로서 행위가, 권리에 기초한 체계보다는 책임에 기초한 체계에서 습득되기 때문일 것이다. 또 맑스의 직관이 후자에 의해 품게 된 확신들 내부로부터 전자를 향하기 때문일 것이다.)133 가치 개념을 공식화하기 이전인 초기 단계에서 사회주의를 향한 맑스의 목표는 이러한 폐기 작업을 착수하는 것이다. 당시 그는 자신의 방법을 명확하게 보지는 못했지만 말이다.

헤겔은 철학을 하나의 배타적인 영역으로 제한시킴으로써 해소할 수 없는 차이의 가능성을 닫아버린다. 그 때문에, 그의 체계는 성취된 지양이 아니라 지양으로 가는 도상에 있게 된다. 이와 대조적으로 맑스는 차이를 일단 설명한 후에 차이를 제거할 체계를 찾아 나설 것이다. 그래서 차이를 설명하려는 절박함이 맑스 체계의 심장부를 차지한다.

바로 이 때문에 아시아적 생산양식 개념을 단순히 매장하는 태도는 내가 앞에서 윤곽을 밝힌 문제를 살피지 않으려는 것이 된다. 그 태도에서는 맑스에게 아시아적 생산양식 개념은 경험적 혹은 이론적으로 불충분하며 중요하지 않다는 점을 보여주느라 여념이 없다. 이것은 읽기 목록에 단순히 프레드릭 제임슨을 추가한다고 해서 해결될 문제는 아니다. 아시아적 생산양식은 아주 잠깐 등장한다. 그렇더라도 자본주의의 발전과 공명하며, "동일자"로서 자본주의에 적합한 저항과 공명하는 용어로 말하자면 아시아적 생산양식은 차이의 이름이자 그 차이로부터 살을 입고 나오는 상상계이다. 이것의 작동을 보려면 우리는 민족주의, 다문화주의, 소련의 위계적 분할을 정당화하는 스탈린의 연설을 살펴보아야 한다. 아시아적 생산양식은 "발전"과 경제적 재구조화를 통한 전 지구의 금융화뿐만 아니라 유럽중심의 경제적 이주도 작동시킨다. 이렇게 중요한 사항이 중요하지 않은 것으

---

133. Perry Anderson, *In the Tracks of Historical Materialism* (Chicago: Univ. of Chicago Press, 1984), pp. 32-55. [한국어판: 『역사유물론의 궤적』, 김필호, 백익준 공역. 새길, 1994].

로 그저 폐제될 수는 없다. "다른 것"이 "동일자" 내부에서 행위자가 되고자 할 때 특별한 중요성을 띠었다. 이 사실은 **아시아적 생산양식**이 작동시키는 바를 풍부하게 증명해 준다. 초기 수고(手稿)들 이후 10여 년 후에 나타나는 **아시아적 생산양식**이라는 이름은 그 대상이 자신의 공간에서 상실된 채로 남아 있으면서, **혁명**이나 **정복**의 위기들을 경유하여 동일자의 회로를 부술 수 있는 "아시아"가 될 수 있도록 타자를 이론화하려는 욕망을 표시한다. "아프리카"의 배제는 앞서 인용한 제임슨의 글에서 "부족적 생산양식"이라는 일반화 속에 드러난다.

『자본론』 1, 2권에 나타나는 맑스는 차이를 설명하기보다 가치 개념을 발전시키는 데 더 많이 천착하는 듯하다. 일단 가치 개념이 사유되면, 인간-이기에 대한 외관상 대안적인 서술이 성립된다. 가치가 측정과 교환에 열려 있는 셀 수 없는 단순한 "것"이 되고, 인간의 자의식적 행위(유적 존재)는 가치-형태 속에 나타난다. 그 때, 인간의 자의식적 행위는 유적 생명(존속) 속에 자연-이기를 지탱하는 데 필요한 바를 초과하는 가치를 생산할 수 있는 모습을 스스로 보여준다. 하지만, 욕구와 형성 사이의 차이야말로 교환의 가능성뿐만 아니라, 그 이상의 교환(혹은 사용)에 접근할 수 있는 잉여가치의 가능성을 뜻한다. 맑스는 이러한 서술을 전제하고서 가치의 경제적 코드화에 초점을 맞춘다. 경제적 코드화의 논리는 자본의 발전으로 이어지며, 자본의 발전은 자본주의 너머로 지양될 수 있다고 맑스는 주장한다. 그리하여 사회주의와 공산주의 둘 다 — 그 내부에서 각 인간 존재는 인간 본연의 예가 될 수 있는데 — 자본을 전제한다. 자본주의는 계급-차이를 창출하며, 계급-차이는 보편적인 자기-결정으로 가는 길목에서 계급투쟁을 통해 지양되어야 한다.

자본주의에 내재하는 차이와 초과 논리의 이렇게 도식적인 판본은 역사의 서사로 명료해지는 더 큰 차이에 의해 틀지어진다. 지구의 모든 지역들이 자본/주의의 논리적 길을 따라 여행했던 것은 아니다. 이러한 차이, 즉 역사적-지리적인 것에 의한 논리적인 것의 이러한 위반을 어떻게 설명할 수 있을까? 아시아적 생산양식은 기술적/역사적 설명이지 논리적 설명은 아니며, 자율적인 반성적 판단을 여전히 허용하는 타율적이고 한정적인 판단이다. 칸트는 이 판단을 내밀하게 허위진술로 조금 수행했던 것이다. 맑스는 전자본주의 구성체들을 논하는 『요강』의 유명한 섹션에서 10년 전의 초기 수고들에서나 보게 되는 개념, 즉 인간의 기관 없는 신체로서 자연 개념을 살려낸다.134 토지 재산이 없는 공동체의 구성원이 된다는 것은, "대부분의 아시아적 토지 형식들에서 그러하듯", 재산의 소유가 "전제 군주의 형식으로 실현되는 … 총체적 통일성에 의한 양도를 통해 전제군주를 위해 매개된 것처럼 … 나타나도록" 한다는 것이다. 여기서 무겁게 철학적인 언어(나는 이 점을 드러내고자 몇몇 단어를 강조했다)는 **유적 존재**보다 **유적 생명**의 면에서만 여전히 정의되는 한 개인에게 "재산"이 나타나는 경위를 설명해 준다. 이 개인에게 "재산"은 "개인 주체성의 기관들 없이 자연적으로 주어진 객관적 신체로서 그에게 속하는 노동과 재생산의 **자연적** 조건들과 맺는 관계이다."

이는 마치 **유적 생명**이 아직 스스로를 **유적 존재**로 차별화하지 못했다는 식이다. 이 "개인", 『판단력 비판』에 나오는 의사(擬似)주체인 날 것의 인간, 헤겔의 무의식적 상징계 영역 사이에는 관계 같은 어떤 것이 있어 매우 상이한 철학적 기획들을 횡단하게 한다. 프로이트적 후견지명(hindsight)을 조금 사용하자면, 대지의 무릎에 앉아 있는 아이는 자신을 위해 남근을 갖는다기보다 어머니의 남근이 된다고 상상할 수 있다. 맑스에 따르면 중개자란 "아버지"로서 전제군주이기 때문이다.

두 번째 로마 형식과 세 번째 게르만 형식에 의해 언어는 그리 두드러

---

134. Marx, *Grundrisse*, pp. 472-479. 이 섹션에 나오는, 이 책으로부터의 모든 인용에 별도의 각주를 달지 않았다.

지 않게 철학적인 것이 되었다. 두 번째 형식은 수고(手稿)들에서 유적 생명으로 표상되는 자연과 맺는 관계의 흔적들을 여전히 가지고 있다. 즉 "그 자체로 대지는 … 살아있는 개체의 기관 없는 자연으로서 그것에 연결시키[고자 시도하는 데 조금도 저항하지 않는다." 우리가 유럽 중세 시대와 유럽 봉건제로 들어가는 것은 바로 게르만 형식과 함께이다. 그리하여 "아시아 역사는 도시와 시골의 일종의 무차별적인 통일성이다 … 중세(게르만 시기)는 역사의 자리로서 토지와 더불어 시작된다. 이후 역사의 발전은 도시와 시골의 모순 속에서 움직여간다." 이것은 설명이 아니라 역사적 전제를 논리적 거푸집에 짜 맞추려는 시도이다. 초기의 개념, 즉 인간적인 것을 자연적인 것(인간의 기관-특수성 ― 유적 생명)과 인간적인 것(스스로를 예증하는 개인 ― 유적 존재)으로 볼 수 있다는 생각은 지금 공간화(지리)뿐만 아니라 연속적인 (역사적인) 이야기로 다시 주조되고 있다. (주 115에서 지적했듯이 윌리엄스와 발리바르가 이 계주를 계속한다.)

해체적 읽기의 정신(부숨[dismantling]을 통해 비난하지 않고 변명하지 않는 주의 깊고 정황상 생산적인)으로 보자면, 다음과 같이 말해야 한다. 해체 노력을 통해 의도의 완전한 반전을 가져오도록 허용했던 것은 바로 시간을 질서 잡힌 일련의 현재 덩어리들로 보는 관점이라고 말이다. 그 때 지구의 "상이한" 부분들이 "동일자"의 예견되는 흐름(현재의 미래 덩어리들을 초래하는 현재의 지난 덩어리들의 불가피한 결과로서 역사)에 진입하고 싶어 했던 것이다. 맑스가 자신에게 기울이는 주의(cautions)는 두 가지 방식으로 작동할 수 있다. "자본가가 스스로를 자본으로 설정하기 위해 반드시 가져와야 하는 조건은 이미 활용할 수 있는 임금 노동을 제외하고는 자본의 태고적 조건들 중에 속하며 역사상의 전제들에 속하지만 … 동시대에는 절대 속하지 않는다."[135] 다른 식으로 일어났을 수도 있겠지만, 우리에게는

---

135. Marx, *Capital*, 3:459.

이것이 근대적인 것으로 가는 유일한 길이다. 역사적 전제들("동양적 전제군주"에 의해 매개되는 "첫 번째 형식"은 특수성을 별로 가지지 않는다)을 철학에 맞추려는 노력은 철학적 형태학으로 하여금 러시아나 중국 같은 나라의 "현재" 역사적 지위에 승인의 인장을 찍게 만들려는 시도 주위를 맴돈다.

일부 학자들은 **아시아적 양식**을 첫 번째 형식의 한 가지 판본으로, 즉 원시적 공산주의로 여겨왔다.136 이것은 기원상의 차이를 맑스가 서사화한 것으로 읽힐지도 모른다. 이것은 이미 비대칭적이고 이해관계가 얽혀 있다. 첫 번째는 자기동일자의, 즉 역사에 한 발을 담근 유적-존재로서 자연 속 인간의 한 가지 판본이다. 두 번째는 유적-생명 안에 갇혀 있고 규범이 될 수 없는 일탈 속에 영원히 붙들려 있는 타자의 자리를 표시한다. 나의 평가로는 둘 다 이론적 허구이며, 어떤 한 가지 논의의 내적 일관성을 확보해주는 방법론적 전제이다. 그 논의가 자본의 자기-결정이라는 논리적 서사를 확실히 펼치도록 하기 위해 맑스는 "첫 번째 형식"에 의지한다. 일반적으로 현실주의적인 과업은 맑스의 사변적 형태학을 사회 정의를 위한 적합한 청사진으로 대접한다. 이 과업 내부에서 시간상 안전하게 동떨어진 원시적 공산주의는 중요한 문제를 일으키지 않았다. **아시아적 생산양식**은 역사적-지리적으로도 "아시아적"이지 않고 논리적으로도 "생산양식"이 아닌 것으로 스스로를 드러냈다.

이러한 "드러냄들"이 결코 보편적으로 수용된 것은 아니라는 점은 익히 알려져 있다. 분과학문 영역에서뿐만 아니라 정치 영역에서 맑스의 추종자들은 국가 계획과 사회 공학을 적합하게 혹은 그에 근접하게 정당화하기 위해 이 의사역사적·의사논리적인 이론적 허구를 설명하려고 무진장 노력해왔다. 국가 계획과 사회공학은 식민주의 논의를 광범위하게 결정짓는

---

136. Umberto Mellotti, "The Primitive Commune and Its Various Forms of Dissolution," in *Marx and the Third World*, tr. Pat Ransford (London: Macmillan, 1977), p. 28f가 대표적인 예이다.

노고들이다. 맑스주의와 민족주의가 민족주의와 반맑스주의와 불편스레 공존하고 여성은 이 공존 내부에 비대칭적으로 투입된다. 이것은 "**아시아적 양식**"이라는 이름과 생김새가 잊혀졌을 때조차도 이론적 허구를 정치적 행동을 적합하게 정당화하려는 근거로 읽겠다는 결심에 의해 종종 유지된다.137 앞서 우리가 보아 왔듯이 문학비평이라는 좀 제한된 영역에서는 두 가지 허구 모두가 문학적 분류를 위해서라면 근거로 제공될 수 있다. 하지만 문학적 분류들조차 정치와 관련이 없는 것은 아니다.

그렇다면, **아시아적 양식**과 **원시적 공산주의**는 봉건주의-자본주의 회로의 외부를 표시하는 전(前)역사적 혹은 의사지리적인 공간/시간 속에 거주하는 이름들이 된다. 맑스주의를 사회주의/공산주의로 이행시키는 것은 끈질긴 지양 혹은 자본주의의 차연을 수반한다. 자본주의 없이는 특히 맑스적 실천의 변증법은 작동할 수 없다.

혁명의 문제는 이렇게 좀더 광범위한 요구 내부에 위치한다. 엄밀히 말해, 혁명이란 새로운 생산양식을 가져온다. 그러나 이전의 양식과 새로운 양식 사이의 관계는 사실상 봉건주의-자본주의-공산주의/사회주의 연속체와 일치해야 한다. 이것이 러시아가 **혁명** 전야에 발전된 자본주의 경제 속으로 이미 삽입되었음을 확실히 해야만 했던 이유들 중 하나다. 그람시는 「남부 문제」를 통해 불균등 발전을 도입한다.138 가치의 경제적 생산양식은 가치생산의 문화적 코드화와 들어맞지 않는다. 그 때문에 대담하게 마

---

137. 한편으로 Henri Grimal, *Decolonization: The British, French and Dutch Empires 1919-1963*, tr. Stephan De Vos (London: Routledge, 1978)과 James Blaut, *The National Question* (London: Zed, 1987)과 다른 한편 Benedict Anderson, *Imagined Communities: Reflections on the Origin and Spread of Nationalism* (London: Verso, 1983)과 Partha Chatterjee, *Nationalist Thought and the Colonial World: A Derivative Discourse?* (London: Zed, 1986)과 같은 "초기" 텍스트들 사이의 복잡한 상호작용은 해목은 논쟁을 새로운 형식으로 전개한다. 그 논쟁의 가장 흥미로운 치환은 발전을 정당화하는 대목에서 일어난다.
138. Gramsci, *The Southern Question*, tr. Pasquale Verdicchio (West Lafayette, Ind.: Bordighera, 1995).

오쩌둥은 가치생산을 문화적으로 코드화하는 데 규정적인 문화 혁명이 필요함을 인식했다. 다국가적인 러시아 제국의 맥락에서 레닌은 국가(State)를, 스탈린은 민족국가(Nation)를 생각한다. 획일적이고 위계적인 중국 정치 맥락에서 마오는 문화를 생각한다. 하나의 공식은 그에 수반되는 문제들을 갖지만, 하나의 강조 사안으로서는 그럴 듯하다.

그래서 자본주의는 맑스주의의 파르마콘이다.[139] 자본주의는 사회주의를 생산할 변증법의 작동 가능성을 생산한다. 하지만, 그것은 자본주의 나름의 자원들에 남겨지면 또한 이 작동을 차단한다.

이론적으로 모호한 대부분의 입장들에서 그렇듯이, 여기에도 비대칭이 존재한다. 우선, 자본주의가 사회적 생산성의 극대화와 더불어 맑스적 변증법이 가동되도록 허용하는 동안 우리는 경제 영역에 대해서만 언급한다. 한편, 우리가 전반적인 사회조직을 언급할 경우 맑스주의는 하나의 비판적 접근법이 될 수 있을 뿐이다. 맑스가 글을 썼던 것은 후기산업 자본주의가 도래하기 전이자 자본주의 내부에서 노동조합 운동의 변형이 일어나기 전이었다. 오늘날 다음과 같은 구절은 대규모의 도덕적 설득력을 더 이상 견지하지 못한다.

[생산수단이 없는 사람이 산업가 혹은 상인으로서 신용을 획득하는 것은 자신이 자본가 기능을 하고 부불 노동을 전유하기 위해 빌린 자본을 사용하리라는 기대 때문이다. 그는 잠재적 자본가로서 신용을 부여받는다. 이러한 사실은 경제 변명론자들에게 아주 많은 찬탄을 받는다. 그래서 부는 없지만 에너지, 결단, 능력, 사업 수완이 있는 사람은 자신을 이런 식으로 자본가로 변형시킬 수 있고 … 실제로 자본 자체의 규칙을 강화하고 자본의 기초를 넓혀서 사회의 하

---

139. 알고 사용하면 약이 되는 독이라는 뜻의 파르마콘에 대해서는 Derrida, "Plato's Pharmacy", in *Disseminations*, tr. Barbara Johnson (Chicago: Univ. of Chicago Press, 1981), pp. 61-72 참조.

층으로부터 새로운 힘들을 모을 수 있다. 마찬가지로 **중세 가톨릭교회도** 지위, 태생, 부와 상관없는 민족 최고의 두뇌들로부터 자신의 위계질서를 확립했다. 이 방식은 성직자의 지배를 강화하고 세속 성도를 억압하는 주요 수단이었다. 지배 집단이 피지배 계급으로부터 최고의 인재들을 흡수할 수 있는 능력이 많으면 많을수록 지배 집단의 지배는 더욱 견고해지고 위험해진다.[140]

오늘날 자본주의 경제 체계에 속하지 않은 국가, 그 체계를 완전히 피하기를 바랄 수 있는 국가는 없다. 당대의 경제학을 충분히 독학해 그것을 하나의 인문(사회) 과학으로 보고, 그런 인식을 통해 정치 경제에 철저한 비판을 착수했던 한 액티비스트-철학자가 고안한 맑스주의는 잘해야 사변적 형태학이다. 사실, 경제 영역 내부에서 맑스주의는 오늘날 극소-전자 후기 산업적 세계자본주의 체계에 대한 끈질긴 비판으로서만 작동할 수 있다. 이 체계는 하나의 정치기구(polity)가 거주하기를 원하지 않을 수 없는 것인데 그러한 것이 오늘날 상황의 "실재성"(reality)이기 때문이다. 우리는 강력하게 사변적인 것을 비개인적 책임성뿐만 아니라 권리들도 의식하는 전적으로 합리적인 인간주체를 가정하는 예언적 사회공학으로 다루기도 한다. 하지만 그것은 폭력적인 침범 결과를 초래할 수 있을 뿐이다. 예언적 작업틀에 기초한 문학적 분류법은 그 책략이 아무리 미묘한들, 자체의 제한된 영역에서 폭력적이고 침범하는 것일 수 있다. 이것은 두말할 나위 없다.

둘째로, 나름의 자원들에 남겨진 자본주의는 불균등 발전의 논리로써 맑스주의의 가동을 차단한다. 여기서 식민주의의 유산과 신식민주의의 작동은, 토착정보원의 영역에 속하는 책임에 기초한 집단적 윤리 체계들 ─ 젠더화에 의해 두들겨 맞지만 ─ 에 의해 대면될 수 있을 뿐이다. 부르주아 혁명을 수반했던 유럽 계몽주의는 권리 개념을 통한 사회적 교정이라는 발

---

140. Marx, *Capital* 3:735-736.

상을 우리에게 영원히 줄 수 있을 뿐이다. 맑스는 권리 영역에 나타난 특이하게 비판적인 현상이다. 권리와 책임의 밀고 당김은 자본주의와 사회주의 간의 차연 영역을 불균등하게 괴롭힌다. 이러한 갈등이 상연되는 극장들 중 하나가 전 지구적 저항이다. 그것은 "점차 … 경제발전의 거시정책들과 관련되기 시작했던 … 지역적 미시적 문제들에 대한 반응들로서" 거론되며, "시장 경제는 직선적 발전 단체들과 〈세계은행〉과 같은 국제적 금융 기관을 낳았다."[141] 전 지구적 저항의 극장에서는 오늘날 "토착정보원들"이 자신들이 선택하지 못했던 역할을 행함(가장 강한 의미에서의 행동·교섭 능력으로)에 따라, 그들을 침묵시키고 비가시화하는 것을 과업으로 삼아야 하던 대본 속에서 그들 나름의 역사를 만들려고 집단적으로 시도한다.[142]

우리는 "아시아적 양식"에 대한 맑스의 과실을 친밀하고 너그럽게 다루는 예들을 알고 있다. 내가 이미 지적했듯이, **아시아적 생산양식**이 경험적으로 그리고/또는 이론적으로 타당하다거나 타당하지 않다는 점을 증명할 목적으로 맑스의 지식이 갖는 간극들을 채움으로써 이 전체 문제가 해결된다고는 보지 않는다. 그래서 나는 이 주제를 둘러싸고 생산된 어마어마한 양의 문헌을 간추려 제시하지 않고 대신 쉽게 구할 수 있는 세 편의 2차 텍스트에 집중할 것이다.[143] 이 텍스트들은 맑스의 "아시아적" 양식과 관련해 좀 더 광범위하게 펼쳐지는 문제들과 대면하는 것 같더니 이내 "실재적" 아시아와의 관련을 모두 상실한다. 라나지트 구하의 『벵골 재산법』(1963), 페리 앤더슨의 『절대주의 왕조의 계보』(1974)의 부록, 사미르 아민의 『불균등 발전』(1973년 프랑스어로 출판됨)이 바로 그 텍스트들이다.[144] 물론

---

141. Raghavan, *Recolonization: GATT, the Uruguay Round & the Third World* (London: Zed, 1990), p. 34.
142. Marx, "Eighteenth Brumaire", p. 143.
143. 이에 대한 일반적 설명으로는 Stephen P. Dunn, *The Fall and Rise of the Asiatic Mode of Production* (New York: Routledge, 1992) 참조. 내가 알고 지내는 러시아인이 없다는 사실로 인해 물론 나의 논의는 위축당할 수 있다.

최선을 위한 희망은 다음과 같은 데 있다. 정의상 초국가적 정세의 전문가는 아니지만 초국가적 지식능력이 있는 학생과 문학 선생은 이러한 일반적 자료를 분석적으로 검토해 하나의 접근법을 만들어 갈 것이다. 이와 같은 책은 최악의 경우를, 즉 상이한 영역들에서 엘리트 이론가와 자기 스타일을 지닌 액티비스트 둘 다의 인가된 무지에 기초한 전유나 적대를 대비해야 한다.

『벵골 재산법』은 일반적으로 인정하듯 "아시아적 생산양식"에 대한 맑스의 최상 "자료"인 인도에서 일어나는 "아시아적 생산양식"의 작동과정을 볼 수 있게 해준다. 구하는 벵골에 초점을 맞추는데, 영국인들이 최초로 영토를 차지한 지역이 벵골이었기 때문이다.

맑스가 이 지역에 토지의 사적 소유가 없고 땅 대여료와 국세가 동일하다고 싸잡아 일반화하였다. 맑스보다 한 세기 앞서 동인도(기본적으로 비하르와 벵골)의 〈동인도 회사〉 관리 필립 프랜시스는 이 지역에서의 토지 보유권이 맑스의 일반화와 전혀 맞아들어 가지 않음을 이미 짐작했다. "'프랜시스는 지배권력을 토양의 소유자'로 놓는 공식적 방침의 기본 가정을 … '이론적으로 부조리하고 실천적으로 위험한 만큼, 사실에서도 잘못되었다'고 여겼다. … "145 구하는 널리 퍼져 있던 토지 보유권 체계를 식민주의 작업틀로 정규화했던 동인도 회사 관리 집단의 정치적·경제적 전제들을 자세하게 분석한다. 그는 이 관리자들 중 가장 예시적인 사람, 특히 필립 프랜시스가 중농주의와 중상주의를 왔다 갔다 한다고 본다. (맑스의 비판 대상인 정치경제학은 중농주의와 중상주의라는 두 학파를 폐기한다.) 이러한

---

144. Ranajit Guha, *A Rule of Property for Bengal: An Essay on the Idea of Permanent Settlement*, 2nd ed. (New York: Apt Books, 1982). Samir Amin, *Unequal Development: An Essay on the Social Formations of Peripheral Capitalism*, tr. Brian Pearce (New York: Monthly Review Press, 1976).
145. Guha, *Rule of Property*, p. 98.

입장에서 프랜시스가 특히 꾀하고자 했던 것은, 아대륙 중에서 영국 최초의 소유물인 인도의 한구석에 유럽에서 이미 시행되고 있던 토지 소유의 단선(單線) 논리를 좀더 용이하게 가동시키는 것이었다. 그리하여 인도와 유럽의 차이는 말소되었다.

(이것을 자본주의적 생산양식을 위한 준비라고 부를 시간은 아직 오지 않았다. 이 주인공들은 벵골의 경우를 자유무역으로 삽입되는 실험실의 실험으로 보았다. 거의 한 세기 후에 맑스는 토지 나름의 논리에 의한 토지의 자본화를 이론화하는 데 별 관심 없이, 토지의 자본화가 산업 자본주의를 고대한다는 것만 보여준다. 정치경제학을 맑스주의 입장에서 구체적으로 비판하는 일은 아직 생태학적 명령을 이론화하지 못하고 있다.)[146]

때 이른 실험 — 독점 자본주의적 식민주의의 최초 작동 — 은 "**아시아적 생산양식**"과 닮은 무엇인가를 그 전제로 취하지 않았다. 그럴 필요가 없었기 때문이다. 이전 체계의 지루한 세부를 배우는 데 개입하는 것은 곧 거창한 일반화를 부적절한 것으로 만들어주었다. 물론 맑스의 자료들은 이러한 이행을 손수 작업했던 이들과 직접적 관련이 별로 없는 사람들이 쓴 문서들이었다.

어쨌든 일군의 역사학자들에 따르면, 식민지 개척자들 중 가장 계몽된 이들의 비전대로 토착지주들을 농업-자본주의 발전의 자유로운 행위자로 만들려는 실험은 성공하지 못했다. 여기서 나로 하여금 판단을 내리도록

---

146. Vandana Shiva, *Ecology and the Politics of Survival: Conflicts over Natural Resources in India* (New Delhi: Sage, 1991)과, Shiva and Ingunn Moser, eds., *Biopolitics: A Feminist and Ecological Reader on Biotechnology* (London: Zed, 1995)에 포함된 글들, 『생태론자들』(*The Ecologists*) 및 환경 운동 관련 출판물들에 실린 글들은 일반적으로 맑스주의적 패러다임 내부에 있는 이 문제를 다듬어낸다. 하지만, 그들은 특히 생태학 논의에서 맑스의 도시중심적(urbanist) 목적론이나 노동력의 행동·교섭 능력의 자리를 재사유하지 않는다. James O'connor의 새 책, *Natural Causes: Essays in Ecological Marxism* (New York: Guilford, 1998)은 바로 이 분야에서 큰 것들을 약속하지만 내가 이 책에 그것을 집어넣기에는 너무 늦게 코너의 책을 입수했다.

할법한 1차 학문 자료가 없다. 하지만 부재 지주의 관리자의 손녀인 나의 "개인적 경험"으로는 다음 사항에 동의를 표하고 싶다.

시간이 지남에 따라, 필요한 기업가적 능력을 지닌 사람들을 제외한 모든 이들이 소유권으로부터 제거되고, "토착 향사 소유 계급"이 그들의 자리를 차지하며 새로 등장할 것이다. 그이 정책을 "주도한 투사들" 중 한 사람인 토마스 로는 이런 식으로 작동될 판매 메커니즘을 기대했다. … 그것이 착수된 이후 32년 사이에 영구정착은 자신이 그토록 깔끔하게 계산했던 궤도를 벗어났으며, 그의 "향사 소유자들", 신흥부자들 대부분이 귀족 혈통을 주장하지는 않더라도 전통적 방식의 영지 관리를 엄청 좋아하는 성향을 그들 스스로 입증했다. 그는 신흥부자들이 아더 영(Young)의 영주 모델을 모방하기는커녕 토지에서 멀리 떨어져 편안하게 지내면서 토지의 기름을 빨아먹게 되어 행복해했다는 사실을 몰랐다. 그가 이를 몰랐다는 것은 복받은 일이다.147

나는 라니 바바니(Rani Bhabani)[바바니 여왕이라는 뜻] 같은 여성 지주들이 이 서사에 비대칭적으로 삽입된 것을 포함해서 이 이야기를 한데 묶기를 원하는 방식을 독자가 결정하게 내버려두겠다.148 민족주의에서 젠더화의 전개뿐만 아니라 식민주의를 설명하는 전체 담론은 거기서 겹쳐진다. 내가 강조할 필요가 있는 것이라고는 "실제 실천들"에 대한 "실재" 기술(記述)로서 "아시아적 생산 양식"은 그것의 표면상 적합한 자리와 시간에서는 문제가 되지 않는다는 점이다. 자체를 일반적 체계로 제시하는 헤겔주의를 해방적으로 변형시키는 기제를 마련하는 것은 중요한 이론적 허구로서 요청될 것이다. (1950년대에 윗포겔이 소련 체계를 서구 민주주의로부터 구

---

147. Guha, *Rule of Property*, pp. 179, 182. 또한 Victor Kiernan, *Marxism and Imperialism* (New York: St. Martin's, 1975), p. 191 참조.
148. Guha, *Rule of Property*, pp. 57-58.

별짓고자 아시아 혹은 동양 모델을 따르는 전제 국가라고 부르는 것은 가능하다. 1990년대 동구권을 "현대화"하고자 하는 사업가들은 사회주의를 소유적 개인주의와 구별하고자 사회주의를 "국가는 여러분의 고객"이라는 식으로 정의한다.) 그리고 국가가 그 기능을 수행할 때, 바로 그렇게 국가를 환기하는 것이 국가를 폐제하게 한다.

하지만 그 때 "아시아적 생산양식"은 하나의 정치적 첫 수로서 흥미로운 역사일 뿐, 아주 진지하거나 정확한 경험적 허세들을 더 이상 갖지 못하게 된다. 페리 앤더슨은 북대서양 지역을 "서구"라고 체계적으로 기술할 가능성을 떠받치기 위해 역설적으로 고안된 하나의 전제를 통해 중국과 이슬람 세계의 거대한 제국 체계들을 측정하는 문제를 논쟁한다. "봉건 유럽의 외부에 있는 역사적 영역을 어떤 식으로든 진지하게 이론적으로 설명하려면 전통적인 통칭(generic) 대조들을 폐지해야 할 것이며 나름의 권리를 지닌 사회 구성체들과 국가체계들에 대한 정확하고 구체적인 유형학으로 나아가야 할 것이다. 이 유형학은 구조와 발전상 그것들이 보여주는 매우 커다란 차이들을 존중한다. 모든 이질적인 형태들이 똑같은 색조를 띠는 것은 바로 우리 무지의 밤 속에서나 그렇다."[149]

나는 사변적/경험적인 2차 자료들의 간단한 도표작성을 계속 하기 위해 바로 그러한 노력을 하고 있는, 1973년에 처음 출판된 사미르 아민의 『불균등 발전』을 제안한다. 아민은 **아시아적 생산양식**을 손밖으로 밀어내지 않는다. 그는 그것의 시각을 재배치한다. 그의 관심은 **아시아적 생산양식**을 "교정"하는 데 있지 않다. 그는 이 생산양식의 주요 자원이 "조공"(tribute)이라는 사실에 초점을 맞추자고 한다. 그래서 자본주의의 목적론적 서사 (사회주의의 가능성을 공산주의로 가는 차연/지양으로 놓는)보다 전 지구적 제국주의라는 커다란 변동하는 조류가 그의 분석 논리가 된다. 이것은

---

149. Anderson, *Lineages*, p. 549.

지배를 가장 추상적인 논리적 심급인 경제적인 것의 단순한 하부텍스트로 간주하기보다, 착취뿐만 아니라 지배의 전체 격자를 우리의 분석 도구로 만들 수 있는 가능성을 허용한다. ("제국주의로 변형된[되고 있는] 자본주의"의 현 단계, 즉 무역과 금융자본의 전 지구화 단계에서 토착정보원의 폐제된 시각은 여성의 전 지구적 서발터니티에 위치한다. 그 때문에, 위대한 역사 서사를 전 지구적 제국주의라는 변동하는 조류로 셈하는 편이 더욱 적절한 것 같다.)[150]

이 시각에서는 (a) 토지가 자본으로 변형하는 데 대한 적절한 근거를 어떻게 제공할 것인가가 주요 초점은 아니다. 이 시각에서 쟁점은 (b) 소위 국세와 토지 임대료의 동일성이 아니다. 비서구 세계의 학자들은 유희 영역을 가지지 않는 단어(기호)와 개념이, 부재를 의미화하도록 응용되는 문제에 종종 부딪힌다. 항목 (a)와 (b)는 몹시 복잡한 개념/기표이다. 아민은 전 지구적 역사의 좀더 포괄적인 특징을 상상하면서 "동일한 현상"을 실패한 자본주의가 아니라 성공한 제국주의로, 조공을 바치는 경제적 구성으로 읽으라고 한다. 이것들은 봉건주의의 성공적인 혹은 "강한" 예들이다. 봉건주의의 정의를 유럽의 예들에만 국한시키지 않는다면, 바로 이 예가 약한 혹은 실패한 봉건주의의 한 사례로 이해될 수 있다. (아민은 이에 대해 상당히 자세하게 논의한다.) 유럽의 사례는, 일반적으로 덜 "선진적인" (위로부터 수행된 제국주의의 수혜자들에게 적용하는 데 하등 문제될 게 없는 크고 어려운 형용사) 문명이 좀더 많이 "선진적인" 문명을 정복하기도 했다. 유럽의 사례는 그 한 가지 시나리오라고 추측할 수 있겠다. 정복자들이 탄력성 있는 국가를 설립할 수 없었기 때문에, 자본주의는 유럽 봉건주의의 "약한" 계기에 대한 "위험한 대리보충물"로 전개되었다.[151]

---

150. V. I. Lenin, *Imperialism: The Highest Stage of Capitalism: A Popular Outline* (New York: International Publishers, 1939), p. 22.
151. 물론 나는 "올바른" 대안에 표를 던지기보다 논의 스타일을 비교하고 있다. 나는 이런 단서를

이 대담한 재각인으로부터 많은 결론들이 도출될 수 있다. 우리의 목적을 위해 다음 조항들이 즉각 개진될 수 있겠다.

첫째, 아시아적 생산양식을 역사적으로 정적인 것, 또 사회적으로 열등한 것으로 설정하는 태도는 하나의 서사적 심급화 속에서 개념화된 **철학적 형태학**의 운동인 변증법에 대한 불감증을 역사적 정체와 혼동하고, 그로부터 하나의 **사회적 결론**을, 또 불가피하게 도덕적 열등을 도출하는 것이었다. 맑스는 이러한 "혼동"으로부터 자유롭지 못했다. 그 이유로 19세기 유럽인이라는 그의 신원이 일반적으로 제기된다. 하지만 맑스의 혼동은 그 때문만은 아니다. 내 생각에는, 자신을 지양의 행위자로 놓는 맑스의 입장 설정이 맑스가 정치경제학 영역에 철학을 재배치함으로써 열어젖힌 단순한 철학을 깨뜨린 덕분이라는 바로 그 점을 고려할 법하다. 그러한 재배치가 철학을 "역사"와 "혼동"하게 하고, 차이문제를 역사의 서사 속으로 집어넣게 한 것이다. 이렇게 강한 방법론적 "혼동"은 동일한 위계질서를 복원할 위험 부담을 무릅쓴다. 그 위계질서에서 맨 위에 있는 철학(과학)은 역사(질료 혹은 hyle)에, 역사유물론뿐만 아니라 변증법적 유물론에 "적용되어" 온 것이다.

그래서 우리는 전 지구적 맑스주의의 첫 번째 물결의 폭력적 결과로부터 패러다임들을 엄청나게 이동시킨 맑스를 변명해줄 수 없다. 전 지구적 맑스주의들의 첫 번째 물결은, 하나의 사변적 형태학이 사회 정의에 **적합한**

달면서도 잰 네더빈 피에터스가 군사적 사업을 "약한 봉건주의"에서 나오는 논의와 모순된다고 생각하는 이유를 확신하지 못한다. "후진성의 변증법으로부터 유럽이 발흥했다는 해석은 십자군의 거대한 군사적 제국주의적 노력을 간과한다. … 유럽의 상업이 약했던 곳에서 유럽의 후진성을 대리보충하고자 군사력이 요청되었다. 그렇다면 유럽이 발흥할 조건들의 일부를 차지했던 것은 바로 유럽 외부의 제국 구성체들의 약함이다."(Pieterse, *Empire and Emancipation: Power & Liberation on a World Scale* [London: Pluto Press, 1990], p. 91). 자본주의의 발흥과 자본주의적 제국주의는 약한 제국주의에 맞서는 약한 상업의 밀고 당기는 측면에서 논의될 수 없다. 이것이 어떤 측면에서건 성공적으로 논의될 수 없다. 다시 말해, 쟁점이 되고 있는 것은 논의의 스타일, 즉 지식생산 및 타당성 주장의 정치(학)이다.

청사진이었다는 리얼리즘적 가정 내부에서 패러다임의 변동을 그것도 군사적 정치적 압력의 무수한 중층결정들하에서 읽어냈다. 다른 한편 그 물결은, 사회주의적 헤게모니로 즉각 번역될 수 있을 해체론적 주제들을 둘러싼 비슷한 전제들에 기초한 대안들을 제공하면서 맑스주의 자체를 반박하는 학문적 비난을 촉구하지는 않는다.152 나는 여기서 해체론적인 "새로운 읽기의 정치학" 작업을 시도하고 있다. 이것은 맑스의 텍스트를 사용하기 위해 그것을 재각인할 목적으로 맑스 텍스트의 프로토콜에 들어가려는 노력과 관련된다.153

우리가 아민의 재각인을 역사적 설명을 진입지점으로 취한다고 생각한다면 차이를 이렇게 생각할 수 있다. 자체를 역사로 재영토화하면서 변형과 약점(유럽의 농노 생산양식인 약한 봉건주의)을 차단하는 강점(성공한 봉건주의, 즉 거대한 조공 체계들)으로부터 발생하는 것으로서 말이다. 이 차이는 우리로 하여금 다음 사실을 인식하게 만든다. **아시아적 생산양식** 논의에서 전(前)자본주의적·제국적 문명들의 비상한 성과들은 일반적으로 무시되는 반면, 이 문명들에 맞서는 자본주의의 역동적인 사회적 성취들은 이 성취들 때문에 치른 대가에도 불구하고 항상 강한 어조로 언급된다는 점 말이다. (물론 내가 제국주의를 지지하느라고 이렇게 쓰고 있는 것은 아니다. 내가 지적하고 있는 것은, 유럽이 결함 있는 발전을 자축할 수 있도록 역사를 서사화하는 유럽중심적 전략들이다.) 우리가 도출할 수 있는 두 번째 결론은 아민의 재각인이 종교, 문화(필연적으로 부적합한 동의

---

152. 물론 여기서 내가 참조한 것은 도발적이고 박식한 Ernesto Laclau and Chantal Mouffe, *Hegemony and Socialist Strategy*, tr. Winston Moore and Paul Cammack (London: Verso, 1985)이다.
153. 프로토콜이란 논리가 아니라 미리-이해된 절차적 우선권이다. 가장 빠른 길을 택하기보다 왕족 앞에서 뒷걸음질 쳐 방을 나오는 것, 좀더 리얼리즘적 방식을 택하기보다 "이성의 공적 사용"에 우선권을 부여하는 것, 인간(적인 것)이 합리적 동물(이기만 한 것은 아니)인 것, 합리적 기대 이론에 의해 이성의 한계를 계산할 수 없는 것 등이다.

양식으로서), "민족주의"의 변이들을 강력한/위험한 생산적/억압적 **파르마콘들**[154]로 생각하게끔 해준다는 것이다. 자본주의도 그렇지만 종교, 문화, "민족주의"의 변이들도 온전하게 발전된 유럽 모델의 국민-국가(nation-state)[155]에 반드시 적합하게 코드화되는 것은 아니다. 종교, 문화, "민족주의"의 변이들은 이견(異見)을 공고히 하려는 종속 집단에 의해서뿐만 아니라 억압을 공고히 하려는 지배 집단에 의해서도 이용된 장구한 역사를 가지고 있다. 두 집단 사이의 선이 영원히 변동하는 것은 바로 기호의 **파르마콘적** 성격 때문이다. 이 세 가지는 좋든 나쁘든 소련 해체 이후의 세계질서 속에서 자본주의를 민주주의로 재코드화하는 데 여전히 간섭중이다.

일반 독자에게 『불균등 발전』이 주는 가장 위대한 선물은 사하라 사막 이남의 아프리카 지역의 사회적 물질성에 주의를 기울이게 한다는 점이다. 후기 제임슨은 아프리카의 모든 지역이 "부족적 생산양식"으로부터 세계체계적 자본주의와 관계를 맺게 된다고 주장한다. 우리는 이 주장에 맞서기 위해 다음 인용문과 같이 별로 두드러질 바 없는 아민의 문단을 내세울 수 있다.

식민주의자들은 프롤레타리아트를 재빨리 획득하기 위해, 힘으로 아프리카 시

---

154. [옮긴이] 유익하면서도 해로운 양면을 갖는 약, 처방, 치유를 가리킨다.
155. [옮긴이] nation은 맥락에 따라 민족, 국민, 국가의 뜻을 지닌다. 백인종의 우산 아래 다양한 에스닉 집단들이 하나의 국민을 이루는 서구의 근·현대 국가의 경우 민족-국가라기보다는 국민-국가라고 보아야 한다. 그렇지만 nation은 서구에서도 근대국가 형성에 부르주아 계급 중심인 '민족' 개념과 '민족' 수사가 핵심 역할을 했음을 보여준다. 근대의 국가 형성 이후로 지금까지 '민족' 수사가 발휘해 온 정치적 영향력에 비해 '민족'이 실상 이론적으로 빈곤한 개념임을 고려한다면, nation은 민족보다는 국민으로 번역되는 것이 옳다. 그렇지만 식민화된 경험이 있는 제3세계 관점에서 보자면 식민주의에 대응하는 민족주의 맥락에서 nation-state는 20세기 중반까지는 민족국가에 가깝고 nationalism도 민족주의로 번역되어야 할 것이다. 전 지구적 자본의 재배치가 복잡하게 진행되는 20세기 후반부터 유포되는 transnational, transnationalism은 전 지구적 자본의 이익을 위해 북에서 유포되어 나온 측면을 중시해 주로 초국가적, 초국가주의로 번역한다.

골 공동체들의 재산을 빼앗았고, 농업을 근대화하거나 강화할 수 있는 아무런 수단도 제공하지 않은 채 가난하고 갇힌 지역들로 그들을 고의적으로 몰아냈다. 이렇게 식민주의자들은 전통적 사회를 일시적 혹은 영구적인 이주민들의 공급원이 되도록 강제했다. … 이후 우리는 아프리카 지역[케냐, 우간다, 탄자니아, 르완다, 부룬디, 잠비아, 말라위, 모잠비크, 짐바브웨, 보스와나, 레소토, 스와질랜드, 남아프리카 공화국]에서 전통적 사회를 더 이상 말할 수 없게 된다.156

구하의 『벵골 재산법』은 벵골에 아시아적 생산양식과 닮은 무엇인가가 있다고 가정하는 것은 그 양식에 맞는 장소와 시간을 봐도 부적절하다는 점을 보여준다. 앤더슨의 『절대주의 국가』는 역사의 단선성, 다선성(정치적 논쟁에서 흔한 용어)의 문제가 아니라 급진적 관점주의(perspectivism)가 관건이라는 데 주의하라고 한다. 아민의 『불균등 발전』은 역사 사회학이라는 분과학문 내부로부터 관점 변동을 시도하며 잘못 명명된 "아시아적" 양식을 재배치한다. 내가 세 편의 2차 문헌을 논의한 이유는 이 텍스트들이 각기 상이한 방식으로 아시아적 생산양식 논쟁과 거리를 두는 방도의 윤곽을 잡아주는 것 같기 때문이다.

"아시아적 생산양식"은 해체하고 구축하는 방식으로 맑스의 텍스트를 열어젖히는 일종의 해체적 지렛대로서 가동시킬 수 있다. 첫째, 아시아적 생산양식이라는 개념-은유는 설명적 범주로서 생산양식들의 지점에 구체적으로 있는 한계들을 가시화한다.157 앤더슨은 현재의 예술 상태 속에서 "문

---

156. Amin, *Unequal Development*, pp. 327-328. Mahmood Mamdani는 영국인들이 아프리카 "관습"을 구성하고, 이렇게 식민주의적으로 윤곽을 짠 "관습"으로써 다스리도록 "추장들"에게 권력을 준 경위를 밝혀냄으로써 이 논의에 새로운 문화적 제재를 덧붙인다. Mamdani, *Citizen and Subject: Contemporary Africa and the Legacy of Late Colonialism* (Princeton: Princeton Univ. Press, 1996). 나는 3장에서 이 점을 논의한다.
157. Barry Hindes and Pual Q. Hirst, "The 'Asiatic' Mode of Production", *Pre-Capitalist Modes of Production* (London: Routledge, 1987).

명"이라는 용어를 선택한다. 이 용어는 문화연구에 의해 수정되어, 이전 소비에트 권역 중 좀더 "서구적인" 지역들의 일부 사회학자들이 자본주의 문화로 들어가는 여권으로 사용되고 있는 중이다.158 앤더슨은 이 다른 공간들의 "실재 생산양식"이 비유럽중심적인 적합한 연구 방법들로써 분석될 수 있는 때를 여전히 고대한다.159 아민은 지배적 심급이란 면에서 대담하게 강조지점을 이론적으로 재분배하면서 유럽적 예외라기보다 전 지구를 전제로 취할 경우 필요한 분석용어를 재공식화한다.

조공을 바치는 양식을 지닌 모든 변방 사회들 [중에서도 북서 유럽]이 자본주의를 낳았다. … [대조적으로] 조공을 바치는 전적으로 발전된 양식이 역사적으로 지속된 기간은 … 원칙적으로 매우 길었다. 그럼에도 불구하고, 조공 양식과 진보의 양립가능성은 덜 선진화되고 덜 발전된 구성체들에서 가능한 진보와 관련시켜 볼 때 상대적으로 차단된 발전을 의미했다. 그러한 구성체들에서는 생산관계와 생산력 사이의 갈등이 이내 분명하게 드러나며 전자본주의적 관계들을 넘어 선진화되라는 압박이 있게 된다.160

배리 힌데스와 폴 Q. 허스트는 **아시아적 생산양식**의 위반하는 잠재력을 두 단계로 논의한다. 『**전자본주의적 생산양식**』에서 두 저자는 아시아적 양식을 유일하게 자격을 갖추지 못한 생산양식이라고 느꼈다. 『**생산양식과**

---

158. 이 점에 대해서는 Spivak, *Thinking Academic Freedom in Gendered Postcoloniality* (Cape Town: Univ. of Cape Town Press, 1992) 참조.
159. Anderson, *Lineages*, p. 548.
160. Amin, *Unequal Development*, pp. 56, 54. 나는 이것이 올바르거나 "실재적" 서사라고 시사하는 것은 아니다. 또한, 올바른 서사가 있을 수 있다고 생각하지도 않는다. 내가 여기서 지적하고자 하는 것은 기존 서사의 가치에 대한 반전과 치환이다. 이와 비교하자면 *Eurocentrism*, tr. Russell Moore (New York: Monthly Review, 1989)는 더욱 토픽적이면서 더 힘이 없다 K. N. Chaudhuri, *Asia before Europe: Economy and Civilization of the Indian Ocean from the Rise of Islam to 1750* (Cambridge: Cambridge Univ. Press, 1990)은 좀더 치환된 책이긴 한데 똑같은 양의 허세를 갖고 기존 억견을 반전시키지 못한다.

사회구성』은 "생산양식 개념의 적절성을 거부한다."[161] 이 책은 명쾌하고 지적인 책이다. 맑스와 함께, 이 책은 자본 분석이 자본을 전제해야 하며 환원적인 방법을 사용해야 하고 과거를 자본주의의 전사(前史)로 보아야 함을 증명하는 데서 멀리 나가지 않는다. 이렇게 말한다고 해서 이 책을 깎아 내리려는 것은 아니다. "생산양식 개념이 치환됨에 따라, 생산관계와 사회구성체 개념들이 이론적 중요성을 획득한다"(『생산양식과 사회구성』 6). 환원적 방법을 쓰는 저자들은 "분리 속의 소유가 … 계급 분석에 중요한 개념"(『생산양식과 사회구성』 64)이라는 결론을 내린다. 그들은 지식이 지식의 대상을 전유하거나 지식의 대상에 상응한다는 통념을 비판하면서 다음과 같이 쓴다.

> [분석과 해결책을] 효과적이게 하기 위해 개념들은 질서정연한 연속으로 전개된다. 이 질서는 이론적 작업 자체의 실천에 의해 창출되는 질서이다. 즉, 그것은 필연적 "논리"나 "변증법" 혹은 실재계 자체와 상응하는 필연적 메커니즘에 의해 보증되지 않는다. … 담론이란 끝날 수 없다. … 타당성의 인식론적 기준들 속에 약속된 종결 형식들이 작동하지 않기 때문이다.(『생산양식과 사회구성』 7-8).

일반적으로 보아 이 저자들의 새로운 입장은 감탄할 만한 것으로 보인다. 하지만, 우리는 전부 아니면 전무(全無)라는 그들의 입장에 의문을 품을 수 있다. 그런데 그들 자신의 용어를 사용한 논리적 결과로 **아시아적 생산양식**은 그 존재양식상 그들의 주요한 교훈적 사례가 되어야 한다. 권위적 담론적 이론적 체계들에 수반되는 사회관계들이 체계적 지식에 대한

---

161. Hindess and Hirst, *Mode of Production and Social Formation: An Auto-Critique of Pre-Capitalist Modes of Production* (Atlantic Highlands, N.J.: Humanities Press, 1977), p. 2. 이후 이 책에서의 인용은 본문 중에 괄호로 책명과 쪽수를 표기하기로 한다.

실마리를 소유하며 "아시아"라 불리는 어떤 것 속에 하나의 예외를 창조하고 만다. 아시아는 자신과 연결된 지역(유럽)들을 종결할 수도 보편화할 수도 없기 때문에, 분리된 것으로 정의되어야 한다. 하지만 이러한 분리는 포획된 소유적 체계의 부조리를 드러낸다. 이것은 아프리카에 할당되는 근본적으로 인종차별적인 분리가 아니라 여전히 "분리 속의 소유"이다.

힌데스와 허스트의 자가비판에서 **아시아적 생산양식**은 이렇게 특권화된 변증법적 자리를 차지하지 않는다. 그들은 자기들이 "세금/토지 임대료 쌍에 설정된 사회관계 형식들의 존재 가능성을 부인하지 않았다"(『생산양식과 사회구성』 43)고만 되풀이할 뿐이다. 그들은 **아시아적 생산양식**에 내재하는 관계들을 부인하지 않는다. 그리하여 자신들이 결국 거부하는 바로 그 이론적 담론(과 공모하는 그들)과 **아시아적 생산양식** 사이의 관련을 부정한다. "그것은 생산수단을 포함하지 않는다." 다시 말해 "노동과정을 종속시키는" 생산수단으로부터의 분리를 포함하지 않는다. 이러한 요점 설명은 두 가지 사항을 반복하는 것으로 끝난다. 첫 번째는 **아시아적 생산양식**은 하나의 생산양식(생산양식 개념이 거부되고 있는 마당이니 외관상 명백한 "사실"의 변화된 지위를 언급하지 않는다)으로서 자격을 갖출 수 없다는 것이다. 두 번째는 **아시아적 생산양식**에는 수단이 텅 비어 있다(비소유라기보다)는 지겨운 상투어는 자본주의 생산으로 이끌 수 없다는 것이다.

아민이 그런 것처럼, 잔의 반을 채우자고 요청하는 편이 우리의 목적을 위해서는 더 낫다. "수단의 비소유"를 "조공을 바치는 생산양식의 강점"으로 뒤집는 편이 더 낫다. 그러면 "양식"의 의미가 치환되고 분석 조항들은 겨레들(peoples)의 천년 동안의 움직임으로 이동될 터이다. 아민의 책은 중요한 설명 모델로서 자본의 내적 논리에 대한 자신의 비판(힌데스와 허스트가 맞이한 비판적 곤경의 거의 정확한 구조적 대립물)을 옹호한다. 그러므로 아민의 책은 자본의 내적 논리에 의해 무슨 일이 벌어질 것인지 예견할 수 없다. 즉, 소련 해체 이후 전 지구의 금융화 속에서 **브레튼 우즈**

기구162가 "자유시장"이라고 속여 환상적이고 괴물스런 전 지구적 "국가"에 떠맡긴 비합리적 조공 체계 같은 어떤 것 말이다. 이 전 지구적 "국가"는 "경제적 시민들"과 더불어 소위 국민-국가들과 따로 또 함께 작동한다. 그리하여 **남반구**의 토착 자본은 자체의 고삐 풀린 논리로서는 융성할 수 없게 된다.163

아시아적 양식에 대한 진지한 고찰은 학자들로 하여금 정상을 일탈로 보도록 이끈다. 우리는 이 점을 왜 자본주의가 유럽에서만 발전했는가하는 핵심적 질문에 대한 사미르 아민의 논의에서 이미 확인한 바 있다. 아시아

---

162. [옮긴이] 브레튼 우즈 기구는 1944년 7월에 연합국 통화금융회의가 열렸던 미국의 지명·호텔이름인데 이 역사적 모임에 참석했던 세계경제지도자들의 발의에 따라 세계은행과 국제통화기금의 설립이 결정되었을 뿐만 아니라 나중의 관세와 무역에 관한 일반협정의 토대가 마련되었다. 이 회의를 주재한 당시 미국의 재무장관 헨리 모겐소는 "물질적 진보의 열매를 향수하도록 활발한 세계경제를 창출"하자고 하였는데, 오늘날 세계화의 근간에 있는 논리라고 하겠다. 브레튼 우즈 기구는 그 목표를 충분히 달성해 왔다.

163. 사회적 "짜임새"(textile)의 형성 또한 고려하는 확장된 "문학" 비평의 과제는 여기서 그 경계를 넘쳐흐른다. 읽기의 윤리(학)(J. Hillis Miller, *The Ethics of Reading: Kant, de Man, Eliot, Trollope, James, and Benjamin* [New York: Columbia Univ. Press, 1987]; Wayne C. Booth, *The Company We Keep: An Ethics of Fiction* [Berkeley: Univ. of California Press, 1988])이 여기서 자기를 공고하게 하는 타자의 재현에 대한 연구를 떠안고서(Edward W. Said, *Orientalism* [New York: Pantheon, 1978]), 똑같이 자기를 공고하게 하는 본질화된 식민주의자나 제국주의자 비난하기를 그만두는 것은 역으로 식민주의/제국주의를 합법화하는 짓이라고 지적하는 위험을 무릅쓴다. 내가 이 책을 처음 써 나갈 때, 제국주의의 "위반할 수 있게 하는 능력"(enabling violation)을 인정한 것도 이 위험을 감수한 결과였다. 이것은 제국주의의 이행적 혜택에 대한 맑스의 확신을 재영토화하는 것이었다. "거대한 사회혁명이 부르주아 시대의 세계 시장 및 근대적 생산력의 결과들을 정복하고 그것들을 가장 진보된 국민들(peoples) 공동의 통제하에 종속시키게 될 때, 인간의 진보는 넥타를 마시는 대신 살해된 자의 해골을 마시려드는 저 음험한 이교도의 우상과 닮지 않게 될 것이다"("The Future Results of the British Rule in India", *New York Daily Tribune*, 1853년 8월 8일자, *Surveys from Exile*, p. 325). 이제 계급에 고정된 문화주의적 토착주의가 아닌 대안적인 발전을 추구하는 것은 이러한 위험을 부담한 결과인 것처럼 보인다. 이 두 번째 과업에서 "문학" 혹은 "문화" 연구는 구체적으로 위험을 감수하는 영역과 불연속적이게 된다. 느슨하게 공동으로 "지키는" 토지의 대안적인 사회화라는 이름으로 "아시아적 양식"에 있는 "아시아"를 거부하고, 탈인종분리정책(post-Apartheid)의 이름으로 부족적 양식의 "아프리카"를 거부하는 일이 점점 전면에 두드러진다.

적 생산양식이야말로 이 질문에 하나의 대답을 제공하기로 되어 있었다. 1960년대의 소비에트 논쟁에서 일부 소련 학자들은 "'노예'라는 의미론상 혼란스런 개념"에서 시작하여 맑스의 5체제 모델[고대 노예제, 중세 봉건제, 근대 자본주의, 사회주의, 공산주의]에 의문을 표했다. 그들은 "맑스와 엥겔스가 정의했던 '고전적인 사회 질서가 일탈 현상이라는 결론에 불가피하게 … 이끌려 갔다."[164] 소비에트 논쟁은 **아시아적 생산양식**에 대한 고찰로부터 직접 나오며, 아민의 주장은 이와 관련된 다선성(多線性) 문제로부터 나온다. 우리가 소비에트 논쟁과 아민의 주장을 함께 고려한다면 유럽 봉건제로부터 자본주의로의 이행뿐만 아니라 고대로부터 봉건주의로의 경과는 약점과 일탈의 사슬을 따라 일어났던 것으로 읽힐 수 있다. 해체적 시선이라면 역사를 써내려 갔던 일탈들의 이러한 역학에 맞서는 것으로 비유럽적 규범을 보려고 하지 않을 것이다. 오히려 해체적 시선은 비유럽적 시각이 정상과 일탈 사이의 엄격한 대립을 해제하고 혁명이후의 사회 공학을 만들어낸다고 시사할 것이다. 이 사회공학은 미결정적인 것에 대한 어떠한 실증화(positivization)만큼 의미로 꽉 찬 증명된 진정한 (아시아적이지 않고 유럽적인) 기원에 기초를 둔다. 내가 이 책을 처음 쓰던 시절과 지금의 수정 사이에서, 바로 앞 문장은 나름의 자기 정당성을 발견해왔다. "진정한" 아시아(필요한 변경을 가하자면, 아프리카 역시)의 사회공학 모델들은 인종차별적 곡해로 종종 더 악화되는 바람에 좋은 징조가 될 수 없는 이슬람주의, 힌두, 혹은 에스닉 민족주의를 초래하여 왔던 것이다.

그렇다면 새롭고 다양하게 전 지구화된 읽기 정치학에서 **아시아적 생산양식**은 역사를 (유럽적) 생산양식으로 설명하는 틀 내부의 누전선(fault line)을 가시화해 준다. **아시아적 생산양식**은 지배의 자기동일성이 흔들리기 시작하도록 지배적 설명 내부에 있는 결함을 대리보충할 수 있다. 하지

---

164. Dunn, *Fall and Rise*, pp. 102, 107.

만, 지배적 설명의 정통 공식화에서는 **아시아적 생산양식**이 위(국가)와 아래(농민 공동체)가 혁명의 변증법에 참여할 수 없는 깊은 격차를 지칭하는 이름이 된다. 이 설명에 따르자면, 저항의 변증법을 가능하도록 할 (식민적/자본주의적) 국가를 제공하기 위해 유럽은 보충하는 정도가 아니라 개입하여야만 했다. 제국주의를 정상화하는 이러한 비전의 윤곽이 너무 지나치게 단순하다는 점은 풍부하게 입증되어 왔다. 지금 내가 시사하고 싶은 것은 이 위험한 대리보충을 나름의 이해관계 속에서 간섭받아야 했던 하나의 정체(a stasis)라고 선언하는 계략이 여전히 우리와 함께 한다는 점이다. **아시아적 생산양식**의 실질적 내용과 설명적·예언적 잠재성은 불신되어 왔고 지금도 그렇다. 이런 의미에서 제임슨의 글은 대단히 상징적인 중요성을 지닌다. 미국에서 전 지구적 문화연구가 싹트기 시작할 때 제임슨의 글은 양측의 투쟁을 함께 봉합한다.

그렇다면 지금은 전체주의 혹은 근대화를 뒷받침하도록 맑스의 텍스트들을 읽을 가능성과 맑스 텍스트들 사이의 연관성을 슬며시 변명하고 치워버리는 짓은 무익하다고 인정할 순간이다. 데리다가 니체와 나치즘을 논할 때 이를 인정한 바 있다.[165] 그 어떤 가능한 읽기도 오독은 아니다. 반박과

---

165. 이에 상응하는 절차들을 맑스에게 설정할 목적에서 독자들에게 데리다의 전체 텍스트를 살펴보라고 시사할 거라면 데리다의 "Otobiographies"의 짤막한 세 부분을 인용할 가치가 있다. 이것은 또한 해체적 읽기에 수반될 조심스러움을 지적해주기도 할 터이다. 나의 역할은 "맑스의 전기를, 내재적인 철학적 읽기까지 제공될 법한 체계 외부에 이름과 서명 둘 다를 남겨 두는 경험적 사건들의 집합으로 여기는"(p. 5) 혹은 "'팔팔한 청년'기를 '교훈'의 형식을 지닌 목적론적 통찰로 비추어보는"(p. 23) 것이다. 이 각주로 하여금 이런 내 역할에 대한 어떠한 외관상의 시도이건 통제하는 역할을 하도록 해 보자. 데리다를 인용해 보자. "우리는 너무 순진하게 허위입증(falsification)이라 불리는 것이 어떻게, 왜 가능한지(사람은 어떤 것이건 그 허위성을 단순히 입증할 수 없다), '똑같은' 단어들과 '똑같은' 진술들이 — 그것들이 정말로 똑같다면 — 다르고 심지어 양립할 수 없다고 말해질 특정 맥락들과 의미들에 여러 차례 봉사하도록 어떻게, 왜 그렇게 되는지 궁금해 할 수 있다. 우리는 가르침에 관한 니체의 가르침을 자신의 모델로 삼는 데 성공했던 유일한 교육 기관이, 또는 한 교육 기관의 유일한 출발점이 왜 나치의 교육기관이었던 것일지 궁금해 할 수 있다"(p. 24). 그러나 니체는 우리가 가지고 있는 후견지명을 갖고 있지 않다. "[그는] 죽었다. 이는 증거의 사소한 부분이

탈물신화(de-fetishization)의 정신은, 게임에 최고의 논쟁자, 최고의 권력 조정자를 안겨주기만 하는 동성-성애적(homo-erotic) 모험이다. 해체의 도전은 변명하는 것이 아니라, 비난을 유보하는 것이다. 텍스트의 프로토콜들166이 새롭고 유용한 읽기를 발생시킬 어떤 것을 생산할 수 있는 계기를 담고 있는지 애로가 큰 신중함을 갖고 검토하기 위해 그렇다. 초기의 어떤 논의에서 데리다는 "말하자면 새로운 용례를 위해, 이후 효과적으로 변형될 이전의 조직에 대한 파악을 유지하고자, 개입의 지렛대로서 X라는 이름"이라는 개념-은유를 사용하고 있다.167 어휘의 다른 조각들 속으로 움직여 가는 이런 지렛대는 텍스트의 위반 계기로서 혹은 새로운 읽기 정치학의 한계들뿐만 아니라 가능성까지 노출시키는 당혹스런 순간으로 감지될 수 있다. 니체가 신의 죽음을 선택했듯, 롤랑 바르트는 이에 관련된 현상을 기술하고자 저자의 죽음이라는 폭력적 은유를 선택함으로써 양 편 모두에 경건한 논쟁을 상당히 촉발시켰다.168 이 해체적 인물은 신살해-부친살해의 인물일 뿐만 아니라 공모성의 인물이다. (그래서 둘 다 완전히 어느 것도 아니다). 바르트의 마무리 구절은 살해에 대한 확신만을 전달한다. "독자 권리의 챔피언이라고 위선적으로 바뀐 휴머니즘의 이름으로 새로운 글쓰기를 저주하는 것은 우스운 짓이다. … 독자의 탄생은 저자의 죽음을 대가

다. 하지만 우리가 이 사실을 직접 받아들일 때, 또 그 이름의 수호신 혹은 수호신들이 우리로 하여금 그가 죽었다는 사실을 잊도록 하려고 여전히 여기 있을 때라면 굉장한 증거이다. 최소한 죽음은 계산 여부에 상관없이 이익이나 적자, 선이나 악이 그 이름을 지닌 자에게 다시금 기어코 되돌아 올 수 있음을 뜻한다. 오직 이름만이 상속을 받을 수 있다"(p. 7). "그럼에도 불구하고, 그가 이 강연들[*Future of Our Educational Institutions*]을 출판하지 않겠다고 '맹세했다'는 점을 기억하자"(p. 22).

166. [옮긴이] 이 개념에 대해서는 1장의 주 155 참조.
167. Derrida, "Interview with Jean-Louis Houdebine and Guy Scarpetta", in *Positions*, tr. Alan Bass (Chicago: Univ. of Chicago Press, 1981), p. 71. [한국어판: 쟈크 데리다, 『입장들』, 박성창 옮김, 솔, 1992].
168. Roland Barthes, "The Death of the Author", *Image-Music-Text*, tr. Stephen Heath (New York: Hill and Wang, 1977), p. 148.

로 한 것임에 틀림없다." 우리가 맑스의 권위(authority)[혹은 저자성]를 의문에 부칠 때조차 그의 유령은 (우리를) 계속 가게 한다. 칸트의 경우에서처럼, "토착정보원"을 위한 맑스의 유령은 『맑스의 유령들』의 끝에 등장하는 메시아적 불법 이주민과 좀 다르다. 오히려 우리는 이렇게 이야기한다. 빈데쉬(bhindeshi) …169

어쨌든, 데리다가 주장하는 변화된 읽기 정치학은 바르트의 "새로 태어난 독자"의 이해관계로 보면 좀더 신중하다.170 그리고 우리가 다음과 같이 물을 수 있는 것은, 기존 읽기에 대한 찬반의 궤도에 있는(궤도를 벗어난), 주위를 둘러보는 신중함(circum-spection)의 정신에서이다. 맑스의 어느 대목에서 이 지렛대로 하여금 텍스트를 돌리거나 해체하도록 할 것인가? 위반 혹은 당혹의 계기는 어디인가? 지난 10년간 나의 맑스 독법에서 그러한 지렛대와 계기(개념-은유들은 불가피하게 혼합되는데)는 **가치**에 놓인다.

경제 이론에서 가치 개념의 유용성을 둘러싼 생생한 논쟁이 벌어져 왔다. 반면 맑스주의 문화 비판은 이에 대해 이상하게도 침묵을 지켜 왔다. 영국의 레이먼드 윌리엄스나 스튜어트 홀, 서독이나 미국의 비판이론, 미국의 프레드릭 제임슨이나 **사회적 텍스트** 집단, 프랑스의 알튀세주의자들이나 포스트-알튀세주의자들 중 어느 누구도 가치의 함의와 함께 작업하지 않았다. 나는 하나의 구절을 먼저 표시해 놓고자 텍스트 하나를 따로 떼어 놓는데, 의식의 역사가들(historians of consciousness)을 위해서이다. 거기서 맑스는 영국에서 외양 형식들의 발전 서사에 국한된 노동가치설에 기초

---

169. Spivak, "Ghostwriting"의 권두언을 보라.
170. "새로 태어난 독자"라는 표현은 물론 엘렌 식수와 캐서린 클레망의 책제목 『새로 태어난 여성』에서 따온 것이다. Hélen Cioux and Catherine Clemen, *The Newly-Born Woman*, tr. Betsy Wing (Minneapolis: Univ. of Minnesota Press, 1986). 내 글에서 이 구절을 사용한 이유는, 모델이 되는 독자로서 여성과 일반적인 새로운 읽기 정치학 사이의 관련을 강조하고 싶어서이다.

한 분석은 일반적 설명 모델로서 한계에 부딪힐 것이며 영국의 이익을 위한 결과를 산출할 것이라고 경고한다. 그것은 『자본론』 3권에 나오는 「해외 무역」이라는 제목이 붙은 섹션이다. 거기서 맑스는 이해관계가 개입된 해외 무역 재현이 자신의 정치경제 분석이 지닌 타당성을, 특히 이윤율 저하 경향에 대한 주장의 타당성을 폐기하는 것 같아 보이는 경위를 입증한다. 그러한 맑스를 이해하기 위해 이 섹션 전체는 읽을 만한 가치가 있다. 여기서는 비밀스런 두 문장이 이정표(place marker)로서 봉사해야 할 것이다. "더 높은 이윤율에 의해 올라가는 일반적 이윤율은 해외 무역, 특히 식민 무역에 투자하는 자본에 의해 만들어지는가? … 그러나 우리가 화폐형태를 떠나자마자 이 유사성은 사라진다." 그러므로 다음 문장은 우연한 중요성 이상을 지닌다. "우리는 영국 이율을 인도 이율과 비교하면서 예컨대 영국 국립은행의 이율을 취해서는 안 되며, 내수 산업에서 작은 기계를 소생산자들에게 대여할 때 사람들에게 물리는 이율을 취해야 한다."[171] 이러한 제안은 전 지구적 문화연구와 (포스트식민적) 민족 문화연구의 관계를 건드리지 않은 채 여행[172]할 것이다.

"우리가 화폐형태를 떠나자마자"라는 부사절에 잠시 멈추어보자.
『자본론』 2권에서 맑스는 산업자본을 다음과 같이 정의한다.

그 총체적 회로(circuit)의 여정 중에 [화폐자본, 생산자본, 상품자본] 형식들을 가정하고 나서 다시금 던져 없애버리며 각 형식 속에서 그에 상응하는 기능을 완수하는 자본 … 모든 특정한 회로는 (암묵적으로) 다른 회로들을 전제할 뿐만 아니라 … 하나의 형식 속에서 일어나는 회로의 반복은 다른 형식들 속에서

---

171. Marx, *Capital* 3: 344-347, 732.
172. [옮긴이] 이론의 여행을 가리키며 하나의 거대담론이기를 거부하고 세속 세계에서 계속 움직이며 다른 이론들과 영향을 주고받는다는 에드워드 사이드의 용어이다. 그러나 정작 사이드 자신은 이 이론의 여행에서 만나는 페미니즘을 무시하고 지나쳐 버린다. 이것은 여기서 스피박이 비판하는 문화연구 진영의 면모와 좀 다른 측면이긴 하지만 일맥상통하는 점이 있다.

의 회로의 명세 사항들을 포함한다. 그래서 전체적 구분은 자체를 순수하게 형식적인 것으로 재현한다. … 자본의 회로는 끊임없는 중단 과정이다. … 이 단계들 각각은 다른 것을 조건지을 뿐만 아니라 동시에 그것을 배제한다.173

이렇게 회로들 중 유일한 하나를 경유하여 산업자본을 이해하는 것은 불완전한 만큼이나 부정확하다. 이 점을 염두에 두고서 화폐자본의 회로에 대해 몇 마디 말해 보겠다.

이 특정한 회로에 대한 맑스의 섹션 전체는 화폐와 화폐자본이 동일한 것이 아니라는 점을 강조한다. 하지만, 둘 다 화폐-형태 속에 있기 때문에 부르주아 경제학자들은 이러한 사실을 덮어 가린 채 산업자본을 단순히 화폐의 신비한 재생산으로 재현하기가 쉽다.174 이것이 화폐자본의 합리적 복잡성 때문에 화폐자본의 경우에 맞는 말이라면 "해외 무역"의 경우에는 어떻게 될까. 맑스는 자신의 경우를 노동력의 가치-크기(value-magnitude)에 국한시키고 있다. 하지만 "해외 무역은 … 가변자본[노동력]이 전환되어 들어가게 되는 필수적인 생계수단의 값을 싸게 한다"와 "노예와 쿨리(coolie) [인도·중국 등의 하급 노무자]의 사용 등"과 같은 구절은 우리로 하여금 다음을 시사함으로써 맑스의 분석을 대리보충하게끔 해준다. 즉, 특히 "식민무역"인 해외 무역 분야에서 설명 모델로서 "화폐-형태"가 특별히 오도되는 이유들 중 하나가 "특권적인 나라"의 사회적 생산성에 상대적인 "총체적 혹은 확대된 가치형태"가 식민지에서 여전히 작동하고 있기 때문이라고 시

---

173. Marx, *Capital* 2: 133, 181, 182. 수정된 번역임.
174. 데리다가 이러한 견해를 고수하자고 주장한다는 점이 나로서는 놀랍다. (데리다가 문자소학 [graphematics]을 강조함으로써 위대한 구술 문화를 욕보인다고 생각하는 사람들이 있다. 나는 계속 다음 생각이 든다. 나도 그들처럼 놓치고 있는 요점, 입 밖에 내지 못한 어떤 철학적 요점이 분명히 있을 게 틀림없다고 말이다.) 예를 들어, 아리스토텔레스에서 나오는 이재학(chresmatics)과 플라톤에서 나오는 그것의 초기 대응물을 진지하고 완벽한 경제적 설명으로서 논의하는 Derrida, *Given Time: I. Counterfeit Money*, tr. Peggy Kamuf (Chicago: Univ. of Chicago Press, 1992), pp. 157-159 참조.

사한다. 내가 어디에선가 논의했던 대로, "아무 연관 없고 불일치한 가치 표현들의 끝없는 사슬들 … [혹은 시리즈]"로 구성된 이 형식은 경제적인 것과 다른 외양들에서 가치-형태의 표현들을 분석해 내는 데서는 특히 풍부한 내용을 제공한다.175 그러나 내가 『자본론』 3권에서 인용한 두 번째 구절에서 맑스는 자본을 화폐-발생으로 보는 부르주아적 설명에서도 나타나는 불일치를 견지하는 것 같다. 즉, 영국 국립 은행과 토착화폐 대여 사이의 "불일치와 연관 없음" 말이다.

우리는 가치의 화폐-형태가 총체적 혹은 확장된 형태로 비밀스레 들어오는 이 공간에서 우리 토착정보원의 시각을 그려보기 위해 가치형태들의 행진을 역사적으로 진화해 온 하나의 이야기 줄기에서부터 풀어보아야 한다. 이렇게 한다면 "아시아적 생산양식"이라는 편의상의 명칭에 부여되었던 이질적이고 불균등한 사회적 짜임새는 어떻게 파악될까. 그것은 제국적 구성체들이라는 사미르 아민의 격자를 거쳐 일반적 가치형태와 총체적 혹은 확장된 가치형태들 간의 유사한 갈등이 서로 다르게 나타나는 지점들로 보일 수 있다. 이런 지점들에서 하나의 약한 변종이 자본주의로 가는 길목에 들어선다. 맑스가 『공산당 선언』에서 규범적인 진보로 제시한 농노에서-부르주아로 라는 이야기 말이다. 제국적 몸체(body politic) 안에 있는 한 가지 약점의 결과인 자본은 약이 될 수도 있는 독이다. 자본주의가 자기 역할을 담당하는 제국적 구성체들이라는 훨씬 광범위한 각본이 있다. 그 때문에 자본주의의 외관상의 진보는 바로 화폐-회로를 경유하면서 다시 제국주의로 변형되는 데에, 즉 금융자본에 사로잡히고 만다. 오늘날 우리는 이러한 변형을 살아가고 있다. 자아와 타자, 권리와 책임이 끊임없이 밀고 당기는 관계 때문에 자본주의는 자체의 세밀한 특수성 속에서 탁해져간다. 그에 따라 자본주의가 차연에 의해 사회주의로 변형될 가능성은 멈추어 버린

---

175. Marx, *Capital* 1:154; Spirak, *Outside*, pp. 75-76.

다.176 자본주의의 현 배치구성(configuration)은 변동중인 제국주의적 구성체들의 지속적인 서사에 나타나는 해외 원조(국제 금융 기금IMF와 국제 재건 개발 은행IBRD) 및 해외 무역(관세 및 무역에 관한 일반 협정GATT, 세계무역기구WTO)에 의해 실행되는 채무-속박과 조공-체계를 갖는다. 그러한 배치구성에서 이 체계를 온몸으로 떠받치는 것은 바로 새로운 젠더화된 서발턴이다.177 이 젠더화된 여성이 서발터니티 속에 남게 될 때, 그녀의 정신을 말도 안 되는 책임 속에 묶어두어 왔던 장구한 문화구성체들은 그녀를 인식론적으로 능욕한다. 이러한 지적은 분명 우리를 이 책의 논의로부터 벗어나게 한다. 하지만, 이 젠더화된 서발턴 여성이 전 지구적으로 발전중인 원조-무역 제국주의에 맞서는 집단적 저항에 풀뿌리 수준에서 참여할 때, 그녀는 어떻게 될까. 그녀는 나름의 가치 사슬을 갖고 자체관리를 위한 지역운동들이 즉각 전 지구적인 것에 간섭하게 되는 영역 속에 있게 된다. 이 점은 언급할 만한 가치가 있다. 맑스가「해외 무역」에서 사용한 언어로 되돌아가 보자면, "내수 산업"은 영국국립은행을 문제삼아야 한다는 것 같다. 그러나 이와 대조적으로 또 역설적으로, 북에서 다문화적 정의를 위한 자의식적 "전 지구적" 노력들은 **북반구의** 국민-국가의 시민구조에 여전히 묶여 있다.

맑스의 설명에서 **"해외 무역"**은 식민지 무역이라는 맥락에서 부적합하거나 오도하는 것으로 보이는 화폐형태에 기초를 두고 있는 하나의 분석이

---

176. "자아"가 타자로부터/에게로 본원적이고(originary) 환원불가능하게 잘려 나온 "후", 이것은 두 번째 세션, 우리의 일상적 자아/타자(자본주의/사회주의)의 줄다리기, 우리 시간화의 차연이다.
177. 열광자들이 이 문구를 많이 사용한다. 내가 말하려는 서발턴은 이 사회의 기층(ground) 사람으로 이미 가부장적 실천의 희생자를 뜻한다. 우리가 세계무역을 생각하는 한, 쉽사리 반대할 수 있는 재택근무, 착취노동, 아동노동을 인용할 수 있다. 우리가 금융화로서 전 지구화로 옮아감에 따라 보편주의적 전 지구적 페미니즘은 젠더화된 서발턴이라는 신용-미끼, 즉 소위 여성들의 미시-기획(micro-enterprise)에 별다른 검토 없이 열광함으로써 제국주의를 위해 봉사한다.

다. 하지만 부르주아 경제학은 자본을 항상 화폐-형태로 설명해 왔다. 그리고 자본가에게 최고의 설명 모델이 되어 왔던 것은 바로 (화폐-형태 속에 표현되는, 가치상품이나 서비스가 아니라 자본으로서 가치의) 생산회로이다. 이 문제의 자본주의적 해결책은 전 지구의 금융화가 마침내 가능해 보이는 소련 이후의 세계에서 이 두 가지를 결합하여 맑스의 분석이 딱 들어맞는 방식으로 "식민지"를 "개발"하고 재구조화하는 것이다. 맑스 역시 자본주의적 식민주의가 아시아적 생산양식에 충격을 가하여, 일직선적 저항을 출범시킬 수 있는 규범적인 역사적 진화로 몰아가리라고 생각했다. 그러므로 맑스가 총체적 혹은 확장된 가치형태가 "결점 투성이"임을 발견했다고 해서 그리 놀랄 일은 아니다.178

  총체적 혹은 확장된 가치형태는 자본의 논리 분석을 위해서는 의심할 바 없이 결점이 많다. 하지만, 인식적 · 문화적 · 정치적 혹은 정동적 가치-생산을 읽어내려 할 때, 총체적 혹은 확장된 가치형태는 우리가 암묵적으로 인정해야 하는 형태가 된다. (내가 이 섹션을 이 책의 출간 시점에서 쓰고 있다면 주 147에서 시사했던 바를 끄집어내어 "다문화"에서 이 형식의 유용성을 지적했을 것이다. 여기서 "다문화"란 "뿌리"가 뿌리라는 "말 뜻 그대로"인 만큼 "은유적"이기도 한 라틴어 어원에 가까운 쉬바(shiva)의 의미에서 "**개발**"에 맞서 아래로부터 전 지구적으로 저항하는 "다문화"를 말한다. 이 "다문화"야말로 오늘날의 소위 급진적 비판이 폐제하는 토착정보원의 관점을 갖는다. 여기서는 전에 썼던 글을 수정하기만 한다.) 우리가 총체적 혹은 확장적 가치형태라는 개념을 필수적인 **경제적 코드화**로부터 떼어낸다면, 두 개념-은유의 가족 유사성(family resemblance), 구조적 유사성, 실로 담론적 연속성을 볼 수 있다. "가치"(혹은 값어치worth, 맑스의 저작에서는 독일어로 Wert), 푸코의 "권력", 『앙티 오이디푸스』에서 들뢰즈와 가타리가

---

178. Marx, *Capital* 1: 156-157.

말하는 "욕망"에서 보듯 말이다. 다른 예들 또한 분명히 찾아 볼 수 있다. 총체적 혹은 확장된 가치형태에서 그것의 장(field)을 구성하는 것은 바로 엄청나게 수많은 이질적 방식으로 가치를 코드화할 가능성들이다. 가치-코드화의 사슬은 유의미해지고 교환을 구성한다. 저항의 축들이 사회체 속에서 혹은 사회체로서 자체를 명료하게 드러낼 때에도 그 사슬은 퍼져 나간다. 가치가 외양의 상이한 형태들에 의해 상이하고 실질적인 내용으로 표현되는 것만큼이나, 소위 저항의 현상성도 담론구성체들에 의해 자기 존재를 가지게 되는 법이다.

『섹슈얼리티의 역사』 1장에서 푸코는 국지적(local) 초점들을 연구하는 것만으로는 권력/지식 분석에 충분치 못할 것이라 시사한다. 전반적 전략들이라는 좀더 커다란 줄기들의 궤적을 동시에 추적해야 한다. 푸코는 **법의 견지**에서 하는 권력연구의 함정을 우리에게 경고하고 있다. 푸코는 맑스를 의문시할 때 생산양식의 견지에서 수행되는 광범위한 큰 폭의 분석에 맞서는 위치에 자신을 또한 놓고 있는 것 같다. 하지만 **유럽 계몽주의와 포스트 계몽주의**라는 맥락에서 푸코 자신의 분석들은 생산양식과 사회구성체의 관계를 일반화하며 당연시하는 것 같다.[179] "가치"를 지렛대로 사용하여 맑스와 푸코를 함께 읽는다면, 전반적인 전략 분석에서 경제적인 것을 권력전략과 지식조직의 가장 중요한 비개인적 원동력으로 코드화하는 것은 사실 없어도 그만인 것이 아니게 된다.[180] 경제적인 것은 그것이 가장 추상적인 것이라는 의미에서 최종심급이다. 료타르는 "사유하기가 한 지점을 지나 다른 지점으로 가는 사이 각 지점에서 생산해 내는 견해들을 축적함으

---

179. 이러한 경향은 『감시와 처벌』과 『성의 역사』 1권의 「시기구분」(영역판 pp. 115-131)에서 모더니테에 관한 이미 암묵적인 전제를 깔고 펼치는 논의에서 가장 두드러진다. *Discipline and Punish*, tr. Alan Sheridan (New York: Pantheon, 1977); *History of Sexuality*, vol. I, tr. robert Hurley (New York: Vintage, 1990), pp. 115-131 참조.
180. "말소되는" 경제적인 것이라는 개념은 『다른 세상에서』 10장에서 논의된다. [한국어판: 가야트리 스피박, 『다른 세상에서』, 태혜숙 옮김, 여이연, 2003].

로써 사유(thoughts)의 구름을 둘러싼 총체적 지식체계를 구축할 수 있다는 발상"을 경고한다.[181] 하지만, 사유하기에 역사가나 철학자의 사유가 아닌 다른 것을 허용한다면, 경제학자/자본가의 사유하기(윤리학과 계획수립에서의 합리적 예상)에서 가장 놀라운 일이 생긴다. 정말 너무 유혹적으로 "죄악"이 자체의 조건으로 성공을 거둔다. 그것이 새로운 제국주의에 알리바이를 제공할 때조차도 그렇다.

그래서 이중적 전선을 갖는(double-fronted) 분석이라는 푸코의 개념이 "가치"를 경유하여 해체적 맑스 읽기와 절합된다면, 초국가적 문화 연구에 특히 적합하다. 그리고 내가 앞으로 계속해서 주장하겠지만, 그 역도 마찬가지이다. 광범위한 보폭에서 보면 경제적인 것은 가장 추상적이고도 합리적인 심급이다. 가시적이고 집합적인 장치들 가운데 경제적인 것이 있다. 이 장치들의 환원불가능한 구성요소들이 이질적인 권력/지식(pouvoir/savior)의 장을 이룬다. 이 권력/지식의 장에서 총체적 혹은 확장된 가치형태는 정동적으로 또 인식적으로 명명됨으로써 말소되기도 하고 드러나기도 하는 방식으로 끊임없이 코드화된다.

전 지구적인 것에 맞서는 지역적인 것, 단일문화에 맞서는 다양화된 지식이라는 바로 이 두 개의 초점이 오늘날 서발턴 여성들의 경제적 저항에서 드러난다. 나는 앞서 이 점을 시사한 바 있다. 엄격히 말해, 서발턴 여성들이 토착정보원의 관점을 공유하는 것은 아니다. 하지만 하층계급 디아스포라 여성들의 유랑민적 곤경 역시 이 두 개의 초점에서 검토될 수 있다. 경제적인 것이 전반적 전략의 장에서 가장 중요한 것들 중 하나라면, 젠더화는 지역적인 것의 확대된 형태에서 가장 중요한 것들 중 하나이기 때문이다. 인간 존재는 "섹스/젠더 체계들"의 가치-형태 속에 나타나는 성차를 가정하지 않고서는 자기 존재 자체에 고유할 수 없다.[182] 『앙티 오이디푸스』

---

181. Lyotard, *Peregrinations: Law, Form, Event* (New York: Columbia Univ. Press, 1988), pp. 6-7.

는 가치-형태 개념을 실제로 끄집어내지는 않는다. 하지만, 이 책이야말로 맑스에게서 내용 없이 즉각 코드화될 수 있는 것으로서 가치를 개념화할 이론의 가능성과 함께 작업하는 데 가장 근접하는 저작이다. 이러한 가치는 『앙티 오이디푸스』의 저자들에게서는 "욕망하는-생산"(desiring-production)이다. "가치"라는 말 자체가 엄밀히 말해 오어법적이니 "가치" 자체가 오도하는 단어이다. 그렇듯, "욕망"도 오도하는 단어이다. 이 단어에는 한편으로 철학적인 의도성에서부터 다른 한편 정신분석학적으로 정의되는 결핍에 이르는 본원적인 현상적 정열이라는 (해체)계보학적 옛말을 사용하는 (paleonymic)[183] 부담이 배여 있기 때문이다. 들뢰즈와 가타리는 기계를

---

182. Gayle Rubin, "The Traffic in Women: On the 'Political Economy' of Sex", Rayna R. Reiter, ed., *Toward an Anthropology of Women* (New York: Monthly Review, 1975), pp. 157-210. 루스 이리가라이는 성차의 윤리학을 단순한 확신을 넘어서 역설한다. 이리가라이의 성차의 윤리학에 대한 논의는 Spivak, "French Feminism Revisited" in *Outside*, pp. 163-171 참조. 성차를 가정하고 들어가는 진지한 연구는 아무래도 불편을 초래하겠지만 최소한 하나의 언어를 알아가는 것과 연루될 것이다. (이러한 입장에 대한 엘렌 루니의 논평 Ellen Rooney, "What Is to Be Done", Elizabeth Weed, ed., *Coming to Terms: Feminism, Theory, Politics* [New York: Routledge, 1989], pp. 230-239 참조.) 신식민주의에 떨어지지 않고서 젠더화에 대한 전 지구적 문화연구를 후원할 길이라곤 없다. 한 사회의 변화를 파악할 수 있게 해주는 것이 없을 때 맑스라면 "사회변화가 없다"고 진단할 수 있다. 그리고 오늘날, 좀더 제한된 문학비평 영역에서 프레드릭 제임슨이라면, "심리학주의와 사적인 주체성"에 다가가는 접근권을 유일하게 막을 수 있는 언어의 구석구석 틈새들을 감지해 내는 이점 없이는 "심리학주의와 사적인 주체성"에 다가가는 접근권이 "거절된다"고 진단할 수 있다.
183. [옮긴이] paleonymy, (해체)계보학적 옛말 사용, 옛 명칭을 고수하려는 것 혹은 옛 명칭으로 돌아가려는 것을 말한다. 『그래머톨로지』에서 데리다는 'paleonymy'란, 예컨대, '대리보충' '글쓰기' '차연' 등의 새롭거나 수정된 개념을 위해 옛 명칭을 사용하는 것이라고 한다. 다시 말해, (해체)계보학적 옛말사용이란 특정 단어의 의미에 근본적 치환이 이미 일어나 그 단어가 사용되어 온 역사 속에서 변형된 함축의미들이 접목되고 있는데도 고어를 계속 준수하는 것을 뜻한다. 한 기호가 사용되어 온 용법들에는 역사가 있기 마련이다. 따라서 한 기호에 누적된 (해체)계보학적 부담이 그 기호의 의미를 중층결정한다. 데리다는 「서명 사건 맥락」(『철학의 여백』 영역판, p. 328)에서 "글쓰기에 대한 고전적 '철학적' 서구적 등의 개념에 일반적 치환이 일어났는데도, 잠정적으로 또 전략적으로 옛 명칭을 고수하려는 것은 필수적인 것 같다. 이것은 (해체)계보학적 옛말사용의 전체 논리를 함의한다. … " 여기서 주목할 점은 옛말의 고수가 기호학적 언어이론보다는 수행적 이론과 관련된다는 점이다. 따라서 해체란

인간적인 것을 정의하는 술어로 설정함으로써 오어법적인 것을 슬쩍 피해 가려고 한다. 이러한 태도는 사용가치든 교환가치든 간에 가치의 양이 측정될 때마다 추상적인 평균노동 운운하던 맑스의 주장과 비교될 수 있다. 이는 대부분의 독자들에게 대항직관적인(counterintuitive)인 지점이라고나 할까.

맑스를 다시 읽어내는 들뢰즈와 가타리를 놓고 더 확장된 논의를 하는 것은 여기서는 적절치 않을 것이다. 간략하게 말해, 이들이 시사하는 바는 다음과 같다. 첫째, 코드(의 생산)가 교환(의 생산)보다 더 중요하다는 것이다. 내가 평가하기로, 이는 교환을 추상적으로 계산하는 것이 경제적인 것에서만 가장 그럴 듯하고 중요하기 때문이다. 둘째, 들뢰즈와 가타리는 욕망하는-생산과 사회적-생산의 관계를 계산할 수 없는 것으로 두면서 (분석을 위해 불가피하기는 해도) 이 두 가지 생산에 우선권을 부여한다. 셋째, 그들은 기관 없는 신체(body without organs)[184]라는 명명을 욕망하는-생

한 기호에 있게 되는 계보학적 옛말사용의 부담이 어떻게 현재 그 기호의 의미를 중층결정하는가를, 즉 '흔적'을 엄밀하게 추적하려는 시도이기도 하다. 니체의 용어로 말하자면, 기호의 계보학 같은 것이다.

184. [옮긴이] 들뢰즈와 가타리가 『앙티 오이디푸스』에서 제출한 개념이다. 그들에 따르면, 욕망이란 항시 신체와 연결되며 일사불란한 통일성을 갖춘 그런 조직화/기관화되는 고통에 시달리도록 한다. 기관 없는 신체는 기관화되지 않은 신체로서 욕망이 신체 위에 등록되지 않은 상태(따라서 그 강도는 0이다)이고, 욕망이 등록되지 않았으니 신체의 기관은 자신들에게 부여된 역할을 수행할 리 만무하다. 기관 없는 신체란 비생산적인 것이며, 불모의 것이며 소모될 수 없는 것이다. 따라서 욕망하는 기계들과 기관 없는 신체 사이에 명백한 갈등이 발생한다. 기관 없는 신체에 욕망이 등록되어야 기관 없는 신체(미분화된 흐름을 설립하는)는 유기체가 된다. 흔히들 '1차적 억압'이라 부르는 것은 바로 욕망하는 기계에 대한 기관 없는 신체의 저항 또는 반발을 가리킨다. 욕망하는 기계는 기관 없는 신체에 개입하려 하고 기관 없는 신체는 이에 반발한다. 편집증이란 신체가 욕망하는 기계에 반발하는 경우이며, 이탈적 종합(disjunctive synthesis)이란 욕망의 흐름·흘러넘침이 신체에 등록되는 과정을 지칭하는 말이다. 비생산적인 것인 기관 없는 신체는 욕망의 생산의 전 과정이 등록되기 위한 표면으로서 기능한다.[이러한 '기관 없는 신체' 개념을 페미니즘 입장에서 비틀어 섹슈얼리티와 재생산, 장기 기증에 내포된 담론적 정치적 문제들, 첨단 의학을 통해 점점 시각화되는 여성, 태아의 몸을 「신체 없는 기관」이라는 제목으로 중점적으로 거론하는 글로는 브라

산이 하나의 코드로 부상하는 공학의 일부라고 생각한다. 그리하여 이들의 책에서 **자본**뿐만 아니라 **자연** 또한 이름 자체로서 "생산된다."

욕망하는-생산과 사회적-생산의 코드화 내부에서는 사회적-생산이 욕망하는-생산에 앞선다고 확실하게 가정될 수 있다. 맑스는 그러한 코드화 내부에서 글을 쓰면서 이데올로기에 대한 자신의 전체 비판의 토대를 "자본주의적 존재 … 라는 기관 없는 신체인 **자본**"에 둔다.[185] 그러나 자본의 반대 항, 인간-이기의 한계들, **자유의 영역**, 유적-생명은 "자연이 인간이라는 기관 없는 거대한 신체가 되는" 곳이다. 들뢰즈와 가타리에게 이 곳은 "전체 신체는 … 대지의 신체, 전제군주의 신체, 혹은 자본이 될 것"[186]으로 해석될 수 있다. 우리가 도처에 있는 모든 욕망하는-기계들의 효과들을 무엇 — 자본, 자연, 전제군주 — 이라고 부를 즈음, 접근할 수 없는 많은 코드화가 이미 발생해 버렸다. 데리다를 인용해서 말하자면, 접근할 수 없는 이것은 모든 결정(decision)이 잘라내어야만 하는 결정할 수 없는 것(the undecidable)이다.[187] 물론, 자본, 전제군주, 혹은 자연이라는 이름 사이에는 엄청난 정치적 차이가 있다.

이도티의 『유목적 주체』(박미선 옮김, 여이연, 2004) 1장을, 남성이론가들의 '되기'와 '여성-되기" 개념에서 여성은 단지 은유로서 동원되고 있으며, 가장 근본적인 축인 성차가 여러 차이들 중 단지 한 차이로만 인식되고 있다고 비판하면서, 철학 담론 안에 성차를 적극적으로 또 긍정적으로 각인해야 한다고 시사하는 글로는 앞의 역서 제5장 참조.

185. Deleze and Guattari, *Anti-Oedipus*, p. 10.
186. 주 134에서 인용된 맑스의 구절은 *Early Writings*, p. 328에 있다. 들뢰즈와 가타리를 인용한 부분은 앞의 책, p. 10.
187. "Force of Law", pp. 963-965. 죽은 이후에 인간의 죄의식을 판단하는 데서 결정할 수 없는 것을 이렇게 시인하는 태도는 폴 드 만의 전쟁시기 저작들과 하이데거의 정치학을 둘러싼 유달리 오래 끌었던 논쟁에서 지지자나 반대자 모두에게 불편함과 겉치레의 진지함을 생산했다. (Derrida, *Mémoirs for Paul de Man*, tr. Cecile Lindsay et al. [New York: Columbia Univ. Press, 1986]; *Of Spirit: Heideggar and the Question*, tr. Geoffrey Bennington and Rachel Bowlby [Chicago: Univ. of Chicago Press, 1989] 참조. 하이데거에 관한 나의 논의는 "Responsibility", *boundary* 2 21.3 [Fall 1994]: 19-49 참조.) 데리다가 자신이 말한 바를 억지로라도 행해야 한다는 점은 이 텍스트들에서 매우 주목할 만하다.

『앙티 오이디푸스』의 부제는 "자본주의와 분열증"이다. 제도적 정신분석학에 대한 이 책의 비판은 최소한 맑스 다시 읽기만큼 중요하다. 제도화된 정신분석학 비판은 다음과 같이 간략하게 말할 수 있다. 즉, 의사(擬似)현상적 방식들로 얽혀 있는 욕망하는-생산/사회적-생산이야말로 가치-코드화의 총체적 혹은 확장된 장(후에 이것은 리좀[rhizome][188]같다고 불리는데)이다. 정신분석학은 이 장을 취하여 그것을 가치의 일반 형태에 종속시킨다. 이는 다시 정동적/인식적 코드화의 일반적 (보편적) 등가 체계로 이끈다.

이러한 충동과 모든 경제적 현상을 화폐-형태로 설명하려는 부르주아 경제학자들의 욕망 사이에 관계 같은 무엇인가가 있을까? 정신분석학의 유혹은 화폐-형태의 유혹, 즉 "결함 없는" 독해 장치와 비슷할까? 그 가능성은 식민, 포스트식민, 이주, 해방 이후 담론들에 적용될 때 특히 골칫거리가 된다. 우리가 문학 및 문화 비판에서 분류학적 기술실천(descriptives)을 생산하려고 정신분석학을 사용할 때, 사라져버리는 것은 실천영역이다. 이 영역은 책임 있는 행동에서 정신분석학의 전제들을 끈질기게 규범화한다. 그 때문에 정신분석학의 가능성은 골칫거리가 된다. 달리 표현하자면, 전이와 역전이가 오락가락하는 가운데 박히는 정신분석학에 있는 윤리적 계기의 변동하는 역학은 바로 이러한 이론적 행위 속에서 텅 비어지게 된다.

---

188. [옮긴이] 들뢰즈가 『천 개의 고원』에서 말한 바 있는 '리좀'은 철학, 과학, 윤리학을 나무에 비유하여 위계적으로 분류한 데카르트에 대한 비판에서 출발한 형상화이다. 데카르트의 나무 모델에서 복수적인 것들은 항상 동일자(the One)의 파생물들일 뿐이다. 모든 것은 동일자가 세운(세웠다고 믿어지는) 목적을 향해 간(가야 한)다. 모든 것이 동일자로 귀결된다면, 차이, 복수성은 애초부터 또 궁극적으로 부정되는 셈이다. 이런 점에서 차이를 인정하는 것처럼 보이는 다원론 역시 이원론의 논리적 변형판일 뿐이다. 이를 비판하는 들뢰즈는 리좀은 동일자가 빠진 n-1차원을 이룬다고 논한다. n-1차원이란 동일자를 뺀 세계, 근대적 (대문자) 주체와 역사의 종국적 목적을 뺀 세계이다. 동일자로서 대문자 주체를 삭제한다는 점은 들뢰즈의 탈형이상학적 관점을 분명히 드러낸다. 들뢰즈의 리좀은 개별의 특이성과 복수성을 옹호하고자 하는 형상화로서, 뿌리줄기처럼 퍼져 나가는 차이들이 위계적 구조가 아닌 연속성의 면 위에서 부단히 연접·이접할 때 그 역동적 복잡성을 형상화한다.

서발턴은 "치료"되리라는 희망을 갖고 이론가를 향해 한 발짝도 다가서지 못한다. 문화비판에서 인지가능성(intelligibility)을 제쳐두면, 집단적 분류학적 기술로서 정신분석학의 윤리-정치적인 의제는 무엇이란 말인가?

들뢰즈와 가타리는 거대한 재배치 기획을 견지하면서 **아시아적 생산양식**을 짤막하게 언급한다. 이 부분은 비전문가들에게는 놀라운 정도로 혁신적이다. 나는 거기서의 본격적인 요점들 중 몇 개를 도식화하여 설명해 보겠다.

들뢰즈와 가타리는 세계사를 **미개**, **야만**, **문명**으로 나누어 설명한 모르간-엥겔스의 틀을 별다른 의문 없이 받아들인다. 그 때문에 두 이론가의 독법이 지닌 신선함은 더욱더 놀라운 것이 된다. 그들은 야만적 구성체를 기술하면서 기성 판본의 **아시아적 생산양식**에 결여되어 있는 리듬의 유동성과 변화의 장소를 맑스적 아시아적 생산양식에 놓음으로써 맑스를 부드럽게 다시 쓴다. "**아시아적 생산에 대한 맑스의 정의는 정확하게 바로 다음과 같은 방식을 따른다. 즉, 국가는 착수된 위대한 기획들 속에서 생산력을 국가에 위임하는 외관상 객관적인 운동과 일치함으로써 땅의 진정한 소유자가 되며 스스로를 전유의 집단적 조건들의 원인으로 나타나도록 한다. 그러는 동안, 국가의 좀더 고차원적인 통일성은 땅(soil)의 소유권을 지닌 원시적인 시골 공동체들의 기반 위에 자체를 확립한다.**"[189]

들뢰즈와 가타리는 사회체를 재코드화(재영토화)의 표면으로 본다. 그 때문에 그들은 진화주의적 모델을 뒤집고 원인으로서-**전제군주-혹은-국가**를, 자본이나 자연만큼이나 원인으로서-전체-신체에-대한-하나의-명명으로 읽어낼 수 있다. 사회의 평균적 구성원의 관점에서 보면, 진화적 모델은 아무리 소박하게 본다고 해도 이데올로기적이다.

다시금, 들뢰즈와 가타리는 **아시아적** 양식을 다리가 없는 혹은 다리를

---

189. Deleuze and Guattari, *Anti-Oedipus*, p. 194.

놓을 수 없는 만(灣)이라기보다는 끊임없는 연결의 장소로 볼 수 있다. 그들은 욕망하는/사회적 생산을 기적 같이 만드는 위대한 서사들과 충돌하는 일상의 코드화와 재코드화로 (혹은 동시에 반대로) 보기 때문이다. 양편 모두 거기에 개입된다. 둘 다 조각들로 짝 지워진 기계들에 파편적으로 또 이접적으로 얽혀 있으며, 이 기계들 중 "인간" 기계와 얽혀 있기 때문이다.

> 전제 국가는 … 새롭게 탈영토화된 전체 신체를 형성한다. 다른 한편 그것은 옛 영토들을 유지하며, 이 영토들을 새로운 기계에 있는 생산의 부분들 혹은 생산 기관들로 통합한다. … 국가는 하나의 시작과는 혼동되지 않을 본원적인 추상적 본질이다. … 하부집합체, 즉 원시적 영토 기계들은 구체적인 것 자체이다 … 하지만, 여기서 그것들의 선분들은 본질에 상응하는 관계들 속으로 진입한다.190

들뢰즈와 가타리는 아시아 전문가가 아니다. 그러나 내 판단으로는 그들은 가치-생산 및 코드화에 대한 폭넓은 직관을 전 지구성 연구에 적용해 왔기 때문에, 코드화의 "행위자들"로 가득 찬 "제3세계" 접근법을 암시할 수 있다. "경제적 변화는 없고 오로지 정치적 변화만 있다"고 했던 맑스의 언급으로부터 외쳐 나오는 머나먼 절규랄까. 정치적 변화만 있는 곳에서 동일자의 회로 속으로의 잔혹한 삽입을 위해 행동·교섭 능력은 식민지 개척자에게 양도된다. "이런 관점에서 보면, 커다란 변화라곤 없다. 그 때 국가는 국가와 구별되는 지배계급의 사적 소유를 보증하는 것 말고는 더 이상 아무 일도 하지 못한다."191 들뢰즈와 가타리에게 쟁점 혹은 목적은 그저

---

190. 앞의 책, pp. 198-199. 끊임없는 연결점들의 장소로서 오스만 "전제" 국가에 대한 논의로는 Spivak, "Scattered Speculations on the Question of Cultural Studies", *Outside*, pp. 263-266 참조.
191. Deleuze and Guattari, *Anti-Oedipus*, p. 196.

자본주의의 등장이 아니다. 그 때문에, 이런 관점에서 보면, 아시아적 생산양식과 유럽 봉건주의 사이에 커다란 변화라곤 없다. 물론 하나의 차이가, 차이들의 합주가 있기는 하다. 하지만, "전제적 기계는 원시적 기계와 공통되게 이 차이를 억제하고 … 탈코드화된 흐름들에 대한 두려움"을 억제한다.[192] 우리는 이러한 논의에 따라 자본주의 역시 이것을 두려워하며 정신분석학이 이 두려움을 완화하고자 발흥한 것임을 보아 왔다.

게일 러빈의 경우, 맑스를 따라 우리가 불러온 총체적 혹은 확장된 가치 형태를 평가하게끔 하는 것은 바로 사회에서 여성은 이질적으로 구성된다는 확신이다. 이는 퍽 인상적이다. 러빈이 일반적 (보편적) 등가 체계인 정신분석학과 구조주의 인류학을 설명 모델로서 상당히 많이 믿고 있기 때문이다.

러빈은 섹스/젠더 체계들의 다형(多型) 코드화를 "정치경제"라 부른다. 가치의 경제적 코드화는 가치-이론에서 추상화라는 지배적 입장을 갖는다. 그 때문에, 추상화와 단성성(單聲性)을 문제삼는 입장은 가치의 경제적 코드화라는 이름으로부터 떨어져 머물기를 원할 법하다. 러빈의 글과 같은 논문은 출판되자마자 미국 및 대서양 페미니스트 전체 세대로 하여금 섹스/젠더를 이질적인 코드화 체계들의 조건이자 효과로 인식하도록 했다. 그러므로 러빈이 휴머니즘적 개인주의의 틀과 전제들 내부에 남아 있더라도 맑스의 가치-사상을 새로운 읽기 정치학으로 밀고 간 사상가들에 속한다고 봐야 한다. 그녀의 글에서 다소 징후적인 문제를 지적해 보자면, 그것은 공동 투쟁의 정신 속에 있다고 할 수 있다.

내가 이미 지적했다시피, 러빈은 정신분석학과 구조주의 인류학에 확신을 갖고 있다. (페미니즘에 의해 변형된) 이 새로운 도구들을 가지고 그녀는 여성의 역사(herstory)를 역사(history)와 절합한 엥겔스의 논의를 활짝

---

192. 앞의 책, p. 197.

열어젖히고 싶어 한다. 그녀는 두 새로운 분과학문에 적합한 행동의 장으로 정신분석학을 선택한다. 반제국주의 논의 내부에서 내가 얼마간 해석할 수 있을 만하게 보이는 것은 바로 그러한 그녀의 선택이다. 제임슨의 논문 「제3세계 문학」에서 가장 문제적인 것이 시인되지 않은 그러한 판본이라고나 할까. 우리에겐 정신분석학(현재 있는 대로), 그들에겐 인류학(제임슨에게서의 민족주의 같은) 말이다. 요하네스 패비언이 지적한 바 있듯, 인류학자에게 "공간상의 [분산(dispersal)은 … 직접적으로 … 시간상의 연속을 … 반영한대할 수 있다."193 (이 책의 3장에서 나는 규율적인 심리전기 연구를 제안할 것이다.) 러빈은 정신분석학과 인류학에 기능들을 할당한다. 그러는 가운데 러빈은 장-프랑소와 료타르, 로버트 모리스, 레비-스트로스(이 책의 4장에서 이들 모두에 대해 논의할 것이다)와 모종의 공유하는 지점을 갖는다. 실로 러빈의 책과 같은 책을 쓰는 입장에 있는 우리 대부분이 서구의 가장 세련된 사상 혹은 행동에 대한 비판이건 확증이건 그것을 위치시키기 위해 **타자**에 정적인 에스니시티를 위임하는 경향을 공유한다. 이 전적으로 유혹적인 움직임이 갖는 신기한 정치학에 맞서고 주의하는 태도야말로 우리 모두에게 필요하다. 나는 다른 글에서 이러한 경계심을 "우리가 원하지 않을 수 없는 것에 대한 끈질긴 비판"이라고 부른 바 있다. 『가족의 기원』194은 "**아시아적 생산양식**"을 당연히 주어진 것으로 취한다. 우리는 러빈의 글에서 엥겔스에 대한 페미니즘적 비판을 확보할 수는 있지만 엥겔스의 **아시아적 생산양식**을 비판하기 위한 요소들을 확보할 수는 없다. 다시금, 나는 연대의 정신에서 말하는데 러빈이 그럴 수 없는 것은 경계심의 문제다.

---

193. Johannes Fabian, *Time and the Other: How Anthropology Makes Its Object* (New York: Columbia Univ. Press, 1983), p. 12.
194. Engels, *The Origin of the Family, Private Property and the State* (New York: International Publishers, 1942).

러빈은 자기 논문 마지막 부분에서 페미니즘이 섹스/젠더 체계들을 조합하는 데 가담하는 공모성을 분석하는 자신의 방식을 활용한다면 페미니즘이 지니고 있는 오이디푸스 콤플렉스의 남성주의(masculinism)를 치료할 수 있을 것이라고 약속한다. 역설적으로 커다란 성과에 좀더 "현실주의적인"(realistic) 해체론적 접근법이라면 이러한 약속을 끈질긴 노력과 지연된 언어의 성취 속에, 단순히 미래의 "현재"가 아닌 "미래" 속에 두려고 할 것이다. 『앙티 오이디푸스』가 페미니즘을 뚫고 들어갈 수 없다면 게일 러빈은 오이디푸스와 단절될 수 없다. 바로 가까이 있는 것에 한 발은 들여놓고 다른 한 발은 밖에 내놓은 채, 이미 존재해 온 폭력구조들과 교섭하면서 작업하는 방식이 필요하다. 이러한 방식이야말로 결벽주의자가 무엇이라 주장하든 간에, 해체가 말하는 사물들이 작동하는 방식이다.

1장에서 나는 윤리(학)와 역사를 형상화하는 데서 토착정보원의 관점이 근대 대서양 전통의 중추를 이루는 일부 사상에서 어떻게 폐제되는가를 드러내기 위해 칸트와 헤겔에 나타나는 두 계기를 읽어보고자 하였다. 이 둘과 겨룰 만한 동시대인으로 맑스가 여전히 남아 있다. 그 때문에 나는 "**아시아적 생산양식**"과 "**가치**"를 중심으로 자료를 모아 살펴보고서 다음과 같이 시사한다. 한 개념의 징후성이 다른 개념의 도식을 사용하는 가운데 끈질기게 저지될 수 있으며, 역사를 윤리 속으로 삽입하고 싶어 한 철학자 칸트를 새로 읽어낼 정치학을 위한 해체적 지렛대로서 두 개념은 각기 다른 방식으로 사용될 수 있다고 말이다. 나의 일반적 노력은 이 궤적들을 밝혀내는 데서 해체의 특이한 유용성을 가시화하려는 것이다.

이러한 궤적들은 **대륙 (유럽) 전통의 마지막 세 현명한 남자들**이다. 나는 하나의 폐제를, 즉 토착정보원의 궤적을 추적하고자 이들을 사용했다. 다음에 이어지는 장들은 여성들의 텍스트들, 여성들의 삶의 편린, 여성들의 재현에 관한 것이다. 역사적 서사가 식민지에서 포스트식민지로, 전 지구성으로 옮아감에 따라, 토착정보원은 프로이트의 거부(Verwerfung)라는 개념-은유를 사용하자면 하나의 익명으로서 담론 세계에 던져진다. 우리가 우리 고유명사의 신뢰성을 주장할 수 없도록 우리 안에 거주하는 익명으로서 말이다.

2장

2장 문학

I

 약속했던 대로, 2장은 문학적 재현 상의 형상으로서 토착정보원의 변천을 다룰 것이다. 여기서 나는 철학과 문학 간의 해묵은 이항대립, 즉 철학은 논쟁을 연결시키는 반면 문학은 불가능한 것을 형상화한다는 점과 더불어 작업한다. 철학과 문학 둘 다에 토착정보원은 불가피해 보이기 때문이다. 이 대립을 고수하되, 우리의 담론이 살아날 수 있도록 하나가 다른 하나를 밀어내는 **차연**(différance)[1]으로서만 고수하겠다.
 나는 1장에서 여성이 **대가 주체**에 의해 **철학의 외부**에 놓여질 때 우연한

---

1. [옮긴이] 의미의 구성 과정에서 일어나는 차이와 연기라는 두 가지 활동을 함께 가리키기 위해 데리다가 만든 신조어로서, 현존 혹은 기원에 의해 보증되어 온 고정된 의미대신 미결정적 의미, 의미의 미끄러짐, 흔적 등 사유의 새로운 지평을 열어준다.

수사적 제스처로서 폐제되는 것이 아니라 퇴출되도록 논의되는 것이라고 썼다. 또한 나는 인종적 타자를 둘러싼 책략들은 상이하다고 썼다. 이러한 텍스트적 경향들은 기성관념들의 조건이자 효과다. 이러한 활용가능한 경향들 속에서 저항과 저항의 대상은 가장 잘 명료하게 진술되며, 주어지고 취해지는 호명을 위한 선발 장(picking field)으로서 분명하게 말해진다. 19세기 북서 유럽 부르주아 페미니즘에는 맹렬한 에너지가 있다. 국제적인 책 거래의 내부에서 책을 출간하는 여성들인 우리는 최소한 부분적으로나마 그 에너지의 상속자이다. 나는 그 에너지를 선발 장 내부에서의 저항으로 호명되어 온 것으로 파악할 수 있다. 이러한 서사들은 뭔가를 동원하기 때문에 "참되다." 페미니즘의 주체는 여성들의 정체성과/혹은 자연적·역사적·사회적·심리적 연대에 대한 사실확인적(constative) 진술 속에서 스스로를 이미 주어진 것으로 진술해야 하는 독립 선언의 수행성에 의해 생산된다. 아무리 비체계적이라 하더라도 모든 제도화에서 그렇다. 이러한 연대가 승리를 추구하는 양식으로 이루어진다면, "남성적인 것(the male)을 해체하기보다는 여성적인 것(the female)을 찬양하고" 싶어 하기 마련이다.2 하지만, 이러한 찬양의 주체, 독립 선언의 주체는 어떤 여성이란 말인가? 만일 이 주체가 우리가 해체하기를 거부하는 바로 그 남성들과 암묵적으로 공모하는 결과를 수반한다면, 끈질긴 비판이 요구될 것이다.3 법이 스스로의 위반에 의해 제정된다고, 사소한 친밀성이 19세기 페미니즘과 제국주의 공리간의 관계라고 말하는 것은 뻔한 소리다.

그동안 나는 여성 글쓰기, 여성적인 것을 찬양하는 남자들, 내용과 수사학상 제국주의를 비판하는 여자들과 남자들의 글을 읽으면서 익히 알려진 서사를 되풀이해왔던 것 같다. 북서 유럽의 남성 철학자들이 위로부터든

---

2. Review of Shari Benstock, *Women of the Left Bank*, *News from Nowhere* 6 (Spring 1989): 64.
3. 비슷한 주의를 주는 논의를 보려면 Ifi Amadiume, *Male Daughters, Female Husbands* (London: Zed, 1987), p. 9.

아래로부터든 북서 유럽의 주체를 "동일자"로 확립하기 위해 "토착정보원"을 폐제했다는 서사 말이다. 페미니스트 학자들이 봐도 책을 출간하는 여자들은 상당히-비슷하지만-토착민은-아닌(not-quite-not-native) 정보원들이다. 출판하는 여성들이 지배 "문화" 출신일 때 그들은 때로 남성 저자들과 함께, 덜떨어진 "타자"(종종 여성)를 창조하는 경향을 공유한다. 이 "타자"는 토착정보원이 아니라, 북서 유럽의 주체를 다시 한번 "동일자"로 확립해주는 물질적 증거의 한 편린이다. 이러한 텍스트적 경향들은 기성관념들의 조건이자 효과이다. 그렇지만 우리는 모든 조짐에 맞서 그러한 거래가 영원히 수행되지는 않는다는, 내부로부터의 저항이 가능하다는 희망 속에서 글을 써야 할 것이다.

우리가 저항하기 위해서는 자신에게 상기시켜야 할 점이 있다. 영국의 사회적 사명이라 이해되는 제국주의가 영국인들에게 영국의 문화적 재현의 중요한 일부였음을 기억하지 않고서 19세기 영문학을 읽어내기란 원칙적으로 가능하지 않다는 사실 말이다. 문화적 재현의 생산에서 문학이 차지하는 역할은 무시되어서는 안 된다. 내가 처음 이런 단어들을 썼을 때만 해도, 이렇게 분명한 두 "사실들"이 19세기 영문학 읽기에서 확실히 소홀하게 여겨졌다. 오늘날 이와 대조적으로, 소위 포스트식민주의 페미니즘의 한 분파는 모종의 나르시시즘에서 이 사실들을 주장한다. 이것 자체가 좀 더 현대적인 형식으로 치환되고 분산된 제국주의 기획의 지속적인 성공을 증명한다.

2장을 처음 쓸 무렵 우리 중 일부는 희망했다. 영문학 연구뿐만 아니라 위대한 제국주의 시대의 유럽 식민 문화가 낳은 문학연구에서 이러한 "사실들"이 기억된다면, 한때 "제3세계"라 불릴 수 있었던 것의 "세계구획"(worlding)[4] 서사를 문학사에서 생산할 수 있기를 말이다. "제3세계"는 제2**세계**를 불균등한 설명 구도 속에 집어넣으며 지금은 점차 "**남**"이라 불리고 있다. 그러한 사건 속에서 현 국면은 "문화주의적" 지배소(a "culturalist" dominant)를 생산한다. 여기서 옛 제3세계는 착취당했지만 재발견되고 해석되며 영어/프랑스어/독일어/네덜란드어로 번역되어 유통되기를 기다리는, 손이 닿지 않은 풍부한 문학적 유산들을 지닌 머나먼 문화들로 여겨진다. 또한 그것은 초국가적 문화교환의 증거를 제공하는 "남"의 부상을 전달할 문화들로 여겨진다. "문화주의적" 지배소는 이러한 관점을 함양하는 데 전적으로 고심하는 것 같다.

부상중인 관점인 페미니즘 비평이 제국주의 공리를 재생산할 때 특히 불행한 일로 보인다. 유럽과 영미 진영에서 페미니즘 주제의 문학을 고립주의적으로 존경하는 태도가 고급 페미니즘적 규범을 설정한다. 그것은 "제3세계" (이 용어는 점차 굴욕적으로 "부상하는" 중이다) 문학에 대한 정보-검색 접근법에 의해 지원되고 작동된다. 이 접근법은 자의식적 올곧음을 갖고 고의적으로 "비이론적인" 방법론을 종종 차용한다.

나는 소련해체 이후의 세계에서 나타나는 이러한 현상에 대해 길게 쓴 바 있다. 2장에서 나는 19세기 문학에 나타난 이 현상의 전조를 검토한다. 나는 비평적 친밀성을 갖고 초기 텍스트들을 다시 그려보기 위해 사례 변화에 착수한 두 편의 20세기 텍스트를 고려한다. 앞에서 말한 편력의 궤도를 벗어나 있는 포스트식민 작가를 훑어보는 것은 좀 비대칭적인 일이기는 하다.

첫 번째는 페미니즘이 가장 찬양하는 텍스트인 『제인 에어』5이다. 이 소설의 범위를 짚어보고 그 구조적 동력을 파악하고 위치시켜 보자. 그런 다음 『드넓은 사가소 바다』를 『제인 에어』의 재각인으로, 『프랑켄슈타인』을 『제인 에어』와 같은 "세계구획"에 대한 하나의 분석, 나아가 해체로 읽어보

---

4. [옮긴이] 서구 제국주의가 전 세계의 영토를 서구중심적 관점에서 구획하고 이름 붙여온 것을 가리키는 용어.
5. Charlotte Brontë, *Jane Eyre* (New York: n.p., 1960). 앞으로 *JE*로 줄여서 쪽수만 표시함.

자.6 리스와 셸리는 제재와 수사 둘 다에서 제국주의 공리를 비판한다. 마하스웨타 데비의 「프테로닥틸, 퓨란 사하이, 피르타」는 제국주의 공리를 포스트식민 담론 속으로 치환시킨다.

내 연구의 대상이 "저자"가 아니라 출판된 책이라는 점은 언급할 필요조차 없다. 저자와 출판된 책을 구분하는 것은 물론 해체의 교훈을 무시하는 짓이다. 1장에서 지적한 대로, 해체적인 비판적 접근법의 한 종류는 책의 장정을 느슨하게 하고, 말로 된 텍스트와 "샬롯 브론테"라는 이름을 지닌 주체의 전기 사이의 대립을 해제하며(undo), 이 둘을 서로의 "글쓰기 장면"으로 본다. 이런 식의 읽기에서 자체를 "나의 삶"으로 써내려 가는 그 삶은, 샬롯 브론테라 이름 붙여진 삶의 주인이 쓴 책, 즉 진정하게 "사회적"인 것으로 종종 인식되는 출판 및 배본의 세계로 건네진 책만큼이나 심리사회적 공간(다른 이름들이 발견될 수 있는)에서의 생산물이다.7 그러나 브론테의 생애를 이런 식으로 다루는 것은 여기서는 너무 위험부담이 크다.8 대신

---

6. Jean Rhys, *Wide Sargasso Sea* (Harmondsworth: Penguin, 1966). 앞으로 이 작품에서의 인용문은 *WSS*로 줄여서 쓰고 괄호 안에 쪽수만 표시함. Mary Shelley, *Frankenstein; or, The Modern Prometheus* (New York: New American Library, 1965). 앞으로 이 작품에서의 인용문은 *F*로 줄여 쓰고 괄호 안에 쪽수만 표시함. Mahasweta Devi, "Pterodactyl, Puran, and Pirtha", *Imaginary Maps, tr. Spivak* (New York: Routledge, 1994), pp. 95-196(이 작품에서의 인용문은 *IM*으로 줄여 쓰고 쪽수만 표시함). "세계구획"은 Martin Heideggar, "The Origin of the Work of Art", David Farrell Krell, ed., *Basic Works: From Being and Time (1927) to the Task of Thinking (1964)* (San Francisco: Harper, 1993), pp. 137-212 참조. 텍스트를 만들어 가는 데서 생기는 갈등의 윤곽들은, 그 텍스트가 예술작품인 한에서 텍스트 속에 세팅되거나 설정된다는 하이데거의 관념이 여기서 유용하다. 앞에서 언급한 텍스트들로 내가 할 작업은, 해체를 작업하기 위한 배경 설정 setting-to-work 양식이 하이데거의 예술 특권화를 재각인하는 방식이라는 나의 인식에 분명히 영향 받고 있다(부록 참조).
7. 이 점에 대해서는 나의 글 "Unmaking and Making in *To the Lighthouse*", *In Other Worlds*, pp. 30-45 참조.
8. 1장에서 "한 생애", "한 고유명사의 신뢰성"에 대한 해체적 접근에 대해 논의했다(주 94 참조). 브론테의 생애는 다소 상이한 전제들과 더불어 작동되어 왔고 계속 작동중이다. 다음 책들을 참조하라. Rebecca Fraser, *Charlotte Brontë* (London: Methuen, 1988) and *The Brontës: Charlotte Brontë and Her Family* (New York: Crown, 1988); Lyndall Gordon, *Charlotte*

우리는 미국 페미니즘이 성취한 중요한 이점들을 잃어버리기를 바라지 않으면서 좀더 보수적인 접근법 속에 피신해야만 한다. 이 접근법은 책과 저자, 개인과 역사라는 수상스런 이항대립에 계속 명예를 부여할 것이다. 그러면서 여기서 나의 읽기는 개인 예술가의 탁월함을 침해하려는 것이 아니라는 확신을 갖고 시작한다. 이러한 읽기는 조금만 성공을 거두더라도 역사의 제국주의적 서사화에 반대하는 분노를 유발할 터이다. 왜냐하면 그 읽기는 우리가 찬양하려고 하는 여성에게는 비천하기 짝이 없는 각본을 생산하기 때문이다. 내가 확신 운운하는 것은, 단순히 페미니즘적 개인주의를 본연의 페미니즘으로 정전화하기보다 페미니즘적 개인주의를 그 역사적 결정 속에 위치시킬 수 있는 약간의 여유를 내게 허용해 주도록 하기 위함이다.

동조적인 미국 페미니스트들은 제인 에어의 주체성에 내가 공정치 못하다고 지적해 왔다. 이에 대해 아마 한마디 설명이 필요하리라. 내 전제의 큰 줄기를 이야기해 보자면, 제국주의 시대의 페미니즘적 개인주의에 관건이 되는 것은 바로 인간 존재의 형성인데 주체를 개인으로서뿐만 아니라 "개인주의자"로서 구성하고 "호명"한다는 점이다.9 이 문제는 육아와 영혼-

---

Brontë: *A Passionate Life* (New York: W. W. Norton, 1995); Elizabeth Cleghorn Gaskell (1810-1865), *The Life of Charlotte Brontë*, ed. Alan Shelston (Harmondsworth: Penguin, 1975)는 사랑스럽고 여성적이며 에로틱한 동시대인이 쓴 브론테 전기이다. Margot Peters, *Unquiet Soul: A Biography of Charlotte Brontë* (Garden City, N.Y.: Doubleday, 1975); Tom Winnifrith, *A New Life of Charlotte Brontë* (Basingstoke, Hampshire: Macmillan, 1988). 지칠 줄 모르는 험프리 워드(Humphrey Ward) 여사가 1899년에 시작해서 1929년까지 작업한 책인 *The Life and Works of Charlotte Brontë and Her Sisters* (London: John Murray, 1920-1922)에는 상당히 많은 편지가 수록되어 있다. 우리가 할 수 있는 모든 것은 앞으로 이어질 지면에서 이 소설에 나타나는 폐제의 구조를 지적하는 것이다.

9. 항상 하던 대로 나는 루이 알튀세에게서 차용한 공식을 사용한다. Louis Althusser, "Ideology and Ideological State Apparatuses (Notes Towards an Investigation)", *Lenin and Philosophy and Other Essays*, tr. Ben Brewster (New York: Monthly Review Press, 1971), pp. 127-186. 개인과 개인주의의 정확한 차이에 대해서는 V. N. Volosinov, *Marxism and the Philosophy of Language*, tr. Ladislave Matejka and I. R. Titunik (New York: Studies in

형성(soul-making)이라는 두 개의 등기부에서 재현된다. 육아와 관련된 등기부는 "우애적 사랑"으로 커텍시스되는, 성적-재생산을-통한-가정-사회이다. 영혼-형성의 등기부는 사회적-사명을-통한-시민-사회로 커텍시스되는 제국주의 기획이다. 상당히-비슷하지만-남성은-아닌(not-quite-not-male) 여성 개인주의자는 여기서 관건이 되는 것과 맺는 변동 중인 관계 속에서 자신을 명료하게 표명한다. 그 때, "토착 서발턴 여성"은 (담론 내부에서, 하나의 기표로서) 이렇게 부상중인 규범 속에서의 어떠한 몫으로부터도 제외된다.10 우리가 이런 설명을 "메트로폴리스" 맥락에서 고립주의적 관점으로 읽어낸다면, 전투적인 여성 주체의 심리전기 외에는 아무것도 보지 못한다. 이와 대조적으로, 나처럼 읽어내는 독법은 여성 개인주의자의 "주체-구성"이라는 최면 걸 듯 매혹적인 초점으로부터 자신을 비틀어내려고 애쓴다.

나의 자세가 비난조일 필요는 없다는 개념을 좀더 진전시키기 위해 로베르토 페르난데즈 레타마르의 논문 「칼리반」의 한 구절을 인용하겠다. 이 논문에서와 달리 나 자신은 포스트식민 주체가 칼리반을 불가피한 모델로 취해야 한다고 생각하지 않는다.11 나는 이 점을 이 책의 마지막 부분에서

Language, 1973), pp. 93-94, 152-153. 영국 "개인주의"의 뿌리와 분기점들에 대한 "정연한" 분석은 C. B. MacPherson, *The Political Theory of Possessive Individualism: Hobbes to Locke* (Oxford: Oxford Univ. Press, 1962) 참조.

10. 나는 "상당히-비슷하지만/백인은-아니다"라는 호미 바바의 강력한 개념에서 힌트를 얻어 하나의 유추를 구성하는 중이다. Homi Bhabha, "Of Mimicry and Man: The Ambiguity of Colonial Discourse", *October* 28(Spring 1984): 132. [이 논문의 한국어판은 『문화의 위치』, 나병철 옮김, 소명출판사, 2002, 4장 참조. 여기서 나는 "제3세계 여성"이라는 용어에 반응한다는 뜻으로 "토착"이라는 단어를 사용한다는 점을 덧붙여야겠다. 물론 이 용어는 서인도와 인도 맥락에, 수송에 의한 제국주의 맥락들에 똑같이 역사적으로 공정하게 적용될 수는 없다. 서발턴에 관해서는 3장에서 정의하고 논의할 것이다. 여기서는 서발턴 여성이 식민지의 부상하는 부르주아에 맞서는 것으로 파악되며, 이 부상중인 부르주아가 여성해방에서 공유하는 몫이 또 다른 이야기임을 지적하는 것으로 충분하다. 이런 의미에서 『제인 에어』에 나오는 버사 메이슨은 서발턴이 아니다. 나중에 논의하겠지만, 버사는 광기 때문에 부르주아 계급 유동성으로부터 제거된다. 광인은 특별한 종류의 서발턴이다. 추방자의 범주처럼 서발터니티라는 범주 역시 여성들에게는 달리 작용한다는 점 또한 덧붙여 지적해야겠다.

명확하게 하기를 바란다. 1900년에 호세 엔리끄 로도는 논의하기를, 라틴 아메리카 지식인이 유럽과 맺는 관계의 모델은 셰익스피어의 에어리얼이라고 했다.12 1971년에 라타마르는 동일시할 수 있는 "**라틴 아메리카 문화**"의 가능성을 부정하면서 그 모델을 칼리반으로 수정했다. 놀라울 것도 없이 이렇게 강력한 바꿔치기로 말미암아 마야, 아즈텍, 잉카, 혹은 지금 라틴 아메리카로 불리는 더 작은 민족들은 지금도 구체적으로 고려되지 않는다.13 나는 2장의 첫 문단들에서 자인종문화중심적(ethnocentric)이면서 역전된-자인종문화중심적인 호혜적 이중구속(즉, "토착민"을 열정적인 정보-검색을 위한 대상으로만 고려하면서 그것 나름의 "세계구획"을 부정하는)의 개요를 밝힌 바 있다. 그런데 내 논의의 이 단계에서 유럽과 라틴 아메리카의 이러한 "대화"("토착민"들의 "세계구획"의 정치경제를 구체적으로 고려하지 않은)는, 이중구속에 맞대면하려는 우리의 시도를 주제상 충분히 기술해 준다. 이 점을 신중하게 지적하고 넘어가야겠다.

「칼리반」의 감동적인 한 구절에서 레타마르는 칼리반과 에어리얼 둘 다를 신식민주의의 지식인으로 위치시킨다.

에어리얼-칼리반이라는 양극은 실제로는 없다. 이 둘은 외국인 마술사인 프로스페로의 손에 붙들려 있는 노예들이다. 칼리반이 섬의 거칠고 정복 불가능한 주인인 반면, 바람 같은 존재인 에어리얼 또한 섬의 자손이긴 하지만 지식인이다. 기형의 칼리반은 자기 섬을 빼앗겨 노예신세이지만 프로스페로에게서 언어

---

11. Robert Fernandez Retamar, "Caliban: Notes towards a Discussion of Culture in Our America", tr. Lynn Garafola et al., *Massachussetts Review* 15 (Winter-Spring 1974): 7-72. 앞으로 이 논문에서의 인용은 C로 줄여 써서 괄호 안에 쪽수만 표시함.
12. José Enrique Rodó, *Ariel*, ed. Gordon Brotherston (Cambridge: Cambridge Univ. Press, 1967).
13. 앞의 책 *Ariel*의 편집자인 고든 브러더스톤은 계속해서 *The Book of the Fourth World: Reading the Native Americans through Their Literature* (Cambridge: Cambridge Univ. Press, 1992)를 썼다. 이 책은 라틴 아메리칸 정체성 문제를 둘러싼 논쟁에서 토착 미국인들이 효과적으로 폐제된다는 인식에서 영감 받아 씌어진 책이다.

를 배운다. 칼리반은 프로스페로에게 이렇게 응수한다. "당신은 나한테 언어를 가르쳤소. 내 요점은 말이요, 내가 저주할 줄 안다는 것이요."(C 28)

우리는 소위 에어리얼로서 지닌 특권을 깨닫고 벗어나려고(unlearn) 하며 "특정한 칼리반으로부터 영광스럽게 반항하는 지위들 중 한 자리를 차지하는 영예를 찾고자" 한다. 그 때문에 우리는 우리 학생들과 동료들에게 우리를 모방하라고 요청하는 것이 아니라 우리를 지켜보라고 요청한다(C72). 그렇지만, 우리가 상실된 기원에 대한 향수에 추동된다면 "토착민"을 지워버리고 "실재하는 칼리반"(the real Caliban)으로 한 걸음 더 나아가는 위험을 무릅쓰는 꼴이 된다. 또한 칼리반이 연극에 나오는 하나의 이름일 뿐임을, 해석가능한 하나의 텍스트에 의해 제한되는 접근불가능한 공백임을 잊어버릴 위험을 무릅쓰게 된다.[14] 칼리반의 무대화는 역사의 서사화와 함께 작동한다. 즉, 칼리반이라는 자기주장은 우리가 내부로부터 끈질기게 침해하고자 시도해야 하는 바로 그 개인주의를 합법화한다.

엘리자베스 폭스-지노비스는 역사와 여성사에 관한 어느 논문에서 서구 페미니즘의 역사적 계기를 개인주의에 다가가는 여성들의 접근권이라는 견지에서 정의하는 방식을 일러준 바 있다.[15] 여성 개인주의를 지지하는 전투는 "창조적 상상력" 이데올로기에 의해 미학 영역에 수록된 능력위주(meritocratic) 개인주의의 설립이라는 좀더 큰 극장 내부에서 자체를 상연한다. 폭스-지노비스의 전제는 『제인 에어』의 아름답게 합주된 시작 부분으로 우리를 이끈다.

소설의 첫 대목에서는 주인공이 주변화되고 사적 개인으로 되는 장면이

---

14. "해석가능한 텍스트에 의해 제한되는 접근불가능한 공백"에 대한 설명은 3장 참조.
15. Elizabeth Fox-Genovese, "Placing Women's History in History", *New Left Review* 133 (May-June 1982): 5-29. 폭스-지노비스가 개입 시절(intervening decades)의 이러한 통찰로부터 끌어냈던 결과들에 공명하기가 점점 더 어렵다는 것을 나는 여기서 덧붙여야겠다.

나온다. "그 날은 산책을 나갈 가능성이라곤 없었다. … 바깥에서 뭔가를 한다는 것은 지금으로서는 불가능했다. 그래서 나는 기뻤다"(JE 9). 제인은 집안에 물러나 있기의 적합한 지형학적 규칙을 깨뜨린다. 그에 따라 소설의 움직임은 계속된다. 중심을 차지하는 가족은 응접실이라는 허가된 건축 공간에 머물러 있다. 제인은 자기 자신을 주변에 집어넣는다. "나는 응접실에 딸려 있는 아침 먹는 작은 방에 미끄러져 들어갔다"(JE 9 스피박의 강조).

18세기, 19세기 영국과 프랑스 부르주아의 신분 상승을 도모하는 흐름 내부에 공간을 가정적으로 각인하여 조작한 것은 익히 알려진 바다. 제인이 물러나는 공간이 응접실도, 인가된 가족식사 장소인 식당도 아니라는 점은 이와 잘 맞아떨어지는 것 같다. 그것은 책을 읽는 데 적합한 공간인 서재도 아니다. 아침 먹는 작은 방에는 "책장이 하나 있었다"(JE 9). 루돌프 액커먼이 19세기 영국의 취향에 관한 수많은 안내서들 중 하나인 『저장소』 (1823)에서 썼던 대로, 나지막한 책장은 "서재까지 가지 않고도 응접실에서 책을 볼 수 있도록 이런저런 책들을 꽂아두기" 위한 것이었다.[16] 이미 삼중으로 중심에서 떨어져 있는 장소에서 "내[제인]는 붉은 색의 모린 커튼을 거의 바짝 쳐버리고 이중의 칩거에 빠져들어 갔다"(JE 9-10).

스스로를 주변화하는 제인의 독특함 때문에 독자는 제인과 한패가 된다. 독자와 제인은 하나가 된다. 둘 다 읽고 있는 중이다. 그렇지만 계속해서 제인은 독서하기 적합한 장소에서 그에 적합한 행동을 결코 하지 않는다. 그 때문에 제인은 이상한 특권을 여전히 누린다. 그녀는 읽으라고 의도된 것, 즉 "찍혀진 글자"를 읽는 데에는 관심이 없다. 대신 그녀는 그림들을 읽는다. 이 특이한(singular) 해석학이 갖는 힘은 바깥을 안으로 만들어낼 수 있다는 데 있다. "책장을 넘기는 동안 나는 이따금 겨울날 오후의 정경

---

[16]. Rudolph Ackermann, *The Repository of Arts, Literature, Commerce, Manufactures, Fashions, and Politics* (London: R. Ackermann, 1823), p. 310.

을 탐사했다." 유리창틀 사이로 더 이상 비가 들이치지 않고, "황량하기만 한 11월의 낮"은 "찍혀진 글자"처럼 해독되는 것이 아니라, 주변적인 개인주의자의 독특하고 창조적인 상상력에 의해 해독되고 "탐사되어야" 하는 하나의 일차원적 "양상"이다(JE 10).

이 독특한 상상력의 궤적을 따라가기에 앞서, 제인의 여정은 가족/대항가족(counter-family) 쌍의 연속적인 배치에 의해 도표화될 수 있다는 암시를 고려해 보도록 하자. 이 소설에서 우리는 처음에 리드(Reed) 씨 가족을 합법적인 가족으로, 리드 씨 여동생의 딸인 제인을 거의 근친상간적인 대항가족의 대표로 보게 된다. 두 번째로 제인이 가게 되는 학교를 운영하는 브로클허스트 가족은 법적 가족으로 보게 되는 반면, 제인, 미스 템플[선생님], 헬렌 번즈[학교 친구]는 여성들의 공동체라는 이유만으로 대항가족으로 보게 된다. 세 번째로 로체스터와 그의 미친 아내는 법적 가족으로, 제인과 로체스터는 불법적인 대항가족으로 보게 된다. 이러한 연속 속의 주제적 사슬에 다른 항목들을 덧붙일 수도 있으리라. 예컨대, 로체스터와 셀린 바렌스[사생아 딸]를 구조상 기능적인 대항가족으로, 로체스터와 블랑슈 잉그램[로체스터를 따라다니며 구애하는 영국 상층계급 여성]을 법률성(legality)의 위장으로 말이다. 제인이 대항가족에서 법률상의 가족(family-in-law)으로 옮아가는 것은 이러한 연속장면이 이어질 동안이다. 다음의 연속장면에서, 아직은 불완전한 형제자매 공동체인 리버스(Rivers) 가에 온전한 가족의 지위를 복원해 주는 사람이 바로 제인이다. 소설의 마지막 장면은 중심에 제인, 로체스터, 그들의 아이들이 있는 가족 공동체이다.

소설의 서사 에너지라는 측면에서 보자면 제인은 어떻게 해서 대항가족의 자리에서 법률상의 가족으로 옮아가게 되는 것일까? 그러한 담론의 장을 제공하는 것은 바로 제국주의의 적극적인 권력-지식(pouvoir-savoir) 혹은 이치에-닿게-하는-능력(making-sense-ability)이다.[17]

("담론의 장"[discursive field]에 대한 나의 시범적 정의는 사회체 가까이

에 서로 떨어져 있는 "기호체계들"이 존재하며 각 체계는 하나의 구체적인 공리계와 관련된다는 점을 가정한다. 어디에선가 나는 이러한 정의가 바탕-수준의(ground-level) 하부-개인적(sub-individual) 혹은 존재 이전의 "중얼거림" 혹은 푸코가 이론화한 대로 무력과 발언으로 환원되는 역능(pouvoir, to be able to)과 지식(savoir, to know)의 네트워크보다 더 큰 사회적 심급화(instantiation)의 수준이 되는 경위를 자세히 설명했다. 나는 이러한 체계들을 담론의 장들로 확인한다. "사회적 사명으로서 제국주의"는 그러한 공리계의 가능성을 발생시킨다. 개인 예술가가 서사 구조를 움직여 나가기 위해, 역사를 횡단하는 천리안은 아니지만 하나의 확실한 필치로 가까이 있는 담론의 장을 건드리는 과정을 다음 예를 통해 입증하고 싶다. 이 예에 대한 우리의 분석을 "인종차별주의"라는 극미한 진단 너머로 확장시키는 것이야말로 중요하다.)18

제국주의 공리에 의해 생산된 인물 버사 메이슨[로체스터의 미친 아내 이름]을 고려해 보자. 브론테는 백인 자메이카 크레올인 버사 메이슨을 통해 인간/동물 접경지대를 불확정적인 것으로 수긍할 수 있게 만들어 문자보다 훨씬 더 위대한 **법**이 부상하도록 한다. 제인의 목소리로 다음 유명한

---

17. 이치에-닿게 하는-능력으로서 권력-지식에 대한 설명은 Spivak, "More on Power/Knowledge", *Outside*, pp. 34-36 참조.
18. 이러한 신중함은 특히 중요한 것 같다. "인종차별주의"가 엄청나게 복잡한 문제라는 점은 분명하다. (Anthony Appiah, Kimberle Crenshaw, Kendall Thomas, Patricia Williams 등의 저작은 "인종차별주의"의 이론적 복잡성을 이해하는 출발점이 될 수 있다.) 하지만, 오만하게 거부하거나 진단하고자 인종차별주의를 써먹는 사태는 인종차별주의의 이론적 복잡성과는 다른 문제이다. 2장의 에세이 판본이 1985년에 처음 출판된 이후, 이 글은 최소한 11번 재출간되었고 놀라울 정도로 계속 재출간되고 있다. 나는 독립 이후의 인도에서 어린 시절부터 잘 알고 있던 텍스트에 제국주의의 공리계가 작동하고 있다는 사실을 발견했을 때 충격을 받았다. 원래의 처음 글은 이 충격에서 나온 것이다. 그래서 그 글은 이후 천천히 발전된 계급 구속적인 공모성에 대한 나의 인식을 가리키는 표시를 갖고 있지 못했다. 자가비판(auto-critique)의 채찍 없이, 인종과 젠더를 단순히 운운하는 것은 착취를 성공적으로 가린다. 나는 이 점이야말로 1985년에 출판된 원래 글이 인기를 끈 원인이라고 믿는다.

구절이 나온다. "짙은 어둠 속에서, 방의 모퉁이 구석에서, 어떤 모습이 왔다 갔다 했다. 그게 무엇인지, 짐승인지 인간인지, … 알 수 없었다. 그것은 언뜻 보아 네 발로 기어다니는 듯 했고 이상한 야생 동물 마냥 무언가를 낚아채며 으르렁거렸다. 그러나 그것은 옷으로 휘감겨 있었고, 어두운 회색빛의 풍성한 머리칼이 야생의 갈기처럼 머리와 얼굴을 가리고 있었다"(JE 295).

브론테는 제인에게 말을 하는 로체스터의 목소리로 버사 메이슨을 재현하는 대목에서 **법** 너머로, 즉 인간적 동기가 아니라 마치 신의 지령에 의해 추동되는 이동을 용이하게 해주는 필수사항을 제시한다. 2장에서 펼쳐지는 나의 논점에서 보자면, 이것은 단순한 결혼이나 성적 재생산의 기입이 아니라 영혼-형성(soul-making)의 등기부, 즉 유럽 및 그것의 아직은-인간이-아닌 **타자**의 등기부라고 말할 수 있다. 제국적(imperial) 정복의 장은 여기서 **지옥**으로 각인된다.

"어느 날 밤 나는 그녀가 질러대는 고함소리 때문에 잠에서 깨어났소 … 작열하는 서인도제도의 밤이었지 … "
"'이런 삶은', 결국 나는 이렇게 말하게 되었소. '지옥이야!' — 공기는 지옥 같고 — 저 소리는 바닥 모를 심연에서 나오는 소리야! 할 수만 있다면 나를 거기서 구해낼 권리가 내게 있다. … 나를 거기서 끊어 떼어버려 신의 고향에 가게 해달라!" …
"유럽의 신선한 바람이 저 대양 너머로부터 불어왔고 탁 트인 창문을 뚫고 돌진해 왔소. 폭풍우가 쏟아져 내리고 천둥이 울리며 번개가 치고 공기가 맑아졌소. … 그 때 나를 진정시키고 위로하며 내게 올바른 길을 비추어 주었던 것은 바로 진정한 **지혜**였소 …
"유럽의 달콤한 바람이 다시 생기를 띤 나뭇잎들 속에서 속삭이자 대서양이 빛나는 자유 속에 출렁거리는 듯 했소. …
"'가라', 희망이 속삭였소. '다시 유럽에 가서 살아라 … 신과 인류가 네게 요구

하는 바를 너는 다 했으니."(JE 310-311 스피박의 강조)

그렇다면, 제인이 대항가족 집합으로부터 법률상의 가족으로 옮아가게끔 조건을 마련해주는 것은 바로 의심 없이 받아들여지는 제국주의 공리의 권력-지식이다. 테리 이글턴과 같은 맑스주의 비평가들은 가정교사의 모호한 계급 입장이라는 측면에서만 이 소설을 논의했다.19 한편, 산드라 길버트와 수잔 구바는 버사 메이슨을 심리적인 측면에서만 제인의 어두운 다른 하나(double)로 보았다.20

나는 여기서 제시되는 비평적 논쟁에 끼어들지는 않을 것이다. 그저 나는 19세기 페미니즘적 개인주의가 핵가족이라는 폐쇄된 집단에 다가가는 접근권 대신 "좀더 큰" 기획을 개념화할 수 있었다는 주장을 발전시키고자 한다. 이것은 "단순한" 성적 재생산을 넘어서는 영혼 형성의 기획이다. 이 기획에서 토착민 "주체"는 거의 동물이 아니라, 범주적 필수사항이라는 이름하에 위반이라는 용어로 씌어지는 대상이다.21

2장에서 나는 1장에서 읽어냈던 18세기 유럽의 가장 유동적인 윤리적 계기의 환유로서 "칸트"를 사용하고 있다. 칸트의 용어인 범주적 명령은 순수이성 속에 주어진 보편적 도덕법으로서, "[실천이성에 의해] 실천적 사유에 (경험적 의지에) 명령되며", … 다음 방식으로 "나를 현실화할"(actualize) 때 그렇다. "그가[인간이] 소망하는 창조상의 만물, 인간이 통제하는 만물은 단순히 수단으로서만 사용될 수 있다. 인간만이 또 인간과 함께 모든 합리

---

19. Terry Eagleton, *Myths of Power: A Marxist Study of the Brontës* (New York: Barnes & Noble, 1975). 계급은 이 책의 일반적 제안들 중의 하나이다.
20. Sandra M. Gilbert and Susan Gubar, *The Madwoman in the Attic: The Woman Writer and the Nineteenth-Century Literary Imagination* (New Haven: Yale Univ. Press, 1979), pp. 360-362.
21. 데리다는 구체적으로 명시되지 않은 인종의 여성 맥락에서 칸트를 "범주적 포르노그래프 제작자"로 본다. *Glas* (Lincoln: Univ. of Nebraska Press, 1986), p. 128.

적 피조물은 그 자체로 하나의 목적이다."22 이로써 기독교 윤리는 종교에서 철학으로 감동적으로 바뀐다.23 칸트가 말한 대로, "'무엇보다 신을 사랑하고 네 이웃을 네 자신과 같이 사랑하라'와 같은 계명의 가능성은 이러한 자리바꿈과 공명한다. 왜냐하면 그것은 하나의 계명으로서 사랑하라고 명령하되 사랑을 원칙으로 만들어버리는 자의적인 선택에 그 명령을 내버려 두지 않는 법에 주의를 쏟도록 요구하기 때문이다."

칸트에게서 "범주적인" 것은 한정적으로(determinately) 근거를 둔 행동 속에 적합하게 표상될 수 없다. 실로, 범주적 명령을 윤리적인 것 속의 대타성(인용문에서 암시되는 바대로, 사랑은 선택의 자유에 의존하지 않는다)을 표시한다고 주장한 사람은 바로 『범주적 명령』을 쓴 장-뤽 낭시(Jean-Luc Nancy)이다. 그러나 철학이 지닌 위험한 변형력(transformative power)은 철학이 국가에 봉사하는 가운데 그것의 형식적 미묘함이 우습게 될 수 있다는 것이다. 범주적 명령의 경우, 이러한 희화화는 다음 공식을 생산함으로써 제국주의 기획을 정당화할 수 있다. 이교도가 그 자체로 목적으로 대우받을 수 있도록 이교도를 인간으로 만들라는 공식 말이다. 이 공식은 날 것의 인간을 본체계에 들어가도록 허용해 준다는 이해관계를 갖고 있다. 어제의 제국주의는 오늘날의 "*발전*"이다.24 발전기획은 『제인 에

---

22. Lyotard, *Lessons*, p. 175; Kant, *Critique of Practical Reason*, tr. Lewis White Beck (New York: Macmillan, 1993), p. 90. 다음 인용은 칸트의 책 p. 86에 나온다.
23. 이 역사적 국면이 이슬람교에 활용될 수 없다는 점을 논의하는 글로는 Spivak, "Reading The Satanic Verses", *Outside*, pp. 238-240 참조.
24. 나는 3장에서 사회역사적 문제를 공식이나 명제로 환원하는 것을 정당화하려고 했다. 여기서 내가 말하는 "희화화"는 그 순수성상 칸트적 윤리에 하나의 우발 사건으로서 들이닥치는 것이 아니라 오히려 1장에서 논의한 대로 하나의 가능한 대리보충으로서 칸트 윤리의 윤곽 내부에 존재한다. 인간 존재를 이교도라기보다 어린아이로 기입하는 나의 공식은 예컨대 칸트의 "*What Is Enlightenment?*", "*Foundations of the Metaphysics of Morals*", "*What Is Enlightenment? and a Passage from 'The Metaphysics of Morals'*", tr. and ed. Lewis White Beck (Indianapolis: Bobbs-Merrill, 1959)에서 찾아볼 수 있다. 댄 래더(Dan Rather)는 1994년 9월 CBS Evening News에서 미국의 하이티 점령을 보도하면서 하이티인들을 "어린애들"

어』에서 일종의 접선으로, 즉 서사적 결론의 폐쇄 회로를 벗어나는 접선으로 제시된다. 이 접선은『제인 에어』를 결론짓는 중요한 과제를 부여받는 세인트 존 리버스(제인의 어머니쪽 사촌)의 이야기이다.

내가 소설의 시작 부분에서 주목한 창조적 상상력은 텍스트적으로 구성되고, 언뜻 보아 사적인 문법이다. 소설이 끝날 즈음에는 그보다는 기독교 심리전기의 알레고리적 언어가 나온다. 이 언어는 제국주의 기획이 발생중인 "페미니즘" 시나리오에 갈 수 없는 불가능성을 표시한다.『제인 에어』의 마지막 부분은 세인트 존 리버스를『천로역정』의 주름 내부에 둔다. 이글턴은 이 점에 주의를 기울이지 않고 소설의 이데올로기적 어휘를 그대로 받아들인다. 그 어휘란 캘커타에서의 생활을 추호도 의문을 품지 않는 죽음의 선택으로 등치시킴으로써 세인트 존 리버스를 영웅으로 일으켜 세우는 것을 말한다. 길버트와 구바는『제인 에어』를 "평범한 제인의 험난한 여정"(Plain Jane's Progress)25이라고 부름으로써 단순히 남성 주인공을 여성 주인공으로 바꾼다. 이들은 성적 재생산과 영혼 형성 사이의 거리에 주목하지 않는다. 성적 재생산과 영혼 형성 둘 다 아무 의문 없이 쓰이는 제국주의 전제들의 관용어법에 의해 현실화되며, 이 관용어법이『제인 에어』의 마지막 부분에서 분명하게 나타나는데도 그렇다. "확고하고 신실하며 헌신적이고, 에너지, 열심, 진실로 가득 찬 [세인트 존 리버스는] 자기 인종을 위해 수고합니다. … 그는 자신의 순례자 용사들을 아폴리용의 살육으로부터 지켜 주는 전사 **위대한 마음**의 엄격함을 지니고 있습니다. … 그는 … 아무 흠 없이 신의 옥좌 앞에 서게 될 드높은 대가-정신의 야심을 지니고 최후의 힘찬 **어린 양**의 승리를 나누는 사람, 부름 받고 선택받은 신실한 사람입니다"(JE 455).

이라고 말한 바 있다. Spivak, "Academic Freedom", *Pretexts* 5.1-2 (1995): 117-156 참조.
25. [옮긴이] 남성주인공이 나오는『천로역정』(*Pilgrim's Progress*)을 살짝 비틀어, 길버트와 구바가 붙인 글 제목임.

이보다 좀더 앞 대목에서 세인트 존 리버스 자신이 제국주의 기획을 정당화하고 있다. "나의 직업? 나의 위대한 일? … 나의 소망은 자신의 인종이 더 나은 삶을 살도록 하고 — 무지의 영역에 지식을 들고 들어가고 — 전쟁을 평화로 바꾸며 — 굴종을 자유로 — 미신을 종교로 — 지옥의 공포를 천국의 소망으로 바꾸려는 빛나는 야망 속에 모든 야심을 집어넣었던 부류 속에 손꼽아지는 것일까?"(JE 376). 제국주의의 영토적 기획 및 주체-구성 기획이 이 구절에서 주장되는 대립들을 맹렬하게 해체하고자 시도한다.

도미니카의 카리브 섬에서 태어난 진 리스가 어린시절에 『제인 에어』를 읽었을 때, 버사 메이슨에게 매료되었다. "저는 글을 써서 그녀에게 삶을 주어야겠다고 생각했어요."[26] 리스의 긴 이력에 종지부를 찍는 1965년에 출판된 얇은 소설 『드넓은 사가소 바다』가 바로 그 "삶"이다.

『제인 에어』에서 버사의 기능은 인간과 동물의 경계를 불확정적으로 만들고 그럼으로써 법의 문자는 아니더라도 법의 정신 아래 그녀의 권리자격(entitlement)을 약화시키는 것이다. 리스는 『제인 에어』에 나오는, 제인이 "으르렁거리는 개처럼 소리지르며 덤벼드는 소리"를 듣고 그 다음에 피를 흘리는 리차드 메이슨(버사의 오빠)을 만나는 장면(JE 210)을 다시 쓰는데 버사의 인간성을 손대지 않고 그대로 둔다. 원래 『제인 에어』에 나온 또 다른 인물 그레이스 풀이 『드넓은 사가소 바다』에서 그 때 일어난 사건을

---

26. Jean Rhys의 Elizabeth Vreeland와의 인터뷰. Nancy Harrison, *Jean Rhys and the Novel as Women's Text* (Chapel Hill: Univ. of North Carolina Press, 1988), p. 128에 나온다. 매기 흄(Maggie Hume, *Border Traffic: Strategies of Contemporary Women Writers* [New York: Manchester Univ. Press, 1991), pp. 62-63)과 다른 이들이 후에 계속해서, 내가 할 수 있었던 것보다 훨씬 더 철저하게 서인도 배경에 대해 살을 붙여 자세히 논의했다. 흄의 탁월한 글에서는 설명도 붙이지 않은 채, 내가 크리스토핀을 "소홀히 다룬다"고 한다. 다시 말하지만, 진 리스의 소설이 크리스토핀의 비포섭(non-containment)[포용하는 척하면서 배제하는 책략에 말려들지 않는 것을 뜻함]을 무대화한다는 점이야말로 이 소설의 강점이라고 나는 생각한다. 물론 크리스토핀은 강력한 어머니상이지만, 결국 텍스트에서는 사라져 버리고 만다.

버사에게 묘사해 준다. "그러니 당신은 그 신사를 칼로 찌르려 했던 것을 기억하지 못하는군요? … '내가 너와 네 남편 사이를 법적으로 개입할 수는 없어'라고 하는 말이 제가 들었던 말 전부였어요. 당신이 그 신사한테 돌격했던 것은 그가 '법적으로'라는 말을 했을 때였지요"(WSS 150). 리스가 다시 들려주는 이야기에서, "법적으로"라는 말로부터 버사가 짚어내는 것은 바로 리차드의 이중성이다. 그녀의 격렬한 반응을 부추기는 것은 리차드의 이중성이지 그녀에게 있는 단순한 야수성이 아니다.

로체스터는 『드넓은 사가소 바다』에서 앙트와넷(Antoinette)의 이름을 폭력적으로 바꾸어 버사라고 부른다. 리스는 앙트와넷이라는 인물을 통해 인격적·인간적 정체성과 같이 아주 친밀한 것도 제국주의 정치(학)에 의해 결정될 수 있다는 점을 시사한다. 자메이카 해방 시기에 자란 백인 크레올 아이인 앙트와넷은 영국 제국주의와 흑인 토착민 사이에 붙들려 있다. 앙트와넷의 발전을 다시 설명하는 리스는 나르시스 주제를 재각인한다.

이 텍스트에서 거울 비추기(mirroring) 이미지는 눈에 띄게 많이 나온다. 첫 번째 섹션에서 하나 인용해 보겠다. 이 구절에서 티아(Tia)는 앙트와넷에게 가장 가까운 상대인 어린 흑인 하녀이다. "우린 같은 음식을 먹으며 나란히 같이 잠을 잤고 같은 강에서 멱을 감았어. 난 티아에게 달려가면서 티아와 같이 살고 티아처럼 되겠다고 생각했어. … 내가 티아에게 가까이 다가갔을 때 그녀의 손에 삐죽삐죽한 돌이 들려 있는 걸 보긴 했는데 그걸 던지는 티아의 모습은 보지 못했지. … 우린 서로를 노려보았고 내 얼굴에는 피가, 그녀의 얼굴에는 눈물이 흐르고 있었어. 마치 내가 내 자신을 본 것만 같던 걸. 마치 거울을 보듯이!"(WSS 38).

연속적으로 꾸는 꿈들이 거울 이미지를 강화한다. 두 번째 꿈은 부분적으로는 리스의 표현대로 하면 "닫혀진 정원"(WSS 50)을 배경으로 한다. 이것은 **사랑**과 조우하는 장소로서 나르시스의 자리를 다시 쓴 로맨스이다.[27] 이 닫힌 정원에서 앙트와넷은 **사랑**과 만나는 것이 아니라, "이리 들어 와"

라고만 하며 사랑의 법률화로 가장한 감옥으로 그녀를 이끄는 위협적인 이상한 목소리와 만난다(WSS 50).

오비디우스의 『변신』에서 나르시스가 자신의 타자를 자신의 자아로 인식할 때 그의 광기가 드러난다. "Iste ego sum."[28] 리스는 앙트와넷이 자신을 자기의 타자로, 즉 브론테의 버사로 보게 만든다. 『드넓은 사가소 바다』의 마지막 섹션에서 앙트와넷은 『제인 에어』의 결론을 연출하면서 손필드 저택의 유령으로 자신을 인식한다. "나는 손에 커다란 양초를 들고 다시 그 저택 속으로 들어갔어요. 내가 그녀를 — 그 유령을 본 것은 바로 그 때였지요. 흐늘흐늘한 머리카락을 지녔던 그 여자. 그녀는 도금한 틀에 둘러싸여 있었는데 난 그녀를 알아보았어요"(WSS 154). 이 도금한 틀이 거울을 둘러싸고 있다. 나르시스의 연못이 자아가 된(selfed) 타자를 비추듯, 앙트와넷의 "연못"은 타자가 된(othered) 자아를 비춘다. 여기서 꿈의 연속은 끝난다. 바로 티아를, 오비디우스의 연못이 아니라 제국주의의 골절이 개입하기 때문에 자아가 될 수 없는 타자를 환기하면서 말이다. (이 어려운 점은 나중에 논의하겠다.) "이게 내가 꾼 세 번째 꿈인데, 이렇게 끝났어. … 나는 '티아'라고 소리치면서 벌떡 일어났고 잠을 깼어"(WSS 155). 이제 앙트와넷/버사는 책의 맨 마지막에서야 "내가 왜 여기 오게 되었는지, 내가 해야 할 일이 무엇인지를 마침내 알게 되었어"(WSS 155-156)라고 말할 수 있다. 우리는 이것을 브론테 소설의 영국으로 오게 된 앙트와넷의 모습이라고 읽을 수 있다. "내가 밤에 걸어다니는" "종이로 된 이 집" — 양 표지 사이의 책 — 은 "영국이 아니야"(WSS 148). 그녀는 허구의 영국에서 자신

---

27. Louise Vinge, *The Narcissus Theme in Western European Literature up to the Early Nineteenth Century*, tr. Robert Dewsnap et al. (Lund, Sweden: Gleepers, 1967), 5장 참조.
28. 이 텍스트에 대한 자세한 연구는 John Brenkman, "Narcissus in the Text", *Georgia Review* 30 (Summer 1976): 293-327; Spivak, "Echo", Donna Landry and Gerald McLean, eds., *The Spivak Reader* (New York: Routledge, 1995), pp. 175-202 참조.

의 역할을 연기하고 자신의 "자아"를 허구적 타자로 변형되도록 연출하더니 그 집에 불을 지르고 자살한다. 그리하여 제인 에어는 영국 소설의 개인주의적 페미니즘의 영웅이 될 수 있었다. 나는 바로 이것을 제국주의의 일반적인 인식소적 폭력을 드러내는 알레고리로 읽는다. 식민압제자의 사회적 사명을 미화하기 위해 스스로를 제물로 바치는 식민 주체의 구성을 드러내는 알레고리 말이다.29 리스는 식민지로부터 온 여성이 자기 자매를 공고하게 해주느라고 미친 동물로서 희생되지 않도록 유의한다.

비평가들은 『드넓은 사가소 바다』에서 로체스터는 이해와 공감으로 다루어진다고 언급해 왔다.30 실로, 로체스터는 이 책의 중간 섹션 전체를 서술한다. 그는 아버지의 장남 선호보다는 가부장적 한정(entailment) 상속법의 희생자이다. 리스는 이 점을 분명히 한다. 『드넓은 사가소 바다』에서 로체스터는 분명 상속녀의 마음을 사기 위해 식민지에 보내지는 차남의 상황에 처해 있다.

리스는 앙트와넷과 그녀의 정체성일 경우 나르시스 주제를 활용하며, 로체스터와 유산상속일 경우에는 오이디푸스 주제를 건드린다. (이 점에서 리스는 우리의 "역사적 계기"를 가리킨다. 19세기에는 주체-구성이 육아와 영혼 형성으로 재현된다. 20세기에는 정신분석학이 북서 유럽으로 하여금 주체의 편력을 나르시스["상상계"]로부터 오이디푸스["상징계"]로 짜도록 한다.31 그러나 이 주체는 규범적인 남성 주체다. 리스가 여자 주인공과 남자

---

29. 이것이 제국주의가 지속하는 유일한 폭력이 아니라는 점을 여기서 아룬 P. 무케르지에게 확신시켜야겠다("Interrogating Postcolonialism: Some Uneasy Conjunctures", Harish Trevedi and Meenakshi Mukherjee, eds. *Interrogating Postcolonialism: Theory, Text and Context* [Shimla: Indian Inst. of Advanced Study, 1996], p. 19). 무케르지나 나와 같은 사람들이 부지불식간에 제국주의에 영향을 받는다는 점은 맞다. 그래서 지적할 가치가 있다.
30. 예를 들어 Thomas F. Staley, *Jean Rhys: A Critical Study* (Austin: Univ. of Texas Press, 1979), pp. 108-116 참조. 스탤리가 이 점에 불편해 하면서 결과적으로 이 소설에 불만을 느낀다는 점을 지적하는 것도 흥미롭다.
31. 물론 이것은 프로이트 시나리오에서 그 서사 내용을 정화해버린 라캉의 논의를 거칠게 요약

주인공으로 나누어지는 주제들을 재각인하는 사이, 페미니즘과 제국주의 비판은 함께 간다.)

리스는 로체스터가 "유럽에서 불어오는 바람" 운운하는 장면 대신 아버지에게 보내는 억압된 편지, 이 책의 비극을 "올바르게" 설명해줄 편지 장면을 쓴다.32 "일주일 전에 영국으로 부쳤어야 했던 편지 생각을 했소. 친애하는 아버지 … "(WSS 57).

다음은 다음 첫 번째 예는 씌어지지 않은 편지다. 바로 그 후에 친애하는 아버지 바로 다음에 다음 구절이 나올 법하다.

친애하는 아버지. 3천 파운드가 하등의 질문이나 조건도 없이 저한테 지불되었습니다. 그녀에게 뭘 해주라는 어떤 단서도 없이 말입니다. (두고 봐야겠지요) … 저는 절대로 아버지나 아버지가 사랑하시는 형님에게 누가 되지는 않을 겁니다. 편지를 보내달라거나 비열한 요구도 하지 않을 겁니다. 차남의 비밀스럽고 구차한 술수 같은 것도 부리지 않을 거예요. 제가 제 영혼을 팔았거나 아버지가 제 영혼을 팔았습니다만, 어쨌거나 이게 그렇게 나쁜 거래는 아니지요? 이 여자는 아름답다고 생각됩니다. 그녀는 아름다워요. 그렇지만 … (WSS 59)

다음 두 번째 예는 씌어지긴 했지만 보내어지지 않은 편지다. 형식적인 편지는 흥미롭지 않다. 그 일부만 인용하기로 한다.

친애하는 아버지, 우리는 불편한 며칠을 보내고 나서 자메이카로부터 이곳에

한 것이다. 이 책에서 "이론"의 모든 용법은 재배치적이거나, 양심적으로 "착오를 일으킨" 것이다. 정신분석학의 재배치 용법을 보려면 395-400쪽 참조. 비평가들이 프로이트와 라캉이 사용한 증거의 근거가 빈약한 데도 그것의 보편적 적용가능성을 장담하는 경위는 계속 나의 주목을 끈다.

32. 거세와 억압적인 편지를 연결하는 논의는 Spivak, "The Letter As Cutting Edge", *In Other Worlds*, pp. 3-14 참조.

도착했습니다. 윈워드 아일랜드의 작은 사유지인데 그녀의 가족 재산 중 일부랍니다. 앙트와넷은 이 땅에 무척 애착을 갖고 있어요. … 모든 것이 순조롭고 아버지의 계획과 소망대로 진행되고 있습니다. 저는 물론 리차드 메이슨과 거래를 했죠. … 그는 저한테 호감을 가지게 된 것 같았고 저를 전적으로 신뢰했습니다. 이 곳은 매우 아름다워요. 하지만, 제가 좀 아파서 지친 상태라 이 곳을 온전하게 만끽하지는 못하고 있습니다. 며칠 후에 다시 편지 올리겠습니다.(WSS 63)

등등.

리스 판 오이디푸스 교환은 아이러니하다. 그것은 폐쇄 회로가 아니다. 이 편지가 실제로 목적지에 닿을지 우리는 알 수 없다. "그들은 편지를 어떻게 부치는지 난 궁금했다"고 로체스터는 읊는다. "나는 내 편지를 접어서 책상 서랍에 넣었다. … 내 머릿속에는 채워질 수 없는 공백들이 있다"(WSS 64). 마치 텍스트가 우리에게 압박을 가해 편지와 정신 사이의 유추에 주목하도록 강제하는 것 같다.

리스는 오이디푸스적 릴레이에서 확보되리라 여겨지는 한 가지를, **아버지의 이름** 혹은 아버지의 이름을 나타내는 것(the patronymic)을 브론테의 로체스터에게 주지 않는다. 『드넓은 사가소 바다』에서 로체스터에 상응하는 인물에게는 이름이 없다. 자기 아버지에게 부치는 편지의 마지막 판본을 쓰는 이 인물의 행위는 아버지의 이름을 나타내는 것의 상실을 의미하는 이미지에 의해, 가장 엄밀한 의미에서 감독된다. "조잡한 책장이 책상 위로 함께 매달려 있는 세 개의 판으로 만들어져 있었다. 나는 거기 꽂혀 있는 책들을 쳐다보았다. 바이런의 시, 월터 스콧 경의 소설들, 『아편쟁이의 고백』… 마지막 선반에는 『~~의 생애와 편지』… 나머지는 좀이 먹어 있었다"(WSS 63 스피박의 강조).

『드넓은 사가소 바다』가 낯익고도 기괴한(uncanny) 명료성을 갖고 자체

담론의 한계들을 표시할 수 있는 것이야말로 이 소설이 지닌 강점들 중 하나다. 특히 앙트와넷의 흑인 유모인 크리스토핀을 통해서 말이다. 세인트 존 리버스의 이야기가 『제인 에어』의 접선을 이루듯이 크리스토핀의 끝나지 않은 이야기가 『드넓은 사가소 바다』의 접선을 이룬다. 이 점은 두 소설의 거리를 가늠하게 해준다. 크로스토핀은 자메이카 토착민이 아니다. 그녀는 마르티니크 출신이다. 분류학적으로 말하자면, 그녀는 순수 토착민의 범주에 속한다기보다 선량한 하인의 범주에 속한다. 하지만, 리스는 이런 경계들 내부에서 강력하게 시사적인 한 인물을 창조한다.

크리스토핀은 이 텍스트에서 최초의 해석자이자, 이름이 붙여진 말하는 주체다. "자메이카 숙녀들은 '내 어머니가 꽤 예뻤기 때문에' 어머니를 절대 인정하지 않았어요 라고 크리스토핀이 말했다"(WSS 18). 그녀는 상품화된 사람(앙트와넷의 어머니는 "크리스토핀은 네 아버지가 내게 준 결혼 선물", 즉 "그가 준 선물들 중 하나였다"고 설명한다[WSS 18]). 하지만, 리스는 그녀에게 텍스트상 중요한 기능을 부여한다. 크리스토핀은 흑인의 제의실천을 문화적으로 특수한 것으로 판단한다. 또한 그녀는 앙트와넷을 사랑하지 않는 로체스터의 사회악을 값싸게 치료하는 방책으로 흑인의 제의실천을 백인이 이용해서는 안 된다고 판단한다. 좀더 중요하게는 리스는 유독 크리스토핀에게만 로체스터의 면전에서 그의 행동을 냉혹하게 분석하고 그에게 도전하도록 허용한다. 이런 장면을 보여주는 전체 구절은 논평할 가치가 있다. 나는 짧은 발췌를 인용한다.

그녀는 크레올 여자이고 그녀 속엔 태양이 있답니다. 이제 진실을 말해 보시죠. 그녀는, 사람들이 내게 말하던 이 곳 영국의 당신 집으로 온 게 아닙니다. 그녀는 자기와 결혼해 달라고 당신에게 간청하고자 당신의 이 아름다운 집에 온 게 아니에요. 아니죠, 머나먼 길을 따라 그녀의 집에 온 것은 바로 당신입니다. 결혼해 달라고 그녀에게 간청한 것도 바로 당신이에요. 그러자 그녀는 당신을 사랑했고 자신이 가진 모든 것을 당신에게 주었습니다. 이제 당신은 그녀를 사랑하지 않으니 결혼을 깨버리겠다고 말하는군요. 당신은 그녀의 돈으로 대체 무엇을 한 거죠, 예? [그러자 백인 남자 로체스터는 속으로 뭐라 구시렁댄다.] 크리스토핀의 목소리는 여전히 차분했지만 "돈"이라고 말했을 때는 좀 격앙되었다.(WSS 130)

그러나 리스가 피억압자의 편에서 개인의 영웅적 행동을 낭만화하는 것은 아니다. 남성이 법과 질서의 힘들을 언급할 때 크리스토핀은 그것들의 권력을 인식한다. 그녀는 **남성**의 성공적인 위협을 받기 바로 앞서 "더 이상 사슬도 없어요, 더 이상 짓밟는 기계도 없고, 어두운 감옥도 없습니다. 이곳은 자유로운 나라이고 나 역시 자유로운 여성입니다"(WSS 131)라고 주장하면서 자메이카의 노예 해방을 떠올린다. 이 사실은 시민으로서 크리스토핀이 겪는 불평등을 드러내고 강조한다.

내가 앞에서 언급한 대로, 크리스토핀은 이 서사에 접선을 이룬다. 리스의 텍스트는 토착민보다 백인 크레올의 이해관계를 위해 유럽 소설의 전통 내부에서 한 권의 영국 정전을 다시 쓰는 소설 속에 크리스토핀을 가두려고 하지 않는다. 제국주의를 비판하는 어떤 관점도 타자를 자아로 변화시킬 수는 없다. 왜냐하면 제국주의 기획은 통약불가능하고 불연속적인 타자를 길들여진 타자―제국주의적 자아를 공고히 하는―로 항상 이미 역사적으로 굴절시켜 왔기 때문이다. (나는 이 책에서 이 점을 계속 강조할 것이다.) 유럽과 라틴 아메리카 사이에 붙들려 있는, 레타마르가 말한 칼리반은 바로 이러한 곤경을 반영한다. 우리는 리스가 새롭게 각인하는 나르시스를 이 곤경과 똑같은 문제틀을 주제화하는 것으로 읽어낼 수 있다.

물론 우리는 이 문제에 대한 진 리스의 감정을 알 수 없다. 그러나 우리는 리스의 텍스트에서 크리스토핀이 각인되는 장면을 볼 수는 있다. 그녀와 **남성** 사이의 교환이 있은 후 곧 바로, 즉 종결부 직전, 그녀는 서사적 혹은 인물학적 정당화 없이 이야기의 외부에 슬쩍 놓여진다. "'나는 읽고 쓸 줄은 모른다. 하지만 다른 것들은 알지.' 그녀는 뒤도 돌아보지 않고 걸어 나갔다"(WSS 133). "읽고 쓰는" 텍스트적인 것의 퇴위를 전하는 자부심 가득한 메시지다. 나는 이 퇴위를 무대화하는 것은 『드넓은 사가소 바다』의 약점이 아니라 특이한 강점이라고 평가한다.33

리스는 "법률성"(legality)의 남용을 강조함으로써 미친 여자의 **남성** 공격을 다시 쓴다. 그렇다고 해도 리스는 실로 자신의 순교에 대한 세인트 존 리버스의 정당화에 상응하는 부분을 여전히 다룰 수 없다. 그런 정당화들은 현재 통용되는 관용어인 근대화와 발전 운운하는 것으로 치환되었기 때문이다. "제3세계 **여성**"을 하나의 기표로 구성하려는 시도들이 우리에게 다시 상기시켜 주는 바는, 헤게모니적 문학 정의 자체가 제국주의의 역사 내부에 붙들려 있다는 점이다. 온전한 문학적 재각인은 제국주의적 틈 혹은 불연속성 속에서는 쉽사리 번성할 수 없다. 그곳은 **법** 자체로 작동하는 이질적인 법체계, 유일한 **진리**로 확립된 낯선 이데올로기, "토착민"을 제국주의 "자아를 공고하게 하는" 타자로 확립하느라 바쁜 일련의 인문과학으로 뒤덮여 있기 때문이다.

최소한 인도의 경우, 단순히 문학 교훈의 기존 규범들 내부에서 교과과정이나 강의계획서를 재배치하는 것만으로는 제국주의의 계획된 인식소적 폭력의 이데올로기적 실마리를 찾아내기 어렵다. 구성된 식민 주체가 견고하게 틀을 잡은 후기 제국주의에서, 예컨대 『댈러웨이 부인』의 기능상 어

---

33. Mary Lou Emery, *Jean Rhys at "World's End": Novels of Colonial and Sexual Exile* (Austin: Univ. of Texas Press, 1990)이 제기하는 맥락상 더 풍요로운 견해는 내 견해와는 약간 다르다. 내가 3장에서 부바네스와리 바두리에게 "책임을 지려고" 애쓴 만큼, 크리스토핀의 텍스트(활용가능한 심리전기의 견지에서)에 "책임을 질" 수 있는 것은 물론 아니다. 우리가 크리스토핀의 재현을 판단하는 모험을 감행하기 위해서는 "책임을 질" 필요가 있을 것이다. 바로 이런 것들이 위치를 밝히지 않는 문화연구, 즉 스스로를 국민적·민족적 기원에 국한시키지 않는 문화연구의 한계들이자 통로이다.

리석은 인도와 다른 한편 1920년대 인도의 문학적·문화적 생산을 놓고 직접적인 비교 실험을 착수할 수는 있다. 그러나 19세기 전반부는 식민적 분과학문 생산에 찬성하는 (또 반대하는) 공리계에 의해 정의되는 협소한 의미의 문학사나 비평을 통한 문제제기에 저항한다. 문학사나 문학비평 둘 다 에어리얼을 생산하는 기획에 중첩되어 있기 때문이다. 상실된 기원들에 대한 향수에 굴복하지 않고 그 틈새들을 다시 열어젖히기 위해 문학 비평가는 제국 통치의 문서보관소로 눈길을 돌려야 한다.34

진 리스는 특히 카리브식 스타일 전략을 사용함으로써 『드넓은 사가소 바다』의 독법을 풍성하게 한다. 메리 루 에머리(주 33 참조)는 이 점을 하나의 사례로 만든다. 내가 보기에 리스가 이런 세부사항들을 "서인도 제도의 흑인 되기"로 설명하는 대목이 가장 설득력 있다. 리스는 좀더 대담하게 『드넓은 사가소 바다』의 텍스트 실천이야말로 오베아(obeah[서인도제도 흑인의 무속]) 테크닉을 빌려와서 그것을 실행한다고 시사한다. 이러한 시사는 타자가 전적으로 자아로 될 수 없다는 나의 확신을 복잡하게 한다. 이를 나는 타자를 자아화하려는 욕망의 한계를, 리스 자신의 시 「오베아 밤」과 "1842년 봄에 씌어진/에드워드 로체스터 혹은 라워스"라는 마지막 두 줄 속에 반영된 욕망의 한계를 보여주는 표시로 읽을 수 있을 뿐이다.35 2장에서 나중에 내가 읽어낼 소설 『포우』의 프라이데이 경우에서처럼, 나는 크리스토핀의 이탈의 무대화를 주변을 지켜 내고자 하는 움직임으로 읽어야 할 것이다.

---

34. 구아리 비스와나산(Guari Viswanathan)이 진행중인 작업은 이러한 전환을 보여주는 탁월한 예이다.
35. Jean Rhys, "Obeah Night", *The Penguin Book of Caribbean Verse in English*, ed. Paula Burnett (Harmondsworth: Penguin, 1986). 리스가 이 소설에서 초강력대본(superscript)을 침해하는 제스처를 수행한다는 점은 흥미롭다. 그녀는 로체스터에게 이름을 허용하지 않는다.

메리 셸리의 『프랑켄슈타인』36은 영국 계급사의 상이한 국면에서 나온다. 탄생중인 페미니즘 텍스트로서 이 소설은 비밀스럽게 남아 있다. 영문학 내부에서 우리는 개인주의적 페미니즘의 언어를 본격 페미니즘의 언어라고 환호하게 되었다. 『프랑켄슈타인』은 이 언어를 말하지 않는다. 나는 단지 그러한 이유 때문에 이 작품은 비밀스런 상태로 남아 있다고 생각한다. 바바라 존슨의 짤막한 연구는 이 만만치 않은 텍스트를 페미니즘 자서전에 봉사하게끔 구해내려 한다.37 대안적으로, 조지 러빈은 창조적인 상상력과 영웅의 본성이라는 맥락에서 『프랑켄슈타인』을 읽어낸다. 그는 이 소설을 자체의 글쓰기 및 글쓰기 자체에 대한 책으로, 즉 제인 에어가 자의식적이지 않은 비평가로서 상당히 멋지게 맞아 들어갈 읽기의 낭만주의적 알레고리로 읽어낸다.38

나는 『프랑켄슈타인』을 이러한 전투장에서 끄집어내어, 이 글의 서두에서 상기시킨 영국의 문화 정체성이라는 측면에 이 소설의 초점을 둘 것을 제안한다. 이 초점 내부에서 우리가 시인해야 할 사안은 이 작품이 주요한 텍스트적 기능 때문에 제국주의 공리를 전개하는 것은 아니라는 점이다. 『프랑켄슈타인』이 표면적으로는 사회 속에서의 인간(man)의 기원과 진화 이야기이더라도 그렇다.

제국주의적 감흥이 우발적으로나마 『프랑켄슈타인』에 많이 나온다는 점 또한 말해야겠다. 이 글의 논의 내부에서 나의 요점은 제국주의 담론의 장

---

36. [옮긴이] 프랑켄슈타인은 괴물 이름이 아니라 괴물을 만들어낸 과학자 이름이며, 메리 셸리는 19세기 영국의 진보적인 사상가 윌리엄 고드윈과 『여권 옹호』(1792)를 쓴 메리 울스턴 크래프트 사이에 태어나 영국 낭만주의 시인 퍼시 셸리와 결혼했다.
37. Barbara Johnson, "My Monster / My Self", *Diacritics* 12(Summer 1982): 2-10.
38. Mary Poovey, "My Hideous Progeny: Mary Shelley and the Feminization of Romanticism", *PMLA* 5.95.3 (May 1980): 332-347. George Levine, *The Realistic Imagination: English Fiction from Frankenstein to Lady Chatterley* (Chicago: Univ. of Chicago Press, 1981), pp. 23-35.

이 이 소설의 서사적 구조화에 전혀 문제가 되지 않는 이데올로기적 상관물을 생산하지 않는다는 것이다. 제국주의 담론은 이상하게 호기심을 끄는 강력한 방식으로 셸리 소설의 표면을 뒤덮는데, 제국주의 담론이 부상하는 계기에 대해서는 나중에 논의하겠다. 어쨌든, 『프랑켄슈타인』은 성적 재생산(가족과 여성) 및 사회적 주체생산(인종과 남성)의 견지에서 절합되는 남성 개인주의와 여성 개인주의의 전투장은 아니다. 이런 이항대립은 빅터 프랑켄슈타인의 실험실에서 붕괴된다. 이 실험실은 성적 재생산과 사회적 주체생산을 한번도 분명하게 말하지 않지만 두 개의 기획이 동시에 착수되는 인공자궁이다. 프랑켄슈타인의 외관상 분명한 적대자는 인간의 **제작자**(Maker of Man)인 신이지만, 그의 현실적 경쟁자는 아이들의 제작자인 여성이다. 어머니와 신부(bride)가 죽는 그의 꿈이나 그의 신부의 실제 죽음이 그의 괴상한 동성성애적(homoerotic) "시체" 방문과 관련되어 연상되는 것은 온당하지 않다. 이 방문이 자연스럽지 않은 것은 한때뿐인 어린 시절을 빼앗긴 때문이다. "아버진 나의 어린 시절을 지켜보지 않았지, 어머니도 내게 웃어주거나 쓰다듬어 주지 않았어. 혹은 그들이 그렇게 했다 하더라도, 나의 과거는 모두 지금 하나의 얼룩, 내가 아무것도 구별해 내지 못할 깜깜한 공백이야"(F 115). 프랑켄슈타인이 제작자인 여성과 경쟁하고 있음을 드러내는 것은 바로 괴물의 복수심의 실재적 동기를 프랑켄슈타인 스스로 모호하게 잘못 이해한 데서이다. "나는 합리적인 피조물을 창조했고, 나의 힘이 닿는 대로 그의 행복과 안녕을 확신시켜 주려고 그를 향해 다가갔다. 이것은 나의 의무였다. 하지만 그보다 더 중요한 또 다른 의무가 있었다. 내가 속한 종의 존재들에 대한 나의 의무는 더 큰 비율의 행복 혹은 비참함을 포함하고 있었기 때문에 나의 주의를 더 많이 요구했다. 이런 생각에 떠밀려 나는 거절했던 것이다. 최초의 피조물을 위한 동료의 창조를 거절한 것은 나로서는 옳았다"(F 206).

프랑켄슈타인 자신이 미래의 이브를 창조하려는 실험을 파괴한다. 위반의 액센트가 이 사실을 굴절시키고 있다. 이 점을 간과하지 못한다는 것은 있을 수 없는 일이다. 이 실험실에서조차 제작되는 여성은 신체를 지닌 시체가 아니라 "인간 존재"이다. 이 은유의 (비)논리가 그녀에게 선차적 실존을 부여한다. 프랑켄슈타인은 이 선차적(prior) 실존을 망쳐버린다. 그가 다시 체현하는 것은 선차적 실존이 아니라 앞선(anterior) 죽음이다. "내가 이미 파괴해버린, 반쯤 끝낸 피조물의 잔해가 바닥에 흩어져 있었다. 살아있는 인간의 살을 난도질한 것 같은 느낌이었다"(F 163).

셸리가 보기에 영혼 제작자로서 인간의 오만은 신의 자리를 강탈하며 여성의 생리적 특권을 지양하려고 헛되이 시도한다.39 정말이지 여기서 나는 프로이트적 환상에 빠져 다음을 주장할 수 있겠다. 즉, 어머니에게 남근을 주거나 남근을 허락하지 않는 것이 남성 페티시(fetish)40라면, 남성에게 자궁을 주거나 허락하지 않는 것은 정신분석학적 균형을 갖춘 불가능한 세계에서의 여성 페티시일 수도 있다고 말이다.41 남성 속의 승화된 자궁이라는 아이콘은 확실히 남성의 생산적 두뇌, 즉 머리 속의 상자이다.

---

39. 1980년대 후반에 나는 현 재생산 테크놀로지 논쟁을 가장 잘 개괄한 것으로 〈국제 페미니스트 네트워크〉(Feminist International Network)의 출판물을 참조하라고 제안한 바 있다. 1990년대 중반인 지금이라면 한편으로는 UN 출판물을, 다른 한편 FINRRAGE 참조하라고 제안할 것이다. 지역 여성들에 의한 현장 보고를 대체할 만한 최종분석은 없다. 나의 책은 아동노동과 관련해 아주 미미한 보고로 끝난다.
40. [옮긴이] 맑스적 맥락에서의 물신은 프로이트적 맥락에서는 페티시다. 페티시란 어머니에게 페니스가 결여되어 있다는 것을 알게 된 아이가 그런 결여를 '부인'하며 결여된 페니스의 상징적 대체물로 집착하게 되는 특정한 대상을 가리킨다.
41. 남성 페티시는 Freud, "Fetishism", *SE* 21: 152-157 참조.『프랑켄슈타인』에 대한 좀더 "진지한" 프로이트식 연구는 Mary Jacobus, "Is There a Woman in This Text?" *New Literary History* 14 (Autumn 1982): 117-141 참조. 물론 나의 "환상"은 남성/여성의 대립이 비대칭적이라는 "사실"과, 페티시주의자(fetishist)의 입장을 상정하기란 남성보다 여성에게 더 어렵다는 "사실"에 의해 반박될 것이다. Mary Ann Doane, "Film and the Masquerade: Theorising the Female Spectator," *Screen* 23 (Sept.-Oct. 1982): 74-87 참조. 다시 한번 말하건대, 범주 "착오"이다. 나는 멜라니 클라인 연구를 착수하기 전에 이 글을 썼다. 지금 변명할 필요는 없을 터이다. 나는 이 관점을 근간 Spivak, "'Circumsfession': My Story as the (M)other's Story"에서 확장시켰다.

고전적 정신분석학의 판단에 따르면 남근적 어머니는 거세불안에 떠는 아들에 의해서만 존재한다. 『프랑켄슈타인』의 판단에 따르면 히스테리를 부리는 아버지(이론적 이성의 자궁인 실험실을 타고난 빅터 프랑켄슈타인)는 딸을 생산할 수 없다. 여기서 사회적 사명으로 이해된 제국주의의 어두운 측면인 인종차별주의 언어가 남성주의의 히스테리와 결합한다. 그리하여 인종차별주의 언어는 주체구성보다는 성적 재생산(의 철회)의 관용어가 되고, 이 텍스트에 의해 심판을 받는다. 그러므로 남성적 개인주의자들과 여성적 개인주의자들의 역할은 뒤집히고 치환된다. 프랑켄슈타인은 "딸"을 생산할 수 없다. "그녀는 자기 짝보다 천 배나 더 악의적일 수 있기 때문이다. … [또] 이 괴물이 목말라했던 공감의 첫 번째 결과들 중 하나가 아이들일 것이기 때문이다. 또 악마의 종족이 땅위에 번성하여 인류의 실존 자체를 불안하게 하고 공포로 가득 차게 만들 것이기 [때문이다]"(F 158).

이렇게 특정한 서사 가닥은 또한 (서구 기독교도) 남성을 통한 사회 기원에 관한 18세기 유럽 담론에 철저한 비판을 개시한다. 여기서 『고백록』의 장-자크 루소와 상당히 비슷하게 자신은 "제네바 태생"(F 31)이라는 프랑켄슈타인의 선언을 꼭 언급해야 할까?

셸리가 드러내놓고 교훈적인 자기 텍스트에서 말하고자 하는 요점은 사회 계획이 순수이성, 이론적 혹은 자연과학적 이성에만 기초를 두어서는 안 된다는 것이다. 이는 공학으로 관리되는 사회의 공리주의적 비전에 대한 셸리의 은근한 비판이다. 이 목적을 이루기 위해 그녀는 의도적으로 도식적인 이야기의 첫 대목에서 세 명의 인물을 제시한다. 이 인물들은 어린 시절의 친구들인데, 인간 주체에 관한 칸트의 3부작 개념화를 재현하는 것 같다. 즉, 이론적 이성 혹은 "자연 철학"의 힘을 나타내는 빅터 프랑켄슈타인. 실천 이성 혹은 "사물들의 도덕적 관계"의 힘을 나타내는 헨리 클레발. 칸트에 따르면 "자연 개념 영역과 … 도덕적 감정을 … 촉진하는 자유개념 영역을 연결하는 적합한 매개고리"(CJ 39)인 미학적 판단력 — "시인들의 몽환적인 창조" — 을 나타내는 엘리자베스 라벤자(F 37, 36).

(1장에서 내가 보여주려고 했던 것은 다음과 같다. 미학적인 것을 위해 예비되고 계획된 섹션 — 제인 에어가 커튼을 치고 칩거하듯 구조적으로 철회된 영역 — 에 계획되지 않은 숭고의 자리가 있다. 거기서 칸트의 텍스트로 하여금 자연과 자유를 연결하도록 허용하는 것은 바로 토착정보원의 폐제이다. 2장에서 내가 보여주고자 하는 바는, 메리 셸리의 텍스트는 **괴물**에 있는 토착정보원의 판본을 전경화한다는 점이다. 그렇다면, 셸리의 텍스트는 사용해야만 하는 철학 원전들의 서사적 지지와 아포리아적 관계에 있다고 논의될 수 있겠다[내가 해체와 맺는 관계가 이와 비슷하기 때문에 『프랑켄슈타인』과 공명하는 것일까?]. 괴물의 질문을 이율배반에 대한 칸트의 해결 쪽으로 향하게 한다면 체계를 서도록 해줄 허용가능한 서사를 파괴할 것이다.42 실로 그 체계는 서 있지 못한다. 칸트에서 그런 것처럼, 남성 주체가 혼자서 그 체계를 작동시키려고 하기 때문이다.)

세 부분으로 된 주체는 조화롭게 작동하지 않는다. 실천이성으로 연상되는 헨리 클레발이 "인도의 여러 언어에 대한 자신의 지식을 믿고서 인도사회에 대한 자신의 관점에 따라 유럽인의 식민화와 무역의 진전을 물질적으로 보조할 수단을 갖고 인도를 방문하는 것을 … "(F 151-152) 자신의 계획으로 삼아야 하는 것을 보면 그렇다. 또한 이 부조화는 내가 앞서 말한 이 소설의 우발적인 제국주의적 감흥의 일부를 입증한다. 이때 사용되고 있는 언어가 전도사적이라기보다 기업가적(entrepreneurial)이라는 점을 지적할 필요가 있겠다. "그는 동양(Oriental) 언어를 온전히 통달해 자신이 두각을

---

42. 허용가능한 서사들이라는 개념에 대해서는 Melanie Klein, "Love, Guilt, and Reparation", *Love, Guilt and Reparation and Other Works* (London: Hogarth, 1975), pp. 317, 328 참조.

나타내온 삶의 계획을 위한 장 하나를 열어야겠다는 뜻을 품고 대학에 갔다. 시시한 경력 따위는 추구하지 않겠다고 결심한 그는 **동양**(the East)으로 눈을 돌려 이것이야말로 자신의 기업정신을 감당할 만하다고 생각했다. 페르시아어, 아랍어, 산스크리트어가 그의 주목을 끌었다"(F 66-67).

하지만 여성과 토착정보원이 이 울타리 내부에 들어오도록 허용된다면 세 부분으로 된 칸트적 주체의 다중적 시각들은 함께 조화롭게 작동할 수 없다. 이 점을 가장 강력하게 증명하는 것은 물론 빅터 프랑켄슈타인이다. 그는 자연철학에 강박을 갖고 이상한 여정을 보여준다. 프랑켄슈타인은 인간주체라 추정할 만한 존재를 자연철학만으로 창조한다. 그의 착오적인 요약에 따르면, "나는 열정적인 광기의 발작 속에서 합리적인 피조물을 창조했다"(F 206). 칸트의 가설적 명령(hypothetical imperative)은 도덕적 의지에 의해서만 이해될 수 있는 것의 근거를 인식적 이해 속에 두라는 명령이다. 그런데 프랑켄슈타인처럼 자연철학을 실천이성의 자리에 둠으로써, 이 가설적 명령이 범주적 명령(categorical imperative)으로 쉽사리 오해된다. 여기서 이 점을 지적하는 것은 전혀 엉뚱한 소리는 아니다.

여기서 내가 서둘러 부언해야 할 것이 있다. 이와 같은 독법이 반드시 샬롯 브론테라는 이름의 개인이 제국주의적 정서를 품고 있다고 비난하는 것은 아니라는 점이다. 그런 것처럼, 여기서 메리 셸리라는 이름의 개인이 성공적인 칸트적 알레고리를 썼다고 반드시 그녀를 추켜세우는 것도 아니다. 여기서 내가 말할 수 있는 최대한은, 제국주의와 칸트적 윤리의 계기라는 틀 내부에서 이 텍스트들을 정치적으로 유용하게 읽어낼 수 있다는 점이다. 그러한 접근이라면 "사심 없는" 읽기를 헤게모니적 독자층의 이해관심사를 투명한 것으로 만들려는 시도라고 소박하게 전제할 게 틀림없다. (예컨대, 『프랑켄슈타인』에 나오는 괴물을 발생중인 노동계급으로 읽어내는 독법과 같은 다른 "정치적" 읽기 또한 전개할 수 있다.)

『프랑켄슈타인』은 다중적(multiple) 틀을 갖는 기존 서한체 전통 속에서 이야기가 전개된다. 이 다중적 틀의 심장부를 차지하는 괴물의 서사(프랑켄슈타인이 로버트 월튼[43]에게 보고하고, 월튼이 자기 누이에게 편지 형식으로 다시 설명하는 형식 속에서 전개되는)는 거의 이 괴물이 인간(적)이 되고자 비밀스레 하는 학습에 관한 것이다. 이 괴물은 『실락원』을 진짜(true) 역사로 읽는다. 이 점은 한결같이 주목되고 있다. 그런데 그가 또한 "고대 공화국의 최초 설립자들의 역사인" 플루타르크의 『영웅전』을 읽으면서 그것을 "자기 보호자들의 가부장적 생애"와 비교하는 대목은 그리 종종 주목되지 않는다.(F 123, 124). 이 괴물의 교육은 "볼니(Volney)의 『제국들의 멸망』"을 통해 이루어진다. 이 책은 프랑스 대혁명의 전조가 되겠다는 취지를 가졌다가 프랑스 대혁명 이후, 즉 저자가 실천으로 자신의 이론을 무마했던 후에 출판되었다(F 113). 볼니의 책은 유럽중심적 기독교 역사서라기보다 "아래로부터의" 화자 관점에서 씌어진, 계몽된 보편적·세속적 역사책이다.[44]

(보편적·세속적) 인간성에 대한 칼리반의 교육은 이 괴물이 에어리얼 같은 한 존재의 가르침을 엿들음으로써 일어난다. 『프랑켄슈타인』에서 에어리얼은 "터키에서 사는 것이 끔찍했던", 기독교화된 "아랍인" 사피(Safie)이다(F 121). 셸리는 사피를 묘사하는 대목에서 오늘날에도 많은 이들이 공유하고 있는 18세기 자유주의의 상투어를 사용한다. 즉, 사피의 이슬람교도 아버지는 (나쁜) 기독교의 종교적 편견의 희생자였지만 사피의 (선한)

---

43. [옮긴이] 프랑켄슈타인이 마지막에 만나게 되는, 북극으로 항해 중이던 배의 선장 이름.
44. [Constantin François Chasseboeuf de Volney], *The Ruins; or, Meditations on the Revolutions of Empires*, tr. pub. (London: n.p., 1811). 『시간과 타자』(*Time and the Other*)에서 요하네스 패비언(Johannes Fabian)은 이와 비슷한 종류의 "새로운" 세속적 역사들 속에 나타나는 시간 조작을 보여준다. 샌드라 길버트는 볼니를 통해 드러나는 괴물의 교육을 가장 놀라울 정도로 무시한다. Sandra Gilbert, "Horror's Twin: Mary Shelley's Monstrous Eve", *Feminist Studies* 4 (June 1980). 길버트의 후속 작업은 이런 누락 지점을 너무도 설득력 있게 채운다. 예컨대 H. 라이더 해가드의 작품 『그녀』(*She*)에 대한 길버트의 다음 글 "Rider Haggard's Heart of Darkness", *Partisan Review* 50.3 (1983): 444-453 참조.

기독교도 어머니만큼 도덕적으로 세련되지 못한 약삭빠르고 고마워할 줄 모르는 남자였다. 여성 해방의 맛을 본 사피는 집으로 갈 수 없었다. "터키"와 "아랍"을 혼동하는 양태는 오늘날에도 여전하다.

여기서 우리는 『제인 에어』에 드러나는, 검토되지 않은 은밀한 제국주의 공리들로부터 멀리 떨어져 고함을 치고 있다. 하지만, 복음주의를 반대했던 부모에게서 태어난 셸리가 생산해 내는, 특정 시대에 구속된 신앙을 찬양해 봤자 우리가 얻을 것이라곤 없다. 셸리는 **타자**를 차이로 구분해 내며 칼리반/에어리얼 구분에 따라 작업해 냄으로써 괴물을 이러한 교훈의 고유한 수혜자와 동일한 존재로 만들 수 없다. 이 대목이 우리에겐 좀더 흥미롭다. 내게는 이러한 양심적인 거리 두기야말로 이 소설의 정치적 중요성을 지목하는 표시이다. 괴물은 "아메리카 발견 이야기를 듣고서 그곳에 원래 살던 주민들의 무력한 운명에 **사피와 함께 눈물을 흘렸다.**" 하지만 사피는 그의 애착을 주고받을 수 없다. 사피가 처음 그를 보았을 때 "자기 친구 [아가새에게 주의를 기울일 수 없게 되자 오두막에서 뛰쳐나간다"(F 114, [스피박의 강조], 129).

인물들을 분류해 보면, 이슬람계-기독교도인 사피는 리스의 앙트와넷/버사와 같은 부류에 속한다. 실로 선한 하인이 크리스토핀인 것처럼, 자연철학의 결단으로 창조된 괴물이 『프랑켄슈타인』에서 접선을 이루는 미해결의 계기이다. 이 괴물은 속은 인간이고 겉은 괴물이며 복수심만 키우도록 부추겨진다는 식의 단순한 제안은 분명 충분하지 못한 것이라 커다란 역사적 딜레마의 짐을 질 수 없다.

사실, 어떤 순간 셸리의 프랑켄슈타인은 괴물을 길들이고, 괴물을 **법의 회로** 내부에 데려옴으로써 인간화하려고 시도한다. 프랑켄슈타인은 "동네의 범죄 담당 판사한테 가서 [그의] 역사를 간단하면서도 결연히 말한다." 이것은 프랑켄슈타인 서사의 첫 번째이자 사심 없는 판본이다. "날짜를 정확하게 밝혔고 결코 비난이나 큰소리를 내는 등, 샛길로 빠지지 않았다. …

내 이야기의 결론에 이를 즈음 나는 이렇게 말했다. '제가 고소하는 것은 바로 이 작자입니다. 부디 전권을 휘둘러 이것을 잡아 처벌해 달라고 판사님께 요청하는 바입니다. 이 일이야말로 판관인 당신의 의무입니다"(F 189, 190).

셸리의 "제네바인 판관"의 세속적 목소리에는 경박한 사회적 이치가 묻어 있다. 이 이치는 근본적인 타자가 자아가 될(selfed) 수 없다고, "적합한" 조치로는 억제되지 않을 "속성들"(properties)을 괴물이 지니고 있다고 우리에게 상기시킨다. 판관은 이렇게 말한다. "내 힘껏 해 보리다, 괴물을 잡아들이는 것이 내 권한에 속한다면, 죄에 상응하는 벌을 괴물이 받을 것임을 확신하는 바요. 하지만, 당신이 그의 속성들이라 설명하는 바를 들으니, 이 일이 실행될 수 없는 일로 드러날까 두렵군요. 그러니, 모든 적합한 수단을 강구하는 동안, 당신은 혹 실망하지 않도록 마음의 준비를 해두어야 합니다"(F 190).

결국, 대부분의 독자에게 분명하게 드러나듯, 인간의 개성에 있는 구분들은 이 소설로부터 떨어져 나간다. 괴물, 프랑켄슈타인, 월튼은 서로 서로를 교체한다. 프랑켄슈타인의 이야기는 죽음으로 끝나고, 월튼은 편지를 쓰는 사람이라는 기능 틀 내부에서 자기 이야기를 끝맺는다. 월튼은 서사의 결말에서 프랑켄슈타인의 사례로부터 배우는 자연철학자가 된다. 괴물은 텍스트의 마지막에서, 자신의 제작자를 향해 자신의 잘못을 고백하고 공공연히 자신을 파괴희생(immolation)[45]시키려고 얼음 뗏목을 타고 실려 간다. 그가 불타 죽으려고 하는 장작더미가 과연 불타오르는지 우리로서는 알 수 없다. 이 텍스트에서 자기-파괴희생은 완성되지 않는다. 즉, 괴물 역시 텍스트에 의해 포섭될 수 없다. 이 비포섭(non-containment)[46]을 무대

---

45. [옮긴이] 희생(sacrifice)과 구분되도록 파괴희생으로 번역한다.
46. [옮긴이] 이 용어에 대해서는 2장의 주 26 참조.

화하는 것이야말로 『프랑켄슈타인』이 지닌 강점들 중 하나라고 나는 주장하는 바이다. 서사 논리로 보자면, 괴물은 소설의 마지막 어휘이기도 한 "어둠 속에서 저 멀리 길을 잃고"(F 211), 개인적 상상력의 영토화(『제인 에어』의 시작 부분에서처럼)나 기독교적 심리전기의 권위적 시나리오(브론테 작품의 끝에서처럼)와도 일치하지 않는 실존적 시간성 속으로 사라져 간다. 성적 재생산과 사회적 주체생산의 관계 — 19세기의 역동적인 주제인 제국주의-속-페미니즘 — 야말로 셸리 텍스트의 한계들 내부에서 문제로 남으면서 역설적으로 이 텍스트의 강점을 구성한다.

앞서 나는 『프랑켄슈타인』에서 여성을 자궁을 보유한 자로 읽자고 제안한 바 있다. 이제 나는 이 소설에 접선을 이루지도 둘러싸이지도 않고 둘러싸지도 않으며 틀을 짓는 한 여성이 존재함을 시사할 것이다. "샤빌 부인", "탁월한 마가렛", "사랑하는 누이"가 바로 이 여성인데, 그녀는 친족관계로 각인된다(F 15, 17, 22). 그녀는 주인공은 아니지만 소설의 계기이다. 그녀는 여성 개인주의자라기보다는 여성적(feminine) 주체이다. 즉, 그녀는 『프랑켄슈타인』을 만들어내는 편지들의 환원불가능한 수신자 기능을 담당한다. 내가 앞서 언급한 바, 『제인 에어』의 첫 부분에 소개되는 제인을 읽어내는 독자가 특이하게 전유하는 해석학을 상기해 보자. 『프랑켄슈타인』의 경우, 소설이 존재하기 위해서는 마가렛 샤빌이 수신자 기능을 가로막고 수신자로서 그 편지들을 읽어야만 한다. 독자는 이 중요한 점을 염두에 두고 마가렛 샤빌을 읽어야 한다.[47] 마가렛 샤빌은 하나의 틀로서 이 텍스트를 닫는 데 응하지 않는다. 그래서 이 틀은 동시에 틀이 아니기도 하며, 괴물

---

47. "편지란 항상 또 선험적으로(a priori) 가로채어지기 마련이다. … 편지의 '주체들'은 메시지의 발신자도 수신자도 아니다 … . 편지란 그 가로챔에 의해 구성된다." (Jacques Derrida, "Discussion", after Claude Rabant, "Il n'a aucune chance de l'entendre", *Affranchissement du transfert et de la lettre*, ed. René Major [Paris: Confrontation, 1981], p. 106. 스피박의 번역.) 마가렛 샤빌은 독자의 '주체'를 전유하여 그녀 자신의 "개성"을 서명하도록 만들어진다.

은 "텍스트 너머로" 나아가 "어둠 속에서 상실"될 수 있다. 우리 독법의 알레고리 내부에서 영국 숙녀와 이름을 붙일 수 없는 괴물 둘 다의 자리는 위대하지만 결함 있는 텍스트에 의해 열린 채 남겨진다. 이를 19세기 영국 소설의 고상한 해결책으로 간주하는 것은 포스트식민 독자에게는 만족스럽겠다. 셸리는 자신을 빅터 프랑켄슈타인과 상당히 많이 "동일시한다."[48]

셸리의 해방적 비전은 식민사업을 비추어보는(specular) 상황 너머로 확장될 수 없다. 이 상황에서는 주인에게만 역사가 있다. 하지만 주인과 주체는 현재의 금간 거울에 갇혀 있다. 미확정적인 주체의 미래는 주인을 향해 또 주인으로부터 떨어져 나오는 사이 특히 굴절된다. 이런 제한된 비전 내부에서 셸리는 주인이 되돌려준 응시에 붙들리기를 거부할 권리를 괴물에게 부여한다. 말하자면, 비추어보기(speculation)의 인종분리정책(apartheid)을 거부할 권리 말이다. "'나는 당신과 대적하는 자리에 나 자신을 놓도록 유혹되지 않을 겁니다. … 내가 어떻게 당신을 감동시킬 수 있을까요?' … [그는] 밉살스런 손을 내[프랑켄슈타인]의 눈앞으로 뻗었고, 나는 힘껏 밀쳐냈다. '그래서 나는 당신이 끔찍해 할 광경 하나를 당신에게 보여줄 거예요. 당신이 내 말을 듣지 못하니 말입니다'"(F 95, 96).

우리가 파악한 대로, 인정받지 못한 그의 요구는 젠더화된 미래를 위한 것이자 식민지 여성 주체를 위한 것이다.

이제 논의를 조금 더 진전시켜 위와 대조되는 요점 하나를 지적해 보고

---

48. 셸리가 빅터 프랑켄슈타인과 동일시함을 보여주는 가장 놀라운 텍스트의 내부 증거로 「저자 서문」을 들 수 있다. 셸리는 아직 이름을 결정하지 못한 빅터 프랑켄슈타인이라는 인물을 상상하며, 나중에 그녀가 프랑켄슈타인의 이야기 중에 다시 만들어낸 한 장면에 나오는 괴물에 (전적으로는 아니지만 상당부분 프랑켄슈타인을 통해) 소스라치게 놀란다. 그 후 셸리는 "'11월의 어느 음산한 밤이었습니다'로 시작되는" 이야기를 "아침에" 시작했다(F, xi). 이 문장은 완성판 『프랑켄슈타인』의 5장 첫 부분에 나오며, 이 부분에서 프랑켄슈타인은 자신의 괴물 제작을 설명하기 시작한다(F 56).

싶다.『프랑켄슈타인』에서는 서로를 비추어보는 주인-노예의 울타리가 너무나 강력하게 무대화된다. 역사가 사실상 생산했던 식민지 여성 주체의 후손인 포스트식민 작가의 과업은 이 울타리 내부에 억류될 수 없다. 이제 나는 마하스웨타 데비의「프테로닥틸, 피르타, 퓨란 사하이」로 시선을 돌려 다음 둘 사이의 차이들 중 몇 가지를 가늠해 볼 것이다. 여기서 둘이라 할 때 첫째는 반사되는 교환의 억제를 거부하는 상황[주인-노예의 역학을 되풀이하는 상황]을 괴물과 같은 식민 주체에 유리하도록 공감하며 지지하는 식민적 무대화이다. 나머지 하나는 새로운 국가에서의 헌법적 주체구성을 식민주체를 다시 명명함으로써 아주 종종 일어나는 "시민"이라기보다 서발터니티 속에서 포스트식민적으로 수행하는 것이다.[49] 이 과정에서 토착정보원은 1장의 마지막 섹션에서 기술된 우리 시대의 맥락 속으로 나아간다.

데비의 작품은 인도에서 소위 원주민들 혹은 아디바시스(ādivāsis)(와 예전의 최하층 불가촉 힌두 신분[caste])에 초점을 맞추고 있다. 이들은 숫자상으로 최소한 8천만에 이르며 식민 연구 및 포스트식민 연구에서 대대적으로 축소 보고되어 왔다.[50] 이들은 대부분 나름의 개별 언어를 갖는 300개의 이상한 집단으로 구분되어 있으며, 크게는 네 개의 언어 집단으로 나뉜다. 서발턴을 헤게모니로, 포스트식민 국가의 시민권, 헌법적 주체권(subjectship)으로 놓으려는 이해관계가 있다. 데비가 연루된 운동은 그 속에서 이 광대한 집단에 구조적 통일성을 부과한다. 나는 이 분명한 요점을 자주 지적해 왔다. 이것은 분할적 정체성평등주의(identitarianism)[51]라기보

---

49. 마하스웨타 데비의 작품이 당대 벵골 (혹은 인도) 소설을 대표하는 것은 결코 아니다. 따라서 그녀의 작품은 제임슨이 말하는 "제3세계 문학"의 한 예로 봉사할 수 없다. 나는 이 점을 언급해야만 한다.
50. Dhirendranath Baske, *Paschimbanger Adibasi Samaj* (Calcutta: Shubarnorekha, 1987), vol. 1., p. 17에서 보고됨.
51. [옮긴이] 다문화주의나 인종문화주의적 강단의 의제들에서 흔히 그런 것처럼 기계적으로 정체

다 **계몽주의의** (오)용(ab-use)이다.

「프테로닥틸」의 후기에서 데비는 선주민의 통일성이라는 이 (오)용적(혹은 오어법적[catachrestic] — "원래 인도 국가" 혹은 아딤 바라티야 자티(ādim bhāratiya jāti)라는 개념을 문자 그대로 지시하는 대상은 없다) 정신을 전경화한다. "[이곳에서는 — 마드히야 프라데쉬 혹은 나게시아와 같은 어떤 이름도 문자 그대로 사용되지 않는다. 여기서 마드히야 프라데쉬는 인도이고, 나게시아 마을은 전체 부족 사회를 말한다. 나는 상이한 남국(Austric) 부족 및 집단들의 규준과 관습들을 고의적으로 융합해버렸고, 조상의 영혼이라는 관념 또한 나 자신의 것이다. 다만 나는 프테로닥틸 신화를 통해 경험에서 나온, 인도 선주민 사회에 대한 나의 추정판단(estimation)을 표현하고자 할 뿐이다.] — 마하스웨타 데비."52

『잃어버린 것을 찾아서』의 말미에서 프루스트는 자기 앞에 놓인 과제, 우리가 막 다 읽은 몇 권짜리 책을 쓰는 과제에 대해 길게 쓴다. 데비의 제스처는 이 주제에 속한다. 데비는 중편소설을 일제히 써 본 다음에, 이야기 속의 유일한 권위는 수사적이라고 우리에게 일러준다. 그녀는 작지만 중요한 아포리아라는 선물, 즉 이야기의 진리-가치(truth-value)를 우리한

성들 사이의 평등을 주장하며 정체성을 페티시로 만드는 현상을 일컫는다.
52. *IM* 196. 수정된 번역. "원래 인도 국가"와 관련된 오어법이란, 지금 "인도"라고 하는 데에 거주하는 모든 선주민을 포괄하는 하나의 "부족"이란 없다는 것만이 아니다. 그것은 또한 "인도"라는 개념이 "인도적"인 것이 아니며, 더 나아가 "국가"와 자티(jāti)가 서로 다른 역사를 가지듯, 바라타(Bhārata)라는 개념과 동일한 것도 아님을 말한다. 게다가, 기원의 장소로서 전체 국가라는 소감은, 지역성(locality)이 훨씬 더 중요해지는 선주민 담론구성체들 내부에서의 진술이 아니다. 나는 이 점을 다소 자세하게 지적하고자 한다. 왜냐하면 우선 "오어법"이라는 단어는 접근불가능성이라는 일반적 범죄에서 최악의 위반자들 중 하나이기 때문이다. 둘째로, 가장 헤게모니적인 정체성일지라도 자세히 검토해 보면 스스로를 오어법적인 것으로 드러내기 때문이다. 마지막으로, 시민사회를 구축하려는 이해관계 속에서 **계몽주의**를 오용하는 것은 서발턴 담론구성체에 위기를 몰고 와서 그것을 해체시켜버리기 때문이다. "부족"이라는 단어의 경우, 아프리카의 상황 때문에 더 이상 국제적으로 선호되지 않게 되었다. 하지만, 이 단어는 인도 국내에서 여전히 사용되고 있으며, 인도에서 이 단어는 "신분"(caste)을 거스르며 사용된다.

테 건네준다. 그것은 [ ] 치고 쓴 가필 부분이다. "엄정하게 준수된 표식들로 된 분과학문 안에서 선언을 자제하는 글쓰기의 엄격한 경제"라고나 할까.⁵³ 이런 진실은 정확성이 아니다. 우리는 문학 텍스트 혹은 필요한 변경을 가하여 확장하자면 사회역사적 문서를 읽는 것만으로는 서발턴에 "대해 배울" 수 없다. "법이 존재해야 함은 온당하다. 그러나 법이 정의는 아니다."⁵⁴ 책 읽기가 책임을 지는 일이긴 하지만, 책의 학습이 책임인 것은 아니다.

여기서 토착정보원은 오어법적 표현은 아니다. 그것은 상당히 문자 그대로 인류학을 먹여 살리는 사람이다. 데비 중편소설의 마지막 노트를 보면, 저자가 한 사람이 아닐 거라고 적혀 있다. 이야기 자체를 보면, 토착정보원의 관점 속으로 전유될 수 없는 강력한 인물이 최소한 두 명 존재한다. 전유로부터의 면역성 중 일부는 선주민의 저항으로서, 발전에 대한 저항이라는 주제를 통해 나타난다. 가장 극단적인 경우가 샨카르(Shankar)의 경우이다. 샨카르는 진정한 토착정보원을 위한 명세서를 쉽사리 채울 수 있을 것 같다. 하지만, 이 사람에게야말로 바로 그것이 부적절해진다. "'나는 당신을 알 수 없습니다. 하지만 나는 커다란 치욕을 느끼며 당신에게 말립니다. 당신은 우리를 위해서 아무것도 할 수 없다고요. 당신이 우리 삶에 들어오자마자 우린 불결해졌습니다. 더 이상 길도 없고 편안함도 없습니다. 당신은 사라진 땅, 고향, 묘지와 맞바꿀 무엇을 우리 민족에게 주실 건가요?' 샨카르는 좀더 가까이 다가와서 이렇게 말한다. '멀리 갈 순 없나요? 아주 멀리? 더, 더 멀리요?'"(IM 120).

데비는 자세한 지식, 분노, 사랑으로 인한 절망을 안고 포스트식민 국가의 작동을 무대화한다.⁵⁵ 데비의 작품에는, 억압된 반체제 급진 인사들, 선

---

53. Derrida, *Of Spirit*, p. 32.
54. Derrida, "Force of Law", p. 947. [한국어판: 『법의 힘』, 진태원 옮김, 문학과지성사, 2004].
55. 데비는 전설적이게도 어떠한 분파로 갈라지지 않았던 인도 공산당에 1942년 가입했다. 그녀

거 인지도를 높이려는 국가 정부, 선악을 넘어선 체계적 관료들, 소위 민주주의의 **계몽주의** 원칙들을 대항직관적(counter-intuitive)이라고 여기는 체계의 기능인들이 나온다. 또한 포스트식민성의 가장 나쁜 산물, 즉 부족들을 착취하여 그들의 생활체계(lifesystem)를 파괴하려고 발전의 알리바이를 써먹는 인도인도 나온다. 이런 부류에 맞서는 이들은 공직의 사보타지 체계 및 자잘한 협상들을 통해 움직이는 한 줌의 양심적이고 이해심 많은 정부 노동자들이다. 중심인물은 언론인 퓨란 사하이이다. (생태-건강-읽고 쓰는 능력을 증진시키려는 액티비스트이자 소설가인 데비는 또한 지칠 줄 모르는 개입하는 언론인이기도 하다. 나는 작가들을 비난하지 않으려고 조심해 왔다. 누구를 칭찬한다고 세금을 물리는 것도 아니니까.)

퓨란의 사생활을 개념화하려면 별도의 논의가 필요할 것이다. 그의 사생활은 메트로폴리스 및 도시의 중하층에 바쳐진 섹션 중에서도 국내 사회의 젠더 해방 내부에 섬세하게 각인되어 있다. 이 중편소설에서 그는 피르타 산악지대를 올라가 발전중인 선주민 지대인 피르타 계곡으로 내려오느라고 이 액자 시나리오를 떠난다. (이렇게 퓨란이 "틀을 벗어나는 것"(unframing) 역시 하나의 "경계화"[liminalizing])일 터이다.) 그는 이 여행으로 자신의 동료 하리샤란을 위한 보고 형식으로 데비 자신의 보도활동을 조직해 내는 결실을 얻는다. 우리는 그가 『디바스즈요티』(*Dibasjyoti*)일보를 위해 쓰게 되는 좀더 공적인 기사를 본 바 없다. 물론 보내지지 않았지만(않을 것이지만), 이 중편소설의 문학적 공간에서 나올 수 있을 법한 "보내진" 한 편의 기사가 또한 있다. 이 기사는 산악지대로부터 찍은 단편의 사진으로서 탈식민 중인 국가의 각 주장에 도전한다.

는 탈식민의 실패를 목도하면서 반식민투쟁에 투신했다. 그녀의 소설에는 "식민담론"에 관한 언급이 거의 없다. Devi, "Choli ka pichhe" [Behind the bodice], *The Breast Stories*, tr. Spivak(Calcutta: Seagull, 1997), p. 140을 보면, 당대 사회의 모든 질병을 영국 식민주의 탓으로 돌리는 휘황찬란하게 아이러니한 계기가 나온다.

『프랑켄슈타인』에 나오는 괴물처럼 퓨란도 이 이야기의 서사로부터 떨어져 나와 새로운 포스트식민 국가 내부에서 일어나는 행동 속으로 들어간다. "트럭 한 대가 온다. 퓨란은 손을 들어 올리며 트럭에 올라탄다."

지금까지 나는 새 국가에서 서발턴의 자유와 관련된 이야기 하나를 요약했다. 그러나 이 이야기는 하나의 틀이기도 하다. 내가 이 이야기의 호기심 끄는 심장부를 밝히기에 앞서, 독자에게 다음 사항을 상기하도록 하자. 토착 힌두 신분으로 자기를 해방시킨 비엘리트 여성들, 사라스와티, 퓨란의 여자친구, 다른 헌신하는 노동자들의 아내들이 이 틀의 바깥에서 틀 안으로 들어오려고 대기중임을 말이다. 서발턴의 자유 서사나, 중간-수준 토착 여성의 (자기)해방 서사는 아직 연속적인 것이 될 수 없다.[56]

그렇다면 장례식 이야기라는 심장부를 보자. 여기서 개입하는 언론인 퓨란은 서발턴적 책임에 입문하게 된다. 서발턴적 책임은 권리투쟁과 불화를 야기한다(그것은 권리투쟁에 점근선적·비대칭적·아포리아적 관계를 맺으며 담론성을 벗어나는 디페랑[différend][57]이다). 한 선주민 소년이 프테로닥틸 그림을 동굴 벽에 그려 왔다. 퓨란과 "착한" 정부 관리는 이 그림이 널리 알려지도록 허용하지 않는다. 다시금 어떠한 토착정보원도 허용되지 않는다. 퓨란은 뜻밖에도 비가 올 것을 성공적으로 "예견"함으로써 이 집단에 지속하는 역사적 기록의 일부가 된다. 그는 프테로닥틸을 본다. 아니, 아마 프테로닥틸이 유령의 특이한 육체성으로 퓨란에게 스스로를 드러낸다.[58]

---

56. 이것은 퓨란의 경계화(liminalization)에 기여하는 하나의 작은 계기이다. 그러나 전 지구의 금융화에 요구되는 전 지구적 자매애를 발생시킬 수 있는 것은 바로 이러한 차이들을 부정하는 일이다. 여성 영웅에 의해 침묵되는 것은 누구인가? (이 책의 마지막 움직임을 보여주는 486-573쪽 참조.)
57. [옮긴이] 장 프랑수아 료타르의 용어인데 하나의 담론에서 또 다른 담론으로의 번역불가능성, 담론들의 자율성을 말한다.

(역사가 없는) 이름 없는 괴물과 빅터 프랑켄슈타인 사이의 교환이 보류된 거울성을 결국 쓸데없이 거부하는 것이라면 어떨까. (역사 이전의) 프테로닥틸과, 선주민과 비선주민을 함께 묶는 "민족"사 사이의 응시 입장은 다소 달라진다. 여기에 비추어보기란 있을 수 없다. 대항-사실적(counter-factual) 장례식으로부터 수사적으로 분리된 텍스트의 공간에서, 선주민과 비선주민은 서로 협력해야 한다. 아마 프테로닥틸이 퓨란을 바라보고 있을 때 퓨란은 이렇게 말한다.

당신은 날개를 접고 움직이지 않고 있군요, 나는 당신을 건드리고 싶지 않아요, 당신이 나의 지혜, 이성, 느낌 외부에 있는데, 누가 중생대의 세 번째 국면 끝과 신생대의 시작 부분이 겹치는 계기 위에 자기 손을 얹을 수 있겠어요? … 이 눈이 퓨란에게 말하고 싶어 하는 것은 무엇일까? … 눈빛으로 오가는 소통이라곤 아예 없다. 칙칙한 기다림만 끝없이 있을 뿐. 그것이 말하고 싶어 하는 것은 다음과 같다. 우리는 불가피한 자연의 지질학적 진화에 의해 멸종된다. 너희 역시 위험에 처해 있다. 너희 역시 핵폭발, 전쟁, 혹은 강자가 약자를 제거하려고 함에 따라 강자의 공격적인 전진 속에 멸종될 것이다. … 너희가 앞으로 가는지 뒤로 가는지 생각해 봐라 . … 너희가 인간의 힘으로 만든 대체물들을 적용하는 동안 자연을 살해하면서 결국 땅에 무엇을 기르겠느냐? … 눈꺼풀 없는 거무스름한 눈에 아무런 반응도 없다.(IM 156-157).

현대 인도인에게 프테로닥틸은 경험적으로 불가능하다. 서사 틀의 외부에 자신의 서명을 넣은 저자 데비가 상상한 대로, 그것은 현대 인도 선주민에게는 조상의 영혼일지도 모른다.59 이 소설은 진실과 정확성의 등기부들

---

58. Derrida, *Specters*, p. 6 및 다른 곳.
59. 텍스트(의 선물)가 사실상 위조라는 점을 확언하는 저자의 서명이 지닌 미로 같은 역학은 Derrida, *Given Time*, pp. 107-172 참조. 여기서 관심사는 단순히 "사변적인" 것이 아니다. 그것은 우리가 문학을 읽으면서 특이한 것과 입증불가능한 것으로부터 배우는 법을 배워야

사이에서 판단하지 않고 그것들을 분리된 공간 속에서 무대화할 뿐이다. 이 소설은 공상과학소설은 아니다. 프테로닥틸도 상징은 아니다.

프테로닥틸은 죽어가고, 말을 잊은 소년 비크히아(Bikhia)는 프테로닥틸의 "수호자"가 됨으로써 의사소통으로부터 철회된 채 강바닥의 굴에 프테로닥틸을 묻는다. 이 굴의 벽에는 "발굴되지 않은" 동굴 그림, 아마 고대의 것이거나 아마 우리 시대의 것일지도 모를 그림으로 가득 차 있다. 선주민 소년은 이 텍스트에서 박제화되지 않는다. 그는 퓨란에게 자기와 동행하도록 허락한다. 매장 자체가 현재의 풍습과 다르다. 이제, 샨카르가 그들은 힌두인들처럼 죽은 육체를 태운다고 말한다. "우리는 재를 묻고 돌 하나를 받는군요. 옛날엔 죽은 육체를 묻었다고들 들었습니다." 물론 이런 기억은 상상된 정체성, 허구적 실천 속에 담겨 있다. 이 애도는 인류학적인 것이 아니라 윤리-정치적인 것이다. (퓨란은 토착정보원이 말하는 바를 코드전환하는 자신의 인류학 연구를 이러한 만남에 유용하면서도 불균등한 것으로 위치시켰다.)

지금은 힌두인이 다수인 나라에서 외딴 타인처럼 사는 힌두 신분의 퓨란은, 옛 선주민 문명의 잔여를 수사적 공간에 놓도록 도와줄 권리를 얻는다. 이 선주민 문명은 틀거리(frame) 서사로부터 텍스트상 분리되는 수사적 공간에서 하나의 통일체로 상상된다면 오어법적인 것이다. 이 틀거리 서사는 서로 아포리아가 되는 **발전**에 대한 부족의 저항과 언론의 저항이라는 분리된 의제들을 갖는 중심 서사이자 딜레마의 지점이기도 하다.

장례식의 비탄, 즉 모든 시작을 동반하기 마련인 비현실적인 애가는 이 서사의 끝에 위치하며 퓨란이 트럭에 올라타기 직전에 나온다. 그 다음에 저자가 서명한 후기가 시작된다. 이 애가의 주체는 언론계 인물과 저자-형상(author-figure) 사이에 매달려 있다.

한다는 사실과 관계있는 무엇이다.

퓨란은 경탄하며 자기 가슴속에 품고 있는 피르타에 대한 사랑이 어떤 것인지를 발견한다. 아마 그는 어느 곳에 살든 머나먼 방관자로 남아 있을 수 없으리라. 프테로닥틸의 눈. 비크히아의 눈. 아, 인도 문명의 초석이자 지반인 고대 문명, 아, 우리를 떠받쳐온 최초의 문명, 우리는 사실 패배한 것이다. 하나의 대륙! 우리가 시원적 삼림, 물, 살아있는 존재들, 인간을 파괴하고 있는 동안 이 대륙을 제대로 발견하지도 못한 채 파괴해버리고 말았다. 트럭 한 대가 온다. 퓨란은 손을 들어올리며 트럭에 올라탄다.(IM 196)

거센 비평적 반대가 있겠지만, 나는 『드넓은 사가소 바다』를 유럽 소설의 범위에 필연적으로 구속된 작품이라고 평가한다. 「프테로닥틸」 역시 그렇다. 리스가 오베아를 불러내듯이, 이 소설 역시 선주민의 서사성을 불러낸다. 우리는 문학적 상상력의 난잡스러움을 허용할 수밖에 없다. 하지만, 비평가인 우리가 상실된 기원에 대한 향수에 굴복하지 않고 제국주의의 인식소적 틈새를 다시 열어젖히고자 한다면, 제국주의적 통치의 문서보관소로 눈길을 돌려야 한다. 2장에서는 이런 움직임을 취하지 않았다. 3장에서 나는 "문서보관소"를 비전문가로서 겸손하게 "읽어냄"으로써, 『드넓은 사가소 바다』가 가장 강력하게 시사하는 바를 유럽소설 전통의 범위 외부로 확장시켜 보려고 한다. 즉 『제인 에어』를 "좋은 아내"인 버사 메이슨의 자기-파괴희생의 합주곡이자 무대화로서 읽을 수 있다고 시사한 것 말이다. 우리가 영국정부가 인도에 행사한 권한으로 과부-희생을 법적으로 조작한 역사를 충분히 알고 있지 못하다면, 이 시사점이 지닌 힘은 불분명하게 남는다. 이런 의미에서, 내가 3장에서 기울이는 노력은 덜 제한된 문화연구를 실천하는 한 가지 방향으로 한 발짝 나아가는 것으로 간주될 수 있다.

페미니즘 비평이 문학비평을 변화시키는 하나의 세력이 될 수 있는 것은 바로 이러한 움직임을 통해서이지 단순히 여성을 찬양하기로 결심함으로써가 아니다. 그러나 그러한 변화를 위해 페미니즘 비평은 자기 공간을 마련하고자 애쓰는 사이 바로 그 제도와 공모하고 있음을 인식해야 한다. 그러한 지난한 노고를 마다하지 않을 때, 페미니즘 비평을 대립으로부터 비판(critique)으로 변형시킬 터이다.

이러한 공모성의 특정한 한 영역을 이론적·역사적인 방식으로 기술해 보겠다.

비판적 혹은 저항적 접근법을 제한적으로 사용하면, 진리-주장의 기초가 하나의 비유에 지나지 않는다는 점을 발견하게 된다. 강단 페미니즘의 경우, 특권화된 백인종 남성을 보편적 인류를 위한 규범으로 취하는 것은 정치적 이해관계가 개입된 형상화에 지나지 않는다는 점을 발견하게 된다. 스스로 진리로 행세하며 여성 혹은 인종적 타자는 인간의 바로 그 진리를 비유화할 뿐이라고 주장하는 그것이 바로 비유이다. 여성 혹은 인종적 타자는 보편 규범과 비슷하지 않은 (동일하지 않은) 것으로서 그러면서도 그 규범에 준거하여 이해되어야 한다는 의미에서 인간의 진리 말이다. 페미니즘 비평이 이러한 발견에 참여하는 한, 가장 "본질론적" 페미니즘 혹은 인종분석조차도 비유론적(tropological) 해체에 착수하게 된다. 그러나 페미니즘 비평이 이러한 발견에서 진리를 확립할 때, 인식론의 생산제도 혹은 어떠한 "진리" 생산제도에 내재하는 문제들을 실현하기 시작한다. 이런 논리에 따라 다양한 페미니즘 이론과 실천도, 다른 담론실천들처럼 스스로 구성해 내기도 하는 자신들의 생산영역에 의해 또다시 표시되고 구성될 가능성을 계산해 두어야 한다. 내가 여기서 쓰고 있는 내용의 많은 부분이 제국주의의 분과학문적 실천 일반의 작동에 적용되는 만큼이나 페미니즘에도 적용되는 것 같다. 이렇게 말하는 것은 제국주의와 페미니즘 사이의 연관들을 시인하지 않음으로써 생기는 위험을 내가 지적하고 싶기 때문이다.

("진리들"이란 뭔가를 전략적으로 배제함으로써, 공모성이 존재하는 곳에서 대립을 선언함으로써, 무작위의 가능성을 부인함으로써, 잠정적 기원 혹은 출발점을 밑바탕으로 선포함으로써 지탱될 수 있을 뿐이다. 이러한 문제들이 해체론적 관심의 실질내용이다. 진리-주장의 비유론적 본성을 꿰뚫어보는 통찰의 대가는 진리 말하기의 맹목성이다.)[60]

나의 역사적 경고는 다음과 같이 요약된다. 메트로폴리스의 사회관계들과 제도들 내부에 있는 페미니즘은, 19세기 유럽의 계급 상승을 원하는 부르주아 문화정치학에 있는 개인주의 지지 투쟁과 모종의 관련이 있다고 말이다. 그래서 우리 페미니즘 비평가들은 보편성 혹은 학문적 객관성 운운하는 남성주의적 진리-주장의 비유적 실수를 발견해 내면서도 전 지구적 자매애라는 하나의 진리를 만들어내는 거짓말을 수행한다. 이 거짓말로 우리를 현혹시키는 모델은 우리를 일반화 또는 보편화가 가능한 섹슈얼리티를 지닌 서로 티격태격하는 남자와 여자로 남게 한다. 이들이야말로 저 유럽적 경쟁을 주도하는 주인공들이다. 성차가 중요한 차이를 발생시키는 곳에서 성차를 주장하기 위해 전 지구적 자매애는 이러한 지적을 받아들여야 한다. 이는 문제가 되는 자매들이 아시아인, 아프리카인, 아랍인일 때조차 그렇다.[61] 우리 중 일부는 이미 그렇게 생각해 왔다. **발전 속의 여성들**이라는 옛 구호는 경쾌하게도 **젠더와 발전**으로 바뀌었다. 〈세계은행〉의 공공 팜플렛에 모자를 꾹 눌러쓴 백인 여성이 아랍식 복장을 차려입은 미소짓는

---

60. 이런 우려에 대한 언급은 폴 드 만의 후기 저작과 자크 데리다의 초기저작에 넘쳐난다. 구체적인 참고문헌으로는 de Man, *Allegories of Reading: Figural Language in Rousseau, Nietzsche, Rilke, Proust* (New Haven: Yale Univ. Press, 1979), pp. 205, 208-209, 235, 253; Derrida, "Limited inc: abc", *Glyph* 2 (1977) 참조.
61. 라틴 아메리카 국가들이 미국 제국주의와 좀더 직접적이고 장구한 관계를 맺어왔기 때문에 그 관계와 요구들은 더 많이 알려져 있으며, 그것들이 억압적일 때조차도 좀더 구체적이다. 리고베르타 멘추(Rigoberta Menchu)라면 〈라틴 아메리카 연구회〉에 의해 제대로 언급될 수 있을 것이다.

아랍인 여성에게 길을 가르쳐 준다. 오늘날 전 지구화의 승리에 도취한 분위기 속에서, 이러한 유토피아주의는 앞선 미래로 할당된다.

II

　나의 일반적 요점을 강화하기 위해서 세 편의 남성주의 텍스트를 읽어보겠다. 보들레르의 「백조」(Le Cygne), 키플링의 「정복자 윌리엄」, 〈동인도회사〉 총독들 주재하에 열리는 비밀회의에 제출된 토론 문건이 그것들이다. 첫 번째 텍스트는 미묘한 한 편의 서정시이며, 두 번째 텍스트는 제국주의 정서를 고전적으로 또 "대중적"으로 표현한 서사이다. 우리가 여성을 찬양하는 남성주의의 비유론적 실수를 해체할 때조차 우리는 몇몇 제국주의적 이데올로기 구조를 수행한다. 처음의 두 텍스트는 바로 이 사실을 비쳐주는 거울을 우리에게 제공하도록 읽힐 수 있다. 어느 회의를 단순히 기록한 세 번째 문건은 제국주의적 이데올로기 구조들과 인종차별주의의 몇몇 조잡한 전제들이 갖는 유사성을 보여준다.
　우리를 깜짝 놀라게 하는 보들레르의 시는 "앤드로매쉬, 나는 당신 생각을 하고 있습니다"로 시작된다. 시인은 도시풍경에 대한 기억의 "진실"을 문학사의 알레고리적 비유이자 자신을 지치게 하는 우울증을 나타내는 은유로 변형시킨다. 이 시의 여성 앤드로매쉬 여왕은 시인의 대상 이상은 아니다. 그녀는 "나는 당신 생각을 하고 있습니다"라는 고압적인 표현에 의해 텍스트에 존재하게 되며, 실수를 저지른 헬렌 옆에 있는 호머의 선한 여주인공으로 찬양된다. 그 뿐만 아니라 그녀는 호머로부터 베르길리우스와 라신느를 거쳐 지금 보들레르에 이르기까지 여성을 찬양하는 유럽시의 형제애의 고전적 연속성을 확립하는 데 이용되며, 남편을 애도하는 여성을 조심스럽게 불러냄으로써 또한 이용된다.[62] 이것도 충분하지 않은 양, 그녀는 이 시 제목의 대담하게 분명한 동음이의어 유희(프랑스어로 백조[cygne]는 기호[signe]와 발음이 똑같다)로 인해 처음부터 주체라기보다는 기호의 지위를 부여받는다. 하나의 기호는 음성중심적 관례에 의해 그것이 아닌 다른 것을 의미하는 반면, 사람은 자기-근접적이며 심지어 자기-동일적이다. 그렇지만 이렇게 속을 텅 비워 버리는 것은 과장된 찬탄의 통상적 제스처를 동반한다. "실재"(real) 백조가 나타날 즈음해서야 그것의 기호 형상화가 안정성을 띠게 된다. 왜냐하면 백조(cygne)라는 단어가 이제 고유하게나 문자 그대로나 "백조"를 뜻하게 되기 때문이다. 마치 앤드로매쉬 여왕이 시인의 용맹을 나타내는 기호가 됨으로써 백조 자체보다 더 백조적이 된다는 식이다. 보들레르의 시 세계에서 기호-지위는 반드시 사람-지위보다 존재론적으로 덜 행복한 것은 아니다. 또는 실로 이 시에서 인격성(personhood)이 일상의 음성중심주의 (목소리-의식이 단순한 기호들의 체계보다 우위에 있도록 그것을 특권화하는) 법칙들에 의해 작동되지 않을 수도 있는 것처럼 보이기 시작한다.[63] 하지만, 내가 다른 글에서 논의한 바 있듯이, 우리가 음성중심주의로부터 얼마나 멀리 주사위를 던지든 간에 또 음성중심주의가 비판되더라도, 통제하는-주체로서-작동하는-시인과 기호로서-조작되는 여성 사이의 존재적 차이성(ontic differential)은 사라지지 않을 것이다.[64] 일단 이 점을 인정하면, 우리는 이 시의 통사론적·은유적 논리 내부에

---

62. 나는 『다른 세상에서』 2장 「페미니스트 독법을 찾아서 — 단테에서 예이츠까지」에서 유럽 시인들의 형제애를 불러일으키는 또 다른 예를 보여주고자 했다. 나는 쥬느비에브 클로이드 Genevieve Lloyd의 『이성의 인간』(*The Man of Reason*)을 이미 한 번 이상 인용했다. 데리다는 『글라』의 왼쪽 지면에서 유럽 철학의 동성-성애(homo-eroticity)를 무대화한다.
63. 보들레르에게서 나타나는, 인격성의 진리가 갖는 의심스러운(알려지지 않은) 점에 대해서는 de Man, *Blindness and Insight: Essays in the Rhetoric of Contemporary Criticism*, 2nd ed. (Minneapolis: Univ. of Minnesota Press, 1983), p. 35와 *The Rhetoric of Romanticism* (New York: Columbia Univ. Press, 1984), p. 243 참조.
64. Spivak, "Displacement and the Discourse of Woman", Mark Krupnick, ed., *Displacement: Derrida and After* (Bloomington: Indiana Univ. Press, 1983), pp. 184-186.

서 앤드로매쉬의 힘을 마음껏 주목할 수 있다. 실재(real) 도시에 대한 기억(그냥 선포하는 보도형식으로 제공되는)은 전략적으로 반복되는 한때의 힘에 의해 신화적 앤드로매쉬의 주문 아래 펼쳐진다. 신화적 앤드로매쉬는 앤드로매쉬가 흘리는 눈물의 가짜 강물 속에 비친다(앤드로매쉬의 슬픔에 의해 환유적으로 재현된다).

저 좁은 물줄기는,
홀로 된 당신의 슬픔이 지닌 광대한 존엄으로
한때 가득 찼던 가엾고 슬픈 거울이라네[65]
(1-3행, 스피박의 강조)

그리고 "바로 거기서 한때 사지를 뻗고 누워 있던 한 마리 동물"(13행, 스피박의 강조)을 보라. 이 시를 읽을 때마다 앤드로매쉬가 시인의 사유 행위로써 영원히 현존한다면 어떨까. 주문에 걸린 '한 때' 이후에 소개되는 실재 백조는 영어의 과거시제보다 더 강력한 불어의 절대과거["나는 보았다"(14행)]에 의해 통제된다.

그리하여 앤드로매쉬는 백조 이미지가 부상하는 조건이 된다. 하지만 그녀는 또한 그것의 효과이기도 하다. 시인이 친족 관계로 그녀를 명시할 때 그녀는 "불쾌한 가축"(앤드로매쉬를 보들레르의 기억을 풍요롭게 해주는 조건이자 효과로 만드는 데 흥미롭게도 관련된 가축기르기라는 의미를 함축하는)이라는 단어에 배여 있는 백조에 환유적으로 비유되기 때문이다. **위대한 전통에서의 여왕으로서 여성이** 처한 곤경 묘사와 달리, 시인이 처한 곤경 묘사는 조건과 효과 사이를 수사적으로 왔다 갔다 하도록 만들어지지 않는다. 29-33행("파리는 변해간다. … 하나의 이미지가 나를 억압한

---

[65]. Charles Baudelaire, *Baudelaire*, tr. Francis Scarfe (Baltimore: Penguin, 1961), p. 209. 앞으로는 괄호 안에 이 시의 행수를 표시함.

다")은 스스로 서 있다. 사실 우리는 어떤 이미지가 시인을 억압하는 것인지 확신할 수 없다. 그는 비밀을 지킨다. 여기서 시인의 "자아"는 독자에게는 은둔하는 타자로 남도록 만들어진다. 구두점 콜론(:)을 찍는 섬세한 파라탁시스적(paratactic)[66] 제스처로 다음 움직임이 열린다. "나는 나의 위대한 백조 생각을 한다"고 말하는 34행은 독자로 하여금 그 이미지를 백조 이미지로 생각하게 한다. 하지만, 이 억압되고 우울한 강박적 화자가 어떤 이미지의 억압으로부터 벗어나고자 소중한 기억으로 눈길을 돌린다고 볼 수도 있지 않을까? 확실히 T. S. 엘리엇 같은 사람이라면, 개성(Personality)으로부터 벗어나 "인상과 경험이 기대치 못한 특이한 방식들로 결합되게 하는 … 매개체"로 간다는 논점에 따라 보들레르와의 친화성을 주장할 것이다.[67] 파라탁시스(parataxis)는 수사적 의문문보다 이러한 비결정성을 훨씬 더 많이 허용한다. 그 때문에, 이 시의 신중한 통사론적 논리가 파라탁시스를 품을 것이라 기대할 법하다.

그렇다면 내가 말하고 있는 요점은 「백조」에서 시인-화자는 통사론적으로 끄떡없는 집과 수사학적으로 수수께끼 같은 "주체성"을 유지한다는 것이다. 풍요롭게 해주는 행위자로서 앤드로매쉬의 현란한 조작적인 역학이 무엇이든 간에 말이다.

시의 끝에서, "~에 대해 생각한다"의 "~에 대해"는 기능을 바꾸어, 북적대지만 외로운 수많은 사람들을 향해 바치는 "~에게"가 된다. 이 시가 "그리고 많은 이들"이라는 모호한 엉뚱함 속으로 사라질 때까지 말이다. 등장하지 않는 앤드로매쉬가 이 시의 생산(시인의 돈호법으로 형성되는 기억-기호로서)을 특이하게 통제한다. 이 점은 대조의 힘으로 거듭 밝혀진다. 그녀는 딱히 한 사람을 칭하는 것은 아닌 돈호법에서 유일한 "당신"으로 남는

---

66. [옮긴이] 이 단어의 포스트모던한 의미에 대해서는 서문에서의 역주 7(27쪽)을 참고.
67. T. S. Eliot, "Tradition and the Individual Talent", *The Sacred Wood: Essays on Poetry and Criticism*, 7th ed. (London: Methuen, 1967), pp. 58, 56.

다. "나는 당신 생각을 하고 있습니다." 시인의 자기-해체는 이 강력한 여성 은유에 의해 가능해진다.

이상은 남성의 권력뿐만 아니라 남성의 자기-침해조차도 여성을 비유화함으로써 작동된다는 점을 보여주는 읽기의 개요이다. 우리가 남성의 동성-성애적인 **위대한 전통**을 이런 식으로 읽는 법을 배울 때, 확실히 이 점을, 우리 교육에서 중요한 계기로 간주해야 한다.[68] 북서 유럽 양식의 페미니즘 문학비평에서 여성적 주체성을 이론화하고 조사대상으로서 여성을 회수하는 것은 온당하고도 중요한 두 가지 활동이다. 앞의 읽기는 이 두 가지 활동에 별 볼일 없지는 않을 대리보충이 될 터이다. 그러나 남성주의에 대한 이러한 비유론적 해체를 배우기 위해 치르는 대가는 텍스트에 있는 타자 여성을 보지 못하는 맹목성의 수행이었다.

시 마지막에서 이름 없는 사람들이 거론되는 동안, 이름 없는 여성 한 사람이 진흙탕 속으로 발걸음을 움직여 간다. 이 여성은 다름 아닌 피부색, 그녀의 에스니시티를 비웃는 이름에 의해 구분된다. "나는 검둥이 여자를 생각한다"(42행). 여기서 사유 대상은 분명히 3인칭으로 표현된다. 실로, 시선이 고정된 초췌한 눈을 지닌 이 흐릿한 인물은 거의 "자연화"되거나 "비-개성화된다". (대조적으로 고개를 쳐 든 "자연의" 백조는, 오비디우스에게서 남자에게만 해당되듯, "개성화된" 것으로 여겨진다.) 이 검둥이 여자는 기호작용에서 나오는 이미지가 아니라, 드 만이 부른바 "목적 없는 나열"의 "중얼거림"(이 시에서 유일하게 명명되는 그녀의 행위)에서 나온 이미지이다.[69] 백조는 말하는 재능을 부여받는다. 시인은 "오 강물이여, 언제

---

68. 나의 글로는 『다른 세상에서』 2장, 주 4 참조.
69. 보들레르의 아프리카계 유럽인 정부 쟌느 듀발(Jeanne Duval) 문제는 나중에 거론하겠다. 내가 지금 관심을 두는 것은 이 시에서 흑인 여성 인물이 무대화되는 방식이다. 보들레르는 듀발에 대해 24세 때 쓴 자살 노트에서 이렇게 쓰고 있다. "그녀는 내가 사랑한 유일한 여성이

비가 되어 내리나요? 오 번개여, 언제 분노하실 건가요?"(23-24행)라고 백조가 말하는 소리를 듣는다. 검둥이 여성은 말이 없다. 앤드로매쉬는 시를 시작하게 하며 2부의 절반을 휘젓고 다닌다. 보들레르는 이것을 앤드로매쉬의 이름을 다시 들먹이며 복잡하게 얽힌 베르길리우스의 반향을 통해 그녀를 헥터(Hector)의 과부이자 헬레누스의 아내라고 명시함으로써 끝장낸다. 앤드로매쉬의 지리가 그녀의 역사에만 함축되어 있는 것은 아니다. 그녀의 눈물이 창조한 가짜 시모이 강은 먼저 변화무쌍한 도시 파리—호머의 영웅 패리스(Paris)의 이름에 의해 그럴 듯 하지 않게 그늘진—의 복잡미묘한 지도작성에 대한 시인의 기억을 은유적인 젠더-전환(gender-switch)을 통해 풍요롭게 해주었다. "당신의 눈물에서 자라나 뻗어있는 저 시모이 강이 나의 비옥한 기억을 불현듯 풍요롭게 합니다"(4-5행). 남녀 사이의 이 모든 미로 같은 구체성과 교환에 맞서, 검둥이 여성 공간—"아주 훌륭한 아프리카"(44행)라는 단 세 마디로 새겨지는—의 엄청난 모호함이 병치되고 있다.

실로 앤드로매쉬가 이 시의 표제 이미지(백조)를 부상시키기 위해 지나치게 구체화된 조건이라면, 검둥이 여성의 유일한 기능은 시의 끝에 이르러 구체성이 해소되는 미결정적(indeterminate) 계기를 표시하는 것이리라. (리스가 크리스토핀에게, 셸리가 프랑켄슈타인에게 하듯) 보들레르는 시 텍스트에 의한 검둥이 여성의 비포섭을 무대화하지 않는다. 오히려 그는 이 시의 후손 세대인 "많은 다른 이들"을 풀어줌으로써 그녀를 억제한다.

텍스트를 가로채서 읽어낸다는 발상을 다시 떠올려 보자. 이런 읽기는 토착정보원의 관점에 생기를 불어넣음으로써 내포 독자들로부터 내포 수

다. 그녀는 아무것도 가지고 있지 않다"(Baudelaire, *Correspondance générale*, ed., Jacques Crépet, Paris: Louis Conrad, 1974, vol. 1, p.72. 스피박의 번역). 이 시를 보들레르의 직접적인 전기적 표현이라 읽는다 하더라도, 유일하게 사랑한 여성을 이렇게 위계적으로 제시하도록 한 역사적 아이러니는 놀랍다.

용자에게로 날아간다. 여기서 토착정보원의 관점이란 다음과 같다. 유럽 목적론적 전통이 인식하는 식의 자서전에 다가가는 접근은 부인된다. 지배적인 조사자 혹은 현장연구자에 의해 중개되어, 인류학과 인종문화언어학(ethnolinguistics)과 같은 "과학들"을 위한 "객관적 증거"로 사용되는 "자서전들"만 있다. 다음으로, 예외가 된 "증언"에 의해 정치화된 "구술사" 속의 타자에게 일어나는 신기하게 "대상화된" 주체 설정이 뒤따른다.

내가 지적해 온 대로, 이런 읽기는 보들레르의 텍스트에 부적합한 "착오"이다. 하지만, 해체론적 접근법은 모든 읽기를 텍스트에 기생하는 하나의 격변이라고 제시해왔다. 여기서 나는 "읽기에 봉사하는" 해체의 자원들을 사용한다. 제국주의에 대한 문학적 비판을 이끌어 낼 읽기 상황에 합치되는 읽기 전략(이론이라기보다)을 개발하기 위해서이다. 한 권의 책 표지 안에 이런 전략을 포함시키는 것 자체가 전략으로서 그것의 말소나 중립화를 꾀하더라도 말이다. 아마 그것은 일정하게 자승자박의 측면을 갖는 읽기이다.

우리가 이런 시각을 개발하고자 검둥이 여성에 대한 명명을 바라본다면, 호기심을 끄는 이상한 이야기 하나를 발굴하게 된다. 물론 이 검둥이 여성은 보들레르의 유명한 아프리카계-유럽인 정부 쟌느 뒤발"일" 수도 있다. 하지만, 텍스트에 또 다른 실마리가 있다. 「백조」의 41-44행은 「말라바 여성에게」라는 제목의 다른 보들레르 시에서 따온 두 행을 사용한다.70 "우리의 흐릿한 안개 속을 따라가는, 생각에 잠긴 눈, 멍한 야자수 나무들의 사라진 유령들"(27-28행). 「백조」에 나오는 검둥이 여성의 "원본"은 보들레르가 각각 마우리티우스 섬과 리유니언 섬에서 만난 두 여자 중 한 명으로, 「말라바 여성에게」에 나오는 싸우는 사람의 "원본"을 비추어주는 하나의 양피지이다. 이 "말라바인들"은 누구인가? 말라바는 인도 남서 해안 남쪽

---

70. Baudelaire, *Les Fleurs du mal*, ed. Antoine Adam (Paris: Garnier, 1961), p. 382.

끝 편을 가리키는 이름이다. 마우리티우스 섬과 리유니언 섬은 프랑스와 영국 사이의 식민지 교환으로 인한 전투지역으로, 영국이 인도인들을 계약 도제 노동자로 수입한 결과 인도 출신 사람들이 상당히 많이 살게 된 지역이다. 이들이 반드시 또 대체로, 인도의 말라바 해안 출신인 것은 아니다. 이들의 명명은 "미국 인디언"이나 "우쭐대는 자"(turkey cock)처럼 잘못된 헤게모니적 지도작성의 산물이다. 보들레르가 글을 쓸 무렵, 프랑스 식민 압제자들이 이 불행한 사람들을 너무 가혹하게 다루는 바람에 대영제국 당국은 마침내 더 이상의 인도 노동자 이민을 금지했다(1882년). 보들레르는 자기 시의 요구 때문에 "아프리카"만큼 일반화된 하나의 상상된 토착민 지역에 이 모호한 여성을 잘못 위치시킨 것이다. 그녀는 프랑스와 영국의 두 식민 점령 중 하나에 의해 만나게 되고 백인 관습에 따라 이름이 잘못 붙여진 여성이다. 문학사는 그녀를 계급유동성을 갖는 유럽화된 이주민 물라토로 복원한다. 사피/프랑켄슈타인, 앙트와넷/크리스토핀의 무대화가 여기서는 텍스트의 드러나지 못한 주변에서 일어나는 것 같다.[71]

신비평의 원칙들 아래 있으면, 이러한 "외생적"(extraneous) 고려사항을 시 읽기에 도입하는 것은 허용되지 않는다. 내가 125쪽에서 "생애"라는 텍스트에 대한 해체론적 접근을 환기한 것을 독자는 떠올리리라. 이 책에서 나는 맑스의 경우와 지금 보들레르의 경우, 외생적 고려사항을 도입하여 읽어내는 방식에 인색했던 편이다. 심리전기적 비평과 달리 해체론적 읽기는 생애라는 텍스트를 연구의 의무적 대상으로 특권화하지 않는다. 여기서는 이 사실을 언급해 두어야겠다. 그것은 다른 곳에서 다르게 읽히고 씌어지는 텍스트의 일부일 뿐이다.[72] 내가 여기서 텍스트의 이러한 일부를 조

---

71. 오리엔탈리즘과 아프리카에 대한 담론을 중요하게 구분하는 논의를 보려면, Christopher Miller, *Blank Darkness: Africanist Discourse in French* (Chicago: Univ. of Chicago Press, 1985), pp. 14-23 참조.
72. 헤겔을 읽어내는 데리다의 전략은 *Glas*를, 프로이트를 읽어내는 데리다의 전략은 *The Post*

금 읽으려고 시도하는 것은 다음 사항을 시사하기 위해서이다. 즉, 유럽시의 전통 속에 있는 시인으로서 자신을 각인하는 보들레르는 그 전통의 구체적인 면면에 꼼꼼하다. 반면, 검둥이 여성을 감탄하는 사람으로 자신을 각인하는 보들레르의 면모는 시의 경계들 바깥에서 추측작업을 통해 해독될 수 있을 뿐이다. 그러한 폭로는 이 시의 고유한 기능에 외관상 부적절하게 보이고, 에스닉 정체성을 둘러싸고 관례상 인가되어 있는 부주의함에 빠지게 한다. 이 부주의함은 모든 정체성이 환원불가능하게 혼종적이라는 "사실", 수행을 진술로 재현함으로써 불가피하게 제도화된다는 분명한 "사실"과는 거의 관계가 없다.73 더 나아가 나는 우리가 첫 번째 경우에 있는 지배의 윤곽을 인정하고 두 번째 경우에 일어나는 폐제를 무시한다면, 우리 역시 부분적으로 보들레르와 공모하는 한패가 된다고 시사하고 있다.

실로, 이 "검둥이 여성"의 각인을 무시하는 방법은 최소한 세 가지가 있다. 첫째, 내 수업을 듣던 한 미국 여학생이 그랬던 것처럼, 아마 보들레르가 이 검둥이 여성의 곤경을 역사나 지리도 없는 추방으로 초점을 맞출 생각이었다고 주장하는 것이다. 이러한 주장은 리사 쟈딘이 부른바, "드러내놓고 반동적인 글쓰기로부터 은폐된 몇몇 급진적 메시지를 발견하기"74 속으로 불행하게도 무너져 들어갈 수 있다. 검둥이 여성을 무시하는 두 번째 방식은 보들레르의 시에서 이 여성이 드러나는 방식에 주목하지 않고 쟌느 듀발 혹은 잘 파악되지 않는 말라바 여성에 관한 세부사항들을 정확하게

Card: From Socrates to Freud and Beyond, tr. Alan Bass (Chicago: Univ. of Chicago Press, 1987) 참조.

73. 수행을 진술로 재현함으로써 정체성들이 제도화된다는 점에 대해서는 Derrida, "Declarations of Independence", *New Political Science* 15 (1982), pp. 7-15 참조.

74. 1985년 사우스햄프턴에서 열린 〈성차 학술대회〉에서 언급된 이 날카로운 문장은 출판본에는 나오지 않지만, 그녀의 발표문의 일반적 논의와 확실하게 일치된다. Lisa Jardine, "Girl Talk(for Boys on the Left), or Marginalising Feminist Critical Praxis", *Oxford Literary Review* 8.1-2 (1986): 208-217 참조.

갖고 오는 것이다. 세 번째는 나를 가장 난감하게 하는 것인데, 에드워드 아헌이 시사한 대로, 이 검둥이 여성을 보들레르의 어두운 이중적 자아 (dark double)라고 보는 것이다.75 우리는 물론 제인과 버사를 떠올리게 된

---

75. Edward Ahearn, "Black Woman, White Poet: Exile and Exploitation in Baudelaire's Jeanne Duval Poems", *French Review* 51 (1977): 212-220. 보들레르의 오이디푸스적 문제들에 초점을 맞추는 앤드류 부시는 이 시의 수사적 짜임새를 무시하는 연속주의적 접근법을 사용함으로써 두 여성의 비대칭적 배치를 축소해버린다("'L Cygne' or 'El cisne': the History of a Misreading", *Comparative Literature Studies* 17.4 [Dec. 1980]: 419, 423). 에드워드 W. 카플란(Edward W. Kaplan)은 자궁과 여성적인 것 일반을 전유하려는 욕망이 그 선언에서 실현된다고 본다("Baudelaire's Portrait of the Poet as Widow: Three Poèmes en Prose and 'Le Cygne", *Symposium* 34.3 [Fall 1980]: 245, 246). 크리스토퍼 밀러는 "편견 없는 대타성"(alterity without prejudice)으로서 이 시를 공감적으로 읽는 독법을 제공한다(*Blank Darkness*, p. 136). 물론 그가 "총체적 평등을 가로막는 한 가지 요소, 즉 시적 주체가 있다"(p. 138)고 보기는 하지만 말이다. 그의 책 부제가 지시하듯, 그의 연구는 구체적으로 프랑스 아프리카주의에 초점이 맞추어져 있다. 그의 이런 연구는 나의 좀더 일반주의적인 읽기를 대리보충해 준다. 드 만의 알레고리 개념의 유용성을 작은 범위로 지적한다고나 할까. 밀러가 사용하는 틀의 출처는 de Man, "The Rhetoric of Temporality", *Blindness and Insight*, 2nd ed., ed. Wlad Godzich (Minneapolis: Univ. of Minnesota Press, 1983): pp. 187-228인 것 같다. 이 글에서조차, "시간적 차이"라는 공백 속에 "정체성 … 의 가능성은 없다"고 전제하는 것이 "순수 정체성이 되는 순수 차이"를 가정하는 것은 아니다. 향수를 "단념하는 것"(드 만)이 딱히 향수를 "무화시키는" 것은 아니다(Miller, *Black Darkness*, p. 131). 그러나 내가 1장에서 은근히 지적한 대로, 드 만이 알레고리를 정의하려고 사용한 출전은 *Allegories of Reading*인데, 이 책은 알레고리의 정의가 지양되는 포괄적 "아이러니"로 우리를 이끈다. 즉 영구적인 의사진지(parabasis), 끈질긴 개입 말이다. 드 만이 그 글["Rhetoric of Temporality"]을 완전히 부인[했다]"고 말하기 위해 밀러는 주 47(p. 134)에서 한 대화를 언급한다. 1970년 아이오아대학의 시끌벅적한 영문과 라운지에서 강연 및 토론이 함께 끝난 후에, 최근에 출판된 그 논문("Rhetoric")에 대한 나의 찬사를 놓고 드 만은 "나는 아직 데리다를 읽지 못했습니다"라는 무장해제시키는 말로 응수했다. 밀러가 "'알레고리'라는 단어가 가장 광범위한 의미로 쓰여져 담론과 그 대상 사이의 거리를 명시한다고 여겨진다면, 모든 아프리카주의자들은 알레고리적이다"라고 쓴다(p. 136 스피박의 강조). 그렇다면 우리는 알레고리를 해체적으로 정의하는 드 만의 정의를 추천하는 바이다. 드 만의 정의는 범람하여, "달리 말하기"(speaking otherwise)의 액티비즘을 고려하는 "아이러니"로 흘러들어가기 때문이다. 나는 계속해서 드 만 주위를 맴돌고 있다. 그리고 나는 지금의 요점은 거리를 끈질긴 개입으로 변화시키는 것이며, 끈질긴 개입에 서야말로 알레고리주의자의 행동·교섭 능력 — 책임감 있는 최소한의 정체성평등주의가 상정하는 위치지울 수 없는 대타성에 위치하고 있는 — 이 타자 속에 달리 그 지점을 잡는 것으로 보이게 된다. 이 점과 맑스의 다음 주장 사이에는 관계 비슷한 것이 있다. 즉, 이윤율 저하 경향이 애써 위기로 전환되지 않는다면 액티비즘적 의미에서의 사회주의는 자본주의의 아이러

다. 이러한 읽기들은 하나의 실수를 해체한다고 하면서 그 사이 스스로 거짓말을 수행한다.

북서 유럽 문학을 가르치는, 초국가적 지식능력이 있는 선생은 연구를 위한 재료를 찾기 위해 멀리까지 갈 필요가 없다. 이 독자에게 보들레르, 키플링, 동인도 회사를 함께 묶어주었던 것은 우연의 한 요소였다. 나는 이론과 역사를 실천적 비평 속에 결합하는 내 강좌에서 발터 벤야민이 글을 쓴 바 있는 작가 보들레르를 가르치고 싶었다. 나는 "[유럽의] 혁명 시대"에 대한 다양한 반응을 그냥 지나칠 수 없었다. 그러다 나는 보들레르의 시에서 스캔들을 발견했던 것이다. 잠을 잘 오게 하는 책이 나한테 절박하게 필요하다고 하자 남아프리카 출신의 한 급진적 친구가 한 권의 책을 빌려주었다. 거기서 나는 키플링이 쓴 이야기를 발견했다. 남아프리카인과 인도인 사이에서 잠이 잘 오게 하는 텍스트라고 오고 간 『펭귄 판 영국 단편 소설』에 역사적 아이러니가 있다고나 할까? 나는 〈동인도 회사〉 회의록을 〈런던 인도 관청 도서관〉에서 "뭔가 다른 자료를 찾고 있다가" 발견했다. 해체론적 경계심은 대립에서 행복만 느끼는 곳에서 공모성을 찾아내려 한다. 이 경계심은 어쩌다가 발견하게 된 세 편의 텍스트로 하여금 페미니즘 문학 비평의 원조를 받는 작업장에 작동되고 있는 혼란스런 이중기준을 낳게 하였다. 움직이는 현재 ─ 또한 다른 곳에서 달리 씌어진 하나의 텍스트 ─ 야말로 문화정치학을 연구하는 사람에게 한없는 연구현장이다. 토착정보원과 동일하지는 않더라도 그와 관련되는 성공한 식민주체가 그 스스로 (혹은 실로 그녀 스스로) "문명의 경쟁능력"(civilizational competence)을 증

니한 알레고리가 될 수 없다(Marx, *Capital* 3: 317-375. 물론 맑스는 여기서 내가 말하고 있는 의미에서 "알레고리"라는 단어를 사용한 것은 아니다. 그는 그저 이 단어의 널리 받아들여진 의미를 알았을 뿐이다). 밀러의 논의가 인종에 연결된다면, 맑스의 명령은 계급과 연결된다. 나는 이런 알레고리 개념을 젠더 맥락에서 사용했다. "Acting Bits: Identity Talk", Dennis Crow, ed., *Geography and Identity: Exploring and Living Geopolitics of Identity* (Washington: Maisonneuve, 1996) 참조.

강한다. 그에 따라 그/녀는 부과된 연구 대상의 시뮬라크럼76(simulacrum, "흉내내는 남(여)성")이 되는 데 성공한 "야생적 인류학자"가 된다. 그렇다면 전 지구적 혼종성에 대한 단순한 찬양에 저항하기 위해 포스트식민 주체는 이러한 야만인 훈련에 눈길을 돌려 유럽-미국의 유산을 좀더 치밀하게 설명하고 인류학적으로 설명해 내야 한다.

1880년대에 글을 썼던 키플링은 단편 소설 「정복자 윌리엄」에서 **신여성**이라는 한 부류를 창조하려고 시도한다. 그러면서 그는 자비로운 남성주의77의 단점들 대부분을 드러낸다. 윌리엄은 여성 주인공의 이름이다. 그녀가 남성 주인공의 마음을 정복하는 것은 **노르만의 영국 정복**에 비유된다고 키플링은 능글맞게 암시한다. 그렇게 함으로써 키플링은 "개인적인 것이 정치적인 것"이라는 구호의 예변법적(proleptic; prolepsis)78 패러디를 만들어내고 있는 것일까? 알 수 없다. 그렇지만, 우리가 이 질문을 곰곰 생각하는 가운데 다음 사실을 간과한다면 흉악스런 이중기준을 다시 한번 적용하는 셈이다. 인도 정복이 로맨스의 덮개 아래 말소되면서 사실상 "정복"이라 불릴 수 있다기보다 역사적으로 적합한 사건으로 각인된다는 사실 말이다.

---

76. [옮긴이] 모방된 혹은 재생산된 닮은꼴로서 모사형이라고도 번역되는데 이 책에서는 시뮬라크럼, 시뮬라크라, 시뮬레이션 등을 쓰기로 한다. 플라톤은 이를 원본이 존재하지 않은 사본이라 정의하였는데, 생산의 전제조건인 실재와 지시성이 없는 (포스트모던) 문화적 상황을 특징적으로 지칭하는 용어로 현재 쓰인다. 시뮬레이션: "모델들을 가지고 원본도 사실성도 없는 실재, 즉 파생실재를 산출하는 작업"[장 보드리야르, 『시뮬라시옹』, 하태환 옮김, 민음사, 1993, 12쪽] 참조.
77. 독자들이 이 단어를 너그럽게 봐주기를 바란다. 나는 이 단어에 스며있는 "완력·근육질"이라는 희미한 메아리를 좋아한다. "남성주의"(masculinism)는 남성적(masculine)으로 되는 것과 관계되는 것 같다. 이에 상응하는 단어이자 여성적(feminine)으로 되는 것과 관련되는 단어가 "페미니즘"(feminism)일 것이다.
78. [옮긴이] 사건이 벌어질 이야기에서 사전에 미래의 사건을 구술하는 것뿐만 아니라 서사적 사건에 대한 기대, 전망, 복선을 미리 까는 것을 말한다.

키플링의 **신여성**은 눈에 띄게 아름답지 않다. "그녀의 얼굴은 뼈처럼 하얗다. 이마 한가운데엔 1실링짜리 동전 크기의 커다란 은빛 상처가 있었다. 델리(Delhi)인의 염증을 가리키는 표시인가 보다."79 그녀는 가장 비여성적인 짓만 골라 한다. 불쌍하게 짐승 같이 사는 인도인들을 1876-78년의 마드라스(Madras) 기근의 고통 속에 몰아가는 남자들을 대동하고서 끔찍한 인도를 횡단하는 지독한 기차를 타고 여행하는 등 말이다. 키플링은 식민지에서 일어나는 영국 소녀들의 거래에 의심할 바 없이 아이러니하다(다시금 다소 능글맞게, 이것이 그의 습관적 어조이다). 키플링은 그 보상으로 "윌리엄"을 다르게 다루기 위해 그녀를 거의 남자로 만든다. 그녀는 "어느 때보다도 훨씬 더 남자 같아 보이며"(WC 229), 그녀의 오빠도 "동생은 남자 뺨치게 영리하다"고 인정하여 "그녀를 어리둥절하게 한다"(WC 235). 그러나 결국 키플링은 어쨌거나 여성은 여자일 뿐이며, 여자들이 나중에 그러하듯 사랑을 통해 정복하는 그녀를 보여준다. "해야 할 일이 상당히 많은데 할 시간이 거의 없는 남자들과 함께 사는 삶은 그녀에게 혼자 힘으로 꾸려나가는 지혜뿐만 아니라 눈에 띄지 않게 처신하는 지혜를 가르쳐주었다"(WC 236). 그리하여 그녀는 진정한 "남자의 여자"에게 적합한 정서를 함양한다. "그것[여자를 놀리는 짓]은 다르다. … 그녀는 그냥 여자이었을 뿐이며, 여학생처럼 걷는 것 외엔 아무 일도 하지 않고 지냈고 정말 그렇게 걷는다. 하지만, 남자를 놀리는 짓은 온당치 않다"(WC 257).

---

79. Rudyard Kipling, *The Writings in Prose and Verse* (New York: Scribner's, 1913), vol. 31, no. 1, p. 227. 이후 *WC*로 줄여 괄호 안에 쪽수만 표시함. "캐리[키플링의 아내]는 이 작품은 '새로운 종류의 여성'에 대한 이야기이며 '이 여성은 기절할 만큼 놀라운 존재로 드러납니다'라고 썼다. … 키플링의 이전 작품에 나오는 여주인공들과는 달리, 그녀는 개괄적으로 제시된다"(Charles Carrington, *Rudyard Kipling: His Life and Work* [London: Macmillan, 1955], pp. 276, 277). 그러나 이러한 절제된 "페미니즘적" 제스처조차 금세 오해되었다. 주인공은 "행동하는 남자들을 선호하는 잘 나가는 젊은 숙녀"로 묘사되어 왔다(Stephen Lucius Gwynn, "The Madness of Mr. Kipling", *Kipling: The Critical Heritage*, ed. Roger Lancelot Green [London: Routledge, 1971], p. 213.)

키플링이 성차에 대해 섬세하게 글을 쓰는 것은 아니다. 성차가 그의 텍스트에서 수행하는 기능의 종류를 보여주기 위해 세부사항 하나를 더 지적하겠다. 키플링은 "다른" 종류의 로맨스를 창조하고자 남자 주인공에게 부드럽고 "여성적인" 몇몇 자질을 부여한다. 남자 주인공이 굶고 있는 인도 아기들에게 젖 염소가 어떻게 젖을 주는지를 여주인공에게 가르쳐주는 사이, 남녀 주인공은 서로 사랑하게 된다. 하지만, 이러한 여자 같음은 성경 음색의 고전적 목가 시에서 나온 적합한 객관적 상관물의 훼방을 받는다. "텐트 문에서 기다리고 있던 사람은 황금빛 후광 속의 신 패리스와 같이 아름다운 한 젊은이가 가축을 몰며 천천히 걸어가는 모습을 보았다. 그 젊은이가 걸어가는 동안 그의 무릎 주변을 달리는 발가벗은 작은 큐피드를 새로운 눈으로 보게 되었다"(WC 249).[80] 우리가 이것을 빅토리아적 키치라고 간단히 처리하기 전에, 또 일부 비평가들은 이 구절을 감탄할 만 하다고 보겠지만 이것은 부모의 입장이 된 제국주의를 찬성하는 이야기의 아이콘이라는 점에 주목해야 한다.[81] 이 점은 몇 쪽 후에 고통스러울 정도로 분명하게 드러난다. "그녀는 스무 번이나 황금빛 신의 꿈을 꾸었으며, 기분 좋게 깨어나 밉살스런 흑인 아이들에게 먹을 것을 주었다"(WC 261. "특별한 자상함과 이해심으로써 아이들을 바라보는 키플링의 태도").[82] 어쨌든, 사랑

---

80. 키플링 당대에 쓰어진 J. W. Kaye, *History of the Sepoy War in India, 1857-58* (London: W. H. Allen, 1880-88)에서 발견되듯, 인도에서 실제 일어난 장면을 성경상의 동양(Orient)으로 바꾸어버리는 오리엔탈리즘 비슷한 면모를 여기 포함시키고 싶은 유혹을 나는 어쩔 수 없다. 케이는 소위 인도 폭동 중에 인도 반란군에 의해 옥수수를 갈도록 붙잡혀 온 영국 여성들을 이렇게 기술한다. "이 기독교도 포로들이 거기 땅 위에 앉았을 때, 자신들이 했던 성경 공부를 언뜻언뜻 떠올리며 동양(the East)에서 옥수수를 가는 일이 종속의 상징으로 여겨진 경위를 기억해냈음이 틀림없다"(Kaye, *History*, 2:355 스피박의 강조. Rudrangshu Mukherjee, "'Satan Let Loose Upon Earth': The Massacres in Kanpur in the Revolt of 1847 in India", 1989년 12월 23일 캘커타에서 열린 〈서발턴 연구 학술대회〉에서 발표된 글에서 인용함.)
81. 이 구절을 우호적으로 평가하는 글로는 Green, *Kipling*, p. 213과 Carrington, *Rudyard Kipling*, p. 224 참조.
82. Kingsley Amis, *Rudyard Kipling and His World* (New York: Scribner's, 1975), p. 25.

이 넘쳐난다. 이야기 말미에 크리스마스 축제 때, 클럽의 일부 남자들이 "너희와 모든 인류에게 / 내가 커다란 기쁨의 반가운 소식을 주겠노라"하고 노래를 부를 때조차 "스콧을 가까이 끌어당기며 … 그녀의 눈물을 닦아주었던 것은 윌리엄이었다"(WC 274). 식민지 개척 — 쿠웨이트 해방?(1991년 미국이 걸프전을 수행하면서 내걸었던 수사적 명분) — 이 이런 반가운 소식의 일부라는 것은 제국주의의 상투어들 중 하나다.

이 이야기에는 수많은 자의식적 "지방색"이 들어있다. 처음 언뜻 보면, 보들레르가 검둥이 여성에게 적합하고 특수한 공간을 주지 않는다는 불평이 여기서는 받아들여질 수 없는 것 같다. 키플링이 "인도인의 생활"을 연대기로 기록하는 작가라는 점은 물론 맞는 말이다. 그러므로 잠시 멈추어서 인도를 구체적으로 밝히는 키플링의 테크닉을 보자.

"그것이 공식적으로 선포된 셈인가요?" 이것이 이 단편소설의 첫 문장이다. 서사적 논리는 이 질문에 대한 대답에 상당한 무게를 둔다. 정말이지, 「정복자 윌리엄」에서 서사 에너지의 첫 번째 움직임은 이 질문에 긍정적 대답을 해나가게 되는 경위를 입증하는 것처럼 보인다. 독자는 이 질문에 나오는 "그것"이 정확한 기술상의(descriptive) 실체인 "기근"이라는 점, 또 첫 문장인 이 질문에 '그렇다'는 대답이 자비로운 제국주의 안에서 코드화된다는 점을 천천히 알아차리게 된다. "기근 코드의 작동"(WC 223)이란 성나 있지만 영웅적인 영국인이 무능력하고 이치에 맞지 않는 어린애 같은 남인도인들을 보살펴주는 것이 된다. 남인도 사람들과 남인도 풍경의 이질성으로 펼쳐지는 파노라마는 기근이라는 단일체적인 틀의 선포 속에서, 기근과 동격으로 제시된다.

남인도의 특수성을 담는 "기근" 서사의 목적은 도구적인 것이다. 그 목적이 두 명의 인간적 (즉 영국인) 행위자 사이의 사랑을 촉진하도록 봉사하는 동안, 이 틀은 용해되고 그 선포는 해제된다. "그래서 **사랑이** 드넓은 대낮 속에 아무런 힐난도 받지 않고 캠프 주위를 뛰어 다니는 동안, 남자들이

그 조각들을 주워서 기근으로부터 떨어진 8구역에 깔끔하게 놓아두었다"(WC 204).[83]

사건은 다시 북서부 인도로 장소를 옮겨 벌어진다. 작가는 이 움직임을 이렇게 설명한다. "커다랗고 한적한 고향 동네 이름을 듣자니 좋았다. 움발라, 루드히아나, 필라우르, 줄룬두르라는 이름들은 그녀의 귀에 마치 결혼 종소리처럼 들렸다. 윌리엄은 여기 와보지 못한 이들과 외부인들, 즉 방문자, 여행자, 영국에 봉사하느라 바쁜 신출내기들에게 깊이 진정으로 안타까운 마음이 일었다"(WC 273).

이 울려퍼지는 장소 이름들은 편잡에 있다. 우리가 "기근"을 뒤로하고 떠남에 따라 우리는 마드라스를 떠난 셈이었다. "고향"과 "외부" 운운하는 것이 딱히 분명하게 인도를 두고 구체적으로 말하는 것은 아니다. 하지만 "고향"과 "외부"가 인도인들의 거주지로 정의된다면, 앞의 인용문은 인도의 사라짐을 뜻한다. 윌리엄과 스콧이 북으로 "귀향"하듯 묘사하는 것은 그 북이 더욱 영국적이라는 명확한 인상을 남긴다. 여기서 인도는 희미하게 사라져 버린다. 다음은 내가 앞에서 인용한 이름들의 목록이 소개되는 방식이다.

파고다스(Pagodas)와 종려나무들의 남부, 너무 많은 인구가 살고 있는 힌두 남

---

83. 내가 여기서 키플링의 "제국주의"라는 분분한 문제를 고려하고 있는 것은 아니다. 오히려 나는 이 텍스트에서 성차가 식민압제자의 측면에서만 적절해진다는 사실에 주시하고 있다. 그러나 제국주의의 효과를 입증하는 통렬한 증거를 지적해 내는 일 또한 가치가 있다. 내가 읽어 온 거의 모든 서구 비평가들 중 많은 이들(T.S. Eliot, George Orwell, Lionel Trilling, Randall Jarrel과 같은)의 글이 Green, *Kipling*과 Eilot L. Gilbert, ed, *Kipling and the Critics* (New York: New York Univ. Press, 1965)에 실려 있다. 이들은 키플링의 단편소설과 소설이 그들의 소년시절을 형성하는 데 끼친 영향에 대해 말한다. 이들의 집단적 증언을 벵골 작가의 다음 언급과 비교해 보라. "나는 동벵골 마을에서 열 살 때 키플링의 『정글북』을 읽었다. 하지만 그의 인종적 오만 때문에 상처를 받을까봐 그의 다른 책을 한 번도 읽지 않았다"(Nirad C. Chaudhuri, "The Wolf without a Pack", *TLS* [Oct. 6, 1978]). 이것은 기억이다. 기억에 이어 하나의 판단이 뒤따른다. 이 판단은 소위 탈식민화를, 내가 동의할 수 없는 바이기도 한 경제적인 것의 부인을 반영한다.

부는 끝장났다. 여기 그녀가 알았던 땅(land)이 있는데, 그녀 앞에는 자신의 신분에서나 마음에서나 서로 맞는 사람들 사이에서 알게 된 훌륭한 삶이 펼쳐져 있었다. 그들이 지금 거의 모든 역에서 그들을 데려가려고 오고 있었다. 라켓과 애완견들을 데리고 크리스마스를 보내러 오고 있는 남자들과 여자들을 말이다. … 스콧은 윌리엄 집 창가를 거닐며 이렇게 중얼거리곤 했다. "좋지 않아?" 윌리엄은 순수한 기쁨을 토해내듯 대답한다. "좋고 말고."(WC 272).

이리하여 이름들을 외는 것은 장소를 말하기는커녕 특수성의 말소와, 위법이라고 불릴 법한 전유를 정확하게 결합한다. 이것은 일찍이 시작되는데, 저녁 복장을 한 남자 주인공의 모습에서 잘 드러난다. "스콧은 한가하게 자기 방으로 가서 제 철 제 지방의 저녁 복장으로 갈아입었다. 머리부터 발끝까지 한 점 흠 없는 하얀 린넨 천으로 된 옷에 실크로 된 넓은 허리 장식을 하고 말이다"(WC 225 스피박의 강조). "제 철 제 지방의 복장"은 자연과 문화를 봉합하고 자연을 전유하며 각인한다. 그래서 "고향"과 "외부"는 인도의 옛것과 인도의 새로운 영국적인 것을 구분하는 용어가 된다. "펀잡인"과 "마드라스인"은 인도 지역에서 "봉사하는" 영국인을 지칭하는 말로 꾸준히 씌어 왔다. "토종"을 뜻한다고 여겨지는 "토착"이라는 말은 역설적으로, 고유한 거주지를 열망할 수 없는 비개별화된(unindividuated) 의사(擬似)인류로 재코드화된다.[84]

키플링은 자기 텍스트에서 힌두 방언(Hindusthani)을, 원어민에게는 조잡하게 들리고 통사론적 연결도 없이 항상 부적절하고 거의 항상 틀린 엉

---

84. 장소 이름을 이렇게 전유하는 것은 미국의 경우 훨씬 더 놀랍다. 인도와 미국 사이의 "실패한 병치"에 대해는 Spivak, "Scattered Speculations on the Question of Cultural Studies", *Outside*, p. 262 참조. 인식소적 폭력이 성공적일 때 이런 재코드화는 내면화된다. 이것이 반드시 막다른 끝일 필요는 없다. 이러한 내면화는 탈헤게모니화될 수 있으며, 억압자의 이름은 전략적 통일을 유발하는 저항적 의미로 장전될 수 있다. 인도 부족 맥락에서 이러한 움직임에 대한 논평을 보려면, Spivak, "Woman in Difference: Mahasweta Devi's 'Douloti the Bountiful'", *Outside*, pp. 77-95.

터리 힌두 방언을 많이 사용한다. 서사적 실천이 이런 용법을 인가하여 물론 번역 하나 없이 그것을 "올바른" 것으로 확립한다. 힌두 방언은 "올바르게" 구사할 가치가 없는 하인들의 언어라는 결정에 기원을 두고 있는 영국식 혼합어이다. 이것은 텍스트상 "올바른" 것으로 확립된 언어의 판본이다.[85] 대조적으로, 인도인 하인들의 힌두 방언은 어색한 옛 영어로 애써 번역된다. 인도인 하인들이 가끔 말하는 영어는 그 발음이 그대로 옮겨 적혀 조롱된다. 결과적으로 한 언어를 종속적인 것으로 감지한다는 표시인 이런 움직임을 위반으로서의 번역이라고 부르자. 그리고 위반으로서의 번역 논의에서 이 점을 본격 유럽의 계기와 대조해 보자.

발터 벤야민은 고전 그리스어의 로마어 번역이라는 토픽에 대해 다음과 같이 쓴다. "번역이란 의미를 비슷하게 만들어내는 대신, 나름의 언어로 원본에서 의미하는 방식에 따라 사랑하듯 자세하게 스스로를 형성하여 두 언어 모두 더 커다란 언어의 부서진 부분들로 인식할 수 있게 만들어야 한다." 이 인용문은 번역되는 언어[원어]가 구조적으로 종속보다는 권위의 언어라는 점을 아주 논리적으로 가정한다. 드 만은 이 인용문에 논평하면서 "충실한 번역이란 항상 직역이기 마련인데, 어떻게 해야 자유로울 수 있을까? 번역이 원본의 불안정성을 드러낼 때만, 또 비유와 의미간의 언어학적 긴장인 불안정성을 드러낼 때만, 자유로울 수 있을 것이다. 순수한 언어는 아마 원어보다는 번역에서 더 많이 현존할 터인데, 비유의 양식으로 현존한다."[86]

번역에 대한 이런 고급담론의 머나먼 모델은 유럽 르네상스이다. 이 시

---

85. 나는 물론 인도 언어들, 일반적으로 문법제도와 문헌학(philology)에서의 영국인들의 학문연구를 말하는 것은 아니다. 이 특화된 작업은 분과학문 구성의 역사에서 제 나름의 자리를 차지하며, 그런 만큼 제국주의의 인식소적 기획에서 제 나름의 자리를 차지한다. 나는 이 점에 대해 3장에서 짤막하게 거론한다.

86. De Man, "'Conclusions': Walter Benjamin's 'The Task of the Translator'", *The Resistance to Theory* (Minneapolis: Univ. of Minnesota Press, 1986), pp. 91-92.

기에 고대 고전 텍스트들을 번역하는 거창한 행위가 헤게모니적 유럽의 문화적 자기재현의 모양새를 갖추는 데 도움이 되었다. (내가 1장에서 환기한 바 있듯, 18, 19세기에 독일인들은 르네상스에 참여하지 않은 것으로 스스로를 재현한다. 이것은 번역 문제에 관한 특별히 독일적인 사변에 특정한 성격을 부여한다.) 그렇지만, 제국주의 폭력이 종속된 언어 위에 걸터앉을 때 번역 역시 위반의 한 부류가 될 수 있다. 유럽 르네상스에서 나온 비유에서의 자유 운운하는 논의들은 키플링의 텍스트에 나타나는 위반으로서의 번역에 직접 적용되지 않는다.[87]

모든 사람이 모든 언어의 환원불가능한 혼종성을 부정하는 것은 아니다. 마하스웨타는 동인도 하층계급의 독특한 혼종적인 언어를 구축하고 그것을 산스크리트화한 벵골어로 씌어진 문구들과 솜씨 있게 대조시킨다. 그러한 테크닉의 정치(학)는 키플링의 것과는 상당히 다르다.

우리가 남성주의를 비유론적으로 해체한다고 해서 제국주의의 거짓말하기로부터 면제되지 않는다. 나는 이를 주장해 왔다. 이런 틀에서 마드라스 기근에 대한 데이비드 아놀드의 글을 생각해 보자. (아놀드가 제공하는 기록물 중 몇 편은 고귀한-백인들이-무능한-흑인들을-돕는다는 시나리오에 의문을 제기한다.)[88] 내 경험상, 키플링의 단편소설을 둘러싼 대부분의 강의실 토론은 두 백인 주인공 사이에서 벌어지는 왈가닥 길들이기라는 절차 분석에 사로잡힌다. 이런 강의 시간이 끝날 즈음, 나는 토론의 방향을 아놀드의 글 인용으로 돌렸다. 그 글에서는 기근을 끝장내려고 소작농민 여성이 읊는, 타밀의 성역할을 반전시키는 엉터리 시를 논한다. "오 주여! 놀라

---

87. 이러한 논의를 좀더 길게 전개하고 있는 글을 보려면 Spivak, "The Politics of Translation", *Outside*, pp. 179-200 참조.

88. David Arnold, "Famine in Peasant Consciousness and Peasant Action: Madras 1876-78", Ranajit Guha, ed., *Subaltern Studies: Writings on South Asian History and Society*, vol. 3(Delhi: Oxford Univ. Press, 1984), pp. 62-115. 인용된 부분은 p. 73.

운 일이 벌어졌습니다. 남자가 곡식을 갈고 여자가 들판에 쟁기질을 하고 있어요. / 측은한 마음이 들지 않으시나요, 오 신이여! / 브라만 과부가 들판에 쟁기질을 하고 있어요." 신에 의해 질서가 잡혀야 하는 우주에 혼돈이 일어났음을 상기하는 가운데 민속제의를 잠재적으로 효험이 있다고 생각하려면 어떻게 해야 하는가. 여성들은 가부장적 성별분업을 진지하게 받아들여야 한다. 얼마 남지 않은 수업 시간은 타밀의 소작농민 여성들이 이 엉터리 시를 아이러니하게 불렀던 게 틀림없다는 한 젊은 여학생의 주장으로 채워졌다. 물론 이러한 주장은 많은 가능성들 중 하나다. 하지만, 이런 종류의 대중심리학적 아이러니 주장은 우리 자신에게 부과된 역사적·자발주의적(voluntarist) 구성으로부터 가장 많이 나온다. 이 때 우리란 여성 정신의 "자연스런" 반응을 따르는 "보편" 모델로서의 제2세대 미국 강단 페미니즘 내부에서 구성된 우리를 말한다. 그런데도 우리는 권력-지식 메커니즘이라는 역사적 틀 안에서 주체가 구성되고 호명되도록 하는 그 틀에 무지한 셈이다.[89] 이것 역시 위반으로서 번역의 한 예라 불릴 수 있다.

위반으로서의 번역구조는 제3세계주의 문학 페다고지 내부에 있는 특정 경향들을 좀더 직접적으로 기술해 준다. 제3세계주의 페미니즘이 이런 경향들에 맞서 경계를 발동시키지 않는다면, 이 경향들에 참여할 수밖에 없다는 것이 나의 일반적 논지의 일부다. 선생이나 비평가가 종종 원어나, 문제의 젠더화된 사회적 행위자들의 주체구성에 대해 전혀 알지 못할 때, "제3세계 문학"에 대한 우리 자신의 열광은 비유 속에서의 자유라는 번역의 이상(ideal)보다는 위반으로서의 번역논리에 더 많이 참여하게 된다. 여기서 가동되는 것은 "인가된 무지"라 불릴 수 있는 현상이다. 지금 이러한 무지는 전 지구의 금융화를 가리는 데 봉사하는 단어인 "전 지구성", 혹은 모

---

89. 감동적인 책인 Carolyn G. Heilbrun, *Writing a Woman's Life* (New York: Norton, 1988)의 마지막 장(pp. 123-131) 또한 이런 경우를 보여주는 한 가지 예이다.

든 언어의 환원불가능한 혼종성을 지워버리는 데 봉사하는 단어인 "혼종성"을 떠올림으로써 어느 때보다 더욱 많이 인가되고 있다.

〈동인도 회사〉의 기록문서를 간략하게 들여다보자. (〈동인도 회사〉는 상업 회사이긴 하지만, 18세기말과 19세기 중엽 사이에 인도에 있는 자체의 소유물을 관장했다. 이 점에 대해서는 3장에서 좀더 자세하게 언급된다. 우리가 자치중인 인도인들의 고용 기록을 읽으려 함을 상기하면 충분할 것이다.) 이 기록문서에 쓰인 언어는 아주 명백해서 그리 많은 분석 노력을 요하지 않는다. 내가 강조하려는 요점들을 제시해 보겠다. 효율성에 관심을 두고 있는 이 기록문서는 피부색주의(chromatism)를, 즉 피부색으로 드러나는 가시적인 차이에 기초한 인종차별을 수정하려는 노력을 반영한다. (피부색주의는 인종차별주의를 반대하는 미국 페미니즘의 공식 철학을 장악한 것처럼 보인다. "제3세계 여성"이 통용어가 아닐 경우, "유색여성" (women of color)이 통용어가 된다. 이것은 부조리한 사태들을 야기한다. 예컨대, 일본 여성이 "제3세계 여성!"으로 코드화되어야 하고, 히스패닉도 "유색여성"으로 여겨져야 한다는 것이다. 포스트식민 여성 주체의 경우, 에어리얼의 동료를 생산하는 분명한 예가 되는 아시아와 아프리카의 토착 엘리트 여성도 주변부에서 칼리반으로 위장하도록 초대된다. 이러한 명명법은 은근 슬쩍 "백인"을 "투명"하거나 "무색"으로 받아들이는 데에 기초를 두고 있다. 그래서 그것은 백인의 자기재현에 따른 반응이다.)

이 기록문서에서 합법적인 인종차별에 적용되고 있는 기준들은 토착 남성과 토착 여성 모두 유럽인 여성보다 분명하게 열등하다는 점을 보여준다. 정말로, 「정복자 윌리엄」과 이 작품에 대한 강의실 반응에서처럼, 성차는 백인 영역에서만 작동하게 된다. 성들간의 결합에서 합법성 개념은 유럽의 도입과 더불어 탄생될 뿐이다. 또 칼리반이 정의될 때조차도, 이 영역에 들어오도록 허용되는 것은 생산된 에어리얼뿐이다. 받아들여질 수 있는 반쪽-신분(a half-caste)의 최종적 요건은 "유럽의 자유주의적 교육"이다.[90] 다음은 이 기록문서에서 발췌한 것이다.

의장은 [1822년 3월 6일에 열린 자문 회사 비밀 이사회]에, "토착 인도인의 아들 중 누구도 〈동인도 회사〉의 시민, 군대, 혹은 해상 서비스에 고용되어서는 안 된다"고 한 1791년 상설 법령에 대한 설명과 실제 사례들을 살펴보고 몇 가지 제안을 제출한 부의장과 함께 서명한 문건 하나를 내놓았다.[91]

다음 구절은 피부색주의와 유럽 여성의 허용가능성에 관한 것이다.

〈이사회〉의 관점에서는 이 사람들의 안색이 이들을 받아들이는 데 심각하게 반대하도록 하는 사안이었을 것이다. 이러한 추론을 하는 것은 정당하다. … 다음 고려 대상은 유럽인과 반쪽-신분 사이에 태어난 이들이다. 유럽인의 피가 남자쪽이어야 하는가 여자쪽이어야 하는가는 별로 중요하지 않은 사안 같다. 동인도 회사에 입사 허가를 받을 수 있는 후보자들은 이 무리에 속하는 자들로서, 1791년부터 이사 중 한 사람의 심사를 받아 왔다. 그리고 피부색이나 여타에서 토착민인 표가 뚜렷이 나는 사람들의 경우, 이사는 그들의 피부 색조가 어느 정도로 반대할 만한가에 따라 그들의 입사 여부를 결정했다. 여기서 … 몇 가지 변칙을 빚기도 했다. 형은 입사 허가를 받고, 동생은 거부되거나, 부모 양쪽 모두 유럽인이라고 해도 자신의 어두운 안색 때문에 거부될 뻔한 사례가 있었다. … 〈위원회〉가 받아들인 상이한 관점들로부터 불일치가 발생했던 것이다.(스피박의 강조)

---

90. 남아프리카에서 이와 비슷한 선별차단(screening) 및 노예들의 선별적 기독교화는 Robert Shell, *Children of Bondage: A Social History of the Slave Society at the Cape of Good Hope, 1652-1838* (Hanover, N.H.: Univ. Press of New England, 1994) 참조.
91. L/P & S/1/2, 「비밀 이사회의 회의 기록」, 1784-1858.

이렇게 이상하고 부조리한 일들을 효율적으로 관리하고자 다음 기준들이 제시된다. 여기서 우리는 합법성 자체의 외부에 은근슬쩍 놓여지는 토착민과, 또 "유럽식 자유주의 교육"이라는 쥐어 짜내는 요건과 만날 것이다.

다음을 제출하는 바이다.
토착 포르투갈계 인도인들의 동방 국가들과 인도의 선주민인 **토착민들**, 토착 **서인도 제도인들**, 아버지 쪽이든 어머니 쪽이든 유럽인과 관련된 후손이더라도 **아프리카인의 아들들**은 한결같이 입사할 자격이 없다. ⋯ 선주민 **토착 인도인**들의 2대 이후 후손들은 ⋯ 할머니나 할아버지가 ⋯ 순수 유럽인이라는 ⋯ 혹은 아버지나 어머니가 순수 유럽인이라는 증서가 있어야 입사할 자격이 있다. 아버지와 어머니의 **결혼 증서**, 입사하고자 하는 본인의 **세례 증서**도 필요하다. 입사하고자 하는 본인이 6년 동안 등록금을 내고 자유주의적 **교육**을 받았음을 입증하는, 대영제국 및 아일랜드의 명망 있는 신학교나 신학교들이 수여한 석사 학위증서도 필요하다. ⋯ 선주민 **토착 인도인**들의 2대 이후 **후손들**이 〈동인도 회사〉에 차별 없이 무조건 입사허가를 받음으로써 일어나는 애로사항들은 **합법적인 출생** 및 **유럽식 자유주의 교육**이라는 명문화된 자격요건에 의해 제거될 것이다.(스피박의 강조)

반복건대, 이 기록문서는 흑인을 관할하는 백인세계에 들어가는 접근권을 효율적으로 명료하게 기술하고 있다.[92] 나는 이 점을 너무 강하게 주장할 수는 없다고 생각하기 때문에, 다음과 같은 나의 논의에서 **전시물 C**로서 내 놓는 바이다. 즉 소위 통문화적 학문실천, "페미니즘적" 학문실천조차도 인가된 무지, 주체지위, 인간임(human-ness)을 부정하는 식민주의 구조를 재생산하고 폐제한다. 또한 검토되지 않은 피부색주의는 식민주의 공

---

92. "선주민"(aboriginal)은 여기서 부모 양쪽 다 인도인임을 의미하고자 사용되고 있다.

리의 해결책이 아니라 식민주의가 거듭 써먹는 레퍼토리 소속이다. 표면상 이 기록문서는 페미니즘 비평의 집에서 일어날 수 있는 어떤 것보다도 무한히 더 잔혹하게 보인다.93 하지만, 이 동떨어진 두 현상이 규범에 대한 제한된 접근권의 구조적 효과를 공유할 수 있는 가능성은 그저 너그럽겠다는 의도만으로는 제거되지 않을 터이다.

이 일반적인 논의의 여러 판본들이 학계 여성 자원집단 등에 제시될 때 즉각 공감을 야기하는 것 같다. 그렇지만, 이중기준이 현존하고 있기 때문에 제1세계와 제3세계 문제를 논하는 담론의 질 혹은 수준과 그 분배상의 차이는 놀랍도록 현저하게 남아 있다. 이런 불일치는 교과과정 계획 내부에서 또한 관찰된다. 자원들의 분배를 통해 페미니즘 문학비평은 북대서양 전통의 여주인공들을 특이하다고 개인주의적 방식으로 찬양하는 반면, 다른 곳에 사는 여성들의 집단적 현존에 대해서는 어설픈 다원주의적 방식으로 다룬다. "유색여성"을 위한 차별철폐조항 쟁취를 위한 학내 운동을 벌인다거나, 교과과정 변경 대신 일회성 자금(구매력이 떨어지는 부드러운 돈)

---

93. 이 글을 처음 쓴 후 10여 년이 지난 지금, Colette Guilaumin이 1977년에 이미 이 점을 언급한 바 있다는 사실이 나에게는 위안이 된다. Guilaumin, Racism, Sexism, *Power and Ideology*, tr. Robert Miles (London: Routledge, 1995), pp. 141-142 및 여러 군데 참조. 미국에의 저항 생산에서 종교성과 국가주의(nationalism)를 어떻게 봐야 하는가? "연방공화제라는 정치 문화 속에서 퇴행적인 경향들이 불거져 나오는 현상에 두게 되는 심각한 혐의"를 생각해 보라(Richard Wolin, "Introduction", Jürgen Harbermas, *The New Conservatism: Cultural Criticism and the Historian's Debate*, tr. Shierry Weber Nicholsen [Cambridge: MIT Press, 1989], p. xxi). 제2차 세계대전에 관해서는 John Okada, *No-No Boys* (Seattle: Univ. of Washington Press, 1957)과 Sanda Lwin이 쓰고 있는 콜럼비아대학 박사학위 논문을 참조. 전 지구화에 대해 생각해 보면, Guilaumin의 "인종 관념"이 성의 영역에 있으며, "성 관념"이 아니라 젠더라는 점을 간파하게 된다. 또한 이 인종 관념은 "20세기" 말엽에 훨씬 더 쉽사리 "[전 지구적] 자본을 위한 수단"으로 "변형"될 수 있다는 점 역시 간파된다. "[그녀는 유럽인으로서 냉전 한가운데서]" 지배, 착취, 절멸(extermination)이라는 목적을 성취하려는 "['국가'를 여전히 운운한다]. 이것은 단순한 사실의 문제이다"(p. 99). 인구통제정책을 여성살해(gynocide)로 분석하는 것은 Malini Karkal의 논문의 일부를 이룬다. 전 지구의 금융화를 달성하기 위해 발전중인 여성을 젠더와 여성으로 바꾸는 것은 ((세계은행)/UN이 시인하는 정책인데) 내 현재 작업의 일부이면서도 이 책을 흐트러지게 하려고 끊임없이 위협한다.

을 사용한 "국제 학술대회"를 연다고 해서 이런 경향들이 가려지는 것은 아니다. 물론 이러한 싸움은 우리의 전적인 참여와 함께 일어나야 하며, 학술대회들은 포스트식민성 운운하는 백인 남자들이 나설 때라야 마련된다. 하지만, 그래봤자 이런 활동은 임시적인 성차별 반대, 인종차별 반대 활동에 지나지 않는다. 그것은 끈질기게 강의실에 나타나 해대는 비판을 통해 사유하고 개입하는 습관을 지닌 구체적인 페미니즘적 혁명과 구분되어야 한다. 미국 학계에서 상층 지향적인 유동하는 유색여성에게 집요한 경계심이 없다면, 내가 개괄해 온 그 구조에 그녀가 참여하지 말라는 보장도 없다. 나는 미국에서의 에스닉 지배 문제를 국제적 노동분업을 가로지르는 착취 문제와 조금이라도 융합한다는 취지로 그 구조를 다루어 왔다. 또한, 영국에서는 많은 이들이 인종적 지배문제를 **이민법**과 혼동하는 경향을 띤다. 이 또한 공인된 반쪽신분 사람들이 받는 규범에 대한 제한된 접근권의 한 경우라고 생각하면 고통스럽다. 마치 북의 거주자이거나 거주자 되기를 열망하는 사람에게만, 페미니즘 내부의 인종차별주의 문제를 거론할 자격을 얻을 수 있다는 식이다.

실로, 우리 중에 이러한 기준들을 요청하는 이들은 주류 페미니즘 내에서 주변화되고 있다. 우리는 남성주의적 보편주의에 대한 비유론적 해체에 깊은 관심을 갖는다. 그렇지만, 우리가 여성적(feminine) 주체 효과를 각인하는 문제에 부딪힐 때 제국주의적 거짓말을 제도적으로 수행하는 데에 포획되고 싶지는 않다. 우리는 수행적 해체라는 "교정"이 또 하나의 비유하기를 가리키며 또 하나의 착오적 수행이 되는 경향이 있음을, 그래서 끈질기게 비판을 지속해야 함을 알고 있다. 우리는 이 어지러운 과정에 진입할 기회를 얻기를 바란다. 분과학문적 기준에서 볼 때 여러분이 남이라는 철저하게 성층화된 더 큰 극장에 소위 탈식민화의 단계를, 역사적·지리적·언어적 특수성을 살리려는 평등한 권리를, 이론적 교섭능력을 부여한다면, 우리는 이러한 진입을 시작할 수 있을 것이다. **페미니즘**이 미국학으로서 에스닉 연구 혹은 이주민 혼종주의로서 포스트식민주의와 더불어 발생한다면, 남은 다시 한번 응답 속에 처하게 되고 디아스포라적인 것이 토착정보원을 대신하게 된다.

III

우리가 주변에 대한 재현과 주변의 자기재현에 주목하는 오늘날의 미국 문학비평을 제대로 자축할 때, 내가 바로 앞에서 했던 지적을 기억하는 편이 좋을 것이다. 매년 열리는 MLA 학술대회에서 학회장 연설은 거의 연례적으로 주변성 문제를 거론한다. 최근 〈미국 비교문학회〉의 자기비판적 문건은 다문화주의를 다루고 있다.[94] 이런 축하할 일들은 전적으로 횡포를 부리는 짓이다. 왜냐하면 아마도 이런 노력들의 결과로 미국문화를 순수하게 "서구적"인 것으로 지켜 내고자 하는 강한 요구 역시 공고해져 왔던 것 또한 사실이기 때문이다.[95] 그러나 이러한 대치는 중요하지만 그렇다고 평등

---

94. 이후 그 결과물은 Charles Bernheimer, ed., *Comparative Literature in the Age of Multiculturalism* (Baltimore: Johns Hopkins Univ. Press, 1995)에 함께 수록되었다.
95. 그 초창기 텍스트들 일부를 꼽자면, Allan Bloom, *The Closing of the American Mind: How Higher Education Has Failed Democracy and Impoverished the Souls of Today's Students* (New York: Simon and Schuster, 1987); E. D. Hirsch, *Cultural Literacy: What Every American Needs to Know* (New York: Vintage, 1988). 이 책들을 다음 책들과 비교해 보는 것도 흥미롭다. Nathan Glazer, *Beyond the Melting Pot: The Negroes, Puerto Ricans, Jews, Italians, and Irish of New York City* (Cambridge: MIT Press, 1963). 여기까지는 초고에 썼던 책들이다. 하지만 여기서 이 영역은 빠르게 변동한다. 초고를 수정할 즈음에는 이야기가 무성해졌다. Arthur Schlesinger, Jr., *The Disuniting of America* (New York: Norton, 1992)는 새로운 다문화주의가 다원주의적 미국의 꿈(American dream)을 미국적으로 승인된 방식으로 포용한다고 추켜세운다. Daniel Patrick Moyhihan, *Pandaemonium: Ethnicity in International Politics* (New York: Oxford Univ. Press, 1993)과 Zbigniew K. Brezinski, *Out of Control: Global Turmoil on the Eve of the Twenty-First Century* (New york: Scribner, 1993)은 다른 편의 구호들을 일부 전유한다. Charles Taylor, *Multiculturalism and "The*

한 재현을 남에 인정하는 데까지는 이르지 못한다. 그것은 전 지구적 추세에 부응한 북의 내적인 변형을 증언해 준다. 우리는 이런 내부 논쟁의 압력 하에 북과 남을 종종 융합해 버린다. 그리고 우리는 "주변"이라 불리는 어떤 것을 박제화하는 경향을 갖게 되며, "주변"부에서 북과 남의 구분은 길들여진다. 하지만 우리는 밑바탕 수준에서 수행되는 일상적 일을 위해 끈질긴 자기비판의 목소리를 내야 한다. 우리가 자신도 모르는 사이에 지금 인식될 수 없을 정도로 치환된 토착정보원의 주체입장을 채우지 않도록 말이다.

우리가 자신의 방어를 뒷받침하려고 함에 따라 지역학, 인류학 등 주변부 전문가의 정치(학)를 방치하는 경향이 있다. 영문학에서의 제3세계 페미니즘 연구를 포함한 제3세계 연구들은 몹시 희석되어, 모든 언어적 특수성 연구 혹은 문화연구에서의 학문적 깊이에 종종 소홀해진다. 실로, 종종

Politics of Recognition" (Princeton: Princeton Univ. Press, 1992); Bruce Ackerman, *The Future of Liberal Revolution* (New Haven: Yale Univ. Press, 1992); John Rawls, *Political Liberalism* (New York: Columbia Univ. Press, 1993). 이 세 편의 저작은 소련 해체 이후 국면의 다문화주의를 좀더 세련되고 복잡한 방식으로 다루고 있다. 이 책들이 다루고 있는 바는 진행중인 내 작업의 조짐이 된다. 이제 나는 원래 각주로 돌아가겠다. 나는 역차별(reverse discrimination)을 두둔하는 추한 논의를 모아 소개하는 데서는 초고에서 썼던 바를 그대로 둔 채 그 이후에 나온 자료들을 덧붙이지 않았다. "좌파 선생들이 여성학과 인종연구의 가치를 의문시하는 사람들에게 성차별주의자, 인종차별주의자, 혹은 '냉전의 전사들'이라는 딱지를 붙이는 분위기를 만들어왔다"(Lawrence W. Hyman, "The Culture Battle", *On Campus* 8 (Apr. 1989): 5. 또한 Lee Dembert, "Left Censorship at Stanford", New York Times (5 May 1989), p. A35 참조). Roger Kimball, *Tenured Radicals: How Politics Has Corrupted Our Higher Education* (New York: Harper, 1990)은 의심스런 고전으로 남아 있다. 나는 최근에 있었던 두 접전을 언급하고 싶은 유혹을 떨칠 수 없어 말해 보겠다. 캘리포니아대학의 이사 직위를 갖고 있는 핏 윌슨(Pete Wilson) 캘리포니아 지사는 대학으로 하여금 차별철폐조항을 축소하도록 강요했다. 예일대학은 "서구 문명" 과목 수업을 위해 기증된 2천만 달러를 자기 대학 졸업생 리 바스(Lee Bass)에게 되돌려 주었다. 이런 일들에 대한 언급은 쉽사리 이 책에 칼집을 낼 수도 있으리라. 토착정보원은 국가채무 만큼이나 빨리 변하니까. 내가 쓴 "Teaching for the Times", Jan Nederveen Pieterse and Bhikhu Parekh, eds., *The Decolonizing of the Imagination* (London: Zed, 1995), pp. 177-202는 내 생각에 여전히 타당하다. 하지만 우리는 미래의 인류학을 위한 글쓰기와 자기 자신을 화해시켜야 할 것이다.

무분별하게 영어로 번역된 작품들, 최근 탈식민화된 지역들에서 영어나 유럽 언어들로 씌어진 작품들, 제1세계 공간에서 소위 에스닉한 사람들이 쓴 작품들이 "제3세계 문학"이라 불리는 것을 구성하기 시작한다. 이 영역은 문학교육에서 부차적인 것이다. 그런데 이 영역 안에서 타당성을 온당하게 추구하는 상층 지향적인 유동하는 예전의 주변부인들(the exmarginal)은 주변성을 상품화하는 데 일조할 수 있다. 때로, 최상의 의도를 갖고 편의의 이름으로 제도화되는 이중기준이 확립되곤 한다. 하나는 준비 및 우리 자신을 시험하기 위한 기준이요, 다른 하나는 나머지 세계에 들이대는 기준이다. 우리가 주변성의 제도권적 연구를 확립하는 투쟁에 가담할 때조차 "하지만 … "이라고 계속해서 토를 달아야 한다.

제2차 세계대전 직후에 참여 운운했던 사르트르를 생각해 보자.

> 그리고 인간의 기획들[projets, 이 단어는 삶을 건설하고자 떠맡는 일이라는 일반적인 실존주의적 의미를 담고 있다]이 다양하겠지만, 어느 것도 내게 전적으로 낯설지는 않다. … 유럽인은 모든 기획을, 중국인, 인도인, 혹은 흑인의 기획조차 이해할 수 있다. … 1945년의 유럽인은 자신이 인지하는 하나의 상황으로부터 스스로를 던져내어[pro-ject] 자신의 한계를 향해 같은 방식으로 나아갈 수 있고 … 중국인, 인도인, 혹은 아프리카인의 기획을 자신 속에서 다시 꾸며낼 수 있다. … 우리에게 충분한 정보가 있다면, 백치, 어린아이, 원시인 혹은 외국인을 이해하는 방식이란 항상 있기 마련이다.[96]

개인으로나 정치로나 사르트르의 훌륭한 신념은 의심될 수 없다. 그러나 데리다는 하이데거를 인류학화하는 사르트르를 논하면서 1968년에 이렇게 쓰고 있다. "마치 '인간'이라는 기호가 어떠한 기원도, 역사적 · 문화적 · 역

---

[96]. Sartre, *Existentialism and Humanism*, tr. Philip Mairet (New York: Haskell House, 1948), pp. 46-47. 수정된 번역.

사적 한계도 갖지 않은 것처럼 모든 일이 일어나고 있다."97 "[인간의 기획들 중] 어느 것도 내게 전적으로 낯설지는 않다"(Terence via the philosophes)는 표현 속에는 로마식 수사학적 흔적이 들어 있다. 실로, 우리가 이를 눈여겨본다면, 여기서 지워진 역사야말로 급진적 유럽 휴머니즘적 양심이 지닌 오만함의 역사임을 깨닫는다. 이 양심은 타자를 상상함으로써, 혹은 사르트르가 표현한 대로, 정보수집을 통해 "타자의 기획을 자기 자신 속에서 다시 꾸며낸다"고 상상함으로써 자아(itself)를 공고하게 하려 들 터이다. 우리 문학비평의 전 지구주의 혹은 제3세계주의의 많은 부분은 이렇게 오만한 양심에 제한을 가할 수조차 없다.

주변적인 것만이 주변부를 위해 말할 수 있다는 대립적 관점이 지니는 정치적 중요성을 부인할 수 없다. 하지만, 이 관점이 제도에 야기하는 결과를 볼 때 이렇게 오만한 양심을 합법화할 수도 있다. 이런 이중구속에 직면하여, 몇 가지 방법론적 제안들을 고려해 보자.

1. "내부 식민화"(internal colonialization)는 미국이나 영국과 같은 메트로폴리탄 나라 내부에서 권리를 박탈당한 집단에 대한 착취와 지배 패턴을 일컫는다. 이 내부 식민화와 다른 공간들의 식민화—로빈슨 크루소의 섬이 "순수한" 예가 되는—를 구분하는 법을 배우자.98

2. 18세기 중반부터 20세기 중반에 이르는 유럽 구성체에서의 식민주의, 영토적 제국들이 불균등하게 와해된 이후 20세기에 부상중인 경제적·정치적·문화주의적 지배 작전인 신식민주의, 식민주의가 신식민주의로 되어 왔거나 되고 있다고 여겨진 이후, 우리 시대 전 지구적 상황을 가리키는

---

97. Derrida, "The Ends of Man", *Margins*, p. 116. 그 이후로 데리다는 *Of Spirit*에서 나치즘과 하이데거의 철학적 공모성에 대해 썼다.
98. 내부 식민화에 대해서는 Amin, *Unequal Development*, p. 369; Philip S. Foner and George E. Walker, *Proceedings of the Black National and State Conventions, 1865-1900* (Philadelphia: Temple Univ. Press, 1986); Cherríe Moraga, *The Last Generation* (Boston: South End Press, 1993) 참조.

포스트식민성을 구분하는 법을 배우자.

3. 우리가 우리 자신의 문화를, 우리 자신의 문화적 설명들을 확보할 때 재현체계를 수중에 넣을 가능성을 진지하게 받아들이자. 다음의 세트를 고려하자.

a. 미국인의 형성은 **헌법**에 명시된 "**우리 국민**"(We the People)에 진입하고자 하는 욕망에 의해 적어도 정의된다. 우리는 이를 단순한 "본질주의"라고 거부하면서 시민권, **평등권 개정조항**, 혹은 여성의 재생산 권리들을 옹호하는 변혁적 견해들에 맞서는 입장을 취할 수는 없다. 미국에 있는 우리는 이와 같은 합리적 추상 속에 거주하는 것을 원하지 않을 수 없다.

b. 전통적으로, 추상적·집단적 "**우리 국민**"에 대한 미국의 욕망은 에스닉 집단 거주지, 정동상(affectively) 밀착된 하위문화들, 생존을 위한 시뮬라크라가 복잡하게 조합되는 구조에 의해 재코드화되어 왔다. 이 과정은 인종문화적(ethnos) 기원의 보전을 주장하는 가운데 국가 혹은 기원집단의 변천과 변형으로부터 멀리 멀리 떨어져 나가게 한다. "우리[아프리카인들]는 모호하게 파악된 나이지리아 위에 남아프리카를 중첩시켜 놓은 것처럼 읽히는 [앨리스 워커의] 아프리카를 얼마나 진지하게 받아들일 수 있을까?"[99]

c. 우리의 현 경향은 미국의 내부 식민화와, 토착민의 순수 투자라는 이름으로 탈식민화 공간에서 행해지는 변형 및 변천의 차이를 지워버리려 한다. 이 경향이 인종문화적(ethnocultural) 의제를 이미 확립해버렸다. 바로 이 경향이 최악의 경우 **헌법상**의 "**우리**"에 맞서 공격하거나 발전하는 "그들"을 확보하게 한다. 기껏해야 이 경향은 우리의 제도적 편의에 맞게끔 제3세계를 본국에 들여온다. 그 때 이중기준이 작동되기 시작한다.[100]

---

99. J. M. Coetzee, "The Beginnings of (Wo)man in Africa", *New York Times Review* (30 Apr. 1989).
100. 이 문단은 나의 글, "Scattered Speculations on the Question of Cultural Studies", Outside, pp. 278-279를 인용한 것이다.

유럽중심적 오만 혹은 검토되지 않은 토착주의로 인한 이중구속에 직면한 마당에, 이 제안들은 실질적이라고 하겠다. 해체론적 경계심은 이 제안들 주위와 그 안 사이에 하나의 비판적인 틀을 설치하도록 할 것이다. (우리는 전적으로 비판적일 수는 없다). 그럴 때 우리는 이 이중구속을 쉽사리 해결되는 것으로 상상함으로써 문제를 복잡하게 만들지는 않을 것이다. 사실상, 또 가장 실천적인 방식에서, 이중구속은 딜레마의 일방성을 해소한다기보다 덜 위험하게 만들 수 있는 능력이다. 그래서 우리가 이와 같은 실질적인 제안들에 유념하기만 한다면, 역사적 맥락화 작업에 더욱 열심히 임함으로써 우리 자신을 도모하기를 바랄 법하다. 그렇지만 비판적 읽기 습관이 동반되어야 한다. 그렇지 않다면 "우리에게 충분한 정보가 있다면 [타자를] 이해하는 방식이란 항상 있기 마련"이라는 사르트르의 선언에 배여 있는 유럽중심적 오만함을 키워주는 것밖에 안 된다. 필연적으로 열린 비판적 틀은 역사적 맥락을 제도적으로 조직해 내는 것이야말로 우리에게 불가피한 출발점임을 상기시켜 준다. 그렇지만 문제는 남는다. 이렇게 필요한 준비를 하고도, 사르트르를 다시 인용해 보자면 "유럽인", 혹은 신식민주의적 맥락에서는 미국의 비평가들과 인문학 선생들이 어떻게 "중국인, 인도인, 아프리카인의 기획을 자신 속에서 다시 꾸며낼 수 있는가?"하는 것이다.

이 문제에 직면하여, 해체론은 이중적 제스처를 제안할 것이다. 즉, 당신이 지금 처한 곳에서 시작하라. 그러나 절대적 정당화를 추구할 때라면 본연의 주변이란 전적으로 타자인 것(the wholly other)을 표시해 내는 불가능한 경계이며, 전적인 타자와의 조우임을 기억하라. 이 조우는 파악될 수 있을 터인데, 이것이 우리의 윤리적 법칙들과 예측 불가능한 관계를 맺게 한다는 점을 기억하라. 주변이라 명명된 것은 주변을 드러내는 만큼이나 은폐하며, 그/녀가 드러나는 곳에서 그/녀는 특이해진다. 이 이중적 제스처는 1968년의 어느 철학 콜로키엄에서 언급된 지적을 일러준다. "특히 저는 모든 문화적·언어학적·정치적 장소들을 생각하고 있었습니다. 철학 콜로키엄을 조직해 봤자 아무런 의미도 없고 철학 콜로키엄의 조장이 금지보다 딱히 더 의미 있지도 않은 곳들 말이에요."[101]

나는 전적인 타자를 주변으로 형상화하는 사태를 곰곰이 생각해 보기 위해 남아프리카 공화국의 백인 작가 J. M. 코에체가 영어로 쓴 소설 『포우』를 살펴보겠다.[102] 이 소설은 18세기 초반 주변성을 구성하려 시도했던 두 편의 영국 텍스트, 즉 다니엘 데포의 『로빈슨 크루소』(1719)와 『록사나』(1724)를 다시 열어젖힌다.[103] 『크루소』에서 주인공 백인은 숲 속에서 만난 야만인 프라이데이를 주변에 주변화시킨다. 『록사나』의 개인주의적 여성은 탄생중인 부르주아 사회에 스며든다. 코에체의 소설은 이중적 제스처를 수행한다. 코에체의 소설에서, 록사나는 현재 자신이 처한 곳에서 스스로 주변부를 구성하기 시작한다. 하지만 그녀의 기획이 성취될 무렵, 이 텍스트는 한 발 더 나아가 다음을 우리에게 일러준다. 프라이데이가 본연의 주변에 있는, 전적인 타자의 장소 보유자(placeholder, 하사lieutenant)이자 불가능성을 가시화하는 인물임을 말이다.

내가 계속 글로 쓴 바 있는 몇몇 문제를 나의 학생들과 공유하기 위해 나는 이 소설을 교훈적 보조물로 사용한다. 나는 소위 역사적 맥락을 실질적으로 알려주는 글로는 데렉 앳트리지의 「탄압적 침묵: J. M. 코에체의 『포우』와 정전의 정치학」을 사용한다.[104] 나의 『포우』 읽기는 앳트리지의

---

101. Derrida, "Ends of Man", pp. 112-113.
102. J. M. Coetzee, *Foe* (New York: Viking, 1987).
103. Daniel Defoe, *Robinson Crusoe: An Authoritative Text / Background / Sources / Criticism*, ed. Michael Shinagel (New York: Norton, 1975). 앞으로 이 책에서의 인용은 *RC*로 줄여 괄호 안에 쪽수만 표시함. Daniel Defoe, *Roxana: The Fortunate Mistress*, ed. Jane Jack (Oxford: Oxford Univ. Press, 1964). 앞으로 이 책에서의 인용은 *R*로 줄여 괄호 안에 쪽수만 표시함.
104. Derek Attridge, "Oppressive Silence: J. M. Coetzee's *Foe* and the Politics of the Canon", Karen R. Lawrence, ed., *Decolonizing Tradition: New Views of Twentieth-Century*

읽기를 대리보충하고자 시도한다. 앳트리지의 글이 글쓰기와 읽기를 무대화하듯, 나의 읽기는 『포우』의 수사적 행위에 주목한다. 그럼으로써 나는 역사적으로 맥락화된 전통적인 해석들은 합리적이고 만족스러운 만큼이나 문제적인 폐쇄들을 생산할 수 있다는 점을, "[전통적인 역사적 비평가의] 주권적 결정이 대응할 위험이 바로 비결정성(undecidability)임을 지적해 내기를 바란다.[105] 문학비평이 율법주의적으로 제 아무리 노력한들, 문학은 특이하고 입증할 수 없는 것으로 남는다.

코에체의 소설은 특이하고도 입증할 수 없는 주변적인 것을, 어둠 속에 있다고 가정되는 전적인 타자에 들이대는 굴절의 장벽을 형상화한다.[106] 토착정보원은 이 피난처로 사라져버린다.[107]

우리가 무엇인가를 출범시키고 싶다면, 온갖 노력을 기울여도 우리 출발점이 갖는 불안정성을 무시해야 한다. 우리가 무엇인가를 되게끔 하고 싶다면, 온갖 제안이 제공되더라도 결말의 미결정성을 무시해야 한다. 이러한 무시는 적극적인 망각이 아니다. 그것은 오히려 처음과 끝에서 주변이 안고 있는 견고한 바탕의 결여, 늪 같은 질퍽거림, 축축함을 적극 주변화하는 것

"*British*" *Literary Canons* (Urbana: Univ. of Illinois Press, 1992), pp. 212-238.

105. Werner Hamacher, "Journals, Politics: Notes on Paul de Man's Wartime Journalism", *Responses: On Paul de Man's Wartime Journalism*, ed. Werner Hamacher et al. (Lincoln: Univ. of Nebraska Press, 1989), p. 439.

106. 1972년에 데리다는 『철학의 주변들』(*Marges: De la philosophe* [Paris: Minuit])을 출판했다. 나는 이 제목에 있는 행간의 휴지(여기서는 관습상 콜론으로 나타나는데)에 사로잡혔다. 데리다는 『그래머톨러지』에서 제목이 스스로 서도록 내버려두었다. 5년 후, 더 기민해진 데리다는 앞의 책과 똑같이 구조화된 제목, 즉 "철학의"(de la philosophie) 앞에 "주변들"이란 말을 집어넣는다. 추측건대 다음이 분명하다. 나, 철학자는 주변들을 철학(화)한다(philosophize). 철학의 호기심을 끄는 기이한 존재는 주변들에 있다. 여기서 나는 주변들에 주목하며 공인되지 않은 방식으로 철학(화)한다. 타자들은 정신에 우글거린다. 여기서 부재하는 단어는 단수의 "주변"이다.

107. 나는 1987-88년 〈영문학 제도〉 발표장에서 해체론적 울타리로 보이는 것의 조잡하게 비철학적인 외곽에 피난처를 마련했다. 해체론은 절묘한 세부사항으로 나를 덮쳤다.

이다. 우리 중에 이것을 "알고 있는" 이들은 바로 이런 주변들에서 철학이 철학한다(philosophy philosophizes)는 것 또한 알고 있다. 이렇게 필연적으로 또 적극적으로 주변화된 주변들은 우리가 시작하여 수행하는 바에 출몰한다. 호기심을 자아내는 이상한 수호자들처럼 말이다. 역설적으로, 우리가 그것들을 주변화하지 않고 우리 관심의 중심이 되게 만든다면 그것들은 미끄러져 나가며 아무 일도 성사되지 않는다. 아마, 해체론적이라고 인식될 수 있는 몇몇이 갖고 있는 몇몇 문제는, 오도가도 못하는 기원과 끝에 그럴 듯하게 고착화되는 것이었다. 차연과 아포리아를 지칭하는 많은 이름들이 그랬다. 윤리적인 것, 정의, 선물에 관한 데리다의 저작은 바로 이 문제와 직면하고 있다.[108] 여기서 좀더 조야한 것을 말해 보겠다. 우리가 최대한 마음을 쓰면서 하는 일이 주변부들에서 판단된다고 할 때 느낄 생산적 불편함[109]을 잊어버린다면 어떨까. 정치적 영역에서 우리가 얻게 되는 것은 (자기)억압적 관용과 인가된 무지를 갖는 자유주의적 다원주의, 다양한 근본주의, 전체주의, 문화혁명이다. 문학에 대한 글쓰기와 문학을 가르치는 영역에서 우리가 얻게 되는 것은 기성 제도권의 자비로운 혹은 원한에 찬 보수주의다. 또, 특권층이 권리를 박탈당한 것으로 혹은 권리를 박탈당한 이들의 해방자로 둔갑하는 다문화주의적 위장이 판치게 된다. 이 두 가지는 "문학 본연"의 특이성과 입증 불가능성에 대한 존중의 결핍에 정박되어 있다.

이것은 일반적 의미에서 주변적인 것으로, 일을 위한 하나의 공식 이상도 이하도 아니다. 즉, 우리를 전위주의로부터 지켜 주는, 주변의 이상한 수호자들을 반드시 적극 주변화하는 것이다. 좁은 의미에서 주변적인 것은 가장 잘 알려진 중심화의 역사, 즉 기독교도인 백인 자산가가 윤리적 주체

---

108. "Force of Law", *Given Time, Gift of Death, Aporias* 및 기타 여기저기, 이 책의 부록 참조.
109. [옮긴이] 불편함을 감수하는 것이 이론적 실천적으로 생산적인 것임을 말한다.

로 부상하게 된 바로 그 역사의 희생자들이다. 일반적 의미와 좁은 의미 사이에 관계 비슷한 것이 있기 때문에, 페미니즘이란 집에 하나의 주변을 만들어내는 문제는 다른 방식으로 진술될 수 있다. 많은 영향을 끼쳤던 글이자 지금은 고전이 된 「메두사의 웃음」에서 엘렌 식수는 이렇게 말한다. "역사를 위한 주체로서 여성은 여러 장소에서 동시에 출현한다."110 이것이 뜻하는 바는, 단독적 남성 인물 혹은 남성 집단들이 정의상 결정 요소가 되는 역사적 서사에서 여성 혹은 여성들은 이미 확립된 시기구분 혹은 범주들 속에 깔끔하게 맞아떨어질 수 없다는 것이다. 식수가 계속해서 지적하듯, 최대한으로 보아 이것은 또한 페미니스트 여성은 일정한 방식으로 모든 투쟁의 일부임을 뜻할지도 모른다.

미국 강단 페미니즘이 실제로 모든 투쟁의 일부였던 것은 아니다. 그러나 주변성의 좁은 의미에서 다문화주의적 혹은 포스트식민적 주변성에 대한 오늘날의 점증하는 관심은 학계의 페미니즘 내부에 불어대는 전 지구화 바람 속에서는 한낱 지푸라기일 뿐이다. 무성해지고 있는 이런 관심은 때로 다음 한 가지 문제를 간과한다. 즉, 여성들과 남성들에 대한 관심은, 문화적으로 **동일하게** 각인되지 (동일한 문화적 각인은 식민 상황에서 잘 작동하는 시범적 가설이다) 않았기 때문에 각 성에서의 젠더화 연구와 **동일한 방식으로** 동원될 수 없다는 것이다. 관심의 동원이 불가능한 것은 아니다. 하지만, 새로운 방식들이 학습되고 가르쳐져야 하며, 주변 일반에 대한 관심이 끈덕지게 갱신되어야 한다. 젠더가 다르게 각인된 사람들이 우리의 투쟁에 가담하고자 할 때, 우리는 이 점을 좀더 쉽게 이해한다. 예를 들어, 여성들에 대한 악의와 자비를 포함한 수세기에 걸친 가부장적 특권의 역사를 감안해 보자. 그러면 나는 꼭 분명히 금지된 것은 아니지만 여성에 관해

---

110. Hélène Cixous, "The Laugh of the Medusa", Elaine Marks and Isabelle de Courtivron, eds., *New French Feminisms: An Anthology* (Amherst: Univ. of Massachusetts Press, 1980), p. 252.

쓰는 남성 텍스트를 찬양하는 것에 모종의 불편함을 느낀다고 고백해야겠다. 하지만 우리가 식민주의의 유산과 신식민주의의 실천에 개입하고 싶다면 우리의 선의를 자신의 보증으로 삼는다.

코에체가 『로빈슨 크루소의 생애와 모험』을 읽어내는 문턱에, 데포의 소설을 언급하는 맑스의 문단이 서 있다.111 맑스의 언급은 대체로 자본주의를 둘러싼 것이려니 하겠지만 사실 꼭 그런 것만은 아니다. 『자본론』 1권에서 데포를 언급하는 장의 요지는, 일반화된 상품생산에서 상품은 물신적 성격을 갖는다는 것이다. 상품은 사람들 사이의 관계를 사물들 사이의 관계로 재현한다. 자본주의가 아닌 다른 생산양식들에서 물신적 성격은 나타나지 않는다. 맑스는 네 가지 예를 선택하는데, 세 가지는 전(前)자본주의 생산양식에서, 하나는 자본주의 이후에서 꼽아낸다. 전자본주의적인 세 가지 예들 중에서 로빈슨은 최초이자 가장 흥미로운 예이다. 나머지 두 가지 예는 일반화된 상품 교환은 아니긴 해도, 교환 상황이다. 로빈슨의 예는 사용-가치의 생산에 관한 것이다.

낭만적 반(反)자본주의는 '좋은 것은 사용하고 나쁜 것은 교환하라'는 우리를 기분 좋게 하는 공리를 생산한다. 하지만, 사실 맑스에게 사용-가치와 교환-가치는 외양[Erscheinungsformen]의 형식들이다. 사용-가치든 교환-가치든 가치의 양이 측정될 수 있다면, 유일한 측정 방식은 추상적인 평균노동에 의해서이다. 즉각 사용할 한 사물이 지니는 가치의 양을 측정할 필요는 대체로 없다고 하는 경험적 사실은 여기서 그다지 중요하지 않다. "그러므로 사용-가치 혹은 재화[Gut]가 가치를 갖는 것은 오로지 추상적인 인간노동이 그 속에 객관화되거나[vergegenständlicht] 물질화되기 때문이

---

111. Marx, *Capital* 1:169-170. 별도의 언급이 없는 한, 맑스로부터 인용한 모든 구절은 이 두 쪽에 나온다.

다.112 이 점을 보여주는 맑스의 위대한 예가 바로 로빈슨이다. 맑스는 리카르도를 포함한 정치경제학자들을 비판한다. 그 까닭은『로빈슨 크루소』를 다루는 문학 평론가들이 맑스가 이 소설을 읽었다고 생각하듯, 정치경제학자들도 그렇게 이 소설을 읽고 자본주의적 기준을 적용하기 때문이다.

맑스는 이 소설에는 관심이 없다. 맑스 저작의 모든 번역본은 로빈슨을 끌어들이는 맑스를 "우선 자기 섬에 있는 로빈슨을 보기로 하자"는 식으로 만들어 이 점을 감추어 버린다. 오히려 맑스에게 로빈슨이라는 인물은 그가 가진 전부가 노동이기 때문에 추상적인 평균 노동을 계산할 수 있는 인간이 자연 속에 출현하는 하나의 형식이 된다. 맑스는 "우선 자기 섬에 있는 로빈슨을 보기로 하자"고 쓴다. 자연 속의 인간이라는 자신의 상황에서, 로빈슨은 이미 "필요"에 의해 추상노동을 생각한다. 사용-가치와 교환-가치의 공모성은 사적인 것이 사회적인 것의 가능성에 의해 측정되고 사적인 것 내부에 사회적인 것의 가능성을 담고 있음을 보여준다. 맑스는 이러한 대항직관적 교훈을 이 노동자한테 가르쳐주고 있다. 외관상 구체적인 개인은 추상화의 가능성에 의해 예견된다.113 "로빈슨은 동일자인 자신의 활동이 … 인간노동의 상이한 양식들 외의 다른 것으로 이루어져 있지 않다는 것을 알고 있다. … 로빈슨이 창조해낸 … 대상들과 로빈슨 사이의 모든 관계는 여기서 … 단순하고 명료하다 … 그렇지만 … 가치의 모든 본질적인 결정요소[determinants]를 담는다." 로빈슨의 일반적 등가물은 화폐보다는 시간이다. 코에체의 책은 나름의 각인을 생산하지 않으려는 공간(에) 앞(에)서 시간기록 연구의 어려움을 무대화한다. 그 때 그의 책은 내가 읽기로는 시간보다 공간에 관심을 두는 것 같다. 내가『포우』를 논의하기 전에

---

112. 앞의 책, p. 129.
113. 나는 이 점에 대해 훨씬 길게 논의한 바 있다. "Scattered Speculations on the Question of Value", *In Other Worlds*, pp. 154-175; "Limits and Openings of Marx in Derrida", *Outside*, pp. 97-119 참조.

이런 기본적인 사항을 거론하는 것은 그 때문이다.[114]

맑스는 출현의 형식상 로빈슨을 단순한 식민개척자로서 이용하지는 않는다(아마 그렇게 할 수 없을 것이다). 코에체는 그렇게 한다. 『포우』는 노동의 시간화보다는 공간화와 치환을 말하는 작품이다. 자메이카 백인인 진 리스가 19세기 영국 고전인 『제인 에어』를 다시 쓴 작품에서 제인은 페미니즘적 규범의 패러다임으로서 유용하지 않은 인물로 드러난다. 그러하듯, 남아프리카 백인이 18세기 영국 고전을 다시 쓴 작품인 『포우』에서도 크루소는 구성적인(constitutive) 시간 측정법을 가시화하는 자연 속의 규범적 인간으로서 유용하지 않은 인물로 드러난다. 크루소는 가볍게 각인된 공간을 무한한 미래로 전승시킨다. 그는 "우리가 할 일은 뭔가를 심는 일이 아니"라고 말한다. "우리에겐 심을 거리가 없다. 그것이 바로 우리의 불행이다. … 심는 일은 우리 뒤에 태어나 씨를 뿌릴 선견지명을 가진 이들에게 남겨진다. 나는 그들을 위해 땅을 갈아놓을 뿐이다"(F 33). 어쨌든, 땅에서 토지자본으로의 이행이라는 주제야말로 제국주의 사명의 단 하나 중요한 줄기이다.

『포우』에 나오는 크루소는 시간을 재는 데 전혀 관심이 없다. 『포우』의 화자는 크루소가 아니다. 실로, 화자는 "극 지대를 수색하지만 … 조각품을 하나도 [발견하지] 못하며, 자신이 추방세월을 보낸 햇수나 달의 주기를 셈하느라 그렸던 표시의 자국도 [발견하지] 못한다"(F 16). 『포우』의 여성화자는 크루소에게 기록을 하라고 애걸하지만 그는 결연히 그것을 거부한다.

---

114. 『로빈슨』을 유럽을 위한 책으로 읽어내는 독법으로 치자면 피에르 마셔레이와 드 세르토만한 이가 없다. Pierre Macherey, *Theory of Literary Production*, tr. Geoffrey Wall (New York: Methuen, 1978). Michel de Certeau, *Heterologies: Discourse on the Other*, tr. Brian Massumi (Minneapolis: Univ. of Minnesota Press, 1986). 두 연구 모두 시간화를 강조한다.

크루소는 상인(merchant) 자본주의에 의해 생산된 인물이지만 상인 자본주의의 행위자가 되는 데 하등 관심이 없다. 도구를 모아놓는 일조차 하지 않을 정도다. 코에체는 자본 이야기보다 젠더와 제국에 초점을 맞춘다.

『로빈슨 크루소』의 여성화자는 누구란 말인가? 우리는 원작 소설에 여성을 위한 공간이 전혀 없음을 알고 있다. 판에 박힌 어머니, 인정 많은 과부 역에는 여자만 나온다. 그녀는 결혼했고 죽었던 이름 없는 아내로, 〈영국은행〉이 설립되던 바로 그 해에 크루소가 동인도로 떠날 수 있도록 단 하나의 조건부 문장으로 처리된다. 마지막으로 언급하는 사안이라고 해서 덜 중요한 것은 아니다. 이야기가 끝날 무렵 크루소는 "일곱 명의 여자"를 보낸다. "내가 보기에 이들은 서비스를 잘 할 것이며, 새끼를 배어 배가 부른 세 마리 암소를 포함해 다섯 마리의 암소"를 함께 "데리고 가는 것도 마다하지 않을 아내 감"이다. 그런데 『포우』에 나오는 여성화자는 도대체 누구인가? 코에체가 데포를 인용하면서 그를 변경시키는 몇 가지 방식을 정리해 볼 때이다.

첫째, 제목을 고려해 보자. 물론 우리는 적이라는 뜻의 Foe가 데포(Defoe)의 부계쪽 고유명사라는 사실을 알고 있다. 데포는 제임스 포와 앤 포의 아들로 태어났다. 하지만, 코에체는 데포라는 고유명사를, 그래서 또 실재한 저자가 지은 실재한 책[데포의 책]을 복원하는 와중에 고유명사를 보통명사로 만들어 버린다. 포 씨(Mr. Foe)는 누구의 포(Foe)인가? 지금은 이 문제를 잠시 접어두자.

『포우』의 화자는 수전 바튼(Susan Barton)이라는 이름의 영국여성이다. 그녀는 포 씨의 도움을 받아 자기 이야기의 "아버지"가 되어 그 이야기를 역사로 만들고 싶어 한다. 코에체는 하나의 젠더화된 입장과 교섭하느라 애를 먹는다. 코에체와 그의 텍스트는 그 애로를 주목할 만한 것으로 만드느라 긴장한다. 코에체의 텍스트가 한 여성을 상상하는 일의 비결정성과 불쾌함을 스스로 방어하려 들지 않는다. 아버지(가 된다)는 저 권위적인 단어가 여기서 그릇되면서도 유용한 유추(오어법)로 바뀌고 있는가? 아니면, 코에체의 수전은 전통적인 남성주의적 토포스인 반전(우리가 『프랑켄슈타인』에서 살펴보았던)을 작동시켜 포(Foe)로 하여금 "수태"하도록 만들어지는가? 우리는 알 수 없다. 앳트리지가 지적한 대로, 『포우』는 "자유로운 선택" 운운하기는 한다.

어쨌든, 수전 바튼은 회고록 한 편과 수많은 편지를 썼을 뿐만 아니라 『난파당한 여성』이라는 제목으로 글을 써 왔다. 수전은 그것들을 포 씨에게 보냈는데, 모두 목적지에 도달한 것은 아니었다.115 "당신이 쓴 역사에는 문젯거리가 좀 많군요. 역사란 우리를 둘러싼 진실을 말할 뿐만 아니라 독자들을 또한 즐겁게 해주어야 합니다. 하지만, 당신이 글을 다 쓸 때까지 황량하게 정지되는 나의 삶을 염두에 두지 않을 건가요?"(F 63). 『난파당한 여성』에 무슨 일이 일어날까? 수전 바튼은 자기 인용인 인용부호로서 소설을 시작한다. "마침내 난 더 이상 노를 저을 수 없었다"(F 5). 크루소와 프라이데이의 발견, 크루소가 영국으로 귀국하는 선상에서 죽게 된 일, 영국에 도착한 그녀와 프라이데이의 첫 대목은 그녀의 회고록이다. 그녀의 역사로 말할 것 같으면, 『로빈슨 크루소』라는 책이나 『포우』라는 책일 터인데, 지금 우리로서는 그것을 알 수 없다. 이 지점에서, 수전의 역사는 모든 읽기가 그렇듯 그저 인용과 변경을 표시할 뿐이다. 또한 수전의 역사는, 인용에 의해 텍스트의 진리를 증명하려는 모든 주장을 지켜보는 수호신의 알레고리다. 『난파당한 여성』의 서두에 나오는 것은 고정된 기원이 없는 인용문이다.

아버지 되기(fathering)의 이야기가 더 전개될 수 있기 전에, 이상한 장면 하나가 끼어든다. 마치 장정된 책들의 여백들 자체가 하나의 일반적 텍

---

115. 여기서 성차의 주제를 짙게 하기 위해서는 Derrida, "The Purveyor of Truth", *The Post Card*, pp. 411-196 참조. 편지가 목적지에 도달하지 않을 때 무슨 일이 벌어질까?

스트성으로 용해되는 것 같다. 코에체는 데포의 소설 『록사나』의 마지막 에피소드를 『로빈슨 크루소』에서 따온 인용으로 흘러들어 가게 만든다. 코에체의 수전 바튼은 또한 데포의 수전 록사나이다. 록사나는 수전이라는 이름을 같이 쓰고 있다. (이 외에 다른 부수적인 유사점들이 있다.)

크루소와 수전/록사나가 동일한 텍스트에 거주하도록 만들어지니, 우리는 질문을 하나 더 하지 않을 수 없다. 주변적인 것(the marginal)을 재현하다가 젠더 결정의 불균형이 엎어지게 된다면 무슨 일이 벌어질까?

18세기 초반의 상상력에서 남성 주변인은 제국주의적 영혼형성의 권리를 획득하는, 명상에 잠긴 고독한 기독교도일 수 있다. 남성 주변인은 다른 곳의 상인 자본주의의 역동적 서사에 의해 틀지어질 때조차 그럴 수 있다. 이 시기 여성 주변인은 예외적인 기업가적 여성인데, 남자가 멍청할 경우 그녀가 맺는 결혼 계약은 무용지물이다. (150년이 지나 틸리 올슨은 그저 "정상적으로" 가부장적인 남자와 결혼한 한 예외적인 혁명적 여성의 통렬한 비극에 대해 썼다.)[116] 데포 자신의 가부장적 생산뿐만 아니라 피카레스크 형식의 관습 때문에, 그의 여주인공은 불량한 여자여야 한다. 결혼을 통해 마침내 자기 자신을 중심화하는 사회적 주변인 말이다. 이 사업에서 그녀는 상인 남성들이 벌고 귀족 남성들이 차지하는 돈을 이용한다. 또 그녀는 자신의 섹슈얼리티를 노동력으로 사용한다.

데포의 이러한 서사 제시에서는 적어도 두 가지 문제가 예측될 수 있다. 이 문제들은 가치의 생산과 가치의 코드화를 통해 모든 투신(commitments)의 교섭가능성을 둘러싼 질문뿐만 아니라 원칙 및 원칙의 은폐를 둘러싼 중요한 질문을 제기한다.

첫 번째 문제는 원칙과 원칙의 은폐 사이의 관계이다. 데포는 록사나를 여성의 자유에 대한 열정(passion)을 갖는 인물로 만들어낸다. 그런데 데포

---

116. Tillie Olsen, *Tell Me a Riddle* (New York: Peter Smith, 1986).

는 돈을 소유, 통제, 관리하고자 하는 그녀의 현실적 욕망을 채우기 위한 계략으로서만 이러한 열정을 록사나에게 발설하게 한다.

> 내가 나의 덕성을 포기할 수 있다고는 해도 … 돈은 포기하지 못해요. 내가 돈을 또 한번 새로 굴려서 … 좀 고양된 어조로 … 다음과 같이 이야기할 수밖에 없었다는 게 … 너무 조악한 일이라 인정하기가 좀 그랬을 정도이지요. 내가 그 남자에게 말했어요, 나는 **결혼지참금**을 널리 받아들여지는 **관습**과는 달리 생각한다고, 또, **남성**뿐만 아니라 **여성**도 자유로운 **행위자**로 자유롭게 태어났고 자기 일을 적절히 처리할 수 있는 능력이 있다고, **남성들**이 그러는 것만큼이나 **자유**를 여러 목적에 맞게 누릴 수 있다고 생각한다고 말했지요.(RC 147)

둘째 문제는 어머니되기(mothering)의 정동적 가치를 여성 개인주의의 운명과 대조되게 재현하는 것이다. 최근에 수전 슐레이만은 「글쓰기와 모성」에서 이 이항대립[어머니되기와 여성 개인주의]의 수많은 세목들을 논의해 왔다.[117] 나는 거기에 데포의 재현 문제에 대한 이론적 설명을 덧붙일 것이다. (18세기 초 영국에서뿐만 아니라 부르주아 사이에서도) 결혼 제도 외부에서 노동력으로 사용되는 섹슈얼리티는 어린이를 합법적으로 교환될 수 없는 상품으로 생산하며, 전적으로 코드화될 수 없는 정동적 가치를 생산할 수 있다. 대리모는 이 점을 우리 시대에 가시화해 왔다.

이 쟁점들 중 어느 것도 코에체에게 적절하지 않다. 그렇게 되는 중요한 이유가 한 가지 있다고 나는 생각한다. 그는 역사적으로는 그럴듯하지 않지만 정치적으로는 도발적인 수정 작업에 열중한다. 그는 초기 자본주의의 부르주아 개인주의자 여성을 자기 이익 추구를 선호하는 윤리의 투사라기

---

117. Susan Suleiman, "Writing and Motherhood", Shirley Nelson Gamer et al., eds., *The (M)other Tongue: Essays in Feminist Psychoanalytic Interpretation* (Ithaca: Cornell Univ. Press, 1985), pp. 352-377.

보다 타자-지향적인 윤리의 행위자로 재현하려 한다. 제인 에어에 맞서는 대항-인물로서, 또 키플링의 윌리엄을 혹평하면서도 복잡하게 만들어 놓은 인물로서 말이다. 그녀는 역사를 위한 주체이다. 그래서 그녀는 주변적인 사람들인 크루소(코에체는 Cruso로 쓴다. [데포의 크루소는 Crusoe임]), 프라이데이, 또 인물로서 바튼 자신까지 지식의 대상으로 구성한다. 『포우』의 특히 마지막 섹션의 수사학은 행위자로서 그녀 역시 비결정성에 맞서 그것을 방어하는 도구임을 드러낸다. 이것이 바로 특별히 유럽적인 "책임감"이 "인간의 양심"에 지고 있는 책무이다.[118]

그리하여 코에체에게 결혼과 섹슈얼리티라는 기본 주제는 섬에서의 육중한 역사적 결정으로부터 자유로워지며 급진적인 대항사실이 된다. 즉, 보통의 정동적 의무 없이 욕구되는 사용-가치로서 쾌락을 주는 여성 말이다. 그래서 자유에 대한 욕망을 돈을 통제하는 계략으로 은폐하는 데포의 문제가 『포우』에서는 또한 고상하게 된다. 그리하여 우리가 이미 간파해 왔듯, 인식되지 않고 시인되지 않았으며 덜 발달한 자본주의적 행동·교섭 능력이 최고조에 달한 것으로 나타난다. "자신의 역사 쓰기에서 선택의 자유"를 갈망하며, 크루소에게 시간의 흐름을 기록해 두라고 간청하고, 책에 나오는 그녀 자신의 섹션은 날짜를 꼼꼼하게 기록하고, 처음부터 클락 레인(Clock Lane)[clock에는 시계의 뜻이 있다]에서 살면서 시간을 일반적 등가물로 사용하고자 하는 수전의 욕망을 보면 그렇다. 또 어머니되기의 정동적 가치를 소유적인 여성 개인주의의 야심과 대립되는 것으로 재현하는 문제는 "아버지에게서 태어난" 인물에 지나지 않는 수전 바튼에 의해, 여성의 딜레마에 대한 포 씨의 관념이라고 간단하게 처리된다.

여기서 **아버지의 끝없는**(open-ended) 이중-가치 혹은 심연성을 숙고하

---

118. Shula Marks, ed., *Not Either an Experimental Doll: The Separate Lives of Three South African Women* (Bloomington: Indiana Univ. Press, 1987)의 권두언에서 인용된 Zbigniew Herbert의 언급.

게 되면, 결정을 내리기가 쉽지 않게 된다. "그토록 위험한 필연성으로 모험하지 말고" 그 문제를 행위자로서 페미니스트 관점에서 다시 취하기로 결정하도록 하자. 그리고 나서 어머니되기를 유럽의 가부장적 코드화로부터, "토착민"을 식민적 설명으로부터 동시에 구해내려고 해보자.119 타자-지향적인 윤리-정치의 관점에서 보면, 코에체는 어머니-딸의 하위플롯에 아포리아를 표시해 준다.

수전 바튼은 자기 딸을 찾으러 바히아 블랑카로 갔다가 돌아오는 길에 난파당해 크루소의 섬에 가게 된다. (데포의 록사나는 중상주의적(mercantile) 자본주의에서 상업(commercial) 자본주의로 가는 이행의 소란스런 분투를 고대하는 북서 유럽 세계의 위대한 여행자이다. 하지만, 그녀는 정복 공간의 새로운 지도 속으로 모험하지는 않는다.) 지금 자기를 수전의 딸이라고 주장하는 한 여자가 수전의 뒤를 졸졸 따라다니며 딸로 다시 받아들여지기를 바란다. 수전 바튼은 이 여자가 잃어버린 자기 딸인지 알 길이 없어 쫓아버리려고 여러모로 궁리한다. 바튼은 이 여자와 만나 귀찮게 된 것을 포가 꾸며낸 짓이라고 확신한다. (앳트리지는 이런 시나리오에 "역사적인" 데포의 공을 돌리는 쪽으로 우리에게 실마리를 제공한다.) 우리는 바튼의 설명을 확신할 수 없다. 일상적인 상식으로 보아 수전 바튼의 신빙성 혹은 제 정신 여부가 여기서 의심의 나락으로 던져질 것이다. 그러나 신빙성 혹은 입증가능성은 이 책에서 (혹은 "문학"에서) 어떤 자리를 차지하는가? 실재하는(real) 데포의 책과 실재하지 않는(unreal) 바튼의 책을 실제로 혹은 상상하여 인용한 책이자 어떤 면에서는 잠에서 깨어난 현실의 꿈 "인용"을 닮은 이 책에서 말이다. 동일한 언어 등기부에다 제국의 역사를 복원하고, 어

---

119. 위험한 필요성을 알고서 무리한 행보를 내딛지 않는 것은 주변을 적극 주변화하는 것의 초기 판본이다. Derrida, *Grammatology*, pp. 74-75와 이 책의 부록 참조.

머니되기의 상실된 텍스트를 회복하는 것은 불가능하다. 나는 이 책이 그러한 불가능성을 향한 제스처일 수 있다고 시사하는 중이다. 사실, 우리는 각기 중층결정되어 있어 일부는 역사가이고 일부는 어머니이며 그 외 다른 많은 결정요소를 지니고 있다. 그러나 꿈에 응축된 수수께끼 같은 파편들이 분석적 산문 속에서 펼쳐지면 중층결정은 밝혀질 수 있다. 이러한 변위(dislocation) 때문에 행동·교섭 능력들의 연속적·중층결정적 다중성(multiplicity) 위에 확립되는 정치학이란 있을 수 없다. 사회화된 자본이 비결정성과 다원성의 언어로 열어젖힌 연속적 공간에서 결연(alliance)의 정치학과 양심적 다원주의가 전략적으로 바람직하다고 떠는 호들갑은 방어에 지나지 않는다. 『포우』의 중간 부분에서, 이해할 수 없게 딸을 쫓아버리는 행위는 아포리아의 표시로 읽힐 수 있다. (데리다는 「표어」에서 1936년 2월 스페인 내전이 일어나기 전날 밤, No pasaran이라는 절규로부터 폴 셀런이 인용한 말을 곧이곧대로 **아포리아**라고 번역한다.)[120] 우리는 아포리아를 통과해 지나갈 수 없다. 하지만 프랑코는 통과했다. 1936년 2월 13일자로 표시된 셀런의 시는 일어나지 않았던 역사를 상기하는 수호자로 서 있다. 『포우』의 주요 서사는 이렇게 완강한 일련의 사건을, 하나의 이야기로 명료하게 말할 수 없는 허구의 파편들을 통과한다. 수전 바튼은 자신의 낯선 딸을 꾀어 에핑(Epping) 숲의 제일 안 쪽으로 데려가 이렇게 말한다. "너는 아버지에게서 태어난 거야. 너는 이런저런 이야기들을 통해 부모를 알고 있을 텐데, 그 이야기들은 모두 처음 이야기에서 나온단다"(F 91). 그러나 이것 역시 꿈일 수도 있다. 수전은 이를 포에게 다시 이야기하는 편지에서 "아버지에게서 태어나다니, 내가 무슨 뜻으로 한 말일까요?"(F 91)라고 자문한다. "어느 새벽 런던의 미명 속에 잠을 깨고 보니 이 단어가 여전

---

120. Derrida, "Shibboleth", Attridge, ed., *Acts*, p. 399f. 이 글과 약간 다른 초고는 *Midrash and Literature*, ed. Geoffrey H. Hartman and Sanford Budick (New Haven: Yale Univ. Press, 1986), pp. 307-347에 번역되어 있다.

히 희미하게 내 눈앞을 어른거리더군요 . … 내가 그 애를 쫓아내는 바람에 결국 숲 속에서 길을 잃어버리고 말았겠지요?" 하지만 꿈 인용에 담겨있는 꿈이라고 권위를 상실하는가? 이 첫 번째 설명은 그리 정연하지 않다. 수전은 포에게 다시 편지를 쓴다. 말보로에서 몇 마일 떨어진 도랑에 밀쳐넣은 "사산한 여자아이 이야기를 해야겠군요. 아무리 애써봐도, 한 번도 깬 적 없이 잠든 그 자그마한 아이, 한 번도 하늘을 본 적 없는 꼭 감겨진 눈, 한번도 펴본 적 없는 꼭 쥔 손 생각을 떨쳐버릴 수가 없어요. 그 아이가 이승에서의 내가 아니라면 대체 누구겠어요?"(F 105). 나는 "이승에서의"라는 표현을 또 하나의 이야기, 또 하나의 기입으로 읽어내고, 그럴 듯한 여러 가지 일이 일어나는 이 텍스트가 제공하는 좀더 그럴 듯한 설명으로 넘어갈 것이다.

우리는 이토록 신기한 연속장면(sequence)을 다양한 방식으로 "설명"할 수 있다. 우리는 여성에게 저자권리(authorship)와 모성에 다가가는 자유로운 접근을 허락하지 않는다고 코에체를 흠잡을 수도 있다. 또한, 모성에 대한 완전한 텍스트 운운할 생각이 없는 그를 칭찬할 수도 있다. 차라리 나는 이 책을 구출하여, 중심에 있는 아포리아를 표시하는 책이라 부를 것이다. 그러면서 중층결정 위에 세워지는 정치적 프로그램의 불가능성을 둘러싼 무엇인가를 나의 학생들에게 가르칠 것이다.121

이렇게 특별한 아포리아의 틀 안에서 어머니-딸 이야기의 지속 혹은 거부 결정은 서사 만들기라는 측면에서 제시된다. 우선, 수전은 『난파당한 여성』의 역사를 상상하는 포(Foe)를 상상하는 것으로 상상된다. 나는 이런 상상들을 여성의 딜레마에 대한 데포의 관념 정도를 의미화할 것이라 읽는다. 여기서 데포의 관념이란 이야기 쓰기에서 포(Foe)가 겪는 문제로 주제

---

121. 이 구절은 라클라우와 무폐가 만들어낸 것이다. 하지만 이들이 쓴 『사회변혁과 헤게모니』에서는 이 프로그램의 가능화가 일반적으로 추구된다. 대조적으로 루이 알튀세는 『맑스를 위하여』 3장 「모순과 중층결정」에서 전략보다는 이론에 좀더 치중한다.

화된다. 처음에 수전 바튼은 거절을 상상한다. "나는 편지를 써서 봉인하고 우편함에 넣습니다. 우리가 헤어진 어느 날, 당신은 그 편지들을 꺼내 봅니다. '크루소와 프라이데이만이라도 있었더라면 좋았을 텐데.' 당신은 이렇게 중얼거리겠지요. '여자는 없어야 더 좋을 테고.' 하지만 당신은 여자 없이 도대체 어디 있을 셈인가요? … 당신은 크루소, 프라이데이, 섬인들 … 만들어낼 수 있었을까요? 그럴 것 같지 않군요. 당신에겐 많은 강점들이 있지만, 발명은 그 중 하나가 아니랍니다"(F 71-72).

오늘날 우리는 다니엘 데포의 『로빈슨 크루소』에는 발명자이자 창시자 (progenitor)로서의 여성이 없다고 생각해 보자. 바튼의 생각도 그런 셈이다. 하지만, 코에체의 이야기에서 이것은 가지 않은 길로 묘사된다. 실제적인(actual) 것이 대항사실적인(counterfactual) 것으로 제시된다. 『포우』를 탄생시키는 데포의 『로빈슨 크루소』는 존재하지 않는다.

다음으로, 수전이 포를 만날 때 그는 플롯 상의 세부사항을 그녀에게 질문하려 한다. 그것은 기나긴 일련의 질문들이다. 포 자신이 그 대답들을 제공하고는 자기가 만들어낼 『난파당한 여성』의 이야기 구조를 수전에게 다음과 같이 말한다.

"그러니까 우린 모두 5부를 갖는 셈이오. 딸의 상실. 딸을 찾아 브라질로 나서기. 딸 찾기를 포기한 채 그 섬에서 하게 되는 모험. 딸이 자기 탐색한다는 가정. 딸과 어머니의 재회. 우리는 바로 이렇게 책을 만드는 것이오. 상실, 탐색, 회복. 시작, 중간, 결말. 이 책의 새로운 점으로 말할 것 같으면 섬에서의 에피소드—제대로 되면 책의 중간에서 두 번째 부분—와 어머니가 포기한 탐색을 딸이 추구하는 반전이 될 거요 . … 섬은 그 자체로 이야기인 것은 아니니까"하고 포가 점잖게 말했다.(F 117)

우리는 『포우』에서 이렇게 기획된 소설을 읽지 못한다. 나는 텍스트의 전략상 코에체의 텍스트는 (데)포의 책으로 하여금 『포우』 자체의 관심사를 공유하도록 만든다고 생각하고 싶다. 페미니즘("동일한" 문화적 각인 내부에서)과 반식민주의(인종적 "타자"를 위한 혹은 그에 맞서는)는 하나의 연속적인 (서사적인) 공간을 점유할 수 없다. 이 사실이 함축하는 의미를 실어나르는 대목이 바로 앞서 내가 어머니-딸 하위플롯의 형식적 특별함에 대해 지적했던 점들이다. 여기서, 포 씨는 **구조적 전략**이라는 자신의 작업틀(framework) 내부에서 비슷한 결정을 하도록 만들어진다. 섬이야말로 실재하는 『로빈슨 크루소』와 허구적으로 기획된 『난파당한 여성』 둘 다의 중심 이야기이다. 전자에서 틀이 되는 서사는 자본주의와 식민지이다. 후자의 경우, 그것은 어머니-딸 이야기이다. 두 이야기는 연속적인 공간을 차지할 수 없다. 수전 바튼은 첫 페이지부터 텍스트를 배회해 왔던 실재적 주변을 끄집어냄으로써 이항대립을 깨려고 한다. 이런 위반 혹은 끄집어냄을 저지하는 것이 바로 『포우』의 이야기이다. "나는 '당신이 읽지 않은 편지들에서 내 소신을 당신에게 말했어요. 이야기가 어리석어 보인다면 이야기의 침묵에 너무 꽉 붙들려 있기 때문이라는 소신을 말이죠. 당신이 느끼듯 그곳엔 그늘이 부족해요. 프라이데이의 혀도 그래서 상실된 것이죠'라고 말했다"(F 117).

『포우』에서 로빈슨은 노예상인들이 프라이데이의 혀를 잘랐다고 말한다. (비결정성을 통제하기 위해 발생된 장르인 인터뷰에서, 앳트리지는 이에 대해 코에체가 "실제로" 한 답변의 세세한 내용을 제공해 준다.) 수전은 프라이데이를 알고 싶어 하고, 그에게 말을 하도록 하고 그로부터 배우고 싶어 하며, 그의 이야기의 아버지가 되고 싶어 한다. 그의 이야기가 또한 그녀 자신의 이야기가 될 것이다. 그것은 런던에서 지루해 하는 프라이데이에게 들려주는 그녀의 고민, 프라이데이의 욕망에 대한 그녀의 염원, 그녀 자신에 대한 분노 이야기이다. 그가 그녀의 정보원이 될 수 있도록 그를 주체로 구성하고자 하는 그녀의 욕망이 펼치는 합주공연은 요약될 수 없다. 그녀는 몇 장의 그림을 통해 혀를 상실한 기원을 설명해 달라고 프라이데이한테 청한다. 아마 그녀는 프라이데이의 혀를 자르는 로빈슨을 그린 그녀의 그림이 "자식 프라이데이의 입에다 살코기를 넣어주는 인정 많은 아버지로 크루소를 보여주느라 취해질 수도 있는" 것임을 좀 억울하겠지만 인정해야 한다(F 68-69). 각 그림은 매번 실패한다. 독특한 사건의 반복불가능성은 불완전하게 되풀이될 수 있을 뿐이다. 그렇다면, "아프리카 전체 부족들 중에 남자들은 말이 없고 여자들에게 말하기가 맡겨진 부족은 존재하지 않는다고 거기서 누가 말하기로 되어 있었던가?"(F 69). 정말로 누구란 말인가? 수전은 어찌할 바를 모른다. 이것 역시 하나의 주변이다. 그녀가 "프라이데이의 춤에 끼어 들 무렵", 그것은 함께 하는 대화가, 같이 도는 춤이 되지 못한다. "프라이데이는 문 뒤의 울타리에 펴서 잠들어 있기" 때문이다(F 104). 그러나 프라이데이에게 "목소리를 부여하는" 그녀의 기획은 남아 있다. "프라이데이의 혀 이야기는 말해질 수 없는 이야기, 혹은 내가 말할 수 없는 이야기이다. 즉, 프라이데이의 혀 이야기를 이러쿵저러쿵 할 수 있겠지만, 진짜 이야기는 말 없는 프라이데이 안에 묻혀 있다. 우리가 프라이데이에게 목소리를 부여할 예술적 수단을 발견할 때라야 그 참된 이야기를 듣게 될 것이다"(F 118). 이 테크노-과학적인 비전의 보증인은 어디에 있는가? ("예술"은 "인공물", "인공 보철"이기도 하다.) 프라이데이가 예술작품을 나타내는 은유라는 앳트리지의 확신을 보증해주는 사람은 정말이지 어디에 있는 것일까? 낡은 읽기 규칙을 따른다고 하면, 수전 바튼이 그 책의 목소리일까?

　이것을 데포의 텍스트와 비교해 보자. 데포는 프라이데이의 언어 습득 능력을 낮은 수준에 두었다. 이것은 『로빈슨 크루소』가 처음 출판된 직후 재빨리 간파되었다. 크루소와 프라이데이가 처음 만났을 때, "나는 그에게 말을 걸기 시작했고 그가 내게 말을 걸도록 그를 가르치기 시작했다"(RC 161)는 점 역시 눈에 띈다. 우리처럼 크루소도 열등한 인종에게 말을 거는 법을 배울 필요가 없다. 물론 크루소는 야만인들(savages)에게 언어가 있다는 것을 알고 있다. 미개인들(barbarians)은 정의상 언어를 말하지 않는 족속이라는 것은 오래된 토포스이다. 하지만, 여기서 토착민에게 말하기(speech)를 제공하는 식민주의자와 토착민에게 목소리를 부여하고 싶어하는 메트로폴리탄 반제국주의자는 대조된다. (앳트리지가 인용하는 인터뷰에서 코에체는 크루소와 크루소 자신의 프라이데이 사이의 인종적(racial) 차이를 언급한다. 나는 이 차이를 주목하라고, 그래서 이 차이를 비생산적인 종결로 가는 길로 만들지 말라고 나의 학생들에게 요청한다.) 수전의 서사에서 마지막 장면은 크루소와 프라이데이 둘 다를 경고할 뜻으로 제시된다. 나는 이 장면을 읽어내기 전에 『로빈슨 크루소』에서 프라이데이와 관련된 마지막 장면을 떠올려 보고 싶다. 존 리체티가 부른 대로, 프라이데이는 "길들여진 반-유형(an-ti-type)"[122]일 뿐만 아니라 성공적인 식민주체의 원형이다. 그는 주인의 말하기를 배우고 주인의 일을 하며 행복한 마음으로 충성을 맹세하고, 주인의 문화가 더 낫다고 믿으며, 북서 유럽의 그늘진 평원에 진입하기 위해, 유럽중심적인 경제적 이주민이 되기 위해 자신의 다른 자아를 죽인다. 발병난 동행자[로빈슨 크루소]는 지금 막 늑대들로부터 도망쳐 나온 참이었다. 지독하게 추운 날씨인데 밤이 다가오고 있다. 바로 이 때 프라이데이는 이 동행자를 즐겁게 하려고 위협적인 커다란 곰을 바친다. 로빈슨이 프라이데이가 그렇게 하도록 놔두는 것은 퍽 놀라운 일이다. 프라이데이는 곰에게 **영어**로 말한다. 곰은 프라이데이의 어조와 제스처를 알아듣는다. 피를 나눈 형제 마냥 둘은 나무에서 춤을 춘다. 마침내 프라이데이는 총으로 곰을 쏴 죽인다. 그는 자신의 야만성을 재각인했던 것이다. 이것은 토착민들에게 활용가능한 오락거리다. 프라이데

---

122. John Richetti, *Defoe's Narratives: Situation and Structures* (Oxford: Clarendon Press, 1975), p. 56.

이는 주인을 자신을 바라보는 구경꾼으로 만들고 화살을 총으로 바꾼다. 그는 주변을 빠져 나오는 도상에 있다. 버사 메이슨이 인간과 동물 사이의 미결정적(indeterminate) 공간을 차지해야 했다면, 크루소의 프라이데이는 그 공간을 가로지른다.

이제 수전의 서사에 나오는 프라이데이의 마지막 장면을 보자. 포는 수전에게 프라이데이가 글쓰기를 배울 수 있도록 가르쳐 주라고 청한다. 두 유럽인 중심인물이 펼치는, 말하기와 글쓰기를 둘러싼 토론은 상당히 흥미롭다. 수전은 프라이데이 가르치기를 형편없는 발상이라고 생각하지만, "왈가왈부하는 게 배은망덕한 짓임을 알기" 때문에 포의 생각에 동의한다(F 144). 이러한 착오적 글쓰기 장면을 무대화하는 것은 강의실 읽기에서 온전히 검토되어야 한다.

바튼이 프라이데이에게 가르치려고 하는 단어들 중 하나가 아프리카이다. 이러한 노력은 의미와 그것의 한계에서 시사하는 바가 아주 풍부하다. 메트로폴리탄 반제국주의자는 토착민에게 그의 국가나 대륙의 고유명사를 가르칠 수 없다. 또 "섬, 반도, 혹은 커다란 땅 덩어리와 대륙을 구분하는 것도 불가능하다."[123] 아프리카는 큰 미결정성을, 우리가 태어난 공간의 신비성을 가리키는 환유이다. 아프리카는 그리스인들이 "리비야"라고 부르던 말의 로마어이자, 아마도 버버(Berber)족 아우리가(Aourigha, 아마 '아파리카'로 발음되었을 것이다)를 라틴어로 표기한 것이다. 아프리카는 시간에 구속된 명명일 뿐이다. 모든 고유명사처럼 이것도 지시대상과 자의적인 관계를 맺는 표시, 즉 오어법적 표현일 뿐이다.[124] 일시적인 거주지로서 대지는

---

123. Chaudhuri, *Asia before Europe*, p. 23. 우리가 읽는 같은 문단의 앞부분에 이렇게 쓰여 있다. "'배제된 집합'인 아시아(상황을 바꾸어보자면, 아프리카)의 정체성과 총체성은, '집합들 중의 집합'인 유럽이 손상되지 않은 채 그대로 있는 한에서만, 시간을 장악할 것이다. 이 점은 쉽사리 인지된다."
124. 시간에 구속된 명명의 폭력을 간단하게 설명하는 책으로는 Miller, *Blank Darkness*, pp. 6-14 참조.

근본적인(foundational) 이름을 갖지 못한다. 언제든지 민족주의는 억압에 대항하는 어디까지나 하나의 중요한 정치적 의제가 될 수 있을 뿐이다. 모든 염원과 대조되게도, 민족주의는 정체성의 절대적 보증을 제공하지 못한다.

이러한 글쓰기 장면은 산종(dissemination, 산포)[125]을 미결 상태로 주제화하는 것일 수도 있다. 산종에서는 단어들이 의의소(semes)로서의 존재 양식을 상실한다. "프라이데이는 네 글자 h-o-u-s 혹은 그렇게 생긴 네 개의 모양을 썼다. 그것들이 참으로 네 개의 글자인지, house라는 단어와 내가 그린 그림 및 사물 자체를 나타내는 것인지 여부는 오로지 프라이데이만 안다"(F 145-146).

이 단계에서 그가 재생할 줄 아는 것 같아 보이는 유일한 글자가 h이다. h는 이 책에서 이상한 글자가 된다. 그것은 말 없음 자체의 글자인 셈이다. 크루소가 수전에게 프라이데이의 상실을 처음 보여주었을 때,

"크루소는 라-라-라", 하고 말하면서 프라이데이에게 따라 하라는 몸짓을 보였다. 프라이데이는 "하-하-하", 하고 목 깊숙이 힘주어 말했다. "그는 혀가 없어요", 크루소가 말했다. 크루소는 프라이데이의 머리카락을 움켜잡더니 그의 얼굴을 내게 바짝 들이댔다. "보여?" 그가 말했다. "너무 어둡군요", 내가 말했다. 크루소가 "라-라-라", 말했다. 프라이데이는 "하-하-하", 말했다. 내가 물러서자 크루소는 프라이데이의 머리카락을 놓아주었다.(F 22-23)

H는 말 없는 이들이 남의 발음을 정확히 따라하려다 실패한 소리이다. 이 책 내내 글자 H는 돋을새김으로 인쇄되는데, 18세기 활자를 모호하게

---

125. [옮긴이] 해체론에 나오는 용어로서 종자가 원래 있던 곳에서부터 멀리 떨어진 곳으로 흩뿌려지는 것을 일컫는다. 이러한 흩뿌려짐 때문에 종자는 원래 현존이나 동일성으로 환원될 수 없고, 종자의 의미나 존재는 차연의 상태에 있게 된다.

흉내내며 각 줄과 분리되어 따로 인쇄된다. 다른 알파벳 글자는 이런 식으로 취급되지 않기 때문에 H가 눈에 띈다. 그것은 역사의 대타성을, 우리가 건널 수 없는 선을 상기시켜 준다고나 할까?

다음날 프라이데이는 포의 옷을 차려입고 os가 함께 들어가는 글자 쓰기를 계속한다. "'이제 시작일 뿐이요', 포가 말한다. '내일 당신은 그에게 a를 가르쳐야 하오'"(F 152). 이것이 바로 수전의 서사가 끝나는 곳이다. 결코 일어나지 않는 글쓰기 수업을 계속하라는 명령과 함께 말이다. 물론 우리는 포가 틀린 것이라고 말할 수도 있다. 사람이 이전의 망각을 잊지 않는다면 시작이란 없다. 그리고 o는 끝을 의미하는 오메가라고 여겨질 수도 있다.

우리는 또한 『로빈슨 크루소』에서 "O를 말하기"가 기도를 의미하는 토착어를 프라이데이가 엉터리로 번역한 것임을 기억한다. 로빈슨은 바로 이 기도실천의 설명 주변에서 이성의 두 가지 부정항(negatives)을 우리와 공유한다. 자연법 안에서 이성은 비이성(unreason)에 의해 부정된다. 프라이데이와 그의 부족의 "O" 말하기가 그 예이다. 신의 법 안에서 이성은 계시에 의해 숭고하게 부정된다. 프라이데이가 천진스레 지적하는, 기독교 교리의 비일관성이 그 예이다. 수전이 자신은 훌륭한 글쓰기 선생이 못된다고 고백하듯, 로빈슨도 자신이 훌륭한 종교 교사가 못되며 그저 이성적이기만 한 야만인에게 계시를 깨우치게 할 수 없어서라고 고백한다(RC 169-173). 이런 점에서, 코에체가 글쓰기 수업 첫 날과 둘째 날의 안쪽 주변들 사이에서 수행하는 무대화를 주목해 보는 것은 특히 흥미롭다. "포와 내가 말하고 있는 동안, 프라이데이는 인간의 발 위에 각각 세워진 뜬눈들로, 줄줄이 눈들로, 걸어다니는 눈들로 석판을 채웠다. … 나는 '석판을 나한테 줘, 달라구, 프라이데이!'하고 명령했다. 프라이데이는 순종하기는커녕 손가락 세 개를 입에 대더니 침을 발라 석판을 깨끗이 문질렀다"(F 147).

주변의 수호자가 여기 있다. 서사도 텍스트도 이 작은 부분에 영예의 장소를 주지 않는다. 아마 주변을 적극 주변화하는 흉내내기는 있을 것이다. 하지만 이러한 바닥 모를 사변은 어디서 끝날 것인가? 이 사건은 포와 수전의 대화 여정을 변화시킨다. 마침내 수전이 "프라이데이가 겨우 자기 이름을 알 뿐인데, 자유의 의미를 어떻게 알 수 있겠어요?"라고 말할 정도까지 말이다. 대답들은 우리가 침투할 수 없는 저 주변에 있을 것이다. 우리가 앞으로 나아가기 위해서는 실로 무시해야 하는 저 주변에 말이다.

저 걸어다니는 눈들은 수수께끼 같은 조각들, 상형문자들, 표의문자들일까? 이것들이 붙들고 있는 비밀은 전혀 비밀이 아닌 것일까? 해독하려는 꼼꼼한 노력 각각에 나름의 보답이 있을 것이다. 하지만, 이것들이 아무 것도 아닐 구조적 가능성 또한 있다. 그럴 때조차 글쓰기라고는 할 것이다. 하지만 여기서 이러한 논의는 아무 자리도 차지하지 못한다.[126]

수전 바튼의 서사라는 측면에서 흥미로운 것은 바로 이러한 보류(withholding)이다. 전날 밤 수전은 포에게 이렇게 말한다. "안내하고 수정하는 것은 여전히 내 권한이에요. 무엇보다 보류하는 것 말이죠. 나는 이런 수단으로써 내 이야기의 아버지가 되려고 여전히 애쓴답니다"(F 123). 이렇게 말하고 나서 포와 수전 바튼은 처음으로 성관계를 갖는다.

이 텍스트에서 감정이입 없이 보류하는 행위자는 수전이라기보다는 바로 프라이데이다. 식민주의에 의해, 또 토착민에게 자신의 "목소리"를 내라고 하는 메트로폴리탄 반식민주의의 모든 명령에 의해 가치가 코드화되는 모든 영토적 공간에 보류의 공간이 있다. 이 공간은 비밀이 아닐 수도 있는 그런 비밀, 하지만 열 수는 없는 비밀에 의해 표시된다. "토착민"이라는 말이 무엇을 의미하든 희생자일 뿐만 아니라 또한 행위자이다. 정보를 털어놓지 않으려는, 주변에 있는 신기한 보초라고나 할까.

---

126. Derrida, *Spurs*, tr. Barbara Harlow (Chicago: Univ. of Chicago Press, 1979), pp. 125-128.

베니타 패리는 호미 바바, 압둘 잔모하메드, 가야트리 스피박이 해체로 너무 무장되어 있어서 토착민에게 말을 하지 못하도록 한다고 비판해 왔다.127 패리는 우리 역시 토착민임을 잊어버렸다. 우리는 데포의 프라이데이처럼 말하는데, 훨씬 더 잘 말한다는 것만 다르다. 어쨌든 데포가 프라이데이를 만들어낸 이후 거의 300년의 세월이 흘렀다. 영토 제국주의는 가까운 장래에 신식민주의, 또 지금은 전 지구화에 자리를 내주었다. 내가 여기서 제안하는 광범위한 분류법 안에서 글을 쓰고 있을 즈음, 살인적인 기획인 인종분리정책(apartheid)은 남아프리카를 초기의 통치체제에 포획되도록 했다.128 그것은 이제 탈식민화된 맥락에 진입했다. 메트로폴리스 공간에 사는 이주민 인구 중에 저항적인 포스트식민 남아프리카 사람이 토착민의 목소리를 경외하면서도 체념한 듯 찬양하는 것 같지 않다면 어떻게 될까. 그/녀가 똑같이 스캔들이 되리라는 데 나는 추호도 의심을 갖지 않는다.

이전에 식민화를 겪은 나라 출신의 포스트식민 사람들은 서로 (또 메트로폴리스 거주자들과) 소통하고 교환하고 사회성을 세울 수 있다. 우리가 소위 제국주의 문화에 접근해 왔기 때문이다. 그렇다면 제국주의 문화에 "도덕적 행운"의 잣대를 부여해야 하는 것일까?129 그 대답은 "아니오"라는

---

127. Benita Parry, "Problems in Current Theories of Colonial Discourse", *Oxford Literary Review* 9 (1987): 27-58.
128. 현재 국면과의 협상들은 2장의 범위를 넘어서는 다양한 내적 책략을 이끌어내어 왔다. 피에터마리츠버그대학의 데이빗 앳트웰은 남아프리카에는 "특별한 유형의 식민주의"라는 개념이, 즉 대체로 잉여가치를 수출하지 않는 식민주의가 존재한다고 나한테 지적해주었다. 이것은 또한 코에체의 크루소가 고전적인 메트로폴리탄 이해관심사에 보이는 비참여적 태도를 설명해줄 거라고 그는 흥미롭게 풀이한다. 나는 덜 다듬어진 요점인 영토적 현존을 계속 이야기하겠다. 그곳에서조차도, 남아프리카, 호주, 캐나다, 미국과 같은 정착자 식민지와 사하라 이남의 아프리카, 알제리, 인도 등의 모델 위에 세워진 영토제국주의간의 차이는 반드시 염두에 두어야 한다.
129. Bernard Williams, *Moral Luck: Philosophical Papers 1973-1980* (Cambridge: Cambridge Univ. Press, 1981), pp. 20-39.

게 명약관화하다고 나는 생각한다. 우리가 비판하면서도 친밀하게 그 속에 거주하는 구조에 "아니오"라고 불가능한 대답을 하는 것이 해체론적 입장이다. 이 입장에서 포스트식민성은 하나의 역사적 사례가 된다. 신식민적인 반식민주의자는 양심적인 인종문화기술학의 대상을, 때로는 페미니즘을 위해 표시된 젠더를 여전히 갈망한다. "거기서는 여성이 스스로를 금욕적 수도자, 신성한 노래를 부르는 사람, 장인, 예술가로 각인했다."[130]

나는 인류학이라는 분과학문과 인종문화기술학이 맺어온 관계를 주의하라는 소리를 이미 들어오긴 했다. 하지만, 나는 양심적 인종문화기술학에 반대하지는 않는다. 내가 패리에게 특히 하고 싶은 말은, (그 부수적인 문제에 경고하려는) 나의 노력뿐만 아니라 (토착민에게 목소리를 부여하려는) 그녀의 노력도 이상한 주변들에 의해 판단된다는 점이다. 이상한 주변들을 가리키는 허구적 표시가 석판에 손대지 못하게 하는 프라이데이다. 프라이데이라는 이 자의적인 이름은 "내부에서는 보이지만 외부에서는 보이지 않는 비밀을 지킬 … 가능성을 나타내는 이름"일지도 모른다.[131]

『포우』라는 책이 이러한 주변을 만회하는가? 젠더와 날짜가 명시되지 않은 한 독자에 의해 서술되는 마지막 섹션은 그 반대를 시사하는 일종의 읽기 수업이다. 이 시사를 회복하기 위해 바튼과 포의 성교에 눈길을 돌려보자.

코에체는 진부한 읽기 등기부를 허세를 동원해 갖고 논다. 이것은 어머니-딸 이야기를 잘못 발사한 두 번째 경우다. 수전의 딸이라는 여자가 그날 저녁에 일찍 등장한다. 이 장면은 유독 주목하기 어려운 말들에 의해 정지상태에 놓인다. "그게 무엇이었든 그녀의 겉모습 혹은 유령이 이제 나

---

130. Parry, "Problems", p. 35.
131. Derrida, *Gift of Death*, p. 108.

를 덜 동요시켰다. 내가 그녀를 더 잘 알게 되었으니까"(F 136). 포는 유혹자의 손놀림으로 바튼을 붙들어 둔다. 그녀는 침대에서 "'첫날밤에 누리는 특권'"을 요구한다. " … 그런 다음, 나는 자리를 바꾸어 그 남자 위에 다리를 벌리고 걸터앉았다(그는 이것에 별로 편안해 보이지 않았다, 여자 속에 있는 것에 말이다). '뮤즈가 자기 시인들을 방문할 때 이렇게 하는군'하고 나는 속삭였다"(F 139).

오르가즘 겸 사정 행위는 (미래의) 글쓰기(프라이데이의 보류된 글쓰기와 좀 다른) 장면을 의도적으로 무대화한 장면이기도 하다. 이 행위 후의 나른한 쾌락 속에서 수전은 졸려 하며 포는 불현듯 바다 괴물 이야기를 한다. 그는 "[프라이데이는 [그가 노를 저어 가로질러가 안전하게 된] 저 눈(eye) 속으로 내려가는 과제를 우리에게 남긴 거야"(F 141)라고 이어 말한다.

마지막 섹션의 중심인물인 미결정적인 독자로 하여금 "프라이데이의 집"에 내려가 보도록 하는 것은 바로 이 바다 괴물이다. 이 괴물은 식민-피식민 변증법의 재현으로 재삼 읽혀온 극작품 『태풍』에서 훑어낸 것이자, 원초적인 글쓰기 장면의 재현에서 발생된 이미지이기도 하다.132 달리 말해, 이런 식의 읽기는 자체를 수전의 기이한 아버지 되기 장면 속으로 짜여 들어가게 하면서 프라이데이의 글쓰기 수업을 따로 남겨둔다.

"사람의 머리 높이인 집의 한 모퉁이에 장식 판 하나가 벽에 걸려있다. 저자, 다니엘 데포라는 단어가 푸른 색 판 위에 하얀 글씨로 씌어 있고, 나머지 글자들은 너무 작아서 읽을 수 없다"(F 155). 우리는 런던에서 이런 장식 판들을 보아 왔다. 데포는 죽어서 기념되고 있지만, 날짜들은 너무 작게 씌어 있는 바람에 읽을 수 없다.

---

132. 앳트리지는 『포우』에 『태풍』의 메아리가 많다고 지적한다. 또한 Rob Nixon, "Caribbean and African Appropriations of *The Tempest*", Robert von Hallenberg, ed., *Politics and Poetic Value* (Chicago: Univ. of Chicago Press 1987), pp. 185-206 참조.

우리는 죽은 아버지의 이름하에 수전 바튼의 책 속에 진입하며 그 책이 미간행된 것을 발견한다. 맨 앞의 책장이 바스락거린다. 그러자, 독자는 이제 적절하게 말붙여진 "친애하는 포 씨"로 시작되는 자기-인용을 읽게 된다. 통제된 읽기를 보여주는 분명한 텍스트적 신호라고나 할까.

인용부호가 사라지고, 독자가 주체 입장을 채우도록 무대화된다. 바튼의 텍스트가 계속되기 때문이다. 이것은 손쉬운 읽기이다. 아무것도 인용되지 않으며 모든 것은 실재적이며 동시에 환상적이다. 독자는 좁은 의미에서 서사적 허구에서 허용되는 모든 탐닉에 빠질 수 있다. 독자는 이 여행에서 유일한 이동장치이다. 승선은 부드럽게 진행되며, 여행은 크루소의 섬이 아니라 두 번째 난파로 이어진다. 이 난파에서 수전 바튼은 몸이 퉁퉁 부은 채 죽는다. 『로빈슨 크루소』는 씌어지지 않았고 『포우』는 폐기된다. 이제 바튼은 크루소의 섬에 도달하지 못하기 때문이다. 프라이데이가 거기 있다고, 기호들의 제국에 붙들려 있는 주변이라고 긍정된다. "이곳에서는 신체들이 그것들 자체의 기호가 된다. 그것은 프라이데이의 고향이다"(F 157). 우리는 앞서 이 책에서 나왔던 묻지 말라고 한 모든 것을 부정해야 한다. 무엇이 이런 확신을 보증하는가?

이러한 결말로 보자면 텍스트에 구멍이 숭숭 뚫려 있다. 텍스트는 소망충족을 겪는다. 하지만, 프라이데이의 신체는 자체의 기호가 아니다. 우리 또한 코에체의 전체 책이 바로 그것을 경고하고 있음을 알고 있다. 나는 이 작품의 결말을 주변을 침입하고자 하는 소망을 무대화하는 것으로 읽어낼 수 있다. 이 결말에서 해초들이 한숨을 쉬는 것 같다. 거기 텍스트가 없다면 말이다. 결말은 다정한 어조로 씌어지고, 우리는 그것을 포기하려고 하지 않을 것이다. 그러나 우리는 이 책의 결말에서의 읽기 여행, 수전 바튼의 서사, 정보원이 되지 않을 토착민의 보류된 석판을 하나의 연속적인 서사 공간 속에 함께 묶을 수 없다.

아마도 다음이 이 소설의 메시지일 것이다. 중층결정(어머니되기, 저자되기, 텍스트 "안에서" 토착민에게 목소리를 부여하기, 텍스트 "외부에서" 이런 각인들에 열중하고 있는 남아프리카 백인 남성 작가)의 불가능한 정치(학)는, 유쾌한 연속성 속으로 정규화되어서는 안 된다. 유럽인은 바로 이 유쾌한 연속성에서 원시인의 기획을 그녀 자신 속에 다시 꾸며낸다. 그러나 "여러분이 있는 지점"에 따라, 양심적으로 차별화된 정치를 유발할 수 있다. 코에체의 텍스트는 다음과 같이 가르쳐질 수 있다.

1. 주변적인 것에 대한 데포의 상상을 동지 의식으로 교정하기.
2. 백인 여성을 행위자로, 저자의 비대칭적 이중적 자아로 재각인하기.
   (아마 "아버지 되기"라는 형상이 갖는 문제점이 이 비대칭성을 표시한다.)
3. 중층결정의 정치(학)를 아포리아로 위치시키기.
4. 프라이데이 앞에서 멈추기. 지금 여기 코에체에게, 또 수전 바튼에게, 또 다니엘 데포에게, 프라이데이는 보류된 한계를 지칭하는 자의적인 이름이니까.

처음에 나는 다음 문장으로 끝내고 싶었다. 포 씨는 만인의 적이자 유능한 위반자이다. 그가 없다면 인용할 게 아무것도 없기 때문이다. 이 글을 다 쓰고 한 달이 지나서 나는 우정에 관한 데리다의 발표를 들었다.[133] 지금은 역사 안에서 『포우』(*Foe*)는 친구와 적(foe) 사이의 구분을 해체하는 지점이라고 말하고 싶다. 우리가 타자에게 친구가 되고 싶을 때, 도표학적 공간은 철회된다. Foe는 그러한 이야기가 말해지도록 허용한다.

내가 이 교훈적인 작업을 할 수 있었던 것은 우정과 주변들에 관한 데리

---

133. Derrida, "The Politics of Friendship", tr. Gabriel Motzkin and Michael Syrotinski, *American Imago* 50.3 (fall 1993): 353-391. 이후 이 글은 증보되어 『우정의 정치(학)』(*The Politics of Friendship*, tr. George Collins, New York: Verso, 1997)라는 책으로 출판되었다. 본문에서 나는 데리다의 최초 구두 발표문을 들은 경험을 언급한 것이다. 출판된 책의 109쪽의 주 13은 "적이란 단어의 현대적 복귀"를 훌륭하게 설명해 준다.

다의 발표를 듣고 글들을 읽었으며 버나드 윌리엄스의 『도덕적 행운』을 읽었기 때문이다. 이것은 조금도 의심할 수 없는 사실이다. 나는 스탠리 피쉬가 읽기 이론의 결과들을 수긍하는 데 반대할 사람이 아님을 알고 있다.[134] 이론 자체는 함께-가는-연속(con-sequence)을 아예 갖지 않는다. 그것은 자동적이라기보다 자가연속적(autosequential)이다. 이론은 이론의 생산이다. 이론은 작업을 위한 배경설정 중에 상실된다. 이론은 그것이 이론화하고자 하는 것으로부터 철회된다. 그렇듯 이론은 열린 결말로부터 항상 철회된다. 이론은 항상 과녁을 빗나가는 포 씨와 좀 비슷한 데가 있다. 하지만, 우리가 작업 중에 해제하는 것이 바로 이론이기도 하다. 이론이 없다면, 자연적 신체의 소망된 침묵 말고는, 자연적 신체를 소망하는 단어들을 공간화함으로써 노정되는 "호흡 없이 간섭 없이 천천히 가는 흐름"(F 157) 말고는 아무것도 없게 된다.

나의 학생들은 개입하는 글쓰기("픽션"과 "논픽션")를 정보로 겸비된 공감을 갖고 읽어간다. 그에 따라 그들이 적극적인 주변화를 행하는 의심스런 행위자 — 이론, 우리의 친구 포 — 를 염두에 두기를 나는 바란다. 몽가네 세로테의 『그 피를 타고난 모든 이에게』는 "딱히 국제적인 엘리트 독자층" — 우리 자신 — "만을 겨냥한" 것은 아니며 "J. M. 코에체나 나딘 고디머 같은 남아프리카 작가들이 쓴" 개입주의 소설의 한 가지 예이다. 『실험용 인형이 아니랍니다: 남아프리카 세 여성들의 분리된 삶』은 가엾은 기독교도 고아인 10대 토착 "반투족" 여성 릴리 모야의 모색(보류라기보다)하는 행동·교섭 능력이 피할 수 없게 좌절되는 경위를 설명하는 "논픽션"이다. (여기서 그녀는 돕고 싶어 안달하는 20세기 중반 메트로폴리탄 백인 반제국주의 액티비스트 여성과 성공한 흑인 식민 여성주체 때문에 좌절된다.)[135]

---

134. Stanley Fish, "Consequences", *Doing What Comes Naturally* (Durham: Duke Univ. Press, 1989), pp. 315-341.
135. Mongane Serote, *To Every Birth Its Blood* (New York: Thunder's Mouth Press, 1989).

백인 반식민주의 액티비스트 마블 팔머에게 보내는 어느 편지에서, 릴리는 자신의 신념을 "우리는 사람들에게 문명에 악이 따름을 믿도록 만드"는 것이라고 쓴다. 팔머는 "릴리를 대안학교에 보내려고 자금을 모으는 후한 행동에 결합된 총체적인 정서적 거부감의" 메시지를 릴리에게 보냈다. 그런지 2년이 채 지나지 않아, 릴리는 자신의 신념을 취소하면서 다음과 같이 적었다. "내가 돌이 될 뜻은 전혀 없었고, 실험용 인형이 아니라 인간적 감정을 느끼고자 했어요."[136] 이 돌은 주변이(에 있)다.

최근 어느 학술대회에서 코에체는 모쏘비 무틀로앗츠와 나딘 고디머의 글을 병치·인용하면서 이렇게 논평했다. "남아프리카에서 백인 작가는 불가능한 입장에 있습니다."[137] 해체(론)라면 불가능한 것의 경험을 경험의 전형적 사례로 여길 것이다. 하지만, 평범한 인간적 결실은 극단에서만, 예외적인 것에서만 가시화된다.[138] 여기서는 남아프리카의 책임감 있는 백인

여기서 인용된 구절은 William Finnegan, "A Distant Rumbling in the Township", *New York Times Book Review* (7 May 1989), p. 38에서 나온 것이다. Shula Marks, *Experimental Doll*, "정신분열증에 대한 모야의 진단"(p. 201)은 『앙티 오이디푸스』(영역판 pp. 166-184)에서 들뢰즈와 가타리가 논의한 바를 친숙하면서도 낯선 방식으로 입증한다.

136. Marks, *Experimental Doll*, pp. 89, 42. 나는 일관성을 위해서 문장의 일부를 다시 배열했다.
137. 1989년 3월 30일에 툴사대학에서 열린 〈주변성을 재정의하기〉 학술대회. 그는 이 입장을 다른 글에서는 "더 이상 유럽인도 아니고 그렇다고 아프리카인도 아닌 사람들의 우려에서 발생된" 입장이라고 기술했다. (*White Writing: On the Culture of Letters in South Africa* [New Haven: Yale Univ. Press, 1988], p. 11). 코에체가 병치하여 인용했던 글들은 다음과 같다. Mutloatse, "Editor's Introduction", *Reconstruction, ed. Mothobi Mutolatse* (Johannesbert: Ravan Press, 1981), p. 6; N. Ndebele, "The English Language and Social Change in South Africa", *Tri-Quarterly* 69 (1987): 235, n.17에서 인용된 부분. Nadine Gordimer, "Living in the Interregnum", *The Essential Gesture: Writing, Politics and Places* (New York: Knopf, 1988), pp. 275-276.
138. 데리다는 폴 셀런의 「… 이면의 잿빛 영광」(Ash-Glory Behind …)을 한없이 자세하게 사변적으로 "읽어낸" 후에 이렇게 논평한다. 이 시가 착수하고자 하는 증언작업과 증언을 담고자 하는 역설을 경험하려고 우리가 유태인 대학살(Holocaust)을 필요로 하는 것은 아니라고. 우리는 일상적 의사소통은 가능하다는 미리 이해된 전제들에서 역설을 쉽사리 만날 수 있다. (1994년 가을 뉴욕대학에서 열린 비밀과 증언에 관한 세미나 둘째 날.) 이것이 바로 "보편적 예외"라는 역설이다. Derrida, *Gift of Death*, pp. 82-85.

작가에 의해 가시화된다. 코에체는 포와, 수전 바튼과의 서로를 교정해가는 동지의식 및 공모성을 주장함으로써 이런 경험의 폭을 무대화한다. 코에체의 소설은 불가능한 것의 경험이 등장하는 것을 무대화한다. 물론 그 때, 결코 시인되어서는 안 되는 전위주의를 통한 무장을 촉구하는 안이한 도상에서 역사적 혹은 민족적 엘리트가 책임을 폐기하지는 않을 것이다.

어떤 동료가 『포우』를 남자들 사이에 일어나는 모든 거래와 마찬가지로 여성들을 익명인 채로 남겨 두었다고 주장하였다. 이에 나의 신경이 곤두섰다. 나는 이 주장을 무시하고 싶다. 차라리 나는 이 주장을 이용하여 서두에서 제시했던 주의 사항을 반복하고자 한다. "'여성'이라는 기호에는 어떠한 기원도, 역사적·문화적·언어학적 한계도 없는"가? 우리는 『로빈슨 크루소』에 나오는 여성들을 살펴보았다. 『포우』에서 선량한 백인 여성의 번민은 인류학만이 제거할 수 있는 무지에 의해 잘려나간다. "아프리카 전체 부족들 중에 남자들은 말이 없고 말하기가 여자들에게 맡겨진 부족은 존재하지 않는다고 누가 말했던가?" 나는 미국을 돌아다니며 문화연구 프로그램을 향상시켜야 한다고 권유한다. 그 때, 문화연구에 대한 교수진 사이의 상당한 저항에 부딪힌다. 이것은 나를 침묵시킨다. 그 때 나는 문화연구가 문학연구의 엄밀성을 침해한다는 비판도 듣는다. 코에체의 불충분한 여성재현을 비판할 수 있도록 코에체가 어떤 **여성 프라이데이**를 갖다 놓을 것을 요구할 수도 있다. 이 요구와 앞서 말한 교수진의 저항 사이에 어떤 관계가 있는 것일까? 차라리 나는 서발턴적 대타성 어디에선가 여성이-권력을-쥔 사회를 환상적으로 그려보는 고뇌의 순간을 택하겠다. 이것 또한 대학에서 종종 만나게 되는 낭만화이겠지만 말이다.

나의 동료가 말을 이었다. "코에체는 이론을 많이 읽었지요. 하지만 …" 하지만 뭐? "이론은 실천으로 이어져야 한다." (지나치게 이론에 치중하면 아무런 결과를 얻지 못한다.)139 이 경우 실천은 어떠한 것이어야 했던가? 이론 읽은 티를 내지 않고, "[페미니즘적 혹은 정치적] 소설이 이러저러해야 하는 상태"와 좀더 많이 닮아 있고, 학계를 만족시키긴 하지만 정책을 결정하는 사람을 결코 건드리지 않는 종류의 무장을 촉구하는 소설? 이론과 실천의 관계에 대한 선량한 관념이 세상에 상당한 고통을 유발해 왔고 지금도 유발 중임을 그녀는 알고 있기나 할까? 형상화가 이론적 생산(수많은 실천들 중 하나의 실천인)의 한 사례로서, 혹은 이론 작업을 하도록 모든 배경설정을 할 수 있는 조건이 되는 불가능한 것(the impossible)의 가시화로서 여겨진다면 어떨까. 또 하나의 읽기 정치학이 그녀를 이끌어서 인종적으로 차별화된 식민 타자들을 돕고자 하는 그녀의 욕망이 하나의 문턱이자 한계라는 결론에 다다르게 할 수 있을까? 그녀가 "나도 메타픽션을 상당히 좋아합니다만 … "하고 덧붙인다. 우리는 구체적인 경험의 어떠한 파라픽션(patafiction)140을 위해 우리의 인증서를 남겨 두어야 할까? 작업 영역이란 부서진 불균등한 장소다. 정치적으로 올바른 단 하나의 쟁점이라는 관례적인 고속도로는 표지판이 붙어 있는 두 출구 사이의 지름길일 뿐이다.

---

139. 내가 판단하기에, 풍문에 의한 비평을 이론을 가치 있게 해줄 뿐이라고 거부하는 아리스토텔레스는 이론의 대상(집중된 주목)과 실천(훌륭한 행동)의 분리에 대해 좀더 신중하다. 이론의 대상이란 "태생이 없고"(birthless)[$αγέντα$ — 생태학적 주기 혹은 $e=mc^2$가 제한할 법한] [직접] 풀어쓸 수 없는[$αψραζτα$; Nicomachean Ethics 6.3.3.] 불변항들이다. 1장에서처럼, "영원한 것은 존재하지도 소멸하지도 않는다"(Ethics, tr. H. Rackham [Cambridge: Harvard Univ. Press, 1956], p. 333)에 대한 육중한 기독교화를 피하기에는 나의 번역은 너무나 조잡하다. 아리스토텔레스는 사유$διανοια$는 스스로 아무것도 움직이지 못한다고(Ethics 6.2.5) 퉁명스럽게 진술한다. 그가 정리(theorem)의 découpage를 주의하면서 영혼(psyche) 진술이나 부정을 통해 진리에 도달하는 방식은 다섯 가지가 있다고 단순히 가정하기 시작한다. 그 때, 그는 "인간 존재들에게 좋고 나쁨으로 이어지는 실천과 관련된, 진리에 도달하는 합리적 자질"을 $τέχνη$ 목록의 상위에 둔다.
140. [옮긴이] 소설을 독자에게 매개시키기 위한 의식적 경계의 장치 및 관례를 가리킴. 제목, 부제, 필명, 서언, 헌사, 제사, 서문, 소제목, 주석, 에필로그, 후기 등. parafiction의 오기가 아닌가 한다.

3장

3장 역사

우리의 낡은 셈에서 철학은 연결하고 문학은 형상화한다면, 페미니즘적 역사기술(historiography)은 종종 발굴한다. 이 역사가들의 정보원의 운명은 어떠한 것일까? 역사를 공부하는 학부생들도 모두 알고 있듯이, 역사적 지식은 단일 사례 위에 세워질 수 없다. 1장이 철학하기(philosophizing)가 아닌 만큼, 3장도 역사적 작업은 아니다. 소위 학제간 작업의 불안은, 하나의 분과학문이 얼마나 변형되든 그 분과학문의 방법론적 훈련을 사용한다는 점이다. 3장은 역사상의 정보원을 둘러싼 두 편의 이야기이다.

2장에서 나는 해체와 비판적 친밀성을 갖는 것은 메트로폴리탄 페미니즘의 여성찬양으로 하여금 다른 투쟁에 대해서는 물론이고 타자의 흔적에 대해서도 책임을 시인하도록 도울 수 있다고 주장하려고 노력했다. 이러한 시인은 전적으로 타자인 것의 상실인 만큼이나 그것의 발견이기도 하다.[1]

---

1. 보상(reparation)에 대한 멜라니 클라인의 저작은 이에 적절하다. 유아는 부분대상을 떠올린다.

역사적인 개인의 발굴, 검색, 그녀에게 다가가려고 애쓰는 노력은 우리의 출발점에 있는 이중구속 내부에서 씌어진다. 하지만 정의로운 세상은 정상화를 수반하는 법이다. 즉, 정의를 약속할 때 권력의 유혹에 유의해야 한다. 뿐만 아니라, 차연과 함께 차이를 억압해야 하는 지식으로 인한 고뇌에도 유념해야 한다. 또한 전적으로 정의로운 세상이란 불가능하며 우리의 기획들로부터 영원히 지연되고 달라진다는 것도 고뇌를 야기한다. 또 우리가 타자를 들을 수 있다고 결정하면서 감수해야 하는 위험부담이 있다. 거기 버티고 있는 비결정적인 것(the undecidable)도 우리를 고민스럽게 한다.

1982년 에섹스대학의 문학사회학 연구회는 유럽과 그 타자들이라는 제목의 학술대회를 제안한 바 있다. 나는 대안적 제목으로 "타자로서 유럽"을 제안했다.[2] 오늘날 이 제목이 갖는 완벽한 적합성은 지난 15년간 수행된 작업량을 보여주는 신호다. 그 때에는 최소한 다음과 같은 세 가지 점 때문에 그 제목은 나쁘다고 간주되었다. 첫째, 유럽을 타자로서 제시하려는 노력은 유럽문제에 대한 정치적 조바심뿐 아니라 타자 문제에 대한 신중한 분과학문적 준비와 관련된다. 우리는 아직 그런 집단은 아니었다. 다른 문화들이 재현한 유럽을 논의하는 과제는 피상적 열정과 비난을 억누르기 충분할 정도로 광범위하고 깊은 준비를 필요로 한다. (V. Y. 무딤비의 『아프

아이가 커감에 따라 전체적인 사람을 구축하기 시작한다. 즉 뒤죽박죽인 미완성의 주관적 공간과 부분대상 — 일반적으로 가슴 — 에 의해 본원적(original) 차이 장면의 상실을 가리키는 상황을 구성하기 시작한다. 부모의 전적인 인격(이마고와 "실재")에 대한 보상으로서 책임성 시나리오의 좌우 흔들림이 멈출 때, 어떤 의미에서 그것은 애초의 상실을 상실로서 기념하는 것이다. 지금은 엄청 신중하게 아이들을 연구한 클라인의 저작을 소화할 자리는 분명 아니다. 보상 개념이 가장 유명하게 펼쳐지고 있는 글은 다음과 같다. Melanie Klein, "Love, Guilt and Reparation", *Love, Guilt and Reparation and Other Works* (London: Hogarth Press, 1975), pp. 306-343.
2. 이 학술대회의 결과물은 Francis Barker, ed., *Europe and Its Others* (Colchester: Univ. of Essex Press, 1985), 2 vols로 출판되었다.

리카의 발명』은 광범위하고 깊이 있는 연구모델로 남아 있다.)3 지금 상황에 맞게 고쳐 말하자면, 강단 정치의 사회학으로 인해 전문가가 우리 자신의 이론적 공헌을 고려하지 못하게 되는 일이 없기를 바라는 바이다.

둘째, 15년 전에 제안되었던 대안적인 제목은 그 학술대회가 드러내고 싶었고 그렇게 해야만 했던 역사와 이론이 바로 다음과 같다는 사실을 무시했다. 즉, 유럽은 자신의 식민지를 "**타자들**"로 정의함으로써 자신을 주권적 주체로 강화했던, 또 식민지를 "**타자들**"로 구성하면서도 행정 및 시장을 확장하기 위해 그 타자들을 유럽의 주권적 자아에 가깝게 프로그램된 이미지로 만들었던 방식과 결부된다는 사실 말이다. 셋째, 제국주의 비판은 식민지들의 상실된 자아에 주권을 회복해 줄 것이며 그리하여 유럽이 타자의 자리에 단연코 놓여질 수 있다는 향수 어린 가정이 있다. 제안된 수정 제목은 바로 그러한 가정을 깔고 있었다. 정말이지 그 제목은 타자로서 "유럽"의 흔적을 부인할 것이다. 우리 자신의 혼종적 역사에서 모호한 고유명사인 "유럽" 자체의 혼종적 과거를 시인하라고 오늘날 촉구되고 있는 하나의 유럽 말이다.4

우리의 분과학문적 윤곽이나 분할에 속한 사람들은 유럽을 주권적 주체로서, 실로 주권자이자 **주체**로서 공고히 하는 기록 및 이론화의 여정에 집중한다. 그렇다면, 우리는 오늘날 전 지구적인 **남**을 둘러싼 "세계구획"(worlding)의 대안적인 지리를 지적해야 할 것이다. 내가 이 책을 쓰기 시작했을 무렵, "**제3세계**"는 메트로폴리탄 급진 비판 내부에 전반적으로 특권화된 담론의 장을 제공했다. 그 장에서 "**제3세계 여성**"은 특별히 특권적

---

3. Valentin Y. Mudimbe, *The Invention of Africa: Gnosis, Philosophy, and the Order of Knowledge* (Bloomington: Indiana Univ. Press, 1988).
4. 유럽의 혼종적 과거에 대해서는 Derrida, "The Other Heading", p. 83과 이 책 1장 주 28 참조. 피식민인의 혼종성에서 결코 눈을 떼지 않았던 호미 바바의 면모는 그의 저작이 지닌 많은 덕목들 중 하나다.

인 기표였다.5 내가 이미 언급한 바, 오늘날 전 지구의 금융화를 도모하기 위해 발전 속의 여성은 젠더와 발전으로 바뀌고 있다.6 그 결과 남과 북의 문화연구 교환이 가속화되고 있다. 그런데, 그 교환에서 민족 혹은 국민정 체성은 건드려지지 않은 채 그대로 남아 있어야 된다.7 (문화연구를 놓고 민족주의-인종차별주의의 대립 운운하는 딴소리가 전 지구적·제국주의적 자비심보다 특히 자가-비판(auto-critique)을 어렵게 만든다.) 그러한 교환 의 지형 위에서, **남** 출신의 **여성**은 대상이자 중개자로서 특별히 특권화된 기표가 된다. 그녀는 시장에서 선호되는 행위자이자 초국가적 자본을 전 지구화하는 도구이기 때문이다.8 나는 초국가적 자본의 계급-특권적인 도 구가 현재 어떤 모습으로 실제로 실현되고 있는지 3장의 후반부에서 언급 하겠다. 하지만 우선, 유럽 아닌 다른 지역출신으로서 계급-특권적인 초창 기 여성을 육화하는 시르무르의 라니(the Rani of Sirmur)를 산업 자본주의

---

5. 한쪽 끝에서 보면 제3세계 여성은 특권적인 미국의 3차 교육기관의 어느 수업에서든지 소수 인종 학생이다. 다른 쪽 끝에서 그녀는 클라리스 리스펙터의 「세상에서 가장 작은 여성」에 나 오는 절묘한 패러디적 여주인공이다. Clarice Lispector, "The Smallest Woman in the World", *Family Ties*, tr. Giovanni Pontiero (Austin: Univ. of Texas Press, 1972), pp. 88-95.
6. 이러한 변화는 의심할 바 없이 〈세계은행〉의 다양한 문건들 속에 반영되어 있다. 내가 글을 쓸 무렵에는 〈세계은행〉 웹사이트에 들어가는 이점을 주지는 않았지만 말이다. 나는 지금 〈제 4차 세계 여성학 대회〉(베이징, 1995)의 경험에서 이런 보고를 하는 중이다. 젠더와 발전을 위한 방향지침에 대한 〈세계은행〉의 일자리 설명도 흥미로울 것이다(*The Economist* 1997년 3월 22일자). 1997년 4월 〈세계은행〉은 "〈세계은행〉과 그 동반자들 및, 젠더와 발전에 관심을 두고 있는 조직들과 개인들 사이의 대화를 촉진하고자" 젠더 홈페이지를 개설했고, "일단 그 홈페이지가 전적으로 가동되면 대부분의 자료들이 이 사이트의 외부에서도 활용될 수 있을 것" 이라고 쓰고 있다(스피박의 강조).
7. "Translator's Preface", *IM* xxiii-xxix를 보라.
8. 이를 특히 통렬하게 분석하는 글로는 Farida Akhter, "Eugenic and Racist Premise of Reproductive Rights and Population Control", *Depopulating Bangladesh: Essays on the Politics of Fertility* (Dhaka: Narigantha Prabartana, 1992), pp. 41-56 참조. 나는 이 입장들 중 일부에서 분명 드러나는 경향, 즉 액티비스트가 전투를 치른 후 느끼게 되는 씁쓸한 결과는 문화적으로 스테레오 타입화되고 인가된 무지에 비하면 아무것도 아니라는 점을 지적해야겠 다.

에서 탄생중인 제국의 행위자/도구로 살펴보도록 하자.9

인도에서 19세기 영국출신의 한 인물을 지식대상으로 공고히 하자면 주요한 어려움들에 부딪친다. 그 중 하나는, 지난 15년간 영국령 인도(British India)가 의심스런 기능을 지닌 문화상품으로서 공들여 구성되어 왔다는 데서 나온다. 새로운 극소전자(micro-electronic) 자본주의로 인한 국제노동분업의 심화, 세계규모로 실시되는 신식민 공격의 확산, 핵무기를 통한 대량학살의 가능성, 전 지구화의 긴급 요구사항들은 앵글로-미국의 일상생활 구성에 침투한다. 영국에 의한 세계지배(Pax Britannica) 시대는 텔레비전, 영화, 싸구려 소설에서의 서정적인 초강력 리얼리즘적 웅장함에 사로잡혀 있었다. 동시에 이 시대는 처리하기 쉽고 인정 많은 자기비판의 매무새로 시치미를 떼는 제국주의의 정당화를 청중에게 제공한다. 이것이 가장 분명하게 드러나는 곳은 애석하게도 바로 역사 및 소위 문서자료주의(archivist) 포스트식민 비평에서이다.

예컨대, 프레드릭 제임슨은 이 기획을 "거의 리비도적인 역사주의"라고 기술했다. 우리가 이것을 미국 "향수 영화"와 대조해 본다면, 이 기획이 지

---

9. 서발터니티와 서발턴 발화라는 문제에 대해서는 3장의 후반부에서 다룬다. 우리에게 "여왕 모습의 서발턴을 찾아서"는 안 된다는 하리쉬 트리베디의 지적은 정확하다. 하지만, 바로 이것이 여기서 내가 기획하는 바는 그의 생각은 부정확하다. (Harish Trivedi, "Indian and Post-Colonial Discourse", Harish Trivedi and Meenakshi Mukherjee, eds., *Interrogating Post-Colonialism: Theory, Text and Context* [Shimla: Indian Inst. of Advanced Study, 1996], p. 240.) 첨부해야 할 두 가지 사항이 있다. 첫째, "라니"(Rani)를 "여왕"으로 해석한 것은, 그 단어가 영국적 혹은 유럽적인 소품을 떠올린다고 해도 좀 경솔하다(나는 아무런 대안을 제시하지 못하겠다). (아프리카 "철학"을 고찰하는 Paulin Hountondji, *African Philosophy: Myth and Reality*, tr. Henri Evans [London: Hutchinson, 1983] 참조.) 다르마(dharma)를 "종교"로, 냐야(nyāya)를 "논리" 등으로 해석하는 문제점에 대해서는 Spivak and Matilal, *Epic as Ethic* 참조. 둘째, 내가 1986년에 나한에 있는 시르무르 "궁궐"을 방문했을 때, 문서보관소 기록이 라니 이후에 시작되었다는 점을 알고 매우 놀랐다. 식민, 식민이전이라는 문제와 훌륭한 위치에 있는 여성들의 문제는 3장이 제시하는 여성이 시도하는 스피치 행위 문제, 라니를 위한 사티, 부바네스와리를 위한 사티반대라는 쟁점만큼 3장의 공통된 줄기이다. 그런데 그 점은 그만큼 주목되지 못하고 있다.

닌 경멸할 만한 겉치레는 피상적인 층위에서도 엿보인다. 제임슨은 1950년대를 "미국인들에게 … 잃어버린 욕망의 특권적 대상"이라고 보며, 이는 적어도 부분적으로는 1950년대가 "팍스 아메리카의 안정과 번영"을 의미화하기 때문이라고 본다. 제임슨은 〈바디 히트〉와 같은 영화의 "향수 양식에 의한 현재의 무분별한 식민화"를 거론하면서 다음과 같이 지적한다. "다국적 시대와 미국이 동시대임을 정상적으로 알려주는 표시들 대부분을 피하고자, 시대 배경은 아주 교묘하게 전략적으로 짜여져 있었다. … 마치 [그 이야기가] 실재하는 역사적 시간을 넘어, 어느 영원한 1930년대에 펼쳐지기라도 하는 듯 말이다."[10] 이런 교묘함은 인도 제국이나 식민지 아프리카의 번지르르한 시뮬라크럼(simulacrum)[11]의 경우에는 필요치 않다. 라즈(Raj) 혹은 식민지를 배경으로 편안하게 가장되는 〈간디〉나 〈아프리카를 벗어나〉[우리나라에는 〈아웃 오브 아프리카〉로 소개됨]의 시골 풍경은, 사실 오늘날 인도나 아프리카의 시골 풍경에 아무런 손질을 가하지 않은 풍경이다. 인도와 북서유럽에서 서로 다른 반향을 불러온 〈고향과 세계〉라는 영화가 적절한 사례다.

내가 1980년대 중반에 한줌의 문서자료에, "처리되지 못한 역사적 기록"의 단편들에 "하나의 읽기"를 제안했던 것도 바로 이러한 분과학문적 문화적 재현 경향에 맞서기 위한 것이다.[12] 그 시절 도미니크 라카프라와 헤이든 화이트 같은 영향력 있는 인물들이 역사라는 분과학문 내부에서 문서보관소의 특권화에 의문을 제기하고 있었다. 그 때 나의 요점은 나의 읽기를 그러한 의문제기와 화해시키는 것이었다.

---

10. Frederic Jameson, *Postmodernism; or, the Cultural Logic of Late Capitalism* (Durham: Duke Univ. Press, 1991), pp. 20-21.
11. [옮긴이] 원본이 존재하지 않는 사본. 모방된 혹은 재생산된 닮은 꼴.
12. Hayden White, *Metahistory: The Historical Imagination in Nineteenth-Century Europe* (Baltimore: Johns Hopkins Univ. Press, 1973), p. 5

언어가 … 의식과 그 의식이 거주하는 세계를 매개하는 도구라는 점은 [화이트는 약간 조롱조로 쓰고 있다] … 문학이론가들에게는 새삼스러운 것은 아닐 것이다. 하지만, 그것은 문서보관소에 묻혀 사는 역사가들에게는 아직 도착하지 않은 소식이다. 그들은 "사실들을 걸러" 혹은 "자료들을 조합해" "모든 사실을 파악하여" 마침내 자기들이 "이야기를 바로 잡아내는" 설명을 통해 재현의 대상으로서 봉사할 현실(reality)의 형식을 찾기를 바라기 때문이다.[13]

19세기 유럽의 헤게모니적 역사기술은 문서보관소를 "사실"의 저장소로 지목했다. 나는 그것들이 "읽"혀져야 한다고 제안한다. 그런 점에서, 나의 입장은 화이트의 입장과 맞닿을 수 있다. 내가 읽는 자료들은 인도의 한 가지 현실이 되는 재현물들의 대상을 구성해 내는 〈동인도 회사〉의 군인 및 관료들을 보여주었다. 바로 이것이 "문학"(literature)의 조건으로서 일반적 의미의 "문헌"(literature)이다. 문헌은 인식소의 전환을 선별적으로 보존하는 문서보관소이다. 모든 장르를 가리키는 좁은 의미의 "문학"은 그 효과이다. 문서보관소와 문학 사이의 구분은 나중에 흐려진다. 문학비평가는 이 구분을 파악하기 위해 문서보관소로 눈길을 돌려야 한다. 우리는 문학이론이라는 어쨌거나 귀중한 등기부에서 문학이란 "실재(the real) 효과"의 전체 모음을 생산하는 허구(fiction)를 구축한다고 말할 수 있다. 또 이러한 "허구"의 "오독"이 "인도"라는 고유명사를 생산했다고 말할 수 있다. 식민압제자는 식민지를 구성함에 따라 자신을 구축한다. 이 관계는 친밀한 것이며, 공식적 지식의 일부가 될 수는 없는 공공연한 비밀이다.

그리하여 분과학문상 문학비평가로서 나는 문학비평을 특권화하는 화이트의 견해에 회의를 품게 되었다. 역사적 작업의 환원할 수 없이 비유론적인 성격을 드러내는 것은 틀림없이 역사라는 분과학문의 균형을 바로잡는

---

13. White, *Tropics of Discourse: Essays in Cultural Criticism* (Baltimore: Johns Hopkins Univ. Press, 1987), pp. 125-126.

다. 이런 제안이 제도화된 분과학문인 역사연구 및 문학연구의 특수성을 똑같이 인지하는 관점에서 나온다면, 무게가 실릴 터이다. 화이트는 「우리 시대 문학이론에서의 부조리한 계기」에서 신중한 (서사적) 역사의 역사, 역사기술, 역사철학을 분과학문으로 자리잡는 역사 내부에 놓으면서 최근 문학비평의 발전을 느슨하게 엮어 분류하는 하나의 명명법을 내놓았다. 그는 미국 **신비평**을 액면 그대로 받아들이는 것 같다. **신비평**의 이데올로기적 초상이 여전히 문학이라는 분과학문을 지배하고 있는데도 말이다. 그리하여 그는 마치 "도덕적인" 것과 "미학적인" 것을 분야 선택과 관련된 그저 선호의 문제인 양 운운할 수 있게 해주는 하나의 지점에 이를 수 있었다.14

도미니크 라카프라는 화이트의 선구적인 저작으로부터 혜택을 받았으며 데리다, 푸코, 라캉에게 좀더 양호하게 노출되어 있었다. 아마 그 때문에, 라카프라의 입장은 더욱 대담하면서도 더욱 절제된 것처럼 보인다. 그도 "지식인 역사가들은 … 문학비평과 철학에서 일어난 발전에 대해 배워야 할 것"을 촉구한다. 하지만 그는 다음을 또한 알고 있다.

> 현재 문학비평의 좀더 실험적인 형식들은 형식적 혹은 "신" 비평의 옛 유형들을 대체하지 않을 때, 차라리 섬약한 축소판 수준에 남으라고 위협한다. … "역사학" 자체는 좀더 형식적이거나 미시논리적인 비평 방법을 두둔하거나 비난하는 극단적으로 추상적이고 정말로 무시간적인(intemporal) 범주로 환기될 수 있다. 아니면 하나의 해석을 다듬어 살을 붙여내도록 요청되는 "맥락"들은 주의 깊은 연구보다는 야생적인 사변에서 자라 나오는 것일 수도 있다.15

그러나 라카프라는 또한 열의만 가득한 채 무비판적인 "문서자료주

---

14. White, *Metahistory*, pp. xi-xii.
15. Dominick LaCapra, *Rethinking Intellectual History: Texts, Contexts, Language* (Ithaca: Cornell Univ. Press, 1983), p. 344.

의"(archivism)를 경고한다.

> 헤게모니적 허세에 붙들려 있는 … 마구잡이식 비법(mystique)이다. … 페티시로서 문서보관소는 역사가에게 "언제나 이미" 상실된 과거의 "현실"을 문자 그대로 대체한다. 문서보관소가 페티시로 될 때, 추론에 의한 재구성에서 사용될 수 있는 과거흔적을 보관하는 장소 이상이 된다. 그것은 사물 자체에 대한 신비화된 경험을, 사람이 글쓰기나 다른 각인을 다룰 때 묻게 되는 질문에 항상 열려 있는 경험을 가져다주는 과거의 대역이 된다.[16]

나는 야생적으로 사변적인 방식이라는 "과거"의 존재론적 지위에 좀 혼란스러워지지만, 이런 경고를 온당하다고 생각한다. 그러나 라카프라는 "위대한 작품"에 대한 (서구) 역사가의 고찰을 옹호하기 위해서 이런 경고를 한다. 내가 2장에서 시사했던 대로, 인식소적 개조가 일어나고 "문학적인" 것과 "식민적인" 것 사이에 친밀한 관계가 확립되던 시기에, 문학 읽기는 역사기술을 수상쩍게 쉽사리 직접 대리보충(supplement)할 수 있다.[17] 나는 2장에서 법으로 위장하는 낯선 법률 체계, 유일한 진리로 확립된 낯선 이데올로기, "토착민"을 서구인의 자아를 공고하게 하는 타자로 만들어내느라 ("인식소적 폭력") 분주한 일군의 인문과학이 덮어버리고 있는 틈새 혹은 불연속성 속에서는 위대한 문학작품이 쉽사리 번성할 수 없다고 시사했다. 인도의 19세기 전반부라면 문학비평가는 나중에 "민족주의" 문학이라 인식되는 바를 공고화하는 작업을 대리보충하기 위해 제국통치 관련 문서보관소로 눈길을 돌려야 한다. 다시 말해, 제국주의 논제학(thematics)을

---

16. LaCapra, *History and Criticism* (Ithaca: Cornell Univ. Press, 1985), p. 92, n. 17.
17. 이러한 손쉬움은 베네딕트 앤더슨이 『상상의 공동체』에서 영향력 있는 민족주의 이론의 생산에 소설이 엮어들어 간다고 말한 점에 반영된다. 벵골의 경우 "문학"이란 용어의 개조 논의는 Sumanta Banerjee, *The Parlour and the Streets: Elite and Popular Culture in Nineteenth Century Calcutta* (Calcutta: Seagull Books, 1989) 참조.

도입하면 급진적 논의들에 변화가 생긴다. "문서를 나름의 역사성을 갖고 사회정치적 과정들과 관계를 맺는 텍스트의 일종으로 만들어주는 차원들이 있다. 그런데 과거를 재구성하는 과정에서 문서를 순전히 사실들을 캐내기 위한 채석장으로만 쓸 때, 이 차원들은 종종 여과되어 버린다"고 라카프라는 쓴다.[18] 3장의 글처럼 제국주의의 대상구성을 아주 겸손하게 고려한다고 해서 그러한 실수에 죄의식을 지닐 수 있는 것은 아니다.

나의 취지는 라카프라의 작업에서 은근히 많이 배여 있는, 문학적인 것과 문서자료적인 것의 단순한 반전을 치환하는 것(초월하는 것이 아니라)이다. 내게는 문학과 문서보관소는 서로 공모하는 것으로 보인다. 둘 다 응축들의 교직이자, 압축된 상징의 거래 — 서로의 치환을-동반한-반복으로 너무 손쉽게 읽혀질 수 있을 뿐인 — 라는 점에서 그렇다. 거기서 저자의 권위는 집정관, 즉 진리의 공식적 후견인이 통제하는 대로 맞춰진다.[19] 우리의 관심을 끄는 것은 당연히 문서자료화(archivization)이다.

약간 다른 맥락에서 라카프라는 지성사를 다시 사유하면서 "과거의 실천과 그것에 대한 역사적 설명 사이의 관계"는 "전이적"(transferential)이라고 주장한다. 또 그는 "나는 '전이'를 현재가 필연적으로 미래를 담고 있듯이 과거가 현재로 반복-치환되어 들어온다는 좀 수정된 정신분석학적 의미에서 사용한다"고 덧붙인다.

분석에서 전이-상황은 욕망의 줄다리기가 양편, 즉 불가피하게 피분석가를 강조하기는 하지만 피분석가와 분석가 양편에서 작동한다. 둘은 불균등한 진척-퇴행의 교환 속에서 주체 입장을 차지하게 된다. 하나의 "역사"를 "구성"하는 과제는 양쪽 모두에게 맡겨진다. 이를 분과학문적 역사기술에서 복사하고 싶어 하는 것은 그저 학계 지식인의 권력욕망의 급진적 판본

---

18. LaCapra, *Rethinking*, p. 31.
19. Derrida, "Archive-Fever", *Diacritics* 25 (Summer 1995): 9-63.

을 가리킬지도 모른다. 이 욕망은 다음과 같은 두 가지 주장 사이의 미끄러짐(slippage)에 위치시킬 수 있을 것이다. 즉, 과거의 실천들과 역사적 설명 사이의 관계가 전이적이라는 주장과, 라카프라가 네 문단에 걸쳐 계속 이야기하듯 "전이 관계"가 힘겹더라도 그 관계가 "비판적으로 교섭"되어야 한다는 주장 말이다.20 첫 번째 입장에서, 역사가는 어렵사리 코치의 자리를 차지한다. 두 번째 입장에서는, 유추의 논리가 역사가로 하여금 분석가의 책임을 공유하도록 만들어준다. 두 입장 사이의 미끄러짐이 덮어버리는 거리가 바로 "치료" 은유이다. 나는 역사기술에 대한 심성학파(mentalité-school) 비판과 분과학문 비판에 라카프라가 사용하고 있는 전이 모델에 일반적으로 공감한다. 하지만, "치료" 공간을 숨기는 것이야말로 전이에서 취한 어떠한 방법론적 유추를 부적격한 것으로 만든다는 사실을 간과할 수 없다. 내가 어느 글에선가 정신분석학적 문학비평을 직접 거론하면서 주장한 바 있듯이, 이런 식의 부적격 판정은 아마 환원불가능할 것이다.21 1장에서는 정신분석학 자체를 자본주의의 위기를 관리하는 일반적 등가물의

---

20. 앞의 책, 72-73. 슬라보예 지젝이 (결연하게 소문자를 써서) 법, 법의 결과들, 법의 범위를 이해하고자 라캉의 설명 모델을 사용할 때 그의 저작은 그 텍스트에 기술된 해석학적 순환(circle)에 하나의 예외로 남는다. 특히 *Tarrying with the Negative: Kant, Hegel, and the Critique of Ideology* (Durham: Duke Univ. Press, 1993) 참조. 이 점은 다음과 같은 사실과 연결될 터이다. 정부의 고위급들에 봉사하고 그들에게 적극적인 지젝은, 학계의 문화 비평가들이 거의 할 수 없는 방식의 정치적 계산 내부에서 "책임이 있다." 프로이트가 서사 읽기를 윤리적 심급화(instantiation)로 제도화하는 어조를 마련했다면, 지젝의 라캉 이용은 서사읽기를 정치적 실증화로 제공하면서, 줄거리 요약을 정신분석학적 형태학의 미중개된(unmediated) 재현으로 읽어내는 통상적 문제를 최소화한다.

21. Spivak, "The Letter as Cutting Edge", *In Other Worlds*, pp. 3-14. 또한 Spivak, "Women in Difference", *Outside*, pp. 77-95 참조. 로날드 인덴은 역사학의 재료를 "꿈"으로 보는 흥미로운 견해를 제시한다. Ronald Inden, *Imagining India* (London: Blackwell, 1990), pp. 55-56, 40-41. 여기서 비평가 전이를 작동시킬 수 있다고 인덴이 주장하는 것은 물론 아니다. 초강력 현실적(superreal) 대항사실적 꿈 설명에 대해서는 Bhudeb Mukhopadhyay, "Swapnalabdha Bharatbarsher Itihash", *Bhudeb Rachana Sambhar*, ed. Pramathanath Bisi (Calcutta: Mitra and Ghosh, 1969), pp. 341-374 참조.

생산으로 보는 들뢰즈와 가타리의 좀더 진지한 비판을 고려한다. 인문과학에서의 변혁적 분과학문 실천을 나타내기 위해 [전이라는] 정신분석학적 은유를 쓰는 것은 항상 오어법(a catachresis)으로 남는다. 왜냐하면, 전이-신경증과 임상실천 외부의 다시 기억하기(rememoration) 사이에 구분이란 있을 수 없기 때문이다. 최소한 프로이트의 설명에 따르자면, 전이-신경증은 과학의 원천이라는 사실은 두말할 필요가 없다.22

라카프라는 아주 세련되고 복잡한 사상가라서 이 점을 의심하지 않을 리 없다. 그는 이 오어법의 자리에 하나의 "허구"를 제시한다. "해석되어야 할 현상들의 텍스트들이 우리에게 대꾸하면서 우리 생각을 변화시킬 정도로 충분히 신빙성 있게 된다는 믿음은 유용한 비판적 허구다."23 "과거"가 꽤나 "타자적"이라면, 이 "유용한 허구"야말로 스스로를 공고히 하는 타자를, 지나가 버린 현재로서의 과거를, 어떤 의미에서는 역사가의 계보학인 역사를 구성하는 메커니즘을 추적할 수 있다. 여기서 표시되는 것이 욕망의 지점이다. 이것은 장황하게 논의할 필요 없다.

나는 시르무르의 라니와 전이적 관계를 확립해 보고 싶어 했어야 했다. 그런데 나는 그녀의 보잘것없는 망령에 홀려서 치료의 오만함을 무시하게 되기를 기도한다. 문서보관소를 뒤져본들 그녀의 이름으로 씌어진 텍스트는 별로 없다. 물론, 그녀의 영혼(soul)과 문서자료주의자들의 정신적(mental) 극장 사이의 문화적 각인에 어떤 연속성이 있는 양 주장할 수도 없다. 연속성의 시뮬라크럼과 비슷한 무엇을 확립하는 것은, 내가 좀더 핏대를 올렸던 국면에서 거론한 "인식소적 위반"이다. 그것은 라니의 아들 세대에서 시작되었다. 라니는 그러한 체제확립의 도구적 행위자였을 뿐이다.

홀리는 것은 "[하나의] 근본적fundamental 역사라는 억압되고 매장된 현

---

22. Freud, "Beyond the Pleasure Principle", *SE* 18, 18, 50-51. 물론 내가 치료로서 정신분석학의 생존가능성을 설명하고 있는 것은 아니다.
23. LaCapra, *History and Criticism*, p. 73.

실을 텍스트의 표면에 복원시키는 가운데, 중단 없는 어떤 서사의 흔적을 탐지해 내려는" 어떠한 소망이건 잠잠하게 만든다. 여기서 근본적 역사란 몇 년 전 프레드릭 제임슨의 기획이었는데, "정치적 무의식의 교리 (doctrine)가 그것의 기능과 필요성을 찾아내는 곳"이다.24 전이의 확신이 홀릴 수 있는 데로 양도됨을 의미한다면, 무의식의 유일한 형상은 우리에게는 일련의 불연속적 간섭의 급진적 형상이라는 점 또한 사실이다. 우리는 그 형상을 단순히 흉내내면서 이렇게 말할 수도 있으리라. 제국주의의 인식소적 이야기는 일련의 중단들, 즉 봉합될 수 없는 시간의 반복적인 찢어발김(tearing)이라고 말이다. 나는 2장에서 오늘날 문화연구는 적어도 두 번은 생각할 것을 촉구한 바 있다. "**충분한 정보만 있다면** 백치, 어린이, 원시적 인간 혹은 외국인을 이해할 방법은 항상 있기 마련"이라고 했던 사르트르의 제국적 확신을 시인하며 그 불가능한 봉합을 성취하기 바라며 행동하기 전에 말이다.

그러나 오늘날의 세계에서라면 우리는 착취영역 (이에 대해서는 4장에서 논의한다) 속으로 과감히 들어간다. 지구화 속에서 **주인님**과 **마나님**들은 서민 여성이나 소녀와의 인식소적 불연속성을 중화하려고 거의 노력하지 않는다. 〈동인도 회사〉의 직원들이 라니에게 그랬던 것처럼 말이다. 그리고 내가 이 책의 장들을 처음 쓰던 무렵보다 훨씬 더 자주 (포스트)식민주의가 참조되고 있긴 하지만, 참조하는 이야기는 변하지 않은 채로 남아 있다. 서구의 의지적 (자서)전기가 여전히 사심 없는 역사로 가장한다. 비평가가 서구의 무의식을 건드리는 척 할 때에도 그렇다.25

---

24. Frederic Jameson, *The Political Unconscious: Narrative as a Socially Symbolic Act* (Ithaca: Cornell Univ. Press, 1981), p. 20.
25. 헤이든 화이트에게는 근본적인 역사가 복원되어야 하는 하나의 중단 없는 서사에 대한 나름의 판본이 있다. 그것은 의식 자체의 역사, "역사적 상상력의 심층 [비유론적으로 진보주의적인] 구조", "역사적 사유의 단일 전통"(*Metahistory*, pp. ix-x)이다. 마치 "의식"이라는 기호에 아무런 역사도 지정학적 특수성도 없는 듯, 모든 것은 앞으로 나아간다. 프레드릭 제임슨은

내가 전이에 홀리기, 개입으로서 무의식 등의 프로이트 용어 약간을 서툴게나마 사용하기를 멈출 수 없음을 고백하고 넘어가야겠다. 나는 나 자신의 실천을 이해할 수 있는 한에서만, 프로이트의 용어를 사용한다. 그것은 유혹적이면서 위험부담이 있는 해석적 어휘와 강력한 은유학(metaphorics)을 빌려 쓰기 위한 것이다. 하지만 집단적인 사회정치적 주체를 구성하거나 분석적인 상황을 읽어내기 위한 유추를 발견하려고 그렇게 하지는 않는다. 제3세계 비평영역은 너무 빨리 많은 내용으로 가득 채워져 왔다. 그래서 내가 『기타』를 운운하는 헤겔의 방식을 읽어내면서 진척시켰던 방법론적 주의(注意)의 또 다른 판본을 반복해야겠다. 즉, 미국에서 인문학 분과학문에 현재 떠다니는 제3세계주의는 종종 공개적으로 인종문화주의나 원시주의라고 말이다. 나는 헤겔을 읽으면서 전복적인 메시지를 전달하는 역할에 입문했던 셈이다. 여기서는 그러한 명확한 전복이란 없다. 나는 인도에서 태어났고 초등, 중등 교육 및 2년간의 대학원 공부를 포함한 대학 교육을 거기서 받았다. 그래서 나의 인도 사례는 나 자신의 정체성에서 잃어버린 뿌리에 향수를 갖는 연구로 보일 수 있다. 나는 사람이 "동기"라는 얽히고 얽힌 덤불 속으로 마음대로 들어갈 수 없다는 점을 알고 있다. 그렇더라도 나는 유럽중심적 경제적 이주 과정에서 망명을 자처한 학자들이 즐기는 그러한 향수를 경계하는 것이 바로 나의 주요 기획이라고 주장한다. 나는 인도 소재로 눈길을 돌렸다. 왜냐하면 진전된 분과학문적 훈련이 부재한 상황에서 탄생하고 교육받는 사건은 내게 역사적 화폭에 대한 감각을 제공해 주었기 때문이다. 즉, 브리콜뢰르(bricoleur)[26]가 유용

"정치적 무의식"을 근본적 역사의 중단 없는 서사를 담고 있는 광대한 그릇으로 보는 이론을 집성하고자 정신분석학 또한 두드린다. 그는 한편으로 상상계, 상징계, 실재계라는 라캉의 주체 모델/담론계와 다른 한편으로 텍스트 및 역사의 기능 사이에 하나의 정합적인 유추를 만들어낸다. 내가 보기에, 제임슨이 라캉을 다소 심각하게 잘못 전유하고 있다고 하면서 이 문제틀적인 방책을 성공적으로 분석한 사람이 바로 도미니크 라카프라이다(*Rethinking*, pp. 245-251).

하게 쓸 적절한 언어들의 일부를 갖도록 해주었다. 그녀[브리콜라주를 하는 사람]가 최종 결제권자로서 "구체적 경험"에 대한 맑스주의적 회의와 분과학문 구성체에 대한 비판으로 무장될 때 특히 그렇다. 인도 사례는 모든 나라, 민족, 문화, 자아인 유럽의 **타자**로 떠올려지는 부류를 대표하는 것으로 취해질 수 없다. 이런 점에 유의하는 것은 더욱더 필요한 일이다. 왜냐하면 한쪽에서는 18세기 영국, 프랑스, 독일 문학연구가 윤리적 합의의 부상을 대표하는 것으로 여전히 반복해서 예증되고 있고, 다른 한쪽에서는 에머슨, 소로우, 헨리 애덤스 연구가 **미국적** 정신 연구로 진척되고 있기 때문이다. 나는 마하스웨타를 활용한다. 그 이유는 내가 벵골어와 영어 둘 다를 구사하고 마하스웨타가 말 그대로 포스트식민 경우에 해당하기 때문이다.

시르무르의 라니를 무대에 올리기 위해서, 지금은 거의 잊혀진 책략인 19세기 초반 20년 동안 쉬믈라(Shimla) 산맥에 있던 수많은 국가들의 "**정착**" 작전을 둘러싼 「절차들」 모음집에서 세 가지 예를 살펴보자. 「절차들」은 말, 인편, 희망봉 주위를 힘겹게 운항하는 배편으로 느린 속도로 전달되는 급송 공문서, 편지, 협조문서, 작가들과 필경사들의 깃펜으로 되어 있다.27 시르무르는 서부의 고유 편잡 지역, 네팔, 동부의 시킴(Sikkim), 남부

---

26. [옮긴이] 레비-스트로스가 『야생적 사유』에서 신화적 사유의 특징을 나타내기 위해 썼던 브리콜라쥬(bricolage)를 하는 사람, 즉 맞춤식 도구와 재료를 사용하기보다 주변에서 손에 잡히는 자질구레한 감각적 재료를 잡다한 연장을 사용해 뜯어 맞추고 조합하는 사람을 가리킨다.
27. 문학 독자를 예비시키기 위해서, 이 시기가 E. M. 포스터의 소설 『인도로 가는 길』(1924)의 허구적 시간보다 한 세기 이상 앞선 때라는 점을 지적해야겠다. 이 소설의 허구적 공간은 민족해방의 첫 소란을 느끼던 다소 잘 정착된 **토착** 국가(Native State)이다. 포스터의 개인적 경험은 녹음이 무성하고 다소 외딴 중앙 인도에서 일어난 것이었다. 내가 말하고 있는 국가들은 히말라야산맥 북서쪽 기슭에 있었는데, 전적으로 또 다른 게임의 일부였다. (Peter Hopkirk, *The Great Game* [New York: Kodansha, 1994]; Spivak, "Foucault and Najibullah", Kathy Komar and Ross Schidler, eds., *Lyrical Symbols and Narrative Transformation: Essays in Honor of Ralph Freedman* [Columbia, S.C.: Camden House, 1997] 참조.) 이 두 게임 모두를 거짓으로 만들려는 하나의 이해관계가 지금 있다. 그것은 독

3장 역사 303

의 북서지방이라 이름 붙여진 곳(오늘날의 우타르 프라데쉬) 사이에 있는 저지대 히말라야산맥의 고원 숲지대 나라다. 이 나라는 수트레즈(Sutlej)와 야무나(Yamuna)라는 두 커다란 강 사이에 있다. 숲을 끼고 카르다 계곡과 데라 계곡이 있다. 이 산악지대의 많은 왕들은 군사적으로 정치적으로 활발한 편잡의 시크교도, 네팔의 구르크하(Gurkha)인, 상대적으로 멀리 떨어져 있는 "최고 권력자들"인 무굴 황제와 델리의 파탄 왕(무굴 황제의 위임 통치를 통해 시르힌드의 나짐the Nazim of Sirhind이 된)에 둘러싸인 채 이질적이고 불안정한 균형을 살아냈다. 그것은 여러 세기에 걸쳐 일어난 권력 공간의 끊임없는 분산 장면이다. 무엇보다 산악지대 왕들은 무엇보다 저 네 부류의 커다란 주변 권력과 겨루겠다는 욕망으로 분기되지 않았고 어느 누구를 진리의 대표로 받아들이지도 않았다. 그런데도 대표의 재현물들(representations)은 성공적으로 작동한다. 그러므로 1784년 8월 2일 데

립적인 인도공화국의 기초가 된 "영국령 인도"와 대립되는 "힌두적 인도"를 이 국가들에서 발견해 내려는 것이다. 힌두적 인도가 외관상 민주적인 구조로써 작동하는 제정일치 통치(theocracy)로 가는 길을 열어 제칠 수 있다는 것이다. 예를 들어, 이 국가들 중 한 국가의 귀족이 감독을 맡은, 매개되지 않은 "다큐멘터리"를 보자. 이 "다큐멘터리"는 다음과 같은 라니를 무대화한다. 즉, 다음 세대에게 문화적 훈련을, 과부 자살을 일상적인 상식을 초월하는 고양된 순간에서의 자유로운 선택으로 지지하는 것을 포함하는 훈련을 실시하고, 영어로 선거운동을 하는 "현대적" 라니 말이다("A Zenana: Scenes and Recollections", 1982년 Roger Sandall and Jayasinhji Jhala의 독립 비디오). 그러한 라니는 여성은 항상 강제된다는 피상적인 "페미니즘적" 입장에 의해 거꾸로 합법화된다. 과부-자살에 대해서는 3장 후반부에서 길게 논의할 것이다. 부르주아 페미니스트이자 맹렬한 "개인주의자"인 인도 영화제작자 아파르나 센(Aparna Sen)이 만든 〈디간타〉와 같은 영화에 나오는 매개되지 않은 "현대화"를 앞에 언급한 다큐멘터리와 비교해 보자. 〈디간타〉는 낙태를 소유권으로 조잡하게 이해된 "재생산 권리"에 대한 검토되지 않은 환유로 주장하고자 한다. 이 영화에서, 기타를 연주하는 남편을 둔, 어린애 취급을 당하는 임신한 아내는 홧김에 낙태를 한다. 그녀는 자신의 경력을 계속 쌓도록 "허락 받지 못하자" 멀리 떨어진 한 도시에서 춤 공연을 감행했던 것이다. 고전 무용을 여성 직업의 한 지반으로 구성하고 포스트식민 담론에서 "페미니스트 퍼포먼스"로 구성하는 것에 대해서는 나의 글 "How to Teach a 'Culturally Different' Book", Francis Barker et al., eds., *Colonial Discourse/ Postcolonial Theory* (Manchester: Univ. of Manchester Press, 1994), p. 131 참조.

이빗 오츠터러니(Ochterlony)가 의회 총독에게 보내는 협조문서에 "구르카(Goorkah)인[28]의 공격으로 인해 손상된 우리의 명예를 지키고자 무장에 호소하지 않을 수 없었다"고 썼을 때, 대부분의 히말라야 산맥 국가들은 딱히 당파적 동맹을 맺을 준비도 되어 있지 않았고, 사실 그럴 수도 없었다.[29] 이것은 이 국가들의 정착 자격 여부를 주장할 권리를 〈동인도 회사〉에 제공했다.

이상과 같은 최소한의 배경 설명은 내가 고른 첫 번째 예를 논의하기 위해 필요하다. 첫 번째 예는 델리에 살던 찰스 멧칼프(Metcalfe)에게 보낸 제프리 버치 대위(총독의 부대리인)가 펜으로 쓴 것이다. 멧칼프는 캘커타의 포트 윌리엄에 있는 총독비서 존 아담에게 편지 사본을 보낸다. 때는 1815년이 끝나갈 즈음이다. 젊은 제프리 버치(프랑스 혁명 직전 소상인의 가정에서 태어났으며 26세에 총독의 부대리인이 되었다)가 쓴 편지는 델리의 거주자로부터 캘커타에 있는 총독비서에게 전달되기까지 인도-갠지스 평야를 가로질러 5백 마일을 여행하는 시간이 걸린다. 그러는 동안 버치는 출세 가도를 달리며, 소설이나 영화에서 본다면 약간 낭만적인 인물일 단 한 명의 토착민을 동반하고 히말라야 지대를 달린다. 그는 그 토착민에게 **타자**의 공간을 자신의 본거지 위에 커텍시스하도록 강제함으로써 유럽의 **자아**를 공고히 하는 데 실제로 골몰한다. 우리는 2장에서 「정복자 윌리엄」을 통해 이것이 성취된 판본을 보았다. 그는 그저 각인되지 않은 대지와는 동떨어진 그들 자신의 세상을 새로 구획하고 있다. 그는 그들로 하여금 외국인을 주인으로 길들이도록 강요함으로써 그렇게 한다. 이에 대한 훨씬 더

---

28. [옮긴이] 당시 영국인들은 인도의 명사, 고유명사들을 자기들 마음대로 표기했다. 스피박은 주로 인용문에서 영국인들의 표기법을 그대로 사용하면서 인도 표기법과 병치시킨다. 표기법에서 드러나는 제국주의의 인식소적 폭력을 비판하기 위해서이다.
29. Board's Collections, 1819-1820. 「벵골 기밀 협조문서」(날짜 미상) 발췌. 여기서 참조되는 모든 문서보관소 자료들은 런던에 있는 〈인도 공무 도서관〉에 있다.

"심층적인" 기술은 물론 정착민 식민지에서, 미국 "토착민들", 남아프리카 공화국 흑인들, 호주 선주민들, 북유럽의 수오미인들이 당한 세계구획에서 발견될 것이다. …

2장에서 언급한 바 있듯이, 각인되지 않은 대지 위에 하나의 세계를 구획하는 것은 하이데거의 「예술작품의 기원」을 암시한다. 다시금, 하이데거의 주장을 떠올려보면 세계를 밀어내기와 땅에 정착하기 사이에 분투─위반의 폭력적인 개념-은유─가 분투되어(strifed), 분투로서 실현되거나 설정된다. 이 분투가 예술작품에서는 작업(work)으로 분투된다는 것이다. 하이데거는 자기 글에서 공간적인 예를 많이 들고 있다. 대지와 세상이라는 하이데거의 개념-은유를 제국주의적 기획을 기술하기 위해 사용해 보자. 그러면 그 틈(하이데거의 글에서 Riss[rift]은 간극(gap)이 지닌 상대적으로 "멋진" 함축의미보다는 균열[fracture]이 지닌 폭력적인 함축의미─"전투 수행", "적수들의 친밀성" 등─를 띤다)의 폭력으로부터 지도 위에 재현된 세상의 잡다한 사물성(thingness)이 나온다. 철학자와 문학비평가가 한없이 논평을 가하는 유럽예술의 걸작품에서처럼 "자체의 권리로 긍정되고 전경화된 유화의 물질성"만 나오는 게 아니다.30 좁은 의미에서의 이런 지도작성법에 일어나는 변화의 행위자는 빈센트 반 고흐와 같은 위대한 사람들뿐만이 아니라 정책 입안자들과 제프리 버치와 같은 별로 대수롭지

---

30. Heidegger, "Origin", pp. 174, 188; Jameson, "Postmodernism", p. 59. 이 글이 처음 쓰인 1935년에 이 "투쟁"(struggle)을 대하는 하이데거의 태도는 전혀 온화하지 않다. 예를 들어, 내가 인용하고 있는 두 구절이 나오는 독일어 분투(Streit 영어로는 conflict/strife)라는 단어의 조합과정을 비교해 보자. 첫 번째 인용은 "작품과 진리"라는 제목이 붙은 절에서, 두 번째 인용은 "진리와 예술"이란 절에서 나왔다. "Das Werksein des Werkes besteht in der Bestreitung des *Streites* zwischen Welt und Erde"; "der Streit ist kein Riss als das Aufreissen einer blossen Kluft, sondern de Streit ist die Innigkeit des Sichzugehorens der *Streitenden.*" 이런 개요들을 제국적 개척/정착(settlement)의 이야기로 채우는 것은 괜찮지 않다. 하이데거는 계속해서 장난치듯 그렇게 하지만 말이다. 그리하여 우리는 드 만의 칸트-쉴러 논의로 돌아간다. 나는 데리다의 도움을 조금 받아(데리다는 『그림에서의 진리』에서 하이데거의 이 논문을 끝없이 늘려나간다), 하이데거의 칸트에 쉴러를 연기한다.

않은 자잘한 사람들이다. 이 테크닉은 자본의 위대한 익명적 테크닉, 중농주의, 중상주의, 자유무역, 혹은 심지어 문명화 사명(사회적 생산성)으로 이해되는 그런 테크닉이다. 이는 우리가 라나지트 구하의 『재산법』 논의에서 살펴본 바이다. "토착민"으로 하여금 스스로를 "타자"로 보게끔 만드는 힘을 발생시키는 것은, 하나의 세계를 구획할 수 있는 조건이 되는 각인되지 않은 대지라는 필수적이면서 모순된 가정이다. 내가 여기서 시사하려는 것은 바로 이 점이다. 하이데거의 이론은 (여기서는 제국적 정착) 작업을 통해 구획된 세계를 행하고 해제하는 힘 속에서 판단된다. 해체작업의 배경설정 양식(the setting-to-working mode of deconstruction)[「부록」 참조]은 바로 이 점을 발견해낼 것이다. 여기서 하는 이런 이야기는 끝날 줄 모르는 세력장(force field)의 자그마한 일부일 뿐이다.

조지 3세는 자신의 장교후보생에게 "**속된 파편들** 속에 잘 자리잡고서 글씨를 잘 ⋯ 쓰고, **라틴어 문법**을 숙지하도록" 요구했다.[31] 〈동인도 회사〉의 〈군사 위원회〉도 동일한 규칙을 따랐다. 군인이 되기 위해 이러한 지적 준비와 13년간의 훈련을 거친 (열여섯 살에 입대한) 버치 대위는 한 담론에서 다른 담론으로 효과적이고도 맹렬하게 미끄러져 들어간다. 그의 편지는 그런 시대, 그런 맥락에서는 결코 독특하다 할 것도 없는 다음 말을 전하고 있다. "[나는] 그 민족에게 그들이 누구에게 종속된 신민인지 주지시키고자 [이 여행을 착수했다]. 그들은 이 점을 제대로 알고 있지 않았고, 구르카인들(Goorkahs)[인도식 표기는 Gurkhas이다]에게 정복되고서 또 이 나라를 지나간 소수의 유럽인들을 보고서 우리 존재를 들었을 뿐인 것 같다는 생각이 들어서였다."[32]

버치는 말을 타고 인도를 달리면서 자신을 대표적인 이미지로 본다. 그

---

31. "Regulations for the Admission of Gentlemen Cadets into the Royal Military Academy at Woolwich", *Service Army List: Bengal*, vol. 2, 군사 기록들, 연대미상.
32. Board's Collections, 1819-1820, 「벵골 기밀 협조문서」에서 발췌, 날짜 미상.

3장 역사 307

가 보고 말한 것에 의해 소문은 정보로 바뀌고, 히말라야 산악 지대에 있는 유럽인의 형상은 낯선 자에서 주인으로, 대문자 주체로서 주권자로 재각인된다. 토착민이 [서구인의 자아를] 공고히 하는 종속된 소문자 주체로 움츠러들 때에도 그렇다. 낯선 자의 진리 가치(truth value)가 이 거친 지역들의 진정한 역사(로의 삽입)를 위한 준거로 확립되고 있는 중이다.

결정을 대행하는 버치 대위가 "식민 권력"이 단일체와 거리가 멀다는 것을, 식민 권력의 계급-구성과 사회적 입장이 필연적으로 이질적임을 상기하도록 그냥 두기로 하자.

나의 두 번째 예는 의회 총독의 총경이자 대행인 데이비드 오츠터러니 장군이 총독비서 존 아담에게 쓴 편지이다. 이 편지는 기밀 협조문서 속에 들어 있는 편지이다. 버치와 대조되게 오츠터러니 장군은 신분이 높은 신사이고 히말라야 산악 지대 사람들을 진심으로 미워했다. 그는 제국주의에 반대하는 열정이 처음 분출될 때 우리의 상상에 떠오를 그런 류의 사람이다. 그의 편지에는 기억할 만한 말들이 적혀 있지만, 그만한 지위에 있는 사람의 말치고는 유별난 것도 없다. 이렇게 고상한 반테제적(antithetical) 균형은 사회적 사명으로서 제국주의라는 토픽을 둘러싼 19세기 소설을 생각나게 한다. 『제인 에어』의 세인트 존 리버스는 이렇게 말한다. "프레이저 씨는 … 고원지대 사람들이 모든 덕의 싹을 가지고 있다고 생각합니다만, 제가 보기에 그들은 온갖 야수성, 용기라곤 없는 가장 졸렬한 시대의 불성실함[원문 그대로 표기함], 지식이나 세련됨이라곤 없는 현대의 모든 타락과 기만 따위를 갖고 있을 뿐입니다." 내가 들고자 하는 특정 예는 앞서 언급한 편지의 마지막 문단에 나온다. 오츠터러니는 이렇게 적는다. "왕정복고는 권리로서보다 책무로 많이들 받아들일 것이다. 그러나 양도되지 않은 **영토**를 되돌려주지 않으려는 어떠한 노력에 … 소란은 아니라 하더라도 불평불만과 수군거림이 있으리라 생각된다. 세입은 모든 봉건적 관계 속에서도 줄어들지 않을 것이다."[33] 〈동인도 회사〉의 관건이 무역권과 시장의 확립 및 확장임을 고려할 때, 좀더 깨인 분석이라면 소위 왕정복고를 토착민 왕들의 권리로 볼 것이다. 하지만, 오츠터러니가 지금 언급하고 있는 매독에 걸린 시무르(Simoor. 원문대로 표기함)의 라자흐 쿠룸 페르카쉬(Rajah Kurum Perkash)에게 이렇게 계몽된 시각을 들이댄다는 것은 역사적으로 불합리하다고 생각된다. 또 한번 "토착민"(왕의) 주체-입장은 스스로를 **제국주의**의 대상으로 다시 썼다. 이 대목이 우리에겐 더욱 흥미롭다. **영토**는 양도되지 않은 채 되돌려 주지 않아도 되었고 세입도 절반 이상 늘었지만, 처음에 권리로 인지되던 것이 책무로, 어쩔 수 없는 의무로 받아들여지게 되었다. 요즈음 계몽된 관점의 내용은 꽤 종종 제국주의의 희생자들이 장기적으로 책무 말고는 아무 것도 느껴서는 안 된다는 것이다. 여기에서는 사회정치적 무의식이라는 개념이 필요 없다. 우리가 프로이트적 환상의 내부에 계속 있고 싶다면, 이것을 이차적 수정의 계기라고 말할 수 있겠다.

세 번째 예는 런던의 리든홀 가에 있는 〈동인도 회사〉 사무실의 연락위원회가 초안을 작성해 헤이스팅스 후작이자 총독인 모이라 경에게 보낼 편지에 〈동인도 회사〉의 통제부(the board of control)가 몇 가지를 삭제한 사안과 관련된다. 제프리 버치로부터 데이빗 오츠터러니까지는 계급이 올라가는 과정이었다. 그렇다면, 〈동인도 회사〉 통제부가 총독을 견제하면서 이사회(the court of directors)의 법안에 수정을 가하는 것은 최상층으로의 도약이다. 이것은 "**식민 권력들**"의 이질성을 다시 강조하는 데 도움을 준다. 우리는 다시 타자화의 생산을 목격하고 있다. 여기서 토착 국가들은 "우리의 [식민] 정부들"과 구분된다.

여기서 최소한의 맥락은 다음과 같다. 총독은 거의 봉급을 받지 않는 서발턴이 토착 정부의 정규군과 함께 복무하도록 허용하고 있었다. 이사회는

---

33. 「벵골 기밀 서신」, 1815년 9월 27일.

총독을 견책하기 위해 편지의 초안을 작성했다. 내가 보기에 이 편지는 상당히 흥미롭다. 왜냐하면 그것은 교육, 종교적 개종, 혹은 관습법에의 접근권과 같은 이데올로기적 생산이라는 좀더 일반적인 영역에서 더욱 종종 발견되는 정책을 무지막지하게 가시화하기 때문이다.

제국주의 기획은 (타자에게는) 역사의 거의-자아화된(nearly-selved) 타자로서의 식민주체를 "의미하고" (자아에게는) 그러한 식민주체를 "안다"는 인식소를 폭력적으로 한데 모으는 것이다. 그렇다면 삭제의 이러한 예는 항상 내장되어 있는 권력과 의미/지식의 교차를 가리킨다. 이 삭제는 군사 훈련의 철회를 드러내면서 나의 다른 예들에서 그런 것처럼 "누가 토착민인가"하는 질문에 답을 꾸며내는 과정에 곧바로 작동한다. 역사로서 제국주의 서사는 계획된 것이기 때문에 특히 인지될 수 있다. 또 푸코의 암시와 대조적으로, 여기서 "언어[랑그 langue] 및 기호 모델"은 "전쟁 및 전투 모델"과 공모한다.34

아래에 인용된 구절은 이사회가 작성한 것으로 후에 〈동인도 회사〉의 통제부가 삭제한 부분이다. 뉴델리에 있는 〈국립 문서보관소〉에서 찾아낸, 총독이 실제로 받은 편지에는 다음 부분이 없다.

귀하가 저지른 실수에서 으뜸가는 요점은 회사에 봉직하고 있지 않은 유럽인들을 인도에 남아 있도록 허가해 준 데 있었다. [그러한 실천은] **토착 권력의 군대 훈육**의 은밀한 발전을 초래할 것이다. 또한 군법에 예속되지 않아 **인도 정부들**[벵골, 봄베이, 마드라스에 있는 〈동인도 회사〉의 정부들]이 적합하게 통제할 수 없는 무역 선원 기관(Agency of Officers)을 통해서도 그렇게 될 것이다. 영국 정부와 연계하여 토착 권력들의 군대에 과학을 전해 준다는 훌륭한 정책과 일관되는 과학의 일정 수준은 반드시 우리 회사의 장교들에 의해 전달

---

34. Michel Foucault, *Power/Knowledge: Selected Interviews and Other Writings: 1972-1977*, tr. Colin Gordon et al. (New York: Pantheon, 1980), p. 114.

되어야 한다. 그래야만 우리가 의도한 수준을 넘어서지 않도록 확실하게 보장할 수 있기 때문이다.35

이 인용문을 처음 읽어도 대담하고 노골적인 솔직함이 느껴진다. 매우 "성자 같은 위인들"인 찰스 그랜트, 에드워드 페리, 인도를 기독교화하겠다는 강박으로 너무도 유명해 장황하게 말할 필요조차 없는 다른 이들이 이 시기의 이사회에 속해 있었다. 우리는 이 사실을 잊어서는 안 된다. 나는 한편으로는 기독교화 정책을 펼치면서 다른 한편으로는 이렇게 아예 드러내놓고 군사적 우위를 확보하려 한 정책에는 별 관심이 없다. 그보다는 주인과 토착민(우리에게 더욱 친숙한 주인-노예에서 나왔으되 좀 다른 뉘앙스를 지닌 대립항)이라는 계획적인 재현 전략에 관심을 기울인다. 주인은 과학이나 지식의 주체이다. 여기서 문제의 과학은 "사심 없는" 지식으로서 과학이라기보다 전쟁에 관한 "사심 가득한" 과학이다. 이러한 과학 페다고지는 인간적 혹은 인종적 제재의 차이를 "주인"과 "토착민" 사이의 "자연스런" 차이로 인식되도록 할 만한 것을 창출한다는 "이해관계" 속에서 조작된다.

⟨동인도 회사⟩의 연락 위원회는 이 용감한 구절을 그냥 내버려두었다. 그러나 통제부는 이 부분을 삭제하고 서발턴의 고용을 중지할 것을 간단하게 명령했다. 이들은 내가 앞에서 인용한 부분을 삭제하는 대신 다음과 같이 바꾸어 썼다. "귀하가 이 명령의 적합성에 어떤 견해를 갖든 간에 우리는 이 명령이 군말 없이 지켜지기를 바란다. 또한 우리에게 명백하게 혹독한 행위를 하게 하거나, 우리가 틀림없이 부인할 것을 미리 알면서 또 우리의 동의 없이 행해진 일을 묵인하는 고통스런 양자택일 상황에 놓이는 일

---

35. Despatches to Bengal, vol.82, collections 13, 990-14,004, Draft Military Bengal (1819년 12월 8일).

이 다시는 없기를 바란다."

프로이트적 혹은 다소 거친 정신분석학적 환상을 계속해 보자. 그러면 여기서 우리는 (편집증적-분열증적) 초자아(super-ego)로서 **유럽인 주인** 이미지의 생산 계획에 다가서는 어떤 것을, 욕망과 법이 일치해야 하는 무서운 형상을 보게 된다. 즉, 너희가 우리의 이름으로 다스린다면 우리의 욕망이 너의 법이다. 그 욕망이 복종되어야 할 하나의 법으로서 명료해지기 전이라도 그렇다.36

내가 거론한 세 가지 예는 다양한 양식으로 다음을 알려준다. (a) 제프리 버치 대위의 예는 흘끗 보여진 낯선 자를 정보의 주권적 주체로, 행위자를 도구로 설정하는 것임을, (b) 데이빗 오츠터러니 장군의 예는 권리를 강제적 책무로, 행위자를 제국주의적 농노의 정형(stereotype)으로 재각인하는 것임을, (c) 욕망을 법으로 예변법적으로 발급해버리는 메트로폴리스의 분할된 주인 혹은 통합된 법인조직이라서 익명적인 대행자의 예. 이 세 가지 모두가 하나의 "타자" 텍스트를, 토착 **산악지대 국가들**의 "참된" 역사를 생산하는 데 연루된다.

이데올로기와 합리성을 비판한 세 명의 위대한 유럽인 맑스, 니체, 프로이트 중에서, 제도 내부에서 작업했고 실로 제도적 과학을 형성하고자 작

---

36. 여기서 다시 멜라니 클라인이 더욱 유용해진다. 특히 Klein, *The Psycho-Analysis of Children*, tr. Alix Strachey (New York: Free Press, 1984) 참조. 편집증적-분열증적 초자아가 우울한 초자아가 될 때면 훨씬 더 온화해진다. 이것이 바로 식민주체이다. 폭력이 양심의 형성에서 차지하는 역할에 대해 클라인은 숨김없이 솔직하다. 우리는 그녀의 통찰을 활용하여 오늘날의 포스트식민 비평가가 어떻게 생산되는지를 이해할 수 있다. 베니타 패리라면 이 점을 부정하고 싶을 것이며 들뢰즈와 가타리는 이 점을 거부할 것이다. 패리에 대해서는 2장에서 논의했다. 클라인에 대한 들뢰즈와 가타리의 존경과 비판은 『앙티 오이디푸스』에 잘 나타나 있다. 확실히, 클라인은 분석적이고 혁명적이기보다 기술적이고 치료적이다. 그렇지만, 들뢰즈와 가타리는 클라인이 말하는 부분 대상이 "상실된 통일성 혹은 다가올 총체성"(p. 324)에 텍스트적으로 전념한다고 주장함으로써 클라인을 오판하는 듯 하다. 여기서 들뢰즈와 가타리의 오판을 더 논의해 보는 것은 부적절할 것이다.

업했던 유일한 사람이 프로이트이다. 의도하는(intending) 주체 비판과 하나의 "과학"을 제도로 세우려는 작업 사이의 갈등이 프로이트 텍스트의 세부에 활기를 불어넣는다. 거기서 우리는 다소 큰 규모의 감독(monitory) 모델을 발견할 수 있다. 학계의 분과학문들 내부에서 "사심 있는" 비판을 실천하고 생산하고자 하는 우리 자신의 욕망 때문이다.37 대조적으로, 정신분석학에 진단적 분류학을 단순히 집어넣거나 다른 것으로써 그것에 대항하는 것은 다음 사실을 무시하는 처사다. 즉, 추정컨대 "나는 … 때문에 선택한다"로 시작되곤 하는 방법의 어떠한 진술이건 프로이트가 문제시한다는 사실 말이다.

프로이트는 『꿈의 해석』에 나오는 꿈-작업에 관한 고전적 장들에서 "중층-결정"(over-determination)이라는 개념을 꿈-텍스트에 나타나는 이미지의 구성 원칙으로 발전시킨다. 꿈-텍스트를 읽는다고 할 때, 텍스트를 표현으로 보는 단순한 이론을 붙들고 있을 수는 없다. 표현이론에서는 표현의 원인을 주체의 전적으로 자기현존적인 의도적(deliberative) 의식으로 본다. 그러므로 프로이트가 "결정" 개념을 확장할 때, 인과성보다는 결정 — Bestimmung, 조율(tuning) — 에 초점을 맞추는 철학적 경향 내부에서 작업 중이라고 시사할 수 있다. 우리가 제국의 제국주의적 재현만큼이나 이질적인 하나의 꾸며내기를 다루어보고자 시도할 때, 결정과 관련된 재현 개념이 의도적인 혹은 의도화(된) 원인보다 훨씬 더 유용하다. 내가 여기서 짤막하게나마 프로이트의 담론에 눈길을 돌리는 것은 바로 이러한 정신에 서이지, 제국주의가 생산한 텍스트를 꿈과 비교하고자 해서가 아니다.38

프로이트는 꿈-텍스트의 중층-결정을 수많은 결정요소들의 압축(telesco-

---

37. 라클라우의 탁월한 글(Laclau, "Deconstruction and Pragmatism")은 이런 갈등을 하나의 해결책으로 환영한다. 어떤 것이 전미래(future anterior)로, 과거로서 미래로 다가올 때조차 항상 우리를 배신하며 착오로 밀어 넣는 감독적(monitory) 아포리아로 보지 않고 말이다.
38. 이 진술에 작동중인 지목된 "소망"이 있다면, 그것은 대충 해석될 수 있을 것이다.

ping), 즉 mehrfach determiniert라고 습관적으로 말한다. 그렇지만 프로이트는 「재현의 수단」이라는 섹션에서 중층결정을 말하면서도 '다른 식으로 결정되는'(andres determiniert)라는 표현을 쓴다. 꿈-텍스트에 나오는 이미지들의 속성은 "독립적인 두 계기[Momente]에 의해" 달리 결정된다. 프로이트는 철학적 의미가 짙게 깔린 "계기"라는 단어 —『표준판 프로이트 전집』에서는 좀더 구어적인 "요인"(factor)이라고 번역된 — 를 정확하게 사용하고 있는 것일까? 알 수 없다.39 하지만 우리가 프로이트라는 스타일리스트에게 의심하는 혜택을 준다면, 꿈-텍스트를 다르게 결정하는 독립적인 두 계기는 의식 출현의 상이한 철학적 계기들과 유사하게 보인다. 첫 번째 계기는 우리의 오랜 친구인 "소망-충족"이다. 거기서 심리적 행위자는 우리가 일상적으로 우리의 "자아"(self)로 동일시하는 의도적 의식에 가까운 것 같다. 두 번째 계기와 관련해 프로이트는 행동·교섭 능력(agency)의 문제를 정교화하고 싶을 때 그것을 덮어주는 단어인 "작업"(work)을 사용한다. 그의 언어에 배여 있는 망설임과 경제적 은유에 주목해 보자. "우리가 다음과 같이 표현한다면, 경험에 기초를 둔 이러한 주장의 의미를 바꾸지 않게 될 것이다. 응축-작업의 전량이 사용되는[die ausgiebigste Verdichtungsarbeit in Anspruch genommen wurde] 이미지화(imaging[Bildung])에 따라 꿈에서의 그러한 요소들에 의해 최대의 강렬함이 드러난다." 프로이트의 말이 정확한지 누가 알겠는가? 그가 우리의 욕망과 비슷한 욕망의 지점을 가리키고 있다는 점이 우리가 간파하는 전부다. 소망과 경제와 같은 무엇인가

---

39. Freud, *SE* 4: 330. 다음에 나오는 세 개의 인용은 같은 쪽수에서 나온다. 헤겔에서 "한정적 존재[Dasein]는 한정적 존재[이 영어 번역을 벗어나는 것은 독일어에서 결정되는(determined) 한정적 존재(determined being)의 '이름'이다]이며 그 한정성(determinateness)은 존재-내적-한정성[seiende Bestimmtheit], 즉 속성"임은 지적할 만하다. Hegel, *Science of Logic*, tr. A. V. Miller (New York: Humanities Press, 1976), p. 109. 프로이트적 결정(determinieren)과 헤겔적 한정(bestimmen) 간의 유희를 논의하는 것은 본문의 논의로부터 우리를 너무 멀리 몰고 갈 것이다.

를 하나의 사유 속에 붙들고 있겠다는 욕망 말이다. 지금 읽혀지고 있는 텍스트에서는, 단일체적이고 거의-의도적인 "영국 권력" 혹은 "식민 권력"을 비난하지 않으려 하면서도 이해가 곧 용서인 척 하지 않으려는 욕망이 있다. "이러한 조건[Bedingung]과 다른 것(즉 소망-충족과의 관계)이 단 하나의 공식 속에 표현될지 어떨지 그 가능성이 결국 판명되리라고 우리는 기대할 수 있다"고 프로이트는 쓴다. 그는 꿈-텍스트를 구성하는 이미지의 유형에 대해서가 아니라 이러한 다른 식의-결정에 있는 "모든 심리적 가치의 가치변환(transvaluation)"에 대해 말하고 있다. 앞서 내가 인용한 문서보관소 자료의 사소한 대목들에서 가치변환하는 담론적 변동을 살펴본 바 있다. 우리는 이 변동을 위한 좀더 나은 개념-은유를 발견할 수 있을까?

나는 프로이트적 개념-은유를 방법론적 모델보다는 형식적 모델로 사용한다. 그리하여 나는 사회적 실천들의 인종-계급-젠더 결정들을 드러내는 것은 중층결정을 수많은 결정들로서만 보는 태도라고 주장할 것이다.[40] 설명들과 담론들은 독점 제국주의의 인식소적 폭력에 의해 환원불가능하게 갈라진다. 우리가 이 점을 간파한다면, 결정의 지반(ground) 자체가 하나의 형상화가 되는 그런 결정의 가능성을 받아들이기 시작한다. 즉 "다른 식의 결정" 말이다. 물론 프로이트는 제국주의에 대해 한마디도 한 적 없다. 하지만 치환(Entstellung)이라는 의미심장함의 부상에 지반을 이루는 프로이트 담론이 널리 퍼져 있다. 비-근본주의(non-foundationalism)와 좀 다른 지반에서의 형상화라는 개념은 바로 이 프로이트 담론 속에서 표면화된다.

1장의 마지막 섹션에서 검토 대상이었던 생산양식 서사를 먼저 고려해보자. 우리의 이야기에서 역사적 계기란 반(反)봉건제에서 자본주의로 가는 그다지 정확하지 못한 과도기적 공간 자격을 가질 것이다. 정확한 배치

---

40. 이것은 신사회운동의 다원주의의 기초를 이룬다. Laclau and Mouffe, *Hegemony*, p. 198 참조.

구성(configuration)은 유럽에서만 발견되는 것으로 통상 여겨지기 때문이다.

동인도에서 무역을 하던 〈연합 상인〉 회사가 〈동인도 회사〉로 달리 알려진다. 이것이 오늘날 우리가 살고 있는 국가-형성과 경제적 위기-관리 사이의 변동하는 관계를 미리 나타냈다고 손쉽게 가정된다. 〈동인도 회사〉의 이해관계가 상업적인 것에서 영토적인 것으로 변화한 것은 우연이 아니다. (금융적 전 지구화의 바퀴가 한 번 빙 돌았다고 아무리 반복해도 지나치지 않다. 오늘날, 금융자본의 이해관계는 국가의 탈권위화를 요구한다. 우리가 자신을 세계무역의 문제들에 국한시켜 놓는다면 세계무역의 텍스트적 매듭짓기(knotting)의 전체 범위와 그 내부에서 이용되는 여성을 이해하지 못하게 된다.)[41]

이런 사실에 앞서, 최초의 위대한 초국가적 회사로서 〈동인도 회사〉는 필수적인 법처럼 보였던 것에 따라 국가-형성 사업에 관여하였다. 이 회사는 정의상 영국이라는 국가에 의해 허가되긴 했지만, 메트로폴리탄 국가 혹은 모국의 경계를 폭발시키는 꼴불견의 기괴한 국가라는 추문을 생산했다. 인도 정부는 **회사의** 정부였고 군대는 **회사의** 군대였으며 법적인 재-각인 시도들도 **회사의** 것이었다. 실로, 인도의 새로운 지도작성 및 체계적 정상화 ― 산악지대 국가들의 "정착"이 그 일부를 형성하는데 ― 는 **회사**에 의

---

[41] 찬드라 탈파드 모한티는 지난 20년 동안의 풍성한 연구에 기반하여, 세계무역을 유지하는 데 여성들이 이바지하는 중요한 역할을 적절하게 관찰해낸다. (Mohanty, "Women Workers", 특히 pp. 5, 7 참조.) 하지만 금융화에서 여성들의 미시-사업, 즉 기간구조(infrastructure)와 관련 없는 신용-미끼질(credit-baiting)은 가장 빈곤한 시골 여성들을 〈세계여성은행〉과 검토되지 않은 보편주의적 페미니즘 간의 동맹을 통한 국제적 상업 부문에 의해 직접적인 상업적 착취에 노출되게 내몬다. 우리는 금융자본을 거부할 수 없으며 다만 임금노동의 악화가 전 지구화의 결과임을 간과할 뿐이다. 그렇다면 신용-미끼질은 하나의 "해결책"으로 제시될 수 있다. 자본이 증권 교환의 컴퓨터화 및 포스트포디즘적 재택근무, 소위 자유무역 제창을 통해 전 지구화로 나아가고 있는 동안 임금노동의 악화 ― 노동의 여성화 ― 는 여성들에게 일어났다. 지금 세계무역은 "1989년의 혁명"이후 가능해진 전 지구의 전적인 금융화라는 명령의 서열 2위를 차지한다. 이 글이 진행됨에 따라 이 점을 좀더 풀어볼 것이다.

해 착수되고 확립되었다. 1813년에 갱신된 회사의 법인 허가를 시작으로 회사의 엄격하게 상업적인 독점은 시들해졌다. 바로 그 때, 이런 체계적 사업들이 새로운 활력소를 제공했다.

물론, 1813년 이후 영국 의회가 교육에 훨씬 많은 관심을 기울였던 것은 사실이다. 그러한 교육 서사를 따라가는 것은 부르주아 남녀가 불균등하게 해방되고 구성되는 과정을 추적하는 것이다. 산악지대 국가들에서 교육 서사는 제국의 미래에 많은 부분을 할애하는데, 늦게 시작되어 좀더 고집스럽게 더 오랜 동안 남자의 영역으로 남는다. 이것은 하나의 다른 이야기, 즉 국경을 그려내는 전략에 초점을 맞춤으로써 국가-형성을 아무렇게나 하다가 초래되는 하찮은 하나의 파편일 뿐이다. 그것은 한편으로 왕과 정당들에 의한 영국 내수 사업의 규제와 다른 한편으로 해외 무역 사이의 음흉한 관계 이야기보다 중요하지 않다. 이는 추호도 의심할 바 없다. 나는 이 과정을 수반했던 필연적이면서 거의 은밀했던 국가-형성에 초점을 맞춘다. 그러므로 나의 논의는 영국제국에의 포섭을 통해 인도가 국가 자격을 갖춘다는 공식 서사와는 뚜렷하게 변별된다.[42] 그렇다면, 우리가 회사의 제국이 아니라 회사의 국가와 마주하게 되는 것은 바로 (균열로 보이는 것은 또한

---

[42] 분과학문적 역사기술이 제시하는, 중상주의와 제국주의의 관계에 대해서는 Bernard Semmel, *The Rise of Free Trade Imperialism: Classical Political Economy: The Empire of Free Trade Imperialism, 1750-1850* (Cambridge: Cambridge Univ. Press, 1970) 참조. 표준적 견해는 다음과 같이 요약할 수 있다. "그러므로 [보호무역주의의] 주체는 영국과 본질적으로 관련되며, 인도와는 우연적으로 관련된다"(Parakunnel Joseph Thomas, *Mercantilism and the East India Trade* [London: Frank Cass, 1963], p.v). 맑스가 「동인도 회사: 그 역사와 결과들」(1853)에서 영국 의회와 동인도 회사 간의 갈등에 대해 논평할 때도 그 갈등을 중상주의의 갈등의 한 판본으로 본다. 맑스는 국민-국가들과 다국적 및 초국적 기업들 사이의 후기자본주의적 갈등에 불가피하게 친숙하지는 못해서, 영국 의회와 〈동인도 회사〉 간의 갈등을 상업과 산업, 국내 제조업과 식민지 제조업간의 갈등으로 기술한다. "그래서 인도는 한편으로는 산업적 이해관계와 다른 한편으로는 금권정치와 과두독점이 경합하는 전투장이 되었다. 영국에서의 지배세력을 의식하는 제조업자들은, 전적으로 고대적 구성을 지닌 인도 정부의 파괴를 위해서, 또 〈동인도 회사〉의 궁극적인 실추를 위해서, 인도에서의 이 적대적인 권력들의 말살을 지금 요청하고 있다"(Marx, *Surveys*, p. 315).

반복이라는) 대리보충성(supplementarity)의 법칙에 의해서이다. 회사의 국가가 고유명사에 의해서가 아니라 국가를 가리키는 형용사에 의해 임시변통으로 영국(British)이 되기 때문이다. 여기서 최종심급에서의 경제학이 갖는 설명적 힘이 노골적으로 가시화되었다. 정치적인 것의 상대적 자율성이 즉흥적으로 만들어진 국가책략(statecraft)으로 이어지고, 기괴하게 째고 들어간(invaginated) 부분이 전체보다 더 크게 되는 국가-내부의-국가로 이어질 때조차도 그랬다.43 우리가 이와 같은 설명을 취하지 않는다면 라니의 텍스트적 출현을 이해할 수 없다. 나는 지금 동인도 회사의 간략한 역사를 소박하게 읊고 있는 게 아니다. 그리고 여기서 페미니즘은 단순히 젠더 관계에 국한될 수 없다.

인도를 연구하는 표준적 역사가는 이 임시변통의 국가-형성을 단순히 인도의 국민성 부족이라는 관점에서 분석한다. 그리고 이에 반대하는 표준적인 텍스트들이 이와 반드시 의견이 갈리는 것도 아니다.44 다시 한번 더 말하지만 이것은 문제를 국내 맥락에서만 고려하고 식민인인 것을 규범적인 것으로 강조하면서 유럽, 특히 영국에서의 성장-패턴을 아무런 의문 없이 규범으로 가정한다. 여기서는 역사에 대한 한 가지 서사화가 "실제로 일어났던 일"로 뿐만 아니라 은근슬쩍 "마땅히 그래야 하는 일"로 비치게 된다.

나는 너무 분명하게도 역사가가 아니다. 나는 식민 담론에 관심은 있지만 (저 멀리 에섹스대학에서 열린 학술대회에서처럼) 분과학문적으로 성숙한 판단능력은 갖지 못한 문학연구자이다. 그런 문학연구자가 보기에, 좀 더 중요한 사안은 혁신적인 역사가라기보다 표준 자체이다. 문학연구자는 분과학문적 논쟁에 끼일 만큼 역사연구를 해온 게 아니다. 그래서 나는 퍼

---

43. 째고 들어가기(invagination)에 대해서는 1장에서 논의했다.
44. 여기서 나는 "표준적인 대립적 텍스트들"로 물론 Partha Chatterjee, *Nationalist Thought*와 *The Nation and Its Fragments: Colonial and Postcolonial Histories* (Princeton: Princeton Univ. Press, 1993)을 염두에 두고 있다.

시벌 스피어를 택한다. 스피어는 1813년 이후에 일어난 엄격한 지도작성상의 재각인을 부분적으로는 "어떤 인도인 지도자의 승리는 자신의 승리였던 반면 어떤 영국인 장군의 승리는 영국의 승리였다"는 사실 때문이라고 본다. 이 사실로 보건대, 1813-1818년을 문제삼지 않고 글을 쓰는 것이 그리 어렵지는 않다. "그 시기는 인도가 새 출발을 하기에 무르익은 시점이었다"고 하면 말이다.45 "비-이론적" 맥락에서 "새 출발"과 같은 걸으로 보아 아무 문제가 없는 구절은 우리가 앞서 간파했던 "세계"를 "구획"하려는 기획과 복원 사명 사이의 모순을 공고하게 덮어버린다. (이 모순은 "전통"과 "발전"이라는 우리 자신의 도덕적 딜레마 속으로 치환되어 들어간다.) 사실, 초점이 인도가 아니라 영국이라 하더라도, 일부(인도 행정부)가 전체(모국

---

45. Percival Spear, *India: A Modern History* (Ann Arbor: Univ. of Michigan Press, 1972), pp. 229, 235. 조금만 확장해서 고찰해 본다면, "시골의 고갈", "삶의 일반적 정체", "사회적 질병"과 같은 흔한 "사실적" 일반화를 문제시하면서 이 중층결정된 생산, 역사 전공 학부생의 범위를 넘어가는 전략, 이런 권위적인 텍스트들이 쓰여지도록 하는 이데올로기적 생산의 적극적 단위 문제를 제기하기 위해 "문서보관소 자료"를 "읽으려" 할 것이다. "인도"와 "인도인들"에 대한 의심의 여지 없이 좋은 의도를 지닌 사랑과 감사란 모든 고유명사가 그런 것처럼 "실재적인 것의 효과"요 "재현"이며 또 그렇게 읽혀야 한다. 현실과 사실만을 다루는 스피어는 하나의 사실적인 목적론적 서사 핵심을 가지고 시작하여 이 핵심을 그의 책에서 확장하는 쪽으로 나아간다. "이 책의 목적은 서구의 영향하에서 인도가 근대 국민국가로 변환(transformation)되는 과정을 그려내는 것이다"(Spear, *India*, pp. 231-233, p.vii). 내가 최근의 역사 연구가 대신 스피어를 선택한 것은 분명 미국에서의 일반적 관점에 그가 훨씬 더 가깝기 때문이다. 담론구성체들의 이 막대하고 불균등한 충돌에 "변환"이라는 이름을 부여하는 것은 식민 역사와 포스트식민 역사에서 다음 사항 외의 모든 것을 배제하게 된다. 이 책이 추적하려고 하는 토착정보원 / 식민 주체 / 포스트식민 주체 / 전 지구화된 주체의 편력 말이다. 냉전의 자취를 훑다보면, 미국 내의 승리주의적 아메리카니즘의 분위기가 발견된다. "민주화"(비효율적인 것을 통해서 효율적이 되고 거칠게 되기까지 하는)란 국가자본주의와 그 식민지들을 합리화된 전 지구적 금융화의 조공 경제로 변환시키기 위한 코드명으로, 초기 식민주의가 운운한 문명화 사명의 아우라를 달고 다닌다. 다시금, 이야기는 "변환"에 관한 것이다. 그리고 지금은 다른 무엇보다도 젠더의 측면에서 훨씬 더 구체적으로 말할 시점이다. 이것은 전 지구화된 주제이다. 섹슈얼리티의 합리화, 젠더 관계들의 침략적 재구조화, 여성들의 미시-사업이라는 이름으로 기간구조와의 연계 없이 진행되는 빈곤한 여성들의 신용-미끼질, 발전-중인-여성(근대화)을 젠더-와발전(새로운 세계 경제 질서)으로 수정하는 이 모든 것이 전 지구적 자매애로 비친다. 시르무르의 라니는 하나의 머나 먼 선구적 조짐이다.

정부)의 성격을 변경시키기 시작했다고 주장할 수도 있다. 그 반대가 필연적이지 않듯 말이다.46

째고 들어와진 국가가 "최종심급에서 경제적인" 것을 거칠게 가시화한다는 제안으로 되돌아가 보자. 여기서 또 다른 표준 교과서인 C. H. 필립스의 『동인도 회사』(1784-1834)에서 뽑아온 인용문을 보자.

〈동인도 회사〉의 자본 주식을 구매한 사람은 누구든지 소유자로 명명되었으며, 〈주주 총회〉에 출석하도록 허용되었다. 500파운드의 주식을 보유한 사람은 "손을 들어" 투표할 자격을 부여받았다. 1,000파운드의 주식을 보유한 사람은 무기명 투표에서 한 표를 부여받았으며, 3,000파운드는 두 표를, 6,000파운드는 세 표를, 10,000파운드 이상은 최대 표수인 네 표를 부여받았다. 당대의 한 저자는 〈주주 총회〉를 "시민권에 관해서는 영국인, 프랑스인, 미국인 사이에 아무런 구분도 없고, 종교에 관해서는 유태인, 터키인, 이교도 등 아무런 차이가 없고, 성별에 관해서는 나이든 여성도 아무런 방해 없이 참여할 수 있는 그런 대중적인 상원"이라고 악의적으로 기술했다.

"새커리의 소설 『허영의 시장』에 나오는 **물라토** 상속녀의 이름이 〈동인도 회사 주주 명단〉에 세 표 자격으로 들어가 있었다." 이 대목에 주목하는 것은 흥미롭다.47 바로 이 시나리오가 여성을-보호하고-어린이를-보호하는-회사가 식민지에서 확보하려는 바이다. 이 시나리오는 또한 초상(portrait)이자 대리(proxy)로서 재현의 문제이기도 하다.48

---

46. 예를 들어, Christopher Hill, *Pelican Economic History of Britain*, vol. 2 (New York: Penguin, 1969), pp. 216-220 참조.
47. C. H. Phillips, *The East India Company* (1784-1834) (Manchester: Manchester Univ. Press, 1961), p. 2.
48. 제3세계 여성들에 대한 우리 시대의 재현에 대해서는 Chandra Talpade Mohanty, "Under Western Eyes: Feminist Scholarship and Colonial Discourse", Chandra Talpade Mohanty et al., eds., *Third World Women and the Politics of Feminism* (Bloomington: Indiana

인도가 제국의 소유물이 된 것은 19세기 후반에 이르러서였다. 그 즈음에서야 이른바 "식민적 생산"의 토대가 확고하게 자리잡혔다. 〈동인도 회사〉는 인도 항쟁(Indian Mutiny)[1857년에 있었던 벵골의 반란]이 일어난 1년 후인 1858년에 해체되었다.

그들의 폐하 정부와 〈동인도 회사〉간의 갈등이 증폭되며 질질 끈 오랜 역사는, 국가와 초국가 사이의 현 갈등 맥락 속에 있는 비전문가에게 친숙하게 보인다. 전문가가 한편으로는 중상주의적 이해관계를 지닌 행정기구와, 다른 한편으로는 국가 사이에 있었던 초기의 국내 갈등을 뒤늦게 대리보충하러 부상한 현 갈등을 우리에게 상기시켜 줄 때도 그렇다. 핏트(Pitt)는 1784년의 〈인도 법령〉으로 〈동인도 회사〉에 재갈을 물리려고 했다. 그가 이루어낸 주요 업적들 중 하나는 〈통제부〉를 설립한 것인데, 이것이 〈동인도 회사〉를 통제하는 영향력을 발휘하게 된다. 내가 섹션 2에서 마지막으로 든 예가 이 점을 입증해 준다. 〈동인도 회사〉의 〈이사회〉는 총독에게 다음과 같은 편지를 썼다. "귀하가 저지른 실수 중에서 으뜸가는 요점은 회사에 봉직하고 있지 않은 유럽인들을 인도에 남아 있도록 허가해 준 데 있었다." 추정컨대 전체를, 즉 영국 국가를 대변했던 〈동인도 회사〉의 일부인 〈통제부〉가 이 대목을 다음과 같이 바꾸었다. "이 명령의 적합성에 관한 귀하의 견해가 무엇이든 간에 우리는 이 명령이 군말 없이 지켜지기를 바란다." 특정한 역사적 국면에서 정치(국가)와 경제(〈동인도 회사〉) 사이의 갈등은 매우 분명해진다. 〈동인도 회사〉는 임시변통의 방식으로 나름의 정치영역을 확립한 의사(擬似)국가적(paranational)인 실체다. 이 회사의 영향권은 영국과 인도를 넘어, 예컨대 이제 막 솜털이 자라나기 시작한 미국에까지 확장된다.[49] 중심화된 정치권력의 고유한 저장소인 국민-국가는

Univ. Press, 1991), pp. 51-80 참조. [이 논문의 한국어판은 『탈식민 페미니즘과 탈식민 페미니스트들』, 현대미학사, 2001, 2장에 실려 있다].
49. 〈동인도 회사〉의 미국 무역에 대한 설명으로는 Philips, *East India Company*, pp. 106-197

〈동인도 회사〉를 자신의 의지하에 두고자 하며 마침내 성공한다. 그것은 오늘날 우리가 살아내고 있는 바, 정치와 경제 사이의 살인적이고 변화무쌍하고 생산적인 모순을 보여주는 하나의 전조이다. 그래서 식민주의를 균열이나 연속성 어느 하나만으로 정의하는 것은 중층결정을 결정론의 한 부류로 환원시키는 꼴이다.

물론 〈동인도 회사〉의 개별 행위자들이 활용할 수 있는 정치적 담론은 다른 곳에서 나왔다. 회사의 정략가들은 중농주의, 중상주의, 자유무역을 통해 경제적인 측면에서, 특히 [히말라야산맥을 따라 있는] **산악지대 국가**들과 같은 "보호받는" 토착 국가들의 경우에는 권력/지식의 측면에서, **영구적 정착**을 이론화할 수 있었다. 하지만, 가까이 수중에 있었던 것은 바로 봉건주의 담론이었다.[50] 오츠터러니는 총독에게 보내는 비밀 협조문서에서 이렇게 쓰고 있다. "하나의 토착정부가 설립된다면, 토착정부의 영주세력에게는 토착정부가 주권의 가시적인 모든 기호를 소유하고 있어야 한다는 생각이 들 것이다. 이 기호는 토착정부가 영국정부와 맺는 봉건적 관계와 양립할 수 있는 것이며, 영국정부가 신민이 보는 앞에서 토착정부에 책임을 부여할 수 있도록 할 것이다."[51]

봉건주의, 중상주의, 군사주의 이미지들의 절묘한 합성은 신식민주의 담론을 어렴풋이 미리 보여준다. 이것은 존 아담이 오츠터러니에게 쓴 편지에서 발견된다.

> 귀하는 존경하는 동인도 회사를 위해 카아르다 둔(Kaardah Doon)을 영구적으로 점령하자는 제안이 나왔다는 사실을 기억할 겁니다. 이렇게 점유하게 되면,

---

참조. 지금 상황에 견주어 말해 보자면, 오늘날 엘리트 문화연구가 이 노선을 따라 지적 소유권 거래의 미미한 일부로 될 수 있다.

50. Spivak, "More on Power/Knowledge", *Outside*, pp. 25-51 참조.
51. 「벵골 기밀 서신」(Bengal Secret Correspondence), 1815년 8월 2일.

결국 군사적인 관점에서 중요할 뿐만 아니라, **영국정부가** 틀림없이 맡아야 할 지출을 일반적으로 변제하는 데에 기여할 것입니다. … 그리고 일반적으로, 그들이 우리와 맺게 될 봉건적 관계로부터 초래되는 모든 의무를 수행하는 데, 우리 상인들과 그들의 재화가 각기 자기 영토를 자유롭게 통과하도록 보장하거나 고려중인 영토들의 방방곡곡에 선포될 성명서 속에 보증되도록 하는 데 기여할 겁니다.[52]

책무와 의무라는 주제에 대해서는 앞서 이미 논의했다. 성명서의 출판은 이러한 사이비-윤리적 요구사항의 사실적 기초를 진본으로 인가해 준다. 사실들은 봉건적 공리계에 기초를 두고 있는 것으로 보인다. 이 시기의 메트로폴리스 문헌이 제국주의적 공리계로부터 나온 것임을 보여줄 수 있을 때도 그렇다. "사실들"을 구성하는 이런 공학은 공식적인 역사 기록, 사실들의 책 — 스피어의 『인도』와 같은 책에 의해 일반 교육 수준에서 제도적으로 재현되는 — 에서는 시치미 뗀 채 숨겨진다.

봉건적 담론에의 호소는 영토 침범을 통한 상업적 독점의 원칙을 인식하지 못하는 무능력 혹은 인식하지 않겠다는 거부에 의해 똑같이 지지될 수 있다. 그것이 **토착민들**의 소위 권리자격(entitlement)의 지역화된 판본으로서 토착민들에 의해 작동되었을 때 그렇다. 그래서 제프리 버치는 존 아담에게 다음과 같이 쓰고 있다.

제가 보기에 정부가 약간 손실을 감수하지 않고서는 치유책이 없어 보이는 억압의 한 종류를 또한 언급해도 괜찮을는지요. 칼시(Kalsee)는 줌나(Jumna)와 톤스(Tonse) 사이에 있는 전 지역을 관할하는 거래소(Mart)인데, 구르왈(Gurwal)과 부싸히르(Bussahir)로부터 **상품**이 또한 빈번하게 구입됩니다. 거래업자가 쉴 만한 장소가 없기 때문에, 칼시의 마하젠(Mahajen)인들과 분네아(Bunneah)인

---

52. 앞의 서신, 1815년 5월 22일.

들이 거래업자를 자기 집에 초대합니다. 그들 사이에 서로 양해 사항이 있어 어떤 사람이 초대된 집에서 상품 입찰을 할 때 다른 사람들과 왈가왈부 하지 않으며, 결과적으로 그 사람은 숙박이며 재화의 무게를 달거나 수를 세는 데 자기가 매기는 비용과 별도로 가격을 자기 맘대로 매긴다는 것을 나는 알고 있습니다.[53]

버치는 감독된 공정한 무게 단위를 도입함으로써 이 억압을 "치료한다." 여기서 고전적 맑스주의 담론이 실로 한 순간에 설명적 중요성을 확보하는 것처럼 보인다. 새로운 지도가 작성되던 때에도 분쟁 지역에 아무런 경제 외적 강제가 없는 착취가 도입되고 있는 와중이니 그렇다. 노동력은 말하자면 자유로워진다. 그렇지만 여기에 도달하게 되면 분석은 복잡해져야 한다. 국제적 노동분업의 예비적 전조로서 **노동력**이 마구잡이로 "자유화"(freeing) 되는 영역을 통제하느라 제국주의를 변명하던 서구 맑스주의들이 설명할 수 없었던 어떤 일이 일어나기 때문이다. 즉, 환영적인(phantasmatic) 인종 담론이 전개된 것이다. 여기서 내가 주장하는 바는 물론 제국주의가 최종심급에서 인종적 결정론은 아니라는 점이다. 19세기를 달구었던 문제는 그저 피부색으로 그어진 장벽만은 아니었다. 남편과-별거하며-왕자와-함께-한-라니는 이렇게 봉건적-자본주의적으로 식민지의 한계를 텍스트화한다. 거기서 라니가 갖는 유용성은 젠더의 복잡한 전개를 보여주는 데 있다.

시르무르의 라니를 지식의 대상으로 구성하기 위해서는, 그녀가 〈동인도 회사〉의 상업적/영토적 이해관계 때문에 문서보관소에 출현한다는 점을 파악해야 한다. 우리는 분명한 윤곽의 "노동계급"이 출현하지 못한 것은

---

53. 「통제부 모음집」(Board's Collections), 1819-1820 중 「벵골 기밀 협조문서」(Bengal Secret Consultations)에서 발췌함, 1815년 11월 12일.

식민지 맥락 때문이라고 주장할 수 있는 지점까지 앞 섹션의 논의를 끌고 갔다.54 여기서는 젠더화에서 일어나는 한 가지 역할의 전유를 고려하면서 인종 담론의 전개를 짤막하게 논의할 것이다.

그래서 나는 라니를 살펴보기 전에 로버트 로스를 잠깐 살펴보아야겠다. 그는 산악지대 나라의 지도를 인식적으로 그린다.

그는 1789년 퍼스(Perth)에서 태어났다. 그는 16세에 인도로 왔다. 그는 참으로 범속한 소년이었다. 그는 다소 자유로운 정신을 발휘하며 〈동인도 회사〉 일을 다루었고, 1854년 케이프에서 죽었을 때는 어떤 불미스런 상황 속에 있었다. 우리에게 중요한 것은, 이 사람이 23세에서 25세 사이에 짤막한 「타마스 강과 수트레즈 강 사이 산악지대 나라들의 통계적·지리적 회고록」을 작성했다는 점이다. 이것은 풍문과 해석된 대화로부터 구성된 "권위 있는" 기록문서였다. 〈동인도 회사〉〈이사회〉의 허가를 받아 이 문서는 급송 문서로 벵골에 보내져 산악지대의 고대 왕국들이 "복원"되도록 승인을 받아내었다.55 라니는 하나의 도구였던 셈이다. 그리하여 서구의 역사성 정의에 따라 (한) 여성사를 복원하는 노선들이 규정되었다.

산악지대에 대한 로스의 짤막한 인구학적 분석은 이렇다. 그곳의 백성(people)은 모두 "다양한 종류의 선주민들"이다. 시크교인, 구르크하인, 무굴인들은 다양한 "외국의 멍에"를 지니고 있는 변주들이다. 이 땅의 적법한 군주는 힌두교 추장인데, 로스는 그들의 유래나 기원에 대해서는 아무 말도 하지 않는다. 로스의 순진하고 환영적이며 인종-차별화된(race-differentiated)

---

54. 벵골 맥락에서 이 점을 논의하면서 상당히 광범위한 적용을 보여주는 책으로는, Dipesh Chakrabarty, *Rethinking Working-Class History: Bengal, 1890-1941* (Princeton: Princeton Univ. Press, 1989) 참조.
55. Despatches to Bengal, vol. 22, collections 13,990-14,004, 벵골 정치부, 1816년 12월 10일, 12일자 편지 답신. 인용의 출처는 Service Army List: Bengal, vol. 2, Military Records. [Robert Ross, "Statistical and Geographical Memoir of the Hill Countries Situated between the Rivers Tamas and Sutlej"]

역사적 인구학은 그 광범위한 개괄에서 고대 인도에 대한 아리아인 중심적 판본과 동일하다. 이것은 호기심을 끌기에 충분하지만 로밀라 타파르와 같은 역사가들이 의문을 제기한 바 있다.56 여기서 관건이 되는 것은 "세계구획", 즉 스스로를 흠 없는 것으로 제시(재현)해야 하는 지도작성법의 재각인이다. 나는 각인되지 않은 땅이라는 필연적으로 식민주의적인 전제와 관련된 모순에 대해 앞서 쓴 바 있다. 불편한 모순은, 인종-분할적이고 (race-divisive) 정식 허가를 받지 못한 로스의 역사적 인구학을 "증거"로 받아들이면서 〈이사회〉가 다음과 같은 부드러운 "제안"을 덧붙이는 태도에서 분명하게 가시화된다. "로스는 자신의 세부 사항들, 특히 머나먼 시대들로부터 추론했던 역사적 진술들의 기반이 된 출처들을 언급해야 한다." 그리고 〈이사회〉는 "토착" 지도에 이러한 지위 부여를 경계하며 거부한다. "이 지도는 **토착민**의 손으로 만들어진 것이라 데이빗 오츠터러니 경은 거기에 의존하려 들지 않지만, 우리에게 어떤 아이디어를 주는 데 도움이 되기는 되었을 겁니다."57 이사회의 부드러운 제안은 결국은 무시된다.

로스와 버치가 "아무런 경제-외적 강제 없이 잉여-가치의 추출 및 전유" (자유 임금-노동)에 의해, 또 오늘날 이른바 "소비주의의 훈련"("생활수준의 향상"과는 상당히 다르다. 그들의 문구는 "이 백성의 습관과 풍속에서 점차 일어나는 향상을 알아차릴 수 없게 도입하기")에 의해 바로 "선주민 주체

---

56. *Ancient India: A Textbook of History for Middle Schools* (New Delhi: NCERT, 1975)와 *Medieval India: A Textbook of History for Middle School* (New Delhi: NCERT, 1978)에서 타파르 교수는 중등교육 수준에서 이러한 서사의 생산을 통제하려고 시도했다. (또한 Thapar, *Interpreting Early India* [New York: Oxford Univ. Press, 1992] 참조.) 민족적·전 지구적 정치세력들과 정치경제는, 여기 로스에게서 우리가 보고 있는 바를 활용해 왔다. 스스로를 반응하는 복고주의라 정당화하는 대규모의 힌두 민족주의의 폭력을 활성화하기 위해서이다. 이 서사가 전 지구적으로 활개치고 있는 모습을 보려면, Biju Mathew et al., "Vasudhaiva Kutumbakam: The Hindu in the World", *Diasporas* (근간) 참조.
57. Despatches to Bengal, Answer to Political Letter (1816년 12월 11일), 날짜는 1819년 12월 1일자로 되어 있음.

들"이 변화되기를 바란다.58 하지만 로스와 버치가 보증하고 공식 권위를 부여한 것은 힌두교 추장들의 주장이다. 이러한 권위부여의 이데올로기적 만개 — 인종담론의 분할적 전개 — 는 70년 후 모니어 모니어-윌리엄스 경이 지은 올바르지만 미학적으로 별 볼일 없는 시들에서 이루어지게 된다. 이것은 옥스퍼드에 있는 〈인도 연구소〉의 문에도 새겨져 있다. 그 마지막 행은 이렇다. 아리아인들 나라와 앵글로인들 나라 사이의 상호 우정이 계속해서 증진되기를 바라노라!

신분위계가 있는 힌두교를 이런 식으로 인종화하여(racialized) 전유하는 것조차 물론 비대칭적이었다. 영국적 체계의 한 가지 판본을 확립함으로써 거둔 한 가지 효과는 제도권 연구에서의 분과학문적 구성체와, 지금은 대안전통이 된 토착 "고급문화" 전통이 불편하게 분리되는 것으로 나타났다. 제도권 연구의 분과학문적 구성체 내부에서 권위적인 학자들이 발생시킨 문화적 설명들은 교육과 법의 영역에서 계획된 인식소적 폭력에 부합하기 시작했다.59

나는 여기에 1883년 옥스퍼드 〈인도 연구소〉의 설립뿐만 아니라 1784년 〈벵골 아시아 협회〉 설립을, 아더 맥도넬과 아더 베리에데일 케이스와 같은 학자들이 착수한 막대한 분석적·분류학적 저작을 위치시킨다. 이 두 학자는 식민지 행정관료이자 산스크리트어 문제를 조직한 사람이었다. 일반 교육의 틀에서는 산스크리트어를 공격적으로 억압하거나, 브라만이 헤게모니를 쥐고 있는 인도의 일상생활에서는 산스크리트어의 수행적 용법을 점증적으로 "봉건화"하는 경향을 짐작할 수 있다. 그런데 산스크리트어 연구자들과 학자들을 위한 맥도넬과 케이스의 확신에 찬 공리주의적-헤게모니적 계획들로부터는 어느 쪽인지 짐작하기란 불가능하다. 브라만을 힌

---

58. 「통제부 모음집」, 1819-1820. 「벵골 기밀 협조문서」(1815년 10월 27일).
59. Gauri Viswanathan, *The Masks of Conquest* (New York: Columbia Univ. Press, 1989)는 이런 현상을 기록하는 서사를 제공해 준다.

두교적 코드를 코드화하려는 영국인들과 같은 의도를 갖는다고 보는 역사의 한 판본이 점차 확립되어 갔다. "[원래 브라만의] 계승자들은 힌두 사회를 그대로 보존하기 위해 모든 것을 글쓰기로 축소시켜 그것을 점점 더 경직되게 만들어야 했다. 그리하여 정치적 격동과 외국의 침입에도 불구하고 힌두 사회를 지켜왔던 것이다."60

이것은 박식한 인도연구자이자 식민생산 내부에 있던 토착 엘리트의 탁월한 대표자이기도 한 마하마호파디아야 하라프라사드 샤스트리가 1925년에 내린 평결이다. 권위와 (권위의 인종-계급에 좌우되는) 설명의 관계 속에 있는 비대칭을 보여주기 위해, 이것을 영국 지식인 에드워드 톰슨[『영국 노동계급의 형성』의 저자인 E. P. 톰슨이 아님]이 1928년에 했던 언급과 비교해 보자. "힌두교는 그렇게 보이는 바로 그것이었다. … 그것은 악바르 제국과 영국 둘 다와 더불어 [그것에 맞서서] 승리한 고등문명이었다."61 1890년대에 한 영국인 군인이자 학자가 쓴 편지를 덧붙여보자. "내가 지난 25년 동안 인도에서 사는 동안 '신들의 언어'라는 산스크리트어 연구는 내게 강렬한 즐거움을 주었습니다. 하지만 그것은 어떤 사람들에게는 그랬겠지만 나한테는 우리의 위대한 종교를 향한 가슴 속 깊은 믿음을 포기하도록 이끌지는 않았습니다. 나는 이렇게 말하게 되어 감사할 따름입니다."62

시르무르의 경우로 되돌아가 보자. 로버트 로스는 인종-분할적인 역사기

---

60. Mahāmahopādhyāya Haraprasad Shastri, *A Descriptive Catalogue of Sanskrit Manuscripts in the Government Collection under the Care of the Asiatic Society of Bengal*, vol. 3 (Calcutta: Asiatic Society, 1925), p. viii.
61. Edward Thompson, *Suttee: A Historical and Philosophical Enquiry into the Hindu Rite of Widow-Burning* (London: 1925), pp. 130, 47.
62. 예일대학의 스털링 메모리얼 도서관이 소장하고 있는 *The Mahanarayana-Upanishad of the Atharva-Veda with the Dipika of Narayana*, ed. Colonel G. A. Jacob (Bombay: Govt. Central Book Depot, 1888)의 앞 속표지에 붙어 있는, (G. A. 제이콥이 이름 미상의 누군가에게 보낸) 자필 편지. 스피박의 강조. 이런 지식이 지닌 특이한 위험을 떠올리는 것은 내가 3장에서 논의하고 있는 인종 차별화에 속하는 토포스이다.

술의 원조하에 각 산악지대 국가에 "원본의" 오래된 개요를 부여한 다음, 두 번째 날짜가 표시된 개요를 다시 부여한다. 두 번째는 일반적으로 17세기, 18세기로 날짜가 표시되어 있다. 그의 기획은 바로 이 두 번째 기원의 윤곽을 각 국가에 복원시켜 주는 것이다. 그렇지만 이 맥락에서는 계급-구성 논의가 충분할 수 없는 것처럼, 인종-분할에서 나온 논의 역시 충분하게 보이지 않을 것이다.

기원의 복원 기획은 시르무르에게는 적용되지 않았다. 우리가 시르무르에 다가감에 따라 계급 및 인종 담론으로부터 젠더 담론으로 옮겨간다. 그리고 우리는 응달 중의 응달 속에 있게 된다. 시르무르의 라자(Raja)[여성형이 라니(Rani)임] 카람 프라카쉬(Karam Prakash)는 영국인들에 의해 폐위되었다. 그가 그렇게 된 표면상의 이유는 그의 야만성과 방탕함이었다. 야만성에 대한 비난은 많은 당대 추장들에 반대하는 비밀 서신 속에서 제기되어 있었다. 그러므로 그것이 폐위의 충분한 근거가 되는 것 같지는 않다. 그렇다면, 남게 되는 유일한 이유는 그가 걸린 매독이었다. 나는 매독을 그의 "혐오스런 병"이라고 본다. 왕족 중에 믿을 만한 남자 친척이 없어서 라니가 아들인 왕세자 파트테흐(Fatteh) 프라카쉬의 즉각적인 후견인으로 옹립되었다는 설이 있다. 이것 역시 그다지 그럴 듯해 보이지 않는다. 제프리 버치가 시르무르가 출신 남자 두레에프 싱(Duleep Singh)과 말을 타고 들판을 달린 바 있고 또 버치가 싱의 똑똑함을 장황하게 칭찬하고 있기 때문이다. "시르무르(비밀 편지에 적혀진 대로 철자를 쓰자면 Sirmoor)[63]의 절단"이 가능한 카드였다. 그 때문에 시르무르를 여성의 보호를 받는 어린아이의 수중에 둘 필요가 있었던 것으로 보인다. 전체 동부 시르무르의

---

63. [옮긴이] 인도식의 올바른 표기는 Sirmur이다. sati를 suttee로 표기한 톰슨을 비롯하여 인도어를 맘대로 표기한 것 역시 인식소적 폭력임을 보여준다.

절반이 즉각 병합되어야 했고, 결국 모든 지역이 병합되어야 했다. 이는 〈동인도 회사〉의 무역 노선 및 네팔과 맞서는 국경지대를 확보하고, "부사헤르Bussaher를 거쳐 눈 덮인 산악지대 너머에 있는 나라와의 상업적 왕래 개시"의 효과를 조사하기 위해서였다.64

그렇다면, 바로 이것이 라니가 한 개인으로서 문서보관소에 잠깐 나타나는 이유가 된다. 그녀가 **위대한 게임**의 장기판에서 왕의 아내이자 좀더 약한 그릇이기 때문이다. 우리는 그녀의 이름도 확실히 모른다. 그녀는 한번은 라니 굴라니(Gulani)로, 또 한번은 굴라리(Gulari)로 지칭된다. 그녀는 일반적으로 〈동인도 회사〉의 고위급 장교들에 의해 라니(Ranee)라고 적합하게 지칭되며, 제프리 버치와 로버트 로스는 "바로 이 라니"(Ranny)라고 부른다.

여자는 생식기주의적(genitalist) 범주가 아니다. 또 왕족의 여자들은 특별한 자리를 차지한다. 그 때문에 나는 에드워드 톰슨의 『수티』에 나오는 식민 담론을 다시 한번 조금 인용하고자 한다.

초기 식민지 인도에서 여자들의 이름을 가장 자세하게 기록한 것은 과부의 자기-파괴희생(widow self-immolation)65의 맥락에서이다. 장인, 소작농, 읍 관할 성직자, 대금업자, 사무원들의 사티(satis)라는 이름과, 비교 가능한 벵골 사회 집단들—사티가 가장 흔했던—이름의 철자를 형편없이 잘못 쓴 명단들이 많다. 이런 틀 속에서 사티 문제에 대한 찰스 하비 장군의 평가를 칭찬하는 에드워드 톰슨을 살펴보자. 여성에게서 예쁜 용모와 절개만을 찾았던 체계에 대해 동정심을 끌어내는 하비의 구절이 하나 있다. 그는 비카니르 라자를 화장하는 장작더미 위에서 죽어갔던 사티들의

---

64. Despatches to Bengal, Answer to Political Letter (1816년 12월 11일). 1819년 12월 1일로 날짜가 표기됨. 여기서 우리는 주 25에서 언급된 바 있는 "위대한 게임" 속에 들어간다.
65. [옮긴이] self-sacrifice는 '자기희생', widow-sacrifice는 '과부희생', immolation은 '제물'이 갖는 강제성을 살리기 위해 자기-파괴희생으로 번역한다.

이름을 입수했다. 그들의 이름은 이렇다. "레이 여왕, 태양 빛, 사랑의 기쁨, 화관, 밝혀진 미덕, 메아리, 부드러운 눈, 평안, 달빛, 사랑에 번민하는, 소중한 마음, 눈동자 놀이, 나무 그늘에 태어난, 미소, 사랑의 싹, 반가운 징조, 안개로 뒤덮인, 혹은 구름을 타고 등, 마지막 것이 즐겨 쓴 이름이다."[66]

고유명사를 보통명사로 바꾸어버리고 그것을 번역해서 사회학적 증거로 삼는 것만큼 위험한 여흥은 없으리라. 내가 이 명단에 나오는 이름들을 재구성하고자 하니 하비와 톰슨의 오만함이 느껴지기 시작한다. 예를 들어, "평안"이란 무엇이었단 말인가. "샨티"였던가? 독자들은 T. S. 엘리엇의 『황무지』의 마지막 행을 기억한다. 이 시에서 "샨티"라는 말은 보편적인(ecumenical) 『우파니샤드』의 장엄함이니 하는 식으로 인도를 정형화하는 한 가지 표시를 담고 있다. 아니면 그것은 "스와스티"였던가? 독자들은 아리안족 헤게모니의 범죄적 패러디로 정형화된 스와스티카[卍] 나치 독일의 휘장를 떠올린다. 이 만자(卍)는 원래 가정의 평안을 뜻하던 브라만의 제의를 표시했다("우리 가정을 축복하소서"라는 표현에서처럼 말이다). 이러한 두 가지 전유 사이의 어디쯤엔가 절개를 지키다 불에 타 죽어간 어여쁜 과부가 있단 말인가? 이 이름들의 아우라는 에드워드 핏체랄드(Fitzgerald)와 같은 작가들에게 크게 빚지고 있다. 『오마르 카얌의 루바이야트』(*Rubayyat of Omar Khayyam*)의 "번역자"인 핏체랄드는 사회학적 정확성을 통해서라기보다 번역에 가정된 "객관성"을 통해 특정한 동양 여성상을 구성하는 것을 도왔다.[67] 이런 식으로 셈하여 당대 프랑스 철학자들을 무작

---

66. Thompson, *Suttee*, p. 132.
67. 에드워드 사이드의 『오리엔탈리즘』(New York: Pantheon, 1978[한국어판: 박홍규 옮김, 교보문고, 2000, 증보판]은 여기서 권위적인 텍스트로 남는다. 이름들이 중요하지 않다는 게 아니다. 1996년에 메가와티 수카르노푸트리는 인도네시아에서 권력을 잡으려고 움직였다. 명백한 이유로 그녀는 결혼 이후의 성을 버렸고, "[전 대통령인] 수카르노의 딸"을 의미하는 수카르노푸트리를 성으로 택했다. 그녀의 이름 메가와티는 "구름이 솟은"을 뜻하는데, 비가 내렸던 그녀의 생일을 찬양하는 것이라고 그녀의 아버지 수카르노는 말한다. 바바라 크로젯트는 「뉴욕

위로 모은 이름들 혹은 명망 있는 미국 남부 회사들의 이사회 명단에 있는 이름들을 번역하여 내놓는 것은 대천사의(archangelic) 성인중심적(hagiocentric) 신정(theocracy)에 맹렬하게 투자하는 증거를 제시해줄 터이다.

이렇게 여자들의 이름을 위풍당당하게 위반하는 것과 반대로 〈동인도회사〉에 봉직한 모든 장교 후보들의 세례 기록은 꼼꼼하게 보관되어 왔다. 세례증서가 구비될 수 없는 곳에는, 신원을 확실하게 파악해주는 법적 증빙서류들이 인상적으로 늘어서 있다. 시르무르 왕의 아내한테는 직함과 막연한 이름이면 충분하다. 그녀가 봉사하기로 되어 있는 특정 목적 때문이다. 첫 번째 법률 조항에 따르면, "공무 집행상의 권한은 라니(Ranee)와, **영국 정부** 편에서 데이빗 오츠터러니 경의 명령하에 버치 대위의 통제와 지시를 받는 **정부 장교**들에게 있으며, **국방**은 영국 정부에게 위임하도록 되어 있었다."

그녀가 취할 수 있는 특정 조치 두 가지만 구체적으로 기록되어 있다. 남편이 폐위되어 추방되자 라니는 남편과 엄격하게 별거하게 되며, 시르무르 왕의 다른 두 아내는 모반을 꾀할지 몰라 다른 곳에 가택 연금되었다. 라니는 이 두 아내가 그녀의 집으로 돌아오도록 해달라고 요청하며, 그 요청은 받아들여진다. 그 후 곧 그녀는 남편과 오래 전에 다투었던 큰 고모를 기억해 내고서 큰 고모를 위해 저택 하나를 마련해 준다. 그녀는 900루피를 책정해 놓고서도 처음에는 700루피를 약정한다. 라니는 고모가 좀더 요

타임즈」에 글을 써서 수카르노푸트리를 아시아의 수많은 왕족 여성 지도자들 중 한 사람이라고 밝힌다("Enthralled by Asia's Ruling Women? Look Again", 1996년 11월 10일자, sec.4, p. 3, col. 1). 마거릿 대처나 파멜라 해리먼 같은 유럽 여성지도자들은 자본과 동일시된다. 우리는 자본주의와 가부장제 사이에서 어떻게 선택하는가? 옛 사회주의 나라들과 현재의 사회주의 나라들에는 페미니즘이 잘 알려져 있지 않다. 우리가 수카르노푸트리의 이름짓기를 갖고 작업을 해보기로 한다면 이 모든 사안이 숙고되어야 한다. 주어진 인도네시아의 정치나 아랍적 유래보다 차라리 산스크리트어 기원은 두말할 필요 없다. 나의 학창시절 친구인 하시(미소라는 뜻)는 거의 20년 동안 샌 안토니오에 있는 병원에서 의사로 근무해 왔다.

구하리라는 것을 알고 있기 때문이다. 이런 사건들은 돈과 개입된 것이라서 기록된다. "버치 대위가 이따금씩 끼어들어 라니의 능란한 처사에 권위있게 대처해야만 했다"[68]고 오츠터러니는 적고 있다. 우리는 무너져 가는 궁궐에서 의심할 바 없이 가부장적이며 방탕한 남편의 권위로부터 떨어져 나오게 된 그녀를, 자기 집에 들어온 한 백인 남자에 의해 갑작스레 관리 당하는 그녀를 상상한다. 이런 예는 내가 앞서 기술했던 세계구획이라는 인식소적 폭력 내부에 놓여야 한다. 이것 역시 토착공간에서의 "참된" 역사에 외국인 행위자가 갑자기 출현하는 것이기 때문이다. 여기서 발견될 만한 로맨스라곤 없다. 그녀는 가부장제와 제국주의 사이에 사로잡혀 하나의 대표적인 곤경 속에 처한다. 즉 "봉건"에서 "근대"로의 "교체"가 일어나자 자신의 신민-자녀(subject-child)의 대리인으로서 역사성을 확립하게 될 여성의 곤경 말이다.

그러자 라니(Rani)는 **사티**가 되겠다는 자신의 의도를 급작스레 선포한다. 우리는 그러한 라니를 너무 관대하게 보고했다고 제프리 버치를 비난할 수 없다. 그가 델리의 **총독 대리**에게 보고할 때 정동(affect)의 언어를 사용할 수밖에 없다는 점이 그래서 특히 눈에 띈다.

라니(Ranny)는 남편한테 전적으로 헌신하는 것 같습니다. 제가 얼마 전에 그녀와 함께 협의하던 자리에서 다음 대화를 나눈 적 있습니다. 귀하가 이 대화로써 라니의 헌신을 잘 판단할지도 모르겠습니다.[원문 그대로 표기함] "그녀의 목숨과 라자의 목숨은 하나"라는 겁니다. 이에 따라 저는 라자가 죽을 때 그녀도 같이 타죽겠다는 의도를 내비친다고 결론지었고 그래서 이렇게 대답했습니다. 지금은 그녀가 그런 생각일랑 모두 버려야 하며 아들을 사랑하는 데 헌신하고 아들을 위해 살아야 한다고 말입니다. 그녀는 그것은 그렇게 선포된 것이니 거기서 벗어나라는 충고에 유념해선 안 된다는 취지로 말했습니다. 그래서

---

68. 「통제부 모음집」, 1819-1820. 「벵골 기밀 협조문서」, Adani to Ochterlony, 1815년 5월 22일.

저는 그녀가 자신을 희생시키기로 작정했다는 결론을 내린 것입니다.[69]

이제 그녀의 사생활을 특이하게 조작한 이야기가 시작된다(나는 이런 맥락에 "사생활"이라는 개념을 도입함으로써 생길 문제를 의식하고 있다. 그것을 토착 가부장제와 식민 정부 사이의 "이해관계의 분리" 속에 책동되고 있는 뭔가를 가리키는 이름이라고 가정하자). "자신의 의도를 실현하려는 라니를 막기 위한 저의 개입에 **정부**가 적절하게 권위를 실어주는 방식을 고려해 본다면 대단히 감사하겠습니다. 그 경우 효과적으로 라니를 막는 최선의 방책은 아마 스스로 모습을 드러낼 것입니다. 하지만, 제가 저의 처신에 대해 정부로부터 어떠한 규정을 받는 영광을 누린다면 크게 만족스러울 것입니다."

3장은 『리그-베다』에서 소위 과부희생의 근거를 끌어오게 되는 계기들로부터 시작하여, 『다르마스트라』라는 훈계적인 텍스트를 거쳐, 16세기와 그 이후 법적인 인가에 이르기까지 과부희생을 둘러싼 브라만의 담론을 분석할 것이다. 나는 여성의식, 여성존재, 여성의 선함, 선한 여성의 욕망, 여성욕망이 구성된 대항-서사를 통해 과부희생을 여성의 **주체-구성**을 조작하는 것이라는 결론을 향해 작업할 것이다. 사티가 과부들에게 한결같이 적용되는 규칙은 아니었기 때문에, 이 인가된 자살은 역설적으로 예외로서의 여성을 나타내는 기표가 될 수 있었다. 영국인들은 이데올로기적 전쟁터로서 **사티**라는 공간을 무시하면서 여성을 살육의 대상으로 구성한다. 그리하여 이러한 살육에서 인도여성을 구해내는 것은, 시민적(civil) 문명을 지닌 훌륭한 사회가 가정적 혼란으로부터 벗어나는 계기를 표시할 수 있다는 식이다. 사티는 가부장적 주체-구성과 제국주의적 대상-구성 사이에서 성공

---

69. 「통제부 모음집」, 1819-1820. 「벵골 기밀 협조문서」. 버치가 멧칼프에게 보내는 편지 사본은 멧칼프가 아담에게 보내는 편지(1816년 3월 5일자)에 실려 있다.

적으로 말소된 여성으로서 성차화된(sexed)[성적(sexual)과 구분하는 의미에서 이 용어를 쓰기로 함] 주체의 자유의지 혹은 행동·교섭 능력의 자리가 된다.[70]

이 여성 "주체"에게 힌두교 가부장적 담론 내부에서 인가된 자기-파괴희생은 선택행위에 대한 찬사를 또 다른 등기부로 데려 간다. 인가된 자기-파괴희생이 인가되지 않은 자살에 들러붙어 있는 "전략"의 효과를 몰수해 버릴 때도 그렇다. 성차화된 주체가 이데올로기적으로 냉혹하게 생산됨으로써, 이러한 죽음은 여성주체에 의해 과부행실의 일반 규칙을 뛰어넘는 그녀 자신의 욕망을 나타내는 예외적 기표로서 이해될 수 있다. 과부의 자기-파괴희생은 한결같이 제의적 훈령은 아니었다. 그렇지만 과부가 제의의 문자를 뛰어넘기로 결정한다면, 되돌아가는 것은 특별한 유형의 참회를 명령받는 하나의 위반이 되었다. 과부희생이 폐지되기 이전 시대에 어느 보잘것없는 영국인 경찰이 그것의 "적법성"을 확실하게 하고, 희생 결정이 진짜 자유로운 선택의 표지로, 자유의 선택으로 읽혀진 후에, 그것을 말리기 위해 각 과부희생에 참석하여야 했다. 자유를 둘러싸고 경합하는 두 판본 내부에서 여성주체를 삶 속에 구성하는 것은 철저하게 침해되었다.

또한 이 세월 동안 영국인들은 인도의 석학들과 성직자들에게 자문을 구함으로써 부산하게 사티들의 적법성을 확인해 나갔다. (결국, 사티를 폐지하는 법률이 작성되었을 때 그것은 다시 한번 짐승 같은 힌두인 대 고상한 힌두인 식으로 인종-분할적인 것이 되었고, 후자는 영국인들과 똑같이 사티 실천에 분노하는 층으로 재현되었다.)

명백한 이유로 라니(Rani)는 사티를 둘러싼 이러한 일반적인 움직임에

---

70. 주체와 행위자를 좀더 세밀하게 구분하고 있는 논의로는 Spivak, "Reading *The Satanic Verses*", "Scattered Speculations on the Question of Culture Studies", Outside, pp. 217-241, 255-284; "A Dialogue on Democracy", David Trend, ed., *Radical Democracy: Identity, Citizenship, and the State* (New York: Routledge, 1995), p. 218 참조.

휘둘릴 만큼 약하지 않았다. 그녀의 구출이 훌륭한 사회를 세운다는 토포스를 제공할 수 없었다. 우리가 논의해 온 대로, 선주민의 원형적-프롤레타리아화(proto-proletarianization)와 모순 속에 결합된 아리안족의 권위 복원이 이미 그러한 요건을 성취했다. 그녀는 자유를 선택하는 선택권을 부여받을 수 없었다. 그녀는 자신의 아들을 위해 살도록 요구받았다. 그리고 그녀는 자신이 처한 가부장적 구성체 내부로부터 응수했다. 그녀는 "적법한" 사티조차 수행하도록 허용되어서는 안 되었고, 그래서 가부장적으로 적법한 인가를 생산하는 인도석학들에게 자문을 구해서도 안 되었다. 그녀의 경우, 인도석학들은 편리한 충고를 하도록 강요되었음에 틀림없다. 여기서 담론적 재현이 분석의 지위를 거의 떠맡는다. 하지만 우리가 "모든 영향력과 설득 수단"이 도대체 무엇을 의미하는지 의문을 품는다면, 그러한 확신은 흔들리기 시작한다.

다음 인용문은 총독비서가 총독대리에게 보낸 편지이다.

회부된 문제가 상당히 미묘한 것인지라 그에 상응하여 〈의회 총독〉도 주목해 왔습니다. 영국 정부는 자체 신민들 중 토착민들의 종교적 편견과 밀착되어 있는 문제에 권위적으로 개입하지 않는다는 게 일반적인 방침입니다. 이 방침은 라니(Ranee)의 상황에 연루된 사람들과 관련하여 영국 정부에 각별한 의무를 지우도록 고려되어야 합니다. … 모든 경우에 정부에 영향을 미칠 게 틀림없는 고려사항은 … 라니가 처한 독특한 주변상황과, 라자흐 푸트테흐 페르카쉬가 미성년인 동안 시르모어(Sirmore)의 라즈 행정부가 그녀에 의해 계속 집행된다는 정치적 중요성과 강력하게 관계됩니다. 그러므로 〈의회 총독〉은 이 일에 권위적이거나 강제적인 개입을 지시할 수 없는 반면, 〈의회 각하〉는 모든 영향력과 설득 수단을 강구하여 라니의 결정을 포기하게 만들기를 열렬히 바라고 있습니다. 〈의회 각하〉는 다음을 희망하게 됩니다. 그녀가 아들의 정부 행정에 실제로 관련되어 있는 상황이니, 그녀와 남편 사이에 존속할 게 틀림없다고 여겨지는 이해관계의 실제적 분리와 더불어 그녀가 그러한 상황에 속하는 공적 기능을 계속 수행하는 것이 중요하다고 인정됩니다. 라니의 견해를 동요시킬 만한 석학들과 브라만들을 적당히 기술적으로 거론하며 그러한 상황이 설명되고 재현된다면, 그녀의 마음을 만족시켜 그녀로 하여금 다른 결심을 하게 할 선언을 그들이 이끌어내길 말입니다. … 〈의회 총독〉은 버치 대위에게 쿠람 페르가쉬[그녀의 남편]가 라니에게 [그녀가 머나먼 추방지역까지 자기를 동반해야 한다는 취지의] 어떠한 메시지도 전달하기를 거부할 권한을 줍니다. 그러면서 라니 자신뿐만 아니라 그에게 다음을 일러줍니다. 다른 상황에서라면 그녀가 남편의 소망을 따르는 게 적당하고 적절한 일이겠지만, 미성년인 라자흐와 그의 신민들의 이해관계를 보살피는 으뜸가는 의무야말로 남편에 대한 어떠한 책무보다 앞서야 한다는 점을 말입니다.

(여기서 나는 "으뜸가는"이란 말이 제국적 권력에 한결같이 연관된다는 점을 지적해야겠다.) 이 편지의 마지막 문장을 보면, 권위는 대행인을 갖고 옴으로써 가장 강력하게 자체를 무효화한다. "따라서 버치 대위가 개입하여 의회 총독의 동의 없이 시르모어(Sirmore)로부터 라니의 제거를 막을 것입니다."71 "그녀의 남편과 이해관계의 분리"는 우리 시대 신용-미끼의 주요한 고정쐐기들 중 하나다. 아내들에게만 확장된 신용은 가부장제와 결탁하는 자본뿐만 아니라 자본 대 가부장제라는 문화적 개입이 중층결정된 각본이다.

하지만 버치 대위가 라니를 제대로 읽어냈던 것일까? 어쨌거나 그녀는 그저 남편과 함께 있고 싶어 자신의 식민화된 궁궐을 떠났던 것일까? 버치가 그녀의 동기와 욕망을 잘못 읽은 것이라면, 그것은 조잡하지만 성공적으로 억압적인 방식으로 실행된 중요한 주체-서술(subject-predication)을 보여주는 하나의 예가 된다. 기밀 협조문서에 있는 몇몇 편지는 거의 라니의 결심을 시험하지 않을 양으로, 라자를 더 먼 곳으로 추방하는 것을 그냥

71.「통제부 모음집」, 1819-1820. 멧칼프에게 보내는 아담의 편지, 1815년 5월 22일.

미루고 있다.

  그리고 거기서 그 문제는 중단된다.

  현재 이 이야기의 잠정적 결말은 기록 모음집을 연구해 본 사람이라면 누구에게나 친숙하게 다가온다. 나는 이 친숙한 기능을 본연의 것으로 만들어내는 배제 패턴에 주목하기 위해 이 모든 친숙한 현상을 숙고해 보고 싶다. 이러한 역사적 기록이 꾸며지자, 누가 탈락되는가? 언제? 왜? 우리는 꼼꼼하게 작성된 목록에서 역사 설명을 생산할 만큼 충분히 "합리적인" 사람들로 여겨지는 장교후보생들을 상기한다. 라니가 부상하는 것은 오로지 제국적 생산의 공간에서 필요해질 때일 뿐이다.

  나는 문서보관소 연구에 훈련을 받은 적도 없고 그러한 소양도 없다. 나는 「왕립 대표 기록물」, 「총독 공관 기록물」, 「의회 기밀 청원」, 「벵골 의사록」에 광범위하게 존재하는, 인도 관련 정치적 서신 및 기밀 서신을 살펴보았다. 그 중 어디에서도 라니는 나오지 않는다. 사티가 폐지된 시대에 한 **왕족 사티**란 약간 당혹스런 사소한 사안이었을 것이다.

  학문적인 의미에서 볼 때, 이 이야기의 결말은 그다지 별스럽지 않다. 나는 그녀의 죽음이 자연사임을 꽤 확실하게 찾아내었다. 이런 발견에 이르는 단계들은 정식 식민연구 역사가가 봐도 끔찍하게 빗나간 것 같아 보이지는 않는다. 하지만, 나는 바로 이 일상성을 숙고해 보고 싶다. 역사라는 분과학문의 숨겨진 부분들로 인해 과연 어떤 것이 충분히 중요하게 여겨지지 않게 되는가를 나는 묻고 싶다. 그렇게 숨겨진 것들은 그 전형성 때문에 지식검출에 종사하는 누구에게나 관심을 갖게 한다고 아주 익히 알려져 있다. 바로 그 이유만으로 그것들은 숨겨진다. 나는 이 점을 숙고하고 싶다. 이 주제에 대한 해체론적 접근법과 마지막 단계의 푸코의 윤리적 관심사를 붙잡고 함께 하는 작업이 나로 하여금 일상의 무시된 세부사항들이 지닌 중요성을 더욱더 인식하도록 만들어 왔기 때문이다. (마지막 단계로 옮아가기 전, 내가 푸코의 여정에 애초에 갖고 있던 불만을 3장의 핵심 부분에서는 그냥 내버려둘 것이다.)

역사가 일어난다고 할 때 역사는 무엇으로 만들어지는가? 역사는 행위들이 갖는 지연되고-달라진(deferred-differed) "통일성" 속에서 달라지고-지연된(differed-deferred) 사람들의 "정체성"으로 만들어진다. 우리는 가장 덜 복잡하고 가장 덜 자의식적인 존재방식이 갖는 접근불가능한 친밀성을 파악하고자 이러한 수준의 복잡성(sophistication)을 견지하며 말한다. 그때, 라니를 찾다보면 별 볼일 없는 것이라 밝혀지는 작은 부분들이야말로 교육적 견지에서 볼 때 가장 풍성한 것이 된다. 지금 나는 단순히 위대한 사건들의 서사적 혹은 지적인 분석보다 일상생활의 세부-대상들에 집중하는 역사-글쓰기를 하자고 말하고 있는 게 아니다. 그것도 실로 커다란 수확이기는 하다. 하지만 내가 말하고 있는 바는, 연속적인 것 같은 자아를 일상생활을 위해 한데 모아주는 세부사항들에 주의를 쏟을 수 있게 하는 하나의 역사(학)이다. 이것은 역사-글쓰기의 한계가 될 터이다. 하이데거에서 이러한 역사의 한 가지 판본은 역사적인(historical) 것이라기보다 "역사의"(historial)가 될 것이다. 이것을 추구한 푸코는 결국 연대기로서의 역사와 거리를 두었다. 그리고 데리다는 이러한 연속성의 필수적인 생산 속에 억제되어 있을 게 틀림없는 불확실한 우연들에 관심을 둔다.

이상은 시르무르의 라니의 역사를 쓰는 문제일 뿐만 아니라 역사기술 일반의 문제이기도 하다. 역설적으로, 주변의 역사를 검색하는 것은 여성사를 의기양양하게 쓰는 데서뿐만 아니라 가장 헤게모니적인 역사적 설명을 쓰는 데서도 하나의 교훈이 될 수 있다. 이것은 충분한 연구가 수행될 때까지 하나의 수사적 도구가 된다. 혹은 그렇다면 이것은 가장 강력한 의미에서의 수사이다. 이런 수사는 어떤 것이 의미로 작동할 것인지를 간파하고자, 소음 외의 어떤 것으로도 채워져 있지 않은 침묵을 받아치고자 언어의 파편들 사이의 침묵에 작동한다. 앞서 "충분한 연구가 수행될 때까지"에서 "까지"란 연대기적 미래라기보다는 논리적 미래를 표시한다. 자아의 일상적 의미가 무엇을 떠받치고 있는지 체계적 연구가 파악하지 못하는 지점을 가리키는 논리 말이다. 내가 라니의 죽음을 알리는 뉴스의 별 볼일 없는 검색 통로에서 희미하게 사라져간 지점들을 짤막하게 언급하려는 것은 바로 이러한 한계를 강조하기 위해서이다. 나는 이 사라져간 지점들을 설명함으로써 논리의 수사적 한계를 재현한다. 그러한 재현은 수사성의 폭력적 한계를 차단함으로써 드러낸다. 나는 이 점을 염두에 두어야 한다. 누구도 그 한계를 "제시"할(present) 수 없다. 혹은 (그것을) 제시하는 것은 재현하는(represent) 것이다. 18세기 후반 및 19세기 인도의 히말라야 산기슭 시골 지역들에 있었던 권위 및 치안의 상이한 구조 또한 유념해야 한다. 우리는 그 속에 라니를 위치시키려고 노력하던 중에 공식적 서구 역사의 주변을 뒤지고 있는 것인지도 모른다. 하지만 우리가 그 시절 맥락 속의 주변적 여성들 사이에 있는 것은 아니라는 점 또한 염두에 두어야 한다. (이 차이가 반드시 진화적 진보상의 초기 단계는 아닐 것이다. 그것은 상이한 하나의 윤리와 관계될 터인데, 이를 고려하는 것은 우리를 너무 멀리 데려갈 것이다.)

첫 단계는 시르무르의 근대적 구역의 군청 소재지인 나한(Nahan)으로 가는 것이었다. 문서보관소는 역사 글쓰기를 위한 원재료로서 과거가 이미 소화되어 있는 곳이다. 이와 달리, 군청에서의 과거는 서로 연결되어 있는 상이한 주체들 속에 상이하게 자체를 구성하는 기억의 과거이다. 이것은 문학이 수사적으로 포착하려고 애써 왔고 정규 "역사적 허구"가 부정하고자 하는 명멸점이다.[72] 예전 식민지에서 포스트식민성의 가장 매혹적인 측면들 중 하나는 **계몽주의 인식소** — 18, 19세기의 메트로폴리탄 사회구성체들에서 희화화된 — 가 불완전하게 부과됨으로써 식민이전・식민이후의

---

72. 나는 여기서 서로 너무 다른 텍스트인 Rainer Maria Rilke, *The Notebooks of Malte Laurids Brigge*, tr. Stephen Mitchell (New York: Random House, 1983)과 Devi, "Pterodactyl"을 인용할 것이다.

연속성이 파열되면서 고쳐지고 지워지는 사이 남은 자국(palimpsest)이다. 본격 영국령 인도 외부에 있는, 시르무르라는 머나먼 산악지대 구역의 평범한 시골 사람들은 위임보다는 불이행에서의 균열에 의해 재코드화되었다. 독립 후 인도는 히마찰 프라데쉬라는 현대국가의 "후진" 지역 — 시르무르가 그 일부를 차지하는 — 에다 시골 지주 계급의 경제적 재작성(re-composition)과 대의정치의 표시를 해두었다. 법률적으로, 소위 시르무르 왕가는 더 이상 존재하지 않는다. 하지만, 다소 흔한 역설에 의해 이 가문은 식민적 영향하에 유럽 모델이나 "토착민" 왕에 대한 유럽적 개념에 따라 자체의 군장(軍葬)을 적으면서 좀더 강력하게 "왕족"성을 느끼게 되었다. 이런 재영토화된 자기-재현의 역사는 파트테흐 프라카쉬의 통치 시절부터 시작된다. 나는 1948년에 죽은 마지막 "왕"의 마지막 비서에게 관심을 보여줌으로써 평상시의 장부, 초상화, 사진을 찾았다. 우리는 20세기 말부터 라니 사진을 보기 시작하였다. 그 모델들은 라즈 영화들이나 사트야지트 레이의 『고향과 세계』에 나오는 해방된 여성들인데, 이제 힌두 민족주의(주 27 참조)로 동원될 수 있다. 옛날 "가신"(그 외 다른 단어는 적합한 것 같지 않다)의 향수는 바로 이 전자시대-이전의 식민지적 "하이퍼리얼"(hyper-real)한 것에 대한 향수였다. 현재 라니의 궁궐을 차지하고 있는 이는 국가의 입법부에 선출된 사람이다. 그의 고조부는 "귀족"이라는 문화정치적 기표를 둘러싼 유사한 기획에 연루되었다. 마찬가지로 그는 "민주정치"라는 포스트식민적 재코드화 및 재영토화 기획에 철저하게 연루되어 있는 것으로 보인다. 두 사람 모두 유럽적 사회 구성체들과 오어법적으로 관련되어 있다. 내가 논의하고 있는 라니는 이 식민적/포스트식민적 (불)연속성의 전사(前史)의 응답-접경지대에 경계적으로(liminally) 서 있다. 그녀는 파트테흐 프라카쉬의 어머니이기 때문에 환기될 수 있다. 그리고 그는 역사가 서구 모델로 이해될 때 그러한 역사 속에 있다. 하지만, 그녀는 기념될 수 없다.

나는 나한을 수차례 방문하면서 군사적이라기보다 소송논쟁적인 『젠다의 죄수』(*Prisoner of Zenda*)를 상기시키는 네트워크 속에서 호의를 베풀어줄 연줄을 사용해야 했다. 파트테흐 프라카쉬의 가계는 지금은 자이푸르가의 어린 여왕이 된 여성 후손으로 끝났다. 더 어린 남성 후손의 남성 자손이 사라진 왕좌를 차지한다. 하지만, 그 자리는 자이푸르의 마하라니에 의해 경합되고 있는 중이다.

인도 북서부의 아름다운 지역들 중 하나이자 유명한 분홍색 돌 궁전 호텔 본거지인 자이푸르는 영국령 인도 중 가장 잘 알려진 예전 토착 공국들 중 하나다. 여기서 우리는 끊임없는 해외여행에 대해, 실로 전 지구적・세계시민적(cosmopolitan) 엘리트에 대해 생각해야 한다. 여기서도 오늘날 대중적인 힌두 민족주의가 발견되지만, 이주민과 토착민 사이의 경계는 위로부터 변경된다. 우리 시대 인도 맥락에서 라니 굴라리에 대해 사유해 보려는 어떠한 시도도 자이푸르의 세계시민적・소송논쟁적 엘리트인 마하라니를 생산하게 될 터이다. 잘해야 나의 설명은 균열, 명멸점, 식민적 불연속성을 가리킬 수 있을 뿐이다.

사실, 소송의 결과로 철벽같던 옛 궁궐은 자물쇠로 채워지게 된다. 나는 자이푸르 국회의원의 호의로 이 궁궐에서 하룻밤을 보냈다. 이곳은 라니가 제프리 버치의 감시하에 살았던 곳이다. 밤이 되자 나는 자물쇠가 채워진 채 지냈다. 소송에 관련된 어느 쪽 사람이건 편견을 불러오기 십상이라 그랬을 것이다. 궁궐공간은 영국식 시민 코드와 영국인들이 힌두법으로 코드화한(합법성과 상속)으로 철저하게 각인되어 있다. 널찍한 바깥 처소는 『위대한 유산』[영국 소설 작가 찰스 디킨스의 1861년 소설에 딱 맞을 약간 으스스한 무대를 생각나게 하였으며, 천장이 낮고 새장 같이 생긴 안쪽 처소는 정면에 치장벽화를 입혔다.

이렇게 학문적이지 않은 설명에 깃든 서사적 파토스는 비판 철학의 엄격한 실천과 상당히 동떨어져 있다. 하지만, 우리에게 타자에 대한 책임을 모방하도록 허용해주는 절대적 대타성의 서로 차이나는 오염들(이러한 단어들을 발언하는 것 자체가 그것들을 불가능한 다른 어떤 것과 차이를 갖도록 한다)은 이 파토스를 그냥 사라지도록 놔 둘 수 없다. 나는 오랜 동안 일련의 탐정 책략을 쓴 후에 그녀의 집에 접근했다. 그에 따라 나는 알지 못한 진보적인 차연의 여정을, 나에게 그녀를 알 수 없게 만들었던 "경험"의 여정을 흉내내고 있었다. 여기서는 비범한 것이라곤 없다. 따라서 언급하거나 주목할 가치가 있다는 생각도 전혀 들지 않았다.

궁궐은 이러한 지연과 차이가 이루어낸 전설이었다. 남쪽으로 탁 트인 중앙 통로를 지나 바로 그 아래에 히말라야산맥 구릉지대의 산꼭대기와 능선들이 펼쳐져 있었다. 나는 유럽의 숭고 담론을 생각하느라 잠시 멈추었다. 그 담론에 삼투된 나는 괴테가 사랑했던 5세기 산스크리트 궁궐 시인인 칼리다사 생각으로 옮아갔다. 괴테나 칼리다사 모두 라니의 이해범위를 벗어나 있었다. 동쪽에 있는 그다지 높지 않은 2층짜리 무굴 건물은 여자들 처소로 화려한 발이 쳐져 있었으며 지금은 영원히 잠겨져 있었다. 이것이 틀림없이 라니의 처소였을 것이다. 내가 머문 곳은 남자들 처소로, 19세기에 증축된 곳인데 바닥에서 천장까지 변색된 거울들과 별 볼일 없는 수준의 실물크기 초상화들이 있었다. 그 사이로 거대한 아쉬와트바(ashwathva) 나무에 쏙 안겨 있는 칼리 사원이 있었다. 칼리를 숭배하는 종파 소속 후손이라는 나 자신의 이데올로기 구성체 탓인지 거기서 나는 멈추었다. 이 종파는 라니의 이해범위 바깥에 있었던 소위 벵골 르네상스와 얽혀 있는 동인도 현상이었다.[73] 내가 이곳을 방문한 표면상의 이유가 되는 문서라고는 없었으며, 물론 라니의 흔적 또한 없었다. 다시금, 손을 뻗었으나 손에 붙든 것은 없었다.

---

73. "벵골 르네상스"에 대해서는, Atulchandra Gupta, ed., *Studies in the Bengal Renaissance* (Calcutta: National Council of Education, 1977) 참조. 라니의 아들은 브라모 사마즈를 방문했었다.

나는 모두 다섯 번을 방문했다. 이번이 마지막 방문이었다. 맨 처음에 궁궐을 찾다가 버스가 다니지 않는 산악지대를 걸었다. 수줍어하는 건장한 여자들이 산허리에서 나뭇잎과 풀을 모아 염소들을 먹이고 있었다. 그들은 라니를 역사적으로 기억할 수 없었다. 그들은 역사적으로 제국주의 문화로부터, 또 라니의 후손들을 소용돌이로 휘몰아 갔던 왕국과 국민-국가 사이의 계주로부터 동떨어져 있었으며 지금도 그렇다. 그들은 자신들의 운명을 규범으로 받아들이는 시골의 서발턴이자 페미니즘의 실재 구성인자였다. 그들은 위기에 처해 저항하는 도시 여성 하부프롤레타리아와 달랐다. 내가 인류학적 현장연구의 인식소적 코드전환 없이 그들의 일상을 다루어 본다면 어떨까. 그것은 역사 속의 라니를 헛되이 붙잡아보려는 노력보다, 삶의 목적 자체를 훨씬 더 크게 해제하는 노력이 될 터이다. 삶의 목적들이야말로 앎(knowing)의 친숙한 한계들이다. 해체가 이런 한계들을 가리켜 주는데 왜 우리가 그것에 저항한단 말인가?

자기 땅이 없는 조직화되지 않은 여성노동을 하는 이 여성집단은 지역적·국가적·국제적 자본이 가로지르는 초과착취의 과녁들 중 하나다. 발전 관점에서 행하는 인도 여성연구는 바로 이 점을 우리에게 일러준다.[74] 나는 히마찰 프라데쉬가 이 범주에 들어가는지를 알아보기 위해 입수할 수 있는 통계를 들여다보아야 한다.[75] 이 여성들은 초강력-착취 노선에 의해

---

74. Kalpana Bardhan, "Women, Work, Welfare and Status: Forces of Tradition and Change in India", *South Asia Bulletin* 6.1 (Spring 1986) 참조.
75. 여기에 또 다른 째고 들어가기(invagination)를 보여주는 자국이 있다. 이 문장은 1990년에 씌어졌다. 그 때 착수하고자 했던 모든 일은 『주간 경제와 정치』(*The Economic and Political Weekly*)의 확인과 도서관 목록의 컴퓨터 조사이다. 하지만, 이 책의 저자[스피박 자신인데 이후 3인칭 그녀로 지칭함으로써 자기점검의 거리를 두고 있다]는 성향상 문학적이어서 독특한 입증할 수 없는 텍스트에 이끌렸으며, 해체의 영향을 충분히 받아서 삶 또한 엮여져 있거나 짜여져 있다고 생각한다. (어쨌건 나는 문학 작가들에 대해 이렇게 주장해왔다.) 그녀한테 "들여다보기"란 이런 여성들[의 상황]에 비판적 친밀성을 발전시키는 것과 연루된다. 그녀는 말로 된 텍스트처럼, 삶이라는 텍스트도 언어[랑그]가 아니라 관용어/방언(idiom)에 붙들려

자본의 논리 속에, 위기와 저항의 가능성 속에 들어오게 되었다. 그래서 역설적으로 이에 문제를 제기하기가 더욱 쉬워진다. 그것은 상당한 정도로 사실이다. 그들은 자본의 논리에 기초를 둔 통합된 "제3세계 여성의 저항"의 일부가 아니다. 바로 여기에 제국주의의 "도덕적 행운"이라는 패러디가 있다. 덕분에 나는 페미니스트가 되었다. 버스가 다니는 곳에는 시멘트 공장들이 있다. 다시금, 라니는 물러간다.

나는 "대안적" 기록, 즉 성직자들의 편의를 위해 마련된 최소한의 사망기록에서 라니를 포착했다. 시르무르 왕가의 성직자들은 하드와르에 있다. 이 성직자들의 집에서 과거란 기억의 과거가 아니다. 실로 그곳에는 과거란 없다. 그 "책들"은 긴 두루마리인데, 서로 엇비슷하며, 사망에 의해 그저 구두점으로 풀려난 일종의 "살아있는 현재"이다.76 양피지의 이러한 흐름은

있다는 점을 다시 한번 깨달았다. (이것은 에어리엘-칼리반 논쟁의 결과로부터 내가 주장해 온 논의이기도 하다.) 나는 해석자가 "치료하는" 문제-해결 위기-작업을 존중한다. 하지만, 그녀가 할 수 있는 전부는 서발턴 교육이라는 텍스트짜임새(texture)의 "예방적" 작업이다. 그러므로 그녀는 "비밀스런 조우"(Spivak, "Translator's Preface", *IM*, xxv; "Scattered Speculations on the Question of Linguisticulture", *Proceedings of the International Symposium on Linguisticulture* [Osaka: Univ. of Osaka Press, 1996), pp. i-viii 참조.)를 막는 하나의 한계점으로서, 인도가 금하는 헤테로글로시아에 대해 인도 급진적 페미니스트 글쓰기에서 거의 일언반구 없다는 점을 신기하게 생각할 만하다. 그녀는 "나는 … 을 들여다보아야 한다"고 말하는 1990년의 그녀를 따라 관용어/방언을 변경할 수 있는 충분한 능력을 갖고서 자신이 해당 언어를 말할 수 있을 뿐만 아니라 가르칠 수도 있는 영역으로 철수했다. 부끄럽게도, 벵골 국수주의(이 책에 내포된 독자들은 이에 대해 거의 아는 바가 없겠지만)의 영원한 비판자인 그녀는 그녀의 "들여다보기"를 서벵골과 방글라데시에 위치시킬 수밖에 없었다. 그러한 움직임을 보여주는 표시가 4장에 드러날 것이다. 여기서는, 이러한 철수 중에서조차 푸룰리아와 치타공 지역의 토착 언어와 아라칸-버마어가 혼종된 방언으로 말미암아 그녀의 일을 멈추어야 했다는 점을 말하는 것으로 충분하리라. 이 책은 그러한 한계에 멈출 준비가 아직 되어 있지 않다. 다른 한편으로, 또 거대 기구들의 등기부에서, 세계 무역이 자본의 금융화에 부차적으로 되어감에 따라 기간구조 부문 투자 혹은 사회 재분배 없는 신용-미끼라는 특이한 현상은 (주 46 참조) 전 지구의 금융화를 지지하는 일반적인 서발턴의 의지를 창출해낸다. 이것이 바로, 초강력-착취(super-exploitation)의 가시적인 폭력과는 다소 다른, 전 지구화된 새로운 주체이다. 1990년에 라니의 궤적이 그랬던 것처럼, 이 책은 지금 전 지구화된 새로운 주체라는 다른 텍스트로부터 나를 에워싸고 있다.

어디서 시작된 것일까? 정본을 참고하거나 스스로 자료가 됨으로써 분과학문적인 "역사적" 해답을 구성할 수도 있으리라. 그러나 사실 그것은 아무도 모르는 곳에서 시작된다. 입수할 수 있는 최초의 두루마리들이 바로 사건의 중심에 들어가게 만들기 때문이다. 라니는 사티가 아니었다. 그녀는 1837년에 죽었고, 그녀의 장례식 관련 일정표는 그녀가 "자연사"하였음을 보여준다.

영국과 미국에 있는 이론주의자(theoreticist) 친구들은 나의 라니 추적에 "역사적 리얼리즘"에 과도한 관심을 갖는 반면, "이론"에는 너무 미미한 관심을 갖는다고 생각했다. 나는 이런 비판에 좀 당혹스럽다. 나는 다음의 두 번째 읽기가 그들을 설득하여, 나의 관심사가 소위 역사적 현실의 재현물들을 꾸며내는(fabrication) 데 있음을 알아주기 바란다.

이 스펙트럼의 다른 끝에 비판적 사유의 후견인들이 있다. 무엇인가가 그들의 산만하고 "이해관계를 끌어들인" 읽기를 해체로 연상되는 "언어학적 허무주의"로 환원시킨다. 그들은 그러한 무엇에다 "어떤 종류의 사회 지반을 깔 수 있을까요"하고 묻는다.77 신중한 해체론적 방법은 연구자 자신의 공모성을 고려한다. 여기서 내가 프로이트를 감독 모델로 사용하고 있음을 독자에게 상기시켜야겠다. 그리하여 신중한 해체론적 방법은 (식민압제자와 피식민자와 같은) 대립을 단순히 반전시키기보다는 치환한다. 하지만 사회의 지반을 잡는 데서 뭔가 집행하기를 소망하지 않는다. 대신, "글쓰기"와 역사 쓰기 사이의 거리를 표시한다고 할 때 "비판적" "사유"에 합치

---

76. 후설의 "살아있는 현재"를 주체란 자신의 죽음을 생각할 때만 유일하게 접근가능한 것으로 보는 데리다의 분석은 *Speech and Phenomena: And Other Essays on Husserl's Theory of Signs*, tr. David B. Allison (Evanston: Northwestern Univ. Press, 1973), pp. 53-54 참조.
77. Kenneth Asher, "Deconstruction's Use and Abuse of Nietzsche", *Telos* 62 (Winter 1984-85): 175.

되는 거리 두기만을 바라는 말썽꾼이 되려고 한다. "독일"은 우리에게 윤리적 주체를 사유하는 법을 가르쳐주었는지 모른다. 하지만, 제국주의는 스스로를 합법화하기 위해 여성을 "자유롭게 해주면서" 여성을 이용했던 것이다.

이제 우리는 생산양식 서사의 외부에 있는 여성들이 분과학문적인 역사학의 글쓰기에서 명멸점을 표시한다는 가정에 따라 나아가는 중이다. 그것은 그들이 드러내면서 말소하는 흔적(누구의? 무엇의? 우리는 실수로 물을 수밖에 없다)의 발자국을 흉내내고 "본연의 글쓰기"를 흉내낼 때조차 그렇다. 제임슨이 논의한 대로, 생산양식 서사가 최종적 준거라면, 서발턴 여성은 그러한 서사에서 불충분하게 재현되거나 재현될 수 있다. 우리는 그들을 기입할 수는 있지만 전혀 파악할 수는 없다. 사로잡으면서도 홀릴 가능성은 자본의 착취양식이 지닌 거친 합리성이 부과됨으로써 잘린다. 혹은 제임슨을 따르기보다 맑스를 풀어헤쳐 본다면, 생산양식 서사가 아주 효율적이다. 생산양식 서사는 가치라는 경제적인 것을 가장 효율적으로 또 추상적으로 코드화하는 측면에서 구성되기 때문이다. 그래서 앞서의 직관을 반복하자면 서발턴 여성들의 삶을 써내는 밑바탕-수준의 가치 코드화들은 우리를 피해간다. 이러한 코드들은 합리주의 관점에서 보자면 "결함 많은" 총체적 혹은 확대된 (썰물과 밀물) 형태의 양식 속에서만 측정될 수 있다. 우리가 그것들을 인류학적 기술들의 일반적 모형으로 설명할 때, 인식론적으로 파열된 코드전환(transcoding)이라는 대가를 치른다.[78]

---

78. 그러므로 UN이 여성을 발전시킬 수 있으려면 우선 "여성"을 합리화해야 한다. 그렇지만, 시르무르의 라니와 부바네스와리 바두리, 릴리 모야와 리고베르타 멘추(Shula Marks, ed., Not Either an Experimental Doll [Bloomington: Indiana Univ. Press, 1987]; *I, Rigoberta Menchú: An Indian Woman in Guatemala*, tr. Ann Wright [London: Verso, 1984] 참조)는 그들이 특이하고 비밀스럽게 ("비밀"에 대해서는 IM, p. xxv 참조) 남는다면, 교훈적일 것이다. 그들은 우리에게 다가올 체계를 문학적 양식으로 초과할 것임에 틀림없다. 자본은 접근할

나는 해체를 당겨와 읽기에 봉사하도록 하려는 페미니스트 문학비평가이다. 그래서 나는 이런 잘 잡히지 않는 인물들에 더 많은 관심을 기울인다. 물론 생산양식의 서사와 더불어 단계를 밟아 가는 여성들을 참여자/저항자/희생자로 설명하는 데에 깊은 관심을 두고 있기는 하다. 실로 자본주의와 사회주의의 관계가 파르마콘(독을 갖는 자연 속의 약)의 관계라면, 잘 잡히지 않는 여성인물들은 치료약도 독도 붙잡지 못하는 계기를 가리킨다. 정말이지, 그들이 우리를 위해 하나의 서사에 들어와 형상화될 수 있는 것은 오로지 그들의 죽음 속에서뿐이다. 그들의 일상의 삶의 리듬에서, 이 달아남(elusion)은 친숙하게 수행되거나 (비)수행된다. 행동 속에서의 사실 회피가 반드시 하나의 수행인 것은 아니기 때문이다. 내가 이러한 인물들에 주의를 기울이는 것은 그들이 우리의 검색기술에 최고의 기준들을 계속 부과하기 때문이다. 그들이 우리 같은 합리주의적 양식이 아닌 방식으로 우리의 검색기술을 판단할 때도 그렇다. 사실, 그들은 우리의 노력 외부에 있기 때문에 그들의 판단은 우리를 향해 의도된 것이 아니다. 우리가 데리다의 진술을 따라가 보자면, 오히려 그들을 불가능한 것의 경험으로서 정의(justice)의 인물들이라고 말해야 한다.[79]

수 있는 추상 일반으로, 인간적인 것에 의해 여전히 오염된 수학소(matheme)로 남는다. 규율적 심리전기들과 정신분석학을 포함한 심리문화적(psychocultural) 체계들은 이것을 향해 가는 경향이 있다. 푸코는 구체적인 특이성의 조건이자 결과인 담론적 추상들을 찾던 중에, 똑똑하게도 "두터운" 것보다는 희박해진 것을 선택했다(문서조사[documentation]에 대해서는 Spivak, "More on Power/Knowledge", *Outside*, pp. 25-51 참조). 그러나 우리는 또한 멘추에게 주의를 기울여, 식민정복에 맞서는 훨씬 더 오래된 집단적 전술을 빌려오느라 그녀에게 불가피했던 정체성-정치 관련 관용어의 결에 그녀 역시 맞서고 있음을 읽어내야 한다. "물론, 내가 여러분에게 내 동포의 모든 것을 이야기하려면 많은 시간이 필요합니다. 그런 것을 이해하기란 쉬운 일이 아니니까요. 나는 내 설명 속에 그것에 대한 생각을 집어넣어 왔을 겁니다. 그런데도 나는 나의 인디언 정체성을 여전히 비밀로 하고 있습니다. 내 생각에 아무도 알아서는 안 된다고 여겨지는 바를 난 여전히 비밀로 하고 있어요. 인류학자들이나 지식인들이 얼마나 많은 책을 갖고 있건, 우리의 비밀을 모두 알아내지는 못할 겁니다"(p. 247). 텍스트란 책들 속에 있지 않으며, 비밀이 거꾸로 우리를 지켜 준다.
79. 이 글을 쓴 이래, 역사에 대한 텍스트주의적(textualist) 연구는 자신의 목숨을 걸고 착수되어

이 섹션에서 나는 검색될 의향을 갖고 자신의 몸으로 글을 썼던 한 인물에 초점을 맞출 것이다. 마치 그녀는 자신의 몸을 글쓰기로 도표화함으로써 죽음을 가로질러 "말하려고" 시도했던 것 같다.[80] 문서보관소에서 라니 굴라리는 자본의 식민주의를 위해 강요된 대행자/도구/목격자로서 필요할 때 소환되어야만 나타난다. 그녀는 명멸하는 "더 순수한" 인물이다. 그런데 이 여성은 강제되지 않은 의도를 갖는 반식민주의 (남성) 행위자들과 합류하려고 애썼다. 그녀는 식민주의가 시작된 지 100년 후에 캘커타에서 태어

왔다. 미국의 문학비평가가 보기에, 『재현들』(*Representations*)이라는 저널의 지면이 가장 풍성한 수확을 거두곤 했다. 다른 탁월한 텍스트들은 다음과 같다. Carlo Ginzburg, *Myths, Emblems, Clues*, tr. John and Anne C. Tedeschi (London: Hutchinson, 1990); Martin Jay, *Force Fields: Between Intellectual History and Cultural Critique* (New York: Routledge, 1993). 피터 드 볼라(Peter de Bolla)는 "Disfiguring History", *Diacritics* 16 (Winter 1986): 49-58에서 포스트구조주의적으로 역사를 설명해 준다. 이런 목록은 계속될 수 있다. 조안 W. 스콧은 "토대로 작동하는 것처럼 보이는 어떠한 것의 고정성과 초월성을 부정함으로써 [역사가의 분석틀의 권력과 그/녀의 연구대상인 사건들이 맺는 관계] 양편을 역사화"하여 라카프라의 전이적 유추를 생산적으로 풀어헤친다(Joan W. Scott, "Experience", Judith Butler and Joan W. Scott, eds., *Feminists Theorize the Political* [New York: Routledge, 1992], p. 37). 스콧의 모델을 "책임"을 비대칭적으로 지속시킬 수 있다. 하지만, 라니에게로 가면 그 비대칭성이 너무 커져버려서 "책임"을 붙들 수가 없다. 식민주의의 첨단에 있는 그녀는 식민담론을 위해 미리-부상한다. 식민이전의 지배적인 "힌두"담론에서 그녀는 장례 일정표를 통해 시체인 경우를 제외하고는 부재한다. 정말로 그 지배담론은, 바로 (아내이자 어머니인) 여성으로서 그녀의 삶에 의해 지하로 숨는다. 여기서는 디페쉬 차크라바티라면 했을 법한, 유럽을 지방으로 만들어버릴(provincialize) 가능성은 없다. 또, 제이 스미스라면 했을, 의미소(semes)를 붙잡을 가능성도 없다. (Chakrabarty, "Postcoloniality and the Artifice of History: Who Speaks for 'Indian' Pasts?" *Representations* 37 [Winter 1992]: 1-26; Smith, "No More Language Games: Words, Beliefs, and the Political Culture of Early Modern France", *American Historical Review* 102.5 [Dec. 1997]: 1416.) 라니라는 인물에서 부상하는 것은 본연의 해석이다. 그러한 역사의 어떠한 계보학도 그녀를 실체 없는 언어화된 도구 이상으로는 보지 못한다. 그녀는 문학처럼 입증이 불가능하다. 그렇지만 그녀는 식민성으로서 역사 속에 씌어지며 식민성으로서 역사 쓰기를 허용한다. 그리하여 포스트식민 주체가 자신의 "역사적 자기-위치"를 하나의 문제로 볼 수 있게 하기 위해 말이다(Vivek Dhareshwar, "'Our Time': History, Sovereignty, Politics", *Economic and Political* Weekly (1995년 2월 11일), pp. 317-324.).

80. 모든 스피치 행위가 도표 같다(graphematic)는 논의는 Derrida, "Signature Event Context", *Margins*, pp. 307-330 참조.

났고, 또 하나의 효율적인 코드화인 "민족주의"를 이해했다.[81] 굴라리는 자신에게 그럴 의도는 없었지만 자신의 생산을 세계사적으로 예견하면서, 근대 국가로서 "인도"에 관한 정의를 멀리서 작동시키는 담론구성체의 알파벳 속에서 하나의 문자가 되었다. 여기서 근대국가라는 말은 의도로서-국가라는 지점을 기적처럼 만들어낸다(miraculating). 그것은 또한 "정체성"을 구성하기 위해 "해방"의 대상으로서만 발화의 완성을 찾도록 하는 단어다. 이 섹션에 나오는 여성은 죽음이라는 극단에 이르러 결정적인(decisive) 존재가 되고자 했지만, 결정할 수 없는 정의(definition)의 여성공간 속에서 자신을 잃어버렸다. 그녀는 "말했지만" 여자들은 그녀의 말을 "듣지" 않았고 지금도 듣지 않는다. 내가 그녀한테 가기에 앞서, 그녀의 미스터리에 관심을 기울이기 위해 본 논의를 좀 벗어나 몇 년 전에 내가 위험을 무릅쓰고 내렸던 몇몇 결정적인 판단을 길게 풀어낼 것이다.[82]

이런 성찰들이 발휘할 권력이 무엇이건, 그것은 다음과 같은 것에 의해 획득되어 왔다. 즉 결정될 수 없는 것을 시인하기를 거부하고 또 내가 파악

---

81. 3장의 나머지에서 보게 되겠지만, 그녀는 "말하기 위해" 엄청난 노력을 했음에도 비밀을 지키는 가운데 이해되고 초과되었다. 베네딕트 앤더슨(『상상의 공동체: 민족주의의 기원과 전파』, London: Verso, 1983[한국어판: 윤형숙 옮김, 나남, 1991]과 내가 이미 그의 책을 인용한 바 있는 파르타 차테르지는 또 하나의 효율적인 코드화의 기제에 철저하고 방대한 주석을 붙여 준다. 그러나 호미 바바가 「민족·국민의 산포」에서 특히 앤더슨과 관련하여 지적한 대로, 코드화에 대한 설명은 과잉(excess) 혹은 "통약불가능성"을 설명하지 못한다(Homi K. Bhabha, "DissemiNation", Nation and Narration, New York: Routledge, 1990, pp. 291-322 [한국어판: 『문화의 위치』 8장, 나병철 옮김, 소명출판, 2002]). 바바의 논의는 구체적으로 소수자의 용해불가능성(unresolvability)과 관련된다. 여기서 나의 주장은 이리가라이처럼(Irigaray, "The Necessity for Sexuate Rights", Margaret Whitford, ed. *The Irigaray Reader* [Cambridge: Blackwell, 1991], pp. 204-211), "성별화된" 것의 과잉과 관련된다. 부바네스와리가 말하고 자신의 비밀을 지키고 침묵되는 것은 바로 이 영원히 도망가는 성별화된 형식화(formalization, 이것과 데리다와의 관련성은 부록 참조)의 잉여 속에서이다. 텍스트의 나머지는 사티의 심리문화적 *체계*를 경유해 이 수수께끼(enigma) 주변을 맴돈다.
82. [옮긴이] 이후 원서 308쪽까지는 스피박의 1988년 논문 「서발턴이 말할 수 있는가?」를 조금 수정하여 집어넣은 것이다.

하는 한 나의 욕망들의 기반이 되는 전제들을 극한까지 밀어붙이기를 거부하는 정치적 이해관계에 의해 획득되어 왔다. 이 삼박자 공식[권력-욕망-이해관계의 뒤얽혀 있음을 가리킨다]은 가장 단호하게 투신하는 담론과 가장 아이러니한 담론에 적용될 때, 알튀세가 아주 적절하게 이름 붙인 "부정의 철학"을, 데리다가 정신분석학에 앞서 부른 "단념"(desistance)의 철학을 밟아간다고 하겠다.83 연구자의 자리를 의문시하는 것은 최근의 수많은 주권적 주체 비판들에서 무의미한 경건함으로 남아 있다. 나는 내 입장의 불안정성이 곳곳에 들리도록 애쓴다. 하지만 나는 이러한 제스처가 절대로 충분치 않음을 잘 알고 있다.

 1980년대 서구에서 나온 가장 급진적인 비판들 중 일부는 서구 주체 혹은 주체로서 서구를 보존하려는 사심 가득한 욕망의 결과였다. 다원화된 "주체 효과" 운운하는 이론은 종종 이러한 지식의 주체를 가리는 덮개를 제공했다. 주체로서 유럽의 역사는 법, 정치경제, 서구 이데올로기에 의해 서사화되었다. 하지만, 이렇게 은폐된 주체는 "어떠한 지정학적 결정요소"도 가지지 않는 척 했다. 그리하여 많이 공론화된 주권적 주체비판 자체가 실제로는 하나의 주체를 열어주고 있다. 나는 주체를 비판하는 두 위대한 실천가가 쓴 텍스트 「지식인과 권력: 미셸 푸코와 질 들뢰즈의 대담」을 살펴봄으로써 이런 결론의 타당성을 주장하려고 한다.84 결국, 일부 "제3세계

---

83. Louis Althusser, *Lenin and Philosophy and Other Essays*, tr. Ben Brewster (New York: Monthly Review Press, 1971), p. 66. Derrida, "Desistance", Philippe Lacoue-Labarthe, *Typography: Mimesis, Philosophy, Politics*, tr. Christopher Fynsk (Cambridge: Harvard Univ. Press, 1989), pp. 1-42.
 [옮긴이] 알튀세의 '부정의 철학' 논의는 「레닌과 철학」에 나온다. 알튀세는 대부분의 철학과 철학자는 당파적이지 않다고 주장하면서 '부정의 철학'이란 철학의 당파성을 부정하는 철학으로서 철학 고유의 실천이 아니라고 비판한다. 이러한 부정을 일삼는 철학에 맞서 알튀세는 철학 고유의 과감한 실천을, 즉 부정의 철학에 정치적으로 개입하면서 계급투쟁에 과학적으로 개입할 것을 역설한다. 스피박은 이론가와 이론의 당파성, 즉 '이해관계'를 밝히지 않고 그래서 정치적 입장을 따지지 않는 이론은 아무리 급진성을 표방하더라도 부정의 철학을 따르고 있다고 비판한다.

여성" 비평이 노동계급 여성들의 통일된 투쟁을 낭만화하는 것과 마찬가지로, 헤게모니적인 급진 인사들 역시 노동자들의 투쟁에 분할되지 않은 주체성을 허용한다. 나의 예는 이러한 두 가지 회로의 외부에 있다. 그래서 나는 이 헤게모니적 급진 인사들에게 시간을 좀 할애해야겠다.

나는 두 액티비스트 역사철학자가 우호적으로 나눈 교환을 선택했다. 이 대담은 권위적인 이론적 생산과 경계심을 풀고 하는 대화적 실천 사이의 대립을 해제하며 이데올로기의 궤적을 엿볼 수 있게 해주기 때문이다. (학술대회처럼, 인터뷰란 드러내는 지점이다.) 앞서 다른 곳에서 나는 그들의 이론적 탁월함을 고찰해 왔다. 3장은 또 하나의 분과학문적 착오를 일으키는 장, 역사의 이름으로 생애사(life stories)를 말하는 장이다.

이 대담의 참여자들은 프랑스 포스트구조주의 이론이 가장 중요하게 기여한 점들을 강조한다. 첫째, 권력/욕망/이해관계의 네트워크가 너무 이질적이어서 그것들을 일관된 서사로 환원하는 것은 반생산적이니 이에 대한 끈질긴 비판이 필요하다. 둘째, 지식인들은 사회의 타자 담론을 드러내고

---

84. Michel Foucault, *Language, Counter-Memory, Practice: Selected Essays and Interviews*, tr. Donald Bouchard and Sherry Simon (Ithaca: Cornell University Press, 1977), pp. 205-217 (여기서부터 *FD*로 줄여 씀)[한국어판: 미셸 푸코,『푸코의 맑스』, 갈무리, 2004]. 불어 원서를 충실히 따라야 할 경우에는 영어 번역을 수정하였음. 미국 교수들과 학생들에게 미친 서구 유럽 지식인들의 가장 큰 "영향"이 번역중인 긴 책들보다 바로 이 논문 모음집을 통해 발휘된 점에 주목하는 것은 중요하다. 그리고 이 모음집 중에서 좀더 총론 격인 논문들이 발행부수가 더 많은 것도 이해할 만하다. (Derrida, "Structure, Sign and Play in the Discourse of the Human Sciences", Richard Macksey and Eugenio Donato, eds., *The Structuralist Controversy: The Languages of Criticism and the Sciences of Man* [Baltimore: Johns Hopkins Univ. Press, 1972]가 딱 그런 경우이다.) 그러므로 이론적 생산과 이데올로기적 재생산의 관점에서 보면, 내가 고려중인 들뢰즈와 푸코의 대담이 반드시 폐기되어 왔던 것은 아니다. 나 자신의 빈약한 이론 생산을 보더라도 가장 덜 고려된 장르인 대담이 당혹스러울 정도로 인기있는 것으로 입증되었다. 우리가 이를 반박하겠다고 새뮤얼 P. 헌팅턴(*The Clash of Civilizations and the Remaking of World Order*, New York: Simon & Schuster, 1996[한국어판:『문명의 충돌』, 이희재 옮김, 김영사, 2000]) 같은 이를 생산하지는 않을 것이다. 그것은 두말할 필요도 없다. 헌팅턴에 대해서는 나중에 언급하겠다.

알아야 한다. 그렇지만, 두 사람은 이데올로기 문제를, 또 지성사와 경제사에 연루된 그들 자신의 입지를 놀랍게도 체계적으로 무시한다.

푸코와 들뢰즈의 대화에서 주요한 전제들 중 하나가 주권적 주체비판이다. 하지만 이들의 대화를 틀짓는 것은 두 단일체적·익명적 혁명-속의-주체들, 즉 "마오주의자"(FD 205)와 "노동자들의 투쟁"(FD 217)이다. 반면 지식인들은 각각 이름이 부여되고 서로 구별된다. 게다가 중국 마오주의는 어디에서도 작동하지 않는다. 여기서 마오주의는 그저 서사적 특수성의 아우라를 뿜어낼 뿐이다. 프랑스 지식인들의 "마오주의"라는 기이한 현상과 그에 잇따른 "신철학" 때문에 "마오주의"라는 고유명사가 순진하게 전유된다. 그렇지 않았더라면 별다른 해를 끼치지 않는 수사적인 상투어로 그쳤을 텐데, 그 전유는 "아시아"를 징후적으로 투명하게 만든다.[85]

노동자투쟁을 언급하는 들뢰즈도 똑같이 문제적이다. 그것은 분명하게 추종(genuflection)이다. "흩어진 대중과 직면하고 있는 우리 자신을 발견하지 않고서는 권력이 발동되는 어떤 지점에서라도 [권력과] 접촉할 수 없습니다. 그리하여 우리는 불가피하게 … 권력을 완전히 폭파시키고자 하는 욕망으로 이끌려 갑니다. 모든 혁명적인 부분 공격 혹은 방어는 이런 식으로 노동자투쟁과 연결됩니다"(FD 217). 이 명백한 진부함이야말로 오히려 부인을 나타낸다. 이러한 진술은 국제적 노동분업을 무시하는 처사이며, 포스트구조주의 정치 이론이 종종 보여주는 제스처이기도 하다. (소련이 붕괴된 이후 오늘날의 보편주의 페미니스트—UN 스타일의 "젠더와 발전"—는 그렇지 않은 척 한다. 그것의 역할은 3장의 마지막에서 분명하게 드

---

85. 프랑스에서 1968년 이후 마오주의 물결을 암묵적으로 언급한 것이다. Michel Foucault, "On Popular Justice: A Discussion with Maoists", *Power/Knowledge*, p. 134 참조(여기서부터 *PK*로 줄여 씀이 논문의 한국어판: 『권력과 지식: 미셸 푸코와의 대담』 1장, 홍성민 옮김, 나남, 1991]. 이 언급을 풀어헤쳐 보면 전유의 기제를 적나라하게 드러냄으로써 나의 논의를 강화시켜 준다. 푸코가 "나는 중국에 대해 아는 바가 없습니다"라고 말함으로써 끈질기게 스스로를 명확하게 밝힌다면, 그의 대담자들은 데리다가 부른 바 "중국적 편견"을 드러낸다.

러나며 4장으로 이어진다.)86

　이렇게 노동자투쟁을 떠올리는 것은 바로 그 순수함 때문에 해롭다. 그것은 전 지구적 자본주의를 다루지 못한다. 즉, 전 지구적 자본주의의 중심부 국민-국가 이데올로기들 내부에 고용되지 못하는 노동자의 주체생산 현상, 주변부 노동계급이 잉여가치의 실현 및 소비주의 안에서의 "휴머니즘적" 훈련으로부터 점차 축출되는 현상, 주변부 농업의 이질적인 구조적 지위뿐만 아니라 의사(擬似)자본주의적 노동이 대규모로 존재하는 현상을 다루지 못한다. 이렇게 국제적 노동분업을 무시하고, "아시아"(그리고 때로 "아프리카")를 투명하게 (그 주체가 드러내놓고 "제3세계가 아니라면) 만들며 사회화된 자본의 법적 주체를 재확립하는 사태는 "정규" 이론과 마찬가지로 많은 포스트구조주의 이론에 공통된 문제이다. ("여성"을 떠올리는 것은 현재의 국면에서 마찬가지로 문제적이다.) 이질성과 **타자**를 가장 훌륭하게 예언하는 이 지식인들이 이런 식의 차단을 승인해야 하는 이유는 무엇일까?

　노동자투쟁과의 연결고리는 권력 적용의 어느 지점에서건 권력을 폭파하려는 욕망 속에 놓여 있다. 그것은 어떠한 권력이건 권력을 파괴하려는 욕망이면 거기서 너무 많은 가치를 읽어내려는 데서 연유한다. 발터 벤야민은 맑스를 인용하면서 이와 비교할 수 있는 보들레르의 정치학에 다음과 같이 논평한다.

　맑스는 계속해서 직업적 음모가를 다음과 같이 기술한다. " … 그들에게는 기존 정부를 전복한다는 즉각적인 목적 외에 다른 목적이란 없으며, 계급 이해에 관련해 노동자를 좀더 이론적으로 계몽하는 일도 몹시 경멸한다. 그래서 그들은 운동의 계몽적 측면을 재현하는[vertreten] 다소 교육받은 검은 옷을 입은 사람

---

86. 에릭 울프가 논의한 대로, 이것은 좀더 광범위한 징후의 일부이다. Eric Wolf, *Europe and the People without History* (Berkeley: Univ. of California Press, 1982).

[habits noirs]들에게 분노한다. 자기들이 당의 공식 대변자들이 될 수 없고 교육받은 사람들로부터 결코 완전히 독립될 수 없기 때문이다. 따라서 교육받은 사람들에 대한 그들의 분노는 프롤레타리아적인 것이 아니라 평민적인(plebeian) 것이다. 보들레르의 정치적 통찰은 이런 직업적 음모가에 대한 맑스의 통찰을 근본적으로 넘어서지 못한다. … " 아마 보들레르는 "내가 모든 정치에 대해 이해하는 유일한 한 가지는 반항"이라는 플로베르의 진술을 자기 말인 양 할 수는 있었을 것이다.[87]

이것 역시 설명 가능한 책임을 소문자 나르시시즘으로서 다시 쓴 것이다. 아마 우리도 달리 무엇인가를 할 수 없을지 모른다. 하지만, 우리는 뭔가를 향해 의도를 가질 수는 있다. 아니라면, 도대체 왜 "선물" 운운하겠는가?[88]

노동자투쟁과의 연결고리는 그저 욕망에 위치지워져 있을 뿐이다. 이것은 『앙티 오이디푸스』의 욕망이 아니다. 『앙티 오이디푸스』에서는 적합한 이름을 발견할 수 없는, 유명론적·오어법적 표현인 하나의 일반적 흐름(그 잔여가 "주체")에 의도적으로 잘못 붙인 이름이 "욕망"이다. 나는 그 대담한 노력에 감탄하는 바이다. 특히 그 욕망이 다른 유명론적·오어법적 표현인 가치와 연결되는 방식들 때문이다. 『앙티 오이디푸스』는 심리학주의를 경계하고자 기계라는 개념-은유를 쓴다. 욕망에는 아무것도 결여되어 있지 않다. 욕망은 욕망의 대상을 결여하지 않는다. 욕망에 결여되어 있는

---

87. Walter Benjamin, *Charles Baudelaire: A Lyric Poet in the Era of High Capitalism*, tr. Harry Zohn (London: Verso, 1983), p. 12. 푸코는 보들레르에게서 모더니티의 전형적 경우를 발견한다. (Foucault, "What Is Enlightenment?" Paul Rabinow, ed., *The Foucault Reader* [New York: Pantheon, 1984], pp. 39-42.)
88. "선물이 시뮬라크럼일 뿐이라고 해도, 이 시뮬라크럼의 가능성을 설명해 내야 한다. 또한 설명을 만들어내고자 하는 욕망도 설명해 내야 한다. 이런 일은 이성의 원칙에 맞서거나 이성의 원칙 없이는 일어날 수 없다. 후자가 이성의 자율뿐만 아니라 한계를 거기서 발견하더라도 그렇다." Derrida, *Given Time*, p. 31.

것은 오히려 주체다. 달리 말해, 고정된 주체를 결여하고 있는 것이 바로 욕망이다. 억압(repression)에 의해서가 아니라면 고정된 주체란 없다. 욕망과 욕망의 대상은 하나의 통일체이다. 욕망은 기계의 기계처럼 기계이다. 욕망은 기계이고, 욕망의 대상 또한 연결된 하나의 기계다. 따라서, 생산물은 생산하기 과정으로부터 들어올려져, 무엇인가가 생산하기로부터 자체를 떼어내어 생산물로 되며 그 잔여물을 떠돌이 유목적 주체에게 준다.[89]

최근에 이르기까지 해체에서 가장 명민한 계기들 중 하나는, "경험적인" 것에 구속되는 오어법적인 것에 유의한다는 점이다.[90] 이러한 실천적 주의(注意)가 없다면 철학자는 이론적 오어법과 실천적인 순진한 리얼리즘 사이에서 동요한다. 여기서 실천적인 순진한 리얼리즘이란 많은 선의가 당연시되는 맥락에서는 무해할지도 모를 모순을 가리킨다. 우리가 일상적으로 보듯, 이론과 이론의 판단 사이의 그러한 모순은 전 지구적으로 "적용될" 경우, 섬뜩해진다.

그리하여 『앙티 오이디푸스』에서 오어법적 표현으로서 욕망은, "경험적" 욕망의 구체적인 심급들에 밀착된 욕망하는 주체(혹은 주체-효과의 잔여물)의 특수성을 변경하지 못한다. 은밀히 등장하는 주체-효과는 이론가의 일반화된 이데올로기적 주체와 많이 닮아 있다. 이것은 노동이나 경영이 아니라 사회화된 자본의 법적 주체로서, "강력한" 여권을 쥐고 있고 "경

---

89. Deleuze and Guattari, *Anti-Oedipus*, pp. 40-41 및 여러 곳, p. 26. [한국어판: 최명관 옮김, 민음사, 1994].
90. "글쓰기란 무엇인가? 글쓰기는 어떻게 확인될 수 있는가? 본질에 대한 어떤 확신이 경험적 연구를 이끄는가? ⋯ '무엇이'라는 문제 혹은 원형적-질문(arche-question)의 위험한 필요성으로 감행하지 않고서, 그래머톨러지적 지식의 영역에 은신해 보자"(OG 75). 데리다는 「단념」 이라는 글에서 비판적인 것은 독단적인 것에 의해 항상 오염되어 왔으며 그래서 칸트의 구분을 "사변적"인 것으로 만든다고 지적한다. 『글라』에서는 철학소들(philosophemes)은, 우리가 논의하는 대담에서처럼, 의도된 행위 속에서 "실행되기"보다 인쇄상 조판 모양새로(typographically) 모방된다. 데리다의 후기 저작에 나타나는 부상하는 경험 범주에 대해서는 부록 참조.

화"("hard" currency)[달러처럼 강세를 띠는 통화를 사용하며, 하나도 의심받지 않고 정당한 절차에 접근할 수 있는 주체이다. 다시 말해, UN식 페미니즘의 aparatchik의 윤곽도 그와 동일하다. 가부장적 조처에 맞서는 그녀의 투쟁은 그녀의 위치에서 보자면 전적으로 존경할 만하다. 하지만, 전 지구적으로 "적용될" 때는 섬뜩해진다. 전 지구적 자본의 시대에 오어법적 표현인 "욕망", "전 지구", 기관-없는-신체(body-without-organs)[91]로서 전 지구적 표면은 특정한 방식들로 경험적 (해체)계보학적 옛말사용(paleonymy)[92]에 오염되어 있다. 그것은 (G7) 흐름 속에서 베인 하나의 (유로-달러) 상처이다.

들뢰즈와 가타리는 "경험적인" 혹은 구성된 수준에 있는 욕망, 권력, 주체성의 관계를 약간 비동시적인(off-sync) 양식으로 고찰한다. 즉 가족과 식민주의에 맞서 고찰한다. 이것 때문에 그들은 그 국면에 텍스트화되는 이해관계들의 일반적 혹은 전 지구적 이론을 명료하게 만들어낼 수 없게 된다. 바로 이러한 맥락에서 볼 때, 이데올로기(재현체계들 내부에서 구성된 이해관계를 이해하는 데 필수적인 이론)에 대한 그들의 무관심은 유별나게 일관된다. 푸코의 작업은 주체를-구성하는 이데올로기 등기부에서는 작동할 수 없다. 그의 작업이 하부-개인적인 것(the sub-individual)에, 또 다른 한편 커다란 집합적 장치들(dispositifs)에 집요하게 전념하기 때문이다. 하지만 대담이라는 등기부가 드러내는 것처럼, 경험적 주체, 의도하는 주체, 자아까지도 급진적 계산 속에서 계속 가정되고 있음에 틀림없다. 그래서 영향력 있는 「이데올로기와 이데올로기적 국가장치들: 연구 노트」라는 글에서 루이 알튀세도 저 피할 수 없는 중간지대에 거주하면서 하나의 주체를 가정하고 있는 게 틀림없다. 그가 추상적인 평균노동 혹은 노동력

---

91. [옮긴이] 1장 52쪽에 나오는 역주 35 참조.
92. [옮긴이] 1장 164쪽에 나오는 역주 183 참조.

을 기술하기 위해 "좀더 과학적인 언어"를 사용할 때도 그렇다. "노동력의 재생산은 노동숙련도뿐만 아니라 동시에 지배 이데올로기에 대한 노동자의 복종 또한 재생산을 요구하며, 착취와 억압을 담당하는 대행인들(agents)에게서는 지배 이데올로기를 올바르게 조작할 수 있는 능력의 재생산을 요구한다. 그리하여 그들은 지배 계급이 '말로'[par la parole] 지배하는 조건을 제공한다."[93]

푸코는 권력에 스며 있는 이질성을 고찰할 때, 알튀세가 도식화하고자 한 거대한 제도적 이질성을 무시하지는 않는다. 그와 마찬가지로, 들뢰즈와 가타리도 『천 개의 고원』에서 결연(alliances), 기호체계들, 국가 및 전쟁기계들을 거론하면서 바로 이 거대한 이질성의 영역을 열어젖힌다.[94] 그러나 푸코는 발전된 이데올로기 이론이라면 "지식을 형성하고 축적하는 효과적 도구들"에서뿐만 아니라 제도성에서 나타나는 자체의 물질적 생산을 인식해낼 수 있다는 점을 인정하지 못한다(PK 102).[95] 이 철학자들은 이데올로기 개념에 이름 붙이는 모든 논의를 텍스트적이라기보다 도식적인 것이라고 보며 거부할 수밖에 없다고 보는 것 같다. 그래서 그들의 오어법적 표현들이 불가피하게 "경험적인" 영역을 째고 들어갈 때, 욕망과 이해관계 사이에 기계적으로 도식적인 대립을 똑같이 생산할 수밖에 없다. 그리하여 부지불식간에 그들은 이데올로기의 자리를 연속주의적(continuistic) "무의식"이나 의사주관적(parasubjective) "문화"로 채우는 부르주아 사회학자들

---

93. Althusser, *Lenin and Philosophy*, pp. 132-133. 수정된 번역.
94. Deleuze and Guattari, *A Thousand Plateaus: Capitalism and Schizophrenia*, tr. Brain Massumi (Minneapolis: Univ. of Minnesota Press, 1987), pp. 351-423. [한국어판: 『천 개의 고원』, 김재인 옮김, 새물결, 2001].
95. 이 점에 대해서는 또한 Stuart Hall, "The Problem of Ideology: Marxism without Guarantees", Betty Matthews, ed., *Marx: A Hundred Years On* (London: Lawrence and Wishart, 1983), pp. 57-84. 참조 [이 논문 한국어판: 『스튜어트 홀의 문화이론』, 임영호 편역, 한나래, 1996, I부 1장].

(혹은 "문화"만을 말하는 브레튼 우즈의 액티비스트들)과 같은 편에 서게 된다. 욕망과 이해관계의 기계적 관계는 다음 문장에서 명백하게 드러난다. "우리는 우리의 이해관계에 위배되게 절대 욕망하지 않습니다. 이해관계라는 것은 항상 욕망을 따르기 마련이고, 또한 욕망이 이해관계를 배치하는 곳에서 자신을 발견하기 때문입니다"(FD 215). 차별화되지 않은(undifferentiated) 욕망이 행위자가 되고 권력은 욕망의 효과들을 창출하는 데로 미끄러져 간다. "권력은 … 욕망의 층위에서 긍정적인 효과를 생산합니다. 지식의 층위에서도 그렇습니다"(PK 59).[96]

이질성으로 점철된 이러한 의사주관적 매트릭스는 이름이 붙여지지 않은 주체의 도착을 알린다. 순수 오어법의 새로운 헤게모니에 영향을 받은 지식인 노동자들에게는 최소한 그렇다. "최종심급"을 위한 경주는 이제 경제와 정치 사이에서 벌어진다. 오어법적 표현들의 암묵적이고 불가피한 경험적 오염에 의해 욕망은 정통 모델에 따라 말없이 반복해서 "정의된다." 그 때문에 욕망은 "속아 넘어가기"(being deceived)에 한결같이 맞설 수 있다. 알튀세는 "허위의식"(속아 넘어가기)으로서의 이데올로기 개념에 의문을 제기한 바 있다. 라이히조차 속이기와 속아 넘어가는 욕망이라는 이분법보다 집단적 의지라는 개념을 제시하였다. "우리는 라이히의 절규를 받아들여야 합니다. 예, 대중들은 속아 넘어갔던 게 아닙니다. 그들은 특정한 순간에 실제로 파시스트 체제를 욕망했던 것입니다"(FD 215).

이 철학자들은 구성적(constituitive) 모순이라는 생각을 받아들이려 하지 않을 것이다. 그들이 인정하듯 바로 이 지점에서 그들은 **좌파**로부터 떨어져 나온다. 그들은 분할되지 않은 주체를 욕망의 이름으로 권력 담론 속에 은근 슬쩍 다시 끌어들인다. 푸코는 실천의 등기부에서 종종 "개인"과

---

96. 물론 온전히는 아니지만 이런 위험부담을 우회하며 좀더 깊이 들어가는 해석으로는 Spivak, "More on Power/Knowledge", *Outside* 참조.

"주체"를 혼동한다.97 이 혼동이 푸코 자신의 개념-은유들에 미친 영향은 그의 추종자들에게서 아마 강화되어 나타날 것이다. 푸코는 "권력"이란 말이 갖는 힘 때문에 "주변을 점점 밝게 비추는 지점이라는 은유"를 사용하기에 이른다. 이러한 미끄러짐은 부주의한 사람에게서 일어나는 예외라기보다는 규칙이 된다. 밝게 비추는 지점은 태양중심적인 담론에 효과적으로 활기를 불어넣으면서 행위자의 텅 빈 자리를 이론의 역사적 태양으로, 즉 유럽의 주체로 채워버린다.98

그러므로 생산의 사회적 관계를 재생산하는 이데올로기의 역할을 부인하는 또 하나의 논리적 귀결을 저항-토크(resistance-talk)의 경험적 등기부에다 명료하게 밝혀놓는 푸코가 새삼 놀라운 것도 없다. 들뢰즈가 감탄하며 언급한 "죄수들 스스로가 말할 수 있게 되는 조건들을 확립하는" "대상존재"(object being)로서 피억압자들에게 푸코는 아무런 의문 없이 주체의 가치를 부여한다. 푸코는 "대중들은 완벽하게, 잘, 명확하게 알고 있습니다"라고 덧붙인다. 속아 넘어가지 않는다는 주제가 다시 나온다. "그들은 [지식인]보다 훨씬 더 잘 알고 있으며 알고 있는 것을 확실히 아주 잘 말합니다"(FD 206, 207). 말하는 서발턴의 복화술은 좌파 지식인들의 상투적 수단이자 밑천이다.

---

97. 그 한 예로 PK, p. 98 참조.
98. 그렇다면, 너무 단순한 억압 개념이 초기로부터 후기까지 푸코의 작업을 지탱한다는 사실에 그리 놀랄 것도 없다. 여기서 적대자는 맑스가 아니라 프로이트다. "나는 오늘날을 특징짓는 데 너무 속속들이 사용되는 권력의 기제들과 효과들을 분석할 때 [억압 개념]이 전적으로 부적합하다는 인상을 받았습니다"(PK 92). 프로이트는 불쾌가 쾌로 욕망될 수 있어서 욕망과 "이해관계"의 관계를 근본적으로 재각인하기도 하기 때문에, 억압하에서 정동들(affects)의 현상적 정체성은 미확정적이라고 시사한다. 이러한 프로이트의 시사에 담겨 있던 섬세함과 미묘함은 여기서는 꽤 밋밋해지는 것 같다. 억압 개념을 정교하게 설명하는 대목으로는 OG 88, 333-334; Derrida, *Limited inc. abc* (Evanston: Northwestern Univ. Press, 1988), pp. 74-75 참조. 다시금 문제는 구성된 주체의 층위를 의제로 상정하기를 거부하는 것이다. 오염되지 않은 오어법적 표현들이라는 이름으로 말이다.

이러한 언명들에서 주권적 주체비판은 어떻게 되는가? 표상주의적 (representationalist) 리얼리즘의 한계는 들뢰즈와 더불어 "현실(reality)이란 공장, 학교, 병영, 감옥, 경찰서에서 실제로(actually) 일어나는 것"(FD 212)이라는 데까지 이른다. 헤게모니에 대항하는 이데올로기를 생산하는 어려운 과업의 필요성을 이렇게 폐제해 버리는 것은 유익하지 못하다. 그것이 실증주의적 경험주의 — 진전된 자본주의적 신식민주의를 정당화하는 초석 — 가 자체의 영역을 "구체적인 경험"이나 "실제로 일어나는 일"로 정의하는 데 도움을 주기 때문이다. (자본주의적 식민주의의 경우와 **발전**으로서 착취의 경우에서도 그렇다. 전 지구적인 **남**의 민족적 주체를 이렇게 비문제적인 방식으로 계산해 버림으로써 경험론이 중시하는 증거는 매일 생산되고 있다. 그리고 전 지구화에 유리한 알리바이는 신용-미끼에 걸린 여성의 증언을 요청함으로써 생산된다.) 실로, 죄수, 군인, 학생들의 정치적 호소력을 보증하는 구체적 경험은 지식인, 즉 그 인식소를 진단하는 사람의 구체적 경험을 통해 드러난다.[99] 전 지구적 자본의 내부에 있는 지식인이 구체적인 경험을 휘두르며 하나의 "구체적 경험" 모델을 유일한 모델로 만듦으로써 국제적 노동분업의 공고화를 도와줄 수 있다. 들뢰즈도 푸코도 바로 이 점을 인식하지 못하는 것 같다. 우리는 이것을 우리의 분과학문적 일상에서 목도한다. 포스트식민 이주민이 토착민을 다시 한번 차단하면서 규범이 되어감에 따라 더더욱 그렇다.[100]

---

99. 이런 특정한 상황의 알튀세 판은 너무 도식적이긴 하다. 하지만 그것은 내가 여기서 고찰중인 논의보다 프로그램상 훨씬 더 신중한 것 같다. "계급 본능은 주관적이고 자생적이다. 계급 입장은 객관적이고 합리적이다. 프롤레타리아 계급 입장에 도달하기 위해서는 프롤레타리아트의 계급 본능은 교육되기만 하면 된다. 반대로, 쁘띠부르주아 지식인의 계급 본능은 혁명적으로 전화되어야 한다"(Lenin and Philosophy, p. 13). 알튀세의 신중한 프로그램에는 공들인 이중구속, 즉 언제나 이미 교차된 아포리아가 있다. 최근에 데리다는 정의를 불가능한 것의 경험이라 주장하고, 결정(decisions)을 그것에 가정된 전제들에 언제나 범주적으로 불충분하다고 주장한다. 알튀세의 신중한 프로그램은 이와 같은 데리다의 최근 논의를 읽어내는 한 방식이 될 수 있겠다(「부록」 참조).

피억압자들의 구체적 경험을 가치 있다고 여기면서도 지식인의 역사적 역할을 아예 비판하지 않는 입장이 있다. 그러한 입장 내부에 있는 모순은 인식되지 않은 채, 말장난에 의해 유지된다. 들뢰즈는 "이론이란 도구 상자와 같습니다. 기표하고는 아무 상관이 없어요"(FD 208)라는 놀라운 선언을 한다. 이론적 세계의 장황한 어법은 축소될 수 없다. 또, 이론이 이론의 반대라고 정의되는 어떠한 "실천" 작업에 접근한다는 것도 축소될 수 없다. 이 점을 고려하면, 들뢰즈의 단언(해석학과의 조직 내부적 의견충돌만 언급하는)은 육체노동과 똑같은 지적 노동을 입증하고 싶어 안달하는 지식인만 도와줄 뿐이다.

기표들이 스스로를 돌보도록 남겨질 때라야 말장난이 일어나게 된다. "재현"이라는 기표가 이에 딱 들어맞는 경우다. 들뢰즈는 기표와 재현이론의 연결을 끊어버리는 부정적 말투로 이렇게 선언해 버린다. "재현이란 더 이상 없습니다. 행동만 있을 뿐이죠", "이론과 실천을 상호 릴레이로 연결하고 네트워크를 형성하는 이론의 행동, 실천의 행동 말입니다"(FD 206-207).

여기서 중요한 사항이 지적되고 있다. 이론의 생산 역시 실천이라는 것이다. 추상적인 "순수" 이론과 구체적으로 "적용된" 실천이 손쉽게 재빨리 대립된다.[101] 하지만 이 논지에 대한 들뢰즈의 명료한 언급은 문제적이다. 재현에는 정치에서처럼 누군가를 "위해 말한다"(speaking for)는 대표와,

---

100. "반복한다고 정말 쓸모가 있나요?"라고 익명의 독자가 내게 묻는다. 나는 수 백 개의 예들 중에서 하나를, 즉 1997년 11월 7일 콜럼비아대학에서 열린 〈분과학문과 학제 간 학문: 주변을 협상하기〉라는 학술대회를 인용한다. 이 학술대회 전체가 급진적 페미니즘의 목적으로서 미국(뉴욕으로 읽으시라)의 다양한 소수 집단들 사이의 친선에 주목했다. 이 목적은 표면 밑에서 광포한 정체성평등주의적 갈등이 불타오르고 있음에도 불구하고 전적으로 유익해 보였다. 강화된 다문화주의적 미국 주체, 즉 포스트식민성의 가장 새로운 얼굴은 전 지구성에 유리하게 여전히 아무것도 하지 않는 가운데 아마도 해를 끼칠지 모른다. 애석하게도 이 점은 반복할 가치가 있다.
101. 데리다는 이론은 포괄적인 분류학이 될 수 없으며 실천에 의해 규범(norm)이 된다는 개념을 갖고 있다. 들뢰즈의 진술에 뒤따른 푸코의 설명(PK 145)은 데리다의 개념에 더 가깝다.

예술이나 철학에서처럼 "다시-제시"(re-presentation)한다는 묘사라는 두 의미가 함께 움직인다. 이론 역시 오로지 "행동"이기 때문에, 이론가는 피억압 집단을 대표하지 (위해 대변하지) 않는다. 실로, 주체는 묘사하는 의식(현실을 적합하게 다시-제시하는)으로 보이지 않는다. 한편으로 국가구성체와 법 내부에서, 다른 한편으로 주체-서술(subject-predication)에서 재현이 갖는 두 가지 의미는 서로 관련되지만 환원될 수 없이 불연속적이다. 하나의 증거로서 제시되는 유추로써 이 불연속성을 덮어버리는 것은 역설적인 주체-특권화를 다시금 비추어 준다.102 "말하고 행동하는 사람은 … 항상 다중성이라서, 이론화하는 지식인 … [이내 정당 혹은 … 노동조합"은 "행동하고 투쟁하는 이들"(FD 206)을 대표할 수 없다는 것이다. 행동하고 투쟁하는 이들은, 행동하고 말하는 이들과 반대되기 때문에 말이 없단 말인가? 이 거창한 문제가 의식(consciousness)과 양심(conscience)(불어로는 둘 다 conscience), 대표와 묘사라는 "동일한" 단어의 차이 속에 묻혀 있다. 국가구성체들과 정치경제체계들 내부에서의 이데올로기적 주체-구성비판은 "의식을 변혁"시키는 적극적인 이론적 실천이 그런 것처럼 이제 말소될 수 있다. 자신을 알 뿐만 아니라 정치적으로도 잘 아는 서발턴들이라는 좌파 지식인들의 목록이 안고 있는 진부함이 이제 폭로된다. 지식인들은 서발턴들을 대표하면서 자신들을 투명한 존재로 재현한다.

이러한 비판과 이러한 기획을 포기하지 않으려면, 국가 및 정치경제에서의 재현과 다른 한편으로 주체이론에서의 재현 사이의 변동하는 구분이 지워져서는 안 된다. vertreten(전자의 의미에서의 "대표하다")과 darstellen

---

102. *PK* 141, 188에서 희희낙락 펼쳐지고 있는, 놀랍도록 무비판적인 재현 개념들과 비교해 보라. 지식인들의 서발턴 집단 재현을 비판하는 이 문단의 결론이 되는 나의 언급은 연합(coalition) 정치학과 엄밀하게 구분되어야 한다. 이런 정치학은 사회화된 자본 내부에서 그들을 설명하면서, 사람들이 억압되어서가 아니라 착취당하기 때문에 사람들을 통합한다. 이 모델은 대표가 떨쳐지지 않을 뿐만 아니라 공들여 정교하게 무대화되는 곳인 의회 민주주의 내부에서나 가장 잘 작동한다.

(후자의 의미에서의 "다시-제시하다")의 유희를 『루이 보나파르트의 브뤼메르 18일』의 유명한 구절에서 살펴보도록 하자.103 이 글에서 맑스는 기술적(descriptive)・변혁적(transformative) 개념으로서 "계급"을 알튀세의 계급본능과 계급입장 구분보다 좀더 복잡한 방식으로 건드린다. 우리의 두 철학자가 말하는 노동계급 관점으로부터 논의한다는 맥락에서, 또 메트로폴리스 연원의 "정치적" 제3세계 페미니즘 관점으로부터 논의한다는 맥락에서 이 사안은 중요하다.

여기서 맑스가 주장하는 바는, 하나의 계급에 대한 기술적 정의가 차이를 나타낼(differential) 수 있다는 것이다. 하나의 계급이 다른 모든 계급들로부터 잘려져 나옴으로써 생기는 차이 말이다. "수백만의 가족들은 자신들의 생활양식, 이해관계, 구성체를 다른 계급들의 그것들로부터 잘라내 서로 적대적으로 대치하는 경제적 실존의 조건하에 살아가는 한에서만, 하나의 계급을 형성한다."104 "계급본능"과 같은 것은 여기서 작동하지 않는다. 사실, "본능"의 영역으로 간주될 법한, 가족적 실존의 집단성은 계급의 차별적 고립에 의해 작동되면서도 그 고립과 불연속적이다. 국제적 주변부보다 1970년대의 프랑스에 훨씬 더 잘 들어맞는 맥락에서 봐도 하나의 계급형성은 인위적이고 경제적인 것이다. 거기서 경제적 행위・교섭능력 혹은 이해관계는 체계적이고 이질적이기 때문에 비개성적(impersonal)이다. 이 행위・교섭 능력 혹은 이해관계는 헤겔의 개별주체 비판과 긴밀하다. 왜냐하면 그것은 주체의 텅 빈 자리를 역사이자 정치경제인 주체 없는 바

---

103. [옮긴이] 재현의 두 가지 의미를 도표로 나타내 보면 다음과 같다.

묘사(Darstellung) /	대표(Vertreten)
묘사(D)	대표(V)
다시-제시(re-presentation)	~를 위해 말하다(speak for)
예술, 철학	정치, 법
주체 서술	국가 구성체, 국가형성
비유론으로서 수사	설득으로서 수사

104. Marx, *Surveys from Exile*, p. 239.

로 그 과정 속에 표시해주기 때문이다. 여기서 자본가는 "자본의 무제한적인 움직임을 의식적으로 담지하는 자"[Träger]로 정의된다. 나의 요점은, 욕망과 이해관계가 일치하는 미분할된 주체를 창출하고자 맑스가 작업하고 있는 게 아니라는 것이다. 계급의식은 그런 목적을 향해 작동하지 않는다. 맑스는 경제 분야(자본가)와 정치 분야 (세계사적 행위자) 둘 다에서 주체의 부분들이 서로 연속적이지도 일관되지도 않는, 분할되고 변위된(dislocated) 주체모델을 구성하지 않을 수 없었다. 자본을 파우스트적 괴물로 기술한 유명한 문구가 이 점을 생생하게 가슴에 와 닿도록 한다.105

『브뤼메르 18일』에 나오는 다음 구절 역시 흩어지고 변위된 계급주체라는 구조적 원리를 따른다. 즉 소자작농계급 (부재하는 집단적) 의식은 그것을 "담지하는 사람"을, 다른 계급의 이익을 위해 일하는 것처럼 보이는 "대표자"에게서 발견한다는 것이다. 여기서 "대표자"란 묘사(darstellen)에서 나온 것이 아니다. 바로, 이 대목이 푸코와 들뢰즈가 슬쩍 넘어가 버리는 대조를, 즉 대리(proxy)와 묘사(portrait) 사이의 대조를 날카롭게 벼려낸다. 물론 이 둘 사이에는 관계가 있다. 다만, 시인과 궤변론자, 배우와 달변가가 해로운 존재로 간주된 이래 적어도 유럽 전통에서 그 관계는 정치적으로 또 이데올로기적으로 악화되는 일로를 걸어왔다. 우리는 권력의 장면을 포스트맑스주의적으로 기술한다는 명목하에 비유로서의 묘사와 설득으로서의 수사 사이에 훨씬 오래 전부터 진행되어 온 논쟁과 만나게 된다. 여기서 darstellen은 첫 번째 진영인 묘사에 속하고 vertreten은 대체(substitution)라는 더 강한 의미를 띠는 두 번째 영역에 속한다. 다시금, 두 진영은 서로 관련되어 있다. 하지만 특히 두 진영 너머에는 피억압 주체들이 스스로 말하고 행동하고 안다고 말하기 위해서는 두 진영을 함께 작동시킨다. 이것은 본질주의적 유토피아적 정치로 유도된다. 계급보다는 젠더라

---

105. Marx, *Capital* 1: 254, 302.

는 단 하나의 쟁점으로 옮겨갈 경우 이런 정치(학)는 의문의 여지 없이 전 지구의 금융화를 지지할 수 있다. 전 지구의 금융화는 신용-미끼에 걸린 시골 여성 속에서 일반적 의지를 가차없이 구성해나갈 것이다. 전 지구의 금융화가 시골 여성이 "발전될" 수 있도록 UN 행동 계획을 통해 그녀를 "포맷"한다고 할 때도 그렇다. "진리"에 봉사한다는 수사학은 언제나 자체를 투명하게 만들어 왔다. 그런데 바로 이러한 순열조합 너머로 (여성으로서) 많이 떠올려지는 억압된 주체가 있다. 이 주체는 발전 속의 젠더가 자신에게 최선임을 알고 말하며 행동한다고 한다. 별로 주목되지 못한 서발턴의 역사를 펼쳐야 할 곳은 바로 이 불운한 꼭두각시[대문자 여성]의 그림자 속에서이다.

다음 인용문에서 맑스는 영어로 재현하다(represent)를 쓸 곳에 vertreten을 사용하면서, 주체의 의식이 주체의 Vertretung(대표로서의 대리에 훨씬 가까운)과 변위되고 일관되지 않은 그러한 사회적 "주체"를 논의한다. 소자작농들은

> 스스로를 대표할 수 없다. 그들은 대표되어야만 한다. 그들의 대표자는 동시에 그들의 주인으로서 그들에게 권위를 행사하고, 그들을 다른 계급들로부터 보호하며 위로부터 비와 햇빛을 보내는 무제한적인 정부권력으로 나타나야 한다. 그러므로 소자작농의 정치적 영향력[통합된 계급주체란 없기 때문에 계급이익 대신은 그 최후의 표현[대리물들 — Vertretungen — 의 연쇄가 함축하는 의미는 여기서 강력하다]을, 집행력[Exekutivegewalt. 독일어에서는 덜 개인적인 용어임. 데리다는 「법의 힘」에서 Gewalt를 또 다른 맥락에서의 폭력이라고 번역함]에서 발견한다.[106]

---

[106]. 이것은 맑스에게서 매우 아이러니한 구절인데, 루이 나폴레옹의 사기성 농후한 "대표"와 "혁명적인" 농민을 억압하는 부르주아 이해관계 맥락에서 씌어진 것이다(*Surveys*, p. 239). 많은 성급한 독자들이 맑스가 이것을 모든 소작농에 대한 그의 견해로 진전시키고 있다고 생각한다!

이것은 "영향"(이 경우 소자작농들)의 원천, "대표자"(루이 나폴레옹), 역사적 정치적 현상 (집행의 통제) 사이의 필연적 간극을 인지하는 사회적 비일관성 모델이다. 이 모델은 개별 행위자로서 주체비판뿐만 아니라 집단적 행동·교섭 능력에 개재된 주체성 비판도 함축한다. 필연적으로 변위된 역사기계가 움직여 나간다. 소작농들의 "이해관계가 동일하다고 해서 공동체 감정, 국민적 연결이나 정치적 조직을 생산하는 것은 아니기" 때문이다. (설득으로서-수사 진영의) 대표라는 사건이 묘사(혹은 비유로서-수사)로 행세하며, (기술적) 계급과 (변혁적) 계급의 형성과 비형성(nonformation) 사이의 간극에 자리잡는다. "수백만의 가족들이 삶의 양식을 [다른 계급과] 분리시켜 주는 경제적 실존의 조건하에 살고 있을 때라야 … 그들은 하나의 계급을 형성한다. 그들이 추구하는 이해관계의 동일성이 … 공동체 감정을 생산하는 데 실패하는 한 … 그들은 하나의 계급을 형성하지 못한다."107 대표와 묘사의 공모성, 실천의 장소로서 이 둘이 지닌 차이-속의-동일성은 말의 속임수로 인해 이 둘이 혼용되지 않을 때라야 인식될 수 있다. 맑스가 『브뤼메르 18일』에서 하고 있듯, 맑스주의자들이 드러내야 하는 것은 바로 이러한 공모성이다.

이런 해석이 맑스를 과도하게 텍스트화하는 것이며, 그리하여 실증주의적 유산에 깊이 빠져 있는 상식의 희생자인 보통 "사람"에게 맑스를 접근할 수 없는 인물로 만들어 버린다는 주장도 있다. 이러한 주장은 편향된 저의를 갖는다. 맑스는 부정적인 것의 작동과, 구체적인 것을 탈물신화할 필요성을 강조한다. 그런데 맑스의 가장 강력한 적들은 이것을 맑스에게서 집요하게 떼어내어 맑스를 허공 속의 "역사적 전통"으로 만들어버린다.108 나

---

107. Marx, *Surveys from Exile*, p. 239. 스피박의 강조.
108. 상식을 탁월하고 간명하게 정의하면서 논의하고 있는 글은 Errol Lawrence, "Just Plain Common Sense: The 'Roots' of Racism", Hazel V. Carby, et al., T*he Empire Strikes Back: Race and Racism in 70s Britain* (London: Hutchinson, 1982), p. 48 참조. 그람시적 "상식"

는 평범하지 않은 "남성", 즉 우리 시대의 실천 철학자와 평범하지 않은 "여성", 즉 "제3세계의 저항"에 열광하는 메트로폴리스 거주자 역시 때로 동일한 실증주의를 드러낸다는 점을 지적하려고 애써 왔다.

기술적 계급"입장"으로부터 변혁적 계급"의식"으로의 발전이 맑스에게 의식의 밑바탕 수준에 개입하는 과제는 아니다. 우리가 이 점에 동의한다면 문제의 심각성은 분명해진다. 계급의식은 가족을 구조적 모델로 삼는 공동체 감정이 아니라, 국민적 연결과 정치적 조직에 속하는 공동체 감정과 더불어 존재한다. 맑스에게서 가족은 자연과 동일시되지는 않지만, "자연적 교환" ― 철학적으로 말하면 사용가치를 위한 "장소를 확보하는 자" ― 과 함께 배치된다.109 "자연적 교환"이란 "사회와의 교류"와 대조된다. 여기서 "교류"(intercourse)란 맑스가 보통 "거래"(commerce)라고 쓰는 단어이다. 바로 이 "교류"가 잉여가치의 생산을 유도하는 교환장소를 확보한다. 계급의 행동·교섭 능력으로 이어지는 공동체 감정이 발전되는 것도 바로 이러한 교류의 영역에서다. 계급의 전적인 행동·교섭 능력이란 (설령 그런 것이 있다 하더라도) 밑바탕 수준에서 일어나는 의식의 이데올로기적 변혁이 아니라 행위자들과 그들의 이해관계 사이의 바람직한 동일성일 뿐이다. 이런 동일성의 부재가 푸코와 들뢰즈를 괴롭힌다. 그것은 처음부터 "인위적인" 무엇, 즉 "그들의 삶의 양식을 분리시켜 주는 경제적 실존의 조건"의 전유(대리보충)이자 논쟁의 여지가 많은 대체(replacement)이다. 맑스의 공식들은 개인적·집단적 주체의 행동·교섭 능력에 일고 있는 비판을 신중하게 존중한다. 계급의식의 기획과 의식변혁의 기획은 맑스에게는 불

과 "양식"(good sense) 개념은 다음 책에서 폭넓게 논의된다. Marcia Landy, *Film, Politics, and Gramsci* (Minneapolis: Univ. of Minnesota Press, 1994), pp. 73-98.

109. 맑스에서 "사용가치"는 "자연적 교환"이라는 잠재적 모순어법처럼 "이론적 허구"로 보일 수 있다. 이 점을 전개하고자 시도한 논의로는 Spivak, "Scattered Speculations on the Question of Value", *In Other Worlds*, pp. 154-175 참조.

연속적 쟁점들이다. 이에 상응하는 오늘날의 유추를 들자면 "초국가적 지식능력"(transnational literacy)이 될 텐데, 이것은 검토되지 않은 문화주의를 동원하는 잠재력과 대립된다.110 역으로, 우리 시대에 "리비도 경제"와 "욕망"을 결정적인 관심사로 환기하는 태도는 "자신을 위해 말하는" (사회화된 자본하에서) 억압받는 자들의 실천적 정치와 결합됨으로써 주권적 주체범주를 가장 의문시하는 것처럼 보이는 이론 내부에서 그 범주를 복원시키는 셈이다.

가족은 하나의 특정한 계급구성체에 속한다. 그런데도 가족을 배제한 것은 맑스주의의 태생을 표기하는 남성주의적 틀의 일부를 이룬다.111 이것은 의심할 바 없다. 오늘날 전 지구적 정치경제에서뿐만 아니라 역사적으로도 가부장적 사회관계들에서 가족이 담당하는 역할은 엄청나게 이질적이고 논란의 여지가 많다. 그래서 이 문제틀에 그저 가족을 다시 집어넣는 것으로는 틀 자체를 깨뜨리지 못한다. 억압받는 사람들의 목록에 "여성들"의 단일체적 집단성을 실증주의에 입각해 포함시킨다고 해서 해결책이 나오는 것도 아니다. 억압받는 사람들의 파열되지 않은 주체성이 그들로 하여금 똑같이 단일체적인 "동일한 체계"에 맞서 스스로를 위해 말하도록 허용해 준다는 식이라서 그렇다.

맑스는 전략적이고 인위적이며 이차적인 수준에서 발전되는 "의식" 맥락에서 아버지의 이름 따오기(the patronymic) 개념을 대표하는 좀더 광범위

---

110. "초국가적 지식능력"을 좀더 발전시키고 있는 글로는 Spivak, "Teaching for the Times", Bhiku Parekh and Jan Nederveen Pieterse, eds., *The Decolonization of the Imagination* (London: Zed, 1995), pp. 177-202; "Diasporas Old & New: Women in a Transnational World", *Textual Practice* 10.2 (1996): 245-269 참조. 인도를 구체적으로 거론한 글로는 Biju Mathewes, et. all.,에 실린 "Vasudhaiva" 참조.
111. 데리다의 『여백』에 나오는 「제네바의 언어학 서클」(Linguistic Circle of Geneva, 특히 pp. 143-144)은 맑스의 계급 형성 형태학에서 가족이 차지하는 축소될 수 없는 자리를 평가하는 한 가지 방법을 제공해줄 수 있다.

한 개념 내부에 계속 둔 채 사용한다. 소자작농들은 "의회를 통해서건 협의회를 통해서건 그들의 고유명사로는 자신들의 계급이익을 타당한 것으로 만들 수 있는 능력이 없다." 가족이 아닌 인위적·집단적 고유명사의 부재를 채워주는 것은, "역사적 전통"이 제공할 수 있는 유일한 고유명사인 아버지의 이름이다(이와 별반 다르지 않은 심정에서, 진 리스는 자신의 허구적 인물[로체스터]에게 **아버지의 이름**을 부인했다). "기적이 일어나 나폴레옹이라고 **이름 붙여진** 사람이 자신들의 모든 영광을 회복시켜 주리라는 프랑스 소자작농들의 믿음을 생산해낸 것은 역사적 전통이다. 그리고 한 개인이 나타났다." 이 구절에서 번역 불가능한 es fand sich(자신이 한 개인임을 발견했다?)는 행동·교섭 능력이나 행위자의 자기 이해관계와의 연관성에 관련된 모든 문제를 없애버린다. "그는 자기 자신이 바로 그 사람이라고 자신을 드러내 보였다"(이러한 **가장**[pretense]이야말로 역으로 그에게 유일하게 고유한 행동·교섭 능력이다). 그가 "부계(父系) 조사를 금하는 나폴레옹 법전을 담지하였기(trägt. 자본가가 자본과 맺는 관계를 가리키는 단어) 때문이다." 여기서 맑스는 가부장적 은유체계 안에서 움직이고 있는 것처럼 보인다. 하지만, 우리는 이 구절에 함축되어 있는 텍스트상의 미묘함에 주목해야 할 것이다. 자연적인 아버지에 대한 조사를 역설적으로 금한 것은 바로 **아버지의 법**(나폴레옹 법전)이다. 형성되어 있으면서(formed) 아직 형성되지 못한(unformed) 계급이 역사적인 **아버지의 법**을 엄격하게 준수한다. 그리하여 자연적 아버지에 대한 그 계급의 신념은 부정된다.

내가 이토록 오랫동안 맑스의 이 구절을 곱씹으며 생각해 왔던 것은, 이 구절이 정치적 맥락에서의 대표의 내적 역학을 똑똑히 밝혀주기 때문이다. 경제적 맥락에서 **대표**에 해당하는 것은 **묘사**다. 이것은 분할된 주체와 간접적으로 관련되는 무대화, 의미화로서 철학적 표상 개념이다. 가장 명확한 다음 구절은 잘 알려져 있다. "상품들의 교환관계에서 교환가치는 사용가치와 완전히 독립적인 것처럼 보였다. 그러나 우리가 노동의 산물에서부터 사용가치를 추출해 낸다면, 그것이 결정되는 대로 우리는 가치를 획득한다. 교환관계에서 스스로를 표상하는 공통 요소 혹은 상품의 교환가치가 바로 상품의 가치가 된다."112

맑스에 따르면 자본주의하에서 가치는 필요노동과 잉여노동에서 생산되며, 객관화된 노동(인간적 행위와 엄격하게 구분되는)의 표상/기호로 계산된다. 역으로 착취를 노동력의 재현으로서 (잉여)가치의 추출(생산), 전유, 실현으로 보는 착취이론이 부재할 때, 자본주의적 착취는 지배(본연의 권력 메커니즘)의 한 양상으로 보일 게 틀림없다. 들뢰즈는 "맑스주의의 추동력은 이 문제[착취 및 국가구성체의 구조보다 더욱 널리 산재하는 권력]를 본질적으로 이해관계들의 견지에서 [권력은 자기 이해관계에 의해 정의되는 지배계급에 의해 유지된다] 결정하는 데 있었다"고 시사한다(FD 214).

『앙티 오이디푸스』의 일부에서 들뢰즈와 가타리는 맑스의 화폐형태 이론을 "시적으로" 파악한 것이라고 하면 탁월할 그런 대목에 자기들의 사례를 세우고 있다. 우리가 이것을 무시할 수 없는 만큼, 맑스의 기획에 대한 그러한 최소주의적(minimalist) 요약을 반대할 수는 없다. 하지만 우리는 다음과 같은 방식으로 우리의 비판을 강화할 수는 있겠다. 전 지구적 자본주의(경제에서의 착취)와 국민국가연합(지정학에서의 지배) 사이의 관계는 너무 거시학적(macrological)이라 권력의 미시학적(micrological) 결을 설명해낼 수 없다.113 하부개인적 미시학(sub-individual micrologies)은 "경험적인" 영역을 파악할 수 없다. 우리가 권력의 미세한 결을 설명해 내는 쪽으로 가기 위해서는 이데올로기 이론들, 미시학을 응고시키고 거시학으

---

112. Marx, *Capital* 1:128. 이 점은 상식이다. 맑스는 다음에 이 점을 뛰어넘어, 가치가 사용가치 및 교환가치 둘 다에서 추상을 뜻한다는 것을 보여준다. 여기서 이에 대한 논의를 진전시키는 것은 논지를 벗어나는 일이다.
113. 이 상황은 새로운 세계질서 속에서 변화해 왔다. 세계은행, IMF, 세계무역기구를 "경제적인 것"이라고 부르고 UN을 "정치적인 것"이라고 부르도록 하자. 이들 간의 관계는 아마 본연의 미시학일 젠더("문화적인 것")의 이름으로 교섭되고 있는 중이다.

로 응고되는 이해관계들을 미세하고 종종 엉뚱하게 작동시키는 주체구성체 이론들 쪽으로 나아가야 한다. 그러한 이론들은 미시학 노선이 잘못 가고 있다는 점을, 두 가지 의미에서의 재현 범주가 아주 중요하다는 점을 간과할 수가 없다. 이 이론들은 글쓰기 장면(Darstellung)인 세계를 무대화하느라고 "영웅들", 아버지의 대리자들, 권력의 대행인들을 선택하고 요구하는 과정을, 즉 대표(Vertretung)를 숨기는 경위에 주목해야 할 것이다.

나는 급진적 실천이라면 권력과 욕망 개념을 총체화함으로써 개별주체를 다시 도입하기보다 이와 같은 묘사/대표의 이중적 회합에 주목해야 한다고 본다. 또한 내가 보기에 맑스는 계급실천의 영역을 이차적인 추상수준에 둠으로써 행위자로서 개별주체에 대한 (칸트적 또) 헤겔적 비판을 사실상 열어두고 있었다.114 이러한 시각이 나로 하여금 다음과 같은 사실을 무시하게끔 강요하는 것은 아니다. 즉, 맑스는 암묵적으로 가족과 모국어를 바탕 수준으로 정의한다. 여기서 바탕 수준이라 함은 문화와 관습이 "자연" 자체의 전복을 조직하는 자연만의 방식으로 보이는 것을 말한다. 그리하여 맑스 자신도 하나의 오랜 술책을 시연하는 셈이 된다.115 하지만 비판적 실천을 행한다는 포스트구조주의적 주장의 맥락에서 볼 때, 맑스의 이런 술책은 주관적 본질주의의 은밀한 복원에 비하면 더 만회할 만하다.

맑스를 마음씨 좋은 구시대 인물로 환원시키는 태도야말로 새로운 해석 이론을 출범시킨다는 이해관계를 가장 빈번하게 도와준다. 푸코와 들뢰즈의 대담에서 쟁점은 재현도 없고 기표도 없다는 선언인 것 같다(기표가 이미 전송되었다고 가정하는 것일까? 그렇다면 경험을 작동시키는 기호-구조

---

114. 나는 맑스주의와 신칸트주의의 관계가 정치적으로 난처한 관계임을 알고 있다. 맑스 자신의 텍스트들과 칸트적인 윤리적 계기 사이에 어떻게 하나의 연속선이 그어질 수 있는지[들뢰즈의 작업임.] 나로서는 잘 이해하지 못한다. 그렇지만, 역사의 행위자로서 개인에 대한 맑스의 문제제기는 칸트의 데카르트 비판에 의해 시작된 개별 주체의 와해라는 맥락에서 읽혀져야 할 것 같다.
115. Marx, *Grundrisse*, p. 162-163. [한국어판:『정치 경제학 비판 요강』, 김호균 옮김, 백의, 2000].

도 없다. 그 때 우리는 기호학을 접는 셈일까?). 이론은 실천의 릴레이(이론적 실천의 문제를 접으며)이며, 억압받는 자들은 자신을 잘 알고 자신을 위해 말할 수 있다는 것이다. 이것은 최소한 두 가지 수준에서 구성적 주체를 다시 도입한다. 즉, 환원될 수 없는 방법론적 전제로서 욕망과 권력의 주체와 자기와 동일하지는 않겠지만 자기에 근접하는(self-proximate) 억압받는 주체를 다시 도입한다. 게다가 대문자 주체도 소문자 주체도 아닌 지식인들은 이 릴레이 경주에서 투명한 존재가 된다. 왜냐하면 그들은 재현되지 않은(unrepresented) 주체를 그냥 보도하고 권력과 욕망(에 의해 환원될 수 없이 전제된 이 이름 없는 주체)의 작동과정을 (분석하지 않고) 분석한다고 나서기 때문이다. 이렇게 생산된 "투명성"은 "이해관계"의 자리를 가리킨다. 이 투명성은 "나는 이제 심판, 판사, 보편적 증인과 같은 역할을 절대로 거부한다"는 극렬한 부정을 통해 유지된다. 비평가의 한 가지 책임은 글을 읽고 쓰되, 지식인 주체에게 부여된 제도적 특권의 개인적 거부가 불가능함을 진지하게 받아들이는 것이다. 기호-체계의 부정은 "경험적인" 것 속에서 발전된 이데올로기 이론으로 나아가는 길을 막는다. 여기서도 특이한 어조의 부정이 들린다. 푸코는 "제도는 그 자체로 담론적"이라는 자크-알랭 밀러의 말에 이렇게 대꾸한다. "그렇게 여기고 싶다면 그렇겠죠. 하지만 내 문제가 언어학적인 것이 아닌 한 … 이것은 담론적인데 저것은 그렇지 않다고 말할 수 있다는 게 나의 장치(apparatus) 개념엔 크게 중요하지 않습니다"(PK 198). 담론분석의 대가가 언어와 담론을 혼동하는 것은 무슨 까닭에서일까?

에드워드 사이드는 푸코의 권력개념을 "계급의 역할, 경제의 역할, 소요와 반항의 역할을 지워버리도록" 허용한다고, 그래서 그렇게 자가당착적이고 신비화하는 범주를 비판한다. 이것은 여기서 적절한 지적이다.[116] 나는

---

116. Edward W. Said, *The World, the Text, and the Critic* (Cambridge: Harvard Univ. Press,

사이드의 분석에다 지식인의 투명성에 의해 표시되는 권력과 욕망의 은밀한 주체 개념을 덧붙인다.

부정으로 꿰매어 투명하게 된 이 주/체(S/subject)는 국제적 노동분업에서 착취자의 편에 속한다. 우리 시대 프랑스 지식인들이 유럽의 **타자**라는 이름 없는 주체 속에 거주할 법한 **권력과 욕망**을 상상하기란 불가능하다. 비판적으로든 무비판적으로든 그들이 읽는 모든 것이, 유럽으로서의 주체 구성을 지지하거나 비판하는 방식으로 유럽의 **타자** 생산 논쟁 속에 붙들려 있어서만이 아니다. 유럽의 **타자**를 주체로 구성한다고 하면서 그 주체가 에너지를 투여해 자체의 편력을 채울(투자할?) 수 있게 할 텍스트적 요소를 지우고자 또한 엄청난 주의를 기울였던 탓이다. 이데올로기적·과학적 생산뿐만 아니라 법이라는 제도를 동원해서 말이다. 프랑스 지식인들에게 경제분석이란 아예 환원주의적인 것으로 보일지 모르겠다. 그렇더라도 그들은 이렇게 전반적으로 중층결정된 사업이 이해관계들, 동기들(욕망들), (지식)권력이 가차없이 변위되기를 요구하는 역동적인 경제상황의 이해관계를 위한 것임을 위험하게도 잊어버린다. 하나의 급진적 발견이 우리로 하여금 경제적인 것("계급"을 기술적으로[descriptively] 분리시켜 내는 실존의 조건들)을 구시대의 분석장치로 진단하도록 만든다. 이제 이 변위(dislocation)를 급진적 발견으로 환기하는 것은 이러한 변위의 작동을 지속시켜 부지불식간에 "헤게모니적 관계들의 새로운 균형"을 확보하도록 할 것이다.117 지식인은 **타자**를 **자아**의 그림자로 끈질기게 구성해 내는 사태와 공모할 수 있다. 그럴 가능성에 직면한 지식인은 정치적 실천을 어떻게 할 수 있을까? 경제적인 것이 자체를 최종적 결정요소 혹은 초월적 기의라고 주장할 때, 경제적인 것이 불완전하게나마 지워지더라도 그것은 사회적

1983), p. 243.

117. Carby, *Empire*, p. 34.

텍스트를 재각인해 나간다. 그런 만큼 경제적 요소는 환원될 수 없다. 정치적 실천을 하려는 지식인은 경제적인 것을 "삭제하에"(under erasure, 데리다의 용어로 여기서는 경제적인 것을 실체적·결정론적인 것으로 만들지 않으면서도 그 중요성을 놓치지 않으려는 것) 두면서도 경제적인 것을 환원불가능한 것으로 보려고 한다.[118]

아주 최근에 이르기까지 이러한 인식소적 폭력을 보여주는 가장 명확한 예는 식민주체를 타자로 구성하고자 저 멀리서 울려퍼진 이질적 기획이었다. 이 기획은 또한 타자의 불안정한 **주체-성**(Subject-ivity) 속에 있는 타자)의 흔적을 비대칭적으로 지워버리는 것이기도 하다. 푸코는 인식소적 폭력의 한 예, 즉 인식소의 완전한 정밀조사를 18세기 말 유럽에서 일어난 광기의 재정의 속에 둔다. 이 점은 잘 알려져 있다.[119] 하지만, 광기에 대한 특정한 재정의가 식민지와 유럽 역사의 서사 중 일부에 지나지 않았다면 어떨까? 인식소적 정밀조사의 두 가지 기획이 두 손이 달린 거대한 엔진의 변위되고 인정되지 않은 부분으로 작동했다면 어떨까? 아마도 그것은 제국주의의 양피지 서사의 하위텍스트를 "종속된 지식"으로 인식하라는 요청이나 다름없을 것이다. "그들의 과업에 부적절하거나 불충분하게 벼려졌다고 판정되어 온 지식들의 전체 집합, 즉 위계질서의 아래로 요구되는 인식이나 과학성의 수준 아래로 밀쳐지게 된 토착 지식들" 말이다(PK 82).

이것이 "일들이 실제로 일어났던 방식"을 기술하거나, 제국주의 역사의 서사를 역사의 최고 판본으로 특권화하는 것은 아니다.[120] 오히려 그것은

---

118. 이 논의를 더 발전시키는 글로는 Spivak, "Scattered Speculations" 참조. 한 번 더 말하자면, 『앙티 오이디푸스』는 경제적인 것을 알레고리로만 다루고 있긴 하지만 경제 텍스트를 무시하지는 않는다. 이런 점에서 『앙티 오이디푸스』의 분열분석에서 『천 개의 고원』의 리좀 분석으로 옮아간 것은 아마 그다지 유익한 게 아니었다.
119. Foucault, *Madness and Civilization: A History of Insanity in the Age of Reason*, tr. Richard Howard (New York: Pantheon, 1965), pp. 251, 262, 269.

현실에 대한 하나의 설명과 서사가 규범적인 것으로 확립되는 경위를 계속 설명한다. 중앙 유럽과 동유럽의 경우를 비교해 보는 하나의 설명이 곧장 착수될 수 있다. 이를 정교하게 다듬어내기 위해 힌두법을 영국적으로 코드화하는 계기와 그 보강작업을 짤막하게 살펴보자.

다시 한번 말하지만, 나는 남아시아 연구자가 아니다. 내가 인도 제재로 눈길을 돌리는 것은 내가 우연히 거기서 태어났기 때문이다.

힌두법의 코드화로 이루어진 인식소적 폭력을 도식적으로 요약해 보자면 아래와 같다. 이 요약을 통해 인식소적 폭력 개념이 명확해진다면, 과부-희생에 관한 나의 마지막 논의는 더 많은 의미를 획득할 것이다.

18세기 말에 힌두법은 하나의 통합적인 체계라고 기술될 수 있다. 그런한, 힌두법은 주체가 기억을 사용하는 방식에 따라 구분되는 네 가지 인식소를 "무대화"하는 네 가지 텍스트, 즉 스루티(sruti, 듣기), 스므루티(smruti, 기억), 사스트라(sāstra, 셈), 브야바하라(vyavahāra 수행)의 견지에서 작동했다.[121] 처음에 들은 내용과 나중에 기억한 내용이 반드시 연속적이거나 동일하지 않았다. 들은 내용을 환기하는 것은 모두 원래의 "들음"이나 계시 사건을 기술적으로 암송하는(재개하는) 것이었다. 다음으로 배움과 수행이란 변증법적으로 연속적인 것으로 간주되었다. 그리고 법 이론가들과 법 실천가들은 이 구조가 법의 실체를 기술하는지, 분쟁을 확립하는 네 가지 방식을 기술하는지 어떤지를 주어진 어떠한 경우에도 확신하지

---

120. 나는 프레드릭 제임슨의 『정치적 무의식: 사회적으로 상징적인 행위인 서사』를 커다란 비평적 무게를 갖는 텍스트라고 생각한다. 하지만, 혹은 바로 그 생각 때문에 여기서 나의 기획이 특권화된 서사의 유물들을 복원하는 기획과 구분되기를 바란다. "한 가지 정치적 무의식의 교리가 그것의 기능과 필요성을 발견하는 것은 바로, 중단 없는 서사의 자취를 탐지하는 데서, 근본적 역사의 억압되고 매장된 현실을 텍스트의 표면에 복원하는 데서이다" (Jameson, *Political Unconscious: Narrative as a Socially Symbolic Act* [Ithaca: Cornell Univ. Press, 1981, p. 20).
121. 사원 무희들에게서 일어나는 이런 변형을 자세히 설명한 책으로는 Kunal Parker (근간) 참조.

못했다. "내적으로" 일관되지 못하고, 양끝에서 개방된 법적 실천의 다형 구조가 이분법적 시각을 통해 합법화된다. 바로 이것이 인식소적 폭력의 예로서 내가 제시하는 코드화의 서사다.

매콜리의 악명높은 「인도교육에 관한 초고」(1835) 중에서 종종 인용되는 프로그램된 구절을 살펴보자.

> 우리가 통치하는 수백만의 사람들과 우리 사이에서 해석자 역할을 할 수 있는 계급을 형성하도록 우리는 현재 최선을 다 해야 한다. 혈통으로나 피부색으로는 인도인이면서도 취향이나 견해, 도덕이나 지성에서는 영국적인 사람들 말이다. 우리는 그 계층 사람들에게 인도의 지역 방언들을 세련되게 만들고 서구 전문어로부터 빌려온 과학 용어로써 그 방언들을 풍부하게 만드는 일을 맡겨야 한다.[122]

식민 주체들의 교육은 법으로 그들을 생산하는 것을 보충한다. 이렇게 또 다른 판의 영국제도를 확립시키는 일은 산스크리트 연구라는 분과학문 구성체와 산스크리트 "고급 문화"라는 대안적인 토속 전통 사이를 불편하게 갈라놓는 결과를 초래하였다. 3장의 첫 번째 섹션에서 나는 전자의 분과학문 구성체 내부에서 권위적인 학자들이 제시한 문화적 설명들이 법률적 기획의 인식소적 폭력과 합치함을 시사했다.

바로 이 권위자들이 비전문가들인 프랑스 지식인들로 하여금 타자의 문명에 입문시킨 최상의 원전들을 제공한다.[123] 하지만 내가 주체로서의 타자가 푸코나 들뢰즈에게는 접근할 수 없는 존재라고 말할 때, 비단 샤스트

---

122. Thomas Babington Macaulay, "Minute on Indian Education", *Selected Writings*, John Clive and Thomas Pinney, eds. (Chicago: Univ. of Chicago Press, 1972), p. 249.
123. 『다른 세상에서』의 9장 「국제적 틀에서 본 프랑스 페미니즘」에서 나는 이 문제를 줄리아 크리스테바(*About Chinese Women*, tr. Anita Barrows [London: Marion boyars, 1977)와 관련시켜 좀더 자세하게 논의한 바 있다.

리124와 같은 식민적 생산 반경에서의 지식인이나 학자들만을 언급하는 것은 아니다. 나는 계급 스펙트럼을 가로질러 일반적인 비전문가를, 학계와 상관없는 대중을 염두에 두고 있다. 바로 이 대중을 대상으로 인식소가 말없이 그것의 프로그램적 기능을 작동시키고 있다. 푸코와 들뢰즈는 착취의 지도를 고려하지 않으면서 도대체 어떤 "억압"의 틀에다 이 잡종의 패거리[대중을 가리킴]를 놓으려고 할 것인가?

이제 이 인식소적 폭력이 그려내는 회로의 주변부(침묵당한 말없는 중심이라고도 할 수 있다)를, 문맹인 농부, 선주민, 도시 하부프롤레타리아 중에서도 최하층 남자들과 여자들을 살펴보는 데로 넘어가 보자. 푸코와 들뢰즈(제1세계에서 그들은 인정하고 있지는 않지만 사회화된 자본의 획일화와 조직화의 휘하에 있다)에 따르면, 억압받는 자들에게 기회가 주어져(여기서 재현의 문제는 지나칠 수 없다) 결연의 정치를 통해 연대로 나아가는 도상에 있다면(여기서 맑스주의적 주제가 작동중이다), 자신들이 처한 조건에 대해서 말할 수 있고 알 수 있다고 한다. 현재 상황에 맞게 고쳐 말할 경우, 자본의 논리 내부에서 저항하는 데만 관심 있는 메트로폴리스의 "제3세계 페미니즘"도 그렇게 말한다. 이제 우리는 다음 질문과 부딪혀야 한다. 국제적 노동분업상 사회화된 자본의 다른 쪽에서, 초기의 경제 텍스트를 보충하는 제국주의적 법과 교육의 인식소적 폭력의 회로 안과 밖에서, 서발턴은 과연 말할 수 있는가? 하는 질문 말이다.

식민 기록이 시작되도록 한 요건 속에서 그 도구가 된 여성(시르무르의 라니)이 온전하게 씌어질 수 있을지 앞에서 이미 살펴보았다.

"서발턴 계급"에 대한 안토니오 그람시의 작업은 맑스의 『루이 보나파르

---

124. [옮긴이] 1988년 「서발턴이 말할 수 있는가?」에서 "박식한 인도 산스크리트 연구자이자 식민주의 생산에서 대표적인 토착 엘리트", "1916년에 벵골 총독비서가 추진한 『벵골사』 중 여러 장을 쓰도록 청탁받았다"고 나온다.

트의 브뤼메르 18일』에서 따로 논의된 계급입장/계급의식의 괴리를 확장시킨다. 그람시는 아마도 레닌식 지식인의 전위적 입장을 비판하기 때문에 서발턴의 문화적·정치적 운동을 헤게모니화하는 지식인의 역할에 관심을 갖는다. 이 운동은 (진실의) 서사로서 역사의 생산을 결정지을 수 있어야 한다. 그람시는 『남부 문제』에서 국제 노동분업에서 취해진 혹은 그것을 예시하는 독법의 알레고리 안에서 이태리에서의 역사적 정치경제의 운동을 고려한다.[125] 하지만 제국주의적 기획에 뒤따르는 법적 분과학문적 정의(definition)에 일어난 인식소적 간섭이 그의 문화적 거대 논리를 멀리서나마 작동시킬 때, 서발턴의 전개 양상에 대한 그의 설명은 삐걱거린다. 3장의 말미에서 서발턴으로서 여성의 문제로 넘어갈 때, 여성의 행동·교섭 능력을 조정함으로써 집단성 자체의 가능성이 끈질기게 폐제된다고 시사할 것이다.

인도 〈서발턴 연구회〉라 불리는 지식인들 모임은 내 제안의 첫 부분 — 서발턴의 전개양상은 제국주의적 과제로 인해 복잡하게 된다는 — 과 바로 부딪힌다. 그들은 서발턴이 말할 수 있는가를 물어야만 한다. 바로 여기서 우리는 푸코 자신의 역사학 내부에 있는 셈이며 그의 영향을 인정하는 사람들과 함께 하는 셈이다. 그들의 기획은 인도의 식민역사 편찬을 식민 점령 기간에 일어난 농민반란의 불연속적 사슬이라는 시각에서 다시 생각해 보는 것이다. 실로 이것이 사이드가 논의한 "이야기하도록 허용하는" 문제다.[126] 연구회의 창립 편집인인 라나지트 구하는 다음과 같이 논의한다.

인도 민족주의의 역사편찬은 오랫동안 엘리트주의 — 식민주의적 엘리트주의

---

125. Antonio Gramsci, *The Southern Question*, tr. Pasquale Veerdicchio (West Lafayette, Ind.: Bordighera, Inc., 1995). 대개 그렇듯, 나는 폴 드 만이 제안한 의미로 "읽기의 알레고리"를 사용하고 있다.
126. Edward W. Said, "Permission to Narrate", *London Review of Books* (1984년 2월 16일).

와 부르주아 민족주의자 엘리트주의 — 에 의해 지배받아 왔다. … 인도라는 국가의 형성과 이 과정을 확증하는 민족주의 의식의 발전은 배타적으로 혹은 압도적으로 엘리트적 업적이라는 편견을 공유하면서 말이다. 식민주의적·신식민주의적 역사 편찬에서 이 업적은 영국 식민지 통치자들, 행정가들, 정책, 제도, 문화에 귀속된다. 민족주의적·신민족주의적 저작에서 이 업적은 인도 엘리트들, 제도들, 행위들, 관념들로 귀속된다.[127]

인도 엘리트들의 특정 구성원들은 물론 **타자**의 목소리에 관심을 갖는 제1세계 지식인들의 토착정보원일 뿐이다. 하지만 우리는 식민화된 서발턴이 돌이킬 수 없이 이질적이라는 사실을 거듭 주장해야 한다.

우리는 토착 엘리트에 맞서 구하가 말하는 "**민중의 정치학**"(politics of the people)을 세울 수 있을 것이다. 식민지적 생산 회로의 내부("[식민주의]에도 불구하고 계속 강력하게 활동하며 라즈Raj하에서 만연한 조건에 자체를 적응시키고 형식과 내용 면에서 전적으로 새로운 긴장을 진전시킨")와 외부 ("엘리트 정치학에서 유래하지도 않았고 엘리트 정치학에 그것의 생존을 의존하지도 않았기 때문에 **자율적인 영역인**") 모두에서 말이다. 그런데 나는 민중의 단호한 힘과 완전한 자율성을 주장하는 구하를 전적으로 수긍할 수 없다. 왜냐하면 실제적인 역사편찬의 절박한 사정들이 서발턴 의식을 특권화하도록 허용하지 않을 것이기 때문이다. 구하는 자신의 접근이 받을 수 있는 본질주의라는 비난에 대비하고자 차이-속의-동일성일 수밖에 없는 민중(본질의 자리)에 관한 정의를 구축한다. 그는 식민적 사회 생산을 대략 기술하는 역동적인 계층화(stratification)의 격자를 제시한다. 이 목록에 나오는 세 번째 집단, 말하자면 민중과 거대한 거시구조적 지배 집단 사이의 완충집단 자체는 안-사이(in-betweenness)의 자리로 정의된

---

127. Guha, *Subaltern Studies* (Delhi: Oxford Univ. Press, 1982), 1:1.

다. 그의 계층화는 "지배적인 외국인 집단", 엘리트를 대표하는 "전체 인도와 지방·지역 수준에서 지배적인 토착 집단", ["민중"과 "서발턴 집단들"이라는 용어에] 포함되는 "사회적 집단들과 구성인자들"로 제시된다. 마지막 집단은 우리가 "엘리트"라고 기술해 온 모든 사람들과 전체 인도 인구 사이의 인구통계학적 차이를 나타낸다.[128]

여기서 기획되고 있는 "연구 과제"는 "[세 번째 항목을 구성하는] 구성인자들의 특수한 본성과 이상적인(ideal) 민중에서 일탈하는 정도를 조사하고 가려내며 측정하여 그것을 역사적으로 자리매기는 것이다." "특수한 본성을 조사하고 가려내며 측정한다." 이보다 더 본질론적이고 분류학적인 프로그램도 거의 없을 것이다. 하지만 신기한 방법론적 명령이 작동한다. 나는 푸코와 들뢰즈의 대담에서 포스트재현주의적(postrepresentational) 어휘가 본질론적 의제를 감추고 있다고 논의했다. 서발턴 연구는 제국주의적 인식소나 사회적 학문적 각인의 폭력 때문에 본질론적 용어로 이해된 기획을 차이들의 급진적·텍스트적 실천 속에 소통시켜야 한다. 이 연구회의 조사 대상은 민중 자체가 아니라 지역의 엘리트라는 부유하는 완충지대, 민중이나 서발턴이라는 이상(ideal)에서 벗어나 있는 일탈 집단이다. 그런데 이 이상 자체도 엘리트와의 차이로서 정의되고 있다. 서발턴 연구는 바로 이 구조를 향하고 있어서 제1세계의 급진적 지식인이 자가 진단한 투명성과는 좀 다른 곤경에 처한다. 어떤 분류법이 이 공간을 고정시킬 수 있단

---

128. 앞의 책, pp. 4, 8. 이렇게 조밀하게 정의된 용어의 유용성은 나의 주도하에 『서발턴 연구 선집』(*Selected Subaltern Studies* [New York: Oxford Univ. Press, 1998]) 작업을 착수했을 때 대체로 없어졌다. 구하가 편집한 『서발턴 연구 독본』(*A Subaltern Studies Reader* [Minneapolis: Univ. of Minnesota Press, 1997])은 그 수정본이다. 이제 일반화된 용법에서 상실된 것은 다음 문장에서 보듯 차이의 공간에 거주하는 서발턴이라는 개념이다. "서발턴은 주인의 문화를 전유하도록 힘으로 강제된다"(Emily Apter, "French Colonial Studies and Postcolonial Theory", *Sub-stance* 76/77, vol .24, nos. 1-2 [1995]: 178). 서발터니티를 "열등성의 경험"으로 이상스레 정의한 프레드릭 제임슨(Jameson, "Marx's Purloined Letter", *New Left Review* 209 [1994]: 95)은 더 한심한 경우이다.

말인가? 사실 구하는 "민중"을 주인-노예의 변증법에서 보고 있다. 민중 자신이 그 공간을 감지하건 그렇지 않건 간에 민중의 텍스트는 자체의 불가능한 조건을 가능한 조건으로 다시 쓰는 어려움을 분명하게 드러낸다. "지방과 지역 수준에서 [지배적인 토착 집단들은] … 지배적인 모든 인도인 집단들보다 위계질서상 열등한 사회계층에 속하면서도 자신들의 사회적 존재에 진실로 합당한 이해관계에 따르지 않고 지배 집단의 이익을 위해 행동했다."[129] 〈서발턴 연구회〉 사람들은 이 매개 집단이 보여주는 행동과 이해관계 사이의 간극에 대해 본질화하는 그들의 용어로 말한다. 그 때 그들이 내리는 결론은 이 논점에 대한 들뢰즈의 선언이 보여주는 자의식적 순진함이 아니라 맑스에 더 가깝다. 구하는 맑스처럼, 리비도적 존재보다 사회적 존재의 견지에서 이해관계에 대해 말하고 있다. 『브뤼메르 18일』에서 아버지의 이름(Name-of-the-Father) 이미지는 계급이나 집단행위 수준에서 "자기존재에 진실로 일치하는 상태"란 아버지의 이름 따오기(the patronymic)만큼이나 인위적이거나 사회적이라는 사실을 강조하도록 도와줄 수 있다.

3장에서 말할 두 번째 여성이 속하는 곳은 바로 이 매개 집단이다. 여기서 지배 패턴은 계급보다 젠더에 의해 주로 결정된다. 젠더 억압에 붙들린 채 있으면서도 민족주의의 도전 내부에 있는 지배적인 것에 수반되는 종속된 젠더는 새삼스러운 이야기가 아니다.

정체성이 그것의 차이인 (젠더가 특정하게 밝혀지지 않은) "진정한" 서발턴 집단 중에 자신을 알고 말할 수 있는 서발턴 주체가 있다. 그래서 그러한 서발턴 주체를 재현할 수 없는 것은 아니다. 또한 지식인의 해결책이 재현으로부터 물러서는 데 있는 것도 아니다. 문제는 재현하는 지식인에게 유혹적인 대상일 정도로 끈기 있게 서발턴의 편력이 추적되지 않는다는 것이다. 그럴 때 인도 〈서발턴 연구회〉의 다소 진부한 언어로 말하자면, 다음

---

129. Guha, *Subaltern Studies* 1:1.

질문이 나오게 된다. 우리가 서발턴의 정치를 조사한다고 하지만 어떻게 하면 민중의 의식에 접근할 수 있을까? 서발턴은 어떤 목소리-의식(voice-consciousness)을 갖고 말할 수 있단 말인가?

당대 시르무르의 산악지대 여성들과 어떻게 "비밀스런 조우"를 할 것인가 하는 나의 질문은 바로 앞 질문의 실천적 판본이다. 내가 이 섹션에서 말하려는 여성은 "진정한" 서발턴이 아니라 메트로폴리스의 중산계급 처녀이다. 게다가, 자신의 몸을 쓰거나 말하려고 했던 그녀의 노력은, 설명 가능한 이성에 액센트를 둔다면 자의식적 책임의 도구였다. 그녀의 **화행**(Speech Act)은 여전히 거부되었다. 그녀는 죽은 이후에도 다른 여성들에 의해 스스로 말하지 못하게(unspeak) 되었다. 나는 3장의 초판본「서발턴이 말할 수 있는가?」에서 이러한 역사적 무관심과 그것의 결과를 서발턴은 말할 수 없다고 요약한 바 있다.

서벵골의 맑스주의자 아지트 차우드허리는 서발턴의 의식을 탐색하는 구하를 비판하고 있다. 차우드허리의 비판은 서발턴을 끌어들이는 생산과정의 한 계기를 나타낸다고 볼 수 있다.130 차우드허리는 의식의 변혁에 관한 맑스주의적 견해를 사회관계를 둘러싼 지식을 포함한다고 인식한다. 차우드허리의 인식은 나로서는 원칙적으로 날카로운 것으로 보인다. 하지만 그에게는 정통 맑스주의를 전유해 온 실증주의적 이데올로기의 유산이 남아 있어서인지 다음 말을 덧붙이지 않고는 못 배긴다. "이것은 농부의 의식이나 노동자의 의식을 그것의 순수한 형태 속에서 이해하는 일을 가볍게 여기자는 것은 아니다. 오히려 농부와 노동자에 대한 우리의 지식을 풍부하

---

130. 이후 인도에서 선거나 테러리즘에서 힌두 민족주의가 심각할 정도로 증강함에 따른 학문적 악영향으로 말미암아 좀더 놀랄 만한 비난이 이 연구회에 쏟아졌다. Aijaz Ahmad, *In Theory: Classes, Nations, Literatures* (New York: Verso, 1992), pp. 68, 194, 207-211; Sumit Sarkar, "The Fascism of the Sangh Parvar", *Economic and Political Weekly* (1992년 1월 30일자), pp. 163-167 참조.

게 하고 나아가 특정 양식이 다른 지역에서 다른 형태를 취하는 과정을 이해하도록 통찰을 던져줄 수 있을 것이다. 바로 이 부분이 고전적 맑스주의에서는 부차적 중요성을 갖는 문제라고 간주된다."131

"국제주의적" 맑스주의의 차우드허리 식은 만회할 수 있는 순수한 의식의 형태를 단지 밀쳐버리기 위해서만 믿음으로써, 맑스에게서 생산적이던 곤경의 순간을 봉쇄한다. 그리하여 그것은 푸코와 들뢰즈에게는 맑스주의를 거부하는 경우로 되는 **동시에** 서발턴 연구회에는 비판적 동기부여의 원천이 될 수 있다. 세 가지 경향 모두 의식의 순수한 형태를 전제한다는 점에서 전제하는 태도를 똑같이 보여준다. 프랑스의 장면에서는 기표들의 얼버무림이 일어나 "무의식"이나 "억압받는 주체"가 "의식의 순수한 형태"라는 공간을 은밀하게 차지한다. 제1세계에서나 제3세계에서나 정통 "국제주의적"·지적 맑스주의에서 의식의 순수한 형태는 역설적으로 물질적 효과로 남아 부차적 문제로 치부되면서 종종 인종차별주의와 성차별주의라는 평판을 얻는다. 서발턴 연구회에서 의식의 순수한 형태는 자체를 명료하게 하는 데서 몇 가지 조항들을 시인하지 않는다. 그래서 그 조항들에 따른 전개가 필요하게 된다.

서발턴 주체가 말소되는 여정 내부에서 성차의 궤적은 이중으로 지워진다.132 문제는 반란에의 여성 참여 여부나 성별노동분업의 기본 규칙들이 아니다. 둘 다 "증거"를 갖고 있기 때문이다. 오히려 문제는 식민주의적 역사기술의 대상이자 반란의 주체로서 남성지배를 유지시키는 젠더의 이데올로기적 구성이다. 식민생산의 경합 속에서 서발턴이 역사도 없고 말도

---

131. Ajit K. Chaudhury, "New Wave Social Science", *Frontier* 16-24 (1984년 1월 28일자), p. 10. 스피박의 강조.
132. 나는 선주민 지식인 혹은 아웃캐스트(outcaste, "달릿"dalit=억압받는 [신분위계에 아예 끼지도 못하는 추방재) 지식인이 쓴 글들을 최근 들어 낭만화하는 추세가, 이런 지워버림을 해소하여 왔다고 생각하지 않는다.

할 수 없다면, 여성으로서 서발턴은 훨씬 더 깊숙한 응달에 처할 뿐이다.

3장의 첫 부분에서 식민주의에 봉사하라는 부름을 받은, 잘 잡히지 않는 여성인물에 대해 생각해 본 바 있다. 3장의 마지막 부분에서는 반식민주의를 부르짖는 민족주의에 나타난 이와 필적할 인물을 살펴보려고 한다. 과부의 자기-파괴희생(self-immolation)을 그리는 규율적(regulative) 심리전기가 두 경우 모두에 딱 들어맞을 것이다. 이 책을 "째고 들어갈" 공간을 위해 새로운 서발턴이 점차 출현하고 있는 **새로운 세계질서를 기억하도록** 하자.

우리 시대의 국제적 노동분업은 19세기 영토 제국주의의 분할된 영역이 치환된 것이다. 추상화된 자본논리로 말해 보자면, 산업 자본주의와 상업적(mercantile) 정복에 잇따라 일반적으로 제1세계 나라들이 투자 자본의 위치를 점했다. 일반적으로 제3세계 나라들인 또 다른 집단이 제1세계에 종속된 토착 자본가들을 통해 또 이들이 부리는 제대로 보호받지 못하고 변동이 심한 노동력을 통해 자본이 투자되는 영역을 제공했다. 산업자본의 순환 및 성장(이에 수반되기 마련인 19세기 영토 제국주의 내부에 뒤따라 필요한 행정 업무)을 유지하기 위해 수송, 법률, 표준화된 교육체계가 발전되었다. 그 사이 지역 산업들은 파괴되거나 재구조화되었고 토지는 다시 분배되었으며 원자재는 식민압제국으로 이전되었다. 소위 탈식민화, 다국적 자본의 성장, 행정 부담의 감소와 더불어, 이제 "발전"은 대규모 수준의 입법이나 교육체계의 확립에 비교적 관여하지 않았다. 이것은 이전에 식민지였던 나라들에서 소비주의가 성장하는 것을 가로막는다. 아시아의 두 끝에서 현대적 전자통신 및 선진 자본주의 경제가 출현함에 따라, 국제적 노동분업을 유지하는 것이야말로 주변부로 하여금 값싼 노동력을 계속 공급하게 해준다. 1989년에 일어난 소련의 내파(內破)는 전 지구를 금융화하는 길을 순탄하게 닦아주었다. 전자통신의 성장과 함께 1970년대 중반에 이미 새로이 전자화된 증권 시장은 수출에 기초한 하청과 포스트포디즘을 통해 전 지구적 자본주의가 출현하도록 해주었다. "이러한 전략하에 선진국에 기지를 둔 제조업자들은 가장 노동집약적인 생산단계를, 예컨대 바느질이나 조립공정을 노동력이 값싼 제3세계 국가들에 하청을 준다. 일단 조립공정이 완료되면 다국적 기업은 그 상품을 지역 시장에 내다 팔지 않고 관대한 관세 혜택을 받으며 선진국에 재수출한다." 여기서 소비주의에 훈련되는 것과 맺고 있던 연결고리는 거의 끊어진다. "1979년 이후 전 지구적 경기후퇴로 인해 세계적으로 무역과 투자가 눈에 띄게 하락하는 반면, 국제적 하청 계약은 붐을 이루고 있다. … 이 경우 다국적 기업은 전투적 노동자들, 혁명적 격동들, 경기 침체에 훨씬 더 자유롭게 맞선다."[133]

물론 인간의 노동은 본래 "값싼" 것도 "비싼" 것도 아니다. 노동법의 부재(혹은 노동법의 차별적 강화), 전체주의적 국가(종종 주변부 국가의 발전과 근대화가 수반하는), 노동자 편에서의 최소한의 생존 요건들이 "값싼" 노동력을 확보해 준다. "값싼" 노동력이라는 중요한 항목을 그대로 유지하기 위해서는 현재 "개발도상국"이라 불리는 국가들의 도시 프롤레타리아트가 (계급 없는 사회의 철학으로 행세하는) 소비주의 이데올로기에 체계적으로 훈련되어서는 안 된다. 소비주의는 푸코가 언급하는 연합의 정치(FD 216)를 통해 모든 역경에 맞서 저항의 지반을 준비하도록 하기 때문이다. 소비주의 이데올로기와 이런 식으로 분리되는 것은 국제적 하청계약이 번성함에 따라 더욱 악화되고 있다.

소련해체 이후, UN과 더불어 브레튼 우즈 기구들은 괴물 같은 전 지구적 북/남 국가에 유리하게 법령을 제정하기 시작했다. 전 지구적 북/남 국가는 앞서 언급했던 무역으로 통제되는 식민국가처럼 아주 미시적인 수준에서 탄생중이다. 매콜리는 혈통과 피부색은 인도인이지만 취향, 견해, 품

---

[133] "Contracting Poverty", *Multinational Monitor* 4.8 (Aug. 1983): 8. 이 보고서는 〈정책 연구소〉의 〈국제 기업 기획부〉에서 일하는 존 카바나와 조이 해켈이 제출한 것이다. 스피박의 강조.

행, 지성에서는 영국적인 인도인 집단을 언급했고 맑스는 자본가를 『파우스트』에 나오는 "기계적 인간"이라고 언급했다. 그렇다면 이제는 권위와 합법화의 지점으로 비개성적인(impersonal) "경제적 시민"이 금융자본시장 및 초국가적 기업들에 둥지를 틀게 된다.134 포스트포디즘과 국제적 하청하에 비조직 혹은 영원한 비정규 여성노동은 오늘날의 전 지구화 단계에서 이미 세계무역의 대들보가 되고 있었다. 그렇다면, "원조" 기제를 지탱하고 있는 것은 바로 남에서 제일 가난한 여성들이다. 이들은 내가 어디에선가 부른바, 전 지구를 에워싸는(globe-girdling) 투쟁(생태학, "인구통제"에 대한 저항)의 토대를 형성한다. 그 투쟁이 일어나는 곳에서는 전구적인 것과 지역적인 것 사이의 경계가 미결정적으로 된다. 바로 이것이 새로운 서발턴이, 우리가 나중에 고찰하게 될 민족주의적 서발턴과 상당히 다른 서발턴이 부상하는 지반이 된다. 이 집단과의 대면은 기간구조의 뒷받침이 부재한 상태에서 전 지구적으로 존재하는 그들을 대표(vertreten)하는 것일 뿐만 아니라 우리 자신을 묘사(darstellen)하는 방법을 배우는 것이기도 하다. 이러한 주장은 분과학문적 인류학 비판으로, 초등 교육과 분과학문 구성체 사이의 관계 비판으로 우리를 인도할 것이다. 이것은 또한 "자연스럽게 똑바로 말하는" 억압의 주체를 선택하는 지식인들이 해대는 암묵적 요구, 즉 그러한 주체가 하나의 단축된 생산양식 서사인 역사를 통해 나와야 한다는 암묵적 요구에 의문을 제기할 것이다.

개발도상국에서 일부 **토착지배** 그룹 사람들, 즉 지역 부르주아지가 제휴정치(alliance politics)의 언어를 매력적이라고 생각하는 것도 놀라운 일이 아니다. 선진자본주의 국가에서나 그럴 듯한 저항 형식에 동조하는 것은 라나지트 구하가 묘사하는 부르주아 역사편찬의 엘리트주의 경향과 일치

---

134. Saskia Sassen, "On Economic Citizenship", *Losing Control? Sovereignty in the Age of Globalization* (New York: Columbia Univ. Press, 1996), pp. 31-58.

한다.

지구적 제휴 정치의 그럴 듯함에 대한 믿음은 북에 잘 자리잡은 **남**의 디아스포라들 사이에 만연되어 있다. 뿐만 아니라 개발도상국에서 "국제적 페미니즘"에 관심을 갖는, 지배적 사회그룹의 여자들 사이에도 만연되어 있다. 푸코가 주장하는 "여자들, 죄수들, 용병들, 환자들, 동성애주의자들"(FD 216) 사이의 제휴 가능성에서 가장 동떨어진 사람들이 바로 도시 하부프롤레타리아 여자들이다. 그들의 경우 소비주의나 착취구조의 거부는 가부장적 사회구조에 의해 더욱 복잡하게 된다.

들뢰즈와 푸코는 제국주의의 인식소적 폭력이나 국제노동분업을 무시한다. 그들이 말미에서 제3세계 쟁점들을 건드리지 않았다면 그것은 그리 문제될 게 없다. 하지만 프랑스에서 그들의 제3세계이자, 한때 프랑스 식민지였던 아프리카 주민들의 문제를 무시하기란 불가능하다. 들뢰즈는 이 오랜 지역 토착 엘리트들 — 이상적으로 말해 서발턴인 — 에 국한해서 자기 논의를 전개한다. 바로 이런 맥락에서 산업예비군을 유지하는 문제를 언급하는 것은 들뢰즈로 하여금 역전된 에스닉 감상성에 빠지도록 한다. 그는 19세기 영토 제국주의의 유산을 말하면서, 지구화하는 센터가 아니라 민족국가를 언급한다.

"프랑스 자본주의는 떠돌아다니는 실업의 기표를 많이 필요로 합니다. 바로 이 관점에서 우리는 억압(repression) 형식들의 통일성을 보기 시작합니다. 가장 힘들면서 빛이 나지 않는 일자리가 이민노동자들에게 돌아간다는 사실을 일단 인정하는 한, 이민 관련 규제들이 보이기 시작하죠. 프랑스 사람들도 점점 더 힘든 일에 대한 '취향'을 다시 획득해야 하니까 공장에서 억압이 일어나고, 젊은이들에 반대하는 투쟁이 일어납니다. 또 교육제도의 억압이 일어나는 것이죠"(FD 211-12).

이것은 수긍할 만한 분석이다. 하지만 다시금 이 분석은 제1세계에 직접 접근할 수 있는 제3세계 집단들만이 "**통합된 억압**"에 직접 맞서는 제휴 정치의 저항 프로그램에 들어올 수 있음을 보여준다.[135] 이렇게 인심쓰듯 제1세계 입장에서 타자로서의 제3세계를 전유하고 재기입하는 것은 오늘날 미국 인문과학에 나타나는 많은 제3세계주의의 초석을 이루는 특징이다.

푸코는 지리학적 불연속성을 환기함으로써 맑스주의를 계속 비판한다. "지리학적(지정학적) 불연속성"의 실재적 표지는 국제적인 노동분업이다. 그러나 푸코는 착취(맑스주의적 분석의 장field인 잉여가치의 추출과 전유)와 지배("권력"연구)를 구분하는 용어를 쓰면서 지배 쪽이 제휴 정치에 기초한 저항 가능성을 더 많이 갖는다고 시사한다. 하지만 푸코는 "권력" 개념(방법론적으로 권력의 보편 주체를 가정하는)에 대한 획일적·통합적인 접근이야말로 착취의 일정단계에서나 가능하다는 사실을 인정하지 못한다. 지리(학)적 불연속성에 대한 푸코의 비전은 지정학적으로 제1세계에 특정한 것이기 때문이다.

당신이 말하고 있는 지리(학)적 불연속성이란 아마 다음과 같은 뜻일지 모르겠어요. 우리가 착취에 맞서 투쟁하자마자 프롤레타리아가 투쟁을 이끌 뿐만 아니라 투쟁의 목표와 방법, 투쟁의 자리와 도구를 정의한다고 말이죠. 또 우리가 프롤레타리아와 제휴한다는 것은 프롤레타리아의 입장이나 이데올로기를 강화시키고 그들의 투쟁 동기를 다시금 취하게 된다고 말입니다. 이것은 [맑스주의 기획에] 완전히 몰입하는 것을 뜻합니다. 하지만 우리가 투쟁하는 대상이 권력

---

135. 제3세계를 기표로서 발명해 내는 기제는 카비(Carby)가 『제국』(*Empire*)에서 행하고 있는 인종을 기표로 구성하는 분석 유형에는 취약하다. 현 국면에서 포스트식민성, 식식민주의, 소련의 종말, 전 지구적 금융화의 인구통계학적 부차적 악영향으로 유럽중심적 이주가 점증하고 있다 이에 대한 반응으로 남(옛 제3세계와 옛 제2세계였던 공산 진영의 변동중인 일부가 포함되는)은 북-속의-남으로 재발명되고 있다. Etienne Balibar and Immanuel Wallerstein, *Race, Nation, Class: Ambiguous Identities* (tr. Christ Turner [New York: Verso, 1991])과 같이 탁월한 책조차도 이런 발명을 자명한 전제로 삼고 출발한다.

자체라면 권력을 참을 수 없는 것으로 시인하는 사람들 모두가 자신이 처해 있는 곳마다 투쟁을 시작할 수 있고 그들 자신의 행위(혹은 수동성)라는 견지에서 그럴 수 있을 것입니다. 그들 자신의 싸움—분명하게 목표를 이해하고 방법을 결정할 수 있는—이기도 한 이런 투쟁에 참여하면서 그들은 혁명적 과정에 입문하는 것이죠. 확실히 프롤레타리아의 동지로서 말입니다. 권력은 자본주의적 착취를 유지할 수 있는 방식으로 행사되기 때문입니다. 그들은 자신들이 억압받는 곳에서 싸움으로써 프롤레타리아의 명분에 정말로 복무하고 있습니다. 여자들, 죄수들, 용병들, 환자들, 동성연애자들은 자신들에게 행사되는 권력, 제약, 통제의 특정한 형식에 맞서는 구체적인 투쟁을 이제 시작하였습니다.(FD 216)

이것은 지역화된 저항 프로그램으로서 감탄할 만하다. 이런 저항 모델은 "맑스주의" 전선을 따르는 거대 투쟁의 대안이 되지는 못하겠지만 그것을 보충할 수는 있다. 하지만 지역적 저항 상황을 보편화한다면 주체의 특권화를 자신도 모르는 사이에 수용하는 셈이 된다. 이데올로기 이론이 없는 상태에서 이것은 위험한 유토피아주의로 이끌 수 있다. 또 지역의 저항이 북의 나라들에서 일어나는 이주민의 투쟁에 국한된다면 전 지구적 사회정의에 반대로 작동할 수도 있다.

제국주의의 이러한 위상학적(topological) 재각인은 푸코의 전제들에는 결코 구체적으로 나타나지 않는다. 그는 다음 구절에서 보듯 17세기, 18세기 유럽에 등장한 권력의 새로운 메커니즘 (맑스주의자는 이것을 경제외적인 강제 없이 일어나는 잉여가치의 추출이라고 묘사한다) 자체가 영토분할적인 제국주의라는 수단—대지와 그 생산물들—에 의해 "다른 곳에서" 확보되었다는 사실을 생략한다. 그런 무대에서라면 주권성의 재현은 중요하다. "우리는 17세기와 18세기에 중요한 현상의 생산을, 아주 특정한 절차상의 테크닉을 소유한 새로운 권력 메커니즘의 등장을, 아니 발명을 보게 된다. … 그런데 내 생각으로는 이 메커니즘은 또한 주권성의 관계들과는 절대로 양립하지 못한다. 이 새로운 권력 메커니즘은 육체에, 대지와 그 생산물들보다 육체가 하는 일에 더욱더 의존한다"(PK 104).

푸코는 몇 세기 동안에 걸친 유럽 제국주의를 아주 명석하게 분석한다. 때때로 그러한 명석함은 의사들에 의한 공간 처리, 수용소 형태로 수행되는 행정의 발전, 미친 사람들·죄수들·아이들의 견지에서 하는 주변부에 대한 고려 등, 저 이질적인 현상들의 축소판을 생산하는 것처럼 보인다. 병원, 정신병자 수용소, 감옥, 학교 같은 모든 것이 좀더 광범위한 제국주의 서사를 읽지 못하게 막는 스크린 알레고리처럼 보인다. (우리는 이와 비슷한 논의를 들뢰즈와 가타리에서 나오는 "탈영토화"라는 잔인한 모티브에서 펼칠 수 있다.) 푸코는 "우리는 무엇인가에 대해 잘 모르기 때문에 그것에 대해 완벽하게 잘 말할 수 없다."(PK 66)고 중얼거릴지도 모르겠다. 하지만 우리는 모든 제국주의 비평가가 그럴 게 틀림없는 인가된 무지에 대해 이미 말한 바 있다.

이와 대조적으로 초기 데리다는 지식생산에서 자인종문화중심주의(ethnocentrism)를 알고 있었던 것 같다.[136] (우리는 이 점을 1장에서 언급

---

[136]. 내가 다른 글에서 길게 지적한 바 있듯이(*Outside*, pp. 113-115; "Ghostwriting", pp. 69-71, 82), 이후로 이 분야에서의 그의 작업은 이주나 치환(displacement)을 하나의 기원으로 계산하는 경향과 더불어 사유를 펼쳐왔다(56쪽 참조). 절대적 도착자(arrivant)의 형상, 마라노인의 형상을 보라. 가장 최근의 세미나들에서는 환대(hospitality)가 나온다. 그는 메트로폴리탄 혼종적 주체의 관점에서 토착(indigenous) 서발턴을 문화 보수주의, 위상학적 의고주의(archaism), 존재론적 향수의 상관물로 이해한다(*Spectres*, p. 82). 여기서 데리다 역시 이미 존재하는 경향들과 더불어 사유한다. 특히 데리다는 독자가 맑스의 유령에 홀리기라도 한 듯 맑스는 맑스의 방식으로 읽혀져야 한다는 말을 순수혈통의 맑스주의자들에게 말해 왔다. 그렇듯이 우리는 해체를 해체할 수도 있으리라(클라인이 프로이트를 프로이트화하듯). 이 공식은 내일이면 쓸모없어지리라는 점을 제외하고는 아무런 보증도 없다. 그렇더라도, 혹은 다음과 같이 해체가 말하는 순간에, 비난도 변명도 하지 말고 해체를 "너 자신의 것"으로 만들어 돌려 사용하라. "자인종문화중심주의가 급격하게 과시하듯, 역전이 일어날 때마다 어떤 노고는 슬그머니 숨어버린다. 내부를 공고하게 하고 그것으로부터 내부의 이익을 끌어내어 오는 모든 스펙터클한 효과들 뒤로 말이다."

된 칸트에 대한 데리다의 논평에서 이미 살펴본 바 있다. "경험적 탐구처럼 … 그래머톨러지적 지식의 영역에 거처를 구하는 것은 '예들'을 통해 작동하지"(OG 75) 않을 수 없도록 한다.)

데리다가 실증과학으로서 그래머톨러지가 갖는 한계를 보여주기 위해 내세우는 예들은 제국주의 과제를 이데올로기적으로 적절하게 자기 합리화하는 데서 나온다. 데리다는 17세기 유럽에서 "유럽적 의식의 위기를 나타내는 징후"(OG 75)를 형성하는 글쓰기의 역사적 과정에 작동하는 세 종류의 편견을 "신학적 편견들", "중국적 편견들", "상형문자적 편견들"이라고 쓰고 있다. 첫 번째 편견은 히브리어나 그리스어로 시원적(primordial) 혹은 자연적인 문자(script)[인쇄가 아니라 손으로 쓴 글를 신이 썼다고 하는 것이다. 두 번째 편견은 중국어는 철학적 글쓰기를 위한 완벽한 청사진이지만 청사진에 지나지 않으며 진정한 철학적 글쓰기는 "역사와 상관없는 독립적인"(OG 79) 것이라고 하면서 중국어를 손쉽게 배우는 문자로 지양시켜 현실의(actual) 중국어를 폐기하는 것이다. 세 번째 편견은 이집트 문자는 너무도 숭고해서 해독될 수 없다고 하는 것이다.

첫 번째 편견은 히브리어나 그리스어의 "현실성"(actuality)을 보전한다. 나머지 두 편견(각각 "합리적"이고 "신비적인")은 첫 번째 편견을 지지하는 데 공모한다. 첫 번째 편견에서는 로고스의 중심을 유대-기독교의 신(동화를 통한 헬레니즘적 타자의 수용은 더 일찍 일어난다)으로 간주하고 있기 때문이다. 이런 "편견"은 유대-기독교 신화의 지도 그리기에다 지정학적 역사의 지위를 부여하려는 노력 속에서 지금도 견지되고 있다.

이렇게 해서 중국의 글쓰기 개념은 일종의 유럽적 환각이라는 기능을 하게 되었다. … 이런 기능화는 엄격한 필요성에 복종했다. … 그것은 그 때 수중에 넣을 수 있었던 중국 문자에 관한 지식에 의해 동요되지 않았다. … "상형문자적 편견"은 이미 이해관계와 결부된 맹목성과 똑같은 결과를 생산했다. 엄폐(occultation)는 자인종문화중심적(ethnocentric) 조롱에서부터 … 진행되기는커녕 과장된 찬양의 형태를 취한다. 우리는 이런 패턴의 필연성을 입증하는 작업을 아직 완수하지 못했다. 우리 세기는 이 패턴으로부터 자유롭지 못하다. 자인종문화중심주의는 드러내놓고 급격하게 역전될 때마다, 어떤 노고는 슬그머니 숨어버린다. 내부를 공고하게 하여 내부로부터 자인종의 이익을 끌어내는 스펙터클한 효과 뒤로 말이다.(OG 80, "상형문자적 편견"만 데리다의 강조임)

이런 패턴은 예컨대 존 롤스의 『정치적 자유주의』에서 만나게 되는 발전을 지지하는 문화주의적 변명을 작동시킨다. 이 책은 검토되지 않은 온갖 메트로폴리탄 혼종주의(hybridism)를 작동시키고 있다.[137]

데리다는 그래머톨러지의 기획은 현존의 담론(discourse of presence) 안에서 전개되어야 한다고 다시 한번 주장하면서 「실증과학으로서 그래머톨러지에 관하여」를 끝맺는다. 그래머톨러지는 현존을 비판할 뿐만 아니라 자기 자체의 비판에 담겨 있는 현존의 담론의 편력을 인식하며, 투명성에 대한 거대 주장을 경계한다. 데리다에게 그래머톨러지의 대상 이름이자 모델 이름으로서 '글쓰기'란 단어는 "역사적 울타리 안에만, 말하자면 과학과 철학의 한계 안에 있는"(OG 93) 실천이다.

데리다는 17세기 후반과 18세기 초반 글쓰기의 유럽적 과학에 배여 있는 자인종문화중심주의를 유럽적 의식의 일반적 위기를 가리키는 징후라고 부른다. 물론 이것은 더 큰 징후의 일부로서 위기 자체이고, 자본주의적 제국주의의 첫 번째 파도를 경유하여 봉건주의에서 자본주의로 서서히 넘어가는 변화와 관계된다. 타자를 동화시킴으로써 그것을 인식하는 편력은 식민주체의 제국주의적 구성 및 "토착정보원" 형상의 폐제 속에서 더욱 더 흥미롭게 추적될 수 있다.

---

137. John Rawls, *Political Liberalism* (New York: Columbia Univ. Press,1993).

서발턴이 말할 수 있는가? 서발턴의 지속적인 구성을 위해 엘리트가 잘 지켜낼 법한 일은 무엇일까? "여성"문제는 이 맥락에서 가장 문제적인 지점으로 보인다. 오늘날 대부분의 미국과 서유럽 인문과학자들의 급진주의(동화에 의한 인정)가 안고 있는 잔인하고 규격화된 자비심과 오히려 중심-주변의 명료화("차이를 지닌 진정한 서발턴")에 의한 주변의 배제에 직면하고 있다. 그래서 여성문제 영역에서 인종의식보다 계급의식 같은 아날로그는 역사적·학문적·실제적으로 우파나 좌파 모두에 의해 똑같이 금지되는 것 같다.

이토록 난처한 장에서 주체로서 서발턴 여성문제를 제기하기란 쉽지 않다. 그런 만큼 이 문제가 관념론적인(idealist) 딴소리가 아니라는 점을 실용적·급진적 인사들에게 상기시키는 것은 더욱 더 필요하다. 온갖 페미니즘적 기획 혹은 성차별주의 반대 기획이 서발턴 여성문제로 환원될 수는 없다. 하지만 서발턴 여성문제를 무시하는 것은 시인되지 않은 정치적 제스처다. 이 제스처는 장구한 역사를 갖고 있다. 그것은 또한 "민족주의자"와 "민족"을 등치시키면서("페미니스트"와 "여성"을 등치시키는 것만큼이나 반생산적인데) 전략적인 배제를 통해 작동하는 남성주의적 급진주의와 협력한다.

남편을 애도하기 위해 불타는 장작더미에서 제의를 치르며 죽고 싶어 한다는 게 도대체 가능할까 하고 자문해 본다. 나는 바로 주체로서 (젠더화된) 서발턴 여성문제를 묻는 셈이다. 그렇지만, 나는 친구 조나단 컬러가 다소 편향적으로 시사한 것과 달리, "구별함으로써 차이를 생산하거나 성 정체성과 결부된 본질론적·특권적인 경험들로 정의된 성 정체성에 … 호소"하려고 하는 것은 아니다.[138] 여기서 컬러는 서구 페미니즘의 주도적 기

---

138. Jonathan Culler, *On Deconstruction: Theory and Criticism after Structuralism* (Ithaca: Cornell Univ. Press, 1982), p. 48. [한국어판: 『해체비평』, 이만식 옮김, 크리스챤다이제스트, 1998].

획의 일부를 이룬다. 이 기획은 계급상승을 꾀하는 여성과 남성 사이에 개인주의적 권리를 놓고 벌이는 싸움을 지속하기도 하고 치환하기도 한다. 미국 페미니즘과 유럽 "이론" (미국 혹은 영국 출신 여성이 일반적으로 이해하는 이론) 사이의 논쟁은 바로 이러한 지형(terrain)의 의미심장한 한 구석을 차지한다. 나는 미국 페미니즘을 좀더 "이론적"으로 만들어야 한다는 촉구에 대체로 공감하는 바이다. 그렇지만 서발턴 여성이라는 말없는 주체 문제는 상실된 기원을 "본질주의"로 찾아 나선다고 해결될 리 없고, 영미 어느 쪽에서건 더 많은 이론을 외친다고 해서 도움을 받을 수 있는 문제도 아닌 것 같다.

이론을 보강하라는 요청은 "본질주의"와 동일하게 보이는 '실증주의'를 비판하는 맥락에서 종종 나온다. 하지만 "부정의 작업"을 창시한 근대인 헤겔은 본질 개념에 낯설지 않았다. 신기하게도 본질주의가 변증법 안에 계속 남아 있는 것은 맑스에게는 심각하고도 생산적인 문제였다. 그러므로 실증주의/본질주의(미국)와 "이론" (영미를 통한 프랑스-독일이나 프랑스) 사이의 엄격한 이분법적 대립은 피상적인 것일 수 있다. 이러한 이분법은 본질주의와 실증주의 비판 사이의 애매한 공모관계(데리다가 「실증과학으로서 그래머톨러지의 과제」에서 밝히고 있는)를 억압하는 것과 별도로, 실증주의는 이론이 아니라는 뜻을 함축함으로써 또한 오류를 범한다. 이런 움직임은 고유명사나 실증적인 본질로서 **이론**(Theorg)의 등장을 허용한다. 다시금 탐색자의 위치는 의문시되지 않는다. 또 이러한 지형적인 논쟁이 제3세계로 향한다고 하더라도 방법 문제에서 아무런 변화도 감지되지 않는다. 서발턴으로서 여성의 경우, 산종(産種)의 가능성을 가늠할 필요가 있다. 그런데 그 경우 성차화된(sexed) 주체(인류학적 대상이 아니라)의 흔적을 담는 편력을 형성하는 구성요소를 거의 파악할 수 없다. 위의 논쟁은 이 사실을 고려할 수 없다.

그렇지만 나는 페미니즘을 실증주의 비판과 구체적인 것의 탈물신화와 연계시키는 태도에 일반적으로 동조하는 편이다. 또한 나는 서구 이론가들의 작업으로부터 배우는 데 반감을 갖지 않는다. 물론 그 때 탐색하는 주체로서 서구 이론가의 입장을 계속 짚어내는 법을 배우면서 말이다. 이런 조건 속에서 문학비평가로서 나는 서발턴 여성의 의식이라는 거대한 문제와 전술적으로 부딪혔다. 나는 이 문제를 하나의 문장[139]으로 다시 써서 단순한 기호작용(semiosis)의 대상으로 바꾸었다. 그러한 변형은 무엇을 뜻할 수 있을까?

이러한 변형의 제스처는 타자 주체(the other subject)의 지식이 이론적으로 불가능하다는 사실을 가리킨다. 분과학문상의 경험적 작업은 이 변형을 전술적으로 끊임없이 수행한다. 그것은 1-2인칭 수행으로부터 3인칭의 확인주장(constatation)으로 가는 변형이다. 달리 말해, 그것은 통제의 제스처이자 한계의 인정이다. 프로이트는 이러한 입장의 위험요소들에 하나의 상동관계를 제공해 준다.

사라 코프만은 여성을 속죄양으로 써먹는 프로이트의 깊은 애매함을 애초의 지속적인 욕망에 대한 반동-형성(reaction-formation)으로 읽을 수 있다고 시사해왔다. 여기서 애초의 욕망이란 히스테리 여성에게 목소리를 주어 그녀를 히스테리의 주체로 변형시키려는 것을 말한다.[140] 애초의 그런 욕망을 "딸의 유혹"으로 바꾸는 남성주의자-제국주의자의 이데올로기적 구성체야말로 "제3세계 여성"을 단일체로 구축하게 하는 것과 똑같은 구성체의 일부이다. 우리 시대 메트로폴리탄 조사자는 그 구성체에 영향을 받고 있다. "깨닫고 벗어나는"(unlearn) 우리 과제의 일부는 바로 그런 이데올로기적 구성체에 우리가 가담하고 있음을, 필요하다면 탐색 대상 속으로 들어가 침묵이라도 **측정해서** 명료하게 밝히는 것이다. 그러므로 서발턴이 말할

---

139. [옮긴이] "백인종 남자가 황인종 남자에게서 황인종 여자를 구해 주고 있다"를 가리킨다.
140. Sarah Kofman, *The Enigma of Woman: Woman in Freud's Writings*, tr. Catherine Porter (Ithaca: Cornell Univ. Press, 1985).

수 있는가, (여성으로서) 서발턴이 말할 수 있는가 하는 질문과 마주하며 서발턴에게 역사 속의 목소리를 주려는 우리의 노력은 프로이트 담론이 겪은 위험에 이중으로 노출된다. 내가 "백인종 남자가 황인종 남자에게서 황인종 여자를 구해 주고 있다"는 문장을 함께 놓도록 한 것은 바로 이 위험을 인정하는 뜻에서이지 문제에 대한 해결책으로서가 아니다. 이 문장은 오늘날의 "젠더와 발전"을 통해 붉은 실[억압과 착취가 야기하는 인간의 감정을 형상화한]처럼 흘러내린다. 내 속에서 솟구치는 충동은 "어린아이가 매맞고 있다"는 문장을 검토하고 있는 프로이트에게서 마주치는 충동과 별반 다르지 않다.141

여기서 프로이트의 용법은 주체형성과 사회적 집단체(collective)의 행위 사이에 동형적(isomorphic) 유추 ― 들뢰즈와 푸코 사이의 대화에 나오듯 라이히(Reich)를 언급하는 가운데 종종 수반되는 실천방식 ― 를 함축하지는 않는다. 그래서 나는 "백인종 남자가 황인종 남자에게서 황인종 여자를 구해 주고 있다"는 문장이 집단적 제국주의 기획에서 새도매저키즘적(sadomasochistic) 억압의 집단적 여정을 가리키는 집단적 환상을 나타낸다고 시사하지 않는다. 그런 알레고리에 만족스러운 균형감은 있겠지만 나는 차라리 독자들로 하여금 그것을 하나의 고정된 해결책보다는 "길들여지지 않은 정신분석학"이 갖는 문제로 보도록 초대할 참이다.142 「매맞는 아이」와 그 외 다른 글들에서 여성을 속죄양으로 만들기를 주장하는 프로이트 자신의 정치적 관심사가 불완전하게나마 드러난다. 그렇듯, 이 문장을 기화로 제국주의적 주체생산을 주장하는 나 역시 내가 얼씬거릴 수 없는 하

---

141. Freud, "'A Child Is Being Beaten': A Contribution to the Study of the Origin of Sexual Perversion", *SE* 17. 서구 비평이 "제3세계 여성"을 구성하는 방식을 열거하는 목록을 보려면 찬드라 탈파드 모한티, 「서구인의 시선 아래에서: 페미니스트 학문과 식민담론」[한국어판: 『탈식민 페미니즘과 탈식민 페미니스트들』, 유제분 편역, 현대미학사, 2001] 참조.
142. Freud, "'Wild' Psycho-Analysis", *SE* vol. 11, pp. 221-227. 정신분석학적 사회 비판의 상당부분이 이런 설명에 딱 들어맞을 것이다.

나의 정치(학)를 드러낸다고 하겠다.

프로이트는 그의 환자들이 자신에게 제시한 많은 유사한 실질적인 설명들로부터 앞 문장["어린아이가 매맞고 있다"]을 하나의 문장으로 구축해낸다. 나는 이 문장에서 그가 취하고 있는 전략의 일반적인 방법론적 아우라를 빌려오고자 한다. 그렇다고 내가 독자와 텍스트 (나의 문장) 사이의 거래를 나타내는 동형적 모델로서 분석 중의 전이(transference-in-analysis) 사례를 제시하겠다는 뜻은 아니다. 내가 3장에서 반복해 말한바, 전이와 문학비평이나 역사기술 사이의 유추는 생산적인 오어법 이상은 아니다. 주체가 텍스트라고 말한다고 해서 말로 된(verbal) 텍스트가 주체라는 반대 진술에 권위를 부여해주지는 않는다.

오히려 나는 최종 문장["어린아이가 매맞고 있다"]을 생산해 내도록 한 억압의 역사를 진술하는 프로이트의 방법에 매료된다. 이 억압의 역사는 유아의 기억상실에 감추어져 있는 기원과 우리의 낡은 과거에 자리잡고 있는 기원이라는 이중적 기원을 갖고 있다. 이렇게 보는 것은 억압의 역사란 인간과 동물이 아직 차별화되기 전의 기원 이전(preoriginary) 공간을 함축한다고 가정하는 셈이다.143 우리는 제국주의적 정치경제의 이데올로기적 위장을 설명하고, 또 내가 막 묘사한 문장을 생산하는 억압의 역사를 윤곽짓고자 프로이트 전략이 지닌 상동관계를 맑스주의 서사에 부과하도록 추동된다. 또한 이 역사는 다음과 같은 이중의 기원을 갖는다. 하나는 1829년에 영국이 과부 희생을 폐지한 사건 이면에 작동되던 술책에 감추어져 있고,144 다른 하나는 힌두 인도의 고전이자 베다적 과거인 『리그-베다』

---

143. Freud, "'A Child Is Being Beaten'", p. 188.
144. 식민시기에 과부-희생화의 "현실"이 어떻게 구성되고 "텍스트화되었는가"를 탁월하게 설명하는 글로는 Lata Mani, "Contentious Traditions: The Debate on Sati in Colonial India", *Recasting Women: Essays in Colonial History* (Delhi: Kali for Women, 1989), pp. 88-126 참조. 이 책을 기획하는 초기 단계에 나는 마니 씨와의 토론에서 많은 것을 얻었다. 여기서 그녀의 입장과 다른 나의 차이 지점을 몇 가지 제시하겠다. 그녀가 인용하는 "벵골 번역에서

(Rg-Veda)와 『다르마사스트라』(Dharmasastra)에 박혀 있다. 차별화되지 않은 초월적인 기원 이전의 공간은 이러한 타자의 역사에서는 너무나 손쉽게 서술될 수 있을 뿐이다.

내가 구축한 문장["백인종 남자가 황인종 남자에게서 황인종 여자를 구해 주고 있다"]은 황인종 남자와 백인종 남자 사이의 관계(때때로 황인종

인쇄상의 실수"(p. 109)는 내가 논의하는 실수, 즉 고대 산스크리트어상의 실수와 동일한 것이 아니다. 그 실천[과부희생]을 정당화하는 데서 저질렀을 이런 온갖 실수는 물론 전적으로 흥미롭다. 규율적인 심리전기는 "텍스트적 헤게모니"(p. 96)와 동일한 것이 아니다. 후자의 설명양식이 "지역적 변이들"을 설명하지 못한다는 마니의 견해에 나도 동의한다. 규율적인 심리전기가 "여성들의 의식"뿐만 아니라 "젠더화된 인식소"(지식의 진술을 위한 타당성-기준과 함께 지식대상을 구성하는 기제)를 생산할 때 그것은 또 다른 양식의 "텍스트주의적 탄압"(textualist oppression)이 된다. 여기서는 딱히 "말로 된(verbal) 텍스트로 읽어야"하는 것은 아니다. 그것은 그람시가 말한 "흔적 없는 재고목록"에 비견되는 무엇이다(Antonio Gramsci, *Selections from the Prison Notebooks*, tr. Quintin Hoare and Geoffrey Nowell Smith [New York: International Publishers, 1971], p. 324[한국어판: 『그람시의 옥중수고』 1, 2권, 이상훈 옮김, 거름, 1993]. 마니처럼(p. 125, 주 90) 나 역시 코잠비(Kosambi)의 "전략"에 뭔가를 "보태고" 싶다. 나는 "고고학, 인류학, 사회학, 적당한 역사적 관점을 명민하게 사용하여 [고대 인도 문화의 문제들에 대한 언어학적 연구를 보충"하는 데 정신분석학적 통찰을 보탤 것이다. 규율적 심리전기를 선택해 논할 것은 아니지만 말이다. 우리에겐 사실 지상주의적(factualist) 페티시가 있다. 애석하게도 "사실들"만이 여성들의 억압을 설명해줄 것이다. 하지만, 우리가 어떤 것이 (그) 사실들인지를 결정할 때 (그) 사실들이 우리로 하여금 젠더화(gendering)에, 즉 우리 자신이 말려 들어가 있는 그물에 접근하도록 결코 허용해 주려 하지 않을 것이다. 코잠비의 대담하고 명백한 발언은 인식소적 편견 때문에 오해될 소지가 있고 실제로 오해받아 왔다. 그렇지만 코잠비의 "살아간다"는 단어의 용법은 정신의 극장이라는 좀더 복잡한 개념을 띄울 수 있다. 마니는 이를 할 수가 없다. "『퓨라나』(*Purāna*)를 썼던 브라만들의 후예들보다 도시에서 멀리 떨어진 촌락에 사는 인도 소작농민들이 퓨라나가 씌어졌던 시대와 좀더 밀접한 방식으로 살아간다"(스피박의 강조). 바로 그렇다. 젠더화상의 자기-재현은 퓨라나적 심리전기에 의해 브라만을 모델로 하여 규제된다. 4장에서 나는 코잠비가 다음 문장들에서 언급하는 내용이 무엇인지를 고찰할 것이다. "한 단계 더 거슬러 올라가 보면 대체로 주변적 신분 층위로 가라앉는 부족집단들의 가련한 파편들이 있다. 그들은 식량-채집에 상당히 의존하며 이에 상응하는 심성을 지니고 있다." 코잠비의 다소 교조적인 맑스주의로 말미암아 그는 부족적 인식소를 낙후된 것이 아닌 어느 것으로도 사유하지 못한다. 1987년 9월에 룹 칸와르(Rup Kanwar)의 사티가 있은 이후 당대 상황에 대한 문헌이 쏟아져 나오고 있다. 그것은 꽤나 상이한 참여를 요구한다(Radha Kumar, "Agitation against Sati, 1987-88", *The History of Doing* [Delhi: Kali for Women, 1993], pp. 172-181 참조.)

여자와 백인종 여자의 관계도 끼어드는)를 묘사하는 수많은 치환들 중 하나다.145 이 문장은 "과장된 찬사"를 일삼는 몇몇 문장과, 데리다가 "상형문자적 편견"과 관련하여 경건한 죄의식 운운한 몇몇 문장 가운데 제자리를 잡는다. 제국주의적 주체와 제국주의의 주체 사이의 관계는 적어도 모호하다.

힌두 과부는 죽은 남편을 화장하는 장작더미에 올라가서 자신을 희생하고 파괴시킨다. 이것이 바로 과부희생이다. (산스크리트어에서 과부를 관습적으로 표현하는 단어는 사티[sati]이다. 식민 초기 영국인들은 이것을 수티[suttee]라고 썼다.) 이 제의는 보편적으로 수행된 것도, 특정 신분이나 계급에 고정된 것도 아니었다. 영국인들에 의한 이 제의의 폐지는 일반적으로 "황인종 남자에게서 황인종 여자를 구해 준 백인종 남자"의 한 가지 사례로 여겨져 왔다. 19세기 영국 선교 등기부의 여성들로부터 메리 데일리(Mary Daly)146에 이르기까지 백인종 여자들은 이와 다른 대안적 이해를 생산해 내지 못했다. 이 문장에 맞서는 진술로는 "여자들이 죽고 싶어 했다"는, 상실된 기원을 향한 향수를 패러디 하는 인도 토착주의 진술이 있다. 이것은 지금도 여전히 개진되고 있는 중이다(주 25 참조).147

---

145. Kumari Jayawardena, *The White Woman's Other Burden: Western Women and South Asia during British Colonial Rule* (New York: Routledge, 1995) 참조. 윤리적 책임감이 부재할 때 이러한 노력들이 그 노력과 반대되는 결과들을 초래할 수 있는 통로가 바로 선망, 역습, 반동-형성과 같은 것들이다. 나는 이런 맥락에서 반복해서 멜라니 클라인과 아씨아 드 제바(Assia Djeva)를 떠올렸다. Spivak, "Psychoanalysis in Left Field", pp. 66-69 참조.
146. [옮긴이] 1928년생. 미국의 대표적인 급진 페미니스트 철학자, 여성주의 신학자, 액티비스트. 1968년에 쓰여진 『교회와 제2의 성』[황혜숙 옮김, 여성신문사, 1997]과 1985년에 쓰여진 『하나님 아버지를 넘어서』[황혜숙 옮김, 이화여자대학교출판부, 1996]가 국내에 번역 출간되었다.
147. 라타 마니가 어느 탁월한 논문에서 언급하고 있는 여성 복화술의 공모성을 보여주는 예들(Lata Mani, "Production of an Official Discourse on Sati in Early Nineteenth Century Bengal", *Economic and Political Weekly* 21.17, 1986년 4월 26일, women's studies supplement, p. 36)이 내 요점을 입증해 준다. 여기서 요점은, 거부가 여성들의 권리를 지지하는 복화술이라는 것이다. 그렇다고 복화술만이 정확한 자유 의지라고 시사하는 것은 아니다. 또 우리가 어떤 행동, 이 경우에는 과부를 불태우는 짓에 반대하며 모두를 적합하게 만

두 진술["백인종 남자가 황인종 남자에게서 황인종 여자를 구해 주고 있다"와 "여자들이 죽고 싶어 했다"]은 서로를 합법화해 주는 오랜 역사를 갖고 있다. 우리는 여자들 자신의 목소리-의식을 증언하는 진술을 한 번도 만나본 적이 없다. 물론 그런 증언은 이데올로기적으로 투명하지도, "온전히" 주체적이지도 않을 것이다. 하지만, 위의 진술에 반대하는 대항진술을 생산하는 요소들을 구성할 법하다. 우리가 〈동인도 회사〉 기록에 포함된 경찰 보고서에 나오는 여자들, 순사(殉死)한 과부들의 이름조차 아주 괴상하게 잘못 옮겨 쓴 기록을 훑어 내려가 보더라도 하나의 "목소리"를 짜 맞출 수는 없다. 우리가 감지할 수 있는 최대의 것은 골격만 남은 무지한 설명(예컨대 신분이 부족이라고 규칙적으로 묘사된다)을 꿰뚫고 존재하는 거대한 이질성이다. 메트로폴리스에 거주하는 이주민 페미니스트는 "백인종 남자가 황인종 남자에게서 황인종 여자를 구해주고 있다"와 "여자들이 죽고 싶어 했다"로 구축될 수 있는, 변증법적으로 서로 얽혀 있는 문장들과 마주하는 셈이다. 그녀는 (탈식민화의 실제 극장에서 멀리 떨어져 있는) 단순한 기호작용적 질문을, 즉 이게 도대체 무엇을 의미하나요 하고 물으며 하나의 역사를 짜내기 시작한다.

내가 2장에서 시사한바, 가정의(domestic) 혼란으로부터 시민 사회이면서 좋은 사회가 탄생하는 계기를 표시하기 위해, 그 사회의 정신을 제정하는 법의 문자를 깨뜨리는 특이한 사건들이 종종 환기된다. 남자들이 여자들을 보호한다는 명분이 종종 그러한 사건을 제공한다. 영국 사람들은 인도의 토착 관습/법을 완전히 공평하게 대하거나 아예 간섭하지 않는 태도를 자랑해 왔다. 우리가 이 점을 기억한다면 J. M. 드렛의 다음 지적에서 법의 정신을 위해 문자를 위반하는 허가된 경우를 환기할 수 있다. "힌두법

족시킬 만큼 어떤 행동을 정당화할 수 있게 되는 것은 사심 없고 자유로운 의지에 근거해서가 아니다. 이 윤리적 아포리아는 협상될 수 있는 게 아니다. 우리는 이 점을 알고 행동해야 한다.

에 부과된 최초의 법령은 단 한 명의 힌두인의 동의도 받지 않고 처리되었다." 여기서 그 법령의 명칭은 밝혀지지 않고 있다. 탈식민 후에도 남아 있는, 식민지에서 확립된 "좋은" 사회의 잔재에 함축된 의미를 고려해 본다면, 그 조치의 명칭이 밝혀지는 다음 문장은 똑같이 흥미롭다. "독립한 인도에서 사티의 재발은 아마 가장 후진적인 인도 지역에서조차도 오래 살아남을 수 없는 반계몽주의가 부흥한 것이다."148

이러한 관찰이 정확하건 그렇지 않건 내게 흥미로운 것은 여성(오늘날 "제3세계 여성")의 보호가 좋은 사회를 확립하는 데 필요한 기표가 된다는 사실이다. 여기서 좋은 사회(지금은 좋은 지구)는 그러한 창립 시기에 단순한 법률성(legality) 혹은 법 정책상의 형평성을 위반해야만 한다. 그러한 특별한 경우, 좋은 사회로 되어 가는 과정 또한 제의로서 관용되고 알려져 있고 칭송되던 관습을 범죄로 재정의하는 것을 허용했다. 달리 말하자면, 힌두법에서의 바로 이 한 가지 조항이 사적 영역과 공적 영역 사이의 변경지대를 뛰어넘어 버렸다.

서유럽에만 초점을 맞추고 있는 푸코의 역사적 서사는 범죄자에 대한 관용이 18세기 후반 형법의 발전에 선행한다(PK, 41)고만 보고 있을 따름이다. 그렇지만 여기서 그러한 "인식소"에 대한 그의 이론적 묘사는 적절하다. "인식소는 참과 거짓의 분리가 아니라 과학적이지 않은 것과 과학의 분리를 가능하게 만드는 '장치'다"(PK 197). 즉 서로 대립되는 제의와 범죄, 미신에 의해 고정되는 제의와 법과학에 의해 고정되는 범죄의 분리 말이다.149

---

148. J. D. M. Derrett, *Hindu Law Past and Present: Being an Account of the Controversy Which Preceded the Enactment of the Hindu Code, and the Text of the Code as Enacted, and Some Comments Thereon* (Calcutta: A. Mukherjee and Co., 1957), p. 46.
149. 코잠비는 이러한 변동을 당연지사라고 논평한다. 그는 예컨대 상당히 존경받은 과부의 재혼 개혁에 대해 이렇게 적고 있다. "자신[R. G. 브한다르카리]이 인도 전체를 대변하려고 하지만 매우 편협한 한 계급만을 대변했을 뿐이라는 생각이 결코 떠오르지 않았다. 그것은 그 문제에

수티(suttee)[사티의 영국식 표기]가 사적인 영역에서 공적인 영역으로 비약하는 것은 상인 및 상업상 거주했던 영국인들이 영토적·행정적 주둔으로 전환한 상황과 명백하면서도 복잡한 관계가 있다. 이러한 비약 과정은 경찰서, 보통 및 고등 법원, 이사회, 왕립법원 등등 사이에 오고간 편지와 문서들에서 추적될 수 있다.150 ("봉건주의-자본주의" 이행에서 부상한, "식민적"이기 때문에 필연적으로 뻐딱한 토착 "식민주체"의 관점에서 보면, 사티는 역전된 사회의 부담을 지고 있는 기표다. "서구의 영향에 노출됨으로써 심리적으로 주변부가 된 그룹들이 … 자신들에게나 다른 사람들에게 그들의 제의상의 순수함이나 전통 고급문화에 대한 충성심을 입증해야 한다는 압력을 받게 되었다. 옛날 규범들이 내부에서 흔들리게 되었을 때 그들 중 많은 사람들에게 사티는 그 규범들에 순응한다는 중요한 증거가 되었다.")151

관한 한 다른 동시대 '개혁가들'도 마찬가지였다. 그래도, 강조점이 신분에서 계급으로 조용히 변화되는 것은 필연적인 진보였다"(D. D. Kosambi, *Myth and Reality: Studies in the Formation of Indian Culture* [Bombay: Popular Prakashan, 1962], p. 38, n.2. 스피박의 강조). "진보"(advance)라기보다는 "변동"(shift)이라고 말하는 게 낫다. 오늘날의 힌두 민족주의가 스스로를 신분제를 반대하는 민족주의, 심지어 "세속적" 민족주의라고 주장하도록 허용해 주는 것이 바로 이 수세기에 걸친 조용한 인식소적 변동이기 때문이다. 우연히도, 사티의 구성을 식민적 협상들에 국한하고 급기야 람 모훈 로이-로드 윌리엄 벤팅크 사이의 협약에 국한하는 것 또한 "서발턴 의식"의 문제를 회피하게 한다. 마니와 스피박의 차이점에 대한 좀더 심도 있는 논평은 Sumit Sarkar, "Orientalism Revisited: Saidian Frameworks in the Writing of Modern Indian History", *Oxford Literary Review* 16 (1994): 223 참조. "스피박이「서발턴이 말할 수 있는가?」에서 거론한 사티에 관한 식민 이전 및 식민 담론들에 대한 훨씬 더 실질적인 논의와 마니의 글은 뚜렷한 대척 지점에 서 있다"고 지적해 준 사르카르 교수에게 감사하는 바이다. 신분이나 음핵절제가 식민구성물 이상은 아니라고 주장하는 것은 오늘날 아무것도 진척시키지 못한다. 로밀라 타파르는 17세기 역사가 바나바타가 사티에 반대했다고 내게 일러주었다. 제국주의가 유럽과 함께 시작되었다는 가정에는 유럽중심적인 뭔가가 있을 터이다.

150. 오늘날, 여성들의 문화적인 사적 자유(privacy)에 대한 간섭은 경제적 영역에서는 시골 여성들을 미시-사업에 동원할 수 있게 만드는 기획, 정치적 영역에서는 여성들의 삶을 더 좋게 만드는 기획으로 남는다. 변화의 폭력이 인식소에 상처를 내지 않도록 좀더 책임감 있는 템포(여성의 시간)를 요구하는 것은 종종 성급하게 문화적 보수주의로 거부된다.

151. Ashis Nandy, "Sati: A Nineteenth Century Tale of Women, Violence and Protest",

상업-영토/봉건주의-자본주의로의 이행들이 내 문장 — "백인종 남자가 황인종 남자에게서 황인종 여자를 구해주고 있다" — 에 최초의 역사적 기원을 하나 제공한다면 어떨까. 그러한 기원은 일이라는 인류의 좀더 일반적인 역사 속에서 명백하게 상실된다. 맑스는 일의 기원을 인간존재와 자연 사이의 물질적 교환 혹은 "신진대사" 속에, 즉 자본주의적 팽창의 이야기, 상품으로서 노동력의 느린 자유화, 생산양식 서사, 봉건주의로부터 중상주의를 경유해 자본주의로의 이행 속에 두었다.152 1장에서 논의한 것처럼 이러한 생산양식 서사의 불안한 규범성은 "아시아적" 생산양식이라고 추정되는 변함없는 임시변통에 의해 지탱된다. 아시아적 생산양식은 기존 생산양식 서사를 유지하기 위해 발걸음을 내딛는다. 자본의 논리 이야기가 서구의 이야기이며, 제국주의만이 생산양식 서사의 보편성을 공격적으로 주장할 수 있고, 오늘날 서발턴의 무시와 침해가 근대화의 이름으로 전 지구화의 이해관계 속에서 제멋대로 제국주의 기획을 지속하는 일임이 분명해질 때마다 말이다. 그리하여 내 문장의 기원은 더욱더 강력한 다른 담론들이 진동하는 사이로 상실된다. 여하튼 사티의 폐지 자체는 칭찬할 만한 일이다. 그런데도 내 문장의 기원을 감지해내는 지각이 개입주의자로서의 가능성을 담지할 것인지 여전히 궁금해 할 수 있을까?

나중에 나는 사티로의 여성동원을 "민족"의 이름하에 죽는 자살인 "영웅주의", "신"의 이름하에 죽는 자살인 "순교", 그 외 다른 종류의 자기"희생"이라는 서사시적 심급의 자리에 위치시킬 것이다. 이것들은 시간의 선물 (의 행위자)을 나타내는 초월적 형상화들이다. 페미니즘적 기획은 여성을 그저 희생자로 무대화할 게 아니라 이렇게 물어야 한다. 왜 "남편"이 급진적 대타성을 나타내는 적합한 이름이 되는가? 왜 "존재하기"(to be)가 "아

Rammohun Roy and the Process of Modernization in India, ed. V. C. Joshi (Delhi: Vikas Publishing House, 1975), p. 68.
152. *Capital*, 3:958-959.

내이기"(to be wife)와 똑같단 말인가? 이는 "존재하기"를 "월급을 꽤 많이 받는 직장에 고용되기"와 등치시키는 우리 시대의 등식이 지니는 문제들로도 우리를 인도할 수 있겠다.153 이런 계열의 질문은 그만 두도록 하자. 그런다고 일반 독자가 사티를 "문화적 차이"의 배타주의(particularisms) 내부에 봉쇄된 채 있도록 하지는 않을 테니 말이다. "문화적 차이"의 개별주의는 제국주의로 하여금 자체의 "문명화 사명" 속에서 또 하나의 합법화를 부여하도록 허용하였다. 오늘날 좀더 관용적일 수 있는 문구 "젠더와 발전"으로 재코드화된 "문명화 사명"은 반복을 담지한다. (대리보충작업을 은폐한 채 부과하는) 연계사인 "와"가 좀더 투명했던 이전의 문구 "발전 속의 여성"을 대체함에 따라 그렇다.154

좋은 사회를 확립하는 자로서 제국주의(혹은 전 지구화)의 이미지는 여성을 같은 종족으로부터 보호받아야 할 대상으로 옹호하는 입장에 의해 표시된다. 겉으로는 여성에게 주체의 자유로운 선택 권한을 부여하는 가부장적 전략의 위장을 우리는 어떤 식으로 검토해야 할 것인가? 달리 말해 우리는 "영국"에서부터 "힌두교"로 어떻게 넘어갈 것인가? 그런 시도만 해 보아도 발전도 그렇지만 제국주의도 피부색주의, 즉 유색인에 대한 단순한 편견과 동일하지 않다는 사실이 드러난다. 이 질문에 접근하기 위해 나는 『다르마사스트라』(남아 있는 경전들)와 『리그-베다』(지식의 찬양)를 간략하게 다룰 것이다. 두 텍스트는 서로 엄청나게 다르지만 프로이트와 나 사이의 상동관계가 갖는 "오래 묵은 기원"을 나타낸다. 여성 추방자로서 나의

---

153. Spivak, "Diasporas", p. 248.
154. 데리다는 모든 연결어는 대리보충이라고 주장한다(Derrida, "The Supplement of Copula: Philosophy Before Linguistics", *Margins*, pp. 175-205). 그는 자신의 작업에서 윤리적인 것을 작업함으로써 연결어 "와/과"를 다시 열어젖혔다(부록 참조). 이 문장에서의 연계사는 남성들과 여성들 사이의 관계가 합리화될 때까지 그 관계는 가부장적인 것임을 뜻할지도 모른다. 이것은 의식화 작업이나 고전적 맑스주의와 그다지 동떨어져 있지 않다. 이러한 주장들은 "Foucault and Najibullah"에서 암시된 애도작업을 촉구한다.

읽기는 억압의 조제 과정을 비전문가로서 이해관계를 갖고 검토함으로써 여성 의식, 여성 존재, 좋은 여성, 좋은 여성의 욕망을 구축하는 대항서사이다. 역설적이게도 이러한 움직임들은 우리로 하여금 사회적 개인을 각인시키는 과정에서 기표로서 고정되지 않는 여성의 자리를 증언하게 할 것이다. 그리하여 "여성"은 자본의 이해가 깔려 있는 "정상화"와 피식민 남성의 억압적 "선망" 사이에 붙들려 있다.155 "계몽된" 식민주체는 심리전기의 덜 "실제적"인 문제를 묻지 않은 채 전자를 향해 움직여간다. 일단 사티가 다시금 피해자주의(victimage) 대 문화적 영웅주의로 파악된다면, 실패한 탈식민화의 틈들 속으로 되돌아온다. 양심의 발전과정에서 폭력의 역할을 무시하는 것은 자살의 반복을 책무로 보기 때문이다. 나로 하여금 그렇게 시사하도록 확신을 준 사람은 바로 다소 열광적인(fanatical) 멜라니 클라인이다.156

심리전기의 문제를 묻는다는 것은 무엇을 말하는가? 여기서 진짜 논쟁을 벌이려면 훨씬 더 많은 학식이 필요하리라. 하지만 근본적인 문제를 물을 수 없게 된 학자야말로 바로 이런 고전적 학식의 감퇴라는 비극적 서사의 일부를 이룬다.157

---

155. 나는 "선망"을 멜라니 클라인이 확립한 의미로 사용한다. Melanie Klein, "Envy and Gratitude", *Envy and Gratitude and Other Works* (New York: Free Press, 1975), pp. 176-235.
156. Klein, "The Early Development of Conscience in the Child", *Love, Guilt and Reparation and Other Works* (1921-1945), p. 257.
157. 바로 이런 정신에서 아씨아 드제바(Assia Djebar)는 *Far From Medina* (Tr. Dorothy Blair [London: Quartet, 1994])를 쓰기 위해 그녀에게 특정 아랍연감을 읽게 해줄 한 아랍학자에게 도움을 청했다. 나는 "Sati and Sanskrit: The Move from Orientalism to Hinduism" (Mieke Bal and Inge E. Boer, eds. *The Point of Theory: Practices of Cultural Analysis* [New York; Continuum, 1994], pp. 251-259)에서 피터 반 드 비어(Peter van de Veer)의 확증에 힘을 얻었다.

나의 관심을 끄는 『다르마사스트라』에 나오는 두 계기는 인가된 자살 및 죽은 자를 위한 제의의 성격에 관한 담론들이다.158 두 담론 안에서 틀지어진 과부들의 자기-파괴희생은 규칙의 예외로 보인다. 일반적인 경전의 교리로 보면 자살은 비난받아 마땅하다. 하지만 공식적(formulaic) 수행으로서 자살의 현상적 정체성을 상실하게 되는 특정 형태의 자살이 존재할 여지 또한 있다. 인가된 자살의 첫 번째 범주는 타트바즈냐나(tatvajnāna), 즉 올바른 원칙들에 대한 지식에서 발생한다. 여기서 앎의 주체는 자기 정체성의 비실체성 혹은 (비현상성과 동일한 것일 수 있는) 단순한 현상성을 이해한다. 일정한 시점에서 타트 트바(tat tva)는 "그런 당신"으로 해석되기도 하였다. 하지만 그것 없이 그냥 타트바(tatva)는 그러함(thatness) 혹은 궤변적 실질(quiddity)이다. 그리하여 계몽된 자아는 정체성의 "그러"함(that-ness)을 진실로 알고 있다. 이 자아가 정체성을 파괴하는 것은 아트마가타(ātmaghāta, 자아를 죽임)가 아니다. 행동·교섭 능력의 가능성을 부인하기 위해 행동·교섭 능력을 가장 강력하게 주장하는 것이 그러한 능력 자체의 예로 될 수는 없다. 이것은 지식의 한계를 알아가기의 역설이다. 참으로 이상하게도 신들의 자기-희생은 자기-지식에 의해서라기보다 **자연과 우주의 경제를 작동시키는 데 유용한 자연생태학**에 의해 인가된다. 인간 존재들보다 신들이 거주하는, 특정한 치환의 고리로 이루어지는 논리 이전 단계에서 자살과 희생(ātmaghāta와 ātmadāna)은 "내부적"(자기-지식), "외부적"(생태학) 인가만큼 딱히 구분되지 않는다.

그러나 이러한 철학의 공간은 자기를 희생하고 파괴시키는 여성을 수용하지 않는다. 우리는 그녀를 위해 어쨌든 쉽게 입증할 수 있고 스므리티(smriti, 기억)보다는 스루티(sruti, 들음) 영역에 속하는 상태로서 진리-지

---

158. 내가 전문가가 아니기 때문에 다음에 이어지는 설명은 다음 책에 상당히 의존했음을 밝혀둔다. Pandurang Vaman Kane, *History of the Dharmasastra* (Poona: Bhandarkar Oriental Institute, 1963). 이후로는 *HD*로 줄여 권수, 부, 쪽수만 표시함.

식을 주장할 수 없는 자살들을 여성에게 인가해줄 공간이 어디에 있을지 찾아본다. 일반적 자살 규칙에서 세 번째 예외는 특정한 깨달음의 상태라기보다 특정 장소에서 수행될 때라면, 자기-파괴희생의 현상적 정체성 혹은 비합리성을 폐기시켜 준다. 그리하여 우리는 내부적 인가(진리-지식)로부터 외부적 인가(순례지)로 옮겨간다. 여성은 이러한 유형의 (비)자살을 수행할 수 있다.159

그러나 순례지조차도 여성한테는 자신의 고유한 자아를 파괴함으로써 자살이라는 고유명사를 폐기하기에 적합한 장소가 아니다. 왜냐하면 죽은 배우자의 장작 위에서 수행된 여성의 자살만이, 허가받은 자기희생이기 때문이다(다른 사람의 장작 위에서 자기를 파괴하고 희생한 몇몇 남자들의 예가 힌두 고전에서 인용된다. 이것은 스승이나 우월한 사람에 대한 열정과 헌신을 증거하면서 제의 내부의 지배구조를 드러낸다).

자살 아닌 이러한 자살은 진리-지식과 경건한 장소 둘 다의 시뮬라크럼[원본이 없는 채 모방된 혹은 재생산된 닮은 꼴]로 읽힐 수 있다. 만일 그 자살이 진리-지식을 가리킨다면, 자신의 비실체성과 현상성을 아는 주체 안에서의 지식이 극화되어 죽은 남편은 소멸된 주체의 외화된 예이자 장소가 되고 과부는 "그것을 실행하는" (비)행위자인 것처럼 된다. 만일 그 자살이 경건한 장소를 가리킨다면, 자신으로부터 법적으로 치환된 여성주체가 소진되는 정교한 제의에 의해 구축된 저 불타는 장작더미가 모든 신성한 장소를 가리키는 환유가 되는 것 같다. 이는 행동·교섭 능력을 대타성 속에 둠으로써 따라오는 논리적 결과이자, 부재한 행위자의 의도를 지레짐작으로 코드화하는 제도화된 계산으로 윤리를 변형시켜 내는 것이다. 자유로

---

159. Upendra Thakur, *The History of Suicide in India: An Introduction* (Delhi: Munshi Ram Manohar Lal, 1963), p. 9. 이 책은 신성한 장소들에 관한 산스크리트의 기초적 원전들을 나열한 유용한 목록을 보여준다. 공을 많이 들인 말쑥한 이 책은 부르주아 민족주의, 가부장적 공동체주의, "계몽된 사리분별"과 같은 식민주체의 정신분열 신호를 모두 드러내 보여준다.

운 선택의 역설이 작동되는 것은 바로 여성주체라는 치환된 장소를 둘러싼 심각한 이데올로기적 조항들에서이다. 남성주체에게 주목되는 것은 자살의 환희를 또 자살 자체의 지위를 확립시키기보다, 그것을 폐기시키는 환희이다. 여성주체에게 인가된 자기희생이란 인가되지 않은 자살에 부여되는 "타락"(pātaka)의 효과를 앗아가면서도 또 다른 등기부에서는 선택행위라는 찬양을 갖고 온다. 순사는 성차화된 주체를 냉혹하게 이데올로기적으로 생산한다. 그리하여 여성주체는 그 죽음을 과부행실의 일반법칙을 초과하는, 자기 욕망의 예외적인 기표로 이해할 수 있다.

이러한 예외적인 규칙은 특정 시기와 특정 지역에서 특정 계급에만 일반적인 규칙이 되었다. 아쉬스 낸디(Ashis Nandy)는 18세기와 19세기 벵골에서 이 규칙이 눈에 두드러지게 만연한 현상을 산아제한에서부터 공동체의 여성혐오에 이르는 요소들과 연결시킨다.160 확실히 이전 세기에 벵골에서 사티 관습이 만연한 것은 인도의 다른 지역과는 달리 벵골에서는 과부가 재산을 상속할 수 있었기 때문이다. 그러므로 영국 사람들이 불쌍한 인도 여자들이 살육되고 희생된다고 본 사안은 사실 이데올로기적 전쟁터였다. 『다르마사스트라』를 연구한 위대한 역사가 케인(P. V. Kane)이 정확하게 관찰했듯이, "벵골에서 인척 재산에 대해 고인이 된 남편이 누렸을 권리와 거의 똑같은 권리가 아들이 없는 집안의 과부에게 주어진 [사실은 … 유족들로 하여금 가장 고통스러운 순간에 남편에 대한 그녀의 사랑과 헌신에 호소하게끔 함으로써 과부를 없애 버리도록 수차 부추겼던 게 틀림없다."(HD II. 2, 635)

하지만 자비롭고 계몽된 남자들은 이 문제에서 자유롭게 선택하는 여성의 "용기"에 동조했고 지금도 동조하고 있다. 그리하여 그들은 성차화된 서발턴 주체의 생산을 받아들인다. "근대 인도는 사티 관습을 합리화하지 않

---

160. Nandy, "Sati."

는다. 다만 근대 인도인들은 사티가 된 여자들, 여성다운 행위의 이상을 품고 자우하르(jauhar)¹⁶¹를 수행한 인도 여자들의 냉엄하고 굽힐 줄 모르는 용기를 찬양하고 존경하는 마음을 표한다. 그런다고 근대 인도인들을 비난하는 것은 왜곡된 심성이다"(HD II.2, 636).

이러한 가부장적 존경심은 과부희생 제의의 논리와 일치한다. 이와 대조적으로, 이 논리와 영국인들의 자비심 사이의 관계는 사실 "양편의 주장에 적용될 수 있는 판단 규칙이 부족하기 때문에 공평하게 해결될 수 없는 ⋯ 갈등의 한 경우"이다. "한 편의 합법성이 다른 편의 합법성 결여를 함축하지는 않는다."¹⁶² 역사적으로 합법성이란 물론 추상적인 제도권 권력에 의해 확립되었다. 19세기 인도에서 누군들 여기서 여성의 시간을 기다릴 수 있었겠는가?

디페랑(differend)¹⁶³에서는 무엇인가가 문구로 표현되기를 "요청하며", 당장 문구로 표현될 수 없는 잘못 때문에 고통을 느낀다. 언어를 의사소통의 도구로서 사용할 수 있다고 생각하는 인간존재들이 침묵에 수반되는 고통을 (또 새로운 관용어의 발명이 수반하는 즐거움을) 알게 될 때가 있다. 바로 그 때 그들은 언어에 의한 소환이 자신들의 이득을 위해 기존의 관용어를 가지고 소통할 수 있는 정보의 양을 증가시키기 위함이 아니라는 사실을 깨닫는다. 또 그 때 문구로 표현되기 위해 남아 있는 것이 현재 그들이 문구로 표현할 수 있는 것을 능가함을, 아직은 존재하지 않는 관용어의 제도화가 허용되어야 한다는 점을 깨닫는다.¹⁶⁴

---

161. 귀족 라즈푸트 전쟁 과부들이나 절박한 전쟁 과부들이 그룹으로 하는 자기희생.
162. Jean-François Lyotard, *The Differend: Phrases in Dispute*, tr. Georges Van Den Abbeele (Minneapolis: Univ. of Minnesota Press, 1988), p. xi.
163. [옮긴이] 하나의 담론에서 또 다른 담론으로의 번역 불가능성, 담론들의 미결정적 자율성을 가리킨다.
164. 앞의 책, p. 13.

이런 허락이 영국령 인도의 비(非)부르주아 여성들의 행동·교섭 능력을 위해 혹은 그것을 통해 이루어질 수 있었다거나 포착될 수 있었다고는 물론 생각할 수 없다. 오늘날 전 지구화 속에서 페미니즘의 이름으로 그것을 생각할 수 없듯이 말이다. 결국, 개혁가들이 감지한 이교도의 제의 혹은 미신 담론이 범죄로 재코드화되었다. 그 때문에 여성의 자유로운 의지에 관한 한 가지 진단은 다른 진단으로 대체되었다. 우리는 3장의 마지막 부분에서 재생산적 신체를 써 내려가는 중에 한 가지 관용어의 계기를 제도화하려는 노력이 어떻게 펼쳐져 왔는지 목도하게 될 것이다. 그것은 읽히지도, 들리지도 않았다. 그것은 디페랑의 공간 속에 남아 있었다.

우리는 과부의 자기-파괴희생이 한결같은 제의 규정은 아니었다는 점을 기억해야 한다. 그렇지만 과부가 제의의 문자를 뛰어넘기로 결정한다면 그것의 철회는 특정한 유형의 고행을 명령받는 위반이 된다.165 이와 대조적으로, 죽기로 결단한 후에 이 파괴·희생을 감독하는 영국인 지방 경찰에게 설득되어 죽지 않겠다고 하는 것은 진정 자유로운 선택, 자유의 선택을 나타내는 표시였다. 토착(indigenous) 식민 엘리트 입장이 지닌 모호성은 자기를 희생시키는 여성들의 순수함, 강함, 사랑을 민족주의적으로 낭만화하는 데서 드러난다. 두 가지 판박이 예를 들자면 "자기를 버린 애국적인 벵골 할머니들"에게 보낸 라빈드라나스 타고르의 찬사, 수티를 "신체와 영

---

165. *HD* II.2, p. 633. 사회적 실천이 이 "명령된 고행"을 훨씬 능가했다는 제안들이 있다. 1938년에 출판된 책자에서 나중에 나오는 "용기"와 "굳건한 성격"과 같은 문구들에서 작동하는 여성의 자유에 관한 힌두교 교부적(patristic) 가정들 참조. 여기서 검토되지 않은 채 상정된 전제들은, 과부-첩의 완전한 대상화가 주체의 지위를 의미화하는 용기를 낼 권리를 포기한 데에 대한 처벌이라는 점이다. 즉 "그렇지만 어떤 과부들은 장작더미 위의 고행을 감내할 용기를 갖지 못했다. 또한 그들은 자신들에게 명령된 고결한 금욕적 이상을 살아낼 정신의 힘이나 굳건한 성격을 충분히 갖추지 못했다. 그들이 첩 혹은 *avaruddha strī*(유폐된 아내의 삶을 살아야 했다고 기록하자니 슬프다." A. S. Altekar, *The Position of Women in Hindu Civilization: From Prehistoric Times to the Present Day* (Delhi: Motilal Banarsidass, 1938), p. 156.

혼의 완벽한 통일을 보여주는 최후의 증거"라는 아난다 쿠마라스와미의 찬사가 있다.[166]

분명 나는 과부를 죽이는 행위를 옹호하고 있는 것은 아니다. 서로 경합하는 자유에 관한 두 가지 견해 안에서 볼 때, 삶에서의 여성 주체 형성 자체가 디페랑의 장소임을 시사하는 중이다. 과부가 자기-파괴희생하는 경우, 제의는 가부장제가 아니라 **범죄**로 다시 정의되고 있다.[167] 제국주의의 심각함은 "사회적 사명"에 그것의 이데올로기적 에너지를 집중시켰다는 데 있었다. 그렇듯 사티의 심각함은 "보상"에 그것의 이데올로기적 에너지를 집중시켰다는 데 있었다. 이것이 가부장제와 발전 사이에서 오늘날 서발턴 여성이 처한 상황이다. 그러므로 톰슨이 사티를 "처벌"로 이해한 것은 초점을 한참 빗나간 셈이다.

> 산 채로 마음대로 꿰어 찌르고 껍질을 벗기는 무굴(Mogul)[16세기의 인도에 침입했던 몽고족 및 그 자손] 사람들이 수티에 대해 느꼈던 감정은 부당하고도 비논리적인 것처럼 보일지도 모른다. 사실, 수티가 영국인의 양심에 충격을 주기 거의 1세기 전에 마녀 화형과 종교적 박해의 소란을 알았던 유럽 사람들 역시 몹시 잔혹한 처형 코드를 갖고 있었다. 그러면서도 그들이 수티에 대해 느꼈던 감정이란 부당하고도 비논리적으로 보일 것이다. 하지만 그들에게 차이점이란 다음과 같아 보였다. 즉 그들의 잔혹함에 희생되는 사람들은 그들을 범죄자로 간주하는 법에 의해 고통을 받는 반면, 수티라는 희생자들은 아무 죄도 없이 다만 남자들이 마음대로 할 수 있을 정도로 육체적으로 약하다는 점 때문에 처벌받는다는 것이었다. 순장 의식은 그 밖의 어떤 다른 인간적 악도 드러내지 못할 타락성과 오만함을 입증하는 것 같았다.[168]

---

166. Dineshchandra Sen, *Brhat-Banga* (Calcutta: Univ. of Calcutta Press, 1935), vol. 2:913-914에서 인용함.
167. 데리다는 『죽음의 선물』(*The Gift of Death*)에서 자기 아들을 신에게 제물로 바치려고 한 아브라함의 희생이 오늘날 범죄로 적혀지는 경위를 시사했다(pp. 85-86).

아니다. 전쟁, 순교, "테러리즘", 자기-희생 일반에서처럼 "행복한" 사티는 자신이 윤리적인 것을 능가하고 초월하고 있다고 생각했을 (상상되었을) 터이다. 모든 군인들이 마지못해 죽는 것은 아니다. 여성자살 폭탄 특공대도 있다.

18세기 중 후반 내내 인도의 영국인들은 브라만들의 동질화된 힌두법에 따를 때 수티가 합법적인지 아닌지 학식 있는 브라만들에게 의견을 구했고 그들과 협조했다. 사티는 이해관계를 갖는 문화 상대주의의 용법 내부에 여전히 포섭되어 있었다. 영국인들과 브라만들의 협조란 설득되지 않은 과부의 경우, 특이한 양상을 보여주었다. 어린 자식들을 두고 있는 과부들의 희생을 금지하는 『사스트리』(Sastri)가 그렇듯, 영국 측의 협력도 때로 혼란스러워 보인다.169 19세기가 시작될 무렵 영국 당국, 특히 영국에 있는 영국인들은 순장 실천을 너그러이 묵과해주는 것으로 보이도록 협조하라고 거듭 제안했다. 마침내 사티 관련 법령이 완성되었을 때 협력의 긴 역사는 말소되었다. 당시 언어는 야만적인 악습을 실행하는 나쁜 힌두인에 반대하는 고상한 힌두인을 찬양했다.

> 수티 실천은 … 인간 본성의 감정에 반하는 역겨운 것이다. … 많은 경우들에서 힌두인(Hindoos) 자신들에게도 충격적인 잔학한 행위가 계속 저질러졌다. … 바로 이런 고찰에 고무되어 의회총독은 다음 법령을 확정하는 것이 옳다고 생각하였다. 정의와 휴머니타라는 최상의 명령들을 범하지 않고 제도를 지킬 수 있는 한, 모든 계층의 백성들이 안전하게 그들의 종교적 용례를 준수하도록 해야 한다는, 인도를 통치하는 영국제도의 가장 중요하고 기본적인 원리들 중 하나로부터 떨어져 나올 의향은 추호도 없이 말이다. … (HD, II.2, 624-625)

---

168. Thompson, *Suttee*, p. 132.
169. 사티를 둘러싼 브라만의 논쟁을 보려면 Mani, "Production", p. 71f 참조.

(토픽상 이것은 『프랑켄슈타인』에서 사피가 괴물을 찬양하는 것이기도 하다.)

이것은 자살을 "죄악"으로 각인하기보다 예외로 보고 거기에 등급을 매겨 승인하는 대안적인 이데올로기였다. 이 사실은 물론 이해되지 않았다. 아마 고인이 된 남편이 초월적인 존재를 대표하는 가운데 사티는 순교하는 존재로 읽혀야 했을 것이다. 혹은 전쟁과 더불어 주권자나 국가를 대표하는 남편과 더불어 주권과 국가를 위해서라면 기꺼이 자기를 희생한다는 도취적인 이데올로기도 동원될 수 있다. 실제로 사티는 자살, 영아살해, 노인의 죽음 방치로 범주화되어야 했다. 여성으로 형성되는 성차화된 주체의 자유의지라는 수상한 자리는 성공적으로 말소되었다. 여기서 우리가 다시 추적할 수 있는 주체의 편력이란 없다. 다른 인가된 자살들은 여성주체의 형성 장면에 개입하지 않았다. 그 후 그 자살들은 『다르마사스트라』의 전통이라는 옛날의 기원 수준에서의 이데올로기적 전쟁터에도, 영국 쪽에서 제의를 범죄로 재기입하고 폐기하는 장면에도 들어가지 못했던 것이다. 이와 관련해 배고픈 자의 스트라이크라는 사티아그라하(satyāgraha) 개념을 저항으로 재각인한 마하트마 간디가 유일한 변화를 보여주었을 따름이다. 하지만 여기가 저 다채로운 변화의 세부사항을 논의할 자리는 아니다. 나는 그저 독자들에게 과부희생과 간디식 저항의 아우라를 비교해 보라고 초대할 뿐이다. 사티아그라하와 사티의 처음 어근은 같다.

퓨라나 시기(기원전 400년경으로 거슬러 올라가는)가 시작된 이래, 학식 있는 브라만들은 일반적으로 신성한 장소에서 인가되는 자살은 물론 사티의 원론적인 적절성을 놓고 논쟁을 벌였다. (지금도 이 논쟁은 학술적 방식으로 계속되고 있다.) 때로는 순장 관습의 신분 영역이 문제로 떠올랐다. 하지만 과부들이 브라마카르야(brahmacarya)를 지켜야 한다는 일반법에는 거의 이견이 없었다. 브라마카르야를 "수절"로 번역하는 것은 충분하지 않다. 존재의 네 단계를 언급하는 힌두(혹은 브라만)의 규율적 심리전기에서 브라마카르야는 결혼의 친족 관계에 선행하는 사회적 실천이라는 사실이 인정되어야 한다. 홀아비나 남편인 남성은 바나프라스사(vānaprastha, 숲의 생활)를 거쳐 성숙한 금욕과 삼냐사(samnyāsa)의 포기(버림) 단계로 들어간다.170 아내인 여성은 가르하스샤(gārhasthya, 살림)에 불가결한 존재라서 숲의 생활로 남편을 따라갈 수도 있다. 여성은 (브라만의 제재에 따르면) 금욕주의의 최종적 단계인 삼냐사에 접근하지 못한다. 신성한 교리의 일반법에 따르면 과부가 된 여자는 정체 상태로 바뀐 앞선 시간으로 퇴행해야만 한다. 이런 법에 수반되는 제도적인 해악들은 잘 알려져 있다. 나는 성차화된 주체의 이러한 이데올로기적 형성에 일반법이 비대칭적으로 초래한 결과를 고려해 보고 있는 중이다. 그리하여 힌두인들 사이에서나 힌두인과 영국인들 사이에서나 자기-파괴희생의 예외적 명령이 적극 논쟁에 붙여지지 않은 것도 그렇지만, 과부들의 비예외적 운명도 일언반구 없었다는 사실은 훨씬 더 큰 의미를 지닌다.171 바로 여기서 (성적으로) 서발턴인 주체를 복원시킬 가능성은 다시금 상실되고 중층결정되기 때문이다.

이렇게 주체의 지위에서 법적으로 프로그램된 비대칭으로 말미암아 여성은 한 남편의 대상으로 효과적으로 정의된다. 분명히 이러한 불균형은 법적으로 대칭적인 남성의 주체지위를 위해 작동한다. 그리하여 과부의 자기희생은 남성의 법적 주체지위에 예외라기보다는 일반법의 극단적인 경우가 된다. 그렇다면 다른 여성들과의 경쟁을 통해 단독 소유자의 대상이

---

170. 우리가 여기서 말하고 있는 것은 "있는 그대로의 과거"라기보다 브라만주의의 규율적인 규범이다. Robert Lingat, *The Classical Law of India*, tr. J. D. M. Derrett (Berkeley: University of California Press, 1973), p. 46 참조.
171. 고대 인도에서 가능했던 과부재혼의 흔적과 1856년 과부재혼의 법적 인정은 남성들 사이의 거래이다. 과부재혼은 그저 하나의 예외일 뿐이다. 아마 그것이 주체-형성 프로그램을 전혀 건드리지 않기 때문일 것이다. 과부재혼을 둘러싼 모든 "민간지식"에 나오는, 이기적이지 않고 개혁주의적 용기를 가졌다고 칭송되는 편은 바로 아버지와 남편이다. 코잠비가 우리에게 상기시켜 준바, 우리는 여기서 인도의 힌두-계급만을 고려할 따름이다.

되는 삶이 강조되는 곳에서 사티가 받을 천상의 보상을 읽어내는 것은 놀라운 일이 아니다. 거기서는 황홀경에 빠진 천상의 댄서들이, 여성의 아름다움과 남성 쾌락의 권화들이 사티를 칭찬하는 노래를 부른다. "천상에서 그녀는 남편에게만 헌신하며 아프사라스[apsarās, 천상의 댄서들] 집단의 찬사를 받는다. 그녀는 열 네 분의 인드라(Indras)[천둥과 비를 관장하는 베다 교의 으뜸 신]가 다스릴 동안 오래도록 남편과 재미있게 지낸다."(HD II.2, 631)

이렇게 여성의 자유의지를 자기희생에서 구하는 데 깃들어 있는 심각한 아이러니는 앞에서 인용한 구절에 뒤따라 나오는 시에서 다시 한번 드러난다. "여재[아내가 죽은 남편을 따라 자기 몸을 불태우지 않는 한, 자신의 여성육체[strisarir, 윤회 속의]로부터 결코 해방되지 못한다." 여성에게만 인가된 자살은 가장 미묘하고도 일반적인 해방을 개인적 행동·교섭 능력으로부터 작동시키면서도 개인적 행동·교섭 능력을 초개인적(supraindividual) 행동·교섭 능력과 동일시함으로써 그것의 이데올로기적인 힘을 끌어오고 있는 셈이다. 당신 남편의 장작 위에서 지금 너 자신을 죽여라, 그러면 탄생의 윤회 속에 있는 네 여성육체를 죽일 수 있다는 것이다.

이 역설을 좀더 비틀어 보면 자유의지를 이런 식으로 강조하는 것 자체가 여성육체를 장악하고 있는 특이한 불행을 확립시킨다. 실제로 불타는 자아에 해당하는 단어는 가장 고상하고 비개인적인 의미로 정신을 가리키는 표준어(ātman, 아트만)이다. 반면 "해방시키다"는 동사는 가장 고상한 의미에서의 구원의 어근을 통해 수동태로 쓰이고 있으며, 윤회 속에서 폐기되는 것은 늘상 사용하는 육체이다. 그 이데올로기적 메시지는 자비로운 20세기 남성 역사가의 찬탄 속에 씌어 있다. "치토르(Chitor)나 다른 지역들의 라즈푸트(Rajput)[인도의 무사 계급의 일원인 크샤트리아] 부인들이 승리한 모슬렘의 수중에서 말로 이루 형언할 수 없는 잔학한 행위를 당하지 않으려고 실행한 자우하르는 너무 잘 알려져 있어서 새삼 길게 주목할

필요도 없다"(HD II.2, 629).[172]

엄밀히 말해 자우하르는 사티의 행위가 아니다. 또한 나는 모슬렘이건 그 외 남성 정복군대에 용인되는 성폭력을 대변하고 싶지도 않다. 하지만 성폭력에 부딪힌 여성의 자기희생은 강간을 '자연스런' 것으로 합법화하며 결국엔 여성성기의 독자적 소유를 위해 작동하게 된다. 정복자들이 영구화하는 집단강간은 영토획득을 축하하는 환유이다. 누구도 과부를 위한 일반법에 의문을 품지 않는다. 그렇듯 여성 영웅주의적 행위도 아이들에게 들려주는 애국 이야기 가운데 살아남아 가장 조잡한 이데올로기적 재생산을 일삼는 수준에서 계속 작동된다. 여성 영웅행위는 또한 힌두 공동체주의를 실행하는 가운데 중층결정된 기표로서 엄청난 역할을 수행해 왔다. (인터넷은 방글라데시에서 있었던 힌두 "대량학살"을 놓고 그럴 듯하지만 피상적인 가짜 통계수치를 내놓고 있는 실정이다.)[173] 이와 동시에 성차화된 주체의 형성이라는 더욱 광범위한 문제는 사티를 둘러싼 눈에 보이는 폭력만을 내세움으로써 은폐되고 만다. (성적으로) 서발턴을 복원하는 과제는 오랜 기원을 갖는 제도화된 텍스트성 속에서 상실된다.

내가 앞서 언급했듯이 고인에게 남은 여성 미망인에게 재산소유자로서 법적 주체의 지위가 일시적으로 부여될 수 있을 때 과부의 자기-파괴희생은 엄격하게 강요되었다. 15/16세기 법률주의자 라구난다나(Raghunandana)는 그러한 강화에 가장 큰 권위를 행사한다고 여겨지고 있다. 그는 가장 오래된 힌두 경전이자 스루티(Sruti) 중 첫 번째 텍스트인 『리그-베다』에 나오는 이상한 구절을 자신의 텍스트로 삼는다. 그렇게 하는 가운데 그는 인가

---

172. 나와 같은 시기에 자란 벵골 중산층 아이들에게는 James Tod(1782-1835)가 쓴 유명한 *Annals and Antiquities of Rajasthan* (London: Oxford Univ. Press, 1920)을 타고르가 풍부한 상상력으로 멋지게 재구성한 *Raj-Kahini* (Calcutta: Signet, 1968)을 통해 이런 이데올로기로 주입되었다.
173. Mathews et al., "Vasudhiva."

를 내리는 바로 그 자리에서 시행되는 특이하고도 투명한 오독을 기념하는 수세기에 걸친 오랜 전통을 따르고 있는 셈이다. 죽은 사람을 위한 제사 중 특정 단계를 개괄하는 대목이 여기 있다. 그것은 언뜻 읽어보아도 "과부에게가 아니라, 고인이 된 남성의 집안이되 남편은 살아있는 여사들에게 말하는" 내용임이 분명하다. 그렇다면 왜 이 구절이 권위적인 것으로 채택되었을까? 죽은 남편을 살아 있는 남편으로 슬그머니 바꾼 것은 지금까지의 우리 논의와는 다른 측면에서 오랜 기원을 갖는 신비한 질서이다. "가치 있는 남편이 아직 살아 있는 여자들로 하여금 눈물을 보이지 말고 건강하고 잘 차린 상태로 집에 들어가도록 하라"(HD II.2, 634).

그러나 이 중요한 전환이 여기서 유일한 실수는 아니다. 권위는 또 다른 논쟁적인 구절과 대안적인 독법에 맡겨져 있다. "이 아내들로 하여금 먼저 집에 발을 들여놓도록 하라"고 번역된 두 번째 줄에서 '먼저'에 해당하는 단어가 아그레(agré)이다. 어떤 사람들은 이것을 아그네(agné), 즉 '불'이라고 읽었다. 하지만 케인이 분명하게 밝히고 있듯이 "이러한 변화가 없다고 하더라도 아파라르카(Aparārka)와 다른 사람들은 사티의 실천을 바로 이 구절에 의존한다"(HD IV.2, 199). 서발턴 여성주체의 역사의 한 가지 기원 주위에 또 하나의 스크린이 여기 있다. "그러므로 MSS가 오염된 것이든, 라구난다나가 순진하게 실수한 것이든 어느 한 편을 인정해야 할 것이다"(HD II.2, 634). 우리가 이와 같은 진술에 따라 수행해야 할 것은 역사적인 해몽이란 말인가? 시의 나머지 부분은 과부를 위한 정체-속의-브라마카르야라는 일반법 — 사티는 하나의 예외다 — 을 다루고 있거나 "과부와 결혼함으로써 고인이 된 남편의 대를 이어줄 자손을 양육할 형제나 가까운 인척을 지명하는" 니요가(niyoga)를 다루고 있다. 이 사실은 언급되어야 한다.[174]

---

174. Sir Monier Monier-Williams, *Sanskrit-English Dictionary* (Oxford: Clarendon, 1989), p. 552.

케인이 『다르마샤스트라』의 권위자라면, 물라의 『힌두법의 원칙들』은 그 실제적 안내자이다. 우리가 여기서 파헤치려고 하며 물라의 책이 끌어 대는 것도, 프로이트가 부른바 "솥 논리"(kettle logic)를 구성하는 역사적 텍스트의 일부다. 물라의 책이 고려중인 『리그-베다』에 나오는 시를 "옛날 텍스트들 중 몇몇 텍스트에서 과부들의 재혼과 이혼을 인정하고" 있는 증거라고 확정적으로 제시하는 것을 보면 그렇다.175

이제 요니(yoni)라는 단어의 역할에 대해 의아해하지 않을 수 없다. 지역을 표시하는 부사 아그레(agré 앞에)와 더불어, 맥락상 이 단어는 "거주지"를 의미한다. 하지만 그것은 "성기"(아직 특별히 여성 성기는 아닌)라는 일차적 의미를 지우지는 못한다. 이 경우 요니라는 이름이 환기하는 거주지에 들어가는 — 그리하여 맥락 외적인 아이콘이 시민적(civic) 생산이나 탄생으로의 입문이 되는 — 잘 차려 입은 아내들을 찬양하는 구절이 있다. 우리는 어떻게 이 구절을 과부의 자기-파괴희생 선택을 지지하는 권위로 삼을 수 있게 될까? 역설적으로, 질과 불의 이미지적 관계가 이러한 권위주장에 일종의 힘을 부여한다.176 이 역설은 "그들로 하여금 우선 흐르는[혹은 불의] 처소[혹은 기원, 물론 요니라는 이름을 갖는 기원, ā rohantu jalayōnimagné]에 오르게 하소서, 오 불이시여"라고 라구난다나가 수정한

모더니스트들이 "페미니즘적" 판단을 수입하여 고대 가부장들에게 들이대려고 하는 것처럼 보일 때 역사가들은 종종 성급해진다. 물론 진짜 문제는 가부장적 지배 구조들이 왜 아무 문제도 되지 않고 기록되어야 하는가 하는 점이다. 역사학 외부에 있는 사람들이 헤게모니적 전통에 의해 본연의 "객관성"이라고 유지되어 온 "객관성"의 기준들에 의문을 제기할 때라야만 사회정의를 향한 집단적 행동을 지지하는 역사적 인가들이 전개될 수 있다. 사전과 같은 아주 "객관적인" 도구가 "죽은 남편의 대를 이어줄!"과 같은 심히 성차별적이고 당파적인 설명을 일삼는 표현을 사용할 수 있다는 점을 주목하는 것도 부적절하지는 않겠다.

175. Sunderlal T. Desai, *Mulla: Principles of Hindu Law* (Bombay: N. M. Tripathi, 1982), p. 184.
176. 이 문구를 놓고 나와 토론해 준 트리니티대학(코네티컷 주 하트포드 소재)의 앨리슨 핀리(Alison Finley) 교수에게 감사하는 바이다. 핀리 교수는 『리그베다』 전문가이다. 고대를 연구하는 역사가로서 그녀에게 "모더니즘적"으로 보일 나의 읽기들이 무책임하게 "문학-비평적"이었을 것이라고 나는 서둘러 덧붙이는 바이다.

구절에 의해 강화된다. 왜 우리가 이것을 "아마도 '불이 그들에게는 물처럼 차갑게 하소서'를 의미할 수도 있다"(HD II.2, 634)고 받아들여야 한단 말인가? 타락한 문구인 흐르는 불의 성기란 내가 407-408쪽에서 논의했던 타트바즈나나(진리-지식)의 지적 미결정성에 하나의 시뮬라크럼을 제공하는 성적(性的) 미결정성을 형상화하는 것일지도 모른다. 확실히 이런 사변들은 내가 인용해왔던 구절들 못지않게 부조리하다. 달리 말해 경전의 인가는 합리적인 텍스트적 지지라기보다 증거의 제스처이다.

나는 앞에서 여성의식, 여성의 존재, 좋은 여성되기, 좋은 여성의 욕망, 따라서 여성의 욕망을 구성하는 대항서사에 대해 써 왔다. 이러한 미끄러짐은 사트(sat)의 여성형인 사티라는 단어 자체에 각인된 균열에서 나타날 수 있다. 사트는 남성성이라는 젠더 특유의 어떤 개념이든 초월하며 인간적 보편성뿐만 아니라 영적 보편성 속으로 움직여간다. 그것은 동사 "존재하다"(to be)의 현재분사이며, 그런 만큼 그것은 존재뿐만 아니라 진, 선, 정(正)도 의미한다. 경전에서 그것은 본질이자 보편정신이다. 접두어로서도 그것은 '적절한', '지고의', '적당한'을 가리킨다. 그것은 현대 서구철학의 가장 특권화된 담론, 즉 존재에 관한 하이데거의 명상 속으로 진입할 정도로 고상하다.[177] 그런데 이 단어의 여성형인 사티는 그저 "좋은 아내"를 의미할 뿐이다.

과부의 자기-파괴희생 의식을 지칭하는 고유명사로서 사티 혹은 수티는 사실 영국인 편에서의 문법적 착오를 기념한다. 이는 "미국 인디언"이라는 명명이 콜럼버스 편에서의 사실 착오를 기념하는 것과 마찬가지다. 여러 인도어에서 이 단어는 "불타는 사티", "불타는 좋은 아내"이며 브라마카르야 중인 과부의 퇴행적 정체를 벗어난다는 뜻이다. 이 단어는 그런 상황의 인

---

177. Martin Heidegger, *An Introduction to Metaphysics*, tr. Ralph Manheim (New York: Doubleday Anchor, 1961), p. 58.

종-계급-젠더 중층결정을 예증한다. 이 상황은 좀 밋밋하게나마 포착될 수는 있다. 즉 황인종 여자를 황인종 남자에게서 구하려고 애쓰는 백인종 남자는 무지한 (그러나 인가된) 환유에 의해 좋은 아내됨을 남편 장작 위에서의 자기-파괴희생과 절대적으로 동일시한다. 그리하여 그는 담론적 실천 안에서 황인종 여자들에게 더 큰 이데올로기적 억압을 가한다. 이러한 대상 형성의 다른 편에서는 내가 지금껏 논의하고자 애썼던 여성 주체형성의 힌두적 조정이 있는데, 그러한 대상의 폐지(혹은 제거)가 단순한 시민 사회와 구별되는 좋은 사회를 확립할 기회를 제공한다는 것이다.

(나는 1928년에 출판된 에드워드 톰슨의 『수티』에 대해 이미 언급한 바 있다. 여기서 나는 제국주의를 문명화라는 사명으로 정당화하는 이 완벽한 표본에 정당성을 부여할 수 없다. 공공연히 "인도를 사랑하는" 누군가가 썼다는 그의 책 어느 곳에서도 영토 확장주의와 산업자본의 경영이 촉발한, 인도에서 영국인이 보여준 "자비로운 냉혹함"에 의문을 품지 않는다. 실로 톰슨의 책이 갖는 문제는 합리적인 휴머니티의 투명한 목소리를 들려주려는 "양식 있는 남자"의 시각으로부터 국가 수뇌들과 영국 행정가들의 용어로 연속적이고 동질적인 "인도"를 구축하려고 한 재현의 문제이다. 그 때 "인도"란 다른 의미로는 제국주의 지배자들에 의해 재현될 수 있는 그런 것이다. 여기서 내가 톰슨의 수티를 언급하는 이유는 자기 책의 바로 첫 번째 문장에서 사티라는 단어를 "충실하다"는 뜻을 갖도록 마무리하는 톰슨의 면모를 보기 위해서이다. 이것은 부정확한 번역이다. 그런데도 여성주체를 20세기 담론에 집어넣기 위해 영국적 허용을 감행한 것이다.[178] 톰슨은 그런 식으로 주체를 길들인 후에 「'사티'의 심리학」이라는 제목하에 "나는 이

---

178. Thompson, *Suttee*, pp. 37, 15. "표시"(mark)로서 고유명사가 지니는 지위에 대해서는 Derrida, "My Chances/*Mes Chances*: A Rendezvous with some Epicurean Stereophonies", Joseph H. Smith and William Kerrigan, eds. *Taking Chances: Derrida, Psychoanalysis, and Literature* (Baltimore: Johns Hopkins Univ. Press, 1984), pp. 1-32 참조.

것을 검토해 볼 작정이었지만 진실을 말하자면 사티는 내게 더 이상 수수께끼처럼 보이지 않았다"고 쓸 수 있다.)[179]

가부장제와 제국주의 사이에서, 주체구성과 대상형성 사이에서 여성의 모습은 본래의 무(無)가 아니라 격렬한 진동 속으로, 전통과 근대화 사이에 사로잡힌 "제3세계 여성"이라는 잘못된 형상화 속으로 사라지고 만다. 이런 점들을 고려할 때, 서구 섹슈얼리티의 역사에서나 타당해 보이는 판단들의 세부사항을 모두 수정하게 될 것이다. 푸코는 "억압(repression)의 속성은 단순한 처벌적 법이 유지하는 금지들과 구별되는 그런 것이다. 억압이란 사라지라는 선고의 기능뿐만 아니라 침묵하라는 명령, 비실존(non-existence)을 긍정하라는 명령의 기능을 잘 수행한다. 따라서 이 모든 것에 대해 말할 것도, 볼 것도, 알 것도 없다고 진술하게 한다"[180]고 쓴다. 제국주의-속-여성의 예로서 수티의 경우는 주체(법)와 지식의 대상(억압) 사이의 이런 대립에 도전하고 그것을 해체할 것이다. 또한 그 경우는 침묵이나 비실존과는 다른 무엇으로써, 주체와 대상 지위 사이의 격렬한 아포리아로써 "사라진" 자리를 가리킬 것이다.[181]

---

179. Thompson, *Suttee*, p. 137.
180. Michel Foucault, *History of Sexuality*, 1:4.
181. 여기서 유럽의 맥락은 다르다. 데리다가 *The Gift of Death*에서 특히 키에르케고르를 논의하면서 지적한 바 있듯이, 유일신교의 전통에서 희생(sacrifice)의 계기 — 자기 아들을 죽일 준비가 된 아브라함 — 는 사랑을 증오로 바꾸고 윤리적인 것을 치환시킨다. 데리다는 무엇이 여성을 이 서사에 도입시키는가? 라고 묻는다. 존 카푸토는 역사적으로 해온 여성들에 대한 남성의 상상이 제공하는 다양한 목소리들로 말함으로써 자비로운 미국-페미니즘적 해답을 만들고자 시도해 왔다. 그는 심지어 "사래(아브라함의 아내)라는 이름이 … 폭력의 이름"임을 인정하기도 한다. "사라는 자기 아들 이삭의 유산(heritage)을 보호하기 위해 자신의 이집트인 노예이자 아브라함의 첩인 하갈과 그녀의 서자 이스마엘을 사막으로 데려가 버리라고 아브라함에게 시킨다. 이스마엘의 자손들인 '이스마엘족'은 떠도는 유목민 부족이자 추방자들이 되었다"(John Caputo, *Against Ethics: Contributions to a Poetics of Obligation with Constant Reference to Deconstruction* [Bloomington: Indiana Univ. Press, 1993], pp. 145-146). 하지만 우리가 시간 관계상 프로이트의 직관 정도만 기억하더라도 어머니의 희생(maternal sacrifice)이 성경에 나오는 족속들만이 아니라 유일신교 이전 및 유일신교를 넘어

사티는 오늘날 인도에서 여성의 고유명사로서 상당히 널리 사용되고 있다. 여자아이에게 "좋은 아내"라는 이름을 갖다 붙이는 것은 자체의 예변법적(proleptic) 아이러니를 갖는다. 그리고 보통명사의 그러한 의미는 고유명사에서의 기본적인 작동요소가 아니기 때문에 그 아이러니는 더욱더 커진다.[182] 아이에게 그런 이름을 붙이는 이면에 힌두 신화에 나오는 바로 그 사티, 즉 좋은 아내로 현현한 두르가(Durga)가 버티고 있다.[183] 신화의 일부에서 이미 사티라고 불리고 있는 그 사티는 심지어 자신의 신성한 남편 시바(Siva)도 초대받지 못한 채 아버지의 집 뜰에 도착한다. 그녀의 아버지

서는 세상 사람들을 환기시킬 게 틀림없다(Freud, "Moses and Monotheism", *SE* 22: 83). "타자들 없는 세상, 법이 없는 세상에서"(Caputo, *Against Ethics*, p. 141) 카푸토가 말한 "요한나 드 실렌치오"(키에르케고르의 요하네스의 여성형)는 아브라함을 상상한다. 하지만 상상될 수 있는 것은 아브라함만이 아니다. 『빌러비드』[한국어판: 김선형 옮김, 들녘, 2003]에서 토니 모리슨은 어머니의 희생의 예, 즉 법이 없는 그러한 세계에서 역사적으로 곧 자유로워질 노예 시드(Sethe, 아프리카인도 미국인도 아닌)의 경우를 보여준다. 역사는 불가능한 통과지점에서 어머니의 희생을 요구하고 어머니의 손을 붙들어주진 않는다. 계약(covenant) — 시드의 이름 없는 어머니의 가슴에 새겨진 낙인 — 의 반지는 연속성을 확보해주지 않는다. 역사성(historiality)은 계보학으로 변화되지 않는다. 노예제의 모계전승은 지하 철도에서 파열된다. 시드는 자기 어머니의 말(tongue)을 이해하지 못한다. 애니미즘에서 탈헤게모니화된 기독교로 가는 폭력적 변화의 꼭짓점에 바로 어머니의 희생이 있다. 그것은 합리적 알레고리화에 대한 끈질긴 거부를 나타낸다. 최초의 아프리카계-미국인(African-American)이 태어난 것은 바로 이러한 피흘림이 있고 난 후이다. 이 최초의 아프리카계-미국인이 태어날 때 도움을 주었던 백인 여성의 이름을 따라 이름지어진 덴버가 보여주듯 말이다. 미국의 시민사회(물론 문화 — 모리슨의 다음 책은 『재즈』[한국어판: 김선형 번역, 들녘, 2001]임)가 바로 이 꼭짓점을 길들여왔다. 『빌러비드』는 후대에게 전해지지 않는 이야기로 남아 있다. 사랑 받는 유령은 영면에 빠진다. "신대륙" 정복자들과 대면한 라틴 아메리카 인디안들(여러 면에서 얼마나 착오적인 명명의 역사를 갖는가)의 비밀성 주장이라는 토포스가 있다. 그럼에도 불구하고 나는 모리슨과 멘추(Menchú) 모두에게서 비밀성이란 주제를 뽑아낸 도리스 소머스가 설득력이 있다고 본다.(Doris Sommers, "No Secrets", George M. Gugelberger, ed., *The Real Thing: Testimonial Discourse and Latin America* (Durham: Duke Univ. Press, 1996), pp. 130-157.)

182. 이 단어가 좋은 집안에 태어난 여성("숙녀")을 지칭하는 형태로도 쓰인다는 사실은 사태를 더 복잡하게 한다.
183. 이러한 설명이 온갖 신들의 신전(pantheon) 내부에서 수많은 형태로 현현하는 그녀의 면모를 일축해버리지 않는다는 점을 지적해 두어야겠다.

는 시바를 욕하기 시작하고 사티는 고통 속에 죽는다. 시바가 분노하며 도착해 자기 어깨에 사티의 시체를 걸머지고 우주를 떠돌며 춤을 춘다. 비스누(Visnu)는 사티의 몸을 절단하여 그 조각을 대지 위에 흩뿌린다. 그런 조각들 주변에 위대한 순례지가 생긴다.

아스나(Athena) 여신 — "자궁에 의해 오염되지 않았다고 자처하는 아버지의 딸들" — 과 같은 형상들은 여성의 이데올로기적 자기비하를 확립시키는 데 유용하다. 이 자기비하는 본질주의적 주체를 해체하는 태도와는 구별된다. 신화에 나오는 사티의 이야기는 제의의 모든 서사소(narrateme)를 역전시키는 가운데 비슷한 기능을 수행한다. 살아 있는 남편이 아내의 죽음에 복수한다. 위대한 남성 신들 사이의 거래가 여성육체의 파멸을 완수하고 대지를 신성한 지리로 각인시킨다. 이것은 고전적 힌두교의 페미니즘을 나타내거나, 여신중심적이라서 페미니즘적인 인도 문화의 페미니즘을 나타내는 증거로 보이기도 한다. 하지만 그것은 토착주의나 그것의 역전된 형태인 자인종문화중심주의에 의해 이데올로기적으로 오염된 것이다. 찬란하게 싸우는 어머니 두르가의 이미지를 지우고, 사티라는 고유명사에다 그래야만 구원받을 수 있는 신성한 제물로 무력한 과부를 불태운다는 의미만 부여하는 것도 제국주의적이다. 소위 미신(두르가)의 힘이 실린 목소리야말로 "사리분별"(영국 경찰)이라는 백인 신화를 얕잡아보거나 단죄하며 한편이 되는 것보다 변혁을 위해서는 더 나은 출발점이 아닐까? 법인조직의 박애주의가 사심을 갖고 행하는 선행은 이 질문을 물을 만한 가치가 있도록 해준다.[184]

포스트모던 자본하에서 억압받는 사람들이 "올바른" 저항에 매개된 접근 밖에 할 수 없다면, 주변부의 역사에서 나온 사티 이데올로기가 개입주의

---

184. 나는 메트로폴리탄 다문화주의를 분석하는 글(1999년 3월에 스미소니안 박물관 아더 M. 새클러 미술관에서 열린 〈위대한 여신 전시회〉에서 발표한 "Moving Devi")에서 이 질문을 더 심화시켜 논의했다.

적 실천의 어떠한 모델 속으로 지양될 수 있을까? 상실된 기원에 대한 그러한 모든 명백한 향수는 특히 대항 헤게모니적 이데올로기 생산을 위한 지반으로서 의심스럽다. 이 글은 그러한 생각에 따라 작동되고 있기 때문에 나는 하나의 예를 경유하여 논의를 더 진척시켜야 하겠다.[185]

16, 7세의 젊은 처녀 부바네스와리 바두리(Bhubaneswari Bhaduri)는 1926년 북 캘커타에 있는 자기 아버지의 평범한 아파트에서 목매달아 자살했다. 이 자살은 풀리지 않는 하나의 수수께끼였다. 자살하던 때 부바네스와리는 생리 중이었으니 불륜으로 인한 임신 때문에 자살한 것은 분명 아니었다. 그녀는 인도독립을 위한 무장투쟁에 개입한 수많은 집단들 중 한 단체의 구성원이었다. 이 사실은 거의 10년이 지나서야 그녀가 언니에게 남긴 편지에서 밝혀졌다. 그녀에게 정치적 요인을 암살하라는 임무가 맡겨졌다. 그녀는 이 과업을 감당할 수 없었다. 하지만 그녀는 신의를 지켜야 한다는 실제적 필요성을 알고 있었기 때문에 스스로 목숨을 끊었다.

부바네스와리는 자신의 죽음이 비합법적인 정열의 결과로 오진될 것을 알고 있었다. 그래서 그녀는 생리가 시작될 때를 기다렸다. 좋은 아내 자격을 인정받기를 틀림없이 기대했던 브라마카리니(brahmacārini)로서 부바네스와리는 아마 사티-자살의 사회적 텍스트를 개입주의적 방식으로 다시

---

[185] 대항헤게모니적 이데올로기 생산의 토대로서 향수에 반대하는 입장은 향수의 부정적 사용을 인정하지 않는다. 우리시대 정치경제의 복잡성 안에서 예를 들어보자면 결혼지참금을 충분히 가져오지 못한 신부들을 불태워버리고 차후 이런 살인을 자살로 위장하는 현재 인도 노동 계급의 범죄가 있다. 이 범죄를 사티-자살 전통의 사용인가 혹은 남용인가를 밝히라고 하는 것은 매우 의심스럽다. 최대한 주장될 수 있는 것은, 이 범죄가 기표로서 여성주체와의 기호작용 사슬 상에 일어난 한 치환이라는 점이다. 이는 우리가 풀어헤쳐 온 서사로 우리를 다시 되돌려 보낸다. 분명 우리는 신부를 불태우는 범죄를 중단시키기 위해 온갖 방법을 강구해야 한다. 그렇지만 이러한 작업이 검토되지 않은 향수나 그 대립물에 의해 성취된다면, 하나의 기표로서 인종(race/ethnos) 혹은 천박한 생식기주의를 여성주체의 자리 속에 대체해 넣는 사태를 적극 도와줄 것이다.

썼을 것이다. (설명할 수 없는 그녀의 행동을 시험삼아 한번 설명해 보자면, 그녀가 너무 나이 들어 시집도 못 갈 거라고 그녀를 계속 놀려먹은 형부와 아버지의 죽음으로 인한 우울증 탓이었을 수도 있다.) 그녀는 미혼남성과의 합법적 정열 안에 자기 육체를 감금하는 것을 자기 육체를 생리학적으로 각인하는 가운데 치환하려고 (단순히 거부하려는 것이 아니라) 엄청난 곤란을 무릅씀으로써 여성자살에 인가된 동기를 일반화했다. 즉각적인 맥락에서 보자면, 그녀의 행동은 불합리하기 짝이 없었고 멀쩡하기보다 환각에 빠진 경우가 되었다. 생리가 시작되기를 기다리는 치환 제스처는 우선 자신을 파괴·희생시키려는 과부가 생리 중이어서는 안 된다는 금기를 역전시킨다. 더러운 과부가 자신의 수상한 특권을 주장하기 위해서는 더 이상 생리를 하지 않는 나흘째 되는 날에 목욕재계할 수 있을 때까지 공공연히 기다려야 하기 때문이다.

이렇게 부바네스와리 바두리의 자살을 읽을 때, 그 자살은 가족을 지키는 빛나는 투사 두르가에 대한 헤게모니적 설명만큼이나 사티-자살의 사회적 텍스트를 별다른 강조 없이 서발턴의 입장에서 다시 쓰는 것이 된다. 투쟁하는 어머니에 대한 헤게모니적 설명에 이견을 제시할 수 있는 가능성은 인도 독립운동의 남성 지도자들과 참여자들의 담론을 통해 잘 기록되어 있고 대중적으로도 잘 기억되고 있다.

나는 부바네스와리의 삶과 죽음을 가족 인맥을 통해 알고 있다. 나는 부바네스와리를 좀더 철저하게 조사하기에 앞서, 그 과정을 출범시킨다는 뜻에서 나와 거의 똑같은 지적 연구를 초창기부터 해온 뱅골 여성 철학자이자 산스크리트 연구자에게 질문을 해보았다. 두 가지 반응이 나왔다. (a) 왜 당신은 온전하고 경이로운 삶을 영위한, 바두리의 두 언니 사일레스와리와 라세스와리 대신 불운한 부바네스와리에게 관심을 갖느냐? (b) 바두리의 조카들이 보여준 반응인데, 불륜을 저지른 것 같다는 것이다.

나는 의사소통의 실패에 별로 신경을 쓰지 않았다. 그 때문에 나는 3장의 초고「서발턴이 말할 수 있는가?」에서 정념에 찬 통탄을 담아 서발턴은 말할 수 없다!고 썼던 것이다. 이 말은 권장할 만한 언급은 아니었다.

3장의 두 번째 부분이 에세이 형태로 출판되었을 때와 지금 이 수정판을 쓰기까지 가로놓인 세월 동안에 1988년에 출간된 초고에 대응하는 수많은 글들이 간행되었다. 그로 인해 나는 큰 덕을 보았다. 여기서는「서발턴이 투표할 수 있는가?」와 「시코락스족 침묵시키기」라는 두 개의 글만 언급하겠다.[186]

내가 주장하고 있듯이, 부바네스와리 바두리는 "진정한" 서발턴은 아니었다. 그녀는 비밀에 싸인 부르주아 중심의 독립운동에 접근했던 중산층 출신 여성이었다. 시르무르의 라니도 고상한 혈통을 스스로 주장하고 있는 바 전혀 서발턴이 아니었다. 여성이 서발터니티에 대한 주장에 끼어든다. 그런데 이질적인 환경이 여성들을 말없게 한다. 그 때문에 여성의 간섭은 정의(definition)상의 엄밀한 구분을 가로지르면서도 말뚝 박듯 구분될 수 있다. 나는 3장에서 이 부분을 논의해 왔던 것으로 보인다. 굴라리는 우리에게 말걸 수 없다. 토착 가부장적 "역사"가 그녀의 장례식 기록만을 남기고자 하며 식민역사는 부수적인 도구로서 그녀를 필요로 할 뿐이기 때문이다. 부바네스와리는 자신의 육체를 여성/글쓰기의 텍스트로 바꿈으로써 "말하기"를 시도했다. "서발턴은 말할 수 없다"는 내 선언에 담긴 즉각적인 정념은 그녀 자신의 가족에서, 여성들 사이에서, 50년의 세월 속에서도 그녀의 시도가 실패했다는 실망에서 나왔던 것이다. 나는 여기서 식민당국 편에서의 침묵에 비난의 화살을 돌리려는 게 아니다. "가야트리 스피박의「서발턴이 말할 수 있는가?」의 4부는 영국 법 역사에서 인도 여성들이 감

---

[186]. Leerom Medovoi et al., "Can the Subaltern Vote?" *Socialist Review* 20.3 (July-Sept. 1990): 133-149; Abena Busia, "Silencing Sycorax: On African Colonial Discourse and the Unvoiced Female", *Cultural Critique* 14 (Winter 1989-90): 81-104.

당해 온 사라져주는 역할을 잘 설명한다"고 생각하는 부시아를 보더라도 그렇다.[187]

차라리 나는 새로운 주류라고 할 더 많이 해방된 바두리의 손녀들이 바두리를 침묵시키는 경위를 지적하고 있는 중이다. 이 새로운 주류에 좀더 새로운 두 집단이 가세할 수 있다. 그 중 하나가 자유주의적 다문화주의 메트로폴리탄 학계, 즉 수전 바튼[188]의 증손녀쯤 될 텐데 바로 다음과 같다.

내가 내내 말해 왔듯, 장기적으로 좀더 효과적이기 위해서라도 이 말없음에 우리가 공모하고 있다는 사실을 시인하는 것이 중요하다고 생각한다. 우리가 항상 희생양을 두고자 한다면 우리 작업은 성공할 수 없다. 포스트식민 이주민 연구자는 식민 사회 구성체의 영향을 늘 받는다. 부시아는 아무튼 내가 부바네스와리의 경우를 읽어낼 수 있고, 그래서 부바네스와리가 어떤 면에서는 말해 왔다고 지적한다. 그 때 부시아는 차후의 심화작업을 위한 긍정적인 선율을 포착한 셈이다. 물론 부시아가 맞다. 모든 말하기는 그냥 즉시 던져지고 마는 것 같아도 다른 이가 거리를 두고 해독하기 마련이고, 잘해야 끼어들기다. 바로 이것이 말하기다.

나는 이러한 이론적 요점을 시인한다. 또한 자신과 다른 이들을 위해 향후 작업을 낙관하기(upbeat)가 실천적으로 중요함을 시인한다. 하지만 학계의 제도 (제멋대로의 지식-생산 공장) 안에 있는 누군가가 토론의 여지가 있는 해독을 내놓는다. 그 해독은 수많은 세월이 흐른 후라도 성급하게 서발턴의 "말하기"와 동일시되어서는 안 된다. 식민 혹은 포스트식민 서발턴은 차이의 다른 측면에 있는 존재로, 심지어 식민화된 사람들 사이의 다른 집단화로부터 생기는 인식소적 균열로 정의된다. 이렇게 말하는 것은 단순한 동어반복이 아니다. 우리가 서발턴은 말한다고 주장할 때 관건은 무엇

---

187. Busia, "Silencing", p. 102.
188. [옮긴이] 2장에 나오는 코에체의 『포우』에 관한 절 참조. 바튼은 『포우』의 화자임.

일까?

「서발턴이 투표할 수 있는가?」에서 세 명의 필자들은 문제가 되는 지점을 "정치적 말하기"에 적용한다. 내가 보기에 이것은 서발턴의 말하기에 대한 나의 읽기를 집단적 영역으로 확장시키는 유익한 한 가지 방법이다. (국가 안에서) 투표자가 됨으로써 "시민권"(시민사회)에 접근하는 것은 실로 서발터니티를 헤게모니로 동원시키는 상징적 회로이다. 국가의 해방과 전 지구화 사이에서 계속 교섭중인 이 지형은 투표행위 자체를 서발턴 주체의 사실확인적(constative) "말하기"로 주어져 있는 수행적 관습으로 검토하도록 해준다. 전 지구화를 합법화하느라고 이 집합이 조작되는 과정을 알아보는 것이 요즘 나의 관심사들 중 일부이다. 하지만 이것은 이 책의 범위를 넘어선다. 나는 학계의 산문 영역에 남아 다음과 같은 세 가지 요점을 개진시켜 본다.

1. 우리가 단순히 포스트식민 사람이라거나 에스닉 소수집단의 구성원이라고 "서발턴"인 것은 아니다. 이 단어는 탈식민화된 공간의 부박한 이질성을 위해 남겨진다.

2. 서발턴 집단과 시민권 혹은 제도성의 회로들 사이에 의사소통의 선이 확립될 때, 서발턴은 헤게모니로 가는 장구한 길에 투입된다. 우리가 다소 모순된 용어인 "서발터니티 보전하기"에 대해 낭만적 순수주의자 혹은 원시주의자가 되고 싶지 않다면, 이 점은 절대로 욕망되어야 한다.(에스닉 기원에 대한 박제화된 혹은 교과과정화된 접근권 — 이것은 반드시 싸워야 하는 또 하나의 전투인데 — 은 서발터니티 보전하기와 동일하지 않다. 이것은 두말할 필요 없다.) 우리가 이 점을 기억하는 것은 사명 운운하지 않으면서 우리 작업에 자긍심을 갖도록 한다.

3. 이 흔적-구조(드러냄 속의 말소)는 피상적인 유토피아주의에서가 아니라 비말 크리슈나 마티랄이 "도덕적 사랑"이라 부른 깊숙한 곳에서부터

우러나오는 정치적 액티비스트의 비극적 감정으로 표면에 드러난다 지칠 줄 모르는 액티비스트인 마하스웨타 데비는 이러한 감정을 「프테로닥틸, 퓨란 사하이, 피르타」에서 절묘하게 기록하고 있다.

인도 여성의 새로운 주류를 이루는 마지막 세 번째 집단이 있다. 부바네스와리의 큰언니의 장녀의 장녀의 장녀는 지금 미국에서 이주민으로 살고 있으며 최근에 미국에 기지를 둔 초국적 기업에 중역으로 승진되었다. 그녀는 부상중인 남아시아 시장을 도와줄 것이다. 그녀가 잘 자리잡은 남 출신의 디아스포라라는 바로 그 점 때문이다.

> 유럽에서 새로운 자본주의가 옛 자본주의를 확실하게 대체했던 때는 상당히 정확하게 짚어질 수 있다. 그것은 20세기 초엽이었다. … 19세기 말의 호황과 1900-03년의 위기와 더불어 … 카르텔이 경제생활 전체의 초석들 중 하나가 된다. 자본주의가 제국주의로 변형되어 왔다.[189]

전 지구적 금융화라는 오늘날의 프로그램이 이 계주를 이어받는다. 부바네스와리는 민족해방을 위해 싸웠다. 그녀의 증손조카는 새로운 제국을 위해 일한다. 이것 또한 서발턴을 역사적으로 침묵시킨다. 이 젊은 여성의 승진 소식은 대대적인 환호 속에 가족에게 전달되었다. 그 때 나는 부바네스와리 세대 중 살아남은 가장 나이든 여성에게 이렇게 말하지 않을 수 없었다. 타루(Talu)라는 별명으로 불려왔던 "부바네스와리가 헛되이 목을 맸군요." 큰 소리로 떠든 것은 아니다. 이 젊은 여성이 다문화주의에 충실하며 자연분만을 믿고 면제품 옷만 입는다고 뭐 그리 놀라울 일이겠는가?

---

189. V. I. Lenin, *Imperialism: The Highest Stage of Capitalism: A Popular Outline* (London: Pluto Press, 1996), pp. 15, 17.

4부

4장 문화

    우리는 앞 세 장에서 과거가 어떠했는가를 고찰했다. 이제 과거와 차이를 갖는 사건으로서 현재의 역사를 살펴보자. 코드명은 "우리 문화"이다. 1980년대의 주요 논쟁 텍스트였던 프레드릭 제임슨의 포스트모더니즘론을 경유하여 "우리 문화" 속으로 들어가 보도록 하자.[1]

    포스트구조주의와 포스트모더니즘을 융합하는 경향은 1980년대 위르겐 하버마스의 활기찬 인터뷰들의 결과였다. 하버마스는 포스트구조주의자들을 화해불가능한 반(反)-모더니즘을 모더니즘적 태도에 기초하여 정당화하

---

1. 첫 논의는 *New Left Review* 146(July-Aug, 1984), pp. 59-92에 실렸던 「포스트모더니즘 혹은 후기자본주의 시대의 문화논리」[한국어판: 『포스트모더니즘론』, 정정호 외 편역, 문화과학사, 1993]가 제기한 문제로 시작된다. 제임슨의 논문은 1995년에 출간된 같은 제목의 책의 첫 장이다. 하지만, 1984년판 논문이 훨씬 더 많은 영향을 끼쳤다. 게다가, 이 논문의 전제들은 1995년 책에서 반박되지 않고 오히려 잘 설명되고 있다. 그래서 나는 우리 문화 논의를 1995년 책에 나오는 논문에 국한시켰다. 인용 쪽수는 좀 바뀌었다.

는 "보수적인 젊은이들"이라고 본다.2 이후 전개된 하버마스-료타르 논쟁이 여기서 딱히 적절한 것은 아니다. 하지만, 이 논쟁은 포스트모더니즘과 포스트구조주의를 손쉽게 융합하는 데 실로 크게 공헌했다.3 그렇다면 여기서 우리는 문화사의 대가 서사들을 문화적 설명으로 꾸며내는 한 가지 예를 보게 되는 셈이다. 이러한 서사화는 이 영역의 전문실천가들 사이에서 정당화될 수 있는 생산적 불편함을 끝내도록 지난 20년간 작동해 왔다. 포스트구조주의와 포스트모더니즘의 융합은 문화사에 대한 사심 없는 설명이라기보다 문화적 생산으로서 문화사라는 서사의 메타비평적 생산에서 일어난 하나의 부수적인 사건일 수도 있다. 분명 권위적·연속적 문화사 서사를 생산해 온 사람들은 이러한 명제를 받아들이지 못한다. 달리 말하자면, 왜 포스트구조주의적 사유에서 근대화를 비판하기 위한 잠재력의 중화가 구조적으로 필요했단 말인가? 우리가 음모이론에 찬동하지 말아야 하는 이상, 지적인 이해집단들을 탓할 수는 없다. 비판이론 영역에서 이와 같은 문제를 제기할 부박한 가능성은 20세기 초엽의 아방가르드 논리 속에 포스트구조주의를 위치시킴으로써 관리되고 있다.4

미국 문학계의 일반적 맥락에서 보아 포스트모더니즘과 포스트구조주의를 혼용한 가장 빛나는 예는 아마도 「포스트모더니즘, 혹은 후기자본주의의 문화논리」를 쓴 제임슨일 것이다. 나는 이 텍스트에 있는 모순들을 공유한다.

첫 번째 모순은 우리가 "우리의 세계"에 대해 이야기할 때 우리의 일상에 의해 내포되는 주체-입장을 지워버리려는 욕망이다. 제임슨의 텍스트가

---

2. 이 인터뷰들은 위르겐 하버마스의 *Autonomy and Solidarity: Interviews*, ed. Peter Dews (London: Verso, 1986)에 실려 있다.
3. 이 논쟁의 편력으로는 *Les Cahiers de philosophie* 5 (Spring 1988) 참조.
4. Peter Bürger, *Theory of Avant-Garde*, tr. Michael Shaw (Minneapolis: Univ. of Minnesota Press, 1984). 이어 나온 책 *The Decline of Modernism*, tr. Nicholas Walker (Cambridge: Polity Press, 1992).

조리 있게 말하듯, 독자는 최소한 국가, **제도, 영웅** 제의(祭儀), 조사대상의 구축을 언급하는 하나의 주체-입장을 채워야만 한다. 여기서 말하는 주체-입장이란 포스트모던 문화의 지배류(the postmodern cultural dominant)[5]를 논평하여 상당히 급진적인 평판을 얻은 저명한 미국 인문학 교수들을 말한다. 새로운 "유목민들" 중 하나랄까. 우리가 특별히 경험적인 것을 떠올릴 때, 이 점을 명심해야 할 것이다. 그렇게 하다가 우리 논의의 일반성을 손상시키더라도 그렇다. 이제 다음 문장을 읽어보도록 하자. "앞서 있었던 본격 고급 모더니즘 시기에 그랬던 것처럼 우리의 일상생활, 우리의 심리경험, 우리의 문화언어들은 시간 범주들보다는 공간에 의해 지배된다. 이는 최소한 경험적으로 논의될 수 있다."[6]

실로 "문화의 지배류" 이론은 이중구속에 붙들려 있기 때문에 아주 특별히 주체-입장들의 특수성에 주의해야 한다. 문화 지배류의 권력-분석은 부상중인 이질성의 억압을 가시화할 수밖에 없다. 그런데 이 권력-분석은 신중을 기하지 않는다면, 문화적 기술(記述)의 관용어 지위에 다가가는 접근권을 부상중인 이질성에 주지 않으려 함으로써 앞서 말한 억압에 동조할 수 있다. 이러한 이중구속은 이질성을 중지시키고 싶어 하는 제임슨의 욕망에 반영되어 있다.

내가 "포스트모던"이라는 용어에 부여하는 광범위한 의미에서 오늘날의 모든 문화적 생산을 포스트모던하다고 느끼는 것은 결코 아니다. 그러나 포스트모던한 것은 매우 상이한 종류의 문화적 충동들 — 레이먼드 윌리엄스가 제시한 유용한 용어로는 문화적 생산의 "잔여적"(residual) 형식과 "부상중인"(emergent)

---

5. [옮긴이] 정정호 외 『포스트모더니즘론』에서는 '문화적 우세종'으로 번역되어 있는데 '종'이 인종의 종으로 들리는 단점이 있고 '지배소'라는 번역어는 인식소, 서사소 등에서의 ~eme로 읽힐 우려가 있어 주류의 '류'를 따서 지배류라 번역한다.
6. Jameson, *Postmodernism*, p. 16. 이후 *PM*으로 줄여 쪽수만 표시함.

형식 — 이 나름의 길을 닦아나가야 하는 세력 장(force field)이다. 우리가 문화적 지배류의 다소 일반적인 의미를 성취하지 못한다면 현재의 역사를 얄팍한 이질성으로, 무작위의 차이로, 효율성을 결정할 수 없는 변별적인 일군의 힘들의 공존으로 보는 관점으로 떨어진다(PM 6).

나는 부상중인 것이나 잔여적인 것이 지배적인 것 속에서 나름의 길을 닦아나가야 한다는 견해에 상당히 동의하는 편이다. 하지만, 왜 이런 것들이 한 사람의 문화비평가에게 열려 있는 유일한 대안이 되는지는 명확하지 않다. 부상중인 것의 다형태들과 잔여적인 것의 다형태들간의 차이가 지배적인 것에 대한 급진적 저항과 보수적 저항간의 차이 — 결코 확연한 것은 아니다 — 가 될 수 있다. 우리가 지배적인 것에만 집중한다면 이 점을 잊게 된다. 윌리엄스는 "부상중인" 것 속에 있는 "대안적인" 것과 "대립적인" 것을 꼼꼼하고 집요하게 구분한다.7 또 우리는 위험부담이 있기 마련인 확실성을 가늠해 내기 위해 이질적인 것들의 흔적들에 계속 초점을 맞추어야 한다. 윌리엄스가 말한 대로, "우리가 재삼 유념해야 할 것은 효과상 **미리-부상하는 것이다. 이것은 좀더 확실하게 명명될 수 있는 분명한 부상보다 적극 압력을 행사하면서도 온전하게 명료화되지는 않는다.**"

이러한 단서는 아마 제임슨에게는 부적절할 것이다. 앞에서 인용한 제임슨 글의 마지막 문장에 나오는 코드어들이 명확하게 보여주는바, 바로 이 지형에서 맑스주의와 해체 사이의 전투가 재연되고 있기 때문이다. 이 접전은 문화적 지배류를 기술해 주는 것으로서 "포스트모더니즘" 생산하기와 관련된다. 나는 접전의 결과들 일부를 지적해 보고 싶다.8

---

7. Raymond Williams, "Base and Superstructure in Marxist Cultural Theory", in *Problems in Materialism and Culture* (London: Verso, 1980), pp. 40-42; *Marxism and Literature* (Oxford: Oxford Univ. Press, 1977[한국어판: 『이념과 문학』, 이일환 옮김, 문학과 지성사, 1982], pp. 121-127. 다음에 나오는 인용은 두 번째 책, p. 126에서 나온 것이다.
8. 나는 우리 시대 인도예술에 관해 글을 쓰고 있는 게 아니다. 지금쯤 이 점이 분명해졌기를 나는

제임슨은 포스트모더니즘을 세력-장으로 기술하는 와중에 맑스주의를 권력분석으로 중화하지 않을 수 없게 된다. 권력분석과 관련하여 맑스주의 실천은 가치론적-목적론(axio-teleology, 하나의 목적을 시야에 둔 가치체계)의 위험부담을 감수해야 한다. 제임슨은 이것을 "도덕주의"라는 비난조의 단어를 써가며 거부한다. "포스트모더니즘에 대한 몇몇 긍정적·도덕적 평가에 어떤 말을 새삼 덧붙일 필요가 거의 없다. … 하지만 그 경우 그러한 평가는 포스트모던한 것의 본질적인 사소함을 도덕적으로 비난하는 경향을 거부한 결과일 뿐이다. 여기서 사소함이란 포스트모던한 것을 위대한 모더니즘들의 유토피아적 '고상한 진지성'과 병치시킬 때 드러난다. 이러한 도덕주의적 비난은 좌파와 급진적인 우파 모두에서 발견된다"(PM 46).

우리는 물론 이 인용문에 깃들어 있는 일반적인 좋은 의미에 공감할 게 틀림없다. 하지만 이것은 모순들의 두 번째 집합으로 우리를 이끈다. 이 집합은 제임슨이 "전적으로 새로운" 사고방식, 즉 "우리의 현재를 역사의 시간으로 생각하는 진정으로 변증법적인 시도"를 개괄할 때 나타난다.9

초국가적 지식능력(literacy)은 본연의 추상인 경제적인 것이 지워지는 중에도 그것이 보이도록10 유지시킨다. 그렇지만 초국가적 지식능력은 "문화적 지배류"의 이름으로 문화적인 것의 축소될 수 없는 이질성을 무시할 수 없다. 제임슨은 문화적인 것의 절반-자율성(허버트 마르쿠제), 따라서 필수적으로 상대적인 자율성(루이 알튀세)이 "후기자본주의 논리에 의해

바란다. 인도예술의 시기구분에 대한 박식한 입장으로는 Geeta Kapur, "The Center-Periphery Model; or, How Are We Placed?: Contemporary Cultural Practice in India", *Third Text* 16/17 (Autumn/Winter 1991): 9-17; "Globalization and Culture", *Third Text* 39 (Summer 1997): 21-38 참조.

9. *PM* 46, 스피박의 강조. "전적으로 새로운" 것들을 언명하는 것은 제임슨의 저작에 일정한 매력적 에너지를 불어넣는다.

10. [옮긴이] 후기자본주의 혹은 포스트모던 자본주의에서는 모든 것이 문화적인 것이 되고 그렇게 보이기 때문에 경제적인 것은 지워지고 없는 것 같이 보이는 현상을 가리킴.

파괴되어" 왔다고 상상한다. 그런 다음 그는 "우리의 사회생활에서 모든 것이 … 원래 의미에서, 그러면서도 아직 이론화되지 못한 의미에서 '문화적'인 것으로 되어 왔다고 말해질 수 있다"(PM 48)고 말한다.

차라리 문화적인 것을 이렇게 표현해 보도록 하자. 문화적인 것이 추상 일반을 재코드화할 수 있고, 초국가적 지배류가 "우리의 사회생활에서 모든 것"을, 또 그들의 사회생활에서 모든 것을 "문화"로 쓸 수 있다고 말이다. 그렇게 할 수 있는 것은 아마 문화적 설명들의 담론성에 절반의 혹은 상대적 자율성이 있기 때문일 것이다. 우리가 보기에는 지배 문화인데, 그들이 보기에는 이질성과 문화 상대주의이다. 이후 나는 "문화"라는 단어의 용법에 나타나는 유명론적·이론적 실천을 메트로폴리탄 시민 사회들에서의 하층계급 다문화주의로부터 배울 것을 제안할 것이다. "변증법"이란 불편한 것들을 타자로 자격박탈하고 배제하면서 편리한 것들을 수용하는 철학적 지배류일 것이다. 힌데스와 허스트의 빈틈없는 논평을 상기해 보자. "개념은 [분석과 해결책의] 결과를 생산하고자 질서 있게 순서대로 전개된다. 이러한 질서는 **이론 작업 자체의 실천**에 의해 창조된다. 즉 그것은 어떠한 필수적 '논리'나 '변증법'에 의해서도, 실재계 자체와 상응하는 어떠한 필수적 메커니즘에 의해서도 보증되지 않는다"(150쪽 참조).

그리하여 제임슨의 설명에는 제임슨 자신이 자기 논의에 중요한 것으로 인식하는 문화적 설명들과, 생산양식 및 스타일들 사이의 관계를 다루는 둔할 정도로 동형적인 이론의 예들이 나온다. 그가 역사를 단순한 시기구분쯤으로 여기는 관점에 반대하는 것처럼 보이더라도 그렇다. "문화적 시기를 리얼리즘, 모더니즘, 포스트모더니즘의 단계로 나눈 나 자신의 문화적 시기구분은 [어니스트] 만 델의 삼부 모델에서 영감과 확신을 얻고 있다"(PM 36).

리얼리즘과 모더니즘 등 이전의 스타일들(혹은 문화적 지배류)은 이전의 가치생산양식들과 동형을 이루고 있다. 그와 마찬가지로 포스트모더니즘은

"다국적 자본"과 동형적 방식으로 연결된다. 그렇다 하더라도 "우리의" 다국적 자본 세계의 본성상 포스트모더니즘이 전적으로 새로운 것일까? 그렇더라도, 반 고호의 그림 **농부의 신발**과 앤디 워홀의 작품 **다이아몬드 먼지가 묻은 구두** 사이의 대조가 그 차이를 설득력 있게 이론화하지 못한다.

반 고호의 "내용, 즉 애초에 날 것인 제재들" — 제임슨처럼 내용과 제재를 같은 것으로 봐도 되는지 모르겠지만 — 은 "비참한 농촌 생활을 보여주는 온전한 대상세계로서 그저 파악"(PM 7)된다. 다시 말해, 예술과 사회의 관계를 꽤 구태의연하게 다루는 이론이라고나 할까. 다음 단계는 "순색의 유화 물감으로 그린 이 빛나는 물질화를 … 전적으로 새로운 유토피아적 영역을 생산하는 … 보상행위"(PM 7)로 본다. 이 유토피아적 영역은 … "… 이제 [시각적인 것을] 자본의 몸체의 면에서 새로운 노동분업으로서 재구성한다." 또 그것은 [시각적인 것을] 부상중인 새로운 감각기관의 다소 새로운 파편화로서 재구성한다. 바로 이 파편화 속에서 절박한 유토피아적 보상을 새로 추구하는 동시에 자본주의적 특화와 분업을 답습한다"(PM 7).

자본주의의 현실화로부터-나오는-유토피아는 탈현실화-속의-행복감(물론 이것은 "다국적 자본" 정신의 역설적인 현실화이다)과 형태학적으로(이론적으로) 다른 것은 아니다. 제임슨의 에세이에서 탈현실화-속의-행복감은 나중에 포스트모더니즘을 둘러싼 전적으로 새로우면서도 아직 이론화되지 않은 어떤 것으로 제시된다(주 39 참조). 워홀의 구두 작품은 모더니즘과 포스트모더니즘의 대조를 재현하는 예로 즉각 제시된다. 우리가 이 구두를 눈여겨보노라면, 그것이 상품 페티시즘, 즉 "함께 뭉쳐 있는 죽은 대상"(PM 8)임을 발견한다. 반 고호의 구두가 농부의 비참한 생활을 보여주는 대상세계였던 것과 마찬가지로 말이다. 워홀의 작품에 나타난 "보상적·장식적인 유쾌한 흥분"(PM 10)은 반 고호의 그림에 나타난 유토피아적 계기와 형태학적으로 다를 바 없다. 이러한 면모 또한 논의될 수 있을 법하다. 이것은 하나의 이론적 차이가 아니라 하나의 실질적 차이이다. 제임슨은 "사진적 음영"을 사용한 워홀의 면모를 "반 고흐의 유토피아적 제스처를 전도시킨 것"(inversion)이라고 부른다. 그 때 제임슨은 그 차이를 정말로 실질적인 차이로 보고 있다. 전도란 (역전[reversal]처럼) 동일한 이론적 공간에 속한다. 그것이 아직 이론화되지 않은 것은 아니다. 거기에는 포스트모더니즘을 하나의 균열로 주장하려는 욕망이 있다. 하지만 포스트모더니즘은 또한 반복이기도 하다. 바로 이것이 포스트모더니즘이라는 용어를 생산해 온 메커니즘의 일부이자 내 검토 대상의 일부다. 나는 이로부터 정치적 교훈을 하나 도출해 볼 것이다.

예컨대 왜 사진의 음영이 "일군의 텍스트들 혹은 시뮬라크럼들이 되는 … 대상세계"로 여겨진단 말인가?(PM 9). 텍스트들이 시뮬라크럼들과 동일한 것일까? 신경 쓸 필요 없다. 예술가가 사진적 음영이라는 기표를 특별한 의미화(signification)로 채운다면 급진적 불연속성 혹은 균열을 주장하고자 하는 비평가의 욕망을 공유하는 셈이다. 사진(photo-graphy, 햇빛의 글쓰기) 역시 대상-세계의 존재를 보증하기 때문이다. 이 개념-은유를 정말로 확장하고 싶다면 어떻게 하면 될까. 우리는 필름(사진적 음영)과 비디오(전자적 가상공간) 사이에 하나의 단절을 위치시켜 제임슨의 동형적 실천을 확장할 수 있다. 그리하여 포스트모더니즘(또 포스트포디즘으로서 포스트모던화)이 다국적 후기자본주의보다 극소-전자적 초국가적 자본주의와 관련된다고 말하면 될 것이다. 그런 다음, 〈국제 여성복 노동자 조합〉은 구식 산업자본주의와 잘 맞아떨어질 법한, 한층 더 낮은 계층들의 노동실천들에 의해 지탱되는 하이테크 포스트포디즘을 우리에게 드러내 보여줄 수 있다.[11]

(균열을 향한) 욕망과 (반복의) 수행 사이의 이러한 모순은 로스앤젤레

---

11. Jan Borowy, *Designing the Future for Garment Workers*(Toronto: International Ladies Garment Workers' Union, 1995).

스의 보나벤츄라 호텔에 대한 제임슨의 가장 탁월한 분석에서 가장 생산적으로 된다. 여기서 제임슨은 이 호텔이 "모든 현대 문화의 자가-지시성(auto-referentiality)을 변증법적으로 강화한다"(PM 42)는 명제를 내놓는다. 그런데 그는 보나벤츄라 호텔을 "좀더 오래된 행진을 보여주는 … 알레고리적 기표"(PM 42)라고, 또한 "도시의 축소판"(PM 38)이라고 해석한다. 문자(script)가 하나의 부재한 말하기(an absent speech)의 소형 축소판이 된다는 식이다. 이러한 모순이 자체를 부조리로 축소시킬 때, 우리는 그 모순에 주목하지 않으려는 경향이 있다. 이는 제임슨의 산문이 지닌 서정적 설득력에 대한 찬사이자 그의 정치적 입장에 대한 우리의 정당화된 확신이기도 하다. "여기서 서사적 산책은 강조되고 물화되어 왔으며, 수송 기계에 의해 대체되어 왔다. 여기서 수송 기계는 우리의 자체 수행을 더 이상 우리에게 허용하지 않는 좀더 오래된 행진의 알레고리적 기표가 된다. 이는 모든 현대 문화의 자가-지시성을 변증법적으로 강화하며, 자체로 선회해 자체의 문화적 생산을 그것의 내용으로 지목하는 경향을 띤다"(PM 42, 스피박의 강조). 물론 자가-지시적인 어떠한 것도 좀더 오래된 무엇인가의 알레고리적 기표가 될 수는 없다.

사실, 제임슨이 제공하는 분석의 구성요소들을 갖고 옳든 그르든 대립되는 해석을 구축해낼 수 있다. 즉, 밖에 있는 도시의 소형축소판인 보나벤츄라 호텔은 분석가 혹은 참여자가 그 흐름을 포착하도록 끊임없이 도시를 참조한다고 말이다. 대부분의 유토피아들은 유토피아란 어느 곳에도 없는 것임을 잊어버리고서 경험적으로 재현적인 움직임(포스트모더니티 혹은 심지어 모더니티에도 국한되지 않는 제스처)을 취한다. 어떤 국면에서 유토피아들은 생산적일 수 있다. 디스토피아는 위기를 가져오지 않고 (담론적 생산에 아무 변동 없이) 참조되면서 성가신 것이 되었다. 지역 상인들은 만족스럽게든 효과적으로든 자신들의 거래에 더 이상 부지런을 떨 수 없게 되었다. 이런 점들은 아마 자가-재현의 문화정치학이 갖는 다양한 형태들

과 연결되어야 할 것이다.12

---

12. 이에 대해 "책임지는" 하나의 열렬한 반응을 보려면 Dolores Hayden, *Seven American Utopias: The Architecture of Communitarian Socialism* (Cambridge: MIT Press, 1976) 참조. 스스로를 인종문화화하는(self-ethnicizing) 포스트식민 사람으로 위치짓고 문화적 자기-재현을 일삼는 "부적응자"를 생산하는 공적으로 지어진 스펙터클 공간에 대해서는 다음 글에서 진전되고 있는 논의 참조. Charles Correa, "The Public, the Private, and the Sacred", *Daedalus* 118.4 (Fall 1989): 93-114. 이 글은 다수 종교를 황금시대 중심적으로 문화적으로 보수적으로 보기 위해 "성스러운" 것을 전유하는 한 가지 예이다. 물론 성스러운 것이 정말로 종교적인 것은 아니라고 한다. 적절하게 향수 어린 그리스 이름을 갖는 고품격 보편주의적 미국 학술지에 발표하기 위해 "성스러운 것이란 종교적인 것만을 의미하지 않는다. 그것은 또한 시원적임(primordial)을 의미한다"고 한다(이 글은 이와 비슷한 유형의 인도 학술지에 으레 재수록된다. Architecture and Design 8.5 [1991]: 91-99). 이 논의와 다음 내 논의를 대조해 보라. 나는 선주민의 문화적 순응성을 이해하고자 "성스러운" 것을 근본적 대타성인 자연에 붙인 이름으로 논의한다. 성급하게 고정되고, 계급에 토대를 둔 세속주의자들은 우리를 코레아의 향수 어린 논의를 진전시키고 있다고 착각하여 지지를 철회한다. 반면, 미국의 문화주의적·도덕적 제국주의는 이런 식으로 스스로를 인종문화화하는 향수를 전적으로 유용하다고 여긴다. 이것이 문제다. 전혀 검토 없이 진행되는 문화연구가 전혀 검토 없이 진행되는 미국 인종문화 연구와 국제적으로 손을 맞잡고 있다. 그것도 이데올로기적 국가장치라고 할 수밖에 없는 것의 바퀴에 기름칠을 해주기 위해서 말이다. 워싱턴 건축학파인 비크라마디티아 프라카쉬는 이렇게 쓰고 있다. "매일 보는 건축사들 중 많은 이들이 [인도에서] 나라 전체에 걸쳐 자그마한 주문들, 특히 집을 지으면서 vastu-parusha mandala[코레아가 논하는 제재, 즉 힌두교의 경전적 건축술]를 사용한다." 물론 초기의 종교적 실천 맥락에서 사원들을 짓기 위한 복잡한 천문학적 계산이라곤 없는 하나의 모방 모델로서 말이다. 프라카쉬는 계속해 "내가 보기에는 건축사들의 명함에 이 점을 광고하는 것 또한 흔한 일이 되었다"(미간행된 대화 중에 나온 말)고 말한다. 여기에는 도시의 일상생활 층위에서 신식민적 종류의 인식소적 폭력, 즉 인종적 자기-개조가 있다. 이것은 주 68에서 신중하게 언급되고 있는 타미 힐피거(Tommy Hilfiger[미국의 유명한 캐쥬얼 의상 회사]) 자켓과 손에 손을 잡고 가는 것이기도 하다. 델리의 자그마한 정장 재단사들은 "에스닉한 옷 맞춤"이라고 손으로 쓴 전단을 전봇대에 붙여 전통의상을 광고한다. 건축과 의상은 우리가 우리의 삶과 몸과 복식을 써 내려가는 방식이다. 이것은 다양한 탈민족적·혼종적 저항을 거부하는 맥락에서 출신 기원의 순수성을 갈망하는 게 아니다. 사실 이것은 미국으로 하여금 "더 오래된 문화들"에 "민주주의를 수출"하도록 해주는 자비롭게 보이는 책략의 얼굴이다. 전 지구를 종종걸음치며 자신을-인종문화화하는 이들이 차이를 먹어치울 때도 그러하다. 미국 정부의 〈외무 협의회〉가 발행하는 저널 『외무』(*Foreign Affairs*)의 편집장이 주장하는 대로, 국민소득이 최소한 6천 달러가 되는 나라들만이 민주주의를 실천할 수 있다. 따라서 "해당 국가의 경찰력을 컴퓨터화할 뿐만 아니라 외국 원조를 통해 내정에 영구적으로 관여함으로써 경제 발전"을 우선 촉진하고 "탄자니아의 경우처럼 그런 다음에 민주주의의 수출을 생각하라"는 식이다. (1998년 3월 19-21일, 버지니아 대학에서 열린 학술대회 〈미국에 민주주의적 사명이 있는가?〉에 발표된 글. 인용따옴표를 한

제임슨은 포스트모던한 것을 표면상 균열로, 효과상 반복으로 이론화한다. 내가 그의 이론화를 이토록 공들여 설명하는 것은 그의 글이 지닌 설득력이 다른 곳에 있다고 생각하기 때문이다. 반 고호, 워홀, 뭉크(예를 들어 저 화려하고 대담한 기술記述은 표현과 지시에 관한 철학적 뒤범벅으로 가득 차 있다. 하지만 왜 안달할 것인가?)에 마주했을 때, 보나벤츄라를 서성일 때, 사실 그는 일반적인 미국 이데올로기적 주체의 추론된 경험 위에 자기 논의의 토대를 두고 있다. 제임슨의 분석은 포스트모더니즘 속에서 사라지는 미국주체를 증명하기보다 저 낡고 후진 것, 즉 정체성의 상실을 느끼는 포스트모던 하이퍼-공간 속에 있는 주체의 현존에 매달린다. 모던한 것의 전도된 형태로서 포스트모던한 것은 모던 담론을 반복한다.

제임슨이 포스트모더니즘을 균열이라 확증하는 가장 흥미로운 책략들 중 하나는 해체를 전유하는 제임슨식 방식이다. 제임슨이 보기에 본보기가 되는 포스트모던 이론가는 바로 데리다(에크리튀르écriture[13], 텍스트성, 탈중심화된 주체)이다. 제임슨은 일반적으로 해체라 기술될 수 있는 것(이질성, 미결정성)을 중단시키기 위해 **좌파**의 반(反)포스트모더니즘 입장에서 도덕주의를 벗겨낸다. 앞서 나는 제임슨의 그 구절을 지적한 바 있다.[14] 그 구절 나머지에서 제임슨은 해체론적 어휘를 포스트모던 현상을 기술하기 위해 쓸 경우, 그것이 어떻게 정치적 용법이 될 수 있는가를 보여준다. 그렇게 하기 위해 그는 철학소(philosopheme)를 서사소(narateme)로, 논리

부분은 조금 수정한 문구이다. 각 단어의 코드 가치를 나타내기 위해 따옴표를 붙였다. 이 코드는 처음부터 이 책에 끼워 넣어져 있다. 이 코드에 대한 인가된 무지와 무시는 향수 어린 토착주의뿐만 아니라 승리에 도취한 혼종주의가 기능하도록 허용해 준다. 언제나 그렇듯이 말이다.)

13. [옮긴이] 음성언어와 문자언어의 구분보다 앞서고 그 구분을 가능하게 하는 공통 뿌리를 지칭하며 통상 의미의 문자 개념까지 포괄한다.
14. 제임슨 자신은 이질성, 미결정성이라는 개념들의 목록이 데리다를 가리킨다고 인정하지 않을 것이다. 하지만 "미결정성"은 그렇지 않은가?

적인 것을 연대기(chronology)로 전환해야만 한다.15 제임슨의 뛰어난 스타일의 허세는 아래 인용문에서와 같이 아무렇게나 괄호를 치는 가운데 그러한 전환을 수행하도록 만들어준다.

> (이 개념[주체의 "죽음" 혹은 탈중심화]을 공식화하는 두 가지 가능성 중에서 하나는 역사주의적(historicist) 공식화이다. 이것은 고전적 자본주의와 핵가족 시대에 한때 존재했던 중심화된 주체다. 이 주체는 오늘날 조직적 관료주의 세상에서 분해되어 버렸다. 좀더 급진적인 포스트구조주의 입장에서 공식화되는 주체는 우선 존재한 적도 없고 이데올로기적 신기루와 같은 어떤 것으로 구성된 주체다. 나는 분명히 전자에 기운다. 후자는 어떤 경우에서건 "외양의 실재"(reality of the appearance)와 같은 무엇인가를 설명해 내야 한다.)(PM 15)

이것은 많은 것들 가운데 그저 하나를 아무렇게나 선택하거나 선언한 것은 아니다. 나는 다른 글에서 헤겔과 맑스에 나타난 철학소와 서사소의 관계가 지니는 중요성을 논의한 바 있다.16 여기서 나는 데리다에게 수행시켜 본 철학소와 서사소의 관계 작동이 함축하는 의미를 논평해 보고 싶다. 데리다야말로 "외양의 실재"를 가장 정교하게 설명해 내었던 "급진적 포스트구조주의자"이니까 말이다. 이 함의는 맑스가 말하는 실천이론을 이해하는 데 중요성이 없지 않다.

초기 데리다는 문자소적(graphematic) 구조를 정의하는 데 많은 시간을 할애한다. 글쓰기란 그것의 기원인 발신자가 부재하는 가운데 작동하는 구

---

15. 『사회변혁과 헤게모니』[한국어판: 김성기 외 옮김, 도서출판 터, 1990]의 처음부터 라클라우와 무페는 해체론적 주제들을 정치적 기술(description)로 가장 효과적으로 코드전환(transcode)하는 방법들을 지적한다. 또한 Laclau, "Deconstruction, Pragmatism, Hegemony", Chantal Mouffe, ed., *Deconstruction and Pragmatism* (New York: Routledge, 1996), pp. 47-67 또한 참조.
16. 『다른 세상에서』 12장 「서발턴 연구: 역사기술을 해체하기」, pp. 200-201.

조로서 역사적으로 고정된다. 그 때문에 데리다는 '문자소적'이라는 단어를 사용한다. 데리다는 이러한 구조적 필연성 없이는 어떠한 코드도 작용하지 못한다고 지적한다. 그러므로 주체의 자기-현존에 바탕을 둔 말하기(speech)를 특권화하는 것은 이론적으로 불가능하다. 그런 이론에 기초한 어떠한 실천도, 주체 본연의 가치를 갖는다는 이론 주체의 자기 주장에 헤게모니적으로 접근하도록 유도될 것이다.[17]

데리다는 이와 관련되어 있으면서도 동일하지는 않은 움직임을 보여준다. 그러면서 그는 어떠한 주장이건 그것을 출범시키기 위해서는 그 주장의 초석이 되는 조항들에 통합된 기원들이 있음을 가정해야 한다고 시사한다. 그렇지만, 우리가 이러한 가정의 역학을 검토해 보면 선험적으로(prior) 존재하는 무엇인가로부터 파생된다고 설정될 수 없는 하나의 반복구조가 그 과정에서 억압되거나 교묘하게 처리되고 만다는 사실을 간파하게 된다. 이는 매우 복잡한 요점이다. 데리다의 거의 모든 글들이 상이한 텍스트들에서 상이한 방식으로 관리되는 이러한 억압 혹은 교묘한 처리(때로 단순한 대항사례들 혹은 어려움들로 정의되는)를 논의해왔다. 일단 짤막하게 요약하는 이 자리에서는 이것을 문자소적 구조의 억압이라고, 무엇으로도 환원될 수 없고 자기-현존적이지-않으면서 기원에서 시작된 것과도 다른 무엇인가의 흔적이라고 부르도록 하자. 그렇지만 이렇게 부르기로 한 결정은 해체 이론에 의해서는 보증될 수 없는, 방법론상 필요한 하나의 단계일 뿐이다. 모든 사상과 행동의 시작에 깃들어 있는 것처럼 보이는 문자소적 구조는 글쓰기와 같은 구조이다. 여기서 글쓰기란 물론 흔히들 생각하는 글쓰기가 아니다. 우리가 그것을 문자소적이라고 부르더라도 그것을 부재한 현존의 표식이라고 읽을 수는 없다. 이것이 모든 해체적·이론적 실천의 기반에

---

17. 문자소적 구조는 「서명 사건 맥락」(Signature Event Context)에서 글쓰기의 로고스중심적(logocentric) 서술과 닮은 구조를 지칭하는 이름으로 기술된다. 물론 이 로고스중심적 서술은 본연의 인간적 관심사와 이해관계를 맺고 있으며, 사소한 의미에서 틀린 것이다.

있는 이중구속이다. 이것은 이 책에서 전략을 제안하는 계기마다 거듭 그 모습을 드러낸다. "문자소적"(graphematic)에 들어있는 "문자"(graph, 글쓰기)는, 해체에서의 모든 개념-은유들처럼 하나의 오어법이자 (개념적으로) 그릇된 은유이고/이거나 (은유적으로) 타협된 개념이다.

바로 이러한 의미에서 "주체"가 갖는 개인의 의미는 문자소적이고 오어법적이다. 인간 존재는 이렇게 문자소적 구조의 가정을 교묘하게 처리함으로써 자기 자신을 사유한다. 앞 문단에서 설명한 두 단계를 선행해 주체를 파악할 방법이란 없다. 물론 복잡한 사변을 서너 개의 문장으로 재현하는 것은 온당치 못하다. 내가 여기서 설명하고 요약해 온 것은 유명한 탈중심화된 (결코 죽은 것이 아니라) 주체다. 그런 논의를 지나친 공상이라고만 하긴 좀 그렇다.[18] 제임슨, 테리 이글턴, 프랭크 렌트리키아와 같은 영미권 비평가들은 주체의 탈중심화와 탈중심화의 서사를 아주 구체적으로 주장한다. 그것은 그들이 처음이자 마지막으로 신중하게 읽었던 데리다의 글이 「구조, 기호, 유희」와 『그래머톨로지』의 첫 장이기 때문이 아닌가 한다. 『그래머톨로지』 1장에서는 "우리 시대"를 언어를 특권화하면서 구조들 속에서 사유하는 한 "시대"라고 환기하는 대목이 나온다. 기원에 있는 문자소적 구조를 교묘히 처리함으로써 주체가 비로소 사유될 수 있다는 발상도 있다. 그러한 발상은 다국적 자본주의와 더불어 탈중심화되는 주체의 연속적 대안으로나, 소크라테스 이전의 것(the preSocratics)의 경과라고 고려되기도 한다. 사실 그러한 고려는 주체에 "이해관계를 실어" 오독하는 것이다.[19]

---

18. 소위 모든 포스트구조주의자들은 가장 이론적인 대목에서도 주체를 죽이거나 그것이 죽었다고 선언하기보다 주체화・종속화(subjecting)를 위치시키고 있다. 실로 이 사실은 텍스트 분석으로 보여질 수 있다. 휴머니즘은 (남성)인간(man, 잘해야 인간 존재)에 전혀 검토 없이 주체적 행동・교섭 능력의 대가라는 이름을 붙인다. 이러한 확신에 의문을 제기한다고 "주체를 죽이는 것"은 아니다.
19. 블라드 곧히는 호기심을 끄는 초기 글에서 나의 루소 인용이 그것의 현재 번역을 바꾸어

이런 방식으로 읽는다면 해체가 수반하는 주체논의는 다음과 같이 될 수 있다. 주체는 항상 중심화되어 있다. 이 중심화는 미결정적(indetermine) 경계들을 수반하는 "효과-구조"인데, 이 경계들이야말로 결정하는(determining) 것으로 해독될 수 있다. 해체는 바로 이 점에 집요하게 주목한다. 주목하는 사이 어쩔 수 없이 자체를 중심화하더라도 그렇다. 어떠한 정치(학)이건 자체를 이 문제로만 채울 수는 없다. 하지만 정치적 분석 혹은 정치적 프로그램이 해체론적 논점을 잊어버릴 때, 반복 대신 균열을 선언하는 위험부담을 무릅쓰게 된다. 종종 표면상의 정치적 입장과 상관없이 전체주의의 여러 형태로 응고될 수 있는 위험부담 말이다. 자기-현존하는 주체가 결정을 받아들인다고 상상하는 것은 위험하고 어리석은 짓이다. "'위기'(crisis)라는 말은 그리스어 Kríno, Krísis(결정하다[decide]는 뜻)에서 파생된 말로 결정적인 개입의 계기, 변형의 계기, 균열의 계기를 지칭한다. 코젤렉(Kosselleck)이 주목한 대로 위기란 객관적인 모순이면서 주관적인 개입의 계기이다."20 끝없는 자가-비판을 가능하게 하는 계기들은 해체적 언

놓았다고 올바르게 지적한다(Wlad Godzich, "The Domestication of Derrida", Jonathan Arac et al., eds., *The Yale Critics: Deconstruction in America* [Minneapolis: Univ. of Minnesota Press, 1983], p. 40, n.10). 이 글에서 그는 이렇게 쓰고 있다. "명시화(manifestation)로서 진리는 … 기록될 수 있는 현시(epiphany) 순간들의 발생을 미리-전제한다. … 데리다의 딜레마는 로고스중심주의를 명시적(manifest)인 것으로 만들기 위해 그것의 역사를 말해야 한다는 점이다. … 서사에 대한 데리다의 이중적 의존은 그의 해체가 로고스중심주의에 오염되도록 허용한다"(p. 34). 독자들은 짐작하지 못하겠지만, 이 글의 제목을 보건대 곧치히는 이러한 "오염"에서 "비일관성", "맹목"을 발견함으로써 "데리다를 길들이는" 드 만을 꾸짖고 있는 것은 아닐까? 이 환원불가능한 아포리아의 인식을 다양한 종류, 즉 도덕적 정치적 논리적 등의 문제라고 진단하는 대부분의 비평가들은 이러한 망설임을 갖고 있지 않다. Giles Gunn, *The Culture of Criticism and the Criticism of Culture* (New York: Oxford Univ. Press, 1987), pp. 60-61이 대표적인 예이다. 데리다는 「서명 사건 맥락」(Signature Event Context)에서 sec[영어 제목의 첫 자를 조합한 것임]이라는 표현을 만들어냈다. 데리다가 그렇게 한 것은, 이론적 미묘함이라고 주장되었던 바를 하나의 실패라고 진단한 존 설(Searle)의 특정 경우에서 보듯 바로 그러한 경향에 조바심이 나서였다.

20. Colin Hay, "Rethinking Crisis: Narratives of the New Right and Constructions of Crisis", *Rethinking Marxism* 8.2 (Summer 1995): 63.

어에서 나타난다. "시간과 신중함, 지식의 인내와 조건의 달성이 가설로는 무제한이더라도, 결정이란 구조적으로 유한할 것이다. 결정이란 아무리 늦게 내려지더라도 절박성과 다급함을 가지며 비-지식과 비-규칙의 밤에 실행된다."[21] 해체는 "한때" 중심화된 주체가 있었다는 논의나, 그 주체를 탈중심화시켜야 하는 "해체적" 정치(학)가 있어야 한다는 논의를 허용할 수 없다. 제임슨처럼 "본격 모더니즘적 개념[들]은 … 소위 중심화된 주체라는 오랜 통념(혹은 경험)을 붙들고 있거나 그와 함께 추락한다"(PM 15)고 시사함으로써 포스트모더니즘을 위한 주체를 둘러싼 해체론적 논의를 주장할 수도 있다. 그렇게 할 수 있는 것은 오로지 모종의 "이해관계" 탓이다. 다시금, 비평가의 이해관계는 괄호 안에서 나타난다.

(후기 데리다에서 "불가능한 것의 경험"은 중요한 역할을 하여 왔다[「부록」 참조]. 탈중심화된 행동·교섭 능력의 불가능성은 책임지는 이성(accountable reason)으로부터 나오는 논의에 거주하여 왔다. 그러므로 우리가 이해관계 비판을 좀더 진척시키기에 앞서, 이에 대해 콜럼비아대학 강연에서 나왔던 데리다 자신의 진술을 인용하는 게 적절하겠다. 거기서 그는 후기-산업적 관리사회의 구조들과 필연적으로 엉켜있는 현대 대학의 학자들이 지녀야 할 책임에 대해 말했다. "손쉽게들 말해지는 대로, 틀림없이 우리도 주체를 탈중심화할 수 있습니다. 한편으로는 책임과, 다른 한편으로는 주관적인 의식의 자유 혹은 의도성의 순수성 사이의 연대(bond)를 다시 시험해 보지 않고서 말입니다."[22] 하이데거는 해체(Destruktion)라는

---

21. Derrida, "Force of Law", p. 967.
22. Derrida, "Mochlos: or, The Conflict of the Faculties", Richard Rand, ed., *Logomachia: The Conflict of the Faculties* (Lincoln: Univ of Nebraska Press, 1993), p. 11. 그 다음에 인용된 부분 역시 같은 쪽수이다. 이 인용문은 고려해 볼 만한 가치가 있는데, 세 쪽 앞서 데리다는 하이데거의 「교수 취임 연설문」을 가져와서 짤막하게 분석하면서 이렇게 언급한다. "나는 오늘 이 길을 탐구할 수는 없다"(p. 8). 내가 보기에 Of Spirit에서 수행한 연구가 그로 하여금 "Mochlos"에서 제시한 결론과는 다른 결론으로 이끈 것 같다.

용어를 마치 자신이 그것을 통제할 수 있는 것처럼 사용하면서 이러한 도전을 살인적인 결과들로써 피해간다. 탁상공론이나 일삼는 해체주의자는 남성 혹은 여성 주체를 마음대로 탈중심화한다. 그러면서 "[선험적] 공리들을 일괄 부정하고, 엄밀함이 부족한 일상적 타협과 예의상 소소한 몇몇 개정을 통해 주체를 생존자로서 계속 살아가게끔 한다. 이렇게 최고 속력으로 처리하고 가동하는 사이, 아무 것도 설명하지 않고 아무 것에도 책임지지 않는다. 즉, 무슨 일이 일어나건 하나의 개념이 없으니 책임성을 계속 가정해야 할 이유도 없다는 식이다."

제임슨은 포스트모던한 것이 전적으로 새로운 "경험"이라고 주장하고 싶어서 맑스주의적 도덕주의를 잊어버리며 아무것에도 책임지지 않게 된다. 포스트모던 사회에서 탈중심화된 주체를 수반하는 탈현실화 경험을 예술가들이 찬양한다고 제안하는 이론을 정확하다고 쳐보자. 그렇다 하더라도, 개인이 통제 의식 없이 하이-테크 사회에 남겨지게 되는 경위를 어느새 이야기하려고 들 것이다. 나는 바로 이 점을 암시하고 있는 것이다. 바로 이 점 때문에 제임슨의 다음 주장은 꽤 적절해진다. 즉, 개인 주체가 예술과 건축에 나타난 포스트모던한 것의 알레고리를 읽어내는 법을 배운다면, 그는 (혹은 그녀는?) 세계체제 속의 자기 자리를 알게 될 것이다.

나는 이 대목을 전적으로 확신하지 않으며 그래서 끝까지 그러한 불확실성에 남아 있을 것이다. 다만 칸트, 헤겔, 하이데거, 데리다 같은 이들이 말하는 주체와 달리, 여기서 내가 말하는 주체란 "그것"(it)이 아님을, (데리다는 이 주체에 배여 있는 암묵적인 젠더화를 거듭 비판하여 왔다. 하지만 그것은 여기서는 요점을 비껴간다) 그/녀는 "그 혹은 그녀"임을 말해야 하겠다. 제임슨은 이미 개별화된 주체 이야기를 실제로 하고 있다. 그러는 한, 거기서 그는 대부분 훈계조를 띤다. "포스트모던한 숭고"에 대한 그의 설명이 잘 맞아떨어지는 것도 바로 여기서이다. 또 그가 "의도 개념"을 지배류

4장 문화 449

문제에서 "핵심 강조사항"으로 보는 윌리엄스와 공명하는 것도 여기서이다.[23]

숭고가 칸트에게 그랬던 것처럼 테크놀러지가 끔찍하게도 재현할 수 없는 것처럼 보이게 되는 것은 바로 이러한 설명에 의해서이다. 이에 대처하기 위해 "보통 사람"(개인 주체? 제임슨의 책 76쪽에서 그가 박물관을 상기할 때 "누가 박물관에 가는가" 하는 질문을 결코 묻지 않기 때문에 우리는 전혀 확신을 갖지 못한다.)은 자신을 전 지구적 컴퓨터 라인에 연결시키려고 애쓴다. (이후 인터넷은 숭고를, 즉 2세기 전에는 문화와 교양을 갖춘 유적지 및 황야지대와 좀 비슷한 그러한 숭고를 길들여 왔다.) 다중적인 비디오 화면으로 구성된 백남준의 비디오 예술이나 포트만(Potman)의 보나벤츄라 호텔에서처럼, 포스트모던 예술은 이렇게 끔찍하게 다가오는 재현할 수 없음을 알레고리화한다. 추정컨대 개인주체가 재현을 실행해낼 수 있도록 말이다. 아무튼 개인주체가 배워야 할 것은(제임슨의 최종심급은 정확하게 교육적인 것인데), 이와 똑같이 끔찍하게도 재현할 수 없는 것처럼 보이지만 지도작성은 할 수 있을 만한 것을 붙들고 작업하는 일이다. "경제적·사회적 제도들의 거창하고 위협적인 … 다른 현실" 말이다(PM 38).

나는 제임슨의 이런 계획에 일반적으로 동의한다. 지금쯤 이 사실은 명확하게 다가올 것이다. 제임슨의 우화(fable)는 (일반적으로 불만족스런) 편집증적 사회실천, (제대로 이해된다면 만족스러울) 분열증적 미학 실천, 인식적 ("도덕적인" 것은 아닌) 정치실천으로 이끌, 재현될 수 없는 테크놀러지를 둘러싼 것이다. 그런데 제임슨의 우화가 칸트의 숭고의 분석틀(Analytic of the Sublime)과 완전히 결별하는 것은 아니라는 사실 역시 명확해져야 한다. 그것은 앞선 시대에 쉴러가 그랬던 만큼이나 미학이 아니

---

23. Williams, *Problems*, p. 36.

라 정치(학)의 이름으로 진행된 심리화된(psychologized) 전유이다. 제임슨은 대타성으로서 테크놀러지 현상이 칸트에게는 이용가능하지 않았음을 지적한다. 그 점에서 제임슨은 물론 옳다. 하지만, 반 고흐나 워홀의 경우에서처럼 그것은 실질적·역사적 차이이다. 제임슨은 포스트모던 테크놀러지의 숭고와 대면하는 올바른 인식적 실천으로 하나의 형태학을 연출한다. 그것은 개별 층위에서 볼 때, 칸트가 두 세기 전에 기술했던 두 단계 ─ "나는 이해할 수는 없지만 합리적 의지를 가지고 있다" ─ 를 비판 이전(pre-critical)으로 치환한다. 윤리(학)의 주체에 대한 이러한 자기-재확신은 인식적인 것이 될 수 없다. 재확신이 특이한(singular) 것을 보편화될 수 있는 것으로 재현해야 하더라도 그렇다. 칸트는 바로 이 점을 우리에게 경고해 준다. 제임슨은 특정한 맑스주의 노선(그가 도덕주의를 거부하면서 반박하고 있는 원칙들)을 취함으로써 합리적인 것을 인식적인 것이라고 주장해야 한다. 그래서 그는 목적론적 판단의 주체가 하는 방식으로 거의 자연적인 세계에 하나의 역사적 목적을 제안해야만 한다. 또 그는 역사의 서술은 "상처를 줄" 뿐인데 역사라는 신비스런 이름을 고수하는 최종 저자를 제안해야 한다.[24] 이러한 입장 (우리는 칸트의 "오로지 실천이성에서만" 나타나는 경계심을 상기한다) 내부에 있는 검토되지 않은 모순들은 다음 입장이 "진정으로 변증법적인" 역사철학이라고 하는 주장에서 가시화된다.

맑스는 우리에게 불가능한 것을 하라고, 즉 이러한 발전을 긍정적으로 또 부정적으로 양면에서 생각해 보도록 강력하게 촉구한다. 달리 말해, 어느 판단이든 판단력을 조금도 희석시키지 말고 단 하나의 사유 내부에 동시에 존재하는, 자

---

24. Jameson, *The Political Unconscious: Narrative as a Socially Symbolic Act* (Ithaca: Cornell Univ. Press, 1981), p. 102. "사건들의 냉혹한 형식"과 더불어 생각하고, "필연성의 경험"을 불가능한 것의 필연적 경험으로 풀어내는 것이 해체의 천재성이다. 급진적 타자성의 이름으로서 "역사"는 "욕망을 거부하는 것"이 아니라, 실로 시간화(temporizing)를 초월하는 것, 시기구분(temporalization)에 앞서는 것으로 위장함으로써 욕망을 지속시키도록 하는 것이다.

본주의가 갖는 비상한 해방의 동력과 함께, 입증 가능한 자본주의의 해로운 특징들을 포착할 수 있는 그런 유형의 사유를 성취하라는 것이다(PM 47).

"어느 판단이든 판단력을 조금도 희석시키지 말고 단 하나의 사유 내부에서 긍정적인 것과 부정적인 것을 함께 붙들기"란 인식적 지도 그리기보다 아포리아와 더 많이 닮아 있다. 하지만 아포리아란 가로지르기(crossing)로서만 자체를 드러낸다. 그리고 이러한 시민사회 속에 들어가도록 프로그램된 사람이라면 누구든지 이미 가로지르기를 한 사람들이었다. 『요강』의 첫 섹션 전체가 보여주듯, 변증법의 동력은 부정의 작업으로 하여금 "단 하나의 사유 내부에" 여전히 서 있도록 허용하지 않는다. 맑스주의와 거리가 먼 한 시인[25]이 영국의 신헤겔주의 영향하에 모더니즘에 대한 한 가지 반응을 보여준다. 세계의 지도를 그리려는 욕망 속에 변증법 길들이기 맥락에서 이것이 어떻게 표현되는지를 살펴보는 것은 흥미롭다. "경험을 스타일상 멋지게 배열하는 체계[들]이 … 단 하나의 사유 속에서 현실과 정의(正義)를 붙들도록 나를 도와주었다."[26] 자유롭고자 하는 강박이론을 공식화한 사르트르는 제임슨의 처방 혹은 욕망이 관계 비슷한 것을 맺도록 두 가지 입장[부정과 긍정, 현실과 정의 등] 사이를 이어주는 하나의 연결점이 된다.

하나의 차이(데리다)로부터 하나의 아포리아(드 만)를 찾아보기 위해 『자본론』 3권으로 가보자. 나는 해체론적 형태학을 전락(Fall)의 서사로 재빨리 변형시켜 보면 맑스주의 실천이론에 몇 가지 함의를 갖는다고 시사한 바 있다. 여기서 그것을 다시 언급하고자 한다.

다음 인용문에서 맑스는 "문명화하는 자본의 측면들 중 하나"를 정말로

---

25. [옮긴이] 20세기 초·중반에 활동한 대표적인 영국 시인 예이츠를 가리키며 『다른 세상에서』 2장에서 본격적으로 논의되고 있다. [한국어판: 『다른 세상에서』, 태혜숙 옮김, 여이연, 2003].
26. W. B. Yeats, *A Vision* (New York: Macmillan, 1961), p. 25.

말하고 있다.27 그 언어는 움직임의 언어이다.

그것은 사회의 다른 부문을 희생시키고서 사회의 한 부문에 의한 사회발전의 강박과 독점화가 (그것의 물질적·지적 이점들과 더불어) 사라지는 단계를 향해 나아간다. 다른 한편 그것은 물질적 수단을 창출하며 좀더 높은 발전단계의 사회 형식에서 잉여노동을 조합하도록 하는 구조들(Verhältnissen)을 배태할 씨앗을 창출한다.(스피박의 강조)

이 인용문 바로 다음에 맑스는 자본주의의 장점과 병폐를 동시에 사유하는 법이 아니라 자본주의 내부에 있는 장점들을 자본주의로부터 지양해 내도록(sublate) 작업해야 한다고 지적한다. 그러면서 그는 내가 446쪽에서 제시했던 "자유의 영역"을 따라 내가 "문자소적"이라 부르고자 하는 한 가지 형상을 다소 급작스럽게 들여온다.

이 구절에 따르면 "필연의 영역"은 "모든 가능한 생산양식들하에 있는 … 모든 사회형식들"을 포괄한다. "필연의 영역으로부터 자유는 … 항상 필연의 영역 [내부에] 남아 있다. 자유의 진정한 영역은, 인간의 힘이 그 자체로 하나의 목적으로 전개되는 것은 필연의 영역 너머에서 시작된다."

여기서 명료하게 밝혀지듯, 자유의 영역은 필연의 영역에서 자유로운 하나의 목적(telos)이다. 필연의 영역이 그것의 기초를 형성할 수 있는 경우

---

27. *Captital*, 3: 958. 나머지 인용문은 pp. 958-959에 걸쳐 나온다. 내가 Verhältnis를 "구조"로 번역한 것은 이 단어가 Beziehung보다 더 체계적이라고 본 맑스가 그것을 계속해서 사용하고 있기 때문이다. (Hegel, *Science of Logic*, tr. A. V. Miller [New York: Humanities Press, 1969], p. 554 참조. "관계"라는 단어는 독일어로 Verhältnis이다.) 유추는 혁명과 Umwälzung (격동)의 관계에 대한 것이다. 인용문에서 내가 강조한 구절 바로 앞에 나오는 구조(Verhältnissen)라는 말은 독일어에서 좀더 커다란 정도로 좀더 높은 발전단계의 사회 형식에 의존하는 잉여가치를 좀더 유익하게 조합해주며, 그저 자본주의를 찬양하는 태도를 자제하게 한다. 맑스에 나오는 구조들의 발단(germination)개념을 비판하는 글로는 Derrida, *Positions*, tr. Alan Bass (Chicago: Univ. of Chicago Press, 1981. [한국어판: 『입장들』, 박성창 옮김, 솔, 1992], p. 78 참조. 물론 이것은 여기서 나의 요점에 하나도 중요하지 않다.

를 제외하고는 그렇다. 이보다 약 30년 앞서 목적이라기보다 기원이었던 한 영역이 자유의 의심스런 영역(나중에 소위 필연의 영역이라고 불리는 것을 실제로 기술하는)으로 상상되었다. 이 영역은 모든 계획된 실천에 하나의 한계를 부과했다. "자연은 인간의 기관 없는 신체다. 인간의 신체가 아닌 한에서 자연 말이다."[28] 저항의 도구로서 소외된 노동의 비밀은 가치를 측정하는 자에 의해 합리화될 때에도 여전히 열리지 않았던 셈이다.

필연의 영역 혹은 물질적 생산은 의심스런 아르케(arche)와 평온한 목적(telos) 내부에 억제된다. 이 두 공간은 사회정의를 위한 모든 노력과 근본적으로 다른 타자적인(other) 것을 명명할 가능성을 담는다. 좀더 앞서 나오는 맑스의 구절은 오로지 자연적인 것만을 (자연 속에서 거의 삭제되는 계기로서 인간적인 것과 함께) 기술하는 것 같고, 좀더 나중에 나오는 맑스의 구절은 오로지 인간적인 것만을 (전유된 자연에 대한 모든 언급과 함께) 기술하는 것 같다. 이 두 가지 외부의 내부는 『자본론』 3권의 다음 구절에서 "맹목적인 힘인 자연에 의해 지배되는 대신에 … 합리적인 방식으로 자연에 대한 인간의 신진대사를 다스리는 것"으로 기술된다. 자연과 인류의 어느 편이건 합리적 계획의 한계로서 순수한 자연과 순수한 인류를 갖고, 자연과 인류 사이에 벌어지는 좀더 커다란 드라마는 자본 자체의 서사를 자본의 계기들 중 하나로서 포섭한다. 맑스는 상대적인 잉여-가치를 생산하는 특정한 계기에서 기계가 노동자의 자기-절합(self-articulation)을 결정하기 시작한다고 쓰고 있다. 하지만, 맑스에게서 테크놀러지적 숭고라는 무서운 대타성은 자연적인 것과 인간적인 것의 드라마 내부에서 여전히 쓰여지곤 한다. 여기서 제임슨은 자신이 칸트에게 한 것과 동일한 방식으로 맑스를 "역사화"하지 않을 수 없게 된다. 의심할 여지 없이 바로 이것이 그가 후기자본주의를 상기시키는 이유다.

---

28. Marx, *Early Writings*, p. 328. 수정된 번역임.

여기서 나에게 좀더 흥미로운 점은 맑스가 순수한 자연과 순수한 인류라는 기원-이전(pre-originary)이자 목적-이후(post-teleological)인 저 순수한 외부 속으로 돌파해 들어가고자 시도하는 방식이다. "~와의 신진대사"라는 개념은 순수 자연 속으로의 돌파와 투입을 허용하며, "~와의"라는 표현은 이러한 신진대사의 "주체"-입장을 자연으로부터 인간으로 미끄러지도록 허용한다. 그러는 동안에도 그 개념은 주체입장을 "유물론적" 개요 내부에 있도록 해준다.29

동일한 개념-은유를 통해 "인간의 힘이 그 자체로 하나의 목적으로 전개되는 것"은 고유한 쓰레기 처분 이후에 바디(인간적인 것을 신체로 서술하는 것은 "유물론적인" 것으로 남는다)빌딩 자체의 냄새를 풍긴다. 그 때문에, 맑스는 "너머에 있는" 것, "너머에서 시작되는" 것과 맺는 관계를 주장할 수 있다. "자유의 순수 영역은 … 그것의 토대인 필연의 영역과 더불어 번성할 수 있을 뿐이다." (잘 알려진 대로 "신진대사"라는 개념-은유는 맑스적(Marxian) 텍스트와 맑스적 논의에서 중요한 개념-은유이다. 『자본론』 1권의 머리말에 나오는 세포에 관한 유명한 구절은 이러한 담론의 논리 내부에 속해 있다.)30 이러한 대리보충적 관계는 계획된(『자본론』 3권) 혹은 혁명적인(『경제철학 수고』) 행위의 한계들을 돌파하면서 가능해진다. 이는 오로지 기원과 목적에서 외관상 순수한 공식들을 이미 분할하는 무엇인가가 있기 때문이다. 이것은 자연적인 것 속에 있는 인간적인 것의 흔적, 인간적인 것 속에 있는 자연의 흔적, 물론 개념-은유로서 "신진대사"의 (해체)계보학적 옛말사용(paleonymy)31이리라. 기원-이전이면서 목적-이후의 것

---

29. 여기서 나는 알프레드 슈밋트의 풍성한 연구에 빚지고 있다. Alfred Schmidt, *The Concept of Nature in Marx*, tr. Ben Fowkes (London: New Left Books, 1971), pp. 79-93; 127-163. 나의 한계 개념은 슈밋트의 개념이 아니라는 점은 분명해질 것이다.
30. 수준급의 그리스 학자로서 맑스는 $\sigma'\mu\beta o\lambda\eta$이 계약뿐만 아니라 접전(skirmish)에도 썼었던 것처럼 $\mu\varepsilon\tau\alpha\beta o\lambda\eta$이 정부의 변화에 정기적으로 사용된 사실을 간과할 수 없었을 것이다.
31. [옮긴이] 옛 명칭을 고수하려는 것 혹은 옛 명칭으로 돌아가려는 것을 말한다. 예컨대 '대리보

은 타자의 흔적에 의해 각인된다. 그리하여 순수한 이전 혹은 이후로서 그것들은 명료하게 서술되는 와중에 말소된다.

이는 하나의 정치 텍스트를 비의적인 것으로 만들지도 모른다. 이론적 실천의 목적(계획경제든 혁명이든)에 있는 문자소적 거래 때문에(에도 불구하고), 맑스에게서는 실천의 자리가 총체화할 수 없는 것으로 남는다. 일단 이 점을 다시 한번 지적하도록 하자. 실천의 경계를 잠식하려는 (아마 암묵적이거나 비밀스런) 시도들이 있지만, 필연의 영역과 동일한 실천의 영역은 "자유"의 두 영역에 의해 구속된 채 남아 있다. 그 때문에, 실천의 영역은 인간적/자연적 현실(reality)의 모든 면에 결코 적합할 수 없으며 결코 절대로 정당화될 수 없다. 제임슨은 맑스의 구절 전체를 "필연의 영역으로부터 떨쳐 나오도록 싸우는 자유의 영역"으로 읽어낸다. 그 때, 사실 제임슨은 맑스의 구절이 허용하려 들지 않을 일을 하고 있는 셈이다. 즉, 영구히 자기를-다르게 하고(self-differed) 자기를 지연시키는(self-deferred) 이론적 실천 영역을 확장시켜, "이러한 [필연의] 영역에서의 자유" 이야기를 전체 이야기 속으로 확장시켜 낸다. 맑스의 글에서 무대화된 실천 영역이란 생산양식이라는 구속된 서사에 속하는 실천의 주체가 합리적인 관리의 중심이 되어야 함을 오히려 함축할 것이다. 하지만 이 실천주체는 맑스가 결정하는(determining, 447-448쪽) 것으로 해독한 아마도 미결정적일 경계들에 구속되어 있다. 생산양식 서사로 즉각 다시 씌어지지 않는 해체론적 접근법은 맑스에서의 이러한 문자소적 계기들에서 작동할 수 있다. 해체론적 접근법은 이 계기들을 발전시켜 이론과 실천 사이의 끈질긴 비대칭 속으로 들어가게 한다. 그렇게 하되, 그것은 변증법적인 것을 아포리아적 이

충', '에크리튀르', '차연' 등의 개념을 새로 내놓기 위해 보충, 글쓰기, 차이와 같은 옛 명칭을 사용하는 것을 말한다. 다시 말해, (해체)계보학적 옛말사용이란 단어의 의미에 근본적 치환이 이미 일어났고 단어가 사용되어 온 역사 속에서 변이를 보여주는 함축의미들이 계속 생성되는 중인데도 옛말을 사용하는 것을 가리킨다.

중사유(doublethink)로 변형하지도 않고 맑스에게서 축소될 수 없는 윤리-정치적 계기를 도덕주의라고 거부하지도 않는다.32 이렇게 접근하면, 맑스의 문단 마지막 행을 전략적으로 배제하기보다 평가할 수 있을 것이다. 그 행은 "노동 일수의 감소는 기본적인 필수요건이다." 맑스는 그 문단에서 필연의 영역이자 환원될 수 없이 상황적인 것으로 인식되는 영역 안에서 사실적(matter-of-fact) 기획을 적절하게 개괄하고 있다.

자본주의를 긍정적인 동시에 부정적으로 사유하기 위해 맑스에게서 하나의 알리바이를 찾아낼 수 있다는 읽기의 층위는 평소 제임슨의 복잡화(sophistication) 자세와 부합되지 않는다. 제임슨의 설명은 모순의 관리를, 폐제의 은폐를 가리킨다. 가장 사소한 형식으로 환원된 이런 식의 맑스 읽기에서는 국가자본주의의 절대적 정당화가 발전의 절대적 정당화를 합병하기 시작한다. 또 이런 읽기에서는 포스트모더니즘을 이해하자는 간청이 이상한 상동관계 속에서 내부의 위기관리라는 제국주의적 공리계를 사용하기 시작한다. 그리하여 잔여적인 것과 부상중인 것은 지배류 속에서 자기 길을 닦아간다는 주장을 작동시키기 시작한다. 제임슨은 다국적 자본의 다국적 결과에 주목하지 않은 채, 다국적 자본주의를 마술적으로 환기하는 측면을 갖는다. 또한 "분열증적 파편화를 다국적 자본주의의 기본 미학으로 채택한 것 같아 보이는" 시를 논의하는데, 그것을 예고하는 첫 행이 때마침 "중국"이다.

> 피럴먼(Perelman)의 시는 … 중국이라 불리는 지시대상과 거의 관계가 없는 것으로 드러난다. 사실 이 작가는 차이나타운을 거닐다가 자신에게는 죽은 문자(혹은 아마 물질적 기표라고 말해야 하리라)인 표의문자[한자]로 해설(caption)

---

32. 내가 이런 말들을 처음 한 이래, 데리다의 『마르크스의 유령들』[한국어판: 양운덕 옮김, 한뜻, 1996]은 이 문장의 후반부만이라도 맞는 말임을 입증해주었다. 이 책에 나오는 「메시아주의」(Messianism)에 대한 에티엔느 발리바르의 근간 논평을 기대하는 바이다.

을 붙여놓은 한 권의 사진첩을 보게 된 경위를 말하고 있었다. 그렇다면 문제의 이 시의 문장들은 그 사진들에 피럴먼 자신이 붙인 해설들이요, 그것들은 또 다른 이미지이자 또 하나의 부재한 텍스트가 된다. 그리고 이 시의 통일성은 그 언어 내부에서는 더 이상 발견되지 못하며, 외부에서 즉 또 하나의 부재한 책이 갖는 일정한 통일성에서 발견된다.(PM 30 스피박의 강조)

이것은 미학적 실천을 기술하는 용어로서 포스트모더니즘을 생산하는 놀라운 알레고리적 서사다. 여기서 포스트모더니즘이라는 단어 사용은 건축 맥락에서 사용되는 포스트모더니즘과 대조될 수 있다.

포스트모던 건축의 "역사주의"는 관용어법상의 일관성 혹은 적합한 맥락의 재생산과 전혀 상관없는 동떨어진 시기들에서 건축 관례들을 빌려온다. 그 때, 포스트모던 건축은 의사(擬似) 고딕 건축양식이나 영국의 팔라디오(Palladio)[이탈리아의 건축가(1518-80)]풍 양식 혹은 미국 연방주의자들의 조지아 풍 건축과 다르다. 포스트모던 건축은 근본적인 인용성(radical citationality)33을, 원본의 "아우라"를 구조적으로 특권화할 수 없다는 주장을 전경화한다고 볼 수 있다. 포스트모던 건축은 과거의 "말소"(PM 18)이기는커녕 연속주의적 역사 서사들을 본연의 역사와 동일시하는 태도에 대한 문제제기로 읽힐 수 있다. 또 포스트모던 건축은 한계점에서의 역사란 권위의 무게(혹은 권위적 설명)를 나타내는 초월적 기표라기보다 하나의 오어법적 표현이요, 문자 그대로의 지시대상이 없는 하나의 은유임을 상기시켜 준다. 공적 공간을 꼭 계급-혼합적으로 사용하는 사람들에게까지 말이다.34 여기서 건축주체의 입장은 지배적 역사 서사와의 (그것의 말소라

---

33. [옮긴이] 원본 자체보다 그것의 반복·변화를 주시할 때, 모든 언어와 문화는 인용에 인용을 거듭하는 활동으로 이루어지는 성격을 말한다.
34. 그렇다고 물론 아무 일도 일어나지 않는다는 말은 아니다. 데리다가 로티와 공유하는 것도 바로 이 특정 대목이다. 고의적으로 남부 시골풍을 띄는 실용주의적 설명은 *AI*에서 찾아볼 수 있다. 이 입장과 나의 차이점은 나중에 설명될 것이다.

기보다) 거리 두기와 차별화에 의해 정의된다.

해체적 실천의 가장 특이한 명령들 중 하나는 이항대립의 두 극에서 추정되는 정체성에만이 아니라 둘 사이의 차별화를 추동하는 감추어진 윤리-정치적 의제에 비판적 시선을 고정하라는 것이다.[35] 사실, 이 명령은 "역사적 계기"를 사건화하고자 할 때 해체적 실천이 항상 주의를 기울이는 방식이다.[36] 포스트모던 건축은 인식가능한 역사적 서사로부터 자기-차별화한다. 피럴먼의 시는 (제임슨의 읽기에서) 중국과 자기-차별화한다. 제임슨은 "다국적 자본주의"를 전략적으로 환기함으로써 자신을 맑스주의의 도덕주의와 차별화한다. 그런데 앞의 명령은 우리로 하여금 이 차별화들이 정치적으로 등가인 제스처들이 아님을 주시하도록 할 것이다. 이 제스처들은 상당히 명확하게 위임된 주체-입장 혹은 대상-입장에 의해 구성되지 않기 때문에 등가가 아니다. 포스트모던 건축가가 인용하고 파편화하는 서사는 헤게모니적으로 거대하게 잘 기록된다. 제임슨이 거부하는 "도덕주의"는 "다국적 자본주의"를 체계적으로 작동시키는 이들을 포함한 우리 시대 정치적 지배자들에 의한 빨갱이-색출의 대상이기도 하다. 개인적으로는 순진할지 모르지만 피럴먼이라는 백인 산책자는 차이나타운을 거닐며 중국어의 풍부한 의미화 실천을 삭제하고 전유한다. 그의 시는 미국의 모든 대학 신입생들에게 제공되는 필수 교과과정의 일부를 이룬다. 그런데도 그의 삭제와 전유는 신중하게 기록된 지배적인 역사의 서사에 속하지 않는다고 한다. 달리 말해, 지시대상으로서 "중국"은 차이나타운이라는 혼종체를 숨기고 있으며, 또 다시 차이나타운은 문화적으로 표나지 않는 앵글로(Anglo)

---

35. 감춘다는 은유는 아마 부적절할 것이다. 은폐가 밝힘(disclosure)에 필수적이기 때문이다. 이 은폐를 공모성을 명료하게 써 내는 양피지(palimpsest) 혹은 수수께끼(rebus)라고 부르자.
36. 사건 — *événement* 혹은 *Ereignis*(하이데거) — 이란 내가 논의하도록 훈련을 받지 않은 무거운 철학적 주제이다. 좀더 속된 방식으로 여기서 나는 데리다의 글에서 사건이란 무한히 차별화하는 "현재" — eine differente Beziehung(헤겔) — 를 지칭하는 명사라는 나의 확신만을 말하고자 한다.

적인 것으로부터 숨겨진다.

   차이나타운에서 본 사진첩은 피럴먼 자신의 자리이기도 한 주변인의 이주라고 하는 우리를 안심시키는 이질적 지도 그리기를 통해 중국을 지칭한다. 혼종적 주체로서 (미국인이니까) 그는 어떻게 중국을 미국적 관용어법 속으로 밀어 넣을까? 그는 시의 자리에 뚫린 구멍들을 갖고서 자기 텍스트가 뭔가를 "뜻"하도록 어떻게 만들어 갈까?37 이 시의 문화정치학은 지시(reference)의 문제가 아니라, 이러한 지도 그리기 내부에 작가가 갖는 그

---

37. 여기서 데리다가 포스트모더니스트가 아니라는 또 다른 "증거"가 나온다. 환원불가능한 반복가능성("인용"이 불가피하다는)이라는 데리다의 개념은 하나의 "기원"을 환원불가능하게 전제하는 "원본"의 차연에 의해 끊임없이 둥글게 파내지는 구멍(gouging)이 초래하는 상처 효과를 수반한다. 그리하여, 텍스트-짜기(text-ile) 혹은 은유를 묶어내기(weave)조차도 의심스러운 것이 된다. 여성들은 남근의 결여를 가리고자 머리를 공공연히 "묶는다"고 시사함으로써, 프로이트가 "묶는다"를 "중화시킨" 이후로 말이다("Femininity", SE 22:132. 내가 적합한 용법(decorum)을 한 번 더 깬다면 이렇게 말해야지다. 비엔나 출신의 신새프로이트를 가리킴가 이 점을 "과학적으로" 주장하자 수백만의 남녀가 이 점을 진지하게 생각하는 반면, 한 여자가 파리다 아크터(Farida Akhter)를 "본질주의자"라고 거부하자 그 생각만 해도 내가 멍해진다고 말이다). "반복가능성"은 자르고 붙인다. 여기서는 자르고 꿰매기이다. 그리고 그 잘린 상처(cut)에서는 피가 흐른다. (필연적이면서도 불가능한 첫 번째 "상처"는 "원본"과의 차연이자, 예컨대 시간-속-살아가기의 시원적(primordial) 상처이다. "모든 예들은 우뚝 서 있는데 이런 식으로 잘려 나간다. 할 수만 있다면 이 구멍들을 고려하라. … 여기서 다시금 나는 여러분이 막 보아온 [말하자면 여러분이 보게 된 『글라』의 교훈을] 인용하는 것 말고는 다른 어느 것도 할 수 없으며 하지 않는다. 그 교훈은 현실적이든 꾸며낸 것이든 육체적 상처 주위의 통사론적 배열을 오로지 치환하라(데리다, Glas, pp. 208b, 210b, 215b. 수정번역임)는 것이다. 피럴먼의 대화에서 언급되는 중국 사진들과 한자 해설이 그 "예들"이다. (이것은 보들레르에서 나오는 "검둥이 여자"에 관한 모든 전기적 자료들과 비교 가능하다. [이 책의 2장에 나오는 보들레르 논의 부분 참죄 주의를 끌고 잊혀지게 만들고자 (가로지르기인가? 말소하에 두기인가?) 혼종적 표의문자로부터 혼종적 음성 글자로 통사론적 배열을 치환하는 것은 부재하는 지시대상보다 더 복잡하다. 피럴먼이 자기 시에서 책임성으로 취할 만한 것이 바로 이주의 문제이다. 지배류의 사회적 의향을 통해 잔여적인 것(미국의 향수뿐만 아니라 중국적인 것)은 부상중인 것으로 되어간다. 이것이 대안적인 것인지 대립적인 것인지를 우리는 결정해야 한다. 미리-부상하는 것에 칼을 들이대는 셈이다. 어쨌거나 데리다와 같은 인물이 보기에 이 모든 잘린 상처들에서 피가 흘러내린다. 스피박이 보기에 그것은 남성주의적 설명모델(아버지의 이름을 사용하지만 부재하는 지시)로부터 페미니즘적 설명모델(미리-부상함의 피흘리기)로의 변동이다.

의 힘 벡터에 달려있다. 그것을 지시의 문제로 축소시키는 것은 단순한 "모더니즘"이다. 균열이라 선언된 모든 것은 선언되지 못한 반복이다.

그렇다면, 유럽-미국 공간에 있는 "외부인"을 전 지구적 외부인 혹은 타이완, 홍콩, 중화인민공화국에 있는 백인 산책자와 혼동하는 것 자체에ㅡ이것들이 동질적인 공간들일까?ㅡ문화정치학 같은 것이 있다고 하겠다. 의미화 가능성을 텅 비워버리고 (혹은 부정하고) 각인되지 않은 대지라고 여겨지는 지정학적 타자에 자신의 설명을 부과하는 것은 확실히 제국주의 공리계에 의존한다. 하지만 메트로폴리스 주변성의 지도 내부에서는 경우가 다르다는 게 나의 요점이다. 더 좋든 더 나쁘든 간에 하여간 다르다. 차이나타운에 있는 중국인들은 미국인이기 때문이다. 제임슨이 말하는 피럴먼의 제스처는 그것의 이미지 실천에서 "포스트모던"하게, 그것의 개인적 시학에서 순진하게 보인다. 그렇더라도 제임슨의 피럴먼 논의는 다음 (a), (b), (c)와 단순히 등치될 수 없다. (a) 1968년 프랑스에 대해 "그렇다면 내가 '프랑스'라 부를 것은 … '남성인간'이라는 문제의 움직임, 구조, 절합의 비경험적 자리이리라"는 데리다의 지적 (b) 1980년대 포스트모던 건축의 "역사주의" (c) 그리스 항아리에 그려진 조각의 지시대상을 찾아내려는 키이츠(Keats)[19세기 영국 낭만주의 시인]의 열망에 맞서기.[38] 우리는 이것을 읽어내면서 사진첩 속의 표의문자들이 "물질적 기표"임을 기억해야 한다. "정상적인" 서구 주체가 한자를 모르기 때문이든 미국에서의 다문화적 연대가 민족정체성 공유에 의존할 수밖에 없기 때문이든 그렇다. 보나벤츄라 호텔에서의 포트만의 (비)산책에서는 지식과 지식의 퇴위 사이에 전혀 유희가 일어나지 않는다. 여기서도 그러하다는 점을 우리는 기억해야 한다. 18세기 이후로 시대를 구분하는 다른 서구적 용어들은 지정학적 타자의 위장을 통해 생산되고 있다. 그런 것처럼 이 (비)산책은 포스트모던

---

38. Derrida, "Ends of Man", p. 114.

및 "포스트모더"니즘적("postmodern"-ist) 논쟁의 생산에 부지불식간에 공모한다. 또는 그 산책은 「백조」에서 보들레르처럼 떠돌면서 지배류 속에서 나름대로 길을 닦아나가는 잔여적인 것과 부상중인 것의 위치를 점하고 있다. 독자로서 우리의 과제는 단지 플러스와 마이너스를 동시에 사유하는 법을 배우는 것만이 아니라, "비-지식의 밤" 속에서 위험한 결정을 내리는 것이다. 그렇지 않다면, 여기서 포스트모더니즘 담론은 극소-전자 자본주의 문화 (단지 경제적인 것만이 아니라) 논리를 보편적이라고 주장하는 기능을 하게 된다. 또한 런던, 파리, 리버풀, 네바다 시티에 유효한 문화논리가 홍콩, 반쿠라(Bankura), 베이루트에도 유효하다고 주장하는 기능을 하게 된다. 기술적인 것으로 보이는 이 제스처가 실은 수행적인 것이다. 이는 통탄할 일이다. 사물이 단어로 끝장난다. 문화란 문화적 설명이다. 모든 것을 문화라고 말하는 것은 모든 것을 그저 문화로 만드는 짓이다. 급진적 다문화주의는 "문화"를 특정 사회의 복잡한 전략적 상황을, 잔여적인 것이 부상중인 것으로서 지배류 속으로 들어가는 상황을 가리키는 이름이라고 여긴다.

(이렇듯 피럴먼의 시에 나오는 특이한 문장들 일부는 브레히트의 문장을 떠올리게 한다. 그 외 다른 문장들은 우리 독자에게 [이 시인과 알게 되는 커다란 행운을 갖게 했던] 70년대 중서부 시 워크샵에서 순진한 아우라를 떠올린다. 다음 두 문장은 함께 의미를 만들어냄으로써 가짜 행운-쿠키 메시지 속으로 시의 겉표지를 날려버린다. 그 때 그것은 별로 감정이입할 거리도 없는 놀라운 결말이 된다. "일어날 시간이지만 / 꿈에 익숙해지는 게 더 나으리.")39

---

39. "제임슨이 쓰고 있는 바와 달리 나는 사진첩을 보고 난 후 그 시를 쓴 게 아닙니다. 가족, 부엌, 학교, 강, 공항 및 마을 축제를 찍은 네 장의 수수한 칼라 사진이 들어 있는 일종의 중국어 기본입문서를 보고 난 후 쓴 겁니다"(Bob Perelman, The *Marginalization of Poetry: Language Writing and Literary History* [Princeton: Princeton Univ. Press, 1996], p. 176,

장-프랑소와 료타르는 포스트모던 상황에 딱 들어맞을 다원화된 "배리적 (paralogical, 背理的) 정치학"을 찾기 위해 "이교도"를 발명해야 한다. 바르트가 "일본"을 발명하듯 피럴먼은 "중국"을 발명한다. 이제 이것을 이해하기란 어려운 일이 아니다.[40]

---

n.37. 이 각주에서 언급되는 피럴먼 인용문은 모두 이 책에서 나옴). 여러분이 손에 들고 있는 그 책이 갖는 비대칭적인 모든 이해관계에 입각하여, 피럴먼을 하나의 텍스트적 인물로 생각하고 시와 비평/비평으로서의 시를 엮되 둘을 융합하지 않는 선택으로 나아갈 방법이 하나 있다. 그 중국어 기본입문서는 하이픈이 그어진 미국인(아이)이 타자의(모국) 언어에 입문하는 한 가지 방식이다. 식민지/포스트식민지/이주라는 좀더 큰 경제들과 개체발생의 공모성은 피럴먼이 앞서 인용한 래 아르만투롯(Rae Armantrout)이 쓴 「주목」(Attention)이라는 시에 잘 나타나 있다. 라캉이 대체로 시인하고 있지 않지만 그는 멜라니 클라인에게 큰 빚을 지고 있다. 이론에 끌리는 대부분의 문학비평가들처럼 피럴먼도 이것을 모른다. 피럴먼은 이렇게 쓰고 있다. "복화술은 모국어이다. 그것은 모든 자아들에게 다중적 대가들과 서로의 꼭두각시를 남겨주는 모방, 통제, 저항의 복합체를 통해 언어학적 주체들이 형성되는 과정을 보여주는 모델을 말해 준다. 그것은 하나의 기억할 만한 문장으로 압축된 라캉식 강의이다"(pp. 22-23). 멜라니 클라인을 읽노라면 언어의 다른 편에 있는 주체를, 시간의 선물을 환기시키는 흔적 구조들 속으로 데려가게 한다. 뿐만 아니라 모국어로부터 삶을, 이 경우에는 문화적 충돌을, 혼종적 삶을 시간화하는 광범위한 윤리적 경제들 속으로 데려간다. 피럴먼은 "70년대"를 "모더니즘적 야심의 재탄생 및 시의 문화적 중심성에 대한 신념이 1990년대보다 유지되기 쉬웠던 [시대라고] 겸손하게 쓴다. "오늘날 파라탁시스는[이 용어에 대해서는 서문의 역주 7을 볼 것] 후기자본주의에 대립하는 것이라기보다 후기자본주의의 징후처럼 보일 수 있다."(p. 62) 레이먼드 윌리엄스의 말이다. 하지만 파라탁시스는 통사론(syntax)을 요구하며 지속되는 의사진지(parabasis)를 "독자가 ⋯ 서사를 통해 의미화하는[되는] 코드로서" 작동시킬 수 있다 (Barthes, "The Structural Analysis of Narrative", *Image/Music/Text*, tr. Stephen Heath [New York: Hill and Wang, 1977], p. 110). 그리하여 파라탁시스는 대립에 길을 열어두며, "~로 가는 자유"라는 끔찍한 전망에 홀리는 "~로부터의 자유"를 위해 모든 대립을 책임감 있게 이중으로 구속하는 일방성 속에 주체를 묶어둔다. 피럴먼의 권두시에 나타나는 파운드[20세기 초반의 미국 모더니즘 시를 대표하는 시인]와 데리다의 구분은 이 점을 염두에 두고서 읽힐 수 있다. "그것[『글라』]이 예컨대 『칸토』[파운드의 시집]와 / 정말로 그렇게 다른가?(그렇다. 『칸토』의 점증하는 비일관성은 마음대로-전락하는 파운드의 / 글쓰기 상황을 반영한다. 데리다의 제도권 주소는 어디까지나 중심에 있다. 파운드와 달리 데리다가 잘라낸 실들은 항상 더 멀리까지 따라다니며 다시 나타난다")(p. 9).

40. Lyotard, *Instructions païennes* (Paris: Galiée, 1977); *Rudiments païens: Genre dissertatif* (Paris: Union Générale e'Eitions, 1977). 와일드와 바르트의 일본은 하이데거의 그리스나 데리다의 프랑스와 다르다. 데리다의 경우 "잘라낸 실들은 항상 더 멀리까지 따라다니며 다시 나타난다." "좋은지" "나쁜지" 그것들에 어떤 평가를 내리는 것은 바로 여러분이다.

이 책에서 나는 기성 분과학문적 혹은 비판적 실천에서 종종 떨어져 나오곤 했다. 나는 (불)가능한 실천들을 상상하거나 구성하려고 시도하였고 분과학문을 비판하기 위하여 고전들을 재구성하되 전혀 그럴듯하지 않은 부적절한 읽기들로 재배열하였다. 또한 행동 모델로 연결될 수 없는 제스처에 박수갈채를 보내되, 비합리주의로 기울지 않으면서도 이성의 원칙들과 내부에서부터 거리를 두고자 노력했다. 모나지 않게 각을 잡는 것이라고 할까. 4장에서도 나는 이런 방식으로 무엇인가를 시도하고자 한다. 나는 문학적-비판적 포스트모더니즘 논쟁의 주요한 한 인물[프레드릭 제임슨을 말함]을 고려했다. 그러니 이제 포스트모더니즘이라는 단어가 인식가능한 현상을 진단하는 이름이 되는 공간으로 옮겨갈 것이다.

4장을 처음 쓸 무렵, 나는 모든 균열은 반복이며 소위 포스트모더니즘은 현대적인 것에 딱 맞아 들어가는 인식소적 실천을 동반했다고 생각했다.

초고를 쓰던 시절과 지금 사이에 끼어 있는 세월동안 "포스트모던"이라는 단어는 "서발턴"만큼 일반화되었다.[41] 우리는 믿을 만한 출처로부터 다음 말을 듣는다. 두 명의 유명한 에코 페미니스트 액티비스트가 포스트모더니즘을 맹공격하는 책을 쓰기로, 시류에 굽힌다는 악명을 얻고 있는 급진적인 한 영국 언론사와 계약했다는 것이다. "실천"이라는 추상적인 이름 속에 작동하는 일급 도서관에서 "포스트모더니즘에 맞서"라는 하위 섹션에 가장 최신 항목이 덧붙여질 참이다. 나는 최근에 나온 이러한 독선의 일부를 위치시키기 위해 10여 년도 더 전에 메트로폴리탄 힙 문화에서 정의되었던 포스트모던하지 않은 것을 살펴보고자 한다. 그리고 제국주의 이전과 이후 서구에서 시대를 구분하고 문화적으로 기술하고 설명하는 대부분의 용어들처럼, 포스트모던하지 않은 것이 포스트모던한 것과 함께 지정학적

---

41. 이 두 용어가 (긍정적으로 혹은 부정적으로) 연결되는가, 연결되지 않는가 혹은 선별적으로 쓰이는가 하는 점이 문화정치학을 나타낼 터이다. "포스트식민"이라는 단어가 다양한 방식으로 두 용어 사이를 종종 매개한다.

타자를 생산하면서 그 타자의 조작을 공유한다고 시사하고자 한다. 이런 구도는 남의 "스타"가 북과 함께 작업하는 사이, 북 자체를 위한 논쟁을 저항 본연의 저항으로 착각하는 구성인자에 인가된 무지에 봉사하는 격이다.

잘려나간 실들. 지금 나는 텍스트-짜임새(text-ility)의 망 속으로 들어가고자 한다. 그 망은 사라지는 현재라는 사회적 텍스트 속으로 짜여 들어간다.

문화 내부에서 자연을 각인하는 건축과 의복은 특권화된 각인 영역들이다. 건축 분야에서 포스트모더니즘 담론은 특히 자의식적이다. 원래는 모던 건축의 가정들에 도전했던 포스트모던 건축은 수많은 운동들 중 하나라는 상황에 놓일 수 있다.42 하지만 의복에서의 패션은 가장 분명한 의미에서 일시적이며 가장 분명한 의미에서 시장의 변동에 더 많이 구속당한다 (그러므로 예컨대 그것은 포스트포디즘적 팩스-결정적인 작은 것이-아름다운 선택의 자유로 옮아가는 전자적 의사소통 체계들을 직접 활용할 수 있다). 그리하여 패션의 언어는 "본연의 미학", "개념 없는" 하이퍼리얼계(the "conceptless" hyperreal)43와 이미 오랫동안 결합되어 왔다. 또한 패션은 액커먼(Ackerman)에게서 나타나는 설명되지 않은 "알레고리들" 혹은 지식-효과를 설명해줄 것이다. 이것들은 하나의 어휘목록을 암시하면서 꺼림칙한 지시물을 생산해낸다.44 여기서 메트로폴리탄 개입주의적 타블로이드판

---

42. Peter Brooker, ed., *Modernism/Post-Modernism* (London: Longman, 1992)와 Mark Wigley, *The Architecture of Deconstruction: Derrida's Haunt* (Cambridge: MIT Press, 1993)은 시간의 행진에 대한 감각을 제공한다. 1980년대에 포스트모더니즘의 확정성(definitiveness)을 주장하는 제임슨의 구체적인 건축 논의는 이 책이 처음에 식민담론 혹은 제3세계에 대한 맥루한의 예언을 취했던 것만큼이나 뒤쳐지게 된다.
43. [옮긴이] 맥락에 따라 '하이퍼리얼한 것'으로도 번역됨.
44. 발터 벤야민과 폴 드 만의 영향하에 나는 얼마 전에 이것을 문학 생산 영역에서 짜보았다. Spivak, "Allégori et historie de la poésie: Hypothèse de travail", *Poétique* 8 (1971): 427-444; "Thoughts on the Principle of Allegory", *Genre* (Dec. 1972): 327-352.

신문은 도시 복지 및 인종/젠더 문제에 제한적으로 투신하면서, 의문시되지 않는 (이론화된다면 실로 아포리아적일) 모순공간 속으로 들어간다. 정치적 실천을 위해 급진적 엘리트의 알리바이를 구성하는 것이 옷을 멋있게 차려입을 수 있도록 한다. "포스트모더니즘" 혹은 "미니멀리즘"(minimalism)[45]과 같은 문화적 기표를 이해하는 것은 그 공간에서는 당연시된다. 물론 이것은 일종의 "거친" 문화적 페다고지를 영속화하는 방법들 중 하나다. 이 페다고지가 "포스트모더니즘"이니 "미니멀리즘"이니 하는 용어들을 (제임슨이 말한 포스트모던 문화적 지배류의 이름 없는 주체를 또한 생산하는) 일반적 엘리트 문화로 기능하는 것은 무엇이든 그 내부에서 발빠르게 진단할 고정항목들로 확립시켜 준다.

다음은 1984년 『빌리지 보이스』라는 잡지에 실린 「소년들처럼」이라는 제목이 붙은 글에서 발췌한 것이다.

이 디자이너는 일본의 레이 카와쿠보(Rei Kawakubo)인데 … 총체적 미학을, 세계관을 지닌 여성이다. … 그녀는 천재적인 디자인 감각, 탁월한 마케팅 및 사업 감각, 장악 욕망을 갖고 있다. 그녀는 1984년에 여성들이 무엇을 원하는가에 대해 매우 구체적인 발상을 하는 거칠고 독립적인 숙녀이다. … 레이 카와쿠보는 자신의 삶을 총체적으로 통제하고 누구한테도 대꾸하지 않고도 살 수 있도록 〈콤므 드 가르송〉(Comme des Garcons)에서 일하기 시작했다고들 한다. … 그녀의 미니멀리즘 미학에는 포스트모던한 이면이라곤 없다. … 뉴욕에 포스트모더니즘적 옷매무새가 한창일 무렵 … 일본 건축은 오리엔탈 하이테크를 고집한다. … 레이가 페미니스트인가? 단정하기 어렵다. 그녀는 언론에 거의 묵묵부답이다. 사진을 보면 그녀의 얼굴은 화장할 필요가 전혀 없는 강하고 잘생기고 진지한 얼굴이다. 우리 시대의 예술에 일기 시작한 여성의 부상을 연구하는

---

45. [옮긴이] 1960년대 중반부터 시작된 것으로, 가능한 한 장식적인 디자인을 피하거나 [디자인이나 장식은 '최소한'만 단순함을 지향함. '최소주의'라고도 번역됨.

왓슨 장학금을 받아 일본에 2년간 머물렀던 조안느 사프(Johanne Siff)는 70년대에 겪었던 미국여성들의 경험과 견줄 만한 조직화된 페미니즘 운동이 일본에는 없다고 설명한다. … 레이와 함께 일하는 모든 사람이 그녀의 아이디어를 믿는다. … 레이는 [패션보다 좀더 정치적인 어떤 것, 즉 페미니즘적이고 자유롭고 혁명적인 것에 도달한 것 같다.⁴⁶

이것은 주 164에 나오는 방글라데시의 예가 그랬을 법한 방식의 초국가화(transnationalization)가 아니다. 일본과 미국은 동맹국(inter pares)이다. 그렇지만 "모든 주요 요점들이 어느 나라의 법률을 따를 것인가 하는 가장 커다란 법률적 쟁점으로 끓어올랐던" 셈이다. 1984년에 그 건물은 〈뉴욕은행〉과 상업적인 도쿄의 〈후지은행〉이었던 것 같다.⁴⁷ 반복건대, 엄밀하게 초국가적 자본으로 옮겨가는 것은 4장의 마지막 부분에서이지 여기서가

---

46. Carol Troy, "Like the Boys", *Village Voice* (1984년 2월 14일자), pp. 37, 41. 여기서의 모든 인용은 바로 이 두 쪽에서 나온다. 오리엔탈리즘적·페미니즘적 자본주의 문화 우월주의를 정형화한 예로서 이 글은 읽어볼 만한 가치가 있다. 나는 이 글을 하나의 예로 사용하고 있다. 그렇다고 캐롤 트로이가 딱히 어리석은 악당이라는 뜻은 아니다. 이 글이야말로 급진적인 폼 나는(chic) 타블로이드 신문 글이다. 나는 카와쿠보를 모르며 좋게 혹은 나쁘게 그녀를 이야기 하는 데 전혀 관심이 없다. 내가 관심을 두고 있는 것은 활용가능한 담론 영역에서의 담론 생산물로서 그녀에 대한 재현과 자기-재현이며, 지워지는 경제적인 것의 조건과 효과로서 역사와 담론이다. 또한 나는 그녀를 무엇인가를 보여주는 사례로서 다루고 있다. 지금 나는 방글라데시 여성 디자이너와 파리의 번지르르한 잡지 『엘르』를 스펙터클한 예로 사용할 수도 있었으리라. 하지만 나는 거기서 사례화의 거리를 유지할 수 없을 것이라고 생각한다. 건축에 관해서라면 일본과 뉴욕 사이의 겉핥기식 대조는 예컨대 Bernard Tschumi, *Event-Cities* (Praxis), Cambridge: MIT Press, 1994를 한 번 죽 보기만 해도 폭발적으로 많이 나와 있다. 일본 페미니즘에 관해서 말하자면 전 지구를—에워싸는 저항 운동에 대한 일본 여성들의 참여는 퍽 인상적이다. 일본 액티비스트가 벵골어로 쓴 출산 관련 책이 지금 내 수중에 있다 (Mugiko Nishikawa, *Japaner Motoichi Gramer Janmo-poddhotir Poriborton o Adhunik Dai* [Dhaka: Narigrantha, 1992]). Yayori Matsui, *Women's Asia* (London: Zed, 1989) 또한 다른 이야기를 전해 준다.
47. 이것들이 바로 1998년 3월 12일에 뉴욕시의 아침 뉴스에서 보도된 대로 일본 기업가들로 하여금 목매달아 자살하게 한 법률들이다. 우리는 사라져 가는 현재를 따라잡을 수 없다. 독자들은 바로 이때 아시아·태평양 지대를 붕괴시키러 왔던 금융자본을 기억할 것이다.

아니다.

나는 신식민 공간에서의 특권화된 거주민이 지배적인 급진인사들에 의해 지정학적 타자라는 주체-입장을 종종 부여받는다고 논의해 왔다. (국제 학술대회를 계획하거나 참석할 때 이 점에 가장 놀라게 된다.)

머스 커밍험(Merce Cunningham)이 입을 의상을 디자인하는 레이 카와쿠보는 이에 너무 잘 포획되어 있고 너무 많은 변조(transmogrification)를 치러 왔다. 그러다 보니 그녀의 출범을 이렇게 설명하는 것은 그 멋부리기를 따라가기에는 민망할 정도로 구식으로 보이리라. 하지만 바로 이것이 내가 말하고자 하는 요점의 일부다.

지금쯤 우리는 그 전략을 알아차릴 수 있다. 그녀는 얼마나 다른가, 얼마나 일본적인가 하는 따위다. 하지만, 그녀를 정의하고 실로 일본을 정의하는 권위적인 문화담론은 유럽-미국 문화사 속에 있다. 보도된 그녀의 자기-기술은 바로 여기에 맞선다. 그것은 바로 이 역사로부터 그녀를 해방시킨다. 그녀는 자신의 배경으로 인해 우리가 거의 들을 수 있을 법한 질문에 의해 조건지어진 적당한 대답을 한다. 그녀의 대답은 영리한 "레이 카와쿠보"가 메트로폴리탄 뉴욕에 있는 가장 중요한 고객 안내책자들 중 하나를 겨냥해서였다. "1943년 도쿄 태생으로 나가사키에 원자 폭탄이 떨어졌을 때 세 살인가 네 살이었던 … 41세의 비범한 일본 여성 사업가/디자이너"라는 그녀는 "저는 전통이나 관습 혹은 지리에 제한받지 않는 것을 중요하다고 늘 느껴 왔어요"라고 말한다. 1943년에 태어난 일본인이 어떻게 이런 자유를 사들인단 말인가? 곧 우리는 제2차 세계대전 후에 일본에서 있었던 그러한 초기 시도를 살펴볼 것이다. 오늘날은 물론 전자적 자본주의를 통해서이다. 유럽-미국 패션 이데올로그들은 이것을 어떻게 생각할까? 나는 다음에 이어질 쪽들에서 이 질문에 대답하는 데 필요한 몇몇 요소를 한데 모아보고 싶다. 그 대답이 이 책의 다른 부분과 함께 작동중인 제국주의의 공리들에 대한 감각을 독자에게 제공하기를 바라면서 말이다. 왜 제국주의의 공리들이 작동하고 있는가? 한편으로는 제국주의와 탈식민화 사이의 접촉선들이, 다른 한편으로는 세계자본주의의 행진이 오늘날 가장 포괄적인 서사 위기를 구성하기 때문이다. 사업이 평소처럼 전개될 수 있도록 그럴듯한 이야기들을 생산해 내는 문제 말이다. 우리는 이런 방식으로는 "문화의 진리"에 도달할 수 없다. 여기엔 추호도 의심할 여지가 없다. 하지만 내가 보기에 "문화의 진리"란 문화를 합법화하는 설명들을 생산해내기 위한 싸움터이다.

『빌리지 보이스』의 기고자는 레이 자신이 자기가 디자인한 의상에서 계급을 나타내는 표식들을 제거함으로써 전통 혹은 지역으로부터 자유를 획득할 수 있다고 생각하고 있다고 본다. "(이동성에 관한 [그녀의] 두 언급을 보면 그녀가 사회계급의 지표를 나타낼 의사가 없다고 나는 생각한다)". 이런 주장은 물론 재빨리 거부될 수 있다. 1986년 크리스마스 할인판매를 보면 그녀의 뉴욕 가게에서 가장 싼 티셔츠는 135달러였고 가장 싼 면셔츠가 195달러였다.

문화적 동일성과 문화적 차이(같지만-같지-않은, 다르지만-다르지-않은)의 텍스트에서 특히 일본의 부상, 즉 "우리의 시공간"에 너무나 구체적인 엮어내기(weave) 논쟁으로 되돌아가 보자. "일본 문화사에서 흥미로운 기록인 「근대의 극복」… 전시 심포지엄에 관한 타케우치 요시미의 … 긴 고찰"에서 발췌한 구절을 한 번 보기로 하자.[48]

이것은 동일성과 차이를, 즉 제2차 세계대전에 "독립적으로" (제국주의적 주인을 위해서라기보다) 참여하다가 뒤이어 미국의 점령에 종속된 일본을 고찰한다.

일본의 전후 입장 때문에 일본은 자국이 아시아의 혁명을 이끌 수 있다고 본다.

---

48. H. D. Harootunian, "Visible Discourses / Invisible Ideologies", *South Atlantic Quarterly* 87.3 (Summer 1988): 453-454.

하지만 제국주의 이후(post-imperialist)로 접어든 아시아 나라들은 이 점을 확신하지 못한다. 그래서 일본은 자국을 진보된 서구의 일부로 아시아 나라들에 제시해야만 한다. 또한 일본은 자국이 아시아를 가장 잘 대표하는 나라임을 서구에 확신시키기 위해 자국을 아시아적인 것으로 제시해야 한다. 이것은 일본인들의 정치적-문화적 의식을 하나의 아포리아에 이르게 한다. 오늘날 일본 지식인들이 끝없는 긴장을 집요하게 창출해 내는 것도 바로 그 때문이다.[49]

문화적 자기-제시(self-presentation)의 프로그램들은 절대로 정확한 것도 절대로 부정확한 것도 아니다. 그 프로그램들은 문화적 각인의 실체이다. 실로 아시아 태평양 지역에서의 일본의 현 상황과 카와쿠보는 타케우치의 예언을 성취하지 못했다. 이것이 내가 말하려는 요점은 아니다. 요점은 카와쿠보의 다음과 같은 인정이 치환들의 사슬 위에 각인된다는 것이다. "저는 전통이나 관습 혹은 지리에 제한받지 않는 것을 중요하다고 늘 느껴 왔어요"라는 언급은 "일본은 자국을 아시아적인 것으로 서구에 제시해야 한다"는 반대사항을 합법화해 준다. 새뮤얼 헌팅턴이 맥루한을 합법화해주듯 말이다. 두 진술은 그 속에 있는 주체-입장이 계급-고정적임을 허용하지 않는다. 사실, 일본이 20세기 정치에 봉사하는 문화적 기표로 부상한 것은 인도가 19세기에 그랬던 것만큼이나 동일성과 차이 사이의 투쟁이다.

카와쿠보를 정의하기 위해 트로이는 뉴욕 시 풍경의 지리 내부에서, "지리에 자유롭고자"하는 그녀의 소망에 직접 끼어드는 방식으로 그녀를 전유한다. (트로이가 인용하는) 잡지 『보그』의 카피라이터는 예술사적(art-

---

49. Takeuchi Yoshimi, "Kindai no chokoku", Tataaki Yoshimoto, ed., *Gendai Nihon shiso taike*, vol. 4: *Nashonarizumu shoshū* (Tokyo: Chikuma Shōbo, 1964), p. 402. 1983년 5월 12일 캘리포니아대학(샌디에고)에서 발표된 글인 Noguchi Takehiko, "The Reappearance of Nationalism in Literature and the End of the 'Postwar Period'", tr. Betsey Scheiner and Yoko Woodson에서 인용함.

historical) 지껄임을 계속한다. 거기서는 "포스트모더니즘"도 다른 것들처럼 진단하는 용어가 되며, 그녀는 유럽의 타자로 정의되고 있다. "카와쿠보는 포스트모더니스트가 아니라 미니멀리스트이고 개념주의자이다. 그래서 유럽의 드레스 개념에는 별로 관심이 없다." 미국의 뉴스 매체들은 심지어 일본 경제 성장의 비밀을 자살하는 일본 사무라이의 정신이라고 이따금 논평한다. 그렇더라도 (무엇보다도) 미국의 전자 산업은 일본을 "동등한" 것(동일성의 한 유형)으로 다루어야 한다.[50] 그러는 사이, 미니멀리즘적이건 아니건 카와쿠보의 의상을 입고 다니는 사람들은 바로 박물관과 호텔을 다니며 하이테크 제품을 장난감으로 삼는 군중, 즉 인식적 지도 그리기를 배울 후보자로 인지될 수 있는 전 지구적 주체다. 다국적주의의 마지못한 대가들은 백남준(동일성 — 자신의 포스트식민적 출신을 언급하지 않는다)과 피럴먼의 중국 책(차이 — 차이나타운의 중국인들이 지닌 디아스포라적 성격을 언급하지 않는다) 사이를 왔다갔다할 수 있다. 의류 산업이 디자인과 점근선적(asymptotic) 관계를 맺는 것처럼, "대안적인" 패션 담론은 급진적 이론에 점근선으로 남는다. 잘 차려입은 급진인사의 박식한 선의는 아포리아적 가로지르기나 불가능한 교차대구법(chiasmus)을 통해 점근선적인 것을 봉합해버린다. 『식스』라는 볼거리 많은 실내 잡지는 『글라』[데리다의 저작만큼이나 범주화가 불가능한 나름의 방식으로 이러한 봉합 속에 거주한다. 〈꼼므 드 가르송〉 사를 위해 도쿄에서 발행되는 큰 사이즈의 무겁고 멋진 이 잡지의 위원회는 저명한 사진가, 디자이너, 유럽-미국 세계의 고급 문화의 유명한 구성원들 — 때로 일본인들도 있다 — 로 이루어져 있다. 패션 잡담에 대해서나 진지한 학문에 대해서나 좀 수줍어하면서도, 이론의 아우라를 갖는 일종의 이론 이전의 목격담을 생산하고자 말이다. 나는 이 현상을 다른 곳에서 연구하고 싶다.

---

50. 이 점에 대해서는 최신 자료로 갱신하려고 하지 않았다.

여기서 나는 너무 많은 것을 주장하고 있는 것 같다. 그 이유는 다음과 같다. 토착정보원(일본인 노동자, 차이나타운 거주자, 중국 사진첩에 내포된 독자)의 시각은 철저하게 변조된 (불)가능한 것이다. 그런데 토착정보원의 시각은 자체의 흔적이 전유되는 과정 말고는 주인 대가의 급진적 담론의 강력한 텍스트들 틈새들에서 아무 것도 보려고 하지 않는다. (사실 이렇게 일반화된 토착정보원들은 때로 전국적 잡지의 일요일 증보판에 나타나 우리의 세계관을 확신시켜 주고 우리가 듣고 싶어 할 대답들을 우리를 위해 대신 말해 준다. 하지만 이 사실은 내가 앞서 말한 상황을 도와주지 않는다.) 1980년대 중반 한두 시즌 동안 이러한 전유는 추정컨대 미니멀리즘적이었던 카와쿠보의 텍스트들, 포스트모더니즘 텍스트들, 모더니즘 텍스트들에 공통된 것 같다.

예컨대, 롤랑 바르트의 『기호들의 제국』의 첫 쪽을 고찰해 보자. 이 책은 보들레르의 「항해에의 초대」를 고의적으로 확장한 본격 모더니즘의 정신을 보여주는 텍스트이다.

나의 아이여, 나의 누이여,
거기로(là-bas) 함께 살러 가는
달콤함을 노래하자 …
거기서는 질서도, 아름다움도,
사치도, 차분함도, 관능도 없다.

논평자들은 보들레르의 "là-bas!"에 하나의 진짜 이름을 얼마나 멋지게 고정시켜 왔는지 모른다! 모두들 합의하기로 그곳은 벨기에다.[51]
바르트는 자기 책의 첫 섹션("là-bas"라는 제목이 붙은) 중 바로 첫 부분

---

51. Baudelaire, *Oeuvres* (Paris: Pleiade, 1944), pp. 66-67.

에 나오는 문장들에서 그 문제를 명료하게 짚어냄으로써 현학자 같이 구는 시인[보들레르]의 선수를 친다. 이것이 바로 기호학을 넘어선다는 명분하에 지정학적으로 차별화된 고백 주체를 재확립하는 후기 바르트의 면모다. 그러므로 그의 텍스트는 이렇게 시작할 수 있다. "내가 허구적인 국가를 상상하고 싶어 한다면 나는 그것에 하나의 발명된 이름을 부여할 수 있다. … 나는 또한 거기서 몇몇 특징들을 따로 고립시켜 내어서 … 내가 일본이라 부를 하나의 체계를 주도면밀하게 형성할 수 있다."52

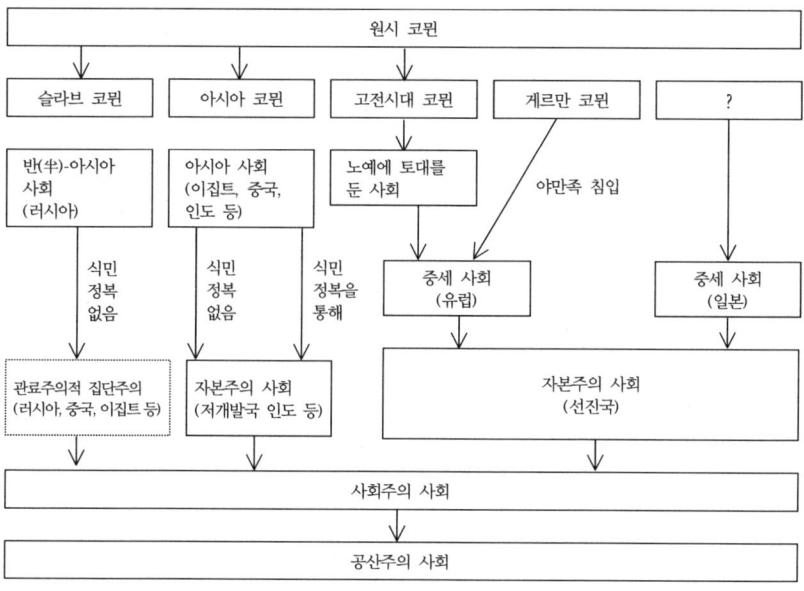

맑스의 역사 발전 개념을 재구성한 도표. 출처는 Umberto Melotti, Marx and the Third World, tr. Pat Ransford (London: Mecmillan, 1977), p. 26.

---

52. Barthes, *Empire of Signs*, tr. Richard Howard (New York: Hill and Wang, 1982; *L'Empire des Signes*, Noël Burch trans., *To the Distant Observer*, London: Scolar Press, 1979. [한국어판: 『기호의 제국』, 민음사, 1997], p. 3. 스피박의 강조.

나는 원하고 할 수 있고 할 것이다. 이 책 전체를 통해 나의 요점은 이러한 '나'의 주체입장(현재 저자인 나처럼 디아스포라 주체가 된 토착 포스트식민 엘리트에 속할 때조차도)이 마음대로 투명해질 수 있도록 역사적으로 구성되고 생산된다는 것이었다. 물론 바르트는 이를 전적으로 간과하지는 않는다. 그러나 그의 대상구성에서는 모종의 미끄러짐이 작동한다. 그가 발명된 이름을 부여받는 허구적 국가 운운할 때, "바로 이 때 문학의 기호에 의해 내가 환상 자체와 타협한다"는 것을 알고 있다. 역사적으로 명명된 장소를 "발명된" 게임의 놀이터가 되도록 취하는 데 연루되는 그러한 타협은 하나도 환기되지 않는다. 물론 나는 역사야말로 현실적이며 허구는 비현실적이라고 주장하고 있는 것은 아니다. 나는 바르트 자신이 만들어낸 이항대립적 차별항목이 양 방향으로 자기주장을 하는 것은 아닌지 물어보고 있을 따름이다. 일본이라는 이름은 "다른 곳"으로, 즉 17, 18세기 유럽의 과장된 존경과 호기심의 대상이었던 중국이나 근동지방도 아니며 18세기 영국과 19세기 독일에서 동일성-과-차이의 역전된 지반이었던 인도도 아닌 곳으로 역사적으로 침전된다. 일본은 맑스의 아시아적 양식 기획에서 "다른 곳"(앞의 도표 참조)이다. 또 일본은 페넬로사(Fenellosa)를 경유해 예이츠와 파운드의 상징주의적-이미지즘적 관용어법을 통해서 우리가 인식하게 된 본연의 허구라는 투자를 물려받는다. 다음으로 미국의 점령을 통해 만들어지는 일본은 (서구한테는 아시아요, 제국주의 이후 시대를 사는 아시아한테는 서구라는) 그러한 유희 속에서 기호들의 제국과 스스로 경합을 벌인다. 18세기에 뉴홀랜드인들과 푸에고인들은 파레르곤적(parergonal)[53] 주체의 예로 우연히 선택된 것이 아니다(그것의 특수성은 시적 기능에 의

---

53. [옮긴이] 부차적이지만 '완성판'을 위해 꼭 필요한 '보완기능'을 담당하는 것을 일컬음. 1장에 나오듯, 뉴홀랜드인들과 푸에고인들은 칸트의 철학에 부차적이지만 칸트적 주체를 확립하는 대리보충적 기능을 담당하고 그래서 폐제된다. 역으로, 칸트 철학에 '부차적인' 이들의 '폐제'를 가시화시켜 보면 칸트철학의 고유한 내적 구조가 바로 이들에 의해 위협된다.

해 전달되기는 한다). 또 19세기에 고전적 인도인들도 정지된 미학적 역사성의 예로 우연히 선택된 게 아니다. 그렇듯, 1970년대에 일본이 선택된 것도 전적으로 우연은 아닐 것이다. (예들은 "정황적"이다.) 유럽의 상상계에서 보자면 연못에 있던 나르시스가 오이디푸스의 헤겔적 궤적으로부터 탈출해 스펙터클한 것(the spectacular)의 환영적 자리를 일본 속에서 지켜낸다는 식이다. "섹스 피스톨과 아담 개미의 전달자"인 맬컴 맥라렌이 피력하듯, "일본은 너무도 오랫동안 고립된 섬이라서 관념들의 지위를 갈망하는 일본의 허기는 한번도 극복되지 못했다."[54]

역사라는 것이 거대서사라 할지라도, 중요하면서도 폐제된 토착정보원의 주체-입장 또한 역사적으로 따라서 지정학적으로 각인된다는 게 나의 요점이다. 여러분이 『기호들의 제국』을 토착정보원의 (불)가능한 역사적 관점으로 개괄한다고 하더라도, 바르트와 피럴먼 사이의 유적(類的, generic) 유사성 앞에서 다른 시기구분법의 기호들은 사라져버린다. 제임슨 같은 사람은 이렇게 쓸 터이다. "그렇다면 [『기호들의 제국』의] 문장들은 그러한 특징들에 갖다 붙인 [바르트] 자신의 설명이며, 그것들의 지시대상들은 또 하나의 이미지이며 또 하나의 부재하는 텍스트이다. 그리고 [그 책의] 통일성은 … 또 하나의 부재하는 책에 구속된 통일성 속에서 … 발견될 것이다."[55](458쪽 참조) 그렇다면 "나한테 **동양**은 무관심한 문제"라는 부인은 더욱더 놀랍게 된다. 다시금 토착정보원의 (불)가능한 관점으로부터 보자면, 다음을 울려나오게 하는 것은 후기 바르트와 중기 힌데스 및 허스트(149쪽 참조) 사이의 커다란 이론적 차이를 가로지르는 공통된 어조일 것이다.

[그 어조는] 몇 가지 특징들의 저수지를 그저 제공할 뿐이다. 일찍이 들어보지

---

54. Troy, "Like the Boys", p. 41에서 인용함.
55. [옮긴이] 피럴먼에 대한 제임슨의 설명 방식이 바르트에 적용되고 있다.

못한 상징체계, 즉 우리의 상징체계와는 전적으로 분리된 상징체계라는 관념을 내가 "즐기도록" 허용해주는 것은 그 저수지의 조작이나 창안된 유희를 통해서이다. **동양적인 것**을 고려하는 가운데 거론될 수 있는 것은 … 또 다른 형이상학, 또 다른 지혜(이것이 철저하게 바람직한 것으로 보이겠지만)가 아니다. 그것은 차이의 가능성, 변동의 가능성이다.[56]

이런 식으로 타자를 차이의 근거로 주장하는 주체-입장을 가정하는 멀쩡하고 순진한 오만함은 무늬만의 자비보다 좀 나은 것처럼 보일지 모르겠다. 우리는 다음과 같은 리차드 로티의 주장에서 이와 유사한 확신 같은 어떤 것을 간파한다. 로티의 논지는 **계몽주의** 기획은 객관적으로 또 보편적으로 타당한 것으로서가 아니라, 역사적으로 정의될 수 있는 하나의 집단이 소중하게 여기는 가치들로서 취해질 때라야 전적으로 방어될 수 있다는 것이다.[57]

『기호들의 제국』의 속표지 그림으로 "전통 일본 의상"과 동일시될 수 있는 옷을 입은 잘생긴 일본인의 두상 사진이 나온다. "브레히트의 서사극 중에 가장 급진적인 형식 속에서 … 근본적으로 다른 주체성의 형식을 위해 백지상태(tabula rasa)를 만들고자 얼굴을 지우는 것을 부르주아적 주체성

---

56. Barthes, *Empire*, p. 3.
57. 물론 우리는 바르트를 비난할 수도 변명할 수도 없다. 대신 내가 데리다의 저작을 활용하기를 소망하는 것처럼 바르트의 저작을 활용할 수는 있을 것이다. 또 다른 실천적 해체론자 그레그 울머(Greg Ulmer)의 지도하에 쓰여진 박사학위 논문(*Applied Grammatology: Post(e)-Pedagogy from Jacques Derrida to Joseph Beuys*[Baltimore: Johns Hopkins Univ. Press, 1985])의 요약을 보자. "이 논문은 일차적으로 롤랑 바르트의 『기호들의 제국』에서 나온 한 가지 방법을 외삽한다. … 페다고지의 적용이라는 측면에서 관광(tourism)은 전자적 교실에서 요구되는 새로운 태도에 종종 반복해서 붙여지는 용어이다. 정보에 접근하고 그 사이를 연결하는 능력의 계발은 관광자로서 정보를 통과해 움직여 가기를 요구한다. 정보학(informatics)과 발생적(generative) 과제들은 관광의 발명에서 기억을 대리보충한다"(Craig Jonathan Saper, *Tourism and Invention: Roland Barthes's "Empire of Signs"* [Ann Arbor: Univ of Michigan Press, 1994], n.p.). 전자적 교실이 나머지 세계로부터 "실재의"(real) 세부사항을 텅 비워버림으로써 전자적 자본주의를 대리보충할 것인가? 독자들이 결정해야 하리라.

개념을 침해하는 상징적인 서명이라고 하면 어떨까." 여기서 얼굴을 "지움 하에" 놓기란 정동(affect)을 배설함으로써 얼굴을 풍부하게 가시적이면서 도 가로질러진 것으로 유지하여 할당되는 주체성의 어떠한 형식 — 바닥 모를 것이라 하더라도 — 도 부상하지 못하도록 한다.58 직물의 구성을 패 션 체계에 "알레고리적"으로 전유한 19세기 모델에 따라 토착정보원의 (불) 가능한 시각은 여기서도 또 하나의 "알레고리"를 함께 모아줄 것이다. 여기 서의 술수는 꿰뚫어볼 수 없는 "일본적인" 얼굴 옆에다 카와쿠보의 〈꼼므 드 가르송〉 매장의 1983년 불어판 카탈로그에 나오는 얼굴들과 신체들을 놓아두는 것이다.59 (『식스』는 1989년에서야 처음 나왔다.) 이 카탈로그에 나오는 얼굴들과 의상들은 "현실" 속 일본인의 특수성 없이도 "일본적인" 것으로 인식될 수 있다. 말하자면, 지금은 신비한 예술-대상이 된 조지 해 리슨의 「나의 달콤한 주인님」이나 우리 시대 영국에서 유행하는 "인도 풍 팝"에 나오는 "인도"에, 피럴먼의 "중국"에 비견할 수 있는 것으로서 말이 다.60 애커먼의 책에서처럼(559쪽 참조), 이 카탈로그에도 개인 주체에게 인식을 겸비한 소비자층에 들어가도록 안내하는 설명들이 나와 있다. 하지 만, 우리가 보기에는 알레고리적 초과(excess)를 좀더 많이 생산하는 텍스 트상의 다른 층위가 존재한다. 액커먼의 책에서 "알레고리들"은 건축상 지 지되는 영국식 팔라디아풍 재현들의 별반 뛰어나지 못한 인물들에 의해 한 결같이 틀지어져 있었다. 바르트의 일본인이 표시 하나 없이 이데올로기적 으로 부과된 신호로서 그랬던 것처럼 말이다. 카와쿠보의 카탈로그에서 그 틀은 — 아마 단순히 배경으로 가장할 텐데 — 건축의 사진적 재현물들로

---

58. Rainer Nägele, "Puppet Play and Trauerspiel", *Qui Parle* 3.1 (Spring 1989): 40. 단어의 순서는 다시 정렬하였음.
59. *Comme des garçons* 81 (1983년 7월 5일).
60. 새로운 세계질서의 징조하에 이러한 권위적인 혼종체들을 아무 표시 없는 기원들의 재현물이자 대표자로 생산하는 것이야말로 이 게임의 명분이기도 하다. 추상적인 경제기계를 관리하는 정치적 계산에 봉사하는 문화로서 이데올로기 영역에서 특히 그렇다.

이루어진다. 이것들은 인식될 수 있는 기념비들로서, 액커먼의 말없는 팔라디아인들에 대립하면서도 합법화하는 방식으로 역사를 시험한다. 만일 영국인이 로마로부터 제국을 빨아들인다면, 〈꼼므 드 가르송〉은 프랑스로부터 스타일을 빨아들인다. 그리고 프랑스가 패션인 것처럼 일본은 타자성이 된다. 주체는 그 제작자가 무엇이라 표시해 놓든 간에 유럽으로, 『식스』에 나오는 유럽 뉘앙스의 복제품(clone)으로 남는다.

하지만 레이 카와쿠보는 포스트모더니스트도 아니고 바르트적인 사람도 아니다. 우리는 그녀가 미니멀리스트라는 말을 반복해서 듣는다. 나는 그녀가 디자인한 의상을 보면서 (그 의상의 힘있고 사치스런 기발함에 내가 감동 받고 있다고 말하면 독자는 아마 믿기 어려우리라) 그녀의 전시실에 있는 석탄 연료실 같은 디자인들에 상당히 빚지고 있다고, 그녀가 좋아하는 색은 흐릿한 검은색, 흐릿한 황금색, 흐릿한 회색이라고 추측한다. 그렇든 아니든 간에 나는 이제 미니멀리즘의 유명한 결정적 텍스트인 로버트 모리스의 「나즈카와 나란히」라는 글로 눈길을 돌리고 싶다.[61]

실천하는 예술가인 모리스에게는 바르트나 로티 같은 이들의 명쾌한 오만함이 없다. 그리고 모리스의 글이 실려 있는 『예술포럼』은 『빌리지 보이스』와 제임슨의 논문이 처음 발표된 학술지인 『뉴 레프트 리뷰』 사이 어디엔가 위치한다. 오늘날 그것은 부상중인 예술 축제인 요하네스버그 비엔날레 혹은 광주 비엔날레를 지배하며, 시각 예술의 디지털 나르시시즘을 갖는 영역들에서 나타나는 전자적 자본주의의 위기를 관리하고자 한다. 유럽-미국의 경기후퇴가 시작되었던 70년대 중반에 모리스의 글은 신중하고 복잡한 세련미를 지니며, 느슨하게 학문적인 큐레이터 앞에서라면 온당할 주체-대상 이야기가 깊이 배여 있는 인간적인 작품이다. 그것은 제임슨의 「포스트모더니즘」과 기적적이리만큼 딱 들어맞는다. 모리스와 제임슨은 각자

---

61. *Artforum* 14.7 (Oct. 1975): 26-39. 이후 *AN*으로 줄여 쪽수만 표시함.

의 운신을 위해 예술뿐만 아니라 실로 "문화적 지배류"의 적합한 재료로서 시간이 아니라 공간을 주장한다. 물론 모리스 자신이 문화적 지배류라는 표현을 쓰는 것은 아니지만 그는 운동중인 시간의 행진을 깊이 인식하고 있다. 제임슨은 텅 비워버린 인간의 정동(affect)에 수반되는 행복감에 빠지는 주체의 죽음 혹은 탈중심화라는 명분으로 포스트모더니즘에서 공간의 중요성을 주장한다. 모리스는 자기 육체와 좀더 협조하는 지각하는 자아를 위해 (예컨대 베켓[Beckett, 20세기 영국의 부조리극 작가의) 내면성으로부터 공간을 해방시키는 일의 중요성을 강조한다. 이에 유념하면서, "60년대 예술"과 다양한 국면에서의 **미니멀리즘**을 잘 구분해야 한다는 모리스의 주장에 주목하도록 하자.

> 60년대 예술은 대체로 개방적이었고 공적인 규모를 향한 충동을 지녔으며 그 구조적 논리상 비공식적이었으며, 진보에 대한 신념과 매우 긴밀했던 형식적 양식들이 역사적으로 전개되리라는 신념에 의해 … 지탱되었다. 60년대의 10년 동안 예술은 대화의 예술이었다. 즉, 60년대 말까지 개인 예술가는 비판적 전략들을 완전히 파괴하지는 않았던 상대적으로 안정된 포맷에 기여하는 힘을 지녔다. 70년대 중반쯤에 예술 지평의 에너지 넘치던 한 부문은 완전히 상이한 프로필을 갖게 된다. 여기서 사적인 것은 공적인 충동을 대체한다. 공간 자체가 또 하나의 의미를 지니게 된다. … 문제의 작품이 갖는 좀더 형식적인 양상은 육체의 범위를 넘어서는 경험들에 깊은 회의를 품게 한다. 이 양상이야말로 지각하는 자아가 자신의 물리적 실존이 지니는 몇몇 양상들을 가늠하게 하는 하나의 장소를 제공하도록 한다.(AN 39)

이 설명에 따르자면, **미니멀리즘**의 다른 측면은 어떠한 공적인 예술 사업이건 거기서의 참여에 똑같은 회의를 품는다. 그러면서 자아의 내적 공간을 검토하고 시험하고 궁극적으로 형성한다고 할 때 단 한 명의 개인이 갖는 한계를 드러낸다.

모리스와 제임슨 둘 다 음성중심이다. 모리스에게 글쓰기(writing)는 인간에 대한 인간의 착취를 표시한다. 제임슨에게 에크리튀르(écriture)는 후기자본주의하에서 주체의 죽음을 표시한다. 모리스가 공간을 글쓰기의 밋밋한 공간이라기보다 "실재" 공간으로 다룰 경우, 그것은 "자연의 힘들을 인간의 디자인으로 돌리는 일"이 될 것이다. "자연의 힘은 예술가의 표식들을 통해 흐른다." (아크터를 논평한 페체스키의 경우에서처럼 별 달리 강한 비판은 나오지 않는다[528쪽 참조].) 에크리튀르를 문화적 지배류의 생산으로 보는 입장은 제임슨에게 개인을 자연보다 역사와 나란히 두도록 허용한다. 그리고 모리스가 말하는 예술가가 "두 조항, 즉 밋밋한 것과 공간적인 것 … 추상적 형상과 구체적 실존 둘 다를 가진다"면, 제임슨의 개인 주체도 주체 문제를 받아들이는 입장이 퇴행임을 깨달으면서 "변증법적" 관점을 보유하게 될 것이다. 자연 혹은 역사라는 개념-은유의 문자소적(graphematic) 구조에 대한 어떠한 견해도, 인간의 신진대사 혹은 자유의 제한적 영역에 대한 어떠한 고찰도 이러한 전제들을 교란시킬 수 없다.

모리스는 페루의 어느 신비스런 기하학적 석조건축물과 **미니멀리즘적** 예술의 이러한 원칙들 사이에 있을 법한 이론적 유사성에 주목한다. 페루의 대지 제도법(graphics)의 "실재적" 중요성을 아무도 알지 못한다는 그의 지적은 외견상 가장 신중하다. 그의 글 중반 즈음해 그는 다음과 같이 적고 있다.

> 우리는 사막 속에 있는 선들을 주변 산맥의 힘찬 지대들과 낮은 평야지대를 연결하는 영적 관개(spiritual irrigation) 체계라고 생각할 수도 있다. … 나즈카인들(Nazcans)[62]이 … 특별한 권능이 투여된 산봉우리들 중 하나를 향해 하나의 긴

---

62. [옮긴이] 중앙 안데스 지대의 남해안 — 현재 페루령 — 에 위치하며 기원전부터 500년경까지 번영을 누렸던 잉카 이전 문명들 중 하나.

선을 기록하려고 수정 같은 고산지대들을 밟아나갔다고 상상할 수도 있다. 이러한 형태들에 무슨 의도가 깔려 있든 간에 그것들은 오늘날 우리가 보고 있는 모종의 예술들과 형태학적으로 관련된다. 나즈카의 목적들은 과거에 상실되었더라도, 우리의 현재 맥락을 유익한 부조(浮彫) 속으로 던져 넣을 수 있다.(AN 33)

이 인용 구절은 나즈카인들의 고심거리를 올바르게 해석한 척 하는 허세를 피하고자 애쓴다. 우리는 그러한 양심을 존경하지 않을 수 없다. 그 양심을 지탱하는 이항대립은 의향(intention)과 형식이다. 환상과 실재라는 바르트의 이항대립과 같은 경우처럼, 의향과 형식이라는 사심 없어 보이는 이항대립이야말로 이해관계가 깔린 서사를 작동하게 해준다. 우리가 보기에 나즈카인들은 여전히 형식(최소한 플라톤으로부터 부지불식간에 순수 개요가 차용되는 하나의 개념인)을 가지고 있으며, 차이 없이 쓰인 "우리"는 형식과 의도(intent) 둘 다를 가지고 있다. 제임슨의 경우, 주체에 초점을 맞출 필요가 없는 주체를 설명한다. 그런 것처럼, 모리스의 인용문에서는 미니멀리즘의 형태적(morphic) 행동이 아니라 그것의 의향적 역사가 설명되고 있다. 왜냐하면 "20세기의 모든 예술은 데카르트적 투사의 한 가지 유형에 추동된 것처럼 보이기" 때문이다(AN 33). 그 결과, 미니멀리즘 운동의 정치(情致)한 역사적 특수성은 나즈카를 닮은 하나의 형태라는 견지에서 그 의도를 표현할 수 있다. 최종적으로 설명되는 것은 사실 나즈카인의 의향이다. 나즈카인들이 자연에 가까운 존재라는 사실을 누가 부인할 수 있겠는가?

우선, 미니멀리즘 자체에 의향과 관계된 부담이 있다. "아마 미니멀리즘의 가장 감탄하지 않을 수 없는 측면은 … 밋밋한 관심사들 (체계들, 도표적인 것, 논리적으로 구성되고 위치지어진 것, 미리 인식된 것)에 대한 표시법적(notational) 지식과, 대상들의 관심사 (심층적인 지각의 상대성) 사이를 중개하려고 시도했던, 유일한 대상 예술이었다는 점이다."[63] 그렇다면 좀더 나중 시기의 의향들은 이렇다. "자아를 위해 폐쇄된 공간과 관련된 후기 작품의 경향은 미니멀리즘 미학과 복잡한 관계를 맺는다. 초기 작품에 의해 인정될 따름인 지각의 조건들과 반영성(reflexiveness)을 둘러싼 모종의 태도들을 후기 작품이 두드러지게 강조한다는 점에서 그렇다." 물론 훨씬 초기 작품인 나즈카의 선들에 대한 진정한 설명은 문화정치학 내부에서 "우리" 역사의 외부에서 이제 효과적으로 나오고 있다. 역전되어 왔던 것에 빛을 던져주는 은유의 방향은 이렇다. "표면과 공간의 본성에 관한 이러한 언급들을 놓고 볼 때, 나즈카의 선들은 더욱 심층적인 의미를 띤다. 왜냐하면 미니멀리즘에서처럼 밋밋한 것과 공간적인 것이 여기서 매개되고 있기 때문이다." 달리 말해, 의도하는(intending) 주체는 역사가 없거나, 그 주체의 유일한 역사는 우리 시대 유럽-미국인의 역사이다. 데카르트적 20세기에 글쓰기가 개입함으로써 유럽계 미국인은 오염되고 그리하여 저주받는다. 하지만 여전히 그들은 앞으로 올 글쓰기를 향해 나아가는 나즈카인들의 예방적인 기원 이전(pre-originary) 태도를 예술의 권능을 통해 다시 포착할 수 있을 것 같다. 애초의 변명들이 무엇이든 간에, 나즈카인들의 선에 담긴 "더욱 심층적인 의미"를 드러내는 것은 바로 이 의도하는 주체인 셈이다.[64]

이상은 내포된 역사적 서사를 주관주의적(subjectivist) 예술가의 악명높은 무역사성을 환기함으로써 무시하는 과정을 보여준다. 우리는 이것을 지나칠 수도 있으리라. 하지만 이 텍스트[모리스의 글]가 그러한 결정[지나치려는]을 문제적인 것으로 만들어내는 경위를 살펴보도록 하자.

모리스 글의 서두는 짤막한 「프롤로그-일기」 형식을 띤다. 이 프롤로그 다음에 「말」(Log)이 나오는데 여행자의 일기가 권위적인 주석으로 슬며시

---

63. 이 인용문과 그 다음에 나오는 두 인용문은 모리스의 *AN*, p. 38에서 나온 것이다.
64. 이런 전략은 Derrida, "From and Meaning: A Note on the Phenomenology of Language", *Margins*, pp. 155-173에서 샅샅이 밝혀진다.

흘러 들어가는 대목이다. 「말」 다음에 본격적인 해석을 담는 제목 없는 섹션이 나온다. 지금까지 나의 인용 대부분은 바로 이 섹션에서 따온 것이다.

데리다는 여행담의 18세기적 선례들에 대해 길게 쓴 바 있다(OG 117). 여기서는 「일기」가 다소 난폭하게 차이를 드러내며 시작된다는 점만 주목하기로 하자. "페루 … 좌파 군사정권. 공산화된 대농장, 국유화된 시설물들. 아옌데(Allende)의 작동될 수 없는 민주주의를 피하려는 시도. 피자로(Pizarro)는 6년 동안 200명의 남성과 80마리의 말을 가지고 이 모든 것을 획득했다."[65] 충분한 규모로 주석을 다느라 여기서 세밀하게 처리된 정치적 하부텍스트가 너무 많이 깔려 있다. 모리스의 글이 제시하는 일반적인 논의가 평범한 것임을 다시 한번 간단하게 주목하도록 하자. 그의 글에서는 "자유세계"의 예술이 포스트식민 주체들에 의한 어떠한 합리적 계획보다 식민 시대 이전 낙원의 인간성의 핵심에 도달할 능력을 더 많이 갖고 있다고 한다.

이렇게 자연스런 공감을 전달하고자 「일기」에서는 강력한 남근중심적 이미지가 사용된다. "에로틱한 도자기. 너무 익어 썩어 가는 과일. 사들인 아보카도. 발기한 양 툭 튀어나온 해골 같이 생긴 물주전자. … 관개용 구덩이 속에서 반짝이는 갈색 소년들의 벗은 몸. 헤레라(Herrera) 박물관에 있던 여성 미이라에 대한 기억. … 사타구니에 있는 시간의 자국. 발기한 듯 주둥이가 튀어나온 진흙 주전자들. 그녀는 파라카스(Paracas) 출신이었다. 미이라. 약 3천 년 전." 이 인용문 다음에 멀리서 보이는 실제 여성묘사가 나온다. 그 다음은 지금과 당시 여성의 아름다움을 둘러싼 페루인들의 기준에 관한 파라탁시스적[66] 문장들로 점철된다. "아보카도 껍질을 벗기느라 생긴 손의 상처 자국. … 헤레라 여성 미이라. 완벽한 치아. 피와 아보카

---

65. 이 인용문과 다음 두 인용문은 AN 26에서 왔다.
66. [옮긴이] 이 용어에 대해서는 서론의 역주를 참고.

도로 끈적거리는 손." 그 다음에는 천공(穿孔, trepanning)을 기술하는 대목과 다양한 문명적 일반화들이 나온다. 마지막으로, "발기한 듯 주둥이가 튀어나온 물주전자들. 사막에 스며들어가기. 관개 수로의 긴 선들과 도랑들. 반짝이는 나체 소년들의 헤엄. 진흙 빛 물 속에서의 갈색 몸의 발기."

D. H. 로렌스[20세기 초·중반에 활동한 영국 작가]는 이것을 안이한 남근적 코드에 대한 파괴로 만들었다. 성적 흥분을 통해 피를 확인하는 이런 유(類)에서 하나의 문명은 "타자화될" 수 없다. 다른 세계를 여행하는 예술가-탐험가는 자신이 찾아 헤매는 대상을 발견하지 못한다. 그래서 이 짤막한 섹션의 끝에서 "선들이 하나도 없다. 햇빛이 잦아들자 그것들을 완전히 놓쳐 버렸다. 내일 다시 해보리라"라고 한다. 다음 섹션은 멀쩡한 여행담의 일상적 언어로 시작된다. "전날 놓쳤던 선들을 찾아 나는 다음 날 7시 30분에 팜파 콜로라도로 되돌아갔다"(AN 26). 이렇게 정신과 육체를 대립적인 것으로 무대화한 후에, 우리는 나즈카를 해석적으로 지양(sublation)하는 여정 중에 있게 된다.

여기서 남근중심적 이미지는 모종의 미끄러짐을 작동시킨다. 여성이라는 성적 대상은 분명히 오래 전에 죽었지만 아름답게 보존된 문명의 한 가지 형상이다. 이 문명은 발기한 듯 툭 튀어나온 주둥이가 달린 주전자들에 의해 함축된다. 그러나 그것은 또한 예술가의 사타구니에서 일어나는 "현실적" 욕정, "현실적" 요동이다. 이것은 자신의 "현실적" 피가 "현실의" 아보카도와 뒤섞임에 따라 자연과의 교제에 의해 수반된다. 미니멀리즘으로 하여금 나즈카인들의 "더욱 심층적인 의미"를 발견하도록 허용해주는 것은 바로 역사와 정치를 가로지르는 남성유대의 가능성이다. "여기서는 미니멀리즘에서처럼, 평면적인 것과 공간적인 것이 중개된다. 이 선들의 기능에 대해 내가 제시한 이론과 관련해서 보자면, 최소한 그것들은 이러한 중개를 향해 작동한다."[67]

이 책에서 나는 문학적인 평가의 다른 기준, 반드시 잠정적인 기준이 부상할 수 있다고 제안해 왔다. 우리가 어떤 동일성에 영원히 붙잡힌 채 남아 있기보다 대타성을 환기하는 토착정보원의 (불)가능한 관점에서 작업한다면 말이다. 헤게모니적인 예술-비평 혹은 문학사적 시대구분의 정치한 특수항들은 집단적인 사고방식과 표현적으로 연상되는 기술적 진단들에 일반적으로 의존한다. 그것들은 불규칙하게 체계화될 수 있을 따름인 제국주의 공리들의 계기들을 폐제한다. 이렇게 교차하는 역사 서사는 그러한 폐제의 불규칙한 공통성을 드러낸다. 그리고 거기서 예술과 패션 간에 그어지는 선들은 역사의 "진실"한 설명을 담아내는 깔끔하게 구성된 시대들이라기보다 미결정적인 것들이 된다.

2장에서 우리는 에어리얼-칼리반 논쟁을 벗어나는 남북 아메리카의 토착 인구를 살펴보았다. 여기서 우리는 계몽된 **미니멀리즘**을 경유해 나즈카인을 이와 비슷하게 설명할 수 있음을 알아차린다. 일본에서 있었던 근대의 극복 논쟁에서 동-서 아포리아-운운하는 것은 상동적인 구조선들을 따르는 가운데, 일본의 토착민 소수 집단들에 대해서는 일언반구도 하지 않는다. (호주의 이스트 킴벌리 지역의 **선주민들**이 자유주의적/급진적 다문화주의의 대립을 치환한다.[550쪽 참조] 정말로 이것을 당연지사로 받아들인다면, 오키나와의 선주민 아이누족이 호주를 해방적 입법의 모델로 보았다는 것은 최소한 흥미롭다.)

2장과 3장에서 나는 페미니즘/남성주의가 선호하는 주체/대상으로서 부상중인 레이 카와쿠보 같은 공명을 일으키는 여성 개인주의자가 종종 타자 여성을 사라지도록 허용한다고 시사해 왔다.[68] 포스트모더니즘의 맥락에서

---

67. *AN*, p. 38. 모리스는 "적어도 … 에 따르면"하는 식으로 신중하다. 하지만 (그는) 연대기 상으로는 그렇지 않지만 논리적으로는 선차적인 것에 착오를 일으키지 않는다.
68. 하지만 패션은 문구를 하나 만들어내자면 변덕이고, 여기서 우리가 이야기하고 있는 것은 후기산업적 템포이다. 최대한 공평을 기해 말하자면, 카와쿠보가 더 이상 "페미니스트"(화장을 하지 않는)로, "미니멀리스트"로 호명되지 않는다는 점에 주목해야 한다. 개인적 화장 스타일이 무엇이든간에 그녀는 지금 "일본화하자는" 뉴욕의 혼종주의적 담론 내부에 동화되고 있다

이러한 여성 개인주의자는 도대체 어떤 사람이 될 것인가? 나는 이 질문에 대답을 시도해 보고자 비상구를 열고 자본의 공간 속으로 뛰어들어 특이한 논의의 선을 뚫어 볼 것이다. 텍스트짜임새(textile)[69]의 망에 내가 한 번 더 붙들릴 때까지 말이다.

다문화주의적 투쟁에서 "문화"라는 말의 용법은 푸코의 "권력" 용법에 필적한다. "문화"란 특정한 사회의 복잡한 전략적 상황에 우리가 부여하는 이름이다.[70] 이성을 넘어서는 행동 패턴만을 주장하는 "우리 문화"는 유럽 계

(Lynn Yaeger, "Material World: Pacific Overtures: Turning Japanese", *Village Voice*, 1996년 9월 3일자, p. 34. 이 각주에서의 인용문은 모두 이 34쪽에서 나온다.) 그녀는 미니멀리스트도 아니다. "상품 페티시즘이 나로 하여금 입증할 수 있는 욕망의 에베레스트 산 위에서 샌디-피트만과 같은 균형 잡힌 자세를 취하도록 만들었습니다. 창백한 벨벳과 부풀린 모슬린 꼼므 드레스[트로이의 처음 글 제목은 comme des garcons라는 프랑스어를 영어로 번역한 것이었다. 이 초기 명칭의 별명으로 인식될 수 있는 꼼므는 더 이상 이국적이지 않다. 그녀는 이전처럼 무계급적이지 않다.] 나는 벨벳과 꼼므 둘 다를 진심으로 원해요. 하지만 결국 모두 비슷한 것들 사이에서 아무것도 고르지 못하고 말겠요. 옷 가격이 1,785달러나 하거든요." 하지만 이 타블로이드 신문 기자는 젖을 짜는 하녀-구조를-놀리는-역을-하는-마리-앙트와넷 부류를 이제 영리하게 잘 알고 있다. 그녀 또한 거기와 여기를 강제로 대조시키는 지점을 도출해야 하지만 말이다. "그들의 모국 상황이 의심할 바 없이 다르긴 하지만(아마 모든 사람이 버버리나 힐피거를 입고 돌아다닐 것이다), 뉴욕에서는 … [이 일본 디자이너들의] 네 브랜드 모두 다 비쌉니다. … 그러니까 나를 따라 하세요. 나는 이 가게들을 실험실로 사용하고 있어요. 나는 다음 발상들을 채택하고 있답니다! 나는 절약 상점에 가서 이 제품을 똑같이 카피할 수 있어요! 나는 재봉틀을 확보하는 중이에요. … 꼼므는 특히 이 시즌에는 스타일에 가장 강박적으로 매달리는 사람들의 꿈을 넘어설 정도로 기막히게 절묘합니다. 이들은 제의용 법정 복장의 우아함과 가장 보잘것없는 절약 상점에서 파는 복장의 애교부리는 어라-솔기가-삐져-나온 것인가요? 라는 호소를 그럭저럭 조합하는 스펙터클한 벨벳 의상을 입고 다니니 말이에요." 그렇다, 카와쿠보는 그 일반적 논의가 통하는 하나의 예에 지나지 않는다. 그 일반적 논의는 통하지만.『빌리지 보이스』에 실린 사진은 혼종적 기모노를 휘두른 무더운 영국계 얼굴 사진이다.

69. [옮긴이] 이것은 초국가적 자본 편인 북의 외국인이 직접 투자하는 방글라데시 의류산업에서의 말 그대로 옷감, '직물'과 연결된다.
70. 미셸 푸코는『섹슈얼리티의 역사』에서 자신이 사용하는 "권력"이라는 단어의 용법을 다음과 같은 방식으로 기술한다. "우리는 추호도 의심할 바 없이 유명론으로 될 필요가 있다. 즉 권력이란 제도나 구조가 아니다. 그것은 우리가 부여받는 어떤 힘도 아니다. 그것은 특정한 사회

몽주의 문화가 본연의 이성을 갖는다는 주장과 대립된다. 다문화주의는 이성이라는 옛말, 달리 말해 역사를 지닌 이름으로서 이성이라는 옛말을 사용하면서 관용어법상 강점을 갖는다. 다문화주의는 흉내내기를 저항으로 코드화하지 않는 한, 시민사회의 합리적 구조들이 지닌 한계를 미숙하나마 비판한다.

「한 인류학자는 발레를 에스닉한 춤의 한 가지 형식으로 본다」라는 글에서 조안 킬리이노호모쿠(Joann Kealiinohomoku)는 다음과 같이 적고 있다.

> 서구의 춤 학자들은 에스닉(ethnic)이라는 단어를 객관적 의미로 사용하지 않았다. 그들은 그것을 "이교도", "이방인", "야만인" 혹은 좀더 최근 용어로는 "이국적인" 등과 같은 별 볼일 없는, 미진한 용어를 대신하는 완곡어법으로 사용했다. … "그들"에 대한 우리의 이전 단어들에 투여된 함의를 거부하려는 사회적 분위기 때문에, 또 "그들"이라는 단어를 변명하는 사람들이 가정하는 모종의 세련된 복잡화 때문에, 영어권 학자들은 자신들이 논의하고자 하는 비서구의 춤을 지칭하는 용어들을 찾느라 엄청 압박을 받았던 셈이다.[71]

푸코가 "권력"이라는 단어를 사용하듯 다문화주의자들이 "문화"라는 단어를 사용한다면, 자비심 많은 유럽-미국인 지지자들의 자유주의적 성분은 킬리이노호모쿠가 지적하는 전략에 따라 문화라는 단어를 사용할 것이다. 여기서 또한 문화에 대한 박식한 정의들을 제공한다고 해도 빙산의 일각도 깎아내지 못할 것이다. 리차드 로티는 항상 똑똑하게도 **황제 의상의 빈곤함**을 지적해낸다. 그러면서 그는 "모든 사람들이 우리와 좀더 비슷해지도록 우리 서구인들은 수사를 사용한다. 우리가 좀더 노골적으로 자인종문화

의 복잡한 전략적 상황에 우리가 부여하는 이름이다"(p. 93 스피박의 강조).

71. Roger Copeland and Marshall Cohen, eds., *What Is Dance? Reading in Theory and Criticism* (New York: Oxford Univ. Press, 1983), pp. 546, 547-548.

중심주의자이고 좀 덜 공공연한 보편주의자라면 그 수사가 개선될 것"이라고 제안한다. 그는 그렇게 함으로써 킬리이노호모쿠를 마지막 카드로 내놓는다.72 여기서 공공연하게 전선이 그어지는 셈이다.

72. Rorty, "Justice as a Larger Loyalty", Ron Bontekoe and Marietta Stepaniants, eds., *Justice and Democracy: Cross-Cultural Perspectives* (Honolulu: Univ. of Hawai'i Press, 1997), pp. 9-22. 또한 "Solidarity or Objectivity", John Rajchman and Cornel West, eds., *Post-Analytic Philosophy* (New York: Columbia Univ. Press, 1985), pp. 3-19; "Solidarity", Rorty, *Contingency, Irony, and Solidarity* (Cambridge: Cambridge Univ. Press, 1989), pp. 189-198 참조. 그렇지만 로티의 관점이 갖는 정치적 함의, 즉 새뮤얼 P. 헌팅턴의 『문명의 충돌』[한국어판: 이희재 옮김, 김영사, 2000]과 같은 상당히 반동적이고 덜 지적인 텍스트와의 유사성을 드러내는 곳은 내가 본문에서 인용하고 있는 글과 "Does Academic Freedom Have Philosophical Presuppositions?" *Academe* 80,6 (Nov.-Dec. 1994): 52-63에서이다(앞으로 이 논문에서 나오는 인용은 *AH*로 줄이고 쪽수만 표시함). 로티도 헌팅턴도 국제적 자본의 서사적 역사를 언급하지 않는다. 로티는 "바람직한 객관성과 바람직하지 못한 정치화 사이의 유일한 차이는 각각의 이름으로 수행된 사회적 실천 사이의 차이"라고 쓴다. 그러므로 우리가 문명화 사명, 발전, 민주주의를 계몽주의의 특정한 유산으로 검토하는 것도 자본주의를 문명화 사명(제국주의)으로, 발전(신식민주의)으로, 민주주의(소련해체 이후의 전 지구화)로 재코드화하는 사회적 실천들 때문이라는 점에 동의하고 그 점을 지적하는 바이다. 그들이 "우리 서구인들은 좀더 솔직하게 자인종문화중심적ethnocentric이 되어야 하고 … 계몽주의적 자유주의를 계몽주의적 합리주의로부터 벗어내야 한다고 촉구"할 때 다문화주의의 "문화"가 그 "계승자들"에게 질문을 제기한다("Justice", pp. 19, 20). 그것을 합리주의로부터 벗어냄으로써 유산을 주장하는 신비야말로 실로 급진적 메트로폴리탄 다문화주의가 공모성을 통해 대처하고자 하는 것이다. 로티는 전제들이 중요한 게 아니라 그 전제들이 설명하는 실천이 중요하며, 그래서 문화가 설명으로 써 내려가는 것처럼 보인다고 주장한다. 이것은 솔직하지 못한 발언이다. 그가 "현실에 상응하는 진리 대응"의 "공허성"을 "선택"이라고 분명하게 주장할 수 없기 때문이다. 그래서 그는 공적(실천) 대 사적(신념 — 학문적이든 이론적이든), 혹은 단기(신념들이 중요하지 않다) 대 장기("실용적 수사를 구사하는 물리학자가 서구 합리주의자보다 장기적으로 보면 좀더 나은 학문 공동체의 더 훌륭한 시민이 될 터이다" *AH* 58)와 같은 구분을 해야만 한다. 그렇다면, 우리가 칸트를 내던져 버리기보다 대리보충하여 지지하게 되는 것은 바로 장기적인 이해관계에서이다. 1장에서 우리는 인간 존재가 신의 이름에 의해 합리적 도덕성을 대리보충하도록 프로그램되었다고 칸트를 읽어낼 수 있는지 살펴보았다. 듀이-로티 계열보다 키에르케고르-레비나스-데리다 계열을 통해 작업하게 되면, 신의 이름은 "중력의 서사적 중심"으로서 자아가 책임성의 윤리 속에서 상상하도록 프로그램되는 급진적 대타성에 붙이는 하나의 이름으로 보일 수 있다. 그렇다면, 존재의 프로그램인 책임성을 촉구하는 행동 · 교섭 능력은 차이를 만들어내는 전적인 타자의 자리에 거주한다. 그것은 상이한 전제들이 동일한 실천으로 연결될 수 있다는 점만을 뜻하지 않는다. 그것은 또한 동일한 전제들이 상이한 실천들에 연결될 수 있다는 점을 뜻한다. 포스트식민 주체가 전 지구성 속으로 전유되어 가고

다문화주의자들의 수많은 문화들이 일부 교과서적 정의에 의해 포착될 수 없다면, 로티의 **계몽주의적 문화** 또한 그러할 것이다. 단순하게 말해, 살아있는 문화란 항상 작동중이고 항상 변화무쌍하다. 우리의 과업은 한 문화권의 **이성** 주장에 외부자뿐만 아니라 내부자도 맞서는 전투적 절규로서 문화, 외부자들의 이국성에 붙이는 우아한 이름으로서 문화라는 두 전략 양쪽을 바라보는 것이다.

자유주의적 민주주의 입장에서 말하는 이들이 보기에는, 다문화주의적 액티비스트들과 관련하여 문화란 시민사회를 비집고 들어오는 것이다. 그런데 양편 다 이 점을 공공연히 인정하지 못한다. 시민사회의 행복한 주체권

있다. 그에 따라, "공룡"이나 "산"을 급진적 대타성(담론이 건드릴 수 없는 것, AH 63, n.21)의 이름으로 삼지 말고, 대신 토착정보원의 불가능한 관점을 따라 자아 속에 말고 항상 거기에 선차적인 행동·교섭 능력을 위치시켜 보자. 이것은 자본을 사회주의 쪽으로 움직이게 할 수 있다. 그 집요한 노력(급진적 대타성을 지워버림으로써 책임성을 수혜자로서—타자를 향해 드러내는 것)은 미시적이고 항상 절반쯤에 머무를 뿐이지만 그렇다고 "규칙 없이 … 뒤범벅해 놓은" 것만은 아니다(AH 55). 로티는 철학적 주장들을 거론할 때 매번 "비전문가"들에게 겸손한 척 한다(예컨대 AH 54). 유리 집들인 것처럼 말이다. 자신이 비전문인 곳에서 로티는 다국적 주체들이 전 지구적 사회정의를 위해 남에 재 위치되는 그럴듯한 논쟁들 속에 사로잡힌다. 정말이지 최고경영자는 칸트주의자가 아니다. 그는 "공정한" 것이란 노동비용을 똑같이 상승시킬 것임을 알고 있다. 그래서 그는 노동조합과 복지국가에 반대한다. 교수가 "경제적 사회적 정의"의 실천적 의미를 통해 사유했다면 그 정의가 반드시 "정치적 자유의 축복을 희생하라"고 요구한다고 전제하지는 않았을 것이다("Justice", p. 22). 그는 원한다면 영미 전통을 들여다 볼 수 있다. 예를 들어 그것은 퍼시 셸리[19세기 영국 낭만주의 시인, 2장에 나오는 『프랑켄슈타인』의 저자 메리 셸리의 남편]의 다음 주장이 뜻한 바일 수도 있다. 셸리는 새로운 경제체계들에서의 시(타자와, 또 은유 및 형상화 일반을 통해 일반적 인류와 연결시키는)가 1818년에 그랬던 것처럼 "인류의 불평등의 악화"를 유도하지는 않을 것이라고, 그 이유는 시에는 차고 넘치는 정보가 있고 "우리가 알고 있는 바를 상상하는 창조적 능력을 우리가 원하기" 때문이라고 한다. (Percy Bysshe Shelley, "A Defence of Poetry", Bruce McElderry, Jr., ed., *Shelley's Critical Prose* [Lincoln: Univ. of Nebraska Press, 1967], p. 29). 여러분이 할 수만 있다면, 셸리의 암묵적인 원시주의와 로티의 "솔직한 자인종문화중심주의"중에서 택하라. 하지만 우리 스스로 예측하지는 말자. 로티를 예측하는 것도 이 책의 범위를 넘어선다. *Achieving Our Country: Leftist Thought in Twentieth-Century America* (Cambridge: Harvard Univ. Press, 1998. [한국어판: 『미국 만들기』, 동문선, 2003]의 특이한 애국주의를 좀 기다려 봐야겠다.

(subjectship)에 대한 **계몽주의의 아들**의 주장은 너무 거대하고 너무 분명해서 공들일 필요가 없다. 그것은 "민주사회의 공적인 정치문화에 잠재된 것으로 보이는 모종의 근본적·직관적 관념들"을 주장하는 셈이다.73

이 액티비스트들에게 푸코의 문장에 나오는 "특정 사회"란 전 지구성 속에서 국가를 무시하는 하이퍼리얼 "국제적 시민사회"가 아니라 메트로폴리스 시민사회다. 또 "복잡한 전략적 상황"이란 행복해 하는 주체권(알튀세가 **이데올로기적 주체**라고 부르곤 했던 것)을 주장하는 유럽식 **계몽주의**를 끌어내릴 뿐만 아니라, 행위자, 즉 시민의 자리에 주체권을 삽입하고자 소망하는 것이다. 이러한 요구들은 다양한 문화적 실천을 시민사회가 인정하라는 데서부터, 문화적으로 포용하는 교과과정을 지닌 주류 교육을 통해 예술, 문학, 영화, 비디오에 나타나는 문화적 주제들을 언급하라는 데까지 이른다. 또 약간 다른 움직임으로는 두 언어 구사(bi-lingualism)가 있다. 이것은 다언어구사(multilingualism)로는 절대 진전되지 않는다. 이것 또한 째고 들어가기(invagination)인데, 그것의 벡터는 보수적이라기보다 비판적이다.

앞장들에서 우리는 몇몇 철학, 역사, 문학 텍스트들을 다루었다. 이 책을 읽어낼 수 있는 사람을 생산해 내는 것은 사회적 텍스트인데, 내가 다룬 텍스트들도 이 사회적 텍스트에 복잡하게 얽혀 들어가 있었다. 여기서 우리는 사회적인 것의 짜임새(texture) 속에, 또 그 짜임새의 사회적 주름들 속에 좀더 직접 형상화되는 것 같다. 거기서 이름들은 발빠르게 행진한다. 식민, 포스트식민, **새로운 이민자**, 혼종적, 초국가적, 포스트모던, 서발턴. "우리 문화." 그러므로 "문화" 또한 사람이 어떻게 알게 되는가를 둘러싼 하나의 규율적 원칙임을 다시 한번 기억하는 게 좋겠다. 이 규율적 원칙이

---

73. Rajeswari Sunder Rajan에서 인용하였음. John Rawls, "Politics of Equal Dignity", *Book Review* (Dec. 1995): 23.

바로 푸코의 유명한 아는-능력(capacity-to-know)의 이중항 권력/지식(pouvoir/savoir)이다. 앎을 가능하게 하는 능력으로서 권력/지식은 바탕 수준에서의 "문화"다. (물론 푸코는 다른 단어들도 사용하는데 가장 주목할 만한 것으로 "담론"을 꼽을 수 있다.) 이런 관점에서 문화의 분류들은 가능하고 유용하다. 하지만 작동중인 "문화"는 어느 것이라도 이러한 분류들로부터 생기기 마련인 차이들의 유희(작동과 유희를 구분할 수 있다면)다. 그렇다고 이렇게 말하는 것이 포스트구조주의적 언명인 것은 아니다. 간단하게 말하자면, 그것은 사전상의 차이들의 유희라는 언어 용법과 관계된다. 하지만 사전이란 가능하고도 유용한 것이다. 어떠한 랑그-파롤 혹은 체계-과정도 사전에서의 유희를, 작동중인 문화를 포착하지 못한다. 살아있는 문화란 항상 장기적이고 항상 변화무쌍하다. 우리가 문화로부터 손을 뗄 이유는 전혀 없다. 우리는 고려중인 이론의 전위주의가 갖는 권력에 이러한 한계를 부여하면서 우리의 작업을 한다.

그러므로 나는 문화정치학 연구자인 셈이다. 차이들은 어떤 이해관계에서 정의되는가? 과정-사람들(process-people)이 체계-사람들(systems-people)을 정정할 때, 무엇이 의제로 될 수 있는가? 나는 나로부터 멀리 나간 이 책의 말미에서 이 문제를 놓고 작업한다. 그 때 나는 물론 여러분의 견해에 열려 있다. 여러분은 그 과정에서 내가 상정하는 의제를 판단할 것이다.

내가 이해할 수 있는 한, 나의 의제는 낡은 맑스주의적 의제다. 맑스는 공장 노동자들로 하여금 자신들을 자본주의의 희생자가 아니라 생산의 행위자로 다시 생각하도록 만들려고 애썼다. 그들은 자기들의 노동을 진척시켰지만 자본가는 그들에게 부분으로만 보답했다. 노동자들의 나머지 요구는 사회주의(좀 누그러뜨려서 말하면 복지국가, 좀 치장해서 말하면 시민사회)에 대한 요구이기도 했다. 오늘날 오랜 메트로폴리탄 나라들에서 자본가는 "직업을 창출하는" 은인이라고, 복지는 "공짜" 선물이라고 하는데, 노동자는 체계적으로 복지를 박탈당한다. 우리가 전 지구적으로 유추한다고 가정해 보자. 오늘날 소련 해체 이후의 세계에서 사유화(privatization)는 전 지구화에 유리하게 진행되는 경제적 재구조화의 핵심동력이다. 이것은 전 지구적 경제 패턴에 광범위한 타격을 가져오는 변화를 의미한다. "'시장'에 의해 '시장'을 통해 세계에 통합을 부과하려는 새로운 시도"이다. 새로운 혹은 발전중인 국가들 — 새롭게 탈식민화중이거나 예전에 탈식민화된 국가들 — 이 "신자유주의적" 세계경제체계의 정통 제약들을 탈피하기란 지금 그 어느 때보다 더욱 불가능하다. 이 신자유주의적 세계경제 체계는 발전의 이름으로, 지금은 "지속가능한 개발"의 이름으로 자신과 취약한 국민 경제들 사이의 모든 장벽을 제거하고 있어 사회적 재분배의 어떠한 가능성도 심각하게 손상되고 있다. 이러한 새로운 초국가성에서 "새로운 디아스포라"란 이미 발전된 땅에 뿌리를 내릴 수 있기 위해 "발전중인"(developing)74 국민들의 씨를 새로이 흩뿌리는 것이다. 이것은 유럽중심적 이주, 남녀 양편에서의 노동수출, 경계 가로지르기, 정치 수용소의 추구, 아시아 및 아프리카의 "위안부"를 적당히 근절시키는 데 혈안이 되는 것을 말한다. 앞서 말한 맑스적 기획으로 유추해 보자면, 대충 첫 번째와 네 번째에 속하는 하이픈이 그어진 ~계-미국인들은 자기 자신을 희생자가 아니라 착취를 할 수 있는 행위자로 다시 생각할 수 있을 터이다. 그들이 지금 자기 모국이라 부르는 국민-국가가 국제적 자본의 새로운 통합을 공고히 하기 위해 여전히 문화라 부르는 국민-국가에 "원조"를 제공한다는 발상이 있다. 그렇다면 이 발상은 내가 "초국가적 지식능력"이라 부르는 것으로 유도될지도 모른다. 그 때, 우리의 다문화주의 혹은 "문화"라는 단어의 용법은 발전된 시민사회의 행위자가 되고자 하는 우리 자신의 욕망과 유독 다른 전략적 상황을 명명하게 될 터이다. 우리는 어느 것도 포기할 필요 없

---

74. [옮긴이] '저개발'(underdeveloped)보다는 정치적으로 올바른 용어이긴 하지만, 개발도상(developing)국 대 '선진'(developed)국 표현처럼 여전히 폄하하는 의미가 깔려 있다.

다. 그렇지만 다른 행동·교섭 능력을 바라면서 조금만 입장을 변동시켜 보자. 나는 경제적인 것이란 지워지는 중에도 가시적인 것으로 유지된다고 일관되게 주장하여 왔다.75 이런 주장에 무슨 이득이 있을까? 누군들 알겠는가? 맑스의 책들은 충분하지 않았으며, 그가 작업중인 텍스트는 당 형성 이전의 실랑이와 개인적 삶의 흥망성쇠에 사로잡혀 있었다. 내가 상정한 의제를 펼칠 사람은 바로 여러분이다.

얼마 전 과거가 보여준 놀라운 발전들 중 하나는 학계의 문화적 "포스트식민주의" 물결인데, 이것은 유럽 엘리트 이주민들을 강타한 것처럼 보인다. 1996년 여름에 나는 "포스트식민주의"와 관련하여 유럽에서 열린 행사에 상당히 많이 초대되는 은총을 받았다. 프랑스에서 나는 출세한 마그레브계 프랑스인과 인도계-프랑스인 영문학 선생의 분노를 샀다. 내가 미국 강단 포스트식민주의의 많은 부분이 그저 유행일 뿐이라고 경고했기 때문이다. 이 책에서 내가 좀더 책임감 있게 논의하고 있는 것도 바로 그러한 점이다. (알제리인들의 경우 전적으로 다른 말을 했는데, 그것은 주목할 만했다. 그들은 알제리 탈식민화의 실패로부터 생겨난 자신들의 차이와 대면하고 있었다. 그리고 나는 이미 2월에 전투적인 알제리인 칼레다 메사우디(Khaleda Messaoudi)와 함께 연단에 선 적이 있었는데, 종교적 폭력에 직면해서도 초국가적 자본주의에 대한 메사우디의 인식은 실로 모범적이었다.)76 독일에서 나는 나의 인도적인 혼종적 정신보다 데리다, 드제바(Djebar), 클라인, 디아멜라 엘팃(Diamela Eltit)의 이야기를 한 탓에 인도계 독일인 영문학 선생으로부터 빈축을 샀다. 이러한 순회와 조합을 모두 밝히자면 시간이 모자랄 정도다.

---

75. 『다른 세상에서』, 10장 「가치 문제에 관한 단상들」, 원서 p. 168.
76. 〈저항과 침묵〉이라는 주제의 학술대회. Literatur Werkstatt (Berlin), p. 17-21 (1996년 2월). 탈식민화의 실패에 대해서는 Wole Soyinka, *The Open Sore of a Continent: A Personal Narrative of the Nigerian Crisis* (New York: Oxford Univ. Press, 1996) 참조.

나는 문화정치적 서사화의 광범위한 획을 그으면서 일반화를 무릅써 보고자 한다. 엘리트 "포스트식민주의"는 인종적 하층계급(racial underclass)의 이름으로 말하는 것만큼이나 스스로를 바로 인종적 하층계급으로부터 차별화하려는 전략처럼 보인다.

초기 국면에서 나온 하나의 설명을 제공해 보겠다. 지역적인 것이 전 지구적인 것과 대면함에 따라, 어떤 사람의 작업은 지역적인 것에 의해 아직 끼워 넣어지지 못했다. 이런 사람의 설명을 말해 보려 한다.77 결국 4장은 사라져 가는 현재 역사의 움직이는 토대(socle mouvant)를 왔다갔다하면서 내내 "문화"를 쫓아다니다 실패만 보증 받는 한 명의 여자 같은 모양새다. 앞서 나는 4장의 초고가 갱신되는 과정을 괄호를 치며 잠깐 언급한 적이 있다.

18세기말에 시작된 자본주의적 영토 식민주의와 제국주의는 신식민주의가 시작된 1940년대 중반에 끝났다고들 한다. 그 초기 시절 동안, 백인은

---

77. 예컨대, 나는 1989년에 포스트모더니즘을 페미니즘적으로 잘 사용하는 이들을 좋은 의도로 열거하고 있는 메트로폴리탄 목록에 들어가 있었다. 그런데 이 목록에 들어 있는 사람들의 작업은 어떤 경우 부조리할 만큼 나와 엄청나게 달랐다. "포스트모더니즘을 읽어내는 데서 페미니즘적 글쓰기의 핵심 역할을 언급하지 않는 것은 경솔한 짓일 것이다. … 예를 들어 *Art After Modernism*에는 「젠더/차이/권력」이라는 제목이 붙은 2부에 세 편의 페미니즘 글이 실려 있다. Laura Mulvey, "Visual Pleasure and Narrative Cinema"; Constance Penley, "'A Certain Refusal of Difference': Feminist Film Theory"; Kate Linker, "Representation and Sexuality." 하지만 이외에도 강력하게 기여하는 페미니즘 진영의 글들이 많다. Jacqueline Rose, *Sexuality in the Field of Vision*; Roszika Parker and Griselda Pollock, *Framing Feminism*; *Sexual Difference: Both Sides of the Camera*에 실린 Abigail Solomon-Godeau의 글; 학술지인 *Camera Obscura*에 실린 페미니스트들의 글 (예컨대, Constance Penley, Jane Weinstock, Meaghan Morris 등); Annette Kuhn, *The Power of Image: Essays on Representation and Sexuality*; Gayatri Spivak, *In Other Worlds*. 또 좀더 최근에는 Meaghan Morris, *The Pirate's Fiancee: Feminism, Reading Postmodernism*. 이 모든 글들은 타자성을 가치 있게 여기려는 투쟁으로서 포스트모던한 것을 둘러싼 계속되는 논의에 실질적으로 이바지한다"(Timothy Druckery, "Reading Postmodernism", *Camerawork* 16.1 [Spring 1989]: 20-21).

아니지만-상당히-백인 같으면서 외국인 지배자들과 토착 피지배자들 사이의 완충지대로서 활동했던 토착민 출신의 기능적 지식계층이 생산되었다. 이것이 바로 소위 식민주체 형성을 가장 널리, 또 가장 추상적으로 설명하는 대목이다. 지배적인 유럽인 주체의 거대서사를 떠받치는 것은 바로 이러한 서사이다.

우리가 이렇게 포스트식민적인 것을 힘차게 확보할 때 우리는 정말로 다음과 같이 물을 수 있다. 거대한 영토 제국주의들이 와해되기 시작하고 탈식민화 시기가 시작되었을 때 토착 엘리트들의 문화적-정치적 운명은 어떻게 되었는가? 신생 국가들에서 그들은 새로운 문화정체성을 벼리는 데서 강력한 역할을 행했다. 그렇다고 메트로폴리스의 문화적-정치적 상황과 항상 긴밀하게 연계되었던 것은 아니다. 토착 엘리트들이 하나의 확립된 새로운 정보원 입장을 가지고 있지는 않았기 때문이다. 그들은 1960년대 영국에서 "국민적" 문화연구가 싹틀 때 하나의 발판을 확보하지 못했다. 그 운동은 노동계급에 기초를 둔 것이었고 거의 처음부터 이주민 문화를 지향했기 때문이다. 지역학은 냉전 시기에 터져 나와서, 탈식민화의 수호자로서 미국의 자기-재현을 지지하는 역할을 했다. 바로 이 지역학이 토착 엘리트 계층의 일부를 흡수했던 것이다. 70년대 들어 거대한 증권시장이 컴퓨터화되고 국가에 기초를 둔 자본이 와해되고 나서야, 자비로운 제3세계주의적 문화연구 충동이 미국 학계를 감염시키기 시작했다.[78]

지식생산을 통한 위기관리에 엄청난 잠재력을 지닌 이 충동은 포스트식민 정보원으로 변한 식민주체 속에 둥지를 틀었다. 어떠한 유럽-미국 정전(canon)의 동요에도 깊은 적대감을 보이는 전통적인 인문학 권위자들은 대체로 이 입장을 엄청 공격한다. 그래서 이 입장 나름의 문화적-정치적 유래는 분열된 충성심이라는 불편한 감정을 느끼지 않고는 거의 논의될 수

---

78. 지역학에 대해서는 Carl Pletsch, "The Three Worlds" 참조.

없을 지경이다. 여기에는 실제로 오해할 소지가 너무도 많아서, 지금 내가 식민으로부터 "새로운" 국가의 포스트식민으로 천천히 일어나는 변화를 말하는 게 아니라는 점을 서둘러 밝혀야만 하겠다.[79] 나는 미국의 영문학 연구 무대에서 포스트식민 정보원의 갑작스런 두각을 설명하려고 애쓸 뿐이다.

포스트식민 정보원은 탈식민화된 국가 내부의 억압받는 소수자들에 대해서는 잘해야 특별히 잘 준비된 연구자로서 외에는 별로 할 말이 없다. 하지만 다시금 이 포스트식민 정보원들은 메트로폴리스 공간에 있는 다른 인종적·에스닉한 소수자들과 동일시한다. 그에 따라 억압의 머나먼 대상들과의 동일시라는 아우라가 이 정보원들에게 덜컥 달라붙는다. 최악의 경우 그들은 이 아우라를 활용하여, 지식생산 기계와의 연루를 부인함으로써 오염되지 않은 토착정보원 행세를 한다. 그래서 이 집단은 새로운 제3세계라는 시뮬레이션 효과를 만들어냄으로써, 또 문화적·에스닉한 특수성과 연속성 및 국민적 정체성을 합법화하는 거대서사들을 한데 모음으로써 투쟁을 잠식한다. "회고적인 환각"의 한 부류라고나 할까.[80] 또는, 좀더 최근 들어서는 좀더 화려한 기라성 같은 층위가 계급상승 유동성을 저항이라고 서술하면서 메트로폴리스 거주자들의 탈안정화를 에스닉 인구구성에서 일어나는 변화로 국한시킨다. 이러한 은폐의 지속적이고 다양화된 생산물이 바로 "타자", "바탕 수준의 활동", 일종의 내장된 비판적 계기인 포스트모더니티에 "부상중인 담론들"이다. 인종적 하층계급과 서발턴적 남은 어둠 속으로 뒷걸음질쳐 물러난다.

---

79. Geeta Kapur, "When Was Modernism in Indian / Third World Act?" *South Atlantic Quarterly* 92.3 (Summer 1993): 473-514는 인도 예술의 시기구분 맥락에서 이러한 변화를 보여주는 표를 제시한다.
80. Jean Baudrillard, "The Precession of Simulacra", *Simulations*, tr. Paul Foss et al. (New York: Semiotext(e), 1983), p. 22. [한국어판: 『시뮬라시옹』, 하태환 옮김, 민음사, 2001].

이런 활동은 일종의 공식을 발생시킨다. 즉, 식민주의는 근대화/모더니즘이었고, 포스트식민주의는 포스트모더니즘에 대한 저항이거나 "진정한" 포스트모더니즘이다. 이제는 오로지 포스트모던 포스트식민주의자만이 혼종을 자처하는 승리도취자가 된다. 실제 포스트식민 지역들은 정보명령의 전자통신 사회에 대해 특정 계급에 국한되고 국제적으로 통제되는 제한된 접근권을 갖는다. 종종 이 접근권은 문화적 특수성과 차이 담론이 토착 지역과 접촉하는 지점 혹은 출처이기도 하다. 차이를 주장하는 학계는 급진적 입장의 모조된 특수성을 지지하면서 신식민주의에 봉사하는 포스트식민 주체의 은근한 협조를 종종 은폐한다. (오늘날 이것은 혼종주의자적 탈민족적 이야기로 치환되면서 전 지구화를 미국화로 찬양한다.) 시뮬레이션과 은폐의 이러한 두 단계는 페미니즘 담론을 태워줄 수 있다. 칼파나 바르단이 지적한 대로, 포스트식민성에서

> 여자들은 이해관계와 필요를 공유하는 하나의 집단을 거의 구성하지 못한다. 그들은 남자들만큼 성층화되어 있다. … 이런 맥락에서 젠더 정치학은 계급정치학을 거의 대신할 수 없다. … 임금-및-접근권 격차가 전통적인 특권의 선들을 따른다면, 우리의 관심은 자본주의 착취과정의 적응력 있는 능란함으로부터 편리하게 벗어난다. 그리하여 우리의 관심은 봉건적 가치들(국민적-문화적-에스닉 특수성?)의 완강한 끈질김을 향하게 된다. 그 때 전통과 자본주의는 실제로 공생하는 관계인 셈이다.[81]

(오늘날 UN식 보편주의 페미니즘은 말하자면 탐욕스런 자들의 이해관계에 따라 궁핍한 자들의 필요를 (희망컨대 부지불식간에) 써먹기 위해 여성들의 집단성을 만들어낸다. 젠더화된 "포스트식민" 주체가 여기서 다소 중요한 역할을 담당한다.) 나는 이 관계를 공생 관계(서로를 먹고/먹여 살

---

81. Kaplana Bardhan, "Women, Work", pp. 3, 5.

리기)라기보다 공모 (함께 포개져 있는) 관계라고 부르고 싶다. 서로 포개져 있는 우리는 가장 광범위한 정책 구조들에서처럼 우리 삶의 세밀한 특정 사항들 속에서 다른 편에 있는 무엇이든 먹고 살고/먹여 살린다. 이렇게 서로 포개지지 않고서는 나 자신의 텍스트는 씌어질 수도 읽혀질 수도 없었을 것이다. 서로 포개짐을 금하라는 단순한 촉구는 조리 없이 역사를 부정하는 것이다. 책임감 있는 학계 비평이 열망할 수 있는 모든 것은 유의, 경계, 총체적 연루로부터 항상 한 발짝 나와 집요하게 거리 두기, 영구적인 의사진지(parabasis)에 대한 욕망이다. 학계의 울타리 내부에서 이보다 좀 더 큰 주장은 모두 속임수다.[82]

---

[82]. 남의 학계 포스트식민주의 비평가들과 메트로폴리탄 포스트식민주의자 양쪽 모두 경계심(vigilance)을 촉구하는 나에게 반대한 바 있다(스피박의 『교육기계 안의 바깥에서』에 대한 서평 Robert Young, *Textual Practice* 10.1 [Spring 1996]: 238; Harish Trivedi, Trivedi and Meenakshee Mukherjee, *Interrogating Postcolonialism: Theory, Text and Context* [Shimla: Indian Institute of Advanced Study, 1996], p. 240.) 나는 대체로 "액티비즘"의 텍스트성에서만큼, 문학의 텍스트성에서 좀 다르긴 하지만 지식이 될 만한 파라드 마자르(Farhad Mazhar)를 인용한다. 그는 어떤 종류의 "제3세계 문학"이 국제적인 응답을 받는지 아이러니하게 쓰고 있다. 그는 자본주의와 종교의 공모성에 분노한다.

> 좋아, 공책. 이번에는 필립스 상을 탈 것인가?
> 시도해, 노력해, 알라신이 네 희망이다.
> 아이고. 조심해. 경계해. 잘 지켜보고.
> 나는 느릿느릿 살랑거리는 풀을 베기고 있다.
> 나는 재규어의 발을 적어두고 있다.
> 나는 미끄러지고 있다. 내 발이 발판을 놓친다.
> 나는 발꿈치로 나의 발걸음 문제를 적어두고 있다.
> 조심해. 조심해. 유의(attention).
> 옛날엔 넌 철조망의 저편에서 싸워야 했다.

> 하나 시사하자면 나는 포스트식민성에서, 탈식민화의 실패에서 민족해방투쟁, 변경지대, 감옥 생각을 한다는 것이다.

> 지금은 양편에서, 좌우, 위와 아래, 물과 육지에서.
> 악어에게 가서 네 이빨이나 고쳐라.
> 뱀에게서 물렁물렁한 척추를 얻거나
> 박쥐에게 가서 빨아먹어라
> 나의 춤(Chum), 나의 시기상조인 공책, 지금은 아주 나쁜 시기야.

우리에게 인도 탈식민화의 실패를 통한 교훈을 가르쳐주었던 것은 1992년 12월 인도에서 일어난 힌두 민족주의의 분출이었다. 이것은 아요다에 있는 사원 하나를 파괴하는 결과를 빚었다. 탈식민화의 실패가 우리로 하여금 탈출(exodus)하게 한 머나먼 동력이다. 그리하여 우리는 전 지구를 떠도는 포스트식민 주체가 되었고 새로운 전 지구적 공모성에 얽힐 준비가 되어 있었다.

역사적으로 권위적인 민족정체성의 이름으로 근본주의 세력을 동원했던 것은 해당 국가인 인도의 우파 정치권력 중개자들뿐만이 아니다. 거기에는 또한 좌파 이데올로그들 중 고립주의적 대항-민족주의(counter-nationalism)도 있다. 디아스포라 좌파의 반-민족주의자(anti-nationalists)임을 공언하는 사람들 일부는 출신 나라의 종교적 민족주의에 열정적으로 맞서는 입장을

사방을 둘러보며 네 발걸음을 조심해, 나의 친구여.

그런 다음 마지막 단어는 영어로 되어 있지만 벵골어 문자도 나온다.

조심해!!

("Ashomoyer Noteboi", Ashomoyer Noteboi [Dhaka: Protipokkho, 1994], p. 42; 스피박의 번역)

물론 시를 선언서처럼 읽을 순 없으리라. 그러나 이 시는 경계심을 촉구한다. 포스트식민성에서는 더 이상 친구를 알아볼 수 없기 때문이다. (친구를 하나의 집단성으로 여기는 것이 곤란해졌다는 점은 물론 "사실"이다. 데리다는 아리스토텔레스를 되풀이하는 몽테뉴를 되풀이하면서 "우리라고 할 때 우리의 숫자가 얼마나 되는데?"라고 묻는다(Derrida, The Politics of Friendship, tr. George Collins [New York: Verso, 1997], p. x 및 그 외). 하지만 친구란 항상 말 걸어져야 하는 법인데, 우리가 NGO나 교실 밖으로 나가면 오늘날은 이것조차도 위험하게 보인다.) 이 시는 선거들, 다양한 정상회담, 다양한 UN 회담 후에 씌어졌다. 이 작가는 커다란 생태학적 집단 농장을 운영하며, 생물다양성(biodiversity)의 착취를 독립적이고 실용적으로 다루는 연구를 하고 있다. 문화적 작가들은 유럽중심적 하층계급 이주를 둘러싼 국내 정의를 그려낸다는 측면에서 전 지구화 문제와 맞잡고 싸우는 소위 출세한 포스트식민 지식인들을 건들지도 않는다. 이들은 자신들을 국내 하층계급과 제휴한다고 그들과 동일시하면서, 남의 지역적인 것이 전 지구적 탐욕에 직접 개입하고 있다는 사실을 무시한다. 그러니 내가 경계할 필요를 느끼는 이유의 출처를 이제 다시 한번 더 보게 되는 셈이다. 그렇다면 이 인기 없는 입장은 합의를 파괴하는 사람의 단독 입장만이 아니라, 전 지구화에 대항하는 입장에서 저항하는 노동자들과 접촉하면서 내가 배우게 된 바를 반영한다.

취하면서 추방자(ex-patriate)의 반동적 민족주의의 힘을 과시했다. 민족주의란 문화처럼 차이들을 움직이는 하나의 토대, (푸코를 다시 인용하자면) socle mouvant이다. 그것은 강력한 만큼 위험하며, 그것이 의존하는 정의(definition)에 찬성하든 반대하든 항상 정의에 앞서거나 정의에 의해 지연된다. 민족주의에 맞서는 전 지구성 — 혹은 탈국가주의 운운 — 은 전 지구의 금융화 혹은 전 지구화에 대한 하나의 재현이다. 묘사(Darstellung) 혹은 극장으로서 또 대표(Vertretung) 혹은 기능상의 대표파견이라는 이중적 의미에서 말이다. 내가 앞에서 흉내내기를 저항으로 재코드화하는 메트로폴리스의 계급상승적 책략이라 보았던 것은 이제 이러한 배분 속에서 자기 모습을 드러낸다.[83] 무엇이 결정요소인지 명확하지는 않지만 국가가 금융화 세력들에 의해 점점 더 심하게 저당 잡혀간다. 그에 따라, 근본주의적 민족주의가 민족과 국가 사이에 느슨하게 그어진 하이픈 사이에서 발생한다. 민족-국가, 주체-에이전시(제도적으로 정당화된 행동), 정체성-시민권에서 앞 항목은 탁하고 뒤 항목은 추상적이다. 탁한 항목의 이름으로 추상적 항목의 이해관계를 구할 때 많은 조작, 책략, 동원이 일어날 수 있다.[84] 그 사이에 확보되는 경험은 전 지구라는 이름이 아니라 전 지구를-에워싸기(girdling)라는 이름으로 민족주의를 주술로 불러내는 또 다른 방법을 제시했다.

---

83. 예컨대, Arjun Appadurai, "Patriotism and Its Futures", *Public Culture* 5.3 (Spring 1993): 411-429 참조.
84. 금융화 세력들에게 저당 잡힌 남의 점진적인 부채 정보는 끊임없이 전방위로 확산중이다. 그 원칙에 대한 간략한 소개는 Cheryl Payer, *Lent and Lost: Foreign Credit and Third World Development* (London: Zed, 1991) 참조. 로저 C. 앨트먼의 글에서는 하나의 흥미로운 발전이 발견된다. Roger C. Altman, "The Nuke of the 90's", *Sunday New York Times Magazine* (1998년 3월 8일자), pp. 34-35. 이 잡지가 알려주고 있는바, 앨트먼은 "카터와 클린턴 대통령 시절 미국 재무부에서 일한 적이 있는 투자가"이다. 행동·교섭 능력으로 말할 것 같으면 가난한 이들이 철저하게 정치적 권리를 박탈당할 때, 그럴 듯한 공식적인 추상물로 환원될 수 있는 종교와 젠더화와 같은 아주 오랜 "제도들"이 그것들의 정당화 메커니즘을 차고 들어온다.

전 지구성은 전 지구의 금융화 혹은 전 지구화의 이해관계 속에서 환기된다. 전 지구성을 생각한다 함은 전 지구성을 사유하기의 정치(학)를 생각하는 것이다. 일반 대중 정치의 느슨한 윤곽은 어떤 식으로 각인되는가? 마샬 맥루한은 "분수령을 이룬 지식인" 치고는 다소 소소한 축에 속한다. 하지만 그의 책 『지구촌』은 하층계급 다문화주의의 역습에 깊이 깔린 배경이 되는 무엇인가를 우리의 현재 역사에 제시해 준다.[85] 나는 맥루한의 책을 장-프랑소와 료타르의 『포스트모던의 조건』과 짝지어 본다. 료타르의 책은 제임슨의 토픽과 연관되면서도 상이한 음조를 제공하며, "이론"을 뿜어내던 학계의 분파들에 분수령과 같은 효과를 야기한 책이다.[86] 맥루한은 60년대의 광적인 과학주의 단계에 속하는 반면 료타르는 토머스 쿤, 폴 파이어벤트, 로이 바스카, 낸시 카트라잇 등과 같은 과학 철학자들이 생산해낸 모더니즘적 과학 패러다임을 비판하는 단계에 치우친다. 하지만, 두 사람은 공통으로 진술된 전제를 공유한다.[87] 즉, 전자 테크놀러지의 진보는 "서구"(맥루한) 혹은 "텔레마틱[컴퓨터 및 전자 테크놀러지를 매개로 한 의사소통] 사회"(료타르)로 하여금 전(前)자본주의적·영적 풍성함에 되돌아갈 수 있게 했으며 그것도 이에 수반되는 불편함 없이 그럴 수 있게 해주었다고 한다. 이 전제는 겉으로만 명백하게 탈중심화된 포스트포디즘적 포스트모던 자본주의와 전 지구적 텔레코뮤니케이션을 정당화한다. 맥루한은 전

---

85. Marshall McLuhan, *The Global Village: Transformations in World Life Media in the 21st Century* (New York: Oxford Univ. Press, 1989). 앞으로 *GV*로 줄여 괄호 안에 쪽수만 표시함.
86. Jean-François Lyotard, *The Postmodern Condition: A Report on Knowledge*, tr. Geoff Bennington and Brian Massumi (Minneapolis: Univ. of Minnesota Press, 1984). [한국어판: 『포스트모던의 조건』, 이삼출 외 옮김, 민음사, 1992].
87. Thomas S. Kuhn, *The Structure of Scientific Revolutions* (Chicago: Univ. of Chicago Press, 1970 [한국어판: 『과학혁명의 구조』, 김명자 옮김, 까치, 2002]; Paul K. Feyerbend, *Against Method: Outline of an Anarchistic Theory of Knowledge* (New York: Schocken, 1978); Roy Bhaskar, *A Realist Theory of Science* (Hassocks, Sussex: Harvester, 1978); Nancy Cartwright, *How the Laws of Physics Lie* (Oxford: Clarendon, 1983).

체론적이고(holistic) 청각적인 오른 쪽 뇌의 활동에 비해 합리적이고 시각적인 더 뛰어난 왼쪽 뇌의 활동 측면에서 논의를 풀어 간다. 그는 서구가 지금까지는 왼쪽 뇌의 활동에 깊이 관련되어 있었지만 이제 전자 테크놀러지 덕분에 오른 쪽 뇌의 활동 쪽으로 점차 나아가고 있다고 한다. 그는 이것을 증명하기 위해 네 요소로 이루어지며 은유 이상은 아닌 합리주의적 모델을 통해 과학 발견의 역사를 다시 쓰자고 한다.[88]

맥루한에 따르면, 지금까지 전체론적인 오른 쪽 뇌를 작동시켜왔던 제3세계가 이제 점점 더 왼쪽 뇌 방향으로 옮아가고 있다. 맥루한이 무어, 아랍, 페르시아, 인도, 한국, 중국, 일본의 헤게모니적 전통으로부터 이런 부조리한 결론을 도출하게 되는 경위는 애석하게도 너무 쉽사리 설명된다. 그러나 여기가 이에 대한 분석적 논쟁을 할 자리는 아니다. 요점만을 간추려보자면 이렇다.

20세기가 끝날 즈음, 확실히 제3세계는 여러 상이한 이유들로 스스로 내파될 것이다. 사람은 너무 많고 식량은 너무 적다. … 암세포의 네 원소는 작게나마 세계의 즉각적인 미래를 드러낸다. 즉, 암이 세포 재생산을 촉진하고 원시적인 세포 진화를 접수하여 암 자신을 자가-소비되도록 변형시켜 버린다. … 새로운 테크놀러지적 인간은 … 자신도 모르게 자기 형제를 지키는 자가 될 게 틀림없다. … 생태학은 "백인 남성의 짐"을 "거리의 남성" 어깨에 짊어지도록 한다.[89]

---

88. 이런 움직임을 읽어내는 것은 개념과 은유 사이의 이해관계가 깔린 차별화의 역사에 우리를 연루시킬 텐데, 여기서는 그럴 시간이 없다. 대신 데리다의 논문, "The Retreat of the Metaphor" (*Enclitic* 2.2 [1978]: 5-33)와 "White Mythology"(*Margins*, pp. 207-271)를 추천하는 바이다. 여기서 white는 물론 "백인"을 의미하기도 하며, white mythology란 이성을 말한다. 맥루한 논의의 출발점은 언어를 심각하게 부인하는 것이다. 그는 자신의 뇌 모델이 정확하다고, 결코 의문시되지 않는다고 가정하면서 "문화적"이라 불릴 수 있을 법한 다양화된 방식으로 소위 좌우 뇌 사이의 간극과 교섭을 벌인다.
89. *GV* 110, 93. 이와 동일한 종류인 헌팅턴의 서구 문화 우월주의 입장은 전 지구화를 지지하면서 오늘날 그 반대 주장을 생산한다. "서구가 창출해 온 상호연결된 세계 덕분에, … 다른 문명들에 대한 테크놀러지의 확산을 감속하는 것은 점차 어려워지고 있다. … 20세기 후반

전통과 모더니티, 계몽주의와 공산사회주의(communitarianism)치고는 너무 과하다. 이것은 "발전"에, 즉 새로운 제국주의의 문명화(근대화/민주화) 사명에 일반적 정당화를 제공한다. "서구"는 지금 새로운 세상이 되었고 우리는 옛 신세계를 우리의 어깨에 짊어져야 한다. 그렇다면 그 모델은 어떤 것이 될까?

"EFTS[Electronic Funds Transfer System; 전자 자금이체 체계]는 … 모든 … 지구행성 데이터베이스를 작동하는 원형으로 간주될 수 있다. … 한 조직이 국가에서 가장 커다란 경제 집단이 될 때 그것은 사회구조가 된다"(GV 108, 124). 우리는 이러한 금융화를 전 지구화의 비밀이라고 덧붙일 수 있겠다. 『지구촌』의 나머지는 벨 전화 체계와 AT&T[미국의 대표적인 두 전화 회사]를 열정적으로 칭송한다.90 『지구촌』이 특정한 국가주의적/제

테크놀로지의 확산과 비서구 사회들의 경제적 발전은 지금 그 역사적 패턴으로의 복귀를 생산하고 있다. … 20세기 중반의 이전은 아니겠지만 중반 즈음에는, 경제적 생산물의 분배와 주도적인 문명들 사이의 제조업 성과가 1800년대의 양상[세계의 가장 큰 경제로서 중국]을 닮게 될 것이다. 200년 동안 세계경제에 미친 서구의 '삑하는 소리'(blip)는 곧 끝장날 것이다"(헌팅턴, 『문명충돌』, 원서 pp. 87-88).

90. 앞의 각주에서 우리는 지난 30년 동안 서구 우월주의 테크놀로지 예언가들이 경제적 전 지구화뿐만 아니라 정치적("문화적") 전 지구화를 은근슬쩍 지지하면서 그와 정반대의 단언을 하고 있다는 점을 지적해 왔다. "[비서귀 사회들은 서구의 최근 방식들을 받아들여야 한다. 예컨대 노예제를 폐지하고 종교적 관용을 실천하고 여성들을 교육하고 인종간 결혼을 허용하고 동성애 및 양심적 전쟁거부를 관용하는 등을 통해 말이다. 충직한 서구인인 나는 비서구 국가들이 정말로 이런 일을 해야 한다고 생각한다. 롤스(Rawls)는 합리적이라고 여겨지기 위해 무엇이 필요한지, 또 우리 서구인들이 전 지구적 도덕 공동체의 성원으로 어떤 종류의 사회를 받아들여야 하는지 말했다. 나는 그에게 동의하는 바이다. 하지만, 우리 서구인들이 좀더 솔직하게 자인종문화중심적(ethnocentric)이라면 우리가 모든 이를 우리와 좀더 비슷하게 만들려고 노력하는 가운데 사용하는 수사(rhetoric)가 개선될 수 있다고 생각한다"(Rorty, "Justice", 로티의 강조). 앞서 이미 인용한 바 있는 이 구절은 보편주의적 합리성에서 나온 논의보다 군사 활동과 착취를 좀더 용이하게 정당화하는 구실을 의심의 여지 없이 제공할 수 있다. 우리는 이 점을 지적하지 않을 수 없다. 맥루한에게도 회의의 혜택을 주도록 하자. 그럼에도 불구하고 AT&T사의 전 지구적 자비심에 대한 그의 예언은 과녁을 빗나간 것임을 지적하도록 하자. 내가 536쪽에서 인용하는 말들을 전 미국 노동부 장관이 언급한 것도 바로 AT&T사에 서 있었던 예외적으로 대규모 인원감축에 반응을 보인 셈이었다. 진리가 허구보다 더 낯설

국주의적 언급으로 끝난다는 것은 그다지 놀랍지 않다. "캐나다인과 미국인들은 매우 귀중한 것을, 자기들의 땅이 마지막 개척지라는 의식을 공유한다. 캐나다 북부가 미국의 서부를 대체하여 왔다"(GV 147).

물론 료타르는 오른 쪽 뇌의 의식 이론 같은 걸 가지고 엉터리 짓거리를 하지는 않는다. 그의 전체 주장은 그의 책에서 침묵된다. 그는 각각의 (사회적? 역사적? 리비도적?, 아마 이 모든) "조건"이 합법화에 쓰이는 언어게임을 제공하거나 언어게임에 의해 생산된다는 발상 — 우리로서는 확신할 수 없는 — 을 진척시킨다. 텔레마틱 혹은 전자적 세계에서는 사회정의의 서사(맑스)도 발전의 서사(자본)도 합법화를 제공하지 못한다고 그는 주장한다.[91] 이제 합법성은 고려중인 목적 없이 형식 — 형식이 아니라면 짧은 이야기로 동일시될 — 을 발생시키는 모델에 따라 제공된다. 이 모델은 형태발생론적이고 혁신적이지만 비목적론적이다. 여기서는 고양된 의식이나 의식화에 대한 복잡미묘한 신념이 엿보인다. 하지만 텔레마틱 혹은 전자적 조건에 부합하는 새로운 언어-게임의 습득이라는 료타르의 모델은 정신들

수 있다는 오래된 이항대립의 원칙에 따라, 우연한 동시발생 사건(coincidences) 기록연감에서 상실되는 하나의 사건을 상기해 보겠다. 그 이미지와 수사가 국가사회주의의 기념비적 승리주의를 강하게 닮은 국민주의적[애(미)국주의에 가깝다] 승리주의에 도취되어 1995년 애틀란타 올림픽은 텔레비전에서 찬양되었다. 거기서 폭탄을 맞았던 것은 바로 기독교 세례를 아마 받았을 "지구촌"인 AT&T라는 하이-테크 커뮤니케이션 복합기업이었다. 매콜리가 말한 식민주체가 그 주기를 한 바퀴 완전히 돈다. 그러자, 이와 대조적으로 로티와 헌팅턴의 새로운 뜨거운 평화(hotpeace, 냉전이 아니라[냉전의 차가운 전쟁과 대조되는 어휘들의 합성에]) 움직임이 전적으로 문명화-사명-겸-지구촌화 알리바이를 폐기하고, 하이-테크 관리자들의 전 지구적 분리주의적(secessionist) 공동체를 누전시키려고 한다. 이 점을 주목한다고 해서 내가 4장에서 하고 있는 논의를 더 이상 앞지르지는 않는다. 그것은 이 책과 같은 책들을, 서사적 각주들과 그 외 모든 것을 이전 국면에 대한 기록물(memorabilia)로 변형시킨다. 사라져 가는 현재를 포착하려고 시도하는 가운데 말이다.

91. 맑스주의에 대한 료타르의 통렬하면서도 철저하게 서구 유럽적인 마땅찮음을 드러내는 서사로는 "A Memorial of Marxism: for Pierre Souyri", *Peregrinations: Law, Form, Event* (New York: Columbia Univ. Press, 1988), pp. 45-75 참조. 말이 난 김에, 부르주아 민족해방운동과 이에 수반된 탈식민화의 실패에 대한 날카로운 지적은 이 책의 68-69쪽에 나온다.

이 세계구조들과 똑같은 속도로 집단적으로 변화한다는 (많은 이들이 공유하는) 순진한 믿음을 드러낸다.

료타르는 공식적인(formulaic) 구전 서사 전통의 짧은 이야기로써 자신의 합법화 모델을 확보한다. 그의 논의 자체가 다음과 같이 진행될 숨겨진 위대한 서사다. 결국 모더니티로 이어졌던 장구한 역사적 운동의 압력하에, 『일리아드』, 『오디세이』, 『마하바라타』, 『라마야나』, 말할 것도 없이 북유럽(Nordic) 전통의 서사시와 같은 위대한 구전 서사시는 서사적 종말을 맞았다. 그것들은 시작, 중간, 결말을 갖는 긴 이야기가 되었다. 하지만 이야기들을 노래하던 전근대 시인이 실제로 서사시를 수행했을 때, 그의 합법화는 그가 암기한 구전 공식을 통해 얼마나 많은 새로운 에피소드들, 이야기들을 뽑아낼 수 있는가에서 나왔다. 광대한 비개인적 "가상"(virtual) 기억들을 지닌 전적으로 텔레마틱한 사회들은 전근대의 전(前)자본주의적 조건에 아무 문제없이 접근해 왔다고 생각된다. 우리는 이제 이야기를 노래 부르던 옛 시인들처럼 할 수 있다. 료타르의 모델은 미국의 토착 에스닉 집단인 카쉬나후아(Kashinahua)족의 이야기를 노래한 시인이다. 이렇게 오랜 에피소드적 서사시 전통이 오랜 역사적 변조를 거치면서도 지금까지 살아 있는 것은 순전히 우연이다. 이 전통은 선주민 서발턴 사이에서뿐만 아니라 전유되고 재구성배열된(re-constelled) 채, 전 지구화에 대항하는 혁명적 극장(실로 이것은 정치적 동원의 극장인 모든 대항-담론 정치학이 갖는 가장 스타일화된 목적이다)에서도 잘 유지되고 있다. 이 전통은 반드시 헤게모니적 언어로 수행되는 것은 아니며 베네딕트 앤더슨 등이 끝없이 이야기하는 유럽의 소설 전통에 거의 혹은 하나도 빚지고 있지 않다.[92] 이러한

---

92. 앤더슨, 『상상의 공동체』, 원서 pp. 28-40. 이 기성 견해의 보수적, 자유주의적, 문학적, 정치적 영향은 그 범위와 시야에서 막대하며 앤더슨을 훨씬 앞선다. *The True Story of the Novel* (New Brunswick: Rutgers Univ. Press, 1996)에서 마거릿 두디(Margaret Doody)는 모더니즘적 지역편협성(parochialism)을 부수려고 애쓰는 간결한 설명을 제시한다. 이것은 이와 유사

현상은 북에서 생산되는 세계문학에 대한 자비로운 정의들로부터 누락된다. 이것이 문화정치학이다.

한 연구가 다른 위대한 고대 전통들에도 수행될 수 있다는 희망을 준다. 이런 연구가 나오지 않고 있는 데에는 분과학문적-역사적, 실로 분과학문적-역사기술적 결정 요인들이 있다. 대항적인 예들에 대한 충분한 숙고가 없는 가운데, 진부한 상투어의 학문적 전제로 변형되고 마는 데에는 일정한 정도의 논점회피가 확실히 있기 마련이다. 그렇지만, 이런 학문적 연구가 "민족주의적", "편협한" 것이라고 이내 거부된다는 점 또한 덧붙여야겠다. 인도의 경우, 내가 "인가된 무지"라 정의한 것 위에 굳건히 세워진 "인도판" 『뉴요커』 최근호(1997년 6월 23일, 30일자)는 인도의 모든 지역 문학들을 — 그중 일부는 수천 년의 역사를 다루기도 하고 우리 시대의 활발한 활동장면을 다루기도 하는데 — 단순한 호기심 거리일 뿐이라고 치부했다. 자크 데리다가 1997년 캘커타 책 박람회를 열었을 때 거기 제시된 대부분의 책들이 벵골어 및 다른 인도어로 씌어진 것이었는데 말이다. 살만 루시디가 편집한 *The Vintage Book of Indian Writing*이 영어로 씌어진 인도인들의 글만 수록하고 있는 것도 이해는 된다. 지구촌에서 이와 동일한 (언어학적) 교환 체계가 작동되어야 한다는 점은 슬프게도 분명하다. 이 점은 제국주의의 작동을 완성할 게 틀림없다. 유명한 말은 반복해도 괜찮다. "나는 산스크리트어나 아랍어 지식이 없다. … 나는 그들 [동양연구자들] 중에서 훌륭한 유럽 책들이 꽂혀 있는 단 하나의 서가가 인도와 아라비아의 전체 토착문학에 맞먹는 가치를 갖는다는 것을 부정할 수 있는 사람을 단 한 명도 본 적이 없다. … 인도에서 영어는 지배계급이 말하는 언어이다. 정부 요직에 있는 상층 토착 계급은 영어로 말한다. 영어는 동양(the East)의 해안들을 따라 이루어지는 상업거래의 언어가 될 것이다. 그것은 아프리카 남단과 호주에서 떠오르고 있는 위대한 유럽 공동체들의 언어이다. … 우리는 우리가 다스리는 수백만의 사람들과 우리 사이를 연결해줄 해석자 집단을, 혈통과 피부색에서는 인도인이지만 취향, 견해, 품행, 지성에서는 영국적인 집단을 형성하기 위해 현재 최선을 다해야 한다"(Thomas Babington Macaulay, "Minute on Indian Education", John Clive and Thomas Pinney, eds., *Selected Writings* [Chicago: Univ. of Chicago Press, 1972], pp. 241, 242, 249). 지배적 "역사", 지배적 "지식" 생산의 통탄할 만한 정치학은 내가 「서문」에서 인용했던 UNESCO가 기획한 『생명 지지체계 백과사전』에 나오는 한 부분과 잘 부합된다. 그 인용문은 인류사의 선주민 시기를 "환경악화와 지속성에 아무 걱정 없는 소극적 접근법들로 연상되는 … 머나먼 과거의 시간척도"로 "정의한다"(*Encyclopedia of Life Support System: Conceptual Framework* [Whitstable: Oyster Press, 1997], p. 13). 내가 「서문」에서 그저 제시했던 논의는 여기서 반복할 가치가 있다. 이 백과사전이 나의 논의에 실체를 제공해 주기 때문이다. 아리스토텔레스가 "가치 표현의 비밀을 … 해독"할 수 없었던 것처럼 선주민이 지속성을 생각하기란 물론 불가능하다. "[그들이] 살았던 사회에 내재한 역사적 한계" 때문에 그렇다(Marx, *Capital: A Critique of Political Economy*, tr. Ben Fowkes, vol. 1 [New York: Vintage, 1976], p. 152). 생태생명소(ecobiome)의 리듬 속에서 살자는 실천 철학이 "해당사항 없음!"이라고 거부되는 일은 거의 없을 것이다. 정보공학 시대에 포스트식민 주체에 의해 버려진 토착정보원은 (인식소적) 착취를 위해 재구성되고 있는 중이다.

료타르와 맥루한 둘 다 "지식이란 모든 사람이 활용할 것이며[맥루한] 그렇게 되어야 한다[료타르]"는 경건한 어조로 끝을 맺는다. 그것을 발견하는 것은 그리 놀랍지 않다. 전자지배하는 전 세계(pax electronica) 만세! 모두에게 "자유로운 전자통신"을 분배함으로써 세계무역기구의 "평평한 운동장"으로 가는 중 1997년 학술대회의 전 지구적 지식 로고 USAID는 옷을 입고서 휴대전화를 귀에 갖다대고 있는 아프리카 여성이었다.[93]

냉전을 뒤따르는 뜨거운 평화 속에서 대부분 여성의 이름으로 혁신적으로 또 형태발생적으로 자체를 합법화하는 것은 사실 커다란 UN 학술대회들이다. 이 또한 놀라울 게 없다. UN 학술대회들은 서발턴 권력/지식(pouvoir/savoir)으로부터 보호받으며 영원히 남아 있을 여성들에게 국제적 액티비즘으로 보이는 관료주의적 형식들을 확산시킨다. 료타르는 이야기를 노래하던 고대 시인은 목적론적인 것의 부재를 단순히 시인함으로써 자신을 합법화한다고 평가한다. 하지만 료타르 또한 거기서 틀린 것인지도 모른다. "직선적" 시간과 "다층적" 혹은 "순환적" 시간 사이의 이항대립적 사유는 각별히 "근대적"인 것이다. 이와 동일한 무비판적 가정의 또 다른 유형으로는 집단적 주체가 문화적 설명의 사회구조들과 동형적이라는 가정이 있다.[94] 이렇게 자기를 합법화하는 근대(화) 학술대회들은 거기서 너

---

93. 이런 수법의 작동을 놀랍도록 잘 설명하고 있는 글로는 Najma Sadeque, *How "They" Run the World* (Lahore: Shirkat Gah, 1996), pp. 28-30 참조. 이 탁월한 팜플렛에 내가 유일하게 반대하는 점은, 제국주의에서의 식민주체 생산을 강조하지 않고 따라서 우리의 공모성을 강조할 수 없다는 것이다. 우리가 행동하기 위해서는 이 공모성을 반드시 인정해야 한다.
94. "하이데거가 '속된' 시간 개념이라 부른 것과 다른 시간 개념이 없다면 어떻게 될까?"하고 데리다는 묻는다. 인민들(peoples)이 시간을 어떻게 이론화하든 간에 그 이론은 자연화된 사고방식을 반영한다는 발상은 모더니즘적 착오일 것이다. 우리에게 그렇듯 그들에게도 시간이론은 "속된" 시간 경험과 갈등을 일으키는 지점이었을 것이다. "그러므로 통속적인(exoteric) 아포리아가 돌이킬 수 없는 어떤 방식으로 남아서 인내할 것을 촉구한다면 어떻게 될까? 혹은 보이지 않는 하나의 선, 또 다른 개념, 속되지 않은 개념의 양면으로부터 소위 속된 개념과 대립하는 데서 구성되는 것과 다른 경험을 차라리 말할까?"(Derrida, *Aporias*, tr. Thomas Dutoit [Stanford: Stanford Univ. Press, 1993], p. 14).

무 풍부하게 주장되는 목적, 즉 **여성의 목적**을 인간의 목적으로 보는 측면에서만 사실 비목적론적(non-teleological)이다.

발전의 위대한 서사는 죽지 않았다. 『지구촌』과 『포스트모던의 조건』과 같은 책의 문화정치학과, 우리가 종종 듣고 있는 전자적·전 지구적 미래에 좋은 의도로 쏟아 부어지는 질책들은 민주화 속의 발전 (전 지구화) 서사(미국의 사명)에 알리바이를 제공한다. 인도독립 이전에 태어난 인도에서의 나의 세대는 제국주의적 문명화 사명에 종사한 수많은 기능인들이 좋은 의도를 갖고 있었다는 점을 아주 잘 알고 있다.[95] 여기서 요점은 개인적 비난이 아니다. 사실 이러한 기능인들은 건강한 아이를 생산하게 한다는 강간 논리에서 보듯, 내가 부른바 능력을 갖게 하는 침범이라는 것을 제공하였다. 그러나 건강한 아이의 존재가 그 강간의 정당화로 개진될 수는 없다. 인도에 철도가 깔리고 내가 영어를 잘 말한다는 사실로 제국주의가 정당화될 수는 없다. 제국주의 문명화 사명의 기능인들 중 많은 이들이 좋은 의도를 지녔다고 하더라도, 마음속으로는 경멸 혹은 아버지-어머니-자매의 자비심을 갖고 좋은 일을 한다는 것은 참으로 애석한 일이다. 오늘날 뒤에서는 가난한 나라의 등에 칼을 꽂으면서 앞에서는 자비심을 과시하기 위한 사진을 찍으려고 원조라는 반창고를 줄 수도 있다. 가장 끔찍한 방식으로 식민주의를 희생양으로 삼는 것은 착취의 새로운 제국주의를 발전으로 가리는 셈이다.

우리에게 인도인, 소말리아인, 아프리카인이냐고 물어볼 때의 조야한 민

---

95. "셀 수 없이 많은 남자들과 여자들의 마음은 세실 로즈의[영국출신의 아프리카 식민지 정치가] 클라리온의 이상주의적(idealistic) 선율에 응답했다. 아프리카 혹은 다른 어떤 곳에서건 영국적으로 만들어진다는 게 좋은 일이라는 점은 두말할 필요가 없었기 때문이다. 바로 이 지점에서 우리의 가슴을 더 빨리 두근거리게 하는 이상주의들 중 어느 편이 지금으로부터 백년간 사람들에게 비뚤어진 것으로 보일지 궁금해 하는 것도 유용하리라"(Doris Lessing, *African Laughter: Four Visits to Zimbabwe* [New York: Harper, 1992], p. 3).

족정체성 이론이 지금 새로운 제국주의 서사를 합법화하고 대립을 침묵시키고자 사용되고 있다.96 대안적인 발전 집단, 국가적-지역적 보건, 생태학, 지식능력은 오랫동안 제자리에 있어 왔으며 풀뿌리 수준에서 중요한 역할을 한다. 그런데 이제는 왜 이런 것들이 거의 들리지 않을까? 이에 맞서는 구조들이 토착 NGO(비정부단체)들이다. 그런데 소련 해체 이후의 세계에서 비동맹의 가능성이 사라지자 개발도상국 정부는 국제적 발전 단체들한테 심각한 수준으로 저당 잡히고 있다. 그에 따라 토착 비정부단체들의 범위와 정부 사이의 관계는 번지르르하게 환기되는 "민족정체성"만큼이나 모호하고 복잡하다.97 UN 학술대회의 "NGO 포럼"을 휩싸는 NGO들은 지금

---

96. 정체성에 관한 이런 획일적인 통념은 한 나라 내부의 결정적인 다양성을 무시한다. 독자 여러분에게 인내심이라는 부담을 주더라도 무작위로 뽑아본 사례를 하나 들어야겠다. 델리에 기지를 둔 학술지 *Seminar* 404 (Apr. 1993)은 "전자통신 혁명"을 이슈로 다루었다. (이 각주에서 언급되는 인용문은 모두 여기서 나온다.) 이 학술지 편집 위원회의 정치학은 "발전"을 비판한다는 것이다. 그렇지만, 다른 호들에서처럼 이 "전자통신 혁명" 이슈에서는 모든 진영이 이 토픽을 둘러싸고 말하도록 허용하고 있다. 산업 및 관리자 편에 제휴된 "인도인들"은 "발전" 관점의 여러 유형들에 물론 호의적인 태도를 보인다. 한 필자는 점진적인 사유화를 지지하면서 이렇게 적고 있다. "사회주의적 패턴을 지닌 에토스의 한 측면은 분배정의와 가난한 시골 인구의 요구를 신성한 서약으로 만들려는 경향이었다. … 그것은 진지할 때조차도 우선권을 잘못 부여한 것이었다. 시골이나 도시나 가난한 사람들은 전화가 필요하기 이전에 식량, 쉴 곳, 마실 물, 읽고 쓰는 능력, 보건, 다른 많은 기본적인 것들을 필요로 한다"(M. B. Athreya, "Managing Telecoms", p. 35). 다른 필자는 "지구촌"을 상기시키면서 인도네시아를 모델로 전적인 "외국의 … 직접적 … 대규모 투자"를 추천한다(N. Vittal, "Shaping a New Future", p. 39). 〈인도 테크놀러지 연구소〉의 응용 전자 연구 분과에서 나온 한 목소리만이 (모든 예상을 뒤엎고) 종이소비가 발흥함에 따라 "시장은 그 자체로 우리 경제의 개탄할 만한 왜곡된 지점을 향상시킨다기보다 악화시키기기 쉽다"고 지적한다. 그리고 "오늘날 진짜 걱정스러운 것"은 "테크놀러지 수입품이 제공하는 큰 임대료를 찾아다니는 기회들이 야기한 왜곡"이라고 진단한다(P. K. Indiresan, "Social and Economic Implications", pp. 14, 17). 이 "진짜 인도인"이 진정 우뚝 일어설 것인가? 그는 "합의 파괴자"로 불릴 것이다.
97. 페미니스트들은 여성 문제를 도입하게 되면 모든 일반화가 일그러진다는 점을 알고 있다. 이런 꼬임(twist)을 한 번 생각해 보자. 하나의 NGO를 설립함으로써 국제적 자금으로부터 봉급-구조를 비틀어내는 가난한 나라에서는 상대적으로 순진한 한 가지 여흥이 있다. 이런 경우들에서조차, 커다란 마을이건 작은 도시건 지역 NGO를 실제로 한데 모으는 남성들과, 가족의 한계를 깨려고 종종 이 구조를 이용하고 시골에서 일하면서 훨씬 더 낮은 보수를 받는 이타적

을 지원해주는 나라들에게 철저하게 속속들이 검색되고 있으며, 그들이 발표하는 내용 역시 UN이 제시하는 범주대로 조직된다. 그래서 다음 표현이 괜찮을지 모르겠지만 주체도 대상도 "사물의 핵심"과 하나도 유사성을 갖지 않는다.

발전이라는 위대한 서사의 자금을 지원하고 협조체계를 만드는 대리인은 〈세계은행〉이다. "지속가능한 발전"이라는 표현은 전 지구성을 관리하는 모든 단체들의 담론에 진입해 왔다. 무엇을 지속시키기 위한 발전이란 말인가? 전 지구적 발전의 일반 이데올로기는 인종차별주의적 온정주의다 (또 애석하게도 점차 자매주의[sororalism]로 되고 있다). 그것의 일반적 경제는 자본집약적 투자이며, 그것의 광범위한 정치학은 저항과 서발턴을 침묵시키는 것이다. 그 때, 서발턴적 항의의 수사는 끊임없이 전유된다.

유럽의 일부 문화 단체 및 교육 단체들은 미국 모델의 학계 "포스트식민주의"에 붙들려 있는 것 같다. 그것의 조건과 효과는 피난처를 찾는 경제적 이주민들의 물결을 일반적으로 또 사회적으로 거부하는 것이다. 지구촌 관련 학술대회에서 있었던 일을 몇 쪽 앞에서 말한 바 있으니 스웨덴을 선택해 예로 말해 보겠다. 스웨덴은 일반적으로 "계몽된" 기부 국가이고 전 지구성과 전 지구적 포스트식민성의 맥락에 책임이 있으니 현재의 역사를 고찰하는 데 특히 적절한 것 같다. 스웨덴의 계몽이 무너지기 시작한 것은 소위 냉전의 종결로 인해 발생된 거대한 이주의 물결을 스웨덴 국내에서 처리하는 맥락에서이다. 바야흐로 포스트식민 이주의 시대인 셈이다. 이 책은 전 지구적 포스트식민성과 포스트식민 이주 사이의 틈을 뒤진다. 쿠바를 키운 우파 자유주의자들은 우리의 주장을 공격하며 구석으로 몰아붙였다. 그러면서도 그 때마다 스웨덴은 산디니스타[1979년 소모사 정권을

인 시골 여성 노동자들 사이에는 차이가 존재한다.

무너뜨린 니카라과 민족해방전선의 일부의 지원 모델로 인용되었다. 그래서 우리가 이 점에 주목하는 것은 중요하다. 스웨덴의 이미지가 전 지구적 원조 영역에서 어떠하든 간에, 스웨덴은 전 지구성의 파편 때문에 복지를 벗어 던졌다. 그것은 〈제2차 사회주의 국제연맹〉이 최종적으로 사망한 것처럼 보였다. 여기서 내가 최종적이라고 말하는 이유는 독일 **사회민주당원**들이 전쟁에 찬성표를 던졌던 1914년에 〈제2차 사회주의 국제연맹〉은 죽었다고 생각하기 때문이다. 그러나 임마누엘 월러스틴과 다른 이들이 지적해 온 대로, 〈제2차 사회주의 국제연맹〉으로 인한 혜택들은 북서 유럽 나라들의 국가 구조에서 감지될 수 있다. 그런데 바로 이러한 혜택들이 외국인 입국 및 정착 "거부 특별 조항"을 도입했던 1976년 외국인 개정법을 통해 규제되고 철회되었다. 경제의 재구조화 및 **새로운 세계질서**의 압력하에 한 국가의 사회주의는 **북**에서도 무너져 내려갔던 셈이다.

   내가 상상해 온 대로, **새로운 세계질서** 혹은 뜨거운 평화 속에서 민족과 국가 사이에 그어진 하이픈은 이전보다 더욱 더 느슨해지고 있다. 그리고 바로 그 간극 속에 근본주의들이 우글거린다. 스웨덴조차 그 예를 제공할 수 있을 정도다. 1992년 인도의 근본주의적 힌두 민족주의 봉기로 인해 사원이 파괴되었던 그 끔찍한 겨울에 나는 힌두 민족주의에 대해 생각해 보았다. 인도 역시 "혼합경제를 지닌 사회주의 국가"였다. 우리에게는 라마 왕(힌두 민족주의자들의 영웅인 신화적인 힌두 왕)이 있고 스웨덴에는 칼 12세가 있었다.[98] 1992년 11월 30일 봉기에 반대하던 스웨덴인들의 저항

---

98. 이것은 스웨덴인이 아닌 독자들을 위한 각주이다. 칼 12세(1682-1718)는 스웨덴의 낭만적 민족주의자들에게 민족적 영웅이다. 절대 왕조의 마지막 왕이었던 군국주의적 남성주의자로 카리스마 넘치던 이 젊은 군주는 광대한 스웨덴 제국을 지키려고 용맹스럽게, 비극적으로, 그리고 헛되이 18년간이나 분투했다. 그는 패배하여 모든 것을 다 빼앗긴 채, 고국의 전선에서 계속 싸우고자 단 한 명을 데리고 3일 동안 천 마일을 다시 달려갔다. 그는 성벽에서 군대 상황을 점검하던 사이 알 수 없는 총에 맞아 죽었다. 자기 제국을 잃어버린 이 사람보고 민족적 영웅이라니 놀랄 만한 일인 것 같다. 그렇지만 정체성의 정치학이란 억눌린 역사의 영광을

4장 문화 511

(그 때 일군의 젊은 스웨덴 인종차별주의자들이 칼 12세의 깃발을 들고 행진했다)은 참으로 힘찼다. 그렇지만, 우리가 (많은 이들이) 인간의 평등에 대한 신념이 그저 스웨덴 민족의 천성이라고 (하층계급 다문화주의가 맞서 싸우는 것은 바로 이러한 확신들이다) 믿지 않는다면 어떨까. 나는 1992년 12월 6일의 학살이 있기 전까지는 "그런 일이 여기서 일어날 수 없다"고 생각했던 우리 비분파주의적 힌두인들의 면모를 지적하지 않을 수 없다.

우리는 복지국가의 혜택들을 거두기 위해 복무해야 하는 공직 인사들을 선출해야 한다. 하지만, 그렇다고 그것만이 전 지구적 미래를 관장하는 묘수는 아니다.

이제, 정치적인 것을 가로지르면서 급기야 윤리적인 것의 필연적 불가능성 속으로 사라져 가는 한 스펙트럼의 학계쪽 끝머리에 문화연구를 위치시켜 보자.99 그러니까, 문화연구, "급진" 예술, 주류화, 전 지구를-에워싸는 운동들도 말이다. 마지막에 언급된 전 지구를 에워싸는 운동에 이르기 위해 나는 다소 특이한 사례들을 통해 첫 세 가지 각각을 설명한다. 반복하건대 나는 특이한 것을 분과학문화하는 훈련을 거친 문학비평가로 남아 있

되찾자는 약속에 의해 민족의 이름으로 국가를 다시 협상하려고 종종 시도하는 법이다. "민족"의 "불만"에 대한 이러한 "거친" 정신분석에서 보면 상실된 대상 하나가 정치적-이데올로기적 추동력을 훨씬 더 많이 생산할 수 있다. 서사시 『라마야나』에서 라마 왕의 편력을 서사화하는 대목에서, "민족적" 상상계를 먹여 살리는 것은 바로 부당한 추방중에 있는 라마 왕의 가족적 군사적 인종차별주의적 영웅주의이다. 민족적 상상계에서는 그의 실제 지배가 전면에 나타나지 않는다. 실로, "당대"를 나타내려고 선택된 산스크리트어 명칭은 바라타(*Bhārata*), 즉 라마의 이복동생이자 "라마의 이름으로" 통치했던 바라타(Bharata) 왕국이다. "찰스 12세의 과업을 수행하자", 혹은 "라마의 이름으로 통치하는 민족국가를 다시 세우자"는 심리학적으로 동원하기 위한 좀더 좋은 기획이다.

99. 나는 윤리적 계기 및 비밀스런 조우에 대해 *IM* 195-205에서 길게 쓴 바 있다. 내가 "'문화'는 '발전'을 위한 알리바이, 즉 전 지구의 금융화에 유리한 알리바이이다. '문화'라는 새로운 주제는 경제적 재구조화를 의도적으로 혹은 부지불식간에 대변한다"(*Travesia* 3.1-2 [1994]: 286)고 쓴 게 무슨 말이냐고 친구들이 나한테 물어 왔다. 이 섹션은 그 생각을 간접적으로 확대하는 것이리라.

다. 아마 이것 또한 학계든 예술이든 확고한 기성 관례들 내부에 있는 모든 급진적 개입들이 지니는 문제일 것이다. 여기서 관례들은 전 지구성에 대해 불충분하게 영리하다. 뿐만 아니라 전 지구화 속에서 그것들 자체가 부지불식간에 차지하는 자리 및 역할에 대해서도 불충분하게 영리하다. 내가 다음 몇 쪽에 포함시킨 내용 중 일부는 스웨덴 학술대회가 열리기 1주일 전에 인도 문화연구자들에게 했던 연설에서 발췌한 것이다(IM, xxiii-xxxi 참조). 나는 새로운 "학술대회 문화"를 떠돌아다니는 엘리트 주체로서 현재 역사에 개입하고 있으며 전 지구적 포스트식민성과 메트로폴리탄 이주 사이의 틈을 여전히 쑤시고 다닌다.100 바로 그 때문에 나는 인도 문화연구자들에게 했던 연설 내용을 언급한다. 내가 앞서 논의한 피럴먼의 시를 읽는 제임슨의 방식에서는 중국과 "중국"[미국 메트로폴리스 내의 차이나타운]을 혼동하는 전형적인 미국적 태도가 드러난다. 이 태도와 결합된 채, 대만과 중국에 미친 제임슨의 막대한 영향은 우리 시대 문화연구 교환의 궤적을 비슷하게 형상화한다.101

제2차 세계대전 후 확립된 겉으로만 새로운 **새로운 세계질서**에 대응하는 일환으로 열린 반둥회의(1955)는 **세계-체제**상 동구권도 서구권도 아닌 제3의 길을 세우기 위해 애초에 시도되었다. 하지만 그 시도에 합당한 지적 노력이 수반되지 않았다. 탄생중인 제3세계를 양육하고자 문화 영역에

---

100. "Setting to Work (Transnational Cultural Studies), Peter Osborne, ed., *A Critical Sense: Interviews with Intellectuals* (New York: Routledge, 1996), pp. 170-172.
101. Zhang Longxi, "Western Theory and Chinese Reality", *Critical Inquiry* (Autumn 1992): 108-109; Xiaobing Tang, "Orientalism and the Question of Universality: The Language of Contemporary Chinese Literary Theory", *positions* 1.2 (1993): 410, n.2; Jing Wang, *High Culture Fever Politics, Aesthetics, and Ideology in Deng's China* (Berkeley: Univ. of California Press, 1996), p. 245 참조. 이 책들에 주목하게 해준 스티븐 벤츄리노(Benturino)에게 감사하는 바이다.

서 전개된 유일한 관용어는 옛 세계질서 내부에서의 저항, 즉 반제국주의 와/또는 민족주의로부터 부상하는 입장들에 속했다. 새로운 세계질서 안에서 그러한 공간을 채우기 위한 관용어들이 속속 등장하고 있다. 그런데 이 관용어들은 그러한 문화적 로비가 초국가적 지식능력을 갖춘 행동인(actor)을 생산하는 데 전혀 도움이 되지 않는다는 점을 다시금 확인시켜 준다. 그 관용어들은 국민적/민족적(national) 기원, 하부민족주의(subnationalism), 국민주의/민족주의(nationalism)102, 문화토착주의 혹은 상대주의, 종교, 와/또는 북에서의 급진층이 호사스럽게 쓰는 혼종주의, 탈민족주의(postnationalism)103 등이다. 바로 이 마지막 집단이 문화연구 이야기의 대부분을 생산하는 층이다. 나는 최종 학력을 미국에서 마친 사람들로 가득 찬 인도 청중에게 연설하면서 안토니오 그람시를 인용했다. 그람시는 당연히 아프리카계 미국인 투쟁의 풍부한 역사를 자세히 알지 못했다. 그래서 아프리카 시장을 정복하고 미국 문명을 확장하기 위해 미국 팽창주의가 아프리카계 미국인들을 써먹으려 했다는 그람시의 가설은 다소 초점을 빗나간 것이었다. (남아프리카의 경우와 미국의 군사공격에서 활용된 아프리카계 미국인을 보면 그람시의 주장이 지지될 것 같기는 하다.)104 그러나 그의 가설이 새로운 이민자(New Immigrant)105 지식인들과 그들의 출신

---

102. [옮긴이] 특히 미국 맥락에서 내셔널리즘은 애국주의, 미국주의이므로 '국민적'/'국민주의'로 옮기며, 국가 내부의 여러 민족들(인도의 경우처럼)을 지칭하는 맥락에서는 '민족적'/'민족주의'로 옮긴다. '국민'에 다시 여러 민족이 있을 수 있다는 점에서 '하부민족주의'라는 용어를 쓰기로 함.
103. [옮긴이] 미국인들의 애국주의를 보건대 탈미국, 탈국민 할 생각이 전혀 없으며, 상층으로 이동한 디아스포라 세계시민들만 탈민을 외친다는 점에서 탈국가주의가 아니라 탈민족주의로 번역함.
104. Antonio Gramsci, "The Intellectuals", Quintin Hoare and Geoffrey Nowell Smith, tr., *Selections from the Prison Notebooks* (New York: International Publishers, 1971. [한국어판: 『옥중수고』, 거름, 1997, p. 21].
105. [옮긴이] 이주민(migrant)이라는 좀더 광범위한 우산 아래 들어갈 수 있는, 60년대 이후 주로 경제적 이유로 아메리칸 드림을 성취하고자 제1세계로 진입한 사람들을 일컬음.

나라들에 적용된다면, 오늘날에는 특별히 적절해지는 것 같다. 물론 파트너들은 문화연구, 자유주의적 다문화주의, 수출에 기반을 둔 외국자본 투자의 원조하에 진행되는 포스트포디즘적·초국가적 자본주의, 소위 자유무역이다. 전 지구화는 이 집합과 발전 사이의 차이를 해체한다. (가장 최근에 들어온 신입회원인 기금을 모으러 다니는 여성 디아스포라는 인도 하이데라바드의 액티비스트/학자 청중에서는 발견되지 않는다. 그녀는 카이로, 베이징, 〈세계여성은행〉에 있다. 마덜린 올브라잇(Albright)은 프라하에서 NATO에 압력을 가할 때, 한 문장은 체코어로 한 문장은 영어로 울부짖으며 디아스포라로서 말한다. 그녀는 드디어 1997년 7월 14일에 귀향했고 프랑스 대사관에서는 바스티유 기념일 파티를 없애버렸다.)

미국에 있는 같은 학생들은 하이데거나 맑스는 말할 것도 없고 라캉이나 네그리를 곧바로 파악하고자 헤게모니적 언어들을 배우려고 많은 시간과 돈(유학 장학금, 추천서 등 때문에)을 쓴다. 아마 이들이 전 지구화와 맺고 있는 파트너 관계 때문일 것이다. 그러면서도 그들은 이주민 집단의 엘리트 언어를 배우라는 제안을 생각해 본다. 국제적 업무, 발전 경제학, 경영 등은 초국가성과 신나게 거래한다. 반면 학제간 연구나 심지어 탈분과학문(postdisciplinary) 운운하는 문화연구는 초국가적 지식능력(전문가 지식[expertise]이 아니라)을 향해 발걸음을 떼려고 하지 않는다. 너무 두렵기 때문이다![106] 이렇게 거친 집단과 맞서기에는 내가 이후 말하는 바는 특히 취약한 것처럼 보일지도 모른다. 모든 승리는 하나의 경고일 뿐이다. 그렇더라도 우리는 1993년 3월에 인도 사람들이 나르마다 밸리로부터 〈세계은행〉을 실제로 몰아냈던 사실을 잊을 수 있는 여유가 없다.

그렇다면 4장을 쓰고 있는 나는 **남**의 민족주의, **북**의 복지국가라는 초국

---

106. 교육에 관한(pedagogic) 제안으로는 Spivak, "Teaching for the Times", Jan Nederveen Pieterse, ed., *Decolonizing the Imagination* (London: Zed, 1995), pp. 177-202 참조.

가적 지식능력의 이해관계 속을 맴돈다. 이제 그(녀)의 인정 많은 양식 속에 숨어 있는 옛날의 주인 쪽으로, 즉 런던의 한 이주민 공동체라는 구체적인 지점의 예술 전시회 쪽으로 옮겨가 보자. 〈국제사면위원회〉를 종종 대변하며 이리저리 옮겨다니는 연대지상주의(solidaritarian) 예술가 한 사람이 전혀 검토되지 않은 문화주의를 재현하고 있다. 에스닉한 기업가들은 초국가적 주체들을 위해 포주 역할을 하면서 자기들의 여성들을 초과착취(sweated) 노동(법적 제재 장치 없는 저임금 노동)에 팔아먹고 있다. 우리가 바로 이 사실의 증거를 보여줄 사람들이 아니냐고 했을 때, 전 지구화에 협력적인 이 예술가는 자기 공동체 내부의 성차별주의적 착취를 드러내고 싶지 않다는 반응을 나타냈다. 그는 그저 백인의 인종차별주의만을 드러내고 싶어 했다. 문화정치학이라니, 책임을 폐기처분하고 있을 뿐이다. 이주민은 전적으로 선하다. 백인들은 전적으로 악하다. 반전에 의한 합법화, 역전된 인종차별주의라고나 할까.

액티비스트들은 식민압제자/피식민인, 백/흑을 본질화하는 도덕주의적 찬양을 계속하기보다 각 분야에서 알고 있는 바를 관람중인 공중에게 똑똑히 가시화하여 보여줄 필요가 있다고 본다. 런던의 이스트 엔드에는 방글라데시 출신의 수천 명의 비숙련 여성 재택노동자들이 가내노동을 하고 있다. 수출에 기반을 둔 방글라데시의 의류사업장에서는 수천 명의 비숙련 여성노동자들이 일하고 있다. 그런데 이주와 발전을 따로 떼어내는 짓은 이들을 의도치 않은 경쟁관계 속으로 몰아간다. 실제로 둘 사이에 방글라데시의 사업장에서 일하는 여성노동자들이 좀더 "구미를 당기게" 하였다. 그들은 1년에 1인당 500파운드밖에 들이지 않고도 "발전 속의 여성"을 목격할 수 있게 해주기 때문이다. (우리가 혼종적인 페미니스트/개인주의자 디자이너를 찬양하는 동안 사라져버린 여성들에게 지금 다가가고 있는 중이다[485쪽 참조]. 여성을 초강력-착취(super-exploitation)하려면 에스닉화(ethnicization)하는 것은 전 지구적인 이야기이자, 통문화주의(cross-culturalism)에 대한 우리의 요구를 발생시키는 똑같이 대대적인 상황 속의 한 가지 에피소드다. 성공적으로 포주 짓을 하려면 통문화주의가 필요하다. 결국, 해체가 정치적 예술을 급습함에 따라 『가디언』지에 나오는 예술가와 언론인의 무지가 백일하에 드러났다. 내가 여성들의 초과착취 노동에 "비가시적"이라는 단어를 썼으니 백일하에 드러났다는 말을 이제 쓴다.

아무런 행동·교섭 능력 없는 위치의 여성들 사이에 붙고 있는 이런 종류의 경쟁은 새로운 세계질서 속에 있는 북과 남의 산업 사이에서뿐만 아니라 북과 남의 직종별 노동조합 사이에서 일어나는 광범위한 경쟁의 일부다. 이 경쟁은 실로 어떤 전선에서나 나올 수 있는, 하이픈을 긋지 않은 (non-hyphenated)[107] 어떠한 국제적인 문화적 혹은 경제적 연대이건 그것을 막는 장애물이다. 여기 그런 예가 하나 있다. 그러나 이것은 다양하고 불연속적인 층위들에서 끝없이 배가될 수 있다. "캐나다는 선별적 특혜를 주고 자유주의화하는 척도들을 방글라데시에 적용하고 있는 중인데, 베트남과 하이티를 포함한 가장 저개발된 국가들(LDCs; Least Developed Countries) 모두에게 이와 비슷한 편의를 확장해야 할 것이다. 특히 베트남에서는 그러한 특혜들이 지속적인 무역법금지에 의해 현재 보류되고 있다. 하지만 베트남은 방글라데시에 잠재적으로 심각한 위협이 된다. 그래서 의류 수출 활동을 합리화하는 측면에서는 방글라데시가 단기간이나마 유리한 출발을 한다."[108] 바로 이것이 보통 "자유시장"이라고 기술되는 바이다.

---

107. [옮긴이] 한국계 미국인, 인도계 미국인 등 국적 출신을 밝혀 구분하는 하이픈 긋기는 인구통계를 잡기 위한 미국 관료주의와 관계된다. 하지만, 하이픈 긋기의 정치학은 메트로폴리탄 국가 내부의 비유럽계·비백인계 주체들을 "공식적"으로는 "우리" 국민(시민)이지만 문화적으로는 "외국인"[alien]이라고 분류·구분함으로써 '비체'[abject]로 생산해 내는 종속화의 강력한 방식이다. 물론 미국 혹은 북의 외부에 있는 주체들의 경우에는 하이픈을 그을래야 그을 수 없다. 하지만, 그러한 남의 주체들도 북을 떠받치고 먹여 살리는 실제적 노동 군단으로 '비체화'되고 '종속화'되기는 마찬가지다. 하이픈 그어진 주체를 우선시 하는 현 미국문화 연구 경향은 남의 주체들을 비가시화한다.

108. "Impact Study of the Multi-Fibre Arrangement (MFA) on Bangladesh", 온타리오 주 네피

〈세계은행〉과 〈세계무역기구〉가 이러한 경쟁을 조작하는 주요 조직이다.[109] 여러분에게 초국가적 지식능력이 없다면 그래서 이렇게 강요된 경쟁을 설명하지 못한다면, 인종차별주의-속의-이주와 대문자로 쓴 발전 사이의 아포리아를 풀어낼 수 없다. 흥미롭게도, 앞서 말한 런던의 예술가가 지금 르완다에서 "이미지들의 공동묘지"라는 타이틀로 전시회를 열고 있다(그는 최근 12일 동안 르완다에 있었다). 이 전시회에서 그는 르완다인이 겪고 있는 고통의 이미지를 올바르게 접근하는 유일한 통로로 국제 NGO들을 찬양한다. 나는 그가 받은 충격의 진지함이나 모더니즘 미학 관례들 내부에 그가 일으킨 혁신의 세련됨을 의심하지 않는다. 그러나 역사란 개인적 선의보다 훨씬 더 큰 것이며, 우리가 정치적으로 되고자 연구하고 있다면 책임지는 법도 배워야 한다. 그는 "세계가 아프리카를 버렸다"고 『시카고 트리뷴』(1995년 2월 19일자, 27면)과의 인터뷰에서 말했다. 내가 재직하고 있는 대학의 대학원 세미나에 그가 한번 참석했거나, "부상중인" 증권시장과 관련해 〈세계은행〉 정기 보고서를 읽은 적이 있다면, 그렇게 느끼지는 않았을 것이다. 봉인된 테두리 속에 들어가 있는 그의 사진들은 내가 이미 보아온 대로 베껴낸 테크닉이다. 거기서는 과시적으로 억제된 선정주의가 엿보인다. 전 지구적 분석이 없는 가운데 그러한 선정주의는 이미 여기저기서 넘치도록 전달되는 치떨리는 공포를 되풀이할 뿐이다.[110]

안 시에 있는 에코놀릭스 국제상사가 준비한 미발행 문건, 1992), p. i.

109. 이 갈등의 매혹적인 전사(前史)로는 Colleen Lye, "Model Modernity: Writing the Far East" (심사중인 콜럼비아대학 박사학위 논문초고), 1장. 참조.

110. 그의 최근 작품은 하나의 통계를 특이하게 부각하고자 시도하고 있는 것 같다. 이것은 공포를 목격하는 한 여성의 눈에 초점을 맞춘다(이 작품을 보는 관람자인 나로서는 이 예술가의 감상적인(pathetic) 텍스트를 읽기에는 시간이 너무 많이 걸리고, 윤리적인 것과 맞대면하는 최초의 제스처인 (사진에 찍혀진 여성의 눈과) 눈빛으로 접촉하기에는 너무 시간이 들지 않지만 말이다). 이러한 경향에 맞서 『그렇게 순진무구하지 만은 않은 르완다: 여성이 킬러가 될 때』(*Rwanda Not So Innocent: When Women Become Killers* [London: African Rights, 1995])는 르완다의 대량학살에 여성들이 대규모로 관여했다고 주장한다. 이 책을 출판한

우리는 학문 혹은 "문화작업" 영역에서 야간학습과 여론교육 사이의 어디쯤에선가, 지구를-에워싸는 운동들을 "주류화"로써 대리보충할 수 있다. 내가 들고자 하는 예가 한 명의 경제학 교수라서, 이런 개입이 아주 무미건조해 보일지도 모르겠다. 전 지구적 주류화(낭만적 반자본주의도 아니고 장대한 반제국주의도 아닌)를 보여주는 문학적 혹은 예술적 예를 찾기란 어렵다. 그렇다고 그것이 중요하지 않은 것은 아니다. 미학과 정치라? 향수에 찬 미국 국민주의는 그렇게 하지 않겠지만, 미학과 정치를 철저하게 생각해 보자. 전 지구적 주류화의 계기를 보여주는 예로 내가 꼽는 것은 아마르티아 센(Amartya Sen)이다. 〈세계은행〉은 개발도상국에서의 고등교육은 비생산적이기 때문에 강조되어서는 안 된다고 주장한다. 이에 맞서 센은 남에서의 고등교육 지원을 옹호한다. 센이 여기 딱 맞는 경우이다.111 동시에, 내가 재직중인 콜럼비아대학은 어느 선발경쟁에서 이겨 〈세계은행〉이 지원금을 주는 프로그램 하나를 개설했다. 이 프로그램에 들어올 수 있는 학생들은 개발도상국의 중간급 관료들이다. 콜럼비아대학에서 이루어지는 높은 수준의 주입식 교육은 괜찮지만 다카나 델리에서 고등교육은 필요 없다는 것이다.

African Rights사의 공동 발행인 중 한 사람인 라키야 오마아르(Rakiya Omaar)가 투씨족에 공감한다는 주장이 있었다. 그런데 대량학살에 관여한 여성들은 그 주장을 믿지 않는다고 하는 말을 나는 들었다. 초국가적 지식능력으로부터 "배당된 주체-입장들"의 세밀한 점검으로 나아가기란 어렵다. 『시민과 주체』(Citizen and Subject)에 나오는 역사적 평가를 위한 자료를 내게 제공해주고 "From Conquest to Consent as the Basis of State Formation: Reflections on Rwanda", New Left Review 216 [Mar./Apr. 1996]: 3-36에서 하나의 설명을 계속 제시해 준 마흐무드 맘다니(Mahmood Mamdani)에게 감사하는 바이다.

111. 이런 옹호에 대해서는 Education and Training in the 1990s: Developing Countries' Needs and Strategies (New York: UN Development Program, 1989) 참조. 〈세계은행〉의 주장에 대해서는 George Psacharopoulos, Higher Education in Developing Countries: A Cost-Benefit Analysis, World Bank Staff Working Paper 440 (Washington: World Bank, 1980); Education for Development: An Analysis of Investment Choices (New York: Oxford Univ. Press for the World Bank, 1985) 참조.

세계가 오로지 북과 남으로 노골적으로 분할되고 있는 우리 시대 맥락에서 〈세계은행〉과 다른 국제적 행동·교섭 단체들은 돌이킬 수 없이 추상적인 속성을 지닌 지-리(geo-graphy)를 가시화하는 지도들로 세계를 분할해버릴 수 있다. 지리를 주도하는 원칙들 중 하나는 언어(절대적 타자와 통합하는)의 신비스런 현상들 및 태생(유적-생명[회임 gestation]과 유적-존재[대문자 법] 둘 다에 민감한)과 풀어낼 방법 없이 뒤얽힌 "민족"이다. 이 원칙은 지리의 추상적 성격을 드러내기도 하고 말소하기도 한다.112 그러나 이 새로운 지도들 혹은 "정보체계들"에 드리워진 경계들은 거의 민족적이지도 "자연적"이지도 않다. 이 경계들은 국제적 자본의 역학이 빠르게 움직이는 관계로 끊임없이 변화하는 투자의 경계들이다. 이러한 지도 그리기에 상당한 동기를 제공하는 힘들 중 하나는 **발전**의 이름으로 **제4세계**의 생태계를 전유하려는 것이다. 이제 전 지구화 중에 점점 더 전유되고 있는 "토착정보원" 쪽으로 방향을 선회할 때이다.

민족 이전의 것은 외형적인 국민적 형식 속에 불균등하게 삽입된 후 지금은 전 지구화되고 있다.

남북 아메리카의 **최초의 국가들**에 맞서 취해진 토지횡령 및 재삼림화, 스칸디나비아, 핀란드, 러시아의 수오미(Suomi)인 소유의 순록 삼림 파괴, 인도에 본래 거주하던 민족들을 제압하고자 나무를 베어내고 대규모로 식목한 유칼리나무, 명예 **제4세계**인들인 방글라데시 어부들과 토지 없는 농부들을 망하게 한 소위 **식량정책**을 보노라면 착취의 유사성이 밝혀질 수 있다. 정말로 이런 유사성은 모든 초기 문명들 사이에 잠재적으로 존재한다. 초기 문명들은 지도상의 좀더 전통적인 지리적 요소들을 위해, 또 오늘날의 세계를 위해 길을 터 주도록 밀쳐져 왔고 멀리 떼어져 왔다.

---

112. Spivak, *Outside*, p. 69 참조.

이러한 북/남 세계의 몸체에 〈세계은행〉 지도라는 환상적인 지도작성이 유지되도록 하기 위해 또 다른 종류의 통합이 실행되는 중이다. 앞서 언급한 바 있듯이, 취약한 국민경제들과 국제적 자본 사이의 장벽들은 지금 제거되고 있는 중이다. 그런 만큼 소위 개발도상국들에서의 사회 재분배 가능성은 점점 더 멀리 사라지고 있다. 이 가능성은 아무리 잘 봐주더라도 불확실하기 짝이 없다. 여기서 주목해야 하는 점은 발전중인 개발도상 민족국가들은 심각한 생태학적 손실, 생명의 토대인 삼림과 강의 파괴라는 공통의 끈으로 연결되어 있다. 뿐만 아니라, 전 지구적 자본세력들과 지역개발을 주창하는 권력계열들 — 양편이 겉으로 얼마나 동떨어져 있든 — 의 공모에 감염되어 있다. 여기서 우리는 바로 이 점들을 주시해야 한다. 이 공모성은 전 지구성 운운하는 말만 번지르르한 이론가들에게나, 구식의 제국주의를 아직 투덜대고 있는 이들에게는 아직 알려져 있지 않다. 이 대목은 비유럽중심적·생태학적 정의를 위한 전 지구적 운동의 주창과 관련하여 비밀이랄 것도 없다.

왜 비유럽중심적인가? 신사회운동을 반(反)체계적이라 정의하곤 했던 이론가들은 이제 이 운동들에 미래가 놓여 있다고 말한다.[113] 그러나 그들은 〈유럽경제공동체〉(EEC)를 모델로 취할 때 신사회운동들에 부족한 국가권력을 간과한다. 그 때문에 그들은 신사회운동에 회의적이다. 그렇지만, 초점을 EEC로부터 다른 데로 바꾸어놓으면 개발도상국의 곤경은 다음과 같

---

113. 전(前)국무장관 로렌스 이글버거를 대표적인 하나의 예로 본다면, 미국의 정책입안자들은 신사회운동이라는 용어를 알지도 못한다. 3월 21일 이글버거 장관은 21세기를 위한 정책 분야들을 대량파괴무기, 환경, 전 지구적 금융이라고 제대로 명시했다. 미국이 이 분야들에 현실적인 정책을 개발하지 않는다면 미국은 곧 꺼림칙하고 당혹스런 세계경찰이 되어야 할 판이다. 그가 비유럽중심적 신사회운동의 세부 지향적인 끈질긴 저항을 몰랐다는 것은 좀 신나지 않는가? 똑같은 경우로 *Foreign Affairs*의 편집장은 남아시아 출신의 디아스포라인데, 주 10에서 언급된 제안을 한 바 있다. 그는 신사회운동들의 존재를 확실히 알고 있었고 적당한 경멸을 보여주었다.

다. 개발도상국은 전 지구적 범위에 도달하기를 열망해야 하는 신사회운동들의 주요 극장이 더 이상 아니다. 개발도상국이 민족주의와 교섭중이고 여전히 정의와 재분배의 지점이라는 사실에도 불구하고 그렇다. 국가는 내부를 식민화하는 세력들 및 지역부르주아 세력들에 의해 안으로부터 괴로움을 당하고 있고, 전 지구적 재구조화하에 점증하는 정통 경제적 제약들에 의해 밖으로부터 괴롭힘을 받고 있다. 하지만, 전 지구를 에워싸는 운동들은 그러한 국가 뒤에 서 있어야 한다. 그러므로 생태학적 정의를 위한 비유럽중심적·전 지구적 운동의 주요 프로그램으로서 국가권력 장악에는 전혀 관심을 기울이지 않는다. 실로 좌파정당들은 종종 이런 운동들을 불충분하게 정치적이라고 여긴다. 위기에 추동된다기보다 전략에 추동되는 전 지구화의 내면에 민족주의 혹은 민족주의적 지역주의라고 밖에 부를 수 없는 것이 있다. 이것의 도구성은 "타자의 문화들"에 대한 인정많은 북의 연구를 확실히 넘어선다. 이 지반에서는 개별 국가를 무시하고 민간사업의 "국제적 시민사회"를 통해 전 지구적 금융화를 꾀한다는 이해관계 속에서 "탈민족주의"를 함양하기가 쉽다. 이 개별 국가들에서는 강력한 비정부단체들(NGOs)이 새로운 UN의 중개와 더불어 브레튼 우즈 조직들에 협조하기 때문이다.

여기서 **제3세계** 부르주아와 **제1세계** 이주민들 사이의 강력한 연관성, 실로 그 공모성이 무시되어서는 안 된다. 우리가 전 지구성을 운운한다면, 특히 하층계급 이주민들이 인종차별주의를 견뎌내야만 하는 정동상의 하위공간(sub-space)을 인정하는 것이 중요하다. 그것의 중요성이 어느 정도이든 간에 전 지구적 자본 속에 있는 (얼마나 멀리 있든 간에) 이주민의 이해관계를 우리는 시인해야 한다. 그러한 시인이야말로 윤리적 상황 내부에 있는 불가능한 것의 고통스런 명령들 중 하나다. 이주민은 제1세계 공간에 있다. 나는 이주민 하층계급에 대한 인종, 젠더, 계급적 착취에 맞서는 메트로폴리탄 액티비즘을 전적으로 지지한다. 하지만, 우리는 여기서 전 지구성을 말하고 있다. 우리가 반드시 배워야 할 몇 가지 냉혹한 교훈이 있다. 우리가 이를 특히 명심해야 하는 까닭은, 이것이 또한 남의 종교적·민족적 정당들로부터 북의 문화연구로 가는 수출/수입 선이기 때문이다. (이 분할은 북에서의 **직종별 노동조합** 운동에 의해 더 심하게 악화되고 있다. 북에서의 운동은 "인권 침해"를 환기함으로써 〈관세 및 무역에 관한 일반협정〉(GATT)조차 교묘히 피해가라는 요청을 받고 있다. 이와 동시에 경제적 재구조화의 일부로서 〈세계은행〉은 남에서의 사유화 및 직종별 노동조합들의 말살을 요구하고 있다. 좀더 인간적인 노동법 제정을 선동할 조합들 말이다. 이것에 대해서는 나중에 더 논의하겠다.)

기독교 해방신학은 강력하고도 위험한 역할을 수행해 왔다. 이것을 목격해 온 우리들 중 일부는, 애니미즘 해방신학들이 생태학적으로 정의로운 세상이라는 아마 불가능한 비전을 거들어 주기를 꿈꾸어 왔다.[114] 정말이지, 신학이라는 이름은 이러한 사유에 낯설다. 자연 또한 이 방식의 사유와 앎에서 보면 초-자연(super-nature)이 된다. (내가 일반화된 부족 정신을 설정하고 있는 게 아님을 제발 확실히 알아주기 바란다.) 초-자연에 나오는 '초'조차도 길을 잘못 접어든 셈이다. 인간 공동체의 성스런 타자인 자연은 이와 같은 사유에서는 윤리적 책임성의 구조에 또한 구속되어 있기 때문이다. 이승에 그저 잠시 있을 뿐 내세를 생각한다는 개인적 초월 신학은 내세를 아무리 약하게 표현한다고 하더라도 우리를 이런 사유로 이끌지 못한다.

우리는 분할되지 않은 저 불가능한 세상에서 생태학적 정의를 꿈꾸어야 한다. 우리가 강박적으로 작업해야만 하는 불가능성을 고려할 때, 생태학적 정의의 국제성이란 소위 위대한 세계 종교들을 떠올린다고 도달할 수

---

114. 라틴 아메리카 해방신학의 위험에 대한 비판으로는 Ofellia Schutte, *Cultural Identity and Social Liberation in Latin American Thought* (Albany: State Univ. of New York Press, 1993), pp. 175-205 참조.

있는 게 아니다. 이것은 실로 내가 확신하는 바이다. 위대한 종교들의 역사가 권력의 흥망성쇠 서사에 몹시 깊이 침윤되어 있기 때문이다. 이런 관점에서 보자면 "기독교 유럽"만큼 우리를 무섭게 만드는 문구인 힌두적 인도의 경우, 『리그-베다』의 자연 시를 아무리 많이 다시 창안해낸들 힌두적 인도의 역사를 풀어헤치기에는 충분하지 못하다. 우리는 세계의 본래적·실천적·생태학적 철학들로부터 배워야 한다. 나는 이를 추호도 의심하지 않는다. 다시금, 나는 낭만화하고 있는 게 아니며, 해방신학을 한다고 모든 기독교인을 낭만화하지 않는다. 우리는 제4세계만이 아니라 전 지구를 향상시키기 위해 세계에서 가장 힘차게 동원되고 있는 담론을 모종의 방식으로 사용하기에 대해 말하고 있다. 이렇게 내가 다시 말하는 이유는 이것을 돈키호테식[공상적이라는 뜻을 갖는다] 도덕주의로 거부해버리기 쉽기 때문이다. 이러한 배움은 집단적 노력을 사랑으로 대리보충함으로써 시도될 수 있을 뿐이다. 사랑이라는 이름을 받을 가치가 있는 것은 노력이다. 사람이 통제할 수도 없지만 저항해서도 안 되는 그런 노력, 양편 모두에 주의를 쏟는 지난한 노력 말이다. 우리가 강제나 위기 없이 어떻게 서발턴의 주목을 끌겠는가? 도대체 확신할 수 없는 윤리적 특이성 — 지속가능한 조건이 결코 되지도 못하는 — 의 가능성을 바라보며, 양편에서 마음을 바꿔먹지 않는다면 말이다. 필요한 집단적 노력은 법률, 생산관계, 교육체계, 보건을 변화시키는 일이다. 하지만, 마음을 바꾸어가며 책임감 있게 다가서는 일대일 접촉 없이는 아무것도 찌르지 못하는 법이다.[115]

---

[115] 나는 수세기에 걸친 방글라데시 문화가 방글라데시에서의 공동소유에 일어난 변형, 정보명령으로 대체된 배움, 그에 잇따라 투자의 지도(maps)를 위한 원재료로 변형되는 나라를 통해 파괴되었다고 말했다. 그 때, 〈세계은행 환경부〉의 부장인 앤드류 스티어(Steer)는 나보고 "설교를 하고 있다"고 언급했다(European Parliament, 1993년 4월 28일). GATT의 새로운 지적 자본 협약하에 전유되고 특허권이 부여되어 되"팔리고 있는" 것은 바로 남의 토착 시골 사람들의 전통적 지식이다. 그것도 인간과 자연의 대립을 끈질기게 해체하는 이 지식에 수반되는 생명 리듬을 배우겠다는 시도를 한 번도 하지 않고 말이다. 나는 희생적 전통에

윤리적 특이성에 대해 한마디 하자면 이것은 대중과의 접촉에 붙이는 멋진 이름도 아니며, 사람들의 상식에 개입하기에 붙이는 멋진 이름도 아니다. 우리는 형상(figures)을 현상화(phenomenalizing)하고 있는 것이지, 급진적 대타성에 대해 말하고 있는 게 아니다. 우리가 이를 명심한다면, 윤리적 특이성이란 다음과 같은 상황을 통해 기술될 수 있는 무엇이다.

우리가 한 사람에게 깊이 개입할 때, 그 반응 — 대답 — 은 양편에서 나온다. 우리 모두 이것을 잘 알고 있다. 이를 "응답"능력("answer"ability) 혹은 책임능력(accountability)뿐만 아니라 책임(responsibility)이라고 부르도록 하자. 우리는 이러한 개입에서 아무것도 감추지 말고 드러내고 싶어 하며, 또 드러낸다. 우리 또한 그 사실을 알고 있으며, 알고 있지 않다면 불행한 삶을 사는 것이다. 그렇지만, 무엇인가가 전달되지 않았다는 느낌은 양편 모두에게 항상 있기 마련이다. 우리는 이것을 비밀이라 부른다. 비밀은 감추고자 하는 무엇이 아니라 특이성, 책임, 책임능력의 이러한 관계 속에서 절박하게 드러내고 싶어 하는 무엇이다. ("비밀"이란 모든 것이 만나지는 않는다는 사실 혹은 그럴 가능성에 붙이는 이름이라고 말하는 편이 좀

대해서는 충분한 "책임성"을 갖지 않는다. 그래서 이것이 인간/동물에게 어떻게 전해지는지를 인류학적 오염 없이는 추측할 수 없다. 데리다의 "New International"이 그토록 방자하고 맥없는 것은 그가 바로 이런 지반에서 "책임성"이 없기 때문이다(이에 대한 심화된 논의로는 나의 글 "Ghostwriting" 참조). 또 데리다는 *aimance*(사랑성[loveness]? "loveance"는 좀 우습게 들린다)에 대해 너무도 모호하고 장황하게 써서 그것은 작업을 위한 배경설정으로부터 차단된 채 영원히 남을 것이다(Derrida, Politics of *Friendship*, p. 8). UN 학술대회들은 그것들이 거의 알지 못하는 성취에 대해 사회적인 것보다 자본의 이해관계에 따라 이런 노력들을 윤리의 이름으로 비난하기 위한 알리바이를 제공한다. 대놓고 증인이 되려고 든다는 바로 그 이유 때문에 최악의 위반자들은 소위 미국 페미니스트들이다. 이들의 "액티비즘"은 맹렬한 지도력 복합체와 만족할 줄 모르는 명성에 대한 욕망 때문에 이런 대회들을 그냥 조직하기만 한다. 일부러 내가 과격한 형용사들을 사용하는 것은 이 지도력 본부에서 나오는 모든 연대-성취 주장에 맞서 경고하고, 그에 수반되는 이미지들을 생산하는 "막후에서 작업하기" 위해서이다. 지적 자산에 대한 토착민들의 권리보호를 감독하는 조직을 세우고자 UN이 계획하고 있다는 것은 나도 안다. 아마 지금 필요할 이런 기획은 선주민의 원래 "공산주의"를 침범하는 폭력 속에서 생겨나며, 그/녀에게 제국의 보호 대상이라는 멍에를 지운다.

더 철학적일 것이다. 신경 쓸 것 없다.) 이런 의미에서 윤리적 특이성은 비밀스런 조우라 불릴 수 있다. (여기서 물론 내가 몰래 만난다는 이야기를 하는 게 아니라는 점에 아무쪼록 주의하기 바란다).116 반응이 양편으로부터 흘러나올 때 윤리적 특이성에 접근할 수 있다. 내가 잘 해주는 그 사람이 나를 닮아가고 나의 권리들을 갖게 된다면 그/녀는 더 잘 살 것이라는 생각도 있다. 하지만 이 생각은 (불)가능한 윤리적 관계의 드러냄이나 말소를 시작하지 못한다. (물론 자기가 속한 문화의 예로서 그 사람을 무조건 존경하는 태도도 그러지 못한다.)

나는 1952년 인구 "조사에서 누락된" 얼마 안 되는 백분율의 인도 선주민들 중에서도 아주 소수만을 알고 있다. 영국인들은 숲에 사는 부족민들을 "범죄적 부족들"이라 정의했다. 이 부족들은 영국인들에 의해서뿐만 아니라 인도의 힌두 및 이슬람 문명들에 의해서도 홀로 남겨졌다. 그들은 "급진적인 사람들"이 아니다. 그러나 그들은 (더 큰 인종집단들과 달리) 홀로 남겨졌기 때문에 모종의 문화적 규범들에 순응한다. 그들은 우리처럼 문화를 자연이라고 생각한다. 우리의 전 지구적 곤경 속에서 그들은 그들을 버렸던 우리에게 지극히 유용할 수 있는 어떤 태도들을 실증한다. 그들의 능동적인 문화적 규약은 다른 이들의 것처럼 파악할 수도, 풀어헤칠 수도 없다. 그들의 문화를 파악하자는 게 아니라, 지배적인 것과 싸우는 몇몇 잔여적인 것을 활용하자고 제안하는 바이다. 그렇게 하는 것이 무엇으로도 환원할 수 없이 우리를 변화시켜 왔기 때문이다. 그들은 자기들의 생활패턴을 변화시키는 데 스스로 관심을 기울이고 있다. 우리가 할 수 있는 한에서 우리 역시 이런 욕망 속에 따라 들어가는 데 관심을 가져야 한다. (다음에

---

116. 이 논의는 책임에 관한 데리다의 여러 글에 빚지고 있다. 나는 "Responsibility"에서 데리다의 책임에 대한 나의 이해를 작업하고자 했다. 비밀의 주제는 데리다에게서 나타나는 한 계기, 즉 "Passion"(David Wood, ed., *Derrida: A Critical Reader* [Cambridge: Blackwell, 1992])을 내가 속되게 전유한 것이다.

우리는 "언어상실"에 대한 호주 선주민들의 개념을 살펴본다.) 그들의 문화적 습관 중 일부는 생태학적으로 건전한 민족이전의 테크닉들을 내면화한다. 인도 부족민들이 소수자로서 근대 국가로 통합되는 데 시급하게 필요한 과정 속에서 지구행성의 정의(planetary justice)가 요구된다. 그러나 인도 부족민들의 문화적 습관 중 일부가 이 정의 속에서 돌이킬 수 없이 상실되어야 한단 말인가?

현재의 역사 속에서 "우리 문화"를 찾던 와중에 우리는 통계상 하나의 집단이 갖는 의심스런 "통일성" 속에 던져진 또 하나의 "민족이전" 집단과 조우한다. 서발턴 여성들이 바로 이 집단이다. 이 각도에서 볼 때, 비유럽중심적 생태운동이 분할되지 않은 세계에 대한 하나의 비전을 제공한다면, 인구통제 및 재생산 조절공학에 맞서는 서발턴 여성들의 운동은 또 다른 비전을 제공해 준다. 여기서도 국가의 역할은 해석될 수 있다. **새로운 세계 경제 질서 세력들에게 저당 잡혀 있는 국가는 국제적 인구통제 명령에 고개를 조아린다.** 맥루한은 "생태학이 '백인남성의 짐'을 '길거리 남성'의 어깨 위로 옮겨놓았다"(502쪽 참조)고 쓰면서 오늘날의 국제적 인구통제 정책의 주전자 논리를 정확하게 예측한다. 세계의 자원이 고갈된 책임을 남의 인구폭발로 돌리며 남의 가장 가난한 여성들을 탓한다. 이것은 여성을 하나의 이슈로 만들면서 이번엔 소위 원조를 정당화한다고 여겨지며 북의 과소비를 주목하지 못하게 한다. 전 지구화의 두 얼굴인 셈이다. 물론 맥루한 자신은 여성들 생각을 전혀 하지 않았다. 하지만 소련이 해체된 세상에서 그 게임의 이름이 전 지구화인 오늘날, 훨씬 오래된 토포스가 활발하게 꿈틀거리고 있다. 3장에서 내가 진술한 대로, 좋은 시민 사회가 가정의 혼란에서 태어나는 계기를 표시하기 위해 좋은 사회의 정신에 주입할 법의 문자를 깨뜨리는 특이한 사건들이 종종 환기된다. 남성들에 의한 여성들의 보호가 종종 이러한 사건을 제공한다. 자본주의/페미니즘의 현 국면에서 그것은 여성 서발턴을 구해내는 자본주의적 여성들이다. 발전 속의 여성들은 미국원조(USAid)의 부가 항목이며, **환경 및 발전 단체의 여성들은** 걸출한 남의 대변인을 갖고 북이 통제하는 비정부단체들이다. 이렇게 발전 속의 여성들을 어머니가 하듯 자매가 하듯 감싸고 지원해 주는 것 역시 서발턴을 침묵시키는 한 가지 방식인데, 3장에서 제시된 단 하나의 예와 함께 자리매김 되어야 한다.117

초국가성을 사유하는 디아스포라 학자 혹은 소수자 여성은 누구를 위해 어떤 이해관계 때문에 작업하느냐고 물을 정도로 충분한 지식능력을 갖추어야 한다. 「재산인 몸: 페미니즘적 재수정」에서 로잘린드 폴락 페체스키(Petchesky)는 방글라데시 액티비스트인 파리다 아크터(Farida Akhter)를 몇 줄 인용하면서 금세 캐럴 페이트먼으로 바꿔친다. 페체스키는 페이트먼의 "비판"을 아크터와 "유사성"을 가지면서도 "더욱 체계적이고 더욱 포괄적"이라고 보는 것 같다. 이렇게 바꿔치기 함으로써 아크터를 침묵시키는 데에 만족하지 못한 페체스키는 인종문화기술학(뉴기니의 부족 여성들은 포스트포디즘에 의해 착취당하는 방글라데시 여성들과 다를 수 없다!), 16세기 파리, **영국 평등주의자들의** 여자들 가운데 "자기 몸의 소유라는 관념들의 기원이 된 초기 근대 유럽", 마지막으로 아프리카계 미국인 법이론가인 패트리셔 윌리엄스의 작업을 통해 이러한 "본질주의"에 대한 "페미니즘적" 대안을 제시하는 데로 나아간다. 다음은 페체스키판 아크터이다.

> 방글라데시의 여성 보건 액티비스트이자 연구자인 파리다 아크터는 "자기 몸에 대한 여성의 개인적 권리"를 "부르주아 개인주의의 논리와 사적 소유의 내적 충동에 전제를 둔 … 자본주의-가부장제 이데올로기를 무의식적으로 비추는 것"이라고 비난한다. 아크터에 따르면, 여성이 자기 몸을 소유한다는 관념은 여

---

117. 국제적 인구통제에 관한 좀더 자세한 입장을 기술하는 글로는 Spivak, "A Reply to Gro Harlem Bruntland", *Environment* 37.1 (Jan.-Feb. 1995): 2-3 참조.

성의 몸을 "재생산 공장"으로 바꾸어 버리고 그것을 대상화하며, 재생산 능력이 "우리가 자신의 내부에서 실어나르는 자연적 능력(power)"임을 부인한다. 여성의 이러한 "자연적 능력"과 관련해 "새로운 사회관계"를 촉구하자는 요청 이면에는 "자연적" 여성과 "사회적" 여성이라는 분열이 놓여 있다. 이 분열은 아크터로 하여금 그녀의 맑스주의적 작업틀이 제안하는 것보다 급진적 페미니즘의 본질화된 "차이"를 포용하는 것에 더욱 가깝도록 한다.118

『자본론』 1권에서 맑스는 사회주의적 저항의 중심축은 노동력(labor power)119이 사적인 것과 사회화 가능한 것 사이의 역동적인 투쟁 지점이 되는 유일한 상품임을 이해하는 것이라고 쓰고 있다. 노동자가 일(work)을 개인적인 일 이상으로 생각하고 그것을 그/녀가 부분-주체가 되는 (노동력 [laborpower]이란 추상적인 평균이니까) 잠재적 상품(노동력)으로 인식한다면 어떨까. 그/녀는 잉여가치의 전유에 저항하기 시작해 자본을 사회의 재분배 쪽으로 밀어붙일 수 있다. 초국가화에 맞서는 투쟁을 일상적으로 조직하는 사람인 아크터는 저항을 위한 훈련에서 이와 같은 첫 번째 교훈에 친숙해지기를 기대한다. 프롤레타리아가 갖는 별 볼일 없는 의미는 그/녀가 자신의 몸 외에는 아무것도 소유하고 있지 않으며 따라서 "자유롭다"는 것이다. 이것을 붙들고 늘어진다면 사회주의의 가능성이라곤 전혀 없으며, 공장바닥에서의 고용만 있을 뿐이다. "사적인" 것과 "사회적인" 것 사이의(노동과 노동력 사이의) 분열(Zwieschlägtigkeit)이 아크터가 말한 "'자연적'인 것과 '사회적인' 것 사이의 분열"이다. 그녀는 맑스를 따라 "능력"을 사용한다. 바로 거기서 페체스키는 그것을 "여성"으로 바꾸어 버린다. 실로

---

118. Faye Ginsburg and Rayna Rapp, eds., *Conceiving the New World Order* (Berkeley: Univ. of California Press, 1995), pp. 394-395. 또한 Carole Pateman, *The Sexual Contract* (London: Polity Press, 1988[한국어판: 『남과 여, 은폐된 성적 계약』, 이후, 2001] 참조.
119. [옮긴이] 여기서 power를 강조한 것은 노동의 능력·권력의 의미를 부각하기 위한 것임.

여기에 하나의 역설이 등장한다. 인간의 신체 속에 있는 "자연적"인 것은 "사회화"되기 쉬워야 한다! 왜 아크터는 "재생산 능력"(reproductive power)을 말하고 있는 것일까? 자본주의/개인주의적 재생산 조절공학의 약탈파괴에 맞서 작업해 온 그녀는 사회화되어 온 재생산 노동력을 일상적으로 알고 있기 때문이다. 그녀는 "새로운 사회관계"를 촉구할 때, 엄격히 맑스주의적 의미에서 "사회적 생산관계"라는 용어를 사용한다. 다른 모든 상품들과 노동력 사이의 맑스주의적 구분이 여기서는 유지되지 않을 터이니 새로운 사회관계인 것이다. 재생산 노동력을 통해 생산된 상품들이 아이들이다. 이들은 정동적(情動的) 가치형식 내부에서 코드화되므로 사물이 아니다. 미국의 인격주의는 사회화된 노동력에 대한 저항적 사용을 맑스의 아슬아슬한 공식화라고 생각하지 못한다. 미국의 인격주의가 프로이트의 위험한 메타심리학을 에고(ego)의 심리-분석으로 환원했던 것과 똑같이 말이다. 게다가, 거기 내포된 주체가 권리에 기반을 둔 부르주아 자유주의의 행위자이기 때문에, 소유된 신체를 막다른 길이라고 할 프롤레타리아 시각으로부터 생각하지 못한다. 그것은 "구체적인" 것으로 코드화된 "추상적인" 법률적 신체를 담지하는 자가 될 수 있을 뿐이다. (미국에 기지를 둔 UN 페미니즘이 발전이라고 알려진 전 지구적 금융화의 이해관계를 위해 일한다는 것 역시 사실이다. 여기서 내가 2장과 3장에서 브론테와 프로이트에 대해 말했던 바가 페체스키에게도 통한다고 말해야겠다. 아크터는 "무의식적 비추기"에서 드러나는 이와 유사한 정서를 좀더 단순하게 표현한다.) 덧붙여 말하자면, "자연적인" 것과 "사회적인" 것 사이의 분열은 또한 청년 맑스가 제시한 유적-생명과 유적-존재 사이의 분열이 될 수 있다. 맑스는 후기 저작에서 이 분열을 자유의 영역과 필연의 영역 사이의 분열, 즉 계획하기의 한계점으로 치환시킨다. 이에 대해서는 4장의 앞부분에서 제임슨을 논의하면서 이미 거론했다.

미국에 기지를 둔 페미니즘이 남에서 일어나는 이론적 복잡화를 인식할 수 없게 되는 경위를 보여주기 위해서는 강의실에서 교육하는 시간이 그만큼 걸린다. 남의 이론적 복잡화는 미국 페미니즘 편에는 인종문화기술적인 "문화적 차이"의 저장소가 될 수 있을 뿐이니 그렇다. 여기서는 존경스럽긴 하지만 캐럴 페이트먼의 논의가 아크터를 좀더 "체계적이고 포괄적"으로 바꾸어내는 판본은 확실히 아니라고 언급하면 충분할 것이다. 결혼과 매춘에 대한 페이트먼의 탁월한 논의는 봉건주의로부터의 이행 논의를 자본주의로 확장시킨다. 아크터는 초국가적 자본을 건드리고 있다. 초국가적 자본은 신체를 원본으로 본다. 여러분이 인류학과 초기 근대 유럽을 인용해 댄다고 해서 새로운 세계질서(소련해체 이후의 금융화, 의약품 제조 투기를 목적으로 서발턴 신체의 DNA에 특허권 주기 등)에서 요구되는 새로운 사회적 생산관계에 응답할 수 없다.[120] 정말이지 이것은 유색인에게 맞서려

---

[120] 독자에게 반복해서 말하고 있듯이 이 책에 숨겨진 의제는 내가 알 수 있는 한 "토착정보원"을 추적하는 것이다. DNA 특허("인간 '게놈'이라는 커다란 덩어리에 대한 미국의 주장")는 자신의 신체 말고는 가진 것이라곤 없는 "새로운 프롤레타리아"로서 토착정보원의 막다른 골목이다. 반면 포스트식민주의라는 고결한 길은 부르주아 페미니즘으로 나아간다. 이 논쟁들을 요약하며, 출발점일 뿐 최종적 권위는 아닌 책으로는 *People, Plants, and Patents: The Impact of Intellectual Property on Trade, Plant Biodiversity, and Rural Society* (Ottawa: International Development Research Centre, 1994) 참조. 인용문은 p. 116. 이 책을 내게 권해 준 파르하드 마즈하르(Mazhar)에게 감사하는 바이다. 4장의 최종 판본을 출력하고 있을 무렵 나는 Jeremy Rifkin, "The Biotech Century: Human Life as Intellectual Property, *The Nation* (1998년 4월 13일자): 11-19를 보게 되었다. 리프킨의 글은 사실로 가득 찬 훌륭한 글이다. 이 글은 『네이션』 독자에게 말하는 글이라 "자아와 사회에 대한 우리의 이해"는 미래에는 "변화하게 될 것"이라고 하면서 유럽사에서 위안을 주는 사항들을 나열한다. "600여 년 전에 초기 르네상스 정신이 중세 유럽을 싹 쓸어버렸듯이 말이다"(p. 11 스피박의 강조). 내가 주장하고 있는 것은, 남반구 출신인 어떤 사람이 이렇게 변화된 감각을 보일 때 우리는 그것을 인식하지 못한다는 점이다. 앞의 인용문은 이상할 정도로 낙관적인 어조를 띠기는 한다. 하지만, 리프킨은 글 마지막 부분에서 적절한 우려를 표명한다. 그는 "다음 세대들이 … 생명 자체가 대상화된 지위로 환원되는 세상에서 자라게 된다면 어떻게 될까"하고 묻는다(p. 19). 데리다는 일찍이 『그래머톨러지』 시절부터 특히 유전자 대본을 언급한다. 해체의 후기-니체주의적(post-Nietzschean) 윤리적 움직임에서 신체의 메타심리학적 대본(script)은 타자에 의해 책임성에 불러 세워지는 존재로 인간적인 것을 정의하는 대타성의 형상이 된다. 그 대본은 인간적인 것을 시끄럽게 권리를 외칠 수 있을 뿐인 "독특하고 본질

고 유색인을 인용하는 문제가 아니라 그러한 분석을 이해하는 문제다. 하지만 최악의 순간은 패트리샤 윌리엄스를 이용할 때일 것이다. 나는 북의 유색여성을 통해 남의 비판적 목소리를 침묵시키려는 윤리-정치적 의제를 논평할 수 없다. 사람을 재산으로 삼는 노예제에 구속된 신체의 남용적 구성은 착취 속 신체의 사회화가 아니다. 최소한 이 사실은 명확해져야 한다. 노예의 모계구성은 재생산 노동력을 상품화하는 데 유리한 정동적 알리바이로 사용될 수 없다. 오늘날 하층계급(underclass) 아프리카계 미국여성은 자신의 구체적인 역사와 상황에 대응하는 뜻에서 자기 신체에 대한 소유권을 느끼고 싶어 한다. 윌리엄스 자신은 이 사실을 매우 분명히 한다. 그리고 그러한 상황은 산업 자본주의를 진전시키려고 사람을 재산으로 삼는 노예제를 이용하는 모순이기도 하다. 패트리샤 윌리엄스는 이 용법을, 이 구절을 미국의 사법-법률 체계 내부에서 써 나간다. 그녀가 남의 국면적 곤경을 "논박할 뜻으로" 더 이상 사용되어서는 안 된다. 페체스키는 둘 다 인도 출신인 디아스포라 예술가 미라 나이르(Mira Nair)와 미이나 알렉산더(Meena Alexander)를 통해 예술적 재현을 증거로 사용한다. 이에 주목해 보라. 초국가적 세계의 여성들은 초국가화에서 방글라데시와 인도의 경우가 전적으로 비슷하지 않다는 사실은 말할 것도 없고 이론을 전유하는 정치(학)를 조심해야 한다.

전 지구를-에워싸는 이들은 팡파르를 울릴 시간도 없고 돈도 없다. FINRRAGE(재생산 및 유전자 조절공학에 저항하는 페미니스트 국제 네트워크)의 홍보 책자에는 "개별 여성들 사이의 연결, 비판적 풀뿌리 연구"와

적인 속성"의 저장소로 여기지 않는다. 정치적-법률적 계산법 내부에서 "유전자권"(Genetic rights)은 "다가오는 시대에 근본적으로 중요한 쟁점으로 부상할 것 같"다(p. 19). 남반구의 인간 게놈 착취를 고려한다면 그래야 할 것이다. 우리는 유전자의 권리가 그 윤리적 그늘을 잃지 않기를, 불가능성의 경험으로서 쓰여진 신체를 이해하는 감각을 잃지 않기를 바라는 마음에서 글을 쓴다.

같이 별로 힘주지 않은 문구들이 나온다. 이것들은 행동 차원에서 보면 필요할 때는 선생이라는 타협한 타자와 함께 갈 양방향 길을 안내하는 표지판이다.

인구통제 및 유전자 조절공학에 반대하는 이런 종류의 페미니즘적 발의에 따라 전 지구를-에워싸는 생태학에서 우리가 한편으로는 〈세계은행〉을 마주하고 다른 한편으로 (불)가능한 비밀스런 조우를 하게 된다면 어떨까. 그 운동은 한편으로는 다국적 제약회사를 직면하고 다른 한편으로는 다시금 그 비밀스런 조우를 천천히 대리보충하는 템포를 유지할 것이다. 그렇지 않을 경우, 메트로폴리탄 페미니스트가 나서서 모든 여성들에게 자기처럼 되라고, 막다른 세상의 시민이 되라고 막무가내로 종종 요구할 것이다. 여성의 권력/지식을 전 지구성 속에 재코드화하는 것은 거대한 연구분야이다. 낙태가 권리인가 살해인가. 동성애가 선호의 문제인가 죄악인가. 여기서는 이러한 인식소적 격동을 고찰할 수 없다.

하지만 대안적 발전전략으로서 **발전**에 저항하는 전 지구를-에워싸는 필수적이고 불가능한 과업에는 또 하나의 항목이 있다. 그것은 가내노동자 조직하기, "초강력 착취"를 하는 조건하에 집에서 일하는 여성들을 조직하기이다.

이런 유형의 여성노동은 자본주의 이전부터 있었으니 직선적 궤적에 앞선다. 전 지구성 속에서 가내노동은 이미 산업 자본주의를 동반하는 잔여적 현상의 악화이다. 국제적 하청과 지금의 포스트-포디즘하에서, 가내노동은 아일랜드의 착취공장에서부터 재택근무하는 하이-테크 컴퓨터 단말기 노동에까지 확장된다. 지금 전 세계의 여성들은 집에서 일함으로써 관리비, 의료비, 작업장 안전 비용, 그 외 유사한 비용을 흡수하는 "공통의 운명"이라는 추상적인 오어법적 통일체 속에 있게 된다. 그러므로 우리는 재택근무를 가정에서의 무보수 서비스의 연속인양 주변적 현상으로 다루지 않도록 하는 법을 배워야 한다. 이러한 여성적 지반화(grounding, 그리고 왕관

씌우기 — 젠더화는 계급연합을 전시함으로써 계급연합을 이용한다) 층위가 우리 시대의 전 지구적 자본을 떠받치고 있다. 우리가 이 층위에 도달하기 위해서는 우리의 전 지구적 투쟁 이데올로기에 따라 가정과 일 사이의 틈을 계속 해체하려고 노력해야 한다.[121] 우리는 이 어려운 진실에 대면해야 한다. 여성들은 내면화된 젠더화를 "문화적" 각인 내부에서의 윤리적 선택으로 지각한다. 이러한 젠더화 때문에 여성으로서 훌륭한 것이라거나 여성으로서 심지어 윤리적인 것이라는 의지적 확신의 이름으로 여성들은 성차별주의를 받아들이며 착취를 받아들인다. 우리는 법안들을 통과시키려고 싸워야 하며 법안들이 제대로 실행되는지 경계해야 한다. 하지만 그러한 투쟁의 진정한 힘은 다음 가능성을 숙고하는 실제 주자들에게서 나온다. 즉, 재택근무에 반대하는 조직화를 한다고 해서 좋은 여성, 책임 있는 여성, 현실적 여성(그래서 남편과 아이가 있는), 한 사람의 여성이기를 그만 두지 않을 수 있는 가능성 말이다. 그런 다음이라야, 여성들은 양편을 모두 그냥 사유하는 수준을 넘어서는 전제의 가능성을 향해 양방향의 반응 구조 속에서 우리와 함께 걸어 갈 수 있다. 좋은 여성이 되는 방식은 한 가지 이상으로 많다.[122] 여기서 "문화"가 제한을 가해 오겠지만, 우리는 문화적 각인 안에서부터 문화적 제한을 들어올리는 사람들과 합류해야 한다.

재택근무자들의 정의(definition)를 위한 투쟁을 언급하지 않고서는 우리 시대의 전 지구를-에워싸는 운동들을 완전히 설명할 수 없다. 하지만, 재택근무는 엄밀히 말해 대체로 도시에 나타나는 현상이다. "지구촌"이라는 표현이 시골 지역의 전유를 주장하는 맥루한-료타르의 취지를 전달하는 한,

---

121. Swasti Mitter, *Common Fate, Common Bond* (London: Pluto Press, 1986); Carol Wolkowitz and Sheila Allen, *Homeworking: Myth and Reality* (London: Macmillan, 1987) 참조.
122. "해결책은 법정에 있는 것이 아니라, 깨어 있고 인식이 있는 사람들 속에 있다"(Mumia Abu-Jamal, *Live from Death* [Reading, Mass: Addison-Wesley, 1995], p. 102).

재택근무는 "지구촌"과 관련된다. 생태학적·환경적 정의 및 재생산 정의를 위한 운동들에서 시골-지역적인 것은 전 지구적인 것과 대치한다. 여기서 "촌"(village)은 경험적인 것에 오염된 개념-은유가 된다.

촌은 지구를 하나의 세상으로 만드는 법을 우리에게 가르칠 게 틀림없다. 우리는 배우는 법을 배워야 한다(learn to learn)[123]. 문화연구는 달리 보면 하나의 징후일 뿐이다. 생물다양성의 전자화(electronification)는 식민주의의 최신식 속임수다. 우리는 비밀스런 조우 속에 "원시 공산주의"로부터 생태학적 건전함을 배우는 법을 배우다 컴퓨터화된 데이터베이스 쪽으로 움직여 나간다. 그 때 우리는 너무 멀리 나가버려 아예 종류가 다른 방식으로 움직이고 있었다. 우리는 배움에 대한 무한한 배려와 열정으로부터 멀어진 채 (지금은 쓸모가 없는) 지식을 정보명령의 텔레마틱 포스트모던 문화 속으로 우회시켜 버렸다.[124]

---

123. [옮긴이] 전 지구적 자본주의 사회에 횡행하는 은밀하고 교묘한 문화적 술수가 겹겹이 막고 있는, 제대로 배우는 방법부터 배워야 할 필요성을 말함.
124. "이 출판물에 근거하여 UNDP는 라틴 아메리카 및 중앙아메리카, 아시아 및 태평양 지대, 아프리카의 토착 단체들과 상의하기를 시작할 것이다. 우리는 전통적 지식을 보존하고 그들의 혁신과 공헌을 축적할 가장 적합한 전략들에 대한 그들의 관점을 추구할 것이다"(Sarah L. Timpson and Luis Gomez-Echeverri, "Foreword", *Conserving Indigenous Knowledge: Integrating Two Systems of Innovation*, UNDP, n.p., p. iv). 이 말은 도대체 무슨 뜻인가? 당신들은 "단체들과 상의함"으로써 사고방식이나 "인식소"를 배울 수 없다. 토착민들이 UN의 한 몸체와 상의할 단체를 조직할 무렵이면 좋든 나쁘든 그 담론구성체는 이미 균열되어 버리기 때문이다. 이 책자의 제목에 나오는 "보존하기"니 "통합하기"니 하는 말은 그들 자신의 사정(tale)을 말해 준다. 좋든 나쁘든, 우리는 여기서 하나의 아포리아와 마주한다. 균열의 작동이 다소 완전해져 확실하게 자리잡은 사유화를 통한 식민화가 이루어질 때, 이러한 보수적인 통합은 상당한 정도의 편의를 획득할 것이다. 이것이야말로 그들이 시간의 검증을 버텨내게 하는 메커니즘이다. 이것은 제국주의적 사회 변형의 성공에 따라 서술된다. 이것은 러다이트(Luddite, [1811~1817년 영국의 중부 및 북부의 직물공업지대에서 산업화로 기계 생산이 늘어나면서 노동력 수요가 줄고 실업이 늘어나자 노동자들이 일으킨 기계파괴] 입장이 아니라 그 반대 입장이다. 나는 소위 자연지능 기술성(technicity)의 결과들을 받아들인다. 그것은 소위 인공지능이 할 수 있는 것만큼 향상될 수 없다. 컴퓨터 장치를 이용한 교육을 지지하는 인공보철(prosthetic) 논의들과 가상(virtual) 현실이론들은 차라리 순진해 보인다. P. Cloke et al., *Writing the Rural: Five Cultural Geographies* (London: Paul

미국의 전 노동부 장관 로버트 라이히는 이렇게 말한다.

전자 자본주의는 … 가장 성공한 사람들로 하여금 사회의 나머지로부터 물러나 있을 수 있도록 해준다. 이제 최상층 관리자들, 전문가들, 기술자들은 저임금 비숙련 노동자들의 생산성에 경제적으로 의존하지 않고도 전 세계의 다른 상대방들을 위한 새로운 생산물과 서비스를 산출하고자 전 세계에 걸쳐 있는 자신들의 상대방들과 직접 소통할 수 있다. … 바로 지금 "공동체"라는 말은 … 매우 호소력 있는 이미지들을 함의한다. 그러나 현실적으로 보면 극소수의 사람들만이 사회경제적으로 다양한 도시구역에서 산다.[125]

이것은 전체를 밀어붙이는 "정보명령의 텔레마틱 사회"의 부분이다. 엄밀히 말해 "포스트식민" 부분은 좀더 예전의 담론구성체에 속했다. 분리주의적·전 지구적 네트워크를 지닌, "매우 호소력 있는 이미지들"의 "하이퍼리얼한" 공동체는 **새로운 이민자의 꿈이다.**[126] 인터넷은 이미지들의 공동체

Champman, 1994)는 좀더 실증주의적인 지리들로부터 시골(the rural)의 닻을 올리려고 시도한다. 특히 Martin Phillips, "Habermas, Rural Studies and Critical Social Theory"의 경우 대개 받아들이는 방식과 좀 다른 공-사 분할로 시골을 다시 사유하는 데 성공한다. 하지만, 그들은 유럽-미국 풍경에 자신들을 국한시키면서 시골-지역(the rural-local)과 가상현실-전 지구(the virtual-globe)라는 이항대립이 지금 어떻게 해소되고 있는지를, 전자에 나타나는 새로운 형식의 저항이 후자에 어떻게 압박을 가하고 있는지를 상상하지 못한다. 3장에서 논의한 료타르의 디페랑(differends)의 (비)관계가 문화영역에 남아 있더라도 그렇다.

125. 「매트릭스」 속으로」(Into the Matrix)에 관한 Robert Reich와 David Bennahum의 대화 (http://www.reach.com/matrix/meme2-02.html, 1996년 1월 24일).
126. 항상 그렇듯 나는 새로운 이민자란 말로 이민자들의 지속적인 유입을 뜻한다. 린든 존슨은 〈1965년 10월 1일의 이민 및 국적 법령〉으로 "민족적 출신 체계와 아시아-태평양 삼각형 지대 둘 다를 휩쓸어 버렸다 이런 저런 방식으로 탈식민화를 회피하는 바로 그 집단들을 말이다." "예컨대 그 법령이 개발도상국으로부터 대대적인) 두뇌유출을 창출하고 아시아인 이민을 5배나 증가시키리라고는 전혀 기대하지 못했던 바이다"(Maldwyn Allen Jones, *American Immigration*, 2nd ed. [Chicago: Univ. of Chicago Press, 1992], pp. 266, 267). 나는 정의(definition)를 내릴 목적으로 다른 글에서 이 각주를 반복사용하고 있다. 소련의 해체 이후 국면에서 "새로운" 이민 패턴에 빠르게 변화하는 역학이 있다. 이 점은 말할 필요

를 제공할 수 있다.127 실시간으로 출력되는 삶의 스타일은 백인 혹은 백인-복제 문화 군거지(enclave)에 들어가기를 원한다. 즉 로버트 라이히가 말한 "사회의 나머지로부터 물러나 있을 수 있는 … 전 세계에 걸쳐 있는 자신들의 상대방과 직접 소통할 수 있는" "최상층 관리자들, 전문가들, 기술자들"을 주로 공급해주는 풀(pool) 말이다. 다른 말로 하자면, 바로 이것이 잠재적인 전 지구적 주체를 산란시키는 요람인 셈이다. 이 군거지는 계급 연줄에 의존하며 감수성 훈련의 일부로서 문화적 박제화 충동을 담아낼 수 있다. **새로운 이민자**인 인문학 선생은 이 충동의 제도화와 관련될 것이다.

새로운 이민자는 **토착정보원** 혹은 실로 **포스트식민**과 같은 하나의 형상에 붙여진 이름이다. 이 형상은 한 텍스트의 주름들 속에 엮여 들어가 있다. 이 형상은 불가능한 것을 가시화한다. 그렇다면, 이 형상은 불가능한 것을 하나의 경험, 하나의 역할로 변형시키라고 또한 상상력을 불러들인다.128 그리고 중상주의적 자본주의(탐험과 정복에 의존하는)와 초국가적 금융화("포스트식민"→"새로운 이민자"를 결정하는 생산양식) 사이의 차이를 고려하건대, 그 역할은 지금 실시간 출력으로 경험된다. 푸에고인과 뉴홀랜드인은 칸트를 읽을 수 없었다. (칸트가 그들을 "읽어낼" 수 없었다는 사실이 탁월함을 나타내는 표시라고 잘못 간주되었다.) 부르키나 파소

조차 없다. 법률에서나 선거에서나 늘어만 가는 이민에 대한 분노가 내 글의 주장을 강화시켜 주리라. 그러나 이 분노에 대한 피상적 이해는 나의 과녁이 되는 검토되지 않은 문화주의적 경쟁을 악화시켜 왔다.

127. "Vasudhaiva"에서 "전 지구적 힌두인"의 인터넷 이미지가 논의되어 왔다. 새로운 이민에 있는 다른 "문화적 기원들"이 이와 비견될 수 있는 방식들로 미국의 하이픈 긋기 속에서 스스로를 강화시킨다는 데에는 의심의 여지가 없다. 감탄할 만한 저작인 Kwame Anthony Appiah and Henry Louis Gates, Jr., eds., *The Dictionary of Global Culture* (New York: Knopf, 1997)은 다양한 집단들 사이에 있는 격차를 메우고 연결할(bridging) 가능성을 제시한다.

128. 한 텍스트의 주름들 속에 부여된 한 주체-입장이라는 푸코의 고고학적 개념(『고고학』, 영역판 pp. 91-92)은 자기를-극화하라(self-dramatize)는 초대로 읽힌다. 아마 실러가 칸트에게 했던 것 말이다.

4장 문화 537

(Burkina Faso) 혹은 알바니아 출신인 사람은 **새로운 이민자** 행세를 함으로써 후쿠야마[129]를 자유주의적으로 혹은 비판적으로 거부할 수 있다.[130] 이것들이 4장의 관건들이다. 이것들은 오스트리아의 클라겐푸르트대학에 있는 알바니아 사람들을 향한 다문화주의적 노력과 관련될 사안이라고 해 두자.

이제 우리의 전 지구적 관광을 끝내고 "포스트식민"을 "새로운 이민자"의 틀 속으로 이동시켜 메트로폴리탄 다문화주의 속의 여성에게 돌아가보자. 두 번째 들여다보기인 셈이다.

우리는 1, 2, 3장에서 토착정보원을 추적하면서 유럽을 찾아다니며 벗겨 보았다. 여기서는 우리를 움직이는 토대로서 미국을 순회하여 본다. 그러니, 우리는 애초부터 이민자들의 국가였던 미국의 면모를 인식해야 한다. 첫 번째 유럽인 이민자들 가운데 승리한 사람들은 자기들 수중에 있었던 **산업혁명**을 들먹이며 그 땅을 자기네 땅이라고 종종 폭력적으로 주장했다. 또 그 땅의 기원 이야기는 낡은 봉건주의로부터의 탈출이라는 일반적인 토크빌(Tocqueville) 방식으로 다시-제시되어 왔다. 노예들을 부(富)로 재현하는 문제를 둘러가기 위해 **건국 헌법**에서 아프리카 노예들과 **원래 있던 민족들**(Original Nations)을 재산으로 각인시켰다는 사실은 익히 알려진

---

129. [옮긴이] 현재 딕 체니 부통령을 위시한 미국 신보수주의 2세대의 대표적 논객. 1952년 생 일본계 미국인이며 존스홉킨스대학 정치경제학 교수. 그의 『역사의 종말과 최후의 인간』은 세계적인 반향을 일으켰다. 그는 1989년 베를린 장벽 붕괴와 소련 해체를 놓고 "역사가 끝났다"고, "행복한 1990년대" 운운하며 보편적 자유민주주의의 확장이라는 신보수주의적 유토피아를 거론했다.
130. "알바니아나 부르키나 파소 사람들에게 어떤 이상한 생각이 드는지는 별로 중요하지 않다. 우리가 관심을 두고 있는 것은, 인류 공통의 이데올로기적 유산이라 불릴 수 있는 것이 어떤 의미에서인가 하는 점이기 때문이다"(Francis Fukuyama, "The End of History?" *The National Interest* 18 [1989]: 9). 내가 후쿠야마를 칸트와 비교하자고 제안하는 것은 아니다. 그렇게 하면 첫번째는 비극, 두 번째에는 소극(farce)이 될 터이다.

바다.131

　주변화라는 용어 자체가 길을 터주는 주변화의 극단적인 경우들이 비인간화, 수송, 대량학살이다. 우리가 **새로운 이민자**를 새로운 세계질서 속에 위치시킬 때, 애초부터 있었던 노예제라는 폭력 장면에서 시작할 수는 없다. 대신에 우리는 미국 문화 공간에서 지배류라고 인식된 것에 대립하지 못하도록 주변의 목소리들로서 우리를 점점 더 두들겨 패온 현상을 갖고 시작할 수 있다. 우리는 "문화적 정체성"을 차이의 허용으로 사용할 수 없다. 또 그것을 자본주의하의 정의(definition)에 대한 희망 속에 유럽중심적 경제이주(종국엔 정치적 망명조차도)가 끈질기게 계속된다는 사실을 부인하는 도구로서 사용할 수도 없다. 그러한 암묵적인 추한 비밀이 우리 통일성의 기초로서 "불법체류 외국인"과 열망 그득한 학자를 통합해 준다. 우리는 이러한 기초를 이 시대를 거슬러 꼬집고자 하는 읽기/쓰기/가르치기를 위한 발판으로서 다시 창안해낼 수 있다.

　새로운 이민자들의 "민족적 출신성분"은 그들 자신이 환상적으로 생각하는 것과 달리, 시인되지 않은 머나먼 역사적 미국문화에 지금까지 별반 이바지해오지 못했다. 그 때문에, 우리는 다양한 출신들이 그려내는 우리의 무지개를 현재 미국사의 일부로 인식할 것을 요구한다.132 대부분의 우리나

---

131. "영국인들에 맞서는 미국의 독립투쟁에서 핵심 구호는 '대표자 없이는 세금을 매기지 못한다'는 것이었다. … 노예들을 부(富)로 받아들여 남부 투표자들에게 여분의 대표권을 더 갖게 해야 함을 수긍한 것은 노예제도를 인정하는 태도를 미국헌법의 핵심에 정착시켰다." Robin Blackburn, *The Overthrow of Colonial Slavery: 1776-1848* (London: Verso, 1988), pp. 123, 124.
132. 내가 미국에 거주하는 외국인(resident alien) 인도인이라서 가장 잘 아는 인도계-미국인의 경우, 예컨대 그 세부사항을 주목해 보자. 소위 힌두적 유산(heritage)과 미국에 사는 힌두인들에 대한 자세한 신상명세에 초점을 맞추어보자. 인도와 연줄을 갖고 미국 다문화주의를 주도하는 〈미국 힌두 학생회〉는 다른 소수집단들과 달리, 교과과정이 미국에 사는 힌두인들의 역사적 경험을 말소한다고 주장할 수 없고 주장하지도 않는다. 그래서 이 학생회는 문화적으로 "표시되지 않는" 얼굴을 구성해 내고자 미국 대중문화에 여전히 남아 있는 속의 인도 신비화뿐만 아니라 남아시아 지역학에 일반적인 "오리엔탈리즘-겸-아리아인중심주의"를 사

라들이 미국에 의해 영토적으로 식민화된 것은 아니었다. 그래서 우리의 요구는 일차적으로 우리의 출신국들이 아니라 새로운 미국인들이라는 우리의 지위와 관련되는 거래이다. 정말 또 상대적으로 말해 미국의 주변인으로서 우리의 자기-재현은 우리의 출신국들에서 우리가 갖던 지배적인 위치를 부인하는 사태와 연루될 것이다. 여기에는 자신이 고국에서는 민주주의자지만 외국에서는 폭군이라고 했던 존 스튜어트 밀의 발언과 관계되는 비슷한 무엇인가가 있다.[133]

확실히 우리는 자유주의적 다문화주의와 모종의 제휴를 하고 있다고 주장해야 한다. 다른 편에 슐레진저와 브레진스키가 있기 때문이다.[134] 자유

용한다.

133. 이것이 밀의 『자유론』[서광사, 1992]에 깔려 있는 주제이다. Mill, "On Liberty", Richard Wohlheim, ed., Three Essays (Oxford: Oxford Univ. Press, 1975), pp. 4-141. 호미 바바는 바쿠 파레크(Bhikhu Parekh)와의 대화에서 이 점을 끄집어낸다("Identities on Parade", *Marxism Today* 33.6 [1989]: 27).

134. 슐레진저와 브레진스키는 자유주의적 백인문화 우월주의자들(한편으로 인종차별주의적 백인 우월주의자들, 다른 한편으로 자유주의적 다문화주의자들과도 혼동되어는 안 되는)이다. 이 집단은 미국 내부에서 늘 싸울 태세를 갖추고 있다. 슐레진저는 "우리의 과업은 미국의 장엄한 다양성에 대한 온당한 평가를 개인의 자유, 정치적 민주주의, 인권이라는 서구의 위대한 통합적인 사상들에 대한 강조와 결합하는 것"(Arthur M. Schlesinger, *The Disuniting of America* [New York: Norton, 1992], p. 138)이라고 쓴다. 브레진스키는 "그래서 인간 조건의 복잡성과 우연성 둘 다를 인식하는 것은 21세기의 점증하는 혼잡하고 친밀한 세계에서 공유되는 도덕적 합의의 정치적 필요성을 강조한다"(Zbigniew Brezinski, *Out of Control: Global Turmoil on the Eve of the Twenty-First Century* [New York: Scribner's, 1993], p. 231)고 쓴다. 전자는 미국의 꿈에 대한 타오르는 확신으로 글을 쓰고, 후자는 그 세계에 경종을 울리려고 글을 쓴다. 자유주의적 다문화주의는 주류 학계의 드높은 물결 속에서 다음 책들을 목격함에 따라 가시화되었다. Charles Taylor, *Multiculturalism and "The Politics of Recognition": An Essay*(Princeton: Princeton Univ. Press, 1992); Bruce Ackerman, *The Future of Liberal Revolution* (New Haven: Yale Univ. Press, 1992); John Rawls, *Political Liberalism* (New York: Columbia Univ. Press, 1993). 이 중요한 책들은 분명 하나의 각주에서 논의될 수 있는 것은 아니다. 여기서는, 이 세 권의 책이 진지하게 맡겨진 제국주의의 문명화 사명과 모종의 관계를 맺고 있음을 지적하는 것으로 충분하리라. 액커만의 입장은 노골적으로 "우리가 이겼고 너희는 겼다"는 태도에 기초를 두고 있다. 그는 1994년 〈태평양

주의적 다문화주의가 우리 시대 초국가적 자본주의의 요구에 의해 결정된다는 것은 비밀이 못 된다. 자유주의적 다문화주의는 전 지구의 금융화라는 지배적 기획에서 개발도상국들로부터 외관상 동의를 확보하는 데서 나타나는 중요한 공적 관계의 움직임이다. (우리가 개발도상국에서 미국으로 옮겨오는 동안 우리 자신이 이 문제의 일부를 이룬다. 우리가 그 책임을 계속 부인한다면 말이다.) 미국의 초국가적 기업들(transnational corporations, TNCs)은 경영학을 전공하는 학생들을 해외로 보내 그곳의 언어와 문화를 배우게 한다. 1990년 「전미 주지사 협회 보고서」에서 이미 다음 질문이 나온 바 있다. "우리가 고객들의 언어를 배우지 않고서 우리의 생산물을 어떻게 전 지구적 경제에 내다 팔 수 있겠는가?" 모든 민족어 학과들은 (내가 있는 대학을 포함하여) 각 언어를 말하는 원어민들뿐만 아니라 특정 국가의 예전 식민지 국가 출신인 새로운 이민자 학생들을 끌어들이기 위해 문화연구의 이름으로 사업공동체를 유인한다. 그리하여 그 학생들 역시 저 백인을 복제하는 군거지에 들어갈 수 있도록 말이다. 우리가 다문화주의의

미국 철학 학회) 학술대회에서 자신의 입장을 외국 원조 및 개발도상국의 여성해방을 위한 정당화로 진척시켰다. 이는 놀라울 게 없다. 그의 책은 새로운 세계질서의 필요성을 피상적으로 거론하고 있다. 그는 "1989년의 의미"에 한 장(chapter)을 할애한다(pp. 113-123). 이 세 명 중 가장 예리하다고 할 수 있는 존 롤스는 "시민사회의 '배경 문화'"(p. 14)로서 도덕적으로 학설적으로 자유주의를 구해내고자 자유주의의 한계를 정치의 한계로 인식한다. 찰스 테일러는 세속주의의 출현이라는 "유럽의" 역사적 서사로부터 다문화주의 (나로서는 단일성[unicity]으로 상상하기 어려운) 주제를 연역해냄으로써 자신의 사려 깊은 연구를 축소시켜버린다. 이 다양한 요소들의 현존이 소위 선진국 시민사회의 매트릭스에서 확보되어야 할 때에 테일러의 축소 같은 것은 불가피하게 일어난다. 나는 이제야 그 점을 깨닫는다. 던컨 케네디의 신중한 책 역시 이와 동일한 특징을 드러낸다(Duncan Kennedy, *Sexy Dressing, etc.: Essays on the Power and Politics of Cultural Identity* [Cambridge: Harvard Univ. Press, 1993]). 그가 보기에 이민의 시기는 확고하게 과거이다(pp. 50-55). 그는 새로운 유럽 중심적 경제적 이민의 소란을 이해하지 못한다. 우리는 로티와 헌팅턴과 더불어 그러한 대립을 지양해 왔다. 여기서 거론한 모든 저자들 가운데, 케네디만이 인간적인 것이란 타자에 의해 불린다는 직관을 지닌다. 그는 이 점을 천연덕스레 소박한 말로 표현한다. "모든 것이 다른 어느 곳에서부터 이미 결정되어 왔다. 지역수준에 있는 것 같은 일상의 경험들을 보면 그렇다"(ix).

물질적 후원을 활용하면서도 다문화주의의 이러한 왜곡된 근거에 의문을 제기하려면 어떻게 해야 할까. 우리는 미국에 통용되는 인종차별주의적 지배류의 맹렬한 역습이 우리 시대의 지정학과 보조를 맞추지 못하고 있음을 또한 인식해야 한다. 한편은 왜곡된 문화주의를 통해 초국가성을 착취하려는 좀더 새로운 방식들을 고안하고, 다른 한편은 초국가적 규약이 무엇을 추동하고 쓰고 작동시키는지를 거의 알지 못한다. 우리는 이러한 곳에서 좀더 커다란 하나의 투쟁에 포획되어 있다. 우리가 우리의 행동·교섭 능력을 발견하고 위치시키고 충돌을 일으키는 기계장치를 흐트러뜨리려고 재삼 시도해야 하는 것은 바로 이렇게 무지한 충돌 안에서이다. 푸코가 "권력" 개념을 사용하듯 "문화"를 사용하는 것은 충분하지 못하다.

새로운 이민의 다양한 민족국가 출신들 사이에서 똑같이 차이를 느끼고 공감하게 하는 기초는 앞서 이미 언급했던 일반적인 사회적 경우다. 즉, 우리 모두 자본주의 사회 내부에서 정의 혹은 복지를 발견할 수 있으리라는 희망을 안고 미국에 온 것 말이다. (경제적 이주 migration 내부에서조차도 여성은 종종 추방자로 남는다. 대개 그렇듯 정의는 젠더에 민감한 것이다.) 우리는 전쟁을 피하고자 정치적 억압을 피하고자 빈곤에서 탈출하고자 우리 자신, 더욱 중요하게는 우리 아이들을 위한 기회를 찾아주고자 미국에 왔다. 자본주의 사회 내부에서 정의를 발견할 수 있다는 희망을 갖고서 말이다. 엄밀히 말해 우리는 예전 식민지(지금은 신식민주의와 전 지구화의 괴력에서 살아남으려고 "발전 중인 국가")에 위치지어진 후기 식민성 문제를 남겨 두고 떠나왔다. 그랬더니 자본주의의 전체 행동·교섭 능력 — 민주주의 유산 내부에 있는 법률의 규칙들로 재코드화된 — 을 오로지 자신만을 위해 주장하고 싶어 하는 백인 우월주의적 문화를 발견했을 뿐이다. 또한 그 문화에 진입하는 유일한 길은 망각을 통해서 혹은 계급상승을 위한 민족적 기원의 박제화를 통해서, 이러한 움직임을 "저항"!으로 코드화하기를 통해서라는 사실을 발견했을 따름이다. 우리는 차선책을 위해 자유주의적 다문화주의 강의실로 가 본다. 이 차선책을 망각에 대한 저항이라고 생각하면서, 민주적 자본주의에 대한 종종 부인되는 우리의 공통된 신념이라는 장기적 이해관계 속에서 보면 반드시 필요하다고 생각하면서 말이다. "행위자가 구성하는 본연의 필요성이자 그[녀]가 실제로 주체가 되지 못한 채 행위 현장에 제공하는 그러한 필요성" 말이다. 이 필요성이야말로 우리를 하나로 묶어준다. 이 필요성을 인정하지 않는다면(또 "인정한다고 하더라도"), 우리가 부상중인 지배류에 책임을 지기를 희망할·수 없다.135 고급이론은 "저항"으로 행세하면서 이 문제의 일부를 이룬다.

우리 가운데 완고한 이들은 국제적 노동분업을 언급할 뿐만 아니라, 1990년대에 도래해 탄생중인 새로운 세계질서에서 초국가적 지식능력을 획득하려고 애쓰는 좀더 광범위한 관점을 바랄지도 모르겠다. 괜찮다면 다양화된 역사적·지리적 정보체계에 통달해 인식적 지도 그리기(cognitive mapping)136를 해내는 관점 말이다. 왜 획일성과 합리주의에 대한 자본의 요구를 민주주의의 실질적·추상적인 평등과 혼동하려고 하는가? 프레드릭 제임슨은 도덕주의를 떨쳐버리고 장점과 단점을 둘 다 생각하자고 우리를 훈계한다. 이것 역시 혼종성을 낭만화하는 사태를 불만스러워하는 새로운 이민자에게는 충분치 못하다. 우리는 자신이 선택한 독이 약이 되게 하기 위해서 계획하고 측정하는 기술을 배우고, 통제할 수 없는 금융화의 질병을 끈질기게 막는 최소한 반쯤의 치유를 전제해야 한다. 본격 식민주의에서 토착정보원은 종종 폐제될 수 있었다. 우리에게 토착정보원-겸-혼종적-전 지구화주의자가 되도록 촉구되는 이 때에 우리는 무엇을 생각할 수 있을 것인가?

---

135. Pierre Bourdieu, "The Philosophical Institution", Alan Montefiore, ed., *Philosophy in France Today* (Cambridge: Cambridge Univ. Press, 1983), p. 2. 스피박의 강조.
136. [옮긴이] 하나의 진리주장이 더 이상 설 자리가 없게 된 후기자본주의의 포스트모던 문화상황에서 지식인이 꾀할 수 있는 작업으로 프레드릭 제임슨이 제안한 것임.

오늘날 미국에 있는 우리 문학연구자들이 각자 민족적 기원을 갖는 우리의 개별적 연구 영역들에서 다문화주의적·페미니즘적 작업을 할 때, 우리는 세 종류를 생산해 내는 경향이 있다. 첫 번째는 영어 및 다른 유럽 언어권에서 활용가능한 문학/영화 텍스트들을 정체성평등주의적(identitarian)[137] 혹은 이론적(때로는 동시에 둘 다)으로 분석하기, 둘째 좀더 인식가능한 정치적 현상들을 기술적-문화주의적(descriptive-culturalist) 혹은 이데올로기 비평적 관점에서 설명하기, 셋째 우리가 초국가성을 일반적 방식으로 말할 때, 대중적 공공 문화, 군사적 침입, 다국적을 가진 자들의 신식민주의 관점에서 전 지구적 혼종성을 사유하기.

우리의 관점을 어떻게 더 커다란 초국적 지식능력으로 넓힐 수 있을까?

오늘날의 세계가 얼마나 초국가화 혹은 전 지구화될 수 있든 간에, 한 시민사회의 경계들은 여전히 개별국가를 뚜렷이 나타내고 여전히 국가로 정의된다. 나는 탈국가주의적 국면을 확보하기 위해 계급적으로 강화된 소위 국제적 하이퍼리얼 시민사회가 지금 생산되고 있다고 앞서 시사해 왔다. 종교적 민족주의와 에스닉한 갈등이 자본주의적 포스트모던화에서 국가의 변형을 교섭해 내는 "퇴행적인" 방식들로 보일 수 있더라도 그렇다. 이러한 나의 주장으로부터 다음 사안들이 따라나올 것이다. 초민족적 의식을 지닌 페미니스트들은 젠더 정의를 위해 시민사회 구조를 떠받치려고 한다. 그러한 시민사회 구조가 여기 미국에서는 주요하고 확정적인 초국가적 행위, 전 지구의 금융화, 그리하여 탈식민화 가능성의 억압을 작동시키기 위한 알리바이를 제공하는 데 계속 가담할 수 있다. 거기["제3세계" 나라들]에서의 시민사회의 확립과 강화가 모든 곳에서의 젠더 정의를 효율적으로 또 지속적으로 셈하게 하는 유일한 수단이 되면서 말이다. 초민족적 의식을

---

137. [옮긴이] 정체성평등주의(identarianism)란 인종문화주의적[ethnicist] 강단의 의제들로 인해 정체성이 페티시로 되는 현상과 방식을 말함.

지닌 페미니스트들은 바로 이러한 사안들을 또한 인식할 것이다.

　이렇게 모순적이고 실로 아포리아적이며 실제적인 인정(認定)을 애써 개발·함양하는 것이야말로 정신을 탈식민화하는 기본이다. 하지만, 권리를 박탈당한 새로운 혹은 오랜 디아스포라 여성이 아포리아에 서식하도록 소환될 수는 없는 노릇이다. 그녀의 전체 에너지는 종종 낡은 국가의 이름으로이긴 하지만 새로운 국가 속으로 성공적으로 이식되거나 삽입되는 데 소비될 게 틀림없다. 그녀는 사유화된 전 지구적 공공 문화의 지점이자, 현실적 이주민 액티비즘의 고유한 주체다. 또한 그녀는 낡은 국가의 이름으로 작동되는 악화된 폭력적 가부장제의 희생자, 즉 민족주의 속의 여성이라는 유감스런 시뮬라크럼일 수도 있다. 우리는 이러한 남성 폭력을, 출신 문화가 반드시 좀더 가부장적임을 입증한다기보다 앵글로 및 앵글로 복제품들에 대한 선망을 반동적으로 치환한다고 사유할 수도 있다. 멜라니 클라인이 바로 그러한 가능성을 우리에게 허용해주었다.[138]

　그렇다면 권리를 빼앗긴 새로운 또 오랜 디아스포라 여성은 "전 지구적·경제적 시민권"의 황폐화와 싸우기 위해 시민사회의 비판적 행동·교섭 능력 — 가장 튼실한 의미에서 시민권 — 에 개입할 수 없다.[139] 그래서

---

138. Melanie Klein, *Envy and Gratitude* (London: Travistock, 1957). 여기서 물론 이것은 로티-헌팅턴 입장에 대한 적극적인 역사적 비판을 발전시켜 내기 위한 기초다.
139. 내가 3장에서 언급한 대로, 권위와 합법성의 지점을 개별적인 국민-국가보다 세계 금융시장에 두고 있는 경제적 시민권은 사스키아 사센(Saskia Sassen, *Losing Control*)에 나오는 하나의 개념이다. 경제적 시민권은 미국에서도 작동한다. 언론이 경제적 시민권을 우습게 만들려고 어떤 수작을 부리는지 살펴보라. 경제적 시민은 소위 민주적 과정에 사로잡히지 않는다. 그것은 민주적 과정을 명령할 뿐이다. "1992년 빌 클린턴의 대선 전략가였던 제임스 카빌은 대선 운동 기간 동안 다음을 발견했다. 달래주어야 하는 강력한 한 집단이 있다. 그 집단이 기술적으로(technically) 투표를 하지는 못하더라도 말이다." 이 전략가의 표현을 보면 "'빌어먹을 채권시장'이라고 말했다. '도대체 누군들 그것이 그토록 강력함을 알았는가? … 내가 다시 태어난다면 채권시장으로 탄생하련다. 그러면 모든 사람이 나를 두려워하면서 내가 말하는 바를 해야만 할 것이다'"(Adam Smith, "Investing in a Candidate", *New York Times Magazine*, 1996년 9월 15일자, 28면. 첫 번째는 스피박의 강조. 이 각주에 나오는 인용문은 모두 이 글의 같은 쪽수에서 나옴). 이 잡지 글의 저자는 "나는 채권시장이 변덕스런 짐승이

라는 견해를 좋아한다"라고 쓰고 있다. PBS(미국 공영방송사, 전국적인 '지식인' 채널)의 한 프로그램의 진행자이기도 한 이 저자는 계속해서 주식시장이 똑 "와그너의 라인의 황금(Das Reingold)에 나오는 파프너(Fafner) 용처럼 금괴를 지키는 거인"이라고 계속해서 말한다. 그는 이전의 기호학적 영역을 사용하여 포스트모던 자본을 길들인다. 나는 이 점을 이전의 글에서, 또『맑스의 유령들』에 나오는 셰익스피어의 작품『아테네의 티몬』에 대한 데리다의 논의를 논의하는 나의 글에서 논평한 바 있다. 여기서 말하고자 하는 요점은, 소련해체 이후의 새로운 세계질서에서는 세계무역(주식)보다 금융시장(채권)이 전 지구화를 접수해 왔다는 것이다. 기술적으로는(descriptively) 시인하지만 정치적으로는 부인하는 대부분의 "부르주아 경제학자들"처럼 아담 스미스("그의 진짜 이름은 제리 굿맨이다")는 차이를 표시하면서도 다음과 같은 두 가지를 취지상 등치시킴으로써 이 문제를 흐려버린다. "지금 우리는 또 한번의 선거를 앞두고 있다. 채권시장의 콧구멍이 불을 뿜고 있는가? 부와 권력의 다른 용인 주식시장은 어떤가?"(스피박의 강조). 동일한 올가미가 "예측되지 않은 것"이라는 그의 위치에 저항의 계기를 붙들어맨다. "이 쌍둥이 용들은 용 같지 않은 능력을 지녔다. 이것들은 신문에 나는 모든 것을 알고 있다. 그리고 이 용들은 나머지 우리가 알고 있는 모든 것을 이미 소화해 버렸다." 이 익살스런 용 은유는 그것에 있는 좀더 포스트모더니즘적인 형상을 성공적으로 가린다. 즉, 주식시장과 채권시장이야말로 정보고속도로에서 (맑스가 예견했던 대로) 가장 빠른 차선에 있다. 전자적 자본 말이다. "그래서 이것들로 하여금 반응하게 만드는 것은 바로 놀라운 일들, 예측되지 않은 것들뿐이다." 이 예측되지 않은 것들은 미국 대선의 흥망성쇠에 국한되지 않는다. 또한 전 지구를 에워싸는 운동들의 셀 수 없이 많은 "지역적" 저항들 역시 예측되지 않은 일이다. 이에 관해서라면 각주가 한없이 길어질 수 있다. 1996년 9월 20일 CBS의 〈오늘 아침〉이란 프로그램에서 린다를 소 성장 호르몬을 맞으며 길러진 수퍼 젖소요, 달을 향해 펄쩍펄쩍 뛰었던 소 혹은 시카고 화재 사건을 일으켰던 오리어리 부인의 소(아일랜드계 이민자를 희생양으로 삼는 앞선 계기로 보면 동일한 차이랄까)라고 익살스럽게 표현했다.『프론티어』(Frontier)는 이렇게 적고 있다. "혁신을 이끄는 지독하게 공리주의적인 규범들이 지금까지 약물 생산공장들로 사용되도록 동물들을 생산해 왔다[529쪽에 나오는 여성에 관해서는 파리다 아크터를 연결시키기를 바란다]. … 정부, 농산물사업, 제약 및 화학 자본은 지난 20년간 발빠르게 움직여 오면서 소위 생명-대량학살(bio-holocaust)이라 불릴 법한 짓을 저질러왔다. 원자폭탄 실험으로 인한 핵 낙진을 강조하면서 '더 이상 히로시마는 안됩니다'라는 반핵 활동을 하느라 바쁜 이들은 핵의 위험보다 결코 덜 오싹한 것이 아닌 생명-위험(bio-hazards)에 대해서는 정말 한마디도 하지 않는다. 특허법상의 변화들은 특히 GATT 협약 이후에 새로운 유전자 조합 및 그것이 도입되는 생물을 독점하려는 공격적인 노력에 연료를 제공해주고 있다. 미생물, 한 식물의 변이나 동물의 종이 소유될 수 있다는, 옛날에는-생각할-수-없었던 관념은 지금 새로운 제국주의 제도 WTO가 부과한 변화된 특허법하에 실천되고 있다 … . 제3세계의 유전자로-풍성한 생태계뿐만 아니라 토착 민족들(peoples)의 세포와 유전자는 지금 돈을 낳는 과녁으로 생각된다. … '동물약국'(animal pharm[사료를 먹이며 "자연적으로" 동물을 기르던 동물농장(farm)에서부터 화학물질 및 호르몬을 투입하여 좀더 빨리 좀더 크게 키워내는 약물성장실(pharm)로의 변화를 함의한)신드롬은 많은 제3세계 나라들에서 새로운 것이다. … 소 성장 호르몬을 필요로 우리는 그녀를 침묵시키지 않으며, 정치적 올바름이라는 다소 불가능한 위계에 따라 그녀의 고통을 무시하지 않는다. 그리고 우리는 그녀에 대한 죄의식 때문에 안달하는 데서 벗어난다. 그녀에게 투쟁이란 자신이 새로 몸담게 된 국가에서 시민사회의 주체권에 접근하기 위한 것이다. 그녀는 고국과 해외에서 실패한 탈식민화로부터 탈출하는 과정에서 절박하게 선택한 혹은 어쩌다가 오게 된 국가[미국]에서 아직 몹시 불안정한 처지라 초국가성의 부담을 그녀의 정신에서 떼어내려고 생각할 정도다. 그러나 그녀의 딸 혹은 손녀 세대—고등교육의 문턱에 도달하는 세대는 어느 것이든—초국가적이 될 수 있다. 그리고 개입주의적 학자는 그들에게 검토되지 않은 문화주의를 슬며시 주입하기보다 초국가성의 가능성을 깨닫도록 도와줄 수 있다.

이렇게 내부에 있는 젠더화된 외부자들 집단은 고용 및 제휴의 필요성 때문에 전 지구화의 초국가적 대행 단체들에 의해 상당히 많이 요구되고 있다. 그러므로 그들 스스로를 아래로부터의 희생자가 아니라, 이주의 문화적 변천을 교정할 뿐만 아니라 전 지구화의 결과들에 저항하는 위로부터의 행위자 집단으로 생각하라는 요청은 부질없는 것은 전혀 아니다. 또 그들이 출신국들을 문화적 향수의 저장소이자 지정학적 현재의 일부로 다시 사유하고, 용광로라는 미국으로부터 거리를 두고 전 지구성을 다시 사유하는 것은 그러한 정치적 상상력에 물질적 도전이 될 터이다. 그들이 자신의 출신국으로 진입하는 지점을 통해 **남**에서 일어나는 전 지구를—에워싸는 **사회운동들**에 합류한다면 어떻게 될까. 축적된 부가 사회적 재분배 쪽으로 흘러가도록 끈질기게 방향을 다시 설정할 가능성이 그들의 시야 안에 들어올 수 있다. 사회주의적 · 전 지

하는 것은 누구인가? … 네 개의 주도적인 미국 다국적기업들인 것 같다. 소 성장 호르몬을 전 세계로 퍼뜨리고 있는 아메리칸 시아너마이드, 엘리 릴리, 몬산토, 업존 사(社) 말이다."(1996년 8월 24일자, pp. 2-3).

구적 인식이 없는 자유주의적 다문화주의는 기업적이건 공동체적이건 미국의 토대를 그저 확장시켜 줄 뿐이다.

여기에 이른 만큼, 바로 이 집단이 나의 책에 내포된 독자들임을 시인해야겠다. 나는 바로 이 집단에게 말한다. 자유주의적 다문화주의의 모든 나르시시즘적 유혹에도 불구하고, 소위 즉각적인 이주 경험이 초국가적 지식 능력과 반드시 합치되는 것은 아니다. 개별 노동의 괴로움이 사회화된 저항의 추동력과 일치하지 않듯이 말이다.

새로운 이민자라는 형상에는 하나의 근본적인 한계가 있다. 30년 이상 자리를 잡고 머물러온 사람들에게서 그렇다. 우리는 이 한계 자체를 평가할 필요는 없겠지만 그 한계를 설명하기는 해야 한다. 여기에 인간적인 것에 대한 대안적인 비전이 있는가? 엄청나게 장구한 시간화(temporizing)로부터 배우기를 배우는 템포는 우리를 디아스포라들로부터 말끔하게 떼어놓을 뿐만 아니라 어떤 해답이나 결론도 즉각 낳지 못하도록 할 것이다. 이런 나날들을 역사적으로 필연적인 저항의 기반으로 당연시하는 질문[바로 나오는 "프라이데이라고?"하는 질문은 이 이름[프라이데이]의 망각을 표시해 준다. 프라이데이[2장에서 언급되는 데포의 『로빈슨 크루소』에 나오는 "토착정보원"의 이름]라고? 그렇지만 바로 여기에 불가능한 것의 경험이 있다. 이 경험이 자본을 자아에서 타자로, 암(癌)으로서 경제성장을 약으로서 재분배로 끈질기게 움직여 왔을 것이다. 파르마콘이다.

그렇지 않다면 자유주의적-민주주의자와 하층계급 다문화주의 액티비즘 지도자 사이의 이항대립은 아무 목적도 이루지 못하고 헛되이 흔들거린다. 양편에게 "문화"란 시민사회에 끼어 넣어진 것이다. 문화는 보수적이든 비판적이든 (461쪽 참조) 벡터상의 한 가지 차이로 남는다. 하지만 그것의 명명은 "나의 동포들"이다.140 여기서, "우리는 스스로를 말소하는 대립을 보기 위해서가 아니라, 동일자의 경제 속에서 서로 다르고 지연된 타자로서 나타나는 각 대립항목이 무엇을 가리키는지를 이해하기 위해서 … 우리의 담론들이 먹고사는 대립항목들을 … 다시 고찰할 수 있겠다."141 선주민 집단들은 이러한 줄다리기의 외부에 있지 않다.

내가 대안적 비전의 가능성을 환기할 때, 실제 선주민을 낭만화할 생각을 하고 있는 것은 아니다. 칸트나 후쿠야마(칸트는 선주민을 비극으로, 후쿠야마는 선주민을 소극으로 다룬다)와 달리, 나는 선주민에게서 무시해도 될 만한 인류의 예를 찾는 데에 관심이 없다. 앞서 분명하게 밝혔듯이, 내가 말하고 있는 구체적인 작은 집단은 최근에야 "범죄자 분류를 벗어나게 된 부족"이다.142

매개 집단(부바네스와리 바두리가 구조적으로 속했던) 출신의 선주민 서발턴은 "자기들 자신의 사회적 존재에 순응해서가 아니라 [지배적인 민족 집단의] 이해관계 속에서 행동하면서" 이러한 보수/비판 사이의 줄다리기에 스스로를 어떻게 집어넣는가?

나는 아크터를 읽어내는 페체스키를 읽으면서 미국에 기지를 둔 페미니즘은 남에서 일어나는 이론의 복잡화를 인식할 수 없다고 주장한 바 있다. 초국가적 지식능력은 바로 이러한 결핍을 대리보충하기를 바랄 것이다. 파괴되고 타협되는 서발턴들이 하층계급 이주민과 자유주의적 민주주의자 사이의 메트로폴리탄 다문화주의적 차연 속에 스스로를 어떻게 집어넣기를 바라는지 살펴보도록 하자. 이것은 진단을 내리는 흉내내기 이론들이나

---

140. 베시 헤드의 "미친" 엘리자베스는 자유 간접 스타일의 한 판본으로 나의 주장을 형상화해 준다. "누군가가 저 사람들의 흑인성(blackness)을 구체적으로 강조하면서 '나의 동포'라고 말할 때 그들은 왕국을 쫓으며 영구히 어린애-같은 노예들을 추구하는 것이다"(Bessie Head, *A Question of Power* [London: Heinemann, 1974], p. 63).
141. Derrida, "Differance," p. 17. 이것은 니체의 프로그램을 데리다가 요약한 것이다.
142. 초국가적 조직들은 "토착 지식"이나 "서발턴 신체"의 DNA를 채굴한다. 채굴대상의 진짜 원천은 어떠한 이유로든 지배문화들로부터 역사적으로 거리를 둔, 더 작고 더 멀리 떨어진 집단들에 있다. 초국가적 조직들이 그 사실을 알고 있다는 것은 다시금 교훈적인 대목이다.

그 자체가 목적인 혼종주의적 승리도취증과도 좀 다르다.

우리는 이 체계들의 저장소들이 지닌 이질성을 구별해 내기 위해 정착자 식민화[143]의 상이한 양식들이 그리는 움직임들을 계산해 본다. 또 우리는 그러한 한 가지 정착의 잔여들로부터 존재인류학(ontopology[ontology + anthropology])과 정체성평등주의적 문화주의들의 거짓을 밝혀내는 이론을 조금 모아낼 수 있었다.

이론상으로 이 교훈은 이스트 킴벌리 지역의 호주 선주민들이 사용하던 "우리 언어의 상실"이라는 철학소에 담겨 있다. 목적론적 이성이 온전히 한 바퀴를 돈 셈이다.[144] "우리 언어의 상실"이라는 표현은 당사자들이 자신들의 선주민 모국어를 모른다는 것을 뜻하지 않는다. 그것은 사회사업가의 말로 하자면 "그들이 자기들의 문화적 토대와 접촉을 상실했음"을 뜻한다. 그들은 더 이상 그것을 계산에 넣지 않는다. 그것은 그들의 소프트웨어가 아니다. 그러므로 정착자 식민억압을 물려받은 사람들이 요구하는 것은 매우 적절하게도 주류교육, 시민사회로의 삽입, 교과과정에 자기들의 문화 관련 정보를 포함시키기이다. 주어진 여건하에서 유일한 실천적 요구를 하는 셈이다. 여기서 "언어"라는 개념-은유는 삶이라 불리는 시간화(temporizing)를 수행하기 위한 주요 도구를 이름짓는 단어를 대변한다. 선주민들이 요청하고 있는 것은 서사 덩어리들과 실천의 기술(記述)에 다가가는 헤게모니적 접근권이다. 그리하여 그러한 도구성의 한 가지 재현이 소위 극장(혹은 예술, 문학, 정말이지 문화, 심지어 이론)으로서 수행되고 활용될 수 있도록 하기 위함이다.[145] 선주민의 수많은 언어들과, **산업혁명** 주변에 모인

---

143. [옮긴이] 미국이나 호주와 같이, 식민지배를 위해 단 기간 머무르기보다 아예 터 잡고 살며 꾀하는 식민화.
144. Kaye Thies, *Aboriginal Viewpoints on Education: A Survey in the East Kimberley Region* (Needlands: Univ. of Western Australia, 1987).
145. 최근에 나는 리 카탈디와 페기 록먼 나팔자리의 북부 중앙 호주의 왈피리족 연구에서 "언어의 상실"과 문화적 수행에의 접근권 둘 다를 확증하고 있는 것을 발견하였다(Lee Cataldi

이주 및 식민지 모험의 물결들 사이의 균열을 고려하건대, 다언어 교육에 대한 요구가 드높아갈 만하다.146

운디드 니 대량학살(Wounded Knee)147이 있은 후, 시팅 불(Sitting Bull) [수(Sioux)족의 위대한 추장]의 오두막은 1982년 시카고 전시회장으로 옮겨졌다. 이 경우, 지배 집단은 나의 논평 대상과 정확하게 반대되는 극장에 대한 권리를 요구한다. 혹은 꼭 그런 것만은 아닐지 모르겠다. 역사적으로 종속된 집단에게는 상실할 "언어"가 있었고, 지배 집단은 그 언어를 파괴하기만 했기 때문이다. 그 사이의 안 어디에선가 버팔로 빌 코디가 있다. 그는 운디드 니 학살에 가담한 사람들로 하여금 "운디드 니"[전쟁으로 인한 무릎 상처]를 드러내 보여줄 수 있도록 그들의 자유를 획득해냈던 사람이다. 오늘날의 제한된 다문화주의적 디아스포라주의자들이라면 코디에게서 자기들의 원형을 발견할 터이다. 제1세계 다문화주의에서 "문화"를 무대화하기 위해 유럽중심적·경제적 이주의 주체를 "자유롭게 해주는" 것은 바로 추상적인 대문자 자본이다.

버팔로 빌 코디는 운디드 니 학살에 가담한 사람들이 "운디드 니"를 보

---

and Peggy Rockman, Yimikirrli: Warlpiri Dreamings and Histories [San Francisco: Harper Collins, 1994], pp. xx-xxii). 나한테 일차적 지식이라곤 없지만, 문화를 "번역"으로 이해하는 쪽으로 천천히 나아가 보고 싶다. 1996년 2월에 오비에도 스페인(Oviedo Spain)에서 있었던 〈영연방 문학 유럽 협회〉의 연례 학술대회에서 나는 이러한 나가기(reaching out)를 보여주는 최초의 미미한 뭉치를 발표했다. 내가 앞으로 오랫동안 이러한 나가기에 연루되리라는 것을 의심치 않는다.

146. Gordon Brotherston, *Book of the Fourth World: Reading the Native Americans through Their Literature* (Cambridge: Cambridge Univ. Press, 1992) 참조. 또한, 우리시대 캐나다에서의 두 개 국어 병용(bilingualist) 투쟁 맥락에서 Merwan Hassan, "Articulation and Coercion: The Language Crisis in Canada", *Border/Lines* 36 (Apr. 1995): 30-35 참조.

147. [옮긴이] 운디드 니는 미국 사우스 다코다 주에 있는 작은 샛강인데, 이곳에서 1884년부터 1890년까지 마지막 인디언 전쟁이 일어났다. 이 싸움을 끝으로 평원에서의 인디언 세력은 완전히 꺾여 버렸고, 살아남은 극소수의 인디언들은 사막과 불모지의 한복판에 백인들이 지목한 "인디언 보호구역"으로 이송되었다.

여줄 수 있도록 그들의 자유를 얻어냈다. 이것은 불명예스런 역할이 전혀 아니다. 다른 한편 이것이 정확하게 서발턴의 말하기인 것도 아니다. 서발턴의 말하기는 "자신들의 언어를 상실했음"을 알고 있는 이들의 요구와 구분되어야 한다. 오늘날 다문화적 디아스포라주의자들이라면 코디에게서 자신들의 원형을 발견할 것이다. 나는 서발턴 집단 출신인 또 다른 여성의 특이한 경우를 따라가 보고 싶다. 이 여성은 디아스포라들에 의해 해방된 여성들이 나오는 쇼에 취해 있다. 그래서 서발턴 집단이 극장에서 "여성"을 보여줄 수 있다고 한다.

레비-스트로스는 남비콰라족에게 "글쓰기가 없다"고 생각했다. 데리다는 이것을 아주 제대로 질책했다.

자인종문화중심주의는 항상 성급함에 의해 노정되는 것일까? 특정한 번역들 혹은 자국의 특정한 등가물들에 만족하게 되는 그런 성급함 말이다. 하나의 민족이 각인 행위를 지칭하기 위해 사용하는 단어를 우리는 "선긋기"라고 번역할 수 있다. 그것을 이유로 그 민족이 글을 쓸 줄 모른다고 말하는 것은 우리가 "스피치"를 "울기", "노래하기", "한숨짓기"로 번역함으로써 그들에게 "스피치"가 없다고 해야 하는 것과 같지 않을까? 정말이지 "더듬거리기"라고 해도 그렇지 않을까?(프랑스어 balbutier ← 그리스어 barbaros = 더듬더듬 말하기, 의미있는 소리를 내기보다 소음을 내는 것이다. 그리하여 "미개인"(barbarian)이 된다(OG 123)[148]

---

[148]. 코에체의 『미개인을 기다리며』(*Waiting for the Barbarians* [New York: Penguin, 1982])에서는 급진적 대타성의 불가능한 분출이 임박한 죽음의 순간에 주제와 목소리의 분리로 재현된다. "소음은 자신이 고쳐볼 방도가 없을 정도로 다쳤다는 것을 알고서 경악하며 울부짖는 하나의 신체로부터 나온다. 동네의 모든 아이들이 내 소리를 듣는다고 할지라도 나는 자신을 멈출 수 없다. 아이들이 어른들의 게임을 모방하지 말기만을 기도하자. … '그는 자신의 미개인 친구들을 부르고 있는 거야'라고 누군가가 관찰한다. '네가 듣고 있는 것은 미개인의 언어다.' 웃는 소리가 들린다"(p. 121). 이 인용 구절은 나중에 나오는 구절을 읽지 말라는 경고이다. 나중 구절은 "어떻게 죽어가는지를 보여주는 꿈들"로 시작해 아이들을 흉내내는

토착정보원으로서 젠더화된 서발턴은 고상한 야만인(noble savage)에게는 언어가 없다는 이와 동일한 인종문화기술적 편견의 한 유형에 의해 침묵된다. 이 편견은 보편주의적 페미니스트 연대의 하이퍼리얼계 내부에서도 작동한다. 이렇게 젠더화된 서발턴의 침묵 경위를 살펴보기로 하자.

1996년 봄에 〈알렉산더 S. 오나시스 그리스 센터〉는 〈침묵의 틈새〉를 공연했다. 이것은 대담한 작품이자 감동적인 퍼포먼스였다. 이 퍼포먼스에서는 그리스 및 터키 여성들, 아홉 명의 기독교인들과 두 명의 이슬람교도가 자신들의 여성신체들을 말했다. "웨슬리대학과 브라운대학에서 학위를 받은 학자이자 극작가" 크리스티나 람브리니디스가 "이슬람교, 기독교, 집시, 아르메니아, 러시아-폰트 참극(Russian-Pontian)149을 맞아들이는 경계 지대" 코모티니(Komotini)에서 조직된 어느 창작 워크샵에서 이 퍼포먼스를 그리스어로 썼다.150 나는 현대 그리스어를 모른다. 이 퍼포먼스에서 여성들의 발언들 중 얼마나 많은 "시" 부분이 워크샵에 의해 편집되었는지도 알 수 없다. 영어 번역에는 어느 정도 통일성이 있었다. 이는 번역자가 단 한 명이어서 그랬던 것 같다. 나는 이 퍼포먼스에 참여한 사람들이 출세한 디아스포라의 좋은 정치를 증언하는 것 같아 마음이 불편했다. 그녀의 워

어른들이 갖는 언어구문장애(dystaxia)를 저자의 견해로 나타낸다. "그것은 제국의 잘못이야! 제국이 역사를 만들어 왔으니 말이다"(p. 133). 이런 본질화된 희생양 짓거리는 제국의 뱃속에서 제국에 얽혀살며 느끼는 값싼 스릴일 뿐이다. 코에체는 이 통제된 백일몽을 깨부순다. "내가 이런 백일몽이 무엇을 의미화하는지 모르는 게 아니다." 그는 앞서의 통제 상실과 달리, 바로 파라탁시스의 힘에 의해 백일몽을 부순다. 종(bell)처럼 울리는 단어인 "제국!"은 마침표로 이어지는 긴긴 문장을 뱉어낸다. 그러다가 그것은 "달이 없다"(p. 134)라는 짧은 문장이 돌연히 등장함으로써 끝난다.

149. [옮긴이] 20세기 초 소아시아의 흑해 근방에서 있었던 터키 정부의 대량학살.
150. "Rifts in Silence: How Daring Is Taught", Program Notes, n.p. 강렬하고 공감할 만한 여성인 람브리니디스(Rambrinidis)는 "국제적 시민사회"의 일원이다. "그녀의 최근 작품, 『투즐라의 여성들: 용기의 신화전(典)』은 투즐라(Tuzla)의 피난민 수용소에 있던 보스니아 여성들에게서 나온 20개의 텍스트로 이루어진 극이다. 유럽 의회, 녹색당, 벨기에 여성 단체들의 후원으로 1996년 3월 12, 13, 14일에 안트워프(Antwerp)에서 공연되었다". 앞서 나는 페체스키의 글과 관련해 예술을 중개하지 않은 증거로 사용하는 경향에 문제를 제기한 바 있다.

크샵은 참여자들에게 그들의 여성성을 열어젖혀 주었다(그들을 미국으로 데려왔다). 나는 좋은 의도에서 나온 기획을 너무 비판한다고 스스로를 나무랐다.

하니페 알리(Hanife Ali)라는 여성은 이 집단과 함께 하지 않았다. 알파벳화의 농간으로 인해 그녀의 이름은 "작가들/배우들이 쓴 전기적 노트"의 맨 앞에 나왔다(스피박의 강조). 거기에 포함된 다른 모든 여성들은 1인칭으로 시작한다. 그런데 알리는 "그녀"로 시작된다.[151] 그녀는 이 그룹에서 유일한 집시였다. 그녀는 미국으로 가도 좋다는 남편의 허락을 받지 못했다. 또 우리는 그녀가 항상 편지를 "그렸다"고 한다는 말을 들었다.

나는 퍼포먼스 후에 있었던 토론에서 마지막까지 기다리다가 하니페와 관련된 질문을 끄집어냈다. 유럽과 미국에서 개최된 여러 번의 퍼포먼스에서 그녀의 이름을 거론한 사람은 내가 처음이라고 들었다. 다른 사람들은 여행중인 서발턴들을 많이 말하느라 바빠서 그랬겠지 하고 나는 심드렁하게 꿍얼댔다.

하니페가 "순수한" 집시 "타자"가 아니라는 점이 밝혀졌다. 그녀는 집시 공동체의 첨단적인 사람, 즉 미국방문을 위해 번역해주는 사람이었다. 그리고 그녀를 미국에 가지 못하도록 했던 사람은 그녀의 남편이 아니라 파트너였다. 뉴욕대학 〈티취 센터〉에서 열린 토론장에는, 법적 결혼을 하지 않고 파트너와 살고 있는 여성들과 남성들이 꽤 여럿 있었다. 이런 사람들을 "파트너" 혹은 그에 상응하는 단어로 부른다고 문제될 게 없었다. 하니페와 함께 살았던 남자는 "내 생각에 여러분은 그를 그녀의 남편이라고 부를 텐데요"하는 식으로 계속 지칭되었.

어떻게 그가 그녀의 미국행을 막았단 말인가? 람브리니디스가 코모티니

---

151. 알리의 시에서 1인칭 제재의 일부는 분명 3인칭으로 번역되었다. 게다가, 그녀의 그리스어 제재에 나오는 "의식의 흐름" 구절들은 곧이곧대로 산문으로 번역된 것 같다. 다른 이들의 경우는 그렇지 않다. 이 점에 대해 도움을 준 이오아니스 멘차스에게 감사하는 바이다.

로 갈 때마다 그를 통해 그녀에게 접근해야 했다는 정황이 새어나왔다. 물론 이것은 많은 "의미를 담을" 수 있다. 시르무르의 라니 경우에서처럼, 우리는 오로지 추측할 수 있을 뿐이다. 젠더-억압적인 2급 문화에 속하는 존재라고 **남쪽 여성**을 두둔하며 어머니처럼 구는 국제적 페미니스트 경향이 있다. 이를 고려한다면, 하니페가 미국에 오지 않은 것은 인종과 계급의 대가를 치르고서 겉치레의 젠더-자유를 사지는 않겠다는 결단으로 최소한 읽힐 수 있다. 즉, 엉성하고 동떨어진 것이라 하더라도 하나의 저항으로, 액커만, 로티, 헌팅턴에 대한 하나의 저항으로 읽힐 수 있다. 하니페가 올 수 없었던 사정을 람브리니디스가 알게 된 것도 결국 이런 통로를 통해서였다.

좀더 질문하다 보니, 하니페가 그리 복종적인 성격이 아니라는 점도 드러났다. 그녀는 워크샵에 왔을 때, 그리스 여성들이나 터키 여성들, 또 워크샵 지도자와 함께 앉으려고 하지 않았다. 그녀는 테이블의 다른 끝에, 즉 워크샵 지도자와 마주 보는 동석에 앉곤 하였다.152 그녀는 무대 세트를 위한 제안을 하고자 했으며 특히 붉은 사틴 소파를 제안했다. 그들은 그녀를 둘러싼 이러저러한 말들을 물론 관대한 미소를 띠며 전해주었다. (그 소파가 결연하게 과소진술된 생생한 극장 장식에 기괴하게 환영하는 분위기를 더했겠군 하고 나는 생각했다.)

그리고 그녀는 자기 편지를 "그렸다"는 것이다.

내가 이에 대해 설명을 요구하자, 청중석에 있던 많은 사람들이 시끌벅적해졌다. 그녀는 자기 경험의 원천에 좀더 가까이 있기 때문에 중개되지 않은 표의문자 같은 것을 그리고 있었다는 등. 하지만 나는 집요하게 달라붙어 질문했다. 왜냐하면 지난 몇 년 동안 나는 으레 읽고 쓰는 배경 출신

---

152. 이렇게 해서 그녀가 우연히 프로그램 노트에 들어가게 된 것이다. 한 쪽 끝에 있는 세 명의 미국인들이 있고 그녀는 다른 쪽 끝에 있으면서 3인칭으로 기술된다. 공식적 증언자들은 그 사이에서 1인칭으로 기술된다.

이 아닌 아이들과 어른들에게 글자를 가르치면서 상당히 많은 경험을 했기 때문이다. "으레"라는 말이 여기 작동중이다. 문자 쓰기의 관례상 문자에 고유한 것이라곤 없다. 문자에는 동기부여가 되어 있지 않다. "글쓰기가 없는" 배경 출신이면서 "새로이 문자를 익힌" 이들이 글쓰기의 퍼포먼스를 그것의 지고한 행복감 바깥으로 비틀어낸다.

자인종문화중심주의는 항상 성급함에 의해 노정되는 것일까? 특정한 번역들 혹은 자국의 특정한 등가물들에 만족하게 되는 그런 성급함 말이다. 우리는 하나의 민족이 각인 행위를 지칭하기 위해 사용하는 단어를 "선긋기"로 번역할 수 있다. 그것을 이유로 그 민족이 글을 쓸 줄 모른다고 말하는 것은 우리가 "스피치"를 "울기", "노래하기", "한숨짓기"로 번역함으로써 그들에게 "스피치"가 없다고 해야 하는 것과 같지 않을까?(552쪽)

"서발턴은 말할 수 없다"는 단 하나의 특이한 예를 지칭했을 뿐이다. 「서발턴이 투표할 수 있는가?」라는 글이 지적하듯, "말하지 않도록 만들어지는 것" 역시 침묵시키기의 한 가지 종류다. 이것은 새로운 토착정보원인 하니페가 새로운 전 지구적 하이퍼리얼계를 지지하게끔 만드는 양식이다. 즉, **북**은 **남**과 연대한다. "여성"이 중요하지, 인종, 계급, 제국이 중요한 게 아니라는 식이다. "발전 속의 여성들"이 아니라 "젠더와 발전"이 새로운 구호가 된다. 텍스트로 짜여져 나가는 텍스트가 이 책의 마지막 움직임이다. 이것이 우리에게 전혀 딴 소리를 하지는 않을 것이다. 카리스마 넘치는 디아스포라 디자이너가 "침묵시켜 버린" 여성은 이렇게 텍스트로 짜여져 나가는 텍스트 속에는 있지 않다. 자그마한 스크린 위에서는 많은 것이 보이겠지만 말이다.

결론에서 짜여지는 텍스트의 망에 다시-들어가라.

우선, 식민주의에서 텍스트로 짜여져 나가는 영국의 문화적 자기-재현을 아주 잠깐만 보자. 다음으로, 새로운 전 지구적 하이퍼리얼계를 지지하도록 만들어진 여성 아동 노동자에게 특히 의류 산업에서 우리 시대 북이 해대는 "사회적 덤핑"(dumping)을 보자. 이 부분은 학문적 연구 없이, 쩔쩔매며 시간제로 일하는 액티비스트가 진전시킨 현장조사 접촉에 의해 씌어진다.153 우리 중 일부는 남을 향수 및/또는 인간적 관심사의 장소로 다루지 말고 남 나름의 현재 역사 속에 남을 계속 위치시켜야 한다. 나에게 이런 인식을 가져다준 것은 역시 뉴욕이다.

다시 보기, 즉 이 책을 쓰는 동안 나 자신의 비판적 여정을 시간화할 수 있게 해준 경위를 밝히는 종결부를 제시할 차례이다. 그러나 텍스트의 짜임새가 그 베틀을 피해 세계무역의 역학 속으로 도망친다.

그렇다면 우선 식민 담론을, 식민담론을 형성하는 와중에 있는 『제인 에어』를 다시 떠올려 보자. 내가 유행을 쫓는 세계의 자유분방한 신식민주의를 보여주는 단순한 사례를 원했더라면 어땠을까. 라즈 관련 영화들이나 비디오들을 따라, 또 〈아웃 오브 아프리카〉의 유산을 뒤적거리며 인식될 수 없는 "인도"나 "아프리카"를 패션 속으로 갱신하여 각인하는 좀더 뻔뻔스런 예들을 선택했을 것이다. 그러나 익히 예상할 수 있듯, 나는 급진적 비판의 어휘 속에서 암묵적으로 작동하는 제국주의 공리들에 좀더 관심을 기울인다. 그래서 나는 좀더 미묘한 예를 선택했다. 급진 미학의 어휘를 자유롭게 가정하는 패션 담론을 통해 자아를-공고히-하는 타자 구성이 제국주의 공리계로 들어간다. 나는 이것을 서사화하기 위해 두어 세기 전으로

---

153. 나에게 "현장조사"(fieldwork)란 학문적 또는 거의 학문적인 코드전환을 위해 대체로 성급한 준비에 기반을 두기보다, 책임에 기반을 둔 사고방식과 공명하는 법을 배우는 혜택을 누리되, 너무 빠르게 공식화·형식화하지 않는 법을 배우기 위해 현장에서 작업하는 것을 의미한다.

되돌아가서 2장에서 인용했던 텍스트 하나를 좀더 정교하게 언급할 것이다. 그 텍스트는 1809년에서 1829년까지 출간되었던 루돌프 액커먼의 『예술, 문학, 상업, 제조업, 패션, 정치의 저장고』라는 잡지(200쪽 참조)이다.

일람표적인 이 잡지의 매호마다 (시장 보고서, 파산자 목록, 열망하는 영국 부르주아에게 설득력 있는 삶의 스타일 등을 자세히 나열한 목록과 더불어) 계절에 유행하는 패션 스케치는 물론, "영국 제조업자들의 제품모형을 담고 있는 알레고리적 프리젠테이션"이라 불렸던 것도 실려 있었다.

각 디자인은 영국의 팔라디오풍 건축물의 주제들을 그린 그림들로 꽉 채워져 있다. 이는 전형적이다. 그림들은 로마를 희미하게 떠올리게 하는데 일반적으로 제국의 의미를 함축한다. 그것들은 "과거의 일부로서 국가적 현재에 대한 좀더 심층적이고 좀더 오래가는 주장들을 표시한다."[154] 디자인을 지탱하는 것은 일반적으로 두 개의, 때로는 세 개의, 거대하고 점잖은 그레코-로만 형상들이다. 남자일 경우 성기가 없고 여자일 경우 성기를 천으로 덮고 있는 형상이다. 이 디자인 자체는 아마 19세기 영국에서 제조된 두서너 개의 실제 섬유 재질로 구성되어 있다. 면 혹은 실크로 된 실제 작품들을 만져보노라면 좀 오싹해진다. 이것들은 인간의 뼈보다도 더욱 묵묵부답으로 경험을 일깨우며, 거의 200년이나 되었는데도 박물관에 있는 진짜 골동품보다 덜 드러내놓고 합법화된다. 그러다 보니 인정머리 없는 이 책의 지면에 불안정하게 고정된다. 그것들은 계속되는 호마다 구체적으로 알레고리라고 불리면서도, "알레고리들"에 대한 설명이나 열쇠는 주어지지 않는다. 이것은 참으로 기이한 일인 것 같다. 적합한 사용법에 대한 간략한

---

154. 나는 찰스 W. J. 위더의 진술(Charles W. J. Wither, "Place, Memory, Monument: Memorializing the Past in Contemporary Highland Scotland", *Ecumene* 3.3 [July 1996]: 327)에 눈길을 돌렸다. 식민주의에서 식민화 충동이 스스로를 더욱 장중하게 시간화하기 위해 "과거"를 전유하고 재영토화하기 때문이다. 이 점을 맑스는 『브뤼메르 18일』에서 부르주아 혁명이 봉건제 이후의 유럽을 재영토화한 측면에서 언급한다.

암시와 더불어, 직물의 재질에 관한 짤막한 기술(記述)만이 제공된다. 그 직물은 중국이나 인도의 재질 — 물론 그렇게 불린 적은 없지만 — 을 종종 조잡하게 모방한다. 알레고리라고 명시된 형상이 해석되지 않을 거라면, "알레고리"라는 구체적인 명명에 우리가 부여할 수 있는 중요성은 무엇일까? 루돌프 액커먼이 접근할 수 있는 의미에서 하나의 알레고리란 해독되도록 존재하는 적어도 이차적 수준의 기호학적 코드가 아닐까?

물론 우리는 이 "알레고리들"이 제국의 권위하에 존재하는 의미화의 방대한 조직화를 그저 암시한다고 가정할 수 있다. 여기서 이 조직화는 영국 여성 계급주체의 일상적 자기-재현에 그녀의 파악범위를 넘어서는 어휘의 부담을 부과한다. 말하자면, 지정학적 맥락에서 그저 그러한 주체가 되라는 책임을 단순히 상기시켜 준다. ("인식적 지도 그리기"라는 제임슨의 교육적 기획은 미국남성 계급주체에게는 오늘날 작동하는 이데올로기 구성체에 상응하는 좋은 대응책이 될 만하다. 우리는 그러한 상상을 할 수 있다.)155

이렇게 대표적인 디자인들의 "알레고리적" 지위를 이렇게 드러내놓고 내세우는 것을 지표로(indexical) 읽어내는 또 다른 독법이 있을 수 있다. 이 디자인들은 또 다른 서사를, 콜라주들(가장 엄격한 의미에서 이것들은 "짜맞추는" 일이다)의 생산에 관한 텍스트를 은폐한다. 제국의 직물 무역을 의미화의 특별한 자리로, 즉 무엇인가를 지시하는 특권화된 담론의 장으로 고정시키는 우연한 알레고리 속에서 말이다.156 전체 디자인은 "관리" 같은

---

155. Anne McClintock, *Imperial Leather* (New York: Routledge, 1996)은 이것을 정교하게 설명한다.
156. "은폐한다는 것은 가지고 있는 것을 가지고 있지 않은 척하는 것이다"(보드리야르, 『시뮬라시옹』, 영역판, p. 5). 보드리야르는 질병에 관해 쓰고 있다. 마샬 맥루한은 "사람은 너무 많고 식량은 너무 적은" 것을 놓고 "세포 재생산을 부추겨서 … 스스로를 자기-소비로 변형시켜버리는 암"으로 말하고 있는데, 우리는 하나의 질병으로서 식민적 탐욕을 말하도록 할까요? 미국 남부에서 거대한 노예 착복의 모터였던 노동집약적인 목화 산업도 이와 동일한 질

4장 문화 559

무엇인가를 드러내고, 다른 어떤 계략을 과시적으로 가리킴으로써 착취하고 위반하는 식민주의의 측면들을 덮어 가린다. 이 "것"은 재현의 재질인데, 최소한 다섯 번이나 "역사적으로" (그리스에서 로마로, 기독교로, 영어를 통해 제국으로) 각인된다. 이 각인은 자체를 앞에 드러내지만 해독되지는 않는다. 옷감의 "실재"(real) 부분들은 영어로는 그저 "직물"(stuff)이나 "재질"이다. 이것들은 재현이라 인정되는 영역, 즉 기호들의 제국으로 스스로를 집어넣으며 신중하게 코드화된다. 이 코드화를 찬양하는 거명된 주체 (제임슨의 글로 보면 반 고호, 워홀, 포트만, 피럴먼 같은)도 없고, 행복감에 젖은 유토피아를 보여주는 기호도 없다. 이러한 "은유적" 유토피아는 제국주의적 상업 "개념"의 일부이자 옷감 무역을 위한 소비자의 조작이다. 내가 상상하기에 알레고리적 재질은 본연의 재질 — 자체가 문학적 환유이기도 한 — 이 지닌 의미화 잠재력을 배가 혹은 복잡화할 무한한 가능성을 말없이 가리킨다. 우리는 날 것의(raw) 재질로부터 짜여진 다음, "개인 (여성) 주체"에게 모방할 모델을 제공해 준 착취의 극장에서 무대화되는 한 텍스트의 모순어법을 표시하는 것인지도 모른다. 패션은 생산양식 서사와 동형적 판박이인 문화적 지배류에 있는 미학적 스타일의 규범적 서사가 아니다. 패션은 오히려 요구와 주장이 많아 시끄러운 "개인주체"의 지배적 자기-재현을 생산하는 이야기, 문화적 설명들의 원천에 관한 이야기이다. 바로 이것과 더불어, 유행을 타는 뉴욕 급진인사들의 자기 확신에 찬 지껄임뿐만 아니라 "우리의 세계"에 대한 제임슨이나 보들레르의 놀라운 직관이 계열화될 수 있다. 이와 대조적으로 오늘날의 "사회적 덤핑"은 새로운 서발턴을 침묵시킨다.

점증적으로 또 메타렙시스(metalepsis)적으로157 문화연구의 새로운 통

병의 일부이다.

용어가 된 초국가성은 사람들의 움직임을 나타내는 동의어가 되고 있다. 자본의 결정(determination) 과정에 나타나는 변화를 문화적 변화로 재코드화하는 것은 문화연구, 특히 페미니즘적 문화연구가 갖는 우리를 두렵게 하는 징후다. 모든 것이 "문화적인" 것으로 만들어지고 있다. 나는 독자들이 나의 이런 진술과 제임슨의 논의(437쪽 참조) 사이의 차이와 연계를 간파해 내기 바란다.

UN의 **초국가적 기업 도서관**이 말해주듯, 초국가적 기업은 두 개 이상의 나라들에서 부가가치를 생산하는 업체를 소유하는 기업이다.158

여기서 나한테 "가치"라는 단어는 맑스와 강단 맑스주의 둘 다를 비웃는 조롱의 의미를 띤다. 강단 맑스주의는 (힌데스와 허스트가 또 다른 종류의 이론이라는 견지에서 "생산양식"을 가만히 있게 만들었던 것처럼) 맑스주의의 "가치" 개념을 이론적으로 살아남을 수 없다고 보아 그것을 점잖게 매장해버렸다.159 그러나 "가치"(value)나 "값어치"(worth. 독일어로 Wert) (맑스는 이 "값어치"를 어떠한 종류의 측정이건 허용하는 "내용 없는 단순한 형식"이라고 본다)는 "대리보충"처럼 미끄러지는 단어이다. 그 때문에, 이제 "가치"나 "값어치"는 그들 노동의 "싼 값"과 우리 기업의 비용 사이의 차이, 즉 부가(된) 가치를 중상주의적 자본주의의 하이퍼리얼 전자 시뮬레

---

157. [옮긴이] 어떤 사물을 그것과 아무 관련이 없는 것 같은 다른 사물로 지칭하는 어법인데, 이상한 비유와 엉뚱해 보이는 인과논리를 써서 새로운 의미를 만들어낸다. 서사학자들은 메타렙시스를 서사 층위들을 위반하는 것, 즉 텍스트외적 현실, 허구적 틀, 주요 이야기, 이야기-속의-이야기 등 이론적으로 보아 상호 배타적인 영역들의 구분을 위반하는 것이라고 본다.
158. "초국가적 기업들은 두 개 이상의 나라들에서 부가가치를 생산하는 업체들을 소유하거나 통제하는 기업들이다. 소유권 및 통제의 통상적 양식은 외국인 직접투자이다. 하지만 초국적 기업들은 또한 외국 업체들과 협동적인 연계를 통해 외국의 생산에 개입할 수도 있다." ("Introduction: The Nature of Transnational Corporations and Their Activities", John H. Dunning, ed., *The Theory of Transnational Corporations* [New York: Routledge, 1992], p. 1). 내가 초국적 기업에 관한 "될 수 있는 한 가장 간단한 정의"를 원했을 때 이 책을 나한테 가져다준 소날리 페레라(Sonali Perera)에게 감사하는 바이다.
159. 가치 문제를 좀더 길게 논의한 글로는 『다른 세상에서』 10장 참조.

이션 속에서 측정해 준다.

  초국가적 기업에서 생산관계들은 국가의 경계를 넘는 외국인 직접투자이다. 이 직접투자가 테크놀러지나 경영 기술 등 자원들을 일괄 이전하기 위한 경우로 교묘히 처리된다. 그래서 다시금 전 지구적 하이퍼리얼계를 지지해 준다. 때로는 침묵된 서발턴의 증손녀가 미국에서 다시-자리를 잡음으로써 말이다.160 나는 사소한 일화를 들어 이렇게 분명한 요점을 입증해 보고 싶다.

  그러기에 앞서, 내가 초국가성과 대안적 발전을 말할 때마다 방글라데시로 눈길을 돌리는 이유를 설명하겠다. 식민/포스트식민 담론에 초점이 맞추어지는 한, 일반적인 힌두어(인도 국어) 지식, 기본적인 산스크리트어(힌두 고전[classical] 언어) 지식, 벵골어(나의 모국어)와 영어라는 두 언어 구사능력, 향상된 의식을 갖는 디아스포라의 정치적/문화적인 많은 부분이 나로 하여금 식민/포스트식민을 함께 쟁기질하도록 해주었다. 내가 남아시아 전문가라고 떠들어대지 않는 한에서 말이다. 초국가적 현재의 역사 속에서 이해관계가 전개됨에 따라, 두 가지가 분명해졌다. 첫째, 전 지구화에 맞서는 현실적 전선은 전 지구를 에워싸는 셀 수 없이 많은 운동들이 펼쳐지는 지역극장들 속에 있었다는 점이다. 초국가적·전자적 착취가 그 발판을 마련하기 시작했을 때 탄생한 작은 하위식민 나라인 방글라데시는 훨씬 더 적극적인 저항의 지형을 제공해주었다. 확실히 인도는 잘 공론화되는 대규모 운동들에서 나름의 몫을 가지고 있기는 하다. 또한 우리가 액티비스트 지도자들과 의견을 교환하는 데 그치지 않고 개입해 저 "지역적"으로 보이는 발의로부터 배우고 싶다면 어떨까. 나는 지역방언의 어조변화를 파악할 정도로 해당 언어를 잘 알아야 한다는 점을, 또 나의 경우 그 언어가

---

160. [옮긴이] 미국의 초국가적 기업에서 일하고 있는, 부바네스와리의 증손녀를 암시함. 3장 마지막 쪽들 참조.

방글라데시의 국어인 벵골어라는 점을 깨달았다.

초국가성의 견지에서 인도와 방글라데시의 차이는 중요하다. 인도의 독립은 대규모로 교섭된 최초의 탈식민화였다. 1947-1949년 헌법은 신식민주의가 개시되던 무렵에 씌어졌다. 그 때 탄생중인 브레튼 우즈 조직들이 전지구적인 사회정의를 시행하고자 했다고 상상할 수도 있으리라. 인도헌법은 국제적 착취의 약탈로부터 다소 보호된 경제구조를 제공했다. 벵골어가 국어가 아니라 지역언어인 나의 모국 서벵골의 상황은 그곳 정부가 20년 넘게 **좌파 전선**이라서 이중으로 달랐다. 그래서 (보호 경제를 갖는) 인도도, 특히 (**좌파 전선** 정권하의) 서벵골도 외국인 직접투자를 위한 비옥한 지대는 아니었다. (물론 이 상황은 소련해체 이후의 경제적 재구조화 아래 급속도로 바뀌고 있는 중이다.)

그렇다면, 초국가성 속에 수출주도형 의류 산업을 위치시키는 것은 페미니즘적 문화연구 관련 세미나의 틀 속에 내가 놓고 있는 밋밋한 일상사를 나에게 사용하도록 허용한다. 또 초국가성이 사람들이 장소에서 장소로 옮겨다니는 것을 일차적으로 의미하지 않는다는 점을 설명하도록 해준다. 노동수출이 확실히 중요한 연구대상이더라도 그렇다.

내가 들고자 하는 일화적 예는 뉴욕의 〈새로운 박물관〉 개관식이 있던 어느 겨울날의 가야트리 스피박이다. 나는 인도의 여성복장인 사리 위에 자켓을 걸쳐 입었고 몸을 따뜻하게 감싸려고 자켓 속에 어깨를 폭 감싸는 목화솜 옷을 입었다. 이것은 수수한 암갈색의 값싼 옷으로 〈프렌치 코넥션〉 사가 "방글라데시에서 만든" 제품이었다. 이와 대조적으로, 방글라데시에서 또한 만들어진 인도복장 사리는 파리다 아크터와 파라드 마자르의 코디하에 〈프라바르타나 위버 집단〉이 생산한 아주 정교하게 짠 천이었다. 나는 직조공들이 일하는 모습을 직접 보고 나서야, 내가 어릴 적과 젊은 시절에 그토록 감탄해마지 않았던 잠다니스(jāmdānis)의 직조 과정을 좀 알게 되었다. 그 일은 하나의 팀이 함께 이루어내는 복잡한 직조인데, 얼마나 빠른 속도로 수를 놓는지 실제로 보지 않고서는 믿기 어려울 정도다. 그것은 레이스를 만드는 일만큼 섬세하고 어렵다. 국제적 복장산업과 관련해 외국인 직접투자가 진행된 결과, 방글라데시의 오랜 손 베틀 전통은 죽어가고 있다. 〈프라바르타나〉사는 직조공 집단에 보조금을 지원할 뿐만 아니라 직조공 집단을 "발전"시키고 있다. 하지만 회사는 또한 직조공들을 예술가로 인식함으로써 직조공들이 겪는 인식소적 위반을 해제(undo)하고자 시도한다. 이는 하나의 반전일 뿐만 아니라 액커먼의 『일람표』를 치환하는 것이다. 여기에는 알레고리로 지칭되는 코드전환이라곤 없다. 그래서 아무도 알아채지는 못했겠지만 나는 하나의 전시물인 내 몸 위에 초국가화의 모순을 걸치고 박물관에 서 있었던 셈이다. 아무도 혹은 어떤 집단도 이것을 가능하게 할 만큼 많이 움직이지는 않았다. 초국가성과 연관되는 노동이주가 있을 수 있다. 그러나 사실 노동이주는 포스트포디즘 및 수출 가공 지대들과 더불어 딱히 필수적인 것은 아니다. 노동이주의 인구학적 결정요소는 다른 곳에 있으며, 이 책 결말의 범위를 넘어선다.

이제 내가 쓰려고 하는 내용은 일반적인 아동거래에 관한 논평이 아니다. 또한 도처에 있는 아동노동을 둘러싼 논평도, 틀림없이 좋은 것을 뿌리뽑기를 둘러싼 논평도 아니다. 내가 쓰고 있는 바는 인권을 무역-관련 투자 문제로 만들어내기를, 보이콧 정치학의 안이한 선의를, 도덕적 제국주의의 나른한 잔인함을 둘러싼 것이다. 또한 노동입법으로 귀결되지 않는 전 지구적 무역의 탐욕과 자신의 탐욕에 구속된 지역의 기업가들을 둘러싼 것이다. 이러한 여건 속에서 외국원조를 통해 일어나는, 한 나라의 업무에 영구히 연루되는 현상이 어떻게 정당화되고 있는가를 찾아보자는 것이다. 내가 한 번 더 간청하는 바는, 전 지구를 에워싸는 민족들의 운동과 연결되는 지역적 저항의 행동·교섭 능력을 인식하자는 것이다.

1994년에 〈관세와 무역에 관한 일반협정〉(GATT)이 서명된 이후 시장들은 예전과 비교해 많이 개방되었다. 이와 더불어 북의 시장들이 남에서 제조된 의류들로 침수된 것처럼 보였다. 이것이 1995년에 GATT가 종결된 이후에, 또 〈세계무역기구〉(WTO)가 영구적인 독립적 감시단체로 설립된 이후에, 소위 "사회적 덤핑"이 특히 수출주도형 의류 산업에 강제되기 시작한 이유였다. 그들이 아동노동을 고용하니까 그들의 제품을 보이콧하라는 식이다. 이런 점에서 북의 노동을 경영 너머로 통일시키기 위해 민족주의와 인종차별주의가 전개되었다. 1993년에 미국 상원의원에서 통과된 하킨(Harkin) 법안(「1993년 아동노동 억제법령」)은 AFL-CIO가 작성한 한 편의 보고서에 기초한 것이었다. AFL-CIO는 남에서의 노동수요를 침해하고자 〈미국 아시아 아프리카 자유노동 협회〉(AAAFLI)와 결탁하여 종종 활동한다. 이 법령의 초안과 최종안이 제출되던 사이의 기간 동안 NBC 텔레비전은 방글라데시에서 제조된 외국인 직접투자와 관련된 복장 중 52%(내가 앞서 입었던 사리는 아니지만, 어깨에 둘렀던 〈프렌치 커넥션〉사가 방글라데시에서 제조한 옷, 사리는 역사와 경제에서 아직도 또 하나의 직물로 짜인 텍스트이다)가 미국 시장으로 수출된다고 보도했다. 다음에 『월 스트리트 저널』은 미국에서 가장 큰 소매 직판점인 월마트는 아동노동으로 제조된 옷을 수입해 판매한 결과, 월마트 주식 한 주당 0.75달러를 손해보았다고 보도했다.161

이는 "아동노동"을 개발도상국으로부터의 수출을 차단하는 방법으로 사용하는 것이며, "아동노동"을 이해관계를 바탕으로 설명하는 한 가지 방식이다. 내가 재직중인 대학의 어느 젠더 연구 모임에서 미국 국민주의적 (국

---

161. Seema Das Seemu, "Garment Shilper Shishu Sromik: 31 Octoberer par kee hobey?" *Chinta* 4.15(1995년 10월 30일자)에서 인용함. 같은 호에서 샤히드 호싸인 샤밈은 "아동"의 담론적 구성이라는 중요한 문제제기를 한다. "아동"의 담론적 구성 문제는 모성 이데올로기와 관련하여 메트로폴리탄 페미니즘 이론에서 많이 논쟁된 주제이기도 하다. 여기서 우리는 "아동노동 지지자!"라고 즉각 거부될까 봐 검열을 무릅쓴다.

내) 복지 사회학자들은 부조리한 문화상대주의적 방식으로 이러한 설명을 요약하더니 거부해버렸다. 아동노동은 방글라데시 문화의 일부일 뿐이니 우리가 거기 개입해서는 안 된다!는 식이다. 이러한 조바심치는 제스처의 사회적 텍스트성을 더 깊이 연구하는 것은 이 책의 범위를 넘어선다. 식민주의는 가부장제를 만들었고, 요즘 그것을 식민주의에 유리하게 써먹고 있다. 바로 그렇듯, 초국가적 자본은 인종차별주의를 이용하고 있다. 직종별 노동조합 운동은 평사원의 직업 안정성과 최상층(1980년 미국 대법원의 예시바(Yeshiva) 결정 덕분에 미국 학자들이 우연히 거주하게 된)에서의 경영협조에 이미 좀더 많은 초점을 두고 있다. 그리하여 초국가적 자본은 직종별 노동조합 운동을 이간질한다. 제2차 인터내셔널의 안타까운 이야기가 전 지구적 초점을 갖고 재연되는 셈이다.

초국가적 자본은 가부장제와 공모하면서 세계 자원의 고갈을 놓고 남의 가장 가난한 여성들의 다리 사이 탓이라고 비난한다. 그러면서 위험한 강제적인 장기 피임약의 덤핑을, 가족계획과는 엄밀하게 구분되어야 하는 검토되지 않은 인구통제 정책을 유도한다. 초국가적 지식능력이 없는 인정 많은 북의 페미니스트들은 "무지한 선의"를 갖고 이것을 진심으로 지지한다.[162] 가족계획에 반대하는 문화적으로 보수적인 입장을 비판하는 것은 모두 억제된다.

이와 비슷하게, 인종차별주의와 공모하는 초국가적 자본은 초국가적 지식능력이 없는 자비로운 자유주의자들로 하여금 아동노동을 사용하는 남의 의류공장들에 반대하는 것을 멈추도록 한다. (선의를 지닌 사람들에게는 좀더 공정한 노동법을 시행함으로써 노동을 덜 "싸게" 만들어 가변자본 비용을 올리는 게 요점이라는 생각이 떠오를 것이다. 그러나 그것은 "뜨거

---

162. 내가 독설을 퍼붓는다고 비난받지 않기 위해, 이 구절이 예이츠의 시 「1916년 부활절」 (Yeats, "Easter 1916", *Collected Works* [New York: Macmillan, 1963], p. 203)에서 인용한 것임을 서둘러 밝혀둔다.

운 평화 운운"에서는 허무맹랑한 공상일 뿐이다. 〈세계은행〉이야말로 노동조합 결성을 막는 세력이다. 로티의 안이한 속임쉬(각주 72 참죄를 고려하건대, 나는 이것도 더 이상 확신하지 못하겠다. 현실의 기획은 명확하게 "미국과 다른 선진국의 성인 노동자들이 개발도상국의 아동노동이 생산하는 수입품들로 인해 자신들의 직장이 위험에 빠지지 않도록 하는 것"이다 [「1993년 아동노동 억제법령」 9절] 미국정부는 속지 않는다.) 인간적 관심을 표현하는 비디오들이 이미 출시되고 있다. 벽돌을 만드는 일을 하는 파키스탄 소녀 우르두의 고된 하루를 서정적으로 찍어 "힘이 실린" 해설자의 목소리로 자세히 설명해주는 비디오나 카펫을 짜는 소년들을 찍은 비디오가 그 예들이다. 이 비디오들을 보는 시청자들은 소위 아동노동자들이 아동 노동운동 액티비스트들에게 제공했던 무표정한 숱한 짤막한 사실증언들을 읽거나 들으려 하지 않으며 그렇게 할 능력도 없다.163 이 아이들이

---

163. 이 비디오들("Rights and Wrongs: Child Labor", nos. 305 and 414, International Center for Global Communications Foundations)은 기본적으로 담보(bonded) 노동을 다룬다. 이 노동에서 성인들과 아이들은 빚을 "갚고자" 노예 같은 조건들하에 일하게 된다. 빚의 이율이 야만적일 정도라 담보노동은 때로 수대에 걸쳐 지속될 정도다. 이것들은 탁월한 비디오이며, 미국의 공중(public)은 확실히 교육될 것이다. 소비자인 시민들에게 이 비디오가 보내는 메시지는 생산상의 노동조건의 감시는 거의 불가능하겠지만 아동노동으로 생산된 재화를 보이콧하라는 것이다. 아이들이 벽돌이나 카펫을 생산하는 모습을 보여준다. 동양의 카펫은 사치품이다. 그리고 이 비디오에서 파키스탄이 선별되고 있지만, 인도, 아마 중국, 터키, 이란, 티벳, 네팔 등에서도 아동노동이 사용되는 것은 확실하다. 유난스런 소비자가 갑작스레 그런 카펫을 보이콧한다든가 카펫무역이 하락한다고 해서 아동노동자들의 교육을 위한 기간구조가 세워질 리 만무하다. 저항 속으로 돌진하려 했던 열 살짜리 소년 이크발 마시흐(Icbal Masih)는 지역저항 집단들로부터 분리되어 영광스러운 토착정보원으로 변조되었다. 그는 보스톤으로 데려와져서 인권상을 받았고 미국 국영방송에 나왔다가 ("저는 에이브러험 링컨처럼 되고 싶어요") 다시 그냥 집으로 보내졌다. 이렇게 보호되지 않은 채 매스컴을 탔던 소년은 총에 맞아 죽었다. 이것이 무역에 관련된 살인이었는지는 입증되지 않았다. 하지만, 그의 죽음은 인정많은 미국인들의 스펙터클과 분리되는 아동문제에 대한 하나의 알레고리로 봉사할 수 있다. 이 두 편의 비디오는 스웨덴 비디오 제작자 매그너스 버그마(Magnus Bergmar)가 제작한 다큐멘터리 형식이다. 이 다큐멘터리에 나오는 여성들의 스피치는 부적합하게 번역되고 때로 해설자에 의해 들리지 않기도 한다. 하지만, 이 두 편의 다큐멘터리는 지역의 저항을 분명히 가리켜 준다. (스웨덴은 계몽된 기부국이다.) 아프리카계 미국여성이

해설을 하는 작품의 기본 틀은 담보노동 (일부 남아시아 나라들에서는 "전통적인")과는 좀 다른 의류 산업에만 실제로 초점을 맞춘다. 그 노동은 착취공장의 조건하에 외국인 직접 투자를 위해 수행된다. 그래서 담보노동과는 좀 다르다. (나의 텍스트는 구체적으로 방글라데시 의류산업에서 "사회적 덤핑"의 미시학을 다룬다.) 그 어조는 일관되게 미국 국민주의적([미국의 국가주의/국민주의는 애(미)국주의와 동일어라 할 수 있다]이다. 이 용어조차도 정치적으로 올바른 용어는 아니다. 승인된 용법은 "발전중인"(developing)이라는 말을 쓰라고 하는데 "저개발"(underdeveloped)이라는 말을 쓰고 있다. 이런 작태는 다음에서 최고조에 달한다. 토크쇼 진행자인 캐시 리 기포드(Gifford)가 카메라 앞에서 눈물을 흘리면서 "저는 정말 경이로운 나라에서 태어난 거예요"라고 말한다. 그 표어하에 아동노동으로-생산된-의류를-감독하던 사람으로부터 보이콧-지지를 받아내는 아동노동-액티비스트-겸-감시인으로 개종되기 시작한다. 이와 대조적으로, 익명의 두 대담자가 쓴 *The Small Hands of Slavery* (New York: Human Rights Watch, 1996)는 인도의 담보노동에 초점을 맞추면서 의류산업은 한마디도 언급하지 않는다. 이 책이 의존하는 자료들 중 많은 부분이 사회문제에 관심있는 학자들의 것이다. (첫 번째 각주는 타니카 사르카르Tanika Sarkar인데, 사르카르의 부모 두 분은 나의 선생님이었고 사르카르와 나는 인도에서 같은 학교, 대학을 다녔다.) 무시당한 "남의 비판적 목소리" — 지역의 비정부단체들 — 는 종종 녹음되어 국가를 돕고 감찰하는 업무에 정확하게 할당된다. 이 팜플렛의 상당부분에서 이 책들에 나와 있는 76년! 된 가장 오랜 헌법의 보장 사항들과 법률들 준수의 태만을 인도 정부의 잘못이라고 한다. 이것은 꽤 정확한 주장이다. 물론 아무것도 이것을 묵과할 수 없다. 이 탁월한 책은 한 번인가 두 번 지역NGO 분석의 일부로 〈세계은행〉의 역할을 인용한다. 그러나 그 때, 이 책은 그것을 재분배 행위를 심하게 저지하는 국가에 이 은행이 내리는 경제적 재구조화 명령이라는 일반적 문제틀 속으로 결코 통합하지 않는다. 그리고 이 책이 인터넷에서 "담보노동"하에 인용될 때 (Alta Vista로 검색해 보면 1,246,120개가 나온다) "당신이 인도에서 할 수 있는" 유일한 명령은 보이콧과 인가이다. "액티비즘"하에서 담보노동으로 들어가는 대표적인 항목은 「기업접수 상의 윤리적 고려사항들」인데, 이 문건은 어떤 교회에서 열린 세미나에서 나온 설명서이다. 이 세미나에 수많은 최고경영자들, 두뇌집단, 은행들, 그 가운데 〈세계은행〉과 〈체이스 맨해튼〉에서 온 인사들이 대거 참석했다. 〈인권감시단〉은 이 금융기관들의 추가기록에 대해서는 절대 논평하지 않을 것이다. 자본주의가 담보-노예제보다 더 나으니까. 그렇지만 착취가 유일한 출구란 말인가? 이 책은 "아동 담보노동에 의미심장한 타격을 가할, 공동체에 기반을 둔 저축 및 신용 프로그램"의 한 가지 경우만을 기록한다(p. 147). 애석하게도 이것은 기간구조의 개혁 없이 진행되는 신용-미끼질이 전 지구화 아래로 진입하게 하는 관문이다. 전 지구의 완전한 금융화를 위해서 말이다. 혹은, 이것은 세계의 가난한 국가들이 전 지구적 상업부문에 들어가도록 하는 개방에 정당화를 제공한다. 그 때 미시적 기업의 후원자를 담당하는 관리들은 사회적으로 참여하는 사례들을 제공하라는 요청을 받는다. 살만 루시디는 인도어로 쓰여진 문학을 거부했다. 우리는 이 점을 앞서 살펴본 바 있다. 그리고 2장에서는 마하스웨타의 「프테로닥틸」에서 포스트식민 정치조직 분석을 이미 살펴본 바 있다. 여기서는 데비의 소설 「너그럽기 짝이 없는 두올로티」를 인용하고자 한다. "법안이 통과되기를 찬성하는 사람들이 있다. 지프를 타고 다니는 사람들이 있다. 하지만 횃불을 들려는 사람은 자기들의 노동 조건을 좋다고 제시하는 것은 확실히 아니다. 그렇지만, 어떠한 보강책이나 기간구조적(infrastructural) 후원도 없는 처지에 그들은 자기들의 일을 빼앗아 가는 머나먼 미국의 결정이야말로 전적으로 당혹스러운 처사로 여기게 된다.[164]

순진하고 제한된 열광자들은 안이한 도덕주의 너머를 보지 못하며 그 아이가 "말하지 않도록"(unspeak) 만들어지는 이야기를 듣지 못한다. 이 열광자들에게 무슨 일이 생길까? 앞서 이미 제시한 이유들이 보여주듯 나는 방글라데시 경우만을 논의할 수 있다. 어떠한 이론적 결론들도 변화되는 사정에 맞추어 변화되어야 한다. 방글라데시의 경우가 전체 남에 딱 들어맞는 것은 아니다. 메트로폴리스의 단일-국가 시민사회에 참여할 때는 탈민족주의(postnationalism) 이야기를 하기가 더 쉽다. 개발도상국을 경제적으로 기술하는 것은 지정학적 지도 위에 그려지는 해당 국가의 역사에 따라 달라진다. 준비된 세계시민주의(cosmopolitanism)는 지정학에 알리바이가 될 수 있다.

최소한 루돌프 액커먼에게 거슬러 가는 장(章)에서는 자본의 텍스트를 고려해야 한다. 자본이 텍스트의 짜임새를 조작하기 때문이다. 의류산업이

하나도 없다"(Devi, "Douloti", *Imaginary Maps* [New York: Routledge, 1995], p. 88). 루시디라면 이 작품을 "편협하게 지방적"이라고 거부할 것이다. 승리도취적인 미국의 도덕적 제국주의와 대조되게, 이 소설에서 재현된 판단의 행위자, 즉 앞서 인용한 부분을 언급한 인물은 저항적인 선주민 보노 나게시아(Bono Nagesia)이다. 범죄적 국가를 판단하는 최종심급은 선주민 여성의 노동하는 몸이다. 이 몸은 독립된 인도를 판단한다. "대양으로부터 히말라야산맥에 이르기까지 인도 반도 전체를 채우며 여기 독수리처럼 날개를 펴고 담보노동을 했던 카미야창녀 두올로티 나게시아의 처참한 시체가 있다. 성병으로 곪아가고 말라빠진 폐에서 피가 온통 뿜어져 나온 채로. 오늘, 8월 15일 독립 깃발을 꽂으려는 모한(Mohan)과 같은 사람들의 인도에 두올로티를 위한 공간은 아예 없다. … 두올로티가 인도를 온통 뒤덮고 있다"(p. 93).

164. 이런 설명들 대부분이 손으로 필기된 현장 보고서들에서 발견된다. 나는 이 현장보고서 중 일부를 직접 들었다. 작지만 대표적인(벵골어로 쓰여진) 샘플로는 *Chinta* 5.16-17 (1996년 5월 15일)에 수록된 자세한 보고서 참조.

여성들을 위한 "발전"을 출범시키고자 아무것도 각인되지 않은 대지 위에 자체를 세운 것은 아니었다. 가정에 묶여 있었을 여성들이 공장으로 일하러 가고 그래서 세상 속으로 들어간 것은 확실히 맞다. 그러나 기간구조의 후원 없이 하나의 세상에 들어가는 것은 의문의 여지 없이 좋은 일만은 아니다. 그곳은 배려하는 독자가 윤리의 특이성을 다시 도입해야 하는 곳이다. 이런 점에서 여성들의 미시사업(microenterprise)을, 기간구조 없는 신용-미끼를 장려하는 것은 금융자본 영역에서 나타나는 현상과 비견할 만하다.

보이콧이 시작되자 공장들은 때로 아동들의 나이를 고쳐 고용했다. 아이들은 직장을 잃자 보수가 아주 적거나 아예 없는 24시간 집안일 노동자가, 혹은 아마 창녀가 되었다. 그들은 아마 굶주렸을 것이다. 때로 여자아이들은 더 나이 먹은 여성 친척들과 함께 일하러 왔다. 물론 이것이 최후의 "아동 보살핌"이다. 그러나 기간구조의 후속책 없이, 이것마저 상실하는 것은 아동노동자, 침묵된 서발턴에게는 아주 결정적으로 중요한 문제였다. 그리고 "15세 미만의 아동고용은 종종 딱할 정도로 저임금이며 가정의 안정성을 침해한다"는 「하킨 법안」 8절은 어린 소녀 노동자에게는 도무지 이해할 수 없는 조롱으로만 여겨졌다.

〈국제노동기구〉 및 방글라데시 주재 미국 대사의 지지 진술에 힘입어 1995년 초 〈방글라데시 의류 제조업 및 수출협회〉는 다양한 지역NGO들과 하나의 협약을 맺었다. 미국 대사는 문제가 된 아동노동자들의 부모들에게 재정적으로 보상하고 아동들에게 초등 교육을 제공하겠다고 진술했다. 현재 환율로 부모에게는 한 달에 약 7. 50달러, 아이들 교육을 위한 "단위비용은 1년에 한 명의 아동 당 약 36달러가 든다"[165]고 하니, 그리 큰 돈

---

165. 「치환된 미성년 노동자들을 위한 초등교육 설비 제안서」(Proposal for the Provision of Primary Education for Displaced Under-Age Worker), 등사판 인쇄물, Gonoshajja Sangstha (1995년 4월), p. 10.

이 아니었다.

우선, 제공될 "교육"이라는 것이 국가적 교육체계와 결코 연속적이지 않기 때문에 실질적으로 아무 쓸모가 없다는 점에 주목해 보자. 학교입학은 아이들이 직장에 가지고 다녔던 직장출퇴근용 신분증을 보여주느냐 마느냐에 따라 우발적으로 결정되었다. 전에 일을 하던 아동이 학교 하나를 채 보기도 전에 2년 이상의 세월이 흘러가 버리니 신분증을 항상 쓸 수 있는 것도 아니다. 다카(Dhaka)의 피아라바그(Pyarabag) 빈민촌에 살던 15명의 부모들은 이렇게 말했다. 아이들이 쓸모없는 출근 카드 (사진이 첨부된 신분증도 아닌) 없이도 입학허가를 받는다면 매달 받는 보상금을 포기할 태세였는데도, 아이들은 입학을 거부당했다고 말이다. 완강하고 축소된 보상금 지급은 현장 조사자들의 끊임없는 선동을 요구한다. 텔레비전에 때때로 보도되는 숫자는 현실과 아무 관련도 없다. 정보 나누기를 극도로 꺼리는 경향도 이해할 만하다. 아이들의 해고에 잇따른 실제적 무관심과 기만을 마주하노라면 「하킨 법안」의 의로운 분노 혹은 멀리 떨어져 있는 은인들의 자비심은 모든 그럴듯함을 상실한다. 나 자신이 직접 관여하는 사안들은 밑바탕-수준의 학교들에서 제공하는 교육의 성격, 질, 효과, 적절성이다. 이것들과 관련된 질문들은 외국인이 직접 투자하는 의류공장들에서 아동기라는 성역을 소위 복원한다고 초래되는 불운한 상황에서는 제기될 수 없다. 나는 그것을 확신을 갖고 말할 수 있다.[166]

나는 실제로 발로 뛰며 일했던 나의 정보원 시마 다스(Seema Das)에게 다음과 같이 약속했다. 내가 이 정보를 주류 중의 주류에서 주류화할 것이며 그리하여 파토스, 선정주의, 인간적 관심을 자극하기만 하는 비디오 캠페인이 이 소녀에게 말하지 못하도록(unspeak) 만드는 짓을 못하게 하겠다고 말이다. (그녀와 나는 어디까지나 현장 외부에 있는 또 하나의 학문적

---

166. 나의 요청으로 입수할 수 있었던 미간행 기록물.

책이 갖는 힘에 대해 정당성 없는 확신을 갖고 있다.) 내가 다카의 몇몇 작가, 언론인, 대학생, 지식인들에게 주저하면서 (또 요청에 따라) 해체에 관해 말하고 있는데, 처음 10분 후에 시마가 조용히 자리를 떴다. 지식인, 액티비스트, 기업가들은 거기서도 반드시 연합되어 있는 것은 아니다. 여기서도 그것은 마찬가지이다. 나는 그러한 세 가지 분할 속에 이 사소한 책을 놓는다.

4장에서 나는 다문화주의와 전 지구성의 상호작용을 검토하고자 했다. 포스트모더니즘은 후기자본주의의 문화논리인가? 나는 이 논쟁을 헤치고 나가면서 직물 짜기의 텍스트적 흐름을 통과하며 작업해 나갔다. 4장을 고치고 있는 동안 밀쳐두어야 했던 다른 책과 나 자신이 만날 수 있도록 하기 위해서였다. 제임슨의 사려 깊은 제목을 이렇게 다시 진술할 수 있으리라. 경제적 포스트모던화의 사상자들은 문화주의자들이 아니다. 이 사상자들은 포스트모더니티에서 삭제된 자본논리에 우리의 눈길을 고정하라고 일러준다. 자본주의의 혜택과 폐해를 동시에 생각하는 게 요점이 될 수 없다. 차라리 텍스트와 직물의 망이 접근선처럼 굴러나감에 따라, 칸트의 『판단력 비판』과 『친타』와 같은 기록 문건들(주 133과 136 참조)을 우리가 함께 꿰맬 수 있을지 어떨지를 부디 결정하라. 우리가 연구를 통해 또 교실에서, 또 그 외 다른 방식으로 수행하는 일차적/부차적, 자료/연구, 현장조사/인종문화기술학, 토착정보원/대가담론 없이, 한정적(determinant) 판단으로부터 반성적(reflexive) 판단으로의 전환을 그리는 일상적 혹은 타락한 판본 없이 말이다.167 맑스는 헤겔의 『논리학』과 「블루북」[중고차 차종, 시

---

167. 데리다가 남근이성중심주의를 비판하기 위해 『글라』에서 이러한 감침질을 시도했다는 점은 인정되어야 한다. 그러나 이것 역시 유럽에만 초점을 둔다. 전 지구성에 개입하려는 그의 시도(『맑스의 유령들』)이나 알제리아를 위해(로부터?) 말하려는 그의 시도 혹은 프랑코-마그레브인(Franco-Maghrebian)으로서 말하려는 그의 시도는 또 다른 등기부에 틀림없이 남아

세, 가격대비 일람표]을 함께 붙들 수 있었다. 하지만 그것 역시 여전히 유럽에만 있었다. 그렇게 하는 가운데 그것은 해제(undo)되었다.

있을 것이다.

해체를 작업하기 위한 배경 설정하기

해체를 작업하기 위한 배경 설정하기

"해체"라는 용어는 프랑스 철학자 자크 데리다(1930-2004)가 두 편의 글을 세상에 선보이는 사이에 만들어지게 되었다. 첫 번째 글은 1965-66년에 프랑스 저널 『비평』(*Critique*)에 실렸고 일련의 서평 형식으로 나왔는데, "파괴"라는 용어를 담고 있었다. 그것의 두 번째 판본이 『그래머톨러지에 관하여』(1967)의 일부가 되었다. "파괴"라는 단어는 마틴 하이데거(1889-1976)에, 특히 하이데거의 『칸트와 형이상학의 문제』(*Kant and the Problem of Metaphysics*, 1929)에 기획된 2부에 얼마간 빚졌다. 하이데거의 이 책은 『시간성의 문제틀에 따른 존재론 역사의 현상학적 파괴의 근본적 특징들』이라는 제목으로 출간되기로 되어 있었다. 그렇다면 "해체"라는 명명은 무엇보다 하이데거적 프로그램의 명확한 수정 비슷한 무엇이다. 또한 하이데거가 프리드리히 니체(1844-1900) — 자신의 저작에서 "파괴"가 특별한 역할을 했던 — 의 열렬한 독자였다는 사실도 기억되어야 하겠다.

이 부록은 특히 자크 데리다의 작업에 나타나는 해체를 해석한다. 철학 텍스트들이 출발점으로서 정의를 확립했을 때, 모든 그러한 제스처는 각 정의되는 항목이 그것 아닌 모든 것으로부터 떨어져 나오게 하는 배경설정 과정과 연루된다. 데리다의 초기저작에 출현한 해체란 바로 그러한 사실에 유의하지 않았던 경위를 검토하는 것이었다. 데리다는 하나의 정의를 하나의 주제 혹은 주장으로 정교화하는 작업이 그 반의어를 밀쳐내는 과정을 보여줄 수 있다고 말했다. 데리다는 그것을 입증하기 위해 장 자크 루소에서의 "대리보충"(『그래머톨러지에 관하여』)과 플라톤과 아리스토텔레스에서의 파르마콘(pharmakos)과 하마(hama)와 같은 단어들이 수행하는 수사적 책략들을 추적하는 데 개입하였던 셈이다.[1] 앞에서 묘사한 밀쳐내기로 처음의 차연(데리다가 만들어낸 단어)은 지속된다. 뿐만 아니라 앞에서 묘사한바, 그것 아닌 것들로부터 떨어져 나오도록 배경이 설정된다. 앞의 수사적 책략들이 은폐하는 것처럼 보였던 것은 바로 차연의 궤적이었다. 먼저 일어나는 차이화(differentiation)[2]와 함께 지속되는 지연의 궤적은 "흔적"(trace)이라 불린다.

구조주의자들은 언어 혹은 차라리 기호-체계들을 최종심급의 설명 모델로서 강조했다. 페르디낭 드 소쉬르(1857-1913)는 언어의 가능성의 기원은 언어 더미에 관한 어떤 내면화된 지식 혹은 언어 더미의 저장소라기보다 언어학적 단어 단위들 사이의 차이들을 명료화할 수 있는 능력이라는 통찰을 내놓은 사람이었다. 데리다는 『그래머톨러지에 관하여』에서 소쉬르가 자신의 통찰이 내포하는 바를 자기 연구에서 인정할 수 없었다는 의견을 내놓았다. 「스피치와 현상」(1967년 『스피치와 현상』에 나오는)에서 데리다

---

1. 1968년 『산종』(*Dissemination*)에 나오는 「플라톤의 제조술」(Plato's Pharmacy), 1968년 『철학의 여백들』에 나오는 「우시아와 그람메: 『존재와 시간』으로부터의 노트에 관한 노트」(Ousia and Grammè: Note on a Note from *Being and Time*) 참조하라.
2. [옮긴이] 스피박의 맥락에서 이 용어는 차이와 차별을 동시에 뜻하지만 차이가 차별로 되는 데 주안점을 두고 있다고 보아 '차별화'라고 번역하였지만 데리다의 맥락에서는 '차이'가 확실하므로 '차이화'로 번역함.

는 에드문드 후설(1859-1938)의 "살아 있는 현재"에 관한 현상학적 개념은 주체의 죽음을 초래한다고 주장하였다. 이 개념은 어느 주어진 주체의 살아 있음을, 또는 삶의 전후로 확장되는 현재를 함축했기 때문이다. 〈프랑스 철학 협회〉에서 발표된 중요한 이론적 개입인 「차연」(1968년 『철학의 여백들』에 나오는)에서 데리다는 정의되고 있지도 설정되고 있지도 않은 모든 것의 흔적 혹은 궤적으로부터 차이화시키고(떨어져 나오도록 배경설정 하기) 그 흔적 혹은 궤적을 지연시키기(밀쳐내기)의 이러한 불가피성을 차연이라고 명명하였다. 그것은 "필수적이면서도 불가능한" 움직임(해체에 유용하게 되는 공식)이었다. 차연은 그렇게 명명되는 가운데 자체의 법칙을 이미 따르고 있었기 때문이다.

이러한 환원될 수 없는 흔적 작업은 모든 철학적 대립 속에서 부정과 지양이라는 상대적으로 제한된 변증법을 생산한다기보다 동일자와 타자의 무제한적 경제를 생산한다. 뿐만 아니라 흔적 작업은 우리의 자기됨(selfhood)을 급진적 대타성이라고 "명명될" 수밖에 없는 것과 차연 관계 속에 놓이도록 한다. 이렇게 내용이 풍부한 글 「차연」은 해체 철학자에게 실용적인 몇 가지 규칙들을 제안한다.

오스틴(1911-1960)은 언어를 그저 진술만이 아니라 행위로 검토하는 화행론(Speech Act Theory)[3]을 세운 사람이다. 「서명 사건 맥락」(1977년 『철학의 여백들』에 나오는)에서 데리다는 의미화 과정에서 힘(force)이 하는 역할을 인정하는 오스틴의 면모를 시사했다. 하지만 오스틴은 자신이 지각한, 언어가 갖는 환원될 수 없이 "언표적인"(locutionary) 성질의 결과를 수긍할 수 없었다는 것이다. 진리-말하기란 의미론적 내용의 이전에 국한되지 않는 하나의 효과를 생산하는 수행적 관습임을 말이다. 각 효과적인 상황이야말로 반복되는 진리를 바꾸어낸다. "스피치"는 우리가 보통 "글쓰기"

---

[3]. [옮긴이] 사람들이 서로에게 말할 때 정확히 무슨 일이 발생하는가를 설명하려는 이론.

라고 부르는 구조를 공유로서 표시되지 않은 이질적 상황들에 열린 용도를 갖는다.

데리다는 조금만 거론하자면 임마누엘 칸트(1724-1804), 조지 프리드리히 헤겔(1770-1831), 소렌 키에르케고르(1813-1855), 프리드리히 니체, 시그문트 프로이트(1856-1939), 에드문드 후설, 발터 벤야민(1892-1940), 엠마누엘 레비나스(1906-1995)와 같은 철학자들과 밀접한 관계를 맺어 왔다. 하지만 그의 철학적 에세이들과 다른 초기저작을 통틀어 (예컨대 칸트 책 2권의 제목이 가리키는 대로 모든 존재론적 검토에서 **존재**) 문제의 우선권이라는 하이데거적 주제가 나타나지 않은 적이 없다는 사실은 부인될 수 없다. 그런데 「폭력과 형이상학: 엠마누엘 레비나스 사상에 관한 에세이」(Violence and Metaphysics: An Essay on the Thought of Emmanuel Levinas, 『글쓰기와 차이』, 1964)에서 데리다는 이미 언급된 비판들에 가한 작업과 유사한 분해작업을 레비나스의 하이데거 비판에 가한다. 그러면서도 그 비판을 수용하는 데리다의 작업은 의미심장하다.

이러한 비평적 친밀성이야말로 — 보통 두는 비판적 거리가 아니다 — 긍정적 해체를 표시한다.

데리다는 「인간의 목적」(1968년에 출간되어 1972년에 번역된 『철학의 여백들』에 나오는)에서 자신의 기획을 하이데거의 기획과 구분함으로써 한 번 더 개진하였다. 데리다는 1930년대의 유명한 전환점 이후 하이데거가 검토하려는 모든 질문하기의 출발점 자체에 이미 적합하게 대답될 수 없는 하나의 선차적 질문이 있다고 주장해 왔다. 그런데 바로 이 에세이에서 데리다는 『영에 관하여』(*Of Spirit*, 1987)와 그 이후 지속된 바 있는 논의를 아마 처음으로 명료하게 해명하였다. 거기서의 논의란 그동안 자신이 해온 주장을 뒤집는 것이었다. 데리다의 중요한 에세이는 불확정적인 미래를 향해 신호를 보내는 열린 것이다. 우리는 이에 주목하여야 한다.

세리시-라-살르(Cerisy-la-Salle)에서 1982년에 있었던 <인간의 목적>이라는 제목의 학술대회에서 데리다는 또한 자신의 작업에 일어나고 있는 하나의 움직임을 기술해 주었다. 그것은 대답할 수 없는 질문인 차연의 질문이 우선권을 갖도록 "질문을 지켜 내기"(guarding the question)로부터 우리가 자신을 설정할 수 있도록 차이를 갖고-지연되어야(differed-deferred)하는 "전적으로 다른 타자에 대한 부름"(a call to the wholly other)으로 선회한 것이었다. 앞서 「차연」에서 급진적 대타성을 논의한 대목에서 우리가 보아 왔듯이 유사한 이중 프로그램이 처음부터 그의 작업에 형상화되고 있었다. 이제 데리다는 단순히 철학적인 정확성으로부터 벗어나 타자를 지향하는 방향으로 움직여 나가는 자신의 선회를 우리에게 알린다. 이러한 움직임은 윤리(학)와 윤리/정치의 관계를 한층 강조하는 데로 우리를 일깨운다.

이러한 선회를 미리 형상화하는 초기 텍스트가 「독립 선언」(1976년에 간행되었고 1982년에 번역된 『새로운 정치 과학』 15호에 나오는)이다. 여기서 데리다는 오스틴의 화행론으로부터 용어를 빌려와 헌법의 주체는 독립선언의 수행적인 것에 의해 생산된다고 논의한다. 그러한 주체는 민족 혹은 국민정체성을 술정적(述正的, constative)으로 진술하는 가운데 자체를 이미 주어진 것으로 진술할 게 틀림없다는 것이다.("수행적인 것"과 "술정적인 것" 사이의 중요한 구분으로는 오스틴의 『사물들을 단어들로써 어떻게 할 것인가』[*How to Do Things with Words*, 1962] 참조) 이 텍스트는 철학적 민족주의의 질문에 많은 공격을 감행하는 데리다의 면모와 모든 제도화 행위들에 대한 데리다의 독법을 규명해 준다.

앞에서 데리다는 "질문을 지켜 내기"로부터 "전적으로 다른 타자(급진적 대타성)에 대한 부름"으로 윤리적으로 선회를 한다고 말한 바 있다. 「법의 힘: '권위의 신비한 기초'」(Force of Law: the Mystical Foundation of Authority, 1989)는 이러한 선회의 중심 진술로 확인될 수 있다. 우리가 이 글과 함께 『주어진 시간』(*Given Time*, 1991), 『죽음의 선물』(*The Gift of*

Death, 1992), 『아포리아들』(*Aporias*, 1993)을 고려한다면 거기 작동중인 몇몇 주요한 생각들을 살펴보게 될 것이다.

데리다의 초기 작업은 차연으로부터 나오는 필요하지만 불가능한 논의라고 광범위하게 포착된다. 이 초기 작업은 기원의 모든 제도들은 기원이 제도화되게끔 기원과는 다른 어떤 것으로부터 흩어져 나오는 것을 은폐한다고 주장했다. 이로써 기원의 질문들(questions of origin)에 대한 어떠한 대답이건 미결정적인 것이 되었다. 여기서 기원의 질문들이란 기원이, 묘사나 정의에서 기원이라고 상정되는 사물이나 사유와 서로 차이 나게 하는 것은 무엇인가를 둘러싼 것이다. 기원에 제도화되는 바로 이 질문이야말로 해체의 처음 단계에서 하나의 과제로 지켜지거나 유지되어야 했던 것이다.

데리다 자신의 시기구분이 믿을 만하다면 두 번째 단계는 70년대 중반에 그가 썼던 단어로 말하자면 좀더 "긍정적인" 것이다. 전적으로 다른 타자에 대한 긍정적 부름이나 호소는 기원을 제도화하는 기원과는 다른 타자의 흔적에 선행하는 것이면 무엇이건 말을 건넸을 법하다. 아주 종종 "불가능한 것의 경험"(the experience of the impossible)이라는 새로운 개념-은유를 통해서 말이다. 급진적 대타성은 명명 과정에서 지워지지만 방법론적으로 필요한 전제로 일찍이 생각되었다. 그런데 이제 전제의 범주가 의도적으로 흐려지게 되고 "경험"으로서 한층 더 취약하게 된다.

이제 정의와 윤리와 같이 잴 수 없는 것들은 "불가능한 것의 경험들", 즉 급진적 타자성의 경험들로 보일 수 있다. 그런 만큼 그 경험들은 해체될 수 없다. 그것들을 해체에 개방하는 것은 그것들을 차연의 법칙에 개방하기 때문이다. 그러한 경험들에 기초를 둔 결정들은 아포리아들에, 비통행들(non-passages)에 개입한다. 경험이 전제로부터 구분되듯, 아포리아들은 딜레마나 역설들과 같은 논리적 범주들로부터 구분된다. 비통행이 아닌 아포리아들은 통과되는 경험 속에서 알려지며, 지워짐 속에서 불가능한 것의 경험 속에서 드러나게 된다. 형식화는 아포리아들을 실제적·논리적인 문제들로 다루면서 그것들을 통과하거나 "해결함"으로써 성취된다. 그렇다면 해체의 두 번째 단계에서 형식화들은 "작업을 위한 배경을 설정하는" 열린 목적을 향한 여정의 중간쯤에 있는 집으로 보일 수 있다. (이 마지막 주제는 1980년대 초반의 텍스트 「이성의 원칙: 대학생들의 눈에 비친 대학」 ["The Principle of Reason: The University in the Eyes of its Pupils", 1983]에서 같은 제목의 하이데거 텍스트뿐만 아니라 1933년에 하이데거가 행한 유명한 교수 취임 연설을 환기하면서 다루어졌다.)

「법의 힘」은 "법이 거기 있는 것은 정당[하지만] 법이 정의(justice)는 아니다"라고 말한다.(~하지만 이라는 접속사가 있어야 한다는 사실을 주시하라.) 데리다는 이래저래 적극적으로 철학한다(philosophize). 그러므로 데리다의 텍스트가 작업을 하도록 만들기 위해서는 독자가 연결들을 제공한다. 독자는 언어의 수사학적 측면을 사용하기 때문이다.

정의는 일직선으로 법과 통할 수 없다. 그 선은 비통행이며, 아포리아다. 하지만 정의는 법 속에서 지워지는 정의 자체의 형태로나마 드러난다. 이것이 해체적 포옹의 특이한 본성이다. "불가능한 것의 경험"으로서 윤리, 행위의 수치로서 정치도 해체적 포옹 속에 또한 있다. 존재의 공간은 (말하자면) 시간의 선물이다. 우리는 시간 속에 떨어져 예상치 않게 "존재하기" 시작한다. 그것을 선물이라고 부르는 것은 시간을 "주는" 어떤 다른(것) 타자를 생각함으로써 아포리아를 해결하려는 것이다. 그리하여 삶은 전적으로 다른 타자의 부름으로서 살아진다(lived). 이 부름은 설명할 수 있는 이성에 구속된 책임에 의해 반드시 응답되어야 한다(물론 주체가 뜻밖에 시간성으로 들어온 것은 먼저 거기에 선물이 주어져 있었던 탓이라고 가정하면서도 그 타자를 잊어버리고 지내는 가운데 말이다). 윤리는 불가능한 것, 따라서 계산할 수 없는 것의 경험이다. 윤리는 정치적-법적인 것을 포함하는 책임감과 자기이익 사이의 범주를 망라하는 가능한 계산으로서 살아지는(lived) 것이다. 정의와 법, 윤리와 정치, 선물과 책임은 각 쌍의 첫 번째 항목이 이용 가능하지도 이용 불가능한 것도 아니기 때문에 구조 없는 구조들이다. 법적·정치적 결정들이 경험적으로는 신중하면서도 철학적으로는 잘못된 것일 수밖에 없는 것도 정의와 윤리를 해체할 수 없는 것으로, 불가능한 것의 경험으로 볼 때 그렇다. (물론 이 대립은 마지막까지 지지할 수 있을 만한 것은 아니다.) 요약을 필연적인 불연속성의 말소로 볼 수 있다는 견지에서 수행되는 하나의 요약이 여기 있다. 앞에서 나온 각 쌍에서 두 번째 항목의 셈은 이러한 독특함의 견지에서 볼 때 언제나 책임지는 행위를 위한 명령이 된다는 요약 말이다. 이 쌍들은 상호 교환될 수 없다. 하지만 이것들은 서로 연결되지 않은 치환들의 사슬 위에서 움직여나간다. 각 경우, 각 쌍에 나오는 "~와"는 「연계사의 대리보충: 언어학 이전의 철학」(The Supplement of Copula: Philosophy before Linguistics, 1971)에 나오는 데리다의 공식화가 수반하는 과제를 열어준다. 그 글에서 연계사 "~와"는 루소에게서 데리다가 처음으로 추적해냈던 미끄러지는("결정될 수 없는") 단어 "대리보충"이다. 이것은 하나의 결여(lack)를 제공하는 동시에 초과를 덧붙이므로 무한정적인 다양한 관계들을 망라한다. 「이성의 원칙」과 「모클로스: 혹은 능력들의 갈등」(Mochlos; or, The Conflict of the Faculties, 1980년에 간행되었고 1984년에 번역된 『로고마치아』[*Logomachia*]에 나오는)에서 논의되듯, 책임지는 행위가 계산의 체계 안에서 충분히 공식화되거나 정당화된다면 타자의 흔적을 설명하고 책임질 수 있는 능력을 지닐 수 없다. 그것은 그 체계 안에서부터 정의될 수 없는 작업을 작동시킴으로써 판단되도록 스스로를 열어야 한다. 그 한 가지 예가 『맑스의 유령들』(1993)에 나오는 메시아주의 논의에서 발견될 수 있다.

이러한 "작업을 하기 위한 배경설정하기"와 다소 조심스럽게 정의된 "작업 속에서 배경설정하기"(ins Werke setzen) 사이에 재각인의 관계가 있을까? "작업 속에서 배경설정하기"는 『존재와 시간』에서 발견된다. 뿐만 아니라, 데리다가 『그림 속의 진실』(*Truth in Painting*, 1978)에서 논의한 후기

하이데거의 「예술 작품의 기원」(1935년에 간행되며 1950년, 60년에 번역됨)에서 가장 자세하게 정교화되고 있다. 이 간략한 구도 안에서는 다음과 같이 말하면 충분할 것이다. 하이데거에게서는 저항하는 땅에 대한 세계구획(worlding)의 모든 갈등이 작품으로서 예술의 윤곽 안에 설정된다. 반면, 데리다에게서는 "작품"이라는 단어가 가리키는 바는 철학에 대한 특정 규정들의 바깥에 있고 그 규정들과 불연속적인 것이다. 철학은 그저 셈에 지나지 않는 논리적 체계성을 갖고 자체에 속하는 하나의 목적이라는 규정들은 익히 알려져 있다. 반면, 데리다는 분과학문적 철학 작업의 바깥 혹은 옆에서 하는 작업을 생각한 것이다. 데리다는 이 생각을 각명부(刻銘部) 혹은 파레르곤의 자격을 갖는 일부 에세이들에서 수사학적으로뿐만 아니라 주제로도 개진한다. 「실증과학으로서 그래머톨러지에 관하여」에서 데리다는 그래머톨러지란 실증과학이 될 수 없다고 거듭 진술한 바 있다. 철학자는 기원에 있는 대답할 수 없는 질문들에 직면하는 "위험한 필요성으로 모험해 갈" 수도 없고 그렇게 하려고도 하지 않기 때문이다. 성숙한 철학자가 이제 그 위험을 인정하고, 데리다가 초기 텍스트에서 환기했던 "은둔지"로부터 나오고 있는 모양이다. 지금 기원에 있는 것은 불가능한 것의 필수적 경험이다. 이 경험은 보장 없는 셈으로서 살아진다.

문학, 더 구체적으로 시는 『표어』(*Shibboleth*, 1986)에서 데리다가 폴 셀런(Celan)의 작품을 논의하면서 암시하는 대로 불가능한 것의 경험을 제공하는 하나의 형상으로 남는다. 스테판 말라르메에 대한 데리다의 초기 논의들(1970년의 『산종』에 실려 있는 「이중 세션」), 프란시스 퐁즈(Signsponge, 1975), 모리스 블랑쇼(1986년의 『해역』*Parages*)는 이러한 입장 주변을 머물며 맴돌고 있다. 시각 예술을 둘러싼 데리다의 직관이 우리에게 공명을 불러일으키지 않는 것은 아니지만 확신도가 떨어진다. 『그림 속의 진실』은 하이데거도 앞서 언급한 에세이에서 고려한 빈센트 반 고흐의 "〈농부 장화〉"를 집중 논의한다. 그 책은 무엇이 예술에서의 "관용어"(의미의 하위체계적 생산)가 될 것인가 하는 간단한 질문을 묻고 있다. 계산할 수 있는 의미체계로 이끌 수 있는 의미화 논리, 그림 속의 "진실"을 어떻게든 검토하게 할 발판을 제공할 그런 관용어 말이다.

많은 소위 윤리 철학들(도교, 선禪, 수냐바다, 나가르주나 철학, 수피 교도[이슬람교의 신비주의자]의 변형태들 등)이 해체의 일부와 유사성을 갖는 것은 참 신기한 사실이다. 이것은 의도하는 주체 비판과 관계될지도 모른다. 이 철학들은 주체의 여분의 권위를 초월화하는(transcendentalize) 한, 해체와 "똑같지는" 않다. 하지만 이 철학들이 근본적으로 다른 타자 속에 행동·교섭 능력을 놓는 한(보통 "숙명론"이라 불린다), 데리다가 형상화하듯 윤리적인 것 속에서 하는 작업영역의 탈궤도성은 이 철학들과 관계 비슷한 어떤 것을 갖는다. 데리다 자신은 자신의 체계와 어떠한 "신학들" 사이의 유사성에 기껏 조심하는 정도다(「민족 휴머니즘의 존재-신학: 하나의 가정에 대한 서언」, Onto-Theology of National-Humanism: Prolegomena to a Hypothesis, 『옥스퍼드 리뷰』 14.1-2, 1992). 하지만 그러한 "작업을 하기 위한 배경설정"으로 한번 선회한 후의 해체는 칸트식 계몽주의의 여파 안에서부터 진전되어 나온 많은 주변화된 문화체계들로서는 흥미로울 수 있다. 이 문화체계들 자체의 계산들이 반응하는 가운데 지배적인 것이 되어, 칸트식 노선 자체 속에서 하이데거가 감지한 어떤 것 못지않게 타협되고(특히 젠더상 타협되고) 정체되고 말았기 때문이다. 물론 "작업을 하기 위한 배경설정" 양식이 학계 혹은 분과학문적 계산으로 기술하고/거나 형식화하는 실천들 안에 사로잡혀 있는 한, 이러한 연관 가능성은 수상쩍기는 하다. 또 해체 철학의 타자화가 학계의 관련 분과학문들에 최소한 접근할 수 있는 담론들(문학, 건축, 신학, 또는 페미니즘)에 국한된 채 남아 있는 한, 유용하지만 제한된 논쟁들을 불러일으킨다.

현재 주변화된 문화체계들 중에서 가장 비판적이고 역동적인 진영은 전지구화에 대항하거나 대안적 발전을 지지하는 액티비즘 가운데 있다(전 지구의 금융화가 **계몽주의**의 가장 건장한 전위이듯 말이다). 이 영역에서 해체 "작업을 하기 위한 배경설정" 양식은 전 지구화의 냉혹한 계산에 적극 저항하기에 머뭇거리며 침입한다. 전 지구화에서 "민주화"란 국가자본주의들과 그 식민지들이 합리화된 금융화의 조공체계로 변형하는 중에 초래되는 정치적 재구조화를 묘사한다. 또는 "민주화"란 "발전"의 대안들을 제안함으로써 경제성장과 안녕 사이의 이분법적 대립을 치환하는 데 개입될 수도 있다. 물론 이러한 노력들은 해체로 인식될 만큼 지속적이고 형식화된 이론을 생산하는 것은 아니다.

모형성(exemplarity)의 아포리아는 여기서 가장 날카롭게 느껴진다. 자신의 작업영역인 전 지구화와 발전으로부터 동떨어진 채 종종 전 지구화와 발전에 무지한 채, 체계적인 형식화를 생산하는 사람들이 있다. 모형을 생산하는 주체들과 집단체들은 이런 부류의 사람들에게 아포리아적으로 구속되어 있다. 이러한 상황은 미국의 해체론자이자 문학비평가인 폴 드 만(1919-1983)이 제시한 아이러니의 정의(알레고리에 대한 우리의 일반적 의식과 유사한)를 통해 기술될지도 모르겠다. "달리"(allegorein=달리 말해)를 주요 의미체계의 지속적인 펼쳐내기와 연관시키는 원천에서부터 조성되는 영원한 의사진지(parabasis) 혹은 지속적인 간섭이 아이러니라고 정의된다. 둘 다 해체의 형식화이며 다른 추상 수준에서는 전 지구적 발전논리다. 게다가 자본주의로부터 사회주의가 흩뿌려지는 현상이 자기보전과 타자의 요청 사이에서 선행하는 경제에 지반을 두고 있다고 감지된다면 어떨까. 유보 없이 해체작업을 하기 위한 배경 설정하기란 대안체계를 확립하지 못하는 실패와는 다르다. 그것은 자본의 **사회적** 생산성을 **자본-**주의적으로 묶어버리는 추세를 계속 밀쳐내고, 차이화하고(differing) 연기하기(deferral)라고 기술될 수 있다.

앞서 기술한바, 구조 없는 구조에서는 한 쌍의 한 항목이 불가능한 것의 경험 속에서 이용 가능하지도 불가능하지도 않다. 이 구조는 다양한 방식으로 미학적으로 형상화될 수 있다. 토니 모리슨은 소설 『빌러비드』(*Beloved*, 1987)에서 "아프리카"를 불가능한 것의 해체할 수 없는 경험 속에 놓는다. "아프리카"란 아프리카계-미국인 혹은 신세계의 아프리카인들의 전사(前史)이자 우리 시대에 아프리카 대륙이라고 이름 붙여진 것과 엄격하게 구분되어야 한다. 타자에 대한 이러한 부름은 아프리카계 미국의 계산 속에서 살아진다. 그런 만큼, 『빌러비드』는 그것의 드러냄을 지워짐 속에서 "전승되어서는 안 되는" 모계의 희생으로서 형상화한다. 역사는 불가능한 통과 위에서 그것을 요구하며 어머니의 손을 멈추게 하지 않는다. 소설의 중심인물은 자기 아이를 백인세계로부터 구하기 위해 죽인다. 계약의 원(圓)은 그 아이 자신의 이름 없는 노예-어머니의 가슴에 새겨진 낙인인데, 연속성을 확보하지 못한다. 역사성은 계보로 바뀌지 못한다.

두 가지 문제가 결론적으로 언급되어야 한다. 첫째, 알제리계 유태인 혈통인 자신을 프랑스계 마그레브인이라고 기술하는 데리다의 입장이다. 데리다 자신의 이러한 입장은 일반적인 방식으로라기보다 해체적인 방식으로 전 지구적 투쟁을 향한다. 『맑스의 유령들』에서 진전되듯, 인권을 경제적으로 인식하라는 요청을 보면 그렇다. 그의 좀더 정교한 논의들은 이주의 입장으로부터 나온다. 신유럽의 이중적 책임감(『다른 곳』(*The Other Heading*, 1991)을, (다)문화주의적 정체성평등주의와 좀 비슷한 "존재학"(ontopology) 비판을 보면 그렇다. "존재학"은 『맑스의 유령들』 82쪽을 보면 "현-존재의 떼려야 뗄 수 없는 존재론적 가치를 그 존재의 상황에, 한 영토의 **토포스**이자 토착적인 흙, 도시, 일반적인 몸의 지역성을 결정하는 안정되고 제시 가능한 요소에 연결시키는 하나의 공리"이다. 또 절대적 도착승객(arrivant, 어떠한 계산 가능한 디아스포라로 살아지는 타자성의 해체할 수 없는 형상)의 형상들을 봐도 그렇다. 데리다는 알제리아에서 보낸 그의 유년 시절을 (1991년에 간행된 『자크 데리다』에 실린 「상황고백」[Circumsfessions]에서) 언급한다. 그 때 그는 최근에 민족해방을 치러낸 나라에 대해 말하고 있지 않으며 어떠한 정확한 의미에서건 "포스트식민적"이지 않다. 두 번째로, 포스트식민주의와 해체뿐만 아니라 데리다의 윤리적 선회와 하이데거와의 관계를 다루는 학문연구를 보자. 거기서는 자체의 틀을 깨뜨림으로써 작업을 위해 자체를 배경설정 하는 위험을 감수하는 드문 경우도 있다. 하지만 그것은 학문 제도에 특정하게 있는 형식화하는 계산의 외부에서 해체작업을 하기 위한 배경설정과 동일하지는 않다.

찾아보기

ㄱ

UN 회담 10, 120, 205, 366, 499, 507, 509, 519, 525, 530

가부장제 17, 70, 332~334, 337, 412, 422, 528, 545, 566

가족 12, 161, 186, 187, 190, 198, 357, 364, 364, 367~370, 372, 426, 427, 430, 462, 509, 512, 566

가치 11, 52, 63, 87, 93, 95, 99, 120, 129, 131, 132, 136, 137, 149, 154, 156~165, 167, 169, 170, 196, 199, 239, 241, 250, 259, 260, 264~266, 277, 286, 308, 315, 343, 347, 354, 355, 360, 362, 371, 424, 437, 438, 443, 445, 448, 454, 467, 476, 494, 497, 506, 524, 530, 561, 588

가타리, 펠릭스 161, 164~166, 168~169, 284, 300, 312, 357, 358, 371, 391

간디 294, 414

강간 417, 508

거세 41, 197, 206

결혼 12, 189, 199, 200, 203, 239, 246, 262, 264~266, 331, 415, 418, 425, 503, 531, 554

『경제철학 수고』 125, 455

계급 18, 21, 31, 73, 91, 96, 99, 108, 120, 132, 138, 142, 147, 150, 152, 183, 188, 190, 203, 223, 231, 234, 292, 308~309, 329, 341, 354, 358, 361, 364~370, 372, 377~378, 382, 395, 400, 402, 409, 416, 425, 442, 458, 469~470, 496~497, 500, 506, 523, 534, 537, 542, 544, 555~556, 559

계급의식 18, 128~129, 365, 368, 379, 394

계급투쟁 127, 132, 351

계몽주의 13, 24, 68, 75, 80, 138, 162, 215, 217, 340, 402, 476, 486, 488~490, 503, 586, 587

고디머, 나딘 283, 284

고세, 아우로빈도 110

공동체 21, 133, 148, 154, 168, 187, 297, 350, 367~368, 408~409, 417, 488, 503~506, 516, 522~523, 536, 542, 548, 554, 568

공산주의 36, 118, 125, 127, 132, 135~136, 143, 153

과학 25, 40, 109, 116, 124, 138, 167, 203, 300, 310~312, 351, 358, 375, 377, 393, 393, 402, 501, 502, 581

관세 및 무역에 관한 일반 협정(GATT) 160, 564, 523

괴테 87, 343

교육 9, 22, 30, 36, 51, 53, 54, 72, 91, 154, 209, 228, 245, 246, 292, 302, 310, 317, 323, 327, 339, 345, 355, 361, 377, 378, 385, 387, 388, 450, 490, 503, 510, 515, 519, 524, 531, 535, 551, 559, 567, 570, 571

교환 100, 132, 162, 165, 198, 200, 214, 219, 229, 231, 259, 260, 265, 278, 292, 298, 316, 352, 368, 370, 371, 404, 506, 513, 562, 584

구바, 수잔 190, 192

구조주의 170

구하, 라나지트 139, 140, 307, 379~383, 387

국가자본주의 319, 457, 587

국민국가 36, 319, 371

국제통화기금 152

권력 11, 19, 22, 31, 43, 50, 63, 78, 79, 103, 127, 140, 148, 155, 161~163, 187, 188, 190, 200, 228, 243, 285, 290, 298,

304, 308~310, 315, 317, 321, 322, 331, 337, 349~354, 357~360, 365, 366, 371~374, 389~391, 410, 435, 437, 486, 487, 491, 494, 499, 507, 521, 522, 524, 529, 533, 542, 546
그람시, 안토니오 43, 118, 136~379, 399, 514
그래머톨러지 164, 256, 356, 392, 393, 395, 446, 531, 577, 578, 585
글쓰기 7, 27, 29, 82, 99, 104, 124, 125, 155, 164, 178, 181, 203, 216, 232, 250, 256, 257, 265, 274~277, 280, 283, 297, 328, 339, 340, 345~347, 349, 356, 372, 392, 393, 427, 440, 444~456, 463, 480, 482, 494, 552, 556, 579, 580
금융자본 144, 159, 316, 387, 467, 570
기관-없는-신체 165, 357
기호들의 제국 281, 472, 474~476, 560
기호학 78, 90, 164, 373, 473, 546, 559
길버트, 산드라 190, 192, 209

ㄴ

나치(즘) 154, 252, 331
나폴레옹 법전 370
『난파당한 여성』 15, 263, 269~271
날 것의 인간 8, 9, 9, 51~53, 67, 74, 76, 77, 79, 133, 191
남근 99, 100, 133, 205, 206, 460, 483, 484, 572
남-북 분할 37
남성주의 11, 14, 24, 172, 206, 223, 224, 228, 235, 263, 369, 396, 460, 511
남아프리카 11, 148, 234, 245, 253, 255, 261, 278, 282~284, 306, 514
내부 식민화 252, 253
냉전 247, 319, 495, 504, 510
네그리, 안토니오 515
네팔 115, 303, 304, 330, 567

노동 18, 22, 20, 30, 36, 45, 69, 95, 107, 118~120, 126, 127, 128, 133, 134, 137, 141, 156, 158, 208, 217, 218, 231, 248, 260, 261, 264, 265, 324, 328, 352~354, 356~359, 361, 362, 364, 370, 371, 374, 378, 379, 383, 385, 386, 389, 404, 425, 439, 440, 454, 472, 489, 491, 492, 495, 499, 503, 510, 516, 517, 523, 529, 530, 532, 533, 535, 536, 543, 548, 557, 559, 561, 563~570
노동조합 137, 363, 489, 517, 523, 566, 567
뉴흘랜드인 9, 11, 66, 67, 71, 74, 77, 79, 81, 474, 537
니체 57, 58, 75, 125, 154, 155, 165, 312, 531, 549, 577, 580

ㄷ

다국적 자본주의 446, 457, 459
『다르마샤스트라』 399, 405, 407, 409, 414, 419
다문화주의 7, 8, 20, 118, 131, 214, 249, 250, 257, 258, 362, 424, 428, 430, 438, 462, 485~489, 492, 501, 512, 515, 538~541, 543, 544, 548, 549, 551, 572
다신교 73
담론구성체 25, 38, 162, 215, 319, 350, 535, 536
대리보충 9, 40, 49, 50, 52~54, 59, 60~63, 66, 67, 73, 77, 80, 102, 144, 153, 154, 158, 164, 191, 228, 233, 256, 297, 318, 321, 368, 405, 455, 474, 476, 488, 519, 524, 533, 549, 561, 578, 584
대타성 10, 21, 22, 45, 83, 128, 191, 233, 276, 285, 343, 404, 408, 442, 451, 454, 485, 488~489, 525, 532, 552, 579, 581~582
『댈러웨이 부인』 201
데리다, 쟈크 9, 36~38, 40, 44, 54, 56~57,

77, 82, 86, 93, 99~100, 120~121, 125, 154~156, 158, 164, 166, 177, 190, 223, 225, 231, 233, 251~252, 256~257, 268, 282, 284, 296, 306, 339, 346, 348, 350~351, 353, 356, 361, 362, 366, 369, 375, 391~393, 395, 400, 405, 412~422, 443, 443, 444~447, 449, 452, 457~460, 461, 463, 471, 476, 483, 488, 493, 499, 502, 506, 507, 525~526, 532, 546, 549, 552, 573, 577~586, 588~589

데비라, 마하스웨타 11, 13, 181, 214~217, 219, 430, 568

데포, 다니엘 11, 15, 28, 255, 259, 262, 264~267, 269, 270, 272, 278, 280, 282, 548

『독일 이데올로기』 126

동양의 전제 정치 106

동인도 회사 140, 224, 234, 244~246, 295, 301, 305, 307~311, 316,~318, 320~322, 324, 325, 330, 332, 401

듀발, 쟌느 228, 230, 232

드 만, 폴 54~55, 57, 68, 71, 72, 76, 166, 223, 228, 233, 241, 306, 379, 447, 452, 465, 587

들뢰즈, 질 18, 106, 161, 164~169, 284, 300, 312, 351, 353, 357~358, 360~362, 365, 368, 371~372, 377~378, 381~382, 384, 388, 391, 397

ㄹ

라구난다나 417~419

라캉 39, 41, 196, 296, 299, 302, 463, 515

라틴 아메리카 123, 184, 200, 223, 423, 523, 535

라하크리슈난 105

러시아 135~137, 139, 473, 520, 553

레닌 137, 379

레비나스 488, 580

레비-스트로스 171, 303

레타마르, 로베르토 페르난데즈 183, 184, 200

로렌스, D. H. 484

로마 87,133, 241, 252, 274, 478, 558, 560

『로빈슨 크루소』 11, 14, 15, 252, 255, 259, 260, 262~264, 270, 271~273, 276, 281, 285, 548

로스, 로버트 325~328, 330, 440

『록사나』 11, 14, 15, 28, 255, 264, 265, 267

료타르 162, 171, 218, 434, 463, 501, 504, 505, 507, 534, 536, 70

루소 58, 76, 124, 206, 446, 578, 584

『루이 보나파르트의 브뤼메르 18일』 18, 126, 128, 364, 365, 367, 379, 382, 558

르네상스 44, 75, 241~343, 531

ㅁ

마라노인 56, 391

마르쿠제, 허버트 437

마야 88, 99, 100, 184

마오주의 353

마오쩌둥 136

『마하바라타』 89, 91, 92, 505

맑스 7, 8, 10, 18, 19, 24, 27~37, 38, 42~46, 57, 72, 75, 78, 95, 106~108, 111, 113, 117~122, 124~141, 145, 146, 148, 150, 152~154, 156~170, 172, 190, 205, 231, 233, 234, 259, 260, 261, 269, 303, 312, 317, 324, 347, 352, 354, 355, 360, 364~369, 370, 370, 371, 371, 371, 371, 372, 372, 372, 372, 372, 372, 378, 378, 382~384, 387, 389~391, 395, 398, 399, 404, 405, 436, 437, 444, 449, 451~457, 459, 473, 474, 491~493, 504, 515, 529, 530, 546, 558, 561, 572, 584, 588

『맑스의 유령들』 120, 156, 546, 572, 584, 588
매춘 531
맥루한, 마샬 465, 470, 501~503, 507, 527, 534, 559
메타렙시스 48, 49, 52, 53, 64, 560
모더니즘 75, 433, 435, 437~439, 448, 452, 463, 472, 501, 505, 507, 518
모더니티 68, 69, 75, 110, 162, 355, 441, 503, 505
목적론 9, 47, 58, 59, 60, 64, 66, 71, 72, 75, 77, 79, 104, 106, 141, 143, 154, 230, 319, 437, 451, 504, 507, 508, 550
문법 97, 104, 192, 241, 307, 420
문서보관소 16, 23, 28, 202, 221, 293, 294, 295, 297~298, 300, 305, 310, 315, 319, 324, 330, 338, 340, 349
문학 6, 8, 11, 15, 23, 25, 27, 29~31, 36, 84, 114, 122, 136, 138, 140, 164, 167, 171, 177, 179, 180, 201, 202, 214, 216, 217, 219, 221, 224, 228, 230, 231, 234, 243, 247, 249, 251, 252, 256, 257, 260, 285, 289, 290, 295~299, 303, 306, 318, 340, 344, 347~349, 396, 398, 434, 436, 463~465, 474, 484, 485, 490, 498, 505, 506, 512, 519, 544, 550, 551, 558, 560, 568, 587
문화상대주의 566
문화연구 6, 7, 10, 20~23, 26, 91, 95, 115, 122, 149, 154, 157, 164, 201, 221, 250, 285, 292, 301, 322, 442, 495, 512~517, 523, 535, 541, 561, 563
문화적 지배류 43~438, 466, 479~480, 560
미결정성 60, 61, 79, 80, 256, 274, 420, 443
미국 7, 7, 7, 8, 15, 19~25, 31, 38, 51, 68, 92, 109, 114, 116, 118, 120, 122, 152, 154, 156, 170, 182, 184, 191, 223, 231, 232, 235, 238, 240, 243, 244, 247, 248, 249, 252~254, 258, 278, 285, 292~294, 296, 302, 303, 306, 319, 319, 320, 321, 332, 346, 349, 352, 362, 389, 394, 395, 400, 420, 422, 423, 430, 434, 435, 442, 443, 458~461, 463, 467~469, 471, 474, 478, 482, 487, 489, 492, 493, 495~497, 500, 503, 504, 505, 508, 510, 513, 514, 515, 517, 519, 521, 525, 528, 530~532, 536~542, 544~551, 554, 555, 559, 562, 56~570, 587, 588
미니멀리즘 466, 471~472, 478~482, 484~486
미학적 판단력 47, 69, 206
민족국가 116, 137, 388, 512, 521, 542
민주주의 13, 115, 142, 147, 217, 363, 442, 483, 488, 540, 543, 550

ㅂ

바두리, 부바네스와리 201, 347, 425~428, 549
바르단, 칼파나 497
바르트, 롤랑 20, 155, 156, 463, 472~476, 477, 478, 481
바바, 호미 183, 278, 291, 350, 540
바스카, 로이 501
바이샤 신분 105
반둥회의 513
반성적 판단 42, 66, 69, 70, 75, 133
발리바르 119, 120, 134, 457
발전 13, 19, 21, 48, 51, 52, 66, 77, 78, 84, 85, 92, 102, 111, 112, 113, 117, 120, 123, 131, 132, 134, 136, 138, 139, 141, 143, 146~149, 152, 156, 160, 188, 190, 191, 194, 201, 216, 217, 220, 223, 247, 253, 292, 296, 310, 313, 319, 344, 347, 353, 358, 366, 368, 369, 373, 375, 380, 385, 386, 391, 393, 397, 402, 405, 406, 412, 442, 451, 453, 456, 457, 473, 488, 492, 493, 500, 503, 504, 508~510, 515,

516, 518, 520, 521, 528, 530, 533, 545, 556, 562, 587
방글라데시 22~23, 345, 417, 467, 486, 516~518, 520, 524, 528~529, 532, 562~570
버치, 제프리 305~309, 312, 323~324, 326~327, 329~330, 332~334, 337, 342
범주적 명령 190, 191, 208
베다 53, 87, 93, 334, 398, 405, 416, 417, 419, 524
베트남 517
『변신』 195
변증법 70, 83, 84, 102, 106, 125~127, 136, 137, 145, 151, 154, 280, 376, 382, 395, 401, 437, 441, 451, 452, 456, 579
보들레르 11, 14, 27, 224~234, 238, 354~355, 460, 462, 472~473, 561
보편주의 29, 51, 77, 112, 113, 160, 248, 316, 353, 442, 488, 497, 503, 553
복지국가 21, 489, 491, 512, 515
본질주의 253, 365, 372, 380, 395, 424, 460, 528
봉건주의 136, 144, 146, 153, 170, 322, 393, 403, 404, 531, 538
부르주아 사회 72, 73, 255, 358
부정 10, 19, 41, 44, 46, 52, 63~64, 85, 96100, 101, 104, 107~108, 123, 125, 126~129, 151~158, 167, 184, 218, 242, 246, 276~281, 286, 293, 312, 340, 349, 351, 362, 367, 370, 373, 421, 425, 449, 451~452, 457, 461, 464, 470, 498, 506, 579
브라만 신분 53, 87, 91, 96, 105, 243, 327~328, 331, 334, 337, 399, 413~415
브론테, 샬롯 11, 12, 27, 181~182, 188~189, 195, 198, 208, 212, 530
블랑소, 모리스 585
비정부단체 509, 522, 528, 568
비판이론 119, 156, 434
사르트르 14, 251, 252, 254, 301, 452

ㅅ

사용가치 165, 368, 370, 371
사유화 492, 509, 523, 535, 545
사이드, 에드워드 157, 331, 373, 374, 379
『사쿤탈라』 87
사티 16, 17, 293, 330, 333~336, 338, 346, 350, 399, 400, 402~406, 409, 412, ~414, 416~418, 420~426
사회공학 135, 138, 153
사회과학 36, 37, 46
사회구성체 118, 123, 150, 162, 340
사회주의 45, 118, 119, 121, 127, 131, 132, 136, 137, 139, 143, 146, 153, 159, 233, 332, 348, 473, 489, 491, 503, 504, 509, 511, 529
산스크리트어 45, 92, 92, 93, 99, 102, 112, 113, 208, 242, 327, 328, 332, 343, 377, 378, 399, 400, 408, 426, 506, 512, 562
산업자본주의 141, 385, 440, 532, 533
상상계 131, 196, 302, 475, 512
상징계 41, 86, 93, 106, 121, 133, 196, 302
상품-형태 118, 119, 127, 130
상형문자적 편견 392, 393, 400
새로운 세계질서 51, 66, 371, 385, 477, 511, 513, 514, 517, 531, 539, 541, 543, 546
생태학 25, 141, 286, 387, 407, 499, 502, 509, 521~524, 527, 533, 535
샤스트리 328, 377
서독 44, 156
서발터니티 144, 160, 183, 214, 293, 381, 427, 429
서발턴 8, 10, 11, 13, 16~18, 21, 22, 28~30, 117~119, 160, 163, 168, 183, 214~216, 218, 237, 285, 293, 309, 311, 344, 345, 347, 350, 360, 363, 366, 378~385, 387, 388, 391, 394~397, 403, 404, 409, 412, 415, 417, 418, 426~430, 444, 464, 490,

496, 505, 507, 510, 524, 527, 528, 531, 549, 552~554, 556, 560, 562, 570
선주민 9, 26~27, 67~69, 71, 81, 95, 99, 215~221, 246, 306, 325~326, 336, 378, 384, 442, 485, 505~506, 525~527, 549~551, 569
성적 재생산 12, 189, 190, 192, 204, 206, 212
성차 28, 41, 53, 70, 81163, 164, 166, 223, 232, 237, 239, 244, 263, 335, 384, 395, 409, 414, 415, 417
성차별주의 22, 73, 99, 250, 384, 394, 516, 534
세계구획 179, 180, 184, 291, 306, 326, 333, 585
세계무역기구WTO 160, 371, 507, 518, 565
세계은행 21, 139, 152, 223, 247, 292, 371, 510, 515, 518, 519, 520, 521, 523, 524, 533, 567, 568
섹슈얼리티 162, 165, 223, 264~266, 319, 422, 486
『섹슈얼리티의 역사』 162, 486
셀런, 폴 268, 284, 585
셰익스피어 80, 184, 546
셸리, 메리 11, 27, 181, 203~213, 229, 489
소련 해체 이후의 세계질서 147
소련 37, 66, 118, 119, 131, 142, 147, 151, 153, 161, 180, 250, 353, 385, 386, 389, 488, 492, 509, 527, 531, 536, 538, 546, 563
소비주의 326, 354, 385~386, 388
소쉬르, 페르디낭 드 578
소외 107~108, 454
쉴러 306, 450, 53~55, 68, 72
스루티 376, 407
스리마드바가바드기타 81~82, 92
스므리티 407
스웨덴 510~513, 567
스탈린 131, 137
스페인 56, 268, 551

시간 26, 28, 46, 100, 101, 103~105, 108, 110, 111, 114, 125, 127, 134, 135, 141, 142, 148, 160, 171, 209, 212, 236, 242, 243, 260, 261, 266, 274, 294, 301, 303, 305, 348, 352, 403, 404, 410, 415, 422, 435, 437, 444, 451, 460, 462, 465, 479, 483, 493, 502, 506, 507, 515, 518, 531, 532, 535, 548, 550, 557, 558, 581, 583, 584, 81~84, 87, 90, 94, 97, 98
시르무르의 라니 16, 28, 292, 300, 303, 319, 324, 339, 347, 378, 427, 555
시민 13, 28, 72~73, 115, 119, 152, 160, 200, 214~215, 245, 253, 334, 342, 387, 401, 419, 421, 423, 429, 438, 452, 487, 488~492, 522, 527, 533, 541, 544~545, 547~548, 550, 553, 567, 569
시민사회 215, 423, 429, 452, 487, 489~492, 522, 541, 544~545, 547~548, 550, 553, 569
식민주의 8, 15, 19, 25, 27, 35, 37, 37, 51, 80, 92, 109~110, 112~113, 135, 138, 140~142, 147~148, 152, 161, 217, 246~247, 252, 259, 273, 277~278, 319, 322, 326, 349~349, 357, 361, 378, 380, 384~385, 494, 497, 508, 535, 543, 557, 558, 560, 566
식수, 엘렌 156, 258
신분 105, 106, 113, 186, 214, 218, 220, 240, 308, 399, 400~401, 403, 414, 571
신비평 231, 296
신사회운동 521, 522
신식민주의 21, 25, 36, 37, 96, 138, 164, 184, 252, 254, 259, 278, 322, 361, 380, 488, 494, 497, 542, 544, 557, 563
신여성 14, 235, 236
신의 법 276
신자유주의 492
신철학 353
신학 111, 246, 400, 523, 523, 586
신헤겔주의 452

실재계 41, 150, 302, 438
실증주의 361, 367~369, 383, 395, 536
실천이성 9, 47, 61, 62, 66, 79, 190, 207, 208, 451
심리전기 12, 87, 99, 106, 171, 183, 192, 201, 212, 231, 348, 385, 399, 406, 414

ㅇ

아놀드, 데이비드 242
아담, 존 305, 308, 322~323, 334, 337, 475
아동노동 22, 160, 205, 564~568, 570
아로노비츠, 스탠리 120
아르주나 83, 90, 97, 97, 97, 98, 101~105
아리스토텔레스 26, 158, 286, 499, 506, 578
아리아인 326~327, 540
아마드, 아이자즈 31, 85
아민, 사미르 81, 120, 139, 143~144, 146~149, 151~153, 159
아시아 88, 115, 123~124, 133, 135~136, 139, 143, 149, 151, 153, 168~169, 223, 244, 274, 327, 332, 385, 467, 469~470, 474, 492, 535~536, 565
아시아적 생산양식 8, 10, 122~124, 131~133, 135, 139~141, 143, 145~146, 148~154, 159, 161, 168, 170~172, 404
아즈텍 184
아크터, 파리다 460, 480, 528~531, 546, 549, 564
아포리아 31, 56, 72, 93, 119, 207, 215, 218, 220, 257, 267, 268, 269, 282, 313, 361, 401, 422, 447, 452, 456~466, 470~471, 485, 507, 518, 535, 545, 582~583, 587~587
아프리카 14, 51, 88, 99, 123, 147~148, 151, 153, 215, 223, 228~229, 230~231, 233, 244, 246, 251, 253~254, 274, 278, 284, 294, 388, 423, 492, 506~509, 514, 518, 528, 532, 535, 539, 557, 565, 568, 588
아프리카계 미국인 514, 528
『아프리카의 발명』 290
아헌, 에드워드 233
알레고리 12, 76, 99, 192, 196, 203, 208, 213, 224, 233,~234, 263, 375, 379, 391, 397, 423, 441, 449~450, 458, 465, 477, 558~560, 564, 568, 587
알튀세 55, 72, 156, 182, 269, 351, 357~359, 361, 364, 437, 490
앙티 오이디푸스 106, 161, 163~165, 167, 172, 284, 312, 355, 356, 371, 375
애거신스키, 실비안 68
액커먼, 루돌프 186, 465, 477~478, 558~559, 564, 570
앤더슨, 베네딕트 297, 350, 505~506
앤더슨, 페리 123, 130, 139, 143, 148~149
앳트리지, 데렉 255~256, 263, 267, 271~273, 280
어머니되기 15, 265~267, 282
언어 12, 27, 28, 39, 41, 45, 48, 52, 65, 68, 69, 86, 96116, 119, 124, 133, 160, 164, 172, 184, 192, 203, 206, 207, 214, 241, 242, 244, 250, 251, 267, 268, 272, 273, 303, 314, 328, 333, 339, 344, 349, 358, 369, 373, 382, 387, 399, 410, 413, 446, 447, 453, 458, 463, 465, 484, 490, 491, 502, 504, 506, 515, 520, 541, 544, 550~553, 562, 578, 579, 583, 584
에어리얼(셰익스피어의 극중 인물) 184~185, 202, 209~210, 244, 485
에이브러험, 니콜라스 40, 568
엘리엇, T. S. 227, 331
엥겔스 124, 127, 153, 168, 170, 171
여성 10~17, 19, 20, 22, 24, 28, 29, 37, 43, 51, 68, 70, 71, 99, 115, 117~119, 120, 121, 127, 136, 142, 144, 156, 156, 160, 163, 165, 170, 172, 177~179, 182, 183, 185, 187, 190, 192, 196, 200, 201,

204~206, 208, 210, 212~214, 218, 222~224, 226, 228~233, 235, 236, 237, 238, 242~245, 247, 248, 250, 253, 255, 258, 261~266, 269~271, 279, 282, 283, 285, 289, 291, 292, 293, 301, 304, 316, 319, 320, 325, 329, 330, 331, 333, 334, 335, 339~342, 344, 345, 347~350, 352, 361, 366, 366, 366, 378, 379, 382~385, 387, 394~397, 399, 400, 402~427, 430, 440, 449, 460, 466~468, 483~497, 503, 507, 508, 509, 510, 515~518, 527~529, 532~534, 538, 541, 542, 545, 546, 552~557, 563, 566, 567, 569, 570

역능 23, 9, 188

역사 8, 10, 12, 13, 15, 16, 17, 19, 20, 24, 25, 26, 28, 29, 37, 43, 46, 52, 55, 57, 69, 71, 72, 75, 82~84, 87~91, 93, 94, 96~98, 100~102, 106, 109, 113~115, 119~122, 124, 127, 129, 130, 132~135, 139, 141, 143~149, 152, 153, 156, 159, 161~164, 167, 170, 172, 182, 183, 185, 188, 191, 200, 201, 209, 210, 213~215, 218, 221, 223, 229, 232, 234, 235, 241, 243, 248, 251, 252, 254~258, 262, 263, 265~269, 276, 279, 282, 285, 289, 290, 291, 293~302, 308~310, 312, 315, 317~319, 321, 323, 325, 326, 328, 333, 338~341, 344, 346~348, 351, 352, 360, 362, 364, 366, 367, 369, 370, 372, 375, 379~381, 383, 384, 387, 392, 394, 397~399, 401~404, 409, 410, 413, 416, 418, 419, 422~424, 427, 430, 433, 436~438, 444, 447, 451, 456, 458, 459, 467, 468, 473~476, 478~482, 484, 485, 487, 488, 490, 494, 498, 501~506, 510, 511, 513, 514, 518, 519, 524, 524, 527, 532, 539, 541, 543, 545, 548, 549, 551, 553, 557, 562, 565, 569, 577, 588

역사기술 16, 19
역사주의 293, 444, 458, 461

역사철학 88, 296, 352, 451

영국 12~14, 16, 29, 43~44, 51, 81, 92, 120, 124, 140~141, 148, 156~157, 159~160, 179, 183, 186~187, 194~197, 199~200, 203, 213, 217, 221, 231, 234~241, 248, 252, 255, 261~263, 265, 293, 303, 305, 310, 316, 317~323, 327~329, 332~332, 334~336, 341, 342, 376~377, 380, 387, 395, 398, 400~401, 403, 409~415, 420~421, 427, 452, 458, 461, 464, 474, 477~479, 484, 486, 489, 495, 506, 508, 526, 528, 535, 557~559

예수 112

예술 47, 59, 84~86, 93, 148, 181~182, 188, 272, 279, 306, 362, 364, 436, 439, 440, 449, 449, 450, 466, 470, 477~485, 490, 496, 512~513, 516~519, 532, 551, 553, 558, 564, 585

예이츠 58, 225, 452, 474, 566
오리엔탈리즘 93, 231, 237, 331, 467, 539
오스틴 579, 581
오어법 52, 100, 164~165, 215~216, 220, 263, 274, 300, 341, 355~360, 398, 446, 458, 533

올브라잇, 마덜린 515
『요강』 126, 133, 372, 452
욕망 8, 11, 15, 28, 60~62, 64, 66, 75, 78, 87, 97, 132, 165~167, 169, 202, 233, 253, 265~266, 271, 286, 294, 298~300, 304, 312,~315, 334~335, 337, 351, 353~360, 365, 372~374, 396~396, 406, 409, 420, 429, 434~435, 440~452, 466, 486, 492, 498, 525, 527

욕망하는-생산 164~167
우애적 사랑 183
원시 공산주의 535
원시인 251, 282
유대교 113
유럽 8, 11, 12, 13, 14, 16, 23, 27, 36, 38, 41, 44, 45, 56, 57, 68, 70, 75, 81, 86,

92, 106, 109, 116, 120, 121, 123, 127, 134, 138, 141, 143~147, 149, 152~154, 162, 170, 178~180, 184, 189, 190, 196, 200, 206, 207, 221, 223~225, 228, 230~232, 234, 235, 241, 242, 244~247, 251, 251, 251, 252, 252, 261, 266, 267, 273, 274, 282, 284, 290~293, 295, 303, 305~308, 310, 312, 316, 318, 321, 332, 341, 343, 349, 351, 352, 360, 365, 374~376, 390~393, 395, 403, 412, 422, 461, 468, 471, 474, 475, 478, 482, 486, 487, 490, 493, 495, 504, 505, 511, 524, 528, 531, 536, 538, 544, 551, 553, 554, 558, 572, 573

유럽중심적 11, 14, 81, 57, 116, 119, 120, 123, 131, 146, 149, 209, 254, 273, 302, 389, 403, 492, 499, 521, 522, 527, 539, 541, 551

유색여성 244, 247, 248, 532

유토피아 224, 365, 390, 429, 437, 439~441, 538, 560

윤리(학) 10, 15, 22, 23, 27, 39, 40, 41, 45, 46, 54, 57, 61, 68, 69, 71, 73, 81, 92, 130, 138, 152, 164, 167, 168, 172, 190, 191, 208, 220, 254, 257, 265, 267, 299, 303, 338, 340, 347, 372, 400, 401, 405, 408, 413, 422, 451, 457, 459, 463, 488, 512, 512, 518, 522~526, 531, 532, 534, 568, 570, 581~584, 586, 589

윤리신학 63

의류산업 486, 568, 569

이글턴, 테리 190, 192, 446

이데올로기 12, 14, 15, 17, 21, 52, 93, 105, 109, 110, 113, 116, 119, 126, 127, 129, 166, 168, 185, 192, 201, 204, 224, 296, 297, 310, 312, 319, 327, 334, 335, 343, 351~354, 356~361, 363, 365, 368, 371, 373, 374, 383, 384, 386, 389, 390, 392, 396, 398, 401, 409, 412, 414~417, 421, 424, 425, 425, 442~444, 477, 490, 510, 512, 528, 534, 538, 544, 559, 565

이론적 이성 206, 47, 81

이민자 21, 22, 490, 514, 536~539, 541, 543, 546, 548

이성 11, 23, 24, 30, 39, 47, 48, 50, 53~55, 146, 206, 219, 276, 355, 383, 448, 464, 486, 487, 489, 502, 550, 583, 60, 63~65, 67, 71, 73, 74, 76~81

이슬람교 191, 209, 553, 586

이윤(율) 157, 233

이재학(chresmatics) 158

이중구속 11, 66, 184, 252, 254, 290, 361, 435, 446

이질성 13, 22, 118, 238, 309, 354, 358, 359, 401, 429, 435~438, 443, 550

이집트 86, 392, 422, 473

이탈리아 458

이항대립 80, 119, 177, 182, 204, 265, 271, 459, 474, 481, 504, 507, 536, 548

인구통제 118, 119, 247, 387, 527, 528, 533, 566

『인도』 323

인도 8, 10, 13, 14, 16, 17, 53, 63, 81, 81, 84, 86~96, 101, 102, 105, 106, 110, 114, 115, 117, 123, 140, 141, 157, 183, 188, 201, 202, 207, 214~217, 219, 221, 230, 231, 234~241, 244~246, 251, 254, 278, 293~295, 297, 302~305, 307, 310, 311, 316~319, 321, 325~331, 334~336, 338, 340~342, 344, 345, 369, 376, 377~383, 386, 387, 398, 399~402, 405, 409~413, 415, 420, 421, 423~427, 436, 442, 470, 473~475, 493, 496, 499, 502, 506, 508, 509, 511, 511, 513, 513, 514, 515, 517, 520, 524, 526, 527, 532, 539, 559, 562, 563, 567~569

인도네시아 115, 331, 332, 509

인류학 8, 41, 46, 56~57, 68~69, 74, 95, 109, 116, 124, 170~171, 216, 220, 230, 235, 250~251, 279, 285, 344, 347~348,

387, 395, 399, 487, 525, 531, 550
인식 25, 23, 23, 31, 47, 50, 52, 59, 62, 63, 65~67, 71, 72, 74, 75, 77, 88, 97, 124, 130, 137, 138, 146, 161, 163, 166, 170, 181, 184, 188, 195, 200, 208, 222, 230, 241, 250, 257, 266, 297, 311, 323, 325, 338, 358, 361, 362, 367, 375, 383, 393, 438, 447, 450, 451, 452, 457, 459, 464, 471, 474, 477~479, 481, 486, 493, 529~531, 534, 538~545, 548, 549, 557, 564, 587, 588
인식도표 85, 86
인식론 23, 52, 54, 55, 72, 85, 95, 150, 160, 222, 347
인식소 16, 43, 87, 115, 196, 201, 221, 240, 241, 295, 297, 300, 301, 305, 310, 315, 327, 329, 333, 340, 344, 361, 375~379, 381, 388, 399, 402, 403, 428, 435, 442, 464, 506, 533, 535, 564
인종 8, 17, 19, 21, 41, 42, 51, 71, 73, 84, 95, 95, 106, 115, 119, 124, 151, 153, 178, 188, 190, 192, 193, 213, 214, 222, 230, 234, 239, 244, 247, 248, 250, 253, 272, 273, 278, 279, 286, 292, 302, 311, 315, 324~329, 335, 389, 394, 420, 425, 435, 442, 466, 494, 496, 503, 522, 526, 528, 531, 544, 553, 555, 556
인종문화기술학 8, 41, 95, 106, 116, 279, 528, 572
인종분리정책 152, 213, 278
인종차별주의 14, 21, 99, 188, 206, 224, 244, 248, 250, 292, 384, 510, 512, 516, 518, 522, 540, 542, 565, 566
인터넷 417, 450, 536, 568
『일리아드』 505
일본 20, 244, 463, 466~478, 485, 502, 538
잉여가치 119, 120, 132, 278, 354, 368, 389, 390, 453, 529
잉카 184, 480

ㅈ

자가-지시성 441
자본 14, 17~19, 23, 37, 95, 107, 120, 123~124, 126~127, 129~132, 134~137, 141, 144~145, 147, 150~152, 157, 157~161, 166, 168, 247, 259, 262, 267~268, 292, 307, 316, 320, 332, 337, 344~347, 349, 354, 356~357, 361, 363, 365, 369~370, 378, 385, 387, 393, 404, 406, 424, 430, 437, 439,~440, 452, 452~467, 486, 488~492, 495, 510, 520~522, 525, 528~529, 531, 534, 543, 546, 548, 552, 561, 566~567, 570, 572, 587
자본주의 15, 18~19, 22, 37, 56, 107, 118~123, 126~127, 131~133, 136~139, 141, 143~147, 149~154, 159~161, 166~167, 170, 233, 259~260, 262, 264~267, 271, 292~293, 299, 315, 317, 319, 324, 332, 348, 354, 361, 371, 385~390, 393, 403~404, 430, 433~434, 437, 439~440, 444, 446, 451, 453~454, 457, 459, 462~463, 467~469, 473, 476, 478, 480, 488, 491, 493~494, 497~498, 501~502, 505, 515, 519, 528~544, 562, 568, 572, 587
자연 47, 49, 50, 52, 53, 59~67, 69, 72, 73, 75, 77, 78, 99, 100, 128, 129, 132~135, 166, 168, 178, 204, 206, 207, 219, 240, 260, 261, 283, 338, 368, 370, 372, 392, 404, 407, 430, 442, 451, 454, 455, 465, 480, 481, 483, 484, 507, 523, 524, 526, 529, 535
자연법 54, 276
자연철학 13, 208, 210, 211
자유 9, 10, 12, 15, 17, 20, 31, 42, 46, 47, 48, 49, 60, 61, 63, 64, 70, 78, 83, 108, 113, 130, 141, 145, 166, 189, 191, 193,

200, 206, 207, 209, 218, 241~243, 245, 246, 257, 264~266, 269, 277, 304, 307, 316, 322~325, 335, 336, 386, 393, 400, 401, 403~405, 408, 409, 411, 412, 414, 416, 423, 428, 448, 452, 453, 456, 463, 465~470, 480, 485, 487~489, 505, 510, 515, 517, 530, 538, 540, 541, 542, 548, 549, 551, 552, 557, 565, 566
자유주의 46, 209, 245, 246, 257, 393, 428, 485, 487~489, 505, 510, 515, 517, 530, 538, 540~542, 548, 549, 566
자인종문화중심주의   41, 391, 393, 424, 487, 489, 552, 556
자코뱅 코뮌 127
재산 133, 139, 140, 148, 198, 307, 409, 417, 528, 532, 538
재택근무 22, 160, 316, 533~535
재현 11, 13, 14, 16, 17, 18, 19, 28, 29, 35, 43, 45, 54, 75, 86, 87, 98, 101, 104, 110, 152, 157, 158, 172, 177, 179, 183, 189, 196, 201, 206, 226, 232, 242, 249, 250, 253, 259, 264~266, 280, 290, 294, 295, 299, 304, 306, 311, 313, 320, 323, 335~337, 340, 346, 347, 354, 362~364, 366, 371~373, 378, 382, 390, 421, 439, 441, 446, 450, 451, 467, 477, 500, 516, 532, 538, 550, 552, 560, 569
저자의 죽음 155
전 지구성 121, 123, 169, 172, 243, 362, 488, 490, 500, 501, 510, 511, 513, 521, 522, 533, 547, 572
전위주의 117, 257, 285, 491
전유 13, 20, 21, 25, 77~78, 99, 107~108, 110, 120, 129, 137, 140, 150, 168, 212, 216, 233, 240, 249, 302, 325~327, 331, 353, 368, 371, 381, 383, 389, 442~443, 451, 454, 459, 470, 472, 477, 489, 505, 510, 520, 525~526, 529, 532, 535, 558
전체주의 154, 257, 386, 447
절대정신 9, 83~87, 89

절대주의 국가 148, 88
정신분석학 23, 26, 28, 39, 40, 106, 164, 167, 168, 170, 171, 196, 197, 205, 206, 298~300, 302, 312, 313, 348, 351, 397, 399
정체성 13, 27, 28, 44, 45, 57, 68, 69, 113, 118, 119, 125, 178, 184, 194, 196, 203, 214, 215, 220, 232, 233, 274, 275, 302, 348, 360, 362, 394, 407, 408, 443, 459, 496, 500, 509, 511, 539, 544, 550, 588
제1세계 11, 18, 36, 42, 95, 247, 251, 378, 380, 381, 384, 385, 389, 514, 522, 551
제3세계 10, 11, 12, 17, 20, 21, 24, 29, 31, 36, 37, 42, 45, 95, 108, 109, 114, 116, 118, 147, 169, 171, 179, 180, 183, 201, 214, 243, 244, 247, 250, 251~253, 291, 302, 345, 351, 354, 364, 368, 378, 384, 385, 386, 388, 389, 395~397, 402, 422, 465, 495, 496, 498, 502, 513, 522, 544, 546
제4세계 520, 524
제국주의 8, 9, 10~14, 16, 17, 19, 20, 21, 23, 28, 35~38, 42~45, 52, 58, 67, 71, 76, 79, 81, 93, 94, 95, 106, 108, 108, 109, 113, 115, 118, 123, 124, 143~146, 152, 154, 159, 160, 163, 171, 178~183, 187, 188, 190~197, 200, 201, 203, 204, 206~208, 210, 212, 221~224, 230, 237~239, 241, 242, 248, 261, 264, 273, 274, 278, 283, 291~293, 297, 298, 301, 305, 306, 308, ~310, 312, 313, 315, 317, 323, 324, 333, 334, 344, 345, 347, 375~379, 381, 385, 385, 388, 390~393, 396~398, 400, 403~405, 412, 421, 422, 424, 430, 442, 457, 461, 464, 468, 469, 470, 474, 485, 488, 494, 495, 503, 506~509, 514, 519, 521, 535, 540, 546, 557, 560, 564, 569
『제인 에어』 12, 13, 180, 182, 183, 185, 191~193, 195, 196, 199, 203, 207, 210,

찾아보기 601

212, 221, 261, 266, 308, 557
제임슨, 프레드릭 19, 20, 85, 119, 122, 123, 131, 132, 147, 154, 164, 171, 214, 293, 294, 301, 347, 376, 381, 433~441, 443, 444, 446, 448~452, 454, 456, 457, 459, 461, 462, 464~466, 475, 478~481, 501, 513, 530, 543, 559, 560, 561, 572
젠더 13, 14, 17, 18, 19, 96, 106, 118, 119, 138, 142, 160, 163, 164, 170, 172, 188, 213, 217, 223, 229, 234, 243, 247, 258, 262, 264, 279, 292, 315, 318, 319, 324, 325, 329, 353, 365, 366, 371, 382, 384, 394, 397, 399, 405, 420, 449, 466, 494, 497, 500, 522, 534, 542, 544, 547, 553, 555, 556, 565, 586
존재도표 101, 103
종교 59, 73, 87, 92, 102, 111, 113, 115, 146, 147, 191, 193, 209, 247, 276, 310, 320, 328, 336, 412, 413, 442, 493, 498~500, 503, 514, 523, 524, 544
주변성 14, 249, 251, 255, 258, 284, 461
주체 9, 13, 15, 16, 17, 18, 20, 22, 23, 25, 26, 27, 36, 41, 42, 45, 47, 48, 53, 55, 56, 63, 65, 67, 70~77, 79, 83~86, 92, 93, 95, 98, 99, 100, 102, 106, 107, 110, 113, 118, 119, 122, 125, 128~130, 166, 167, 177, 178, 179, 179, 181, 182, 183, 193, 196, 199, 201, 204, 206, 207, 208, 212~214, 220, 225, 230, 233, 235, 243, 244, 246, 248, 250, 257, 258, 266, 271, 281, 291, 298, 302, 308, 309, 311~313, 317, 319, 326, 334, 335, 337, 340, 345~347, 349, 351, 353, 354, 354, 356, 357, 357, 359, 360~370, 372~377, 382, 384, 387, 389, 390, 391, 394~398, 400, 401, 405, 407~409, 411, 412, 414, 415, 417, 421, 422, 424, 429, 434, 435, 443~451, 455, 456, 459, 460, 461, 463, 466, 468, 470~483, 485, 488~490, 495, 497, 499, 500, 506, 507, 510, 513, 516,
517, 519, 530, 537, 543, 545, 547, 551, 559, 560, 579, 581, 583, 586, 587
주체성 17, 18, 28, 68, 85, 133, 164, 182, 227, 228, 352, 357, 367, 369, 476, 477
중국 20, 123, 135, 137, 143, 251, 353, 392, 457, 459~463, 471~474, 502, 503, 513, 559, 567
중농주의 140, 307, 322
중상주의 140, 267, 307, 317, 321, 322, 404, 537, 561
쥬네, 장 57
『지구촌』 501, 503, 504, 506, 508~510, 534, 535
지배 19, 29, 22, 30, 39, 43, 48, 49, 56, 57, 68, 82, 83, 91, 95, 109, 117, 123, 138, 140, 144, 147, 149, 153, 154, 169, 170, 179, 180, 230, 232, 247, 248, 252, 296, 317, 349, 358, 371, 380~382, 388, 389, 408, 419, 421, 435~438, 449, 454, 457~460, 462, 466, 468, 478~480, 495, 506, 512, 526, 539~543, 549, 551, 560, 586
지식인 11, 15, 17, 18, 117, 119, 120, 127, 184, 296, 298, 328, 348, 351~354, 359~363, 373~375, 377~382, 384, 387, 470, 499, 501, 514, 543, 546, 572
지양 85, 86, 96, 100, 104, 107~108, 120, 121, 125~126, 128, 130~132, 136, 143, 145, 205, 233, 392, 425, 453, 484, 541, 579
지젝, 슬라보예 299

ㅊ

차연 57, 102, 118, 119, 120, 127, 136, 139, 143, 159, 177, 257, 275, 290, 343, 348, 460, 549, 578, 579, 581, 582
차우드허리 383, 384
차이 27, 37, 38, 40, 44, 45, 56, 57, 74, 82,

84, 87, 95, 103, 106, 106, 124, 130~132, 135, 141, 143, 145, 146, 166, 167, 170, 177, 182, 210, 214, 218, 223, 225, 233, 244, 247, 253, 273, 278, 290, 311, 320, 340, 343, 363, 364, 367, 380~382, 394, 398, 403, 405, 412, 428, 433, 436, 439, 439, 440, 442, 451, 452, 456~459, 461, 469, 470, 472, 475, 476, 481, 483, 488, 491, 493, 497, 500, 510, 513, 515, 531, 537, 539, 542, 546, 548, 561, 563, 578~582, 587

착취 21, 24, 27, 43, 118~120, 144, 160, 180, 188, 217, 247, 248, 252, 301, 316, 324, 347, 358, 361, 363, 371, 374, 378, 388~390, 397, 480, 492, 497, 499, 503, 506, 508, 516, 520, 522, 528, 532~534, 542, 560, 562, 563, 568

창조적 상상력 12, 185, 192

『천 개의 고원』 167, 358, 375

『천로역정』 192

철학 6~9, 11, 23, 24, 25, 26, 27, 28, 29, 35, 36, 39, 44~47, 52, 54, 55, 56, 60~79, 81, 83, 86~89, 90, 92, 93, 98, 102, 105, 108, 111, 113, 114, 121, 125, 126, 128, 130, 131, 133, 134, 135, 145, 154, 158, 163, 164, 166, 167, 172, 177, 178, 191, 206, 207, 225, 244, 252, 254~257, 289, 296, 306, 313, 314, 331, 342, 351, 356, 358, 359, 363, 364, 368, 370, 386, 392, 393, 400, 407, 426, 438, 443, 444, 459, 474, 489, 490, 501, 506, 524, 526, 541, 550, 577, 579~581, 583~586

ㅋ

카와쿠보, 레이 20, 466~468, 470~472, 477, 478, 485, 486

카트라잇, 낸시 501

칸트 8, 9, 10, 23, 27, 37, 38, 42, 43, 45~63, 65~74, 76~81, 85, 87, 95, 98, 108, 118, 121, 130, 133, 156, 172, 190, 191, 206~208, 306, 356, 372, 392, 449, 450, 451, 454, 474, 488, 489, 537, 538, 549, 572, 577, 580, 586

칼리다사 87, 343

칼리반(셰익스피어 극중 인물) 80, 183~185, 200, 209~210, 244, 345, 485

컬러, 조나단 394

코드화 52, 106, 118, 119, 132, 136, 137, 147, 161~164, 166, 167, 169, 170, 238, 244, 264~267, 277, 328, 342, 347, 350, 376, 377, 408, 487, 530, 542, 560

코디, 빌 551, 552, 564

코에체 11, 14~15, 27~28, 120, 255~256, 259~269, 270~271, 273, 276~279, 281~285, 428, 552~553

코프만, 사리 51, 68, 396

쿠마라스와미 412

크샤트리야 105

클라인, 멜라니 205, 289, 312, 391, 400, 406, 463, 493, 545

ㅌ

타자 14, 15, 20, 27, 43, 45, 46, 71, 77, 83, 107, 118, 123, 132, 135, 152, 159, 160, 171, 179, 189, 195, 196, 200, 201, 202, 209~211, 222, 227, 228, 230, 233, 252, 254~256, 266, 267, 271, 282, 286, 289, 290, 291, 297, 300, 303, 305, 307, 309, 310, 312, 342, 352, 354, 374, 375, 377, 380, 389, 392, 393, 396, 399, 423, 438, 451, 454, 456, 461, 463, 465, 468, 471, 476, 478, 484, 485, 488, 489, 494, 496, 520, 522, 523, 531, 533, 541, 548, 554, 557, 579, 581~584, 586~588

타파르, 로밀라 326, 403

탈식민화 7, 8, 21, 24, 118, 239, 248, 251,

253, 278, 385, 401, 406, 429, 469, 492, 493, 495~496, 498~499, 499, 504, 536, 544~545, 547, 563
토착정보원 7, 8, 9, 10, 11, 17, 20, 22, 23, 25, 29, 38, 40~43, 45, 46, 51, 57, 71, 75, 77, 80, 83, 84, 94~96, 98, 99, 100, 110, 116, 117, 120~122, 124, 128, 138, 139, 144, 156, 159, 161, 163, 172, 177, 179, 207, 208, 214, 216, 218, 220, 229, 230, 234, 249, 250, 256, 319, 380, 393, 472, 475, 477, 485, 489, 496, 506, 520, 531, 537, 538, 543, 548, 553, 556, 567, 572
톰슨, 에드워드 328, 330, 331, 412, 421
티에라 델 푸에고 66, 67, 71, 74, 77

ㅍ

파리 코뮌 127
파이어벤트, 폴 501
패비언, 요하네스 171, 209
패션 20, 23, 28, 465, 467, 468, 471, 477, 478, 485, 557, 558, 560
페르시아 86, 93, 208, 502
페미니즘 7, 11~14, 17, 19, 20, 23, 24, 28, 29, 30, 51, 157, 160, 165, 170~172, 178~180, 182, 185, 190, 192, 196, 197, 203, 212, 221, 223, 228, 234~236, 243, 244, 246~248, 250, 258, 261, 271, 279, 286, 289, 304, 316, 318, 321, 332, 344, 357, 362, 364, 377, 378, 388, 394, 395, 397, 404, 411, 419, 422, 424, 460, 467, 467, 485, 494, 497, 527~531, 533, 544, 549, 561, 563, 565, 586,
페체스키 480, 528, 529, 530, 532, 549, 553
페티시즘 439, 486
폐제 8~11, 17, 20, 23, 26, 38~42, 47, 51, 57, 70, 71, 77, 99108, 120~122, 127, 128, 132, 143, 144, 161, 172, 178, 179,

182, 184, 207, 232, 246, 361, 379, 393, 457, 474, 475, 485, 543
포스트구조주의 19, 349, 352, 353, 354, 372, 433, 434, 444, 446, 491
포스트모더니즘 19, 20, 27, 433~440, 443, 448, 457, 458, 462, 464~466, 471, 472, 478, 479, 485, 494, 497, 546, 572
『포스트모던의 조건』 501, 508
포스트식민 6, 7, 11, 13, 14, 20~23, 24, 25, 29, 30, 31, 35, 42, 45, 52, 71, 75, 83, 110, 114, 115, 118, 120, 167, 172, 179~181, 183, 213, 214, 216, 218, 235, 244, 249, 258, 278, 293, 303, 304, 312, 319, 341, 349, 361, 428, 429, 442, 471, 474, 483, 488, 490, 493, 495~499, 506, 510, 531, 537, 568, 589
포스트식민성 27, 217, 248, 253, 279, 340, 362, 389, 497~499, 510, 513
포스트포디즘 117, 119, 316, 385, 387, 440, 465, 501, 515, 528, 564
푸코, 미셸 18, 38, 43, 75, 161~163, 188, 296, 310, 338, 339, 348, 351~353, 355, 357~362, 365, 368, 372, 373, 375, 377~379, 381, 384, 386, 388~391, 397, 402, 422, 486, 487, 490, 491, 500, 537, 542
퓨라나 87, 399, 414
프랑스 혁명 305
프랑스 18, 43, 54, 68, 72, 126, 139, 156, 180, 186, 209, 225, 231, 233, 303, 320, 331, 352, 353, 364, 370, 374, 377, 384, 388, 395, 461, 463, 478, 486, 493, 515, 552, 577, 579, 588
『프랑켄슈타인』 13, 180, 203~214, 218, 219, 229, 231, 263, 414, 489
프로이트 39, 40, 41, 53, 57, 75, 79, 81, 107, 108, 133, 172, 196, 205, 231, 299, 300, 302, 309, 312~315, 346, 360, 391, 396~398, 405, 419, 422, 460, 530, 580
프롤레타리아 83, 118, 119, 125~127, 147,

336, 344, 355, 361, 378, 386, 388, 389, 390, 529~531
프루스트 58, 215
플라톤 91, 158, 235, 578, 578,
피부색주의 244, 245, 246, 405
피타고라스 113
피히테 44
필연성 267, 393, 445, 451

ㅎ

하마처, 위너 93
하버마스, 위르겐 44, 433, 434
하이데거 44, 94, 166, 181, 251, 252, 306, 307, 339, 420, 448, 449, 459, 463, 507, 515, 577, 580, 583, 585, 586, 589
한정적 판단 66, 67, 70, 75
합리적 의지 9, 10, 42, 47, 48, 49, 50, 73, 451
합법화 14, 16, 17, 55, 83, 99, 109, 110, 112, 114, 117, 152, 185, 252, 304, 347, 377, 387, 401, 405, 417, 429, 469, 470, 478, 496, 504, 505, 507, 509, 516, 558
해독 26, 68, 86, 187, 232, 277, 392, 428, 447, 456, 506, 559, 560
해방신학 523, 524
해석학 78, 186, 212, 299, 362
해체 7, 14~15, 23, 27, 31, 36~37, 43, 45, 55, 58, 63, 65~66, 68, 71, 76~78, 80, 82~83, 92~93, 102, 106, 118, 119, 121, 134, 146~148, 151, 153~156, 163~164, 172, 178, 180~181, 193, 207, 215, 222~224, 228, 230~231, 233~234, 242, 248, 250, 254, 256~257, 275, 278~279, 282, 284, 289, 307, 321, 338, 344, 346, 348, 356, 391, 422, 424, 436, 443, 444~452, 456, 459, 476, 492, 509, 515, 517, 525, 527, 532, 534, 537~538, 572, 577~580, 582~584, 586~589

행동·교섭 능력 27, 122, 139, 141, 169, 233, 266, 268, 283, 314, 335, 364, 367~368, 370, 379, 407~408, 411, 416, 446, 448, 488, 493, 500, 517, 542, 545~565, 586
허스트, 폴 Q. 149, 151, 187, 438, 475, 561
허위의식 359
헤겔 8, 10, 27, 37, 38, 42, 43, 45, 46, 57, 81~89, 91, 93~96, 99, 100~102, 105~108, 110, 112~114, 117, 118, 121, 131, 133, 142, 172, 231, 302, 314, 364, 372, 395, 444, 449, 452, 459, 475, 572, 580
혁명 30, 54, 83, 122, 128, 132, 136~138, 152~154, 234, 248, 264, 305, 312, 316, 353, 361, 386, 390, 453, 455~467, 469, 505, 509, 558
현상성 86, 99, 103, 104, 106, 162, 407
호머 224, 229
호명 12, 84, 96, 105, 178, 182, 243
호주 선주민 67~69, 95, 306, 527, 550
호크하이머, 막스 83
혼종성 56, 68, 235, 242, 244, 291, 543, 544
화이트 294~296, 296, 301
후기자본주의 317, 433, 434, 437, 440, 454, 463, 480, 543, 572
후설, 에드문드 579, 580
후쿠야마 538, 549
휴머니즘 56, 108, 155, 170, 252, 354, 446, 586, 586
흉내내기 277, 487, 500, 549
히스테리 45, 206, 396
힌데스, 배리 149, 151, 438, 475, 561
『힌두 인생관』 111
힌두교 86, 99, 100, 102, 112, 113, 325, 327, 328, 335, 405, 411, 424, 442
힌두법 342, 376, 401, 402, 413, 419

갈무리 신서

1. 오늘의 세계경제 : 위기와 전망
크리스 하먼 지음 / 이원영 편역

1990년대에 자본주의 세계경제가 직면한 위기의 성격과 그 내적 동력을 이론적·실증적으로 해부한 경제분석서.

2. 동유럽에서의 계급투쟁 : 1945~1983
크리스 하먼 지음 / 김형주 옮김

1945~1983년에 걸쳐 스딸린주의 관료정권에 대항하는 동유럽 노동자계급의 투쟁이 어떻게 전개되어 왔는가를 실증적으로 분석한 역사서.

7. 소련의 해체와 그 이후의 동유럽
크리스 하먼·마이크 헤인즈 지음 / 이원영 편역

소련 해체 과정의 저변에서 작용하고 있는 사회적 동력을 분석하고 그 이후 동유럽 사회가 처해 있는 심각한 위기와 그 성격을 해부한 역사 분석서.

8. 현대 철학의 두 가지 전통과 마르크스주의
알렉스 캘리니코스 지음 / 정남영 옮김

현대 철학의 역사에 대한 비판적 분석을 통해 철학에서 마르크스주의의 역할은 무엇인가를 집중적으로 탐구한 철학개론서.

9. 현대 프랑스 철학의 성격 논쟁
알렉스 캘리니코스 외 지음 / 이원영 편역·해제

알뛰세의 구조주의 철학과 포스트구조주의의 성격 문제를 둘러싸고 영국의 국제사회주의자들 내부에서 벌어졌던 논쟁을 묶은 책.

11. 안토니오 그람시의 단층들
페리 앤더슨·칼 보그 외 지음 / 김현우·신진욱·허준석 편역

마르크스주의 내에서 그리고 밖에서 그람시에게 미친 지적 영향의 다양성을 강조하면서 정치적 위기들과 대격변들, 숨가쁘게 변화하는 상황에 대한 그람시의 개입을 다각도로 탐구하고 있는 책.

12. 배반당한 혁명
레온 뜨로츠키 지음 / 김성훈 옮김

혁명적 마르크스주의의 입장에서 통계수치와 신문기사 등 구체적인 자료를 바탕으로 소련 사회와 스딸린주의 정치 체제의 성격을 파헤치고 그 미래를 전망한 뜨로츠키의 대표적 정치분석서.

14. 포스트모더니즘 이후의 정치와 문화
    마이클 라이언 지음 / 나병철·이경훈 옮김
    마르크스주의와 해체론의 연계문제를 다양한 현대사상의 문맥에서 보다 확장시키는 한편, 실제의 정치와 문화에 구체적으로 적용시키는 철학적 문화 분석서.

15. 디오니소스의 노동·I
    안토니오 네그리·마이클 하트 지음 / 이원영 옮김
    '시간에 의한 사물들의 형성'이자 '살아 있는 형식부여적 불'로서의 '디오니소스의 노동', 즉 '기쁨의 실천'을 서술한 책.

16. 디오니소스의 노동·II
    안토니오 네그리·마이클 하트 지음 / 이원영 옮김
    이딸리아 아우또노미아 운동의 지도적 이론가였으며 『제국』의 저자인 안또니오 네그리와 그의 제자이자 가장 긴밀한 협력자이면서 듀크대학 교수인 마이클 하트가 공동집필한 정치철학서.

17. 이딸리아 자율주의 정치철학·1
    쎄르지오 볼로냐·안또니오 네그리 외 지음 / 이원영 편역
    이딸리아 아우또노미아 운동의 이론적 표현물 중의 하나인 자율주의 정치철학이 형성된 역사적 배경과 맑스주의 전통 속에서 자율주의 철학의 독특성 및 그것의 발전적 성과를 집약한 책.

19. 사빠띠스따
    해리 클리버 지음 / 이원영·서창현 옮김
    미국의 대표적인 자율주의적 맑스주의자이며 사빠띠스따 행동위원회의 활동적 일원인 해리 클리버 교수(미국 텍사스 대학 정치경제학 교수)의 진지하면서도 읽기 쉬운 정치논문 모음집.

20. 신자유주의와 화폐의 정치
    워너 본펠드·존 홀러웨이 편저 / 이원영 옮김
    사회 관계의 한 형식으로서의, 계급투쟁의 한 형식으로서의 화폐에 대한 탐구, 이 책 전체에 중심적인 것은, 화폐적 불안정성의 이면은 노동의 불복종적 권력이라는 것을 이해하는 것이다.

21. 정보시대의 노동전략 : 슘페터 추종자의 자본전략을 넘어서
    이상락 지음
    슘페터 추종자들의 자본주의 발전전략을 정치적으로 해석하여 자본의 전략을 좀더 밀도있게 노동의 관점에서 분석하고 또 이로부터 자본주의를 넘어서려는 새로운 노동전략을 추출해 낸다.

22. 미래로 돌아가다
    안또니오 네그리·펠릭스 가따리 지음 / 조정환 편역
    1968년 이후 등장한 새로운 집단적 주체와 전복적 정치 그리고 연합의 새로운 노선을 제시한 철학·정치학 입문서.

23. **안토니오 그람시 옥중수고 이전**
    리처드 벨라미 엮음 / 김현우 · 장석준 옮김
    『옥중수고』이전에 씌어진 그람시의 초기저작. 평의회 운동, 파시즘 분석, 인간의 의지와 윤리에 대한 독특한 해석 등을 중심으로 그람시의 정치철학의 숨겨져 온 면모를 보여준다.

24. **리얼리즘과 그 너머 : 디킨즈 소설 연구**
    정남영 지음
    디킨즈의 작품들에 대한 치밀한 분석을 통해 새로운 리얼리즘론의 가능성을 모색한 문학이론서.

31. **풀뿌리는 느리게 질주한다**
    시민자치정책센터
    시민스스로가 공동체의 주체가 되고 공존하는 길을 모색한다.

32. **권력으로 세상을 바꿀 수 있는가**
    존 홀러웨이 지음 / 조정환 옮김
    사빠띠스따 봉기 이후의 다양한 사회적 투쟁들에서, 특히 씨애틀 이후의 지구화에 대항하는 투쟁들에서 등장하고 있는 좌파 정치학의 새로운 경향을 정식화하고자 하는 책.

피닉스 문예

1. **시지프의 신화일기**
   석제연 지음
   오늘날의 한 여성이 역사와 성 차별의 상처로부터 새살을 틔우는 미래적 '신화에세이'!

2. **숭어의 꿈**
   김하경 지음
   미끼를 물지 않는 숭어의 눈, 노동자의 눈으로 바라본 세상! 민주노조운동의 주역들과 87년 세대, 그리고 우리 시대에 사랑과 희망의 꿈을 찾는 모든 이들에게 보내는 인간 존엄의 초대장!

3. **볼프**
   이 헌 지음
   신예 작가 이헌이 1년여에 걸친 자료 수집과 하루 12시간씩 6개월간의 집필기간, 그리고 3개월간의 퇴고 기간을 거쳐 탈고한 '내 안의 히틀러와의 투쟁'을 긴장감 있게 써내려간 첫 장편소설!

4. **길 밖의 길**
   백무산 지음
   1980년대의 '불꽃의 시간'에서 1990년대에 '대지의 시간'으로 나아갔던 백무산 시인이 '바람의 시간'을 통해 그의 시적 발전의 제3기를 보여주는 신작 시집.